LE ROBERT & COLLINS

VOCABULAIRE ANGLAIS ET AMÉRICAIN

par
Peter Atkins   Martin Byrd
Alain Duval
Dominique Le Fur   Hélène Lewis

Dictionnaires Le Robert Paris

Secrétariat de rédaction : Véronique Béchadergue, Sylvie Fontaine, Silke Zimmermann
Informatique éditoriale : Karol Goskrzynski, Élisabeth Huault, Monique Hébrard
Correction : Cécile Chalandon, Michel Heron, Brigitte Orcel
Maquette : Gonzague Raynaud, Sandrine Fagniez.

ISBN 2-85 036 228-X

PRÉFACE

Le **Vocabulaire anglais et américain** ROBERT & COLLINS présente sous forme d'une liste de mots et expressions regroupés par thèmes un outil de vérification systématique et d'approfondissement des connaissances en langue anglaise.

Il s'adresse tout particulièrement aux élèves des lycées se préparant au baccalauréat, aux élèves des classes de B.T.S., aux élèves des classes préparatoires aux grandes écoles et aux étudiants de DEUG et de licence.

Cet ouvrage répond à deux objectifs :

■ il peut être utilisé dans le sens **version** pour une révision rapide du vocabulaire nécessaire à la compréhension des textes anglais et américains ;

■ il sera surtout utilisé de manière active dans le sens **thème** pour acquérir de manière raisonnée les mots et expressions qui permettent de lire, écrire et s'exprimer dans l'anglais d'aujourd'hui.

Ouvrage complémentaire des dictionnaires bilingues ROBERT & COLLINS dont il est le prolongement naturel, il présente près de 25 000 unités de traduction réunies logiquement en 44 chapitres et 392 sections. Chaque section est subdivisée en paragraphes courts qui couvrent une même zone sémantique et facilitent ainsi l'apprentissage et la mémorisation.

Contrairement au dictionnaire qui part du mot pour en décrire les sens multiples, le **Vocabulaire** ROBERT & COLLINS part du centre d'intérêt considéré dont il fait l'inventaire afin de proposer l'éventail des mots et des expressions qui s'y rattachent.

Résolument axé sur la langue contemporaine telle qu'elle est parlée aujourd'hui outre-Manche et outre-Atlantique, ce Vocabulaire est le reflet des préoccupations économiques et culturelles de notre monde à l'aube du XXIe siècle, des mutations de nos structures sociales et du renouvellement lexical qui en découle.

Les unités de traduction sont accompagnées d'indications qui permettent d'en préciser la valeur et l'emploi.

USAGE BRITANNIQUE ET USAGE AMÉRICAIN

Les unités qui ne sont courantes qu'en anglais britannique sont précédées de la mention BR, celles que l'on ne trouve que dans l'anglais parlé en Amérique du Nord sont précédées de la mention AM ; par exemple :

BR **a stone** [stəʊn]   un noyau
AM **a pit** [pɪt]

Les différences orthographiques entre anglais britannique et anglais nord-américain sont également signalées ; par exemple :

BR **a cheque** [tʃek]   un chèque
AM **a check**

Lorsqu'une unité est employée dans les deux langues, mais avec un sens différent, une note signale la différence d'emploi ; par exemple :

_{BR} **to be ill**   être malade
_{AM} **to be sick**

ATTENTION : _{BR} **to be sick** = vomir

VERBES IRRÉGULIERS

Les verbes irréguliers qui figurent dans le texte sont suivis d'un astérisque ; par exemple :

to catch* fire   prendre feu

Une liste de tous ces verbes figure en fin d'ouvrage avec leur prétérit et leur participe passé.

NIVEAUX DE LANGUE

Afin de mettre en garde le francophone contre l'emploi abusif de mots et locutions n'appartenant pas à un registre neutre de l'anglais, trois indications de niveau de langue peuvent figurer :

soutenu   désigne les acceptions de langue soignée ;

parlé   est utilisé pour indiquer les acceptions familières ;

péj.   indique une coloration péjorative.

Exemples :   **a daydream** ['deɪdriːm]   une rêverie
                a reverie ['revərɪ] (soutenu)

                a handkerchief ['hæŋkətʃɪf]   un mouchoir
                a hankie ['hæŋkɪ] (parlé)

                it's very touristy (péj.)   c'est trop touristique

MARQUES DÉPOSÉES ®

Les termes qui constituent à notre connaissance une marque déposée ont été désignés comme tels. La présence ou l'absence de cette désignation ne peut toutefois pas être considérée comme ayant valeur juridique.

FÉMININS

Lorsque la forme féminine est différente en anglais de la forme masculine, l'indication est donnée entre parenthèses à la suite de la forme masculine ; exemple :

a sportsman (fém. a sportswoman)   un(e) sportif (-ive)
['spɔːtsmən]

PLURIELS IRRÉGULIERS

Lorsque le pluriel d'un terme ne se forme pas par simple adjonction d'un -s, il est indiqué entre parenthèses à la suite de la forme au singulier ; par exemple :

a scarf [skaːf]   une écharpe
(plur. scarves)
the iris ['aɪərɪs]   l'iris
(plur. irides)
the cornea ['kɔːnɪə]   la cornée
(plur. corneae, corneas)
a woman (plur. women)

EMPLOIS COMPTABLES ET NON COMPTABLES

Les substantifs anglais se comportent parfois de façon différente des substantifs français en ce qui concerne le singulier et le pluriel. Dans ce recueil, cinq cas sont distingués pour aider le lecteur à former des phrases correctes.

1. n.c. (= non-comptable). Le nom anglais est non-comptable et ne peut pas être précédé de l'article indéfini ou d'un adjectif numéral ; par exemple :

scaffolding [ˈskæfəldɪŋ] (n.c.)   l'échafaudage

Selon le cas, la traduction de l'indéfini français se rendra alors par **some, a piece of, an instance of, a case of...** ; par exemple :

Il y avait un échafaudage/des échafaudages = **there was some scaffolding.**

2. n.c. sing. (= non-comptable singulier). Le nom anglais est non-comptable et s'emploie toujours au singulier alors que le français utilise généralement un pluriel pour rendre le sens ; par exemple :

nuclear waste (n.c. sing.)   les déchets nucléaires

3. n.c. plur. (= non-comptable pluriel). Le nom anglais est non-comptable et s'emploie toujours au pluriel alors que le français utilise généralement un singulier pour rendre le sens ; par exemple :

poultry [ˈpəʊltrɪ] (n.c. plur.)   la volaille

4. sing. (= nom singulier). Le nom anglais a une apparence graphique de pluriel, mais il peut prendre l'article indéfini et s'employer avec un verbe au singulier ; par exemple :

a steelworks sing.   une aciérie

5. plur. (= nom pluriel). Le nom anglais s'emploie toujours au pluriel alors que le français utilise généralement un singulier pour rendre le sens ; par exemple :

the union dues plur.   la cotisation syndicale

ABRÉVIATIONS, SIGLES ET ACRONYMES

Lorsqu'une expression peut se présenter soit sous sa forme développée soit sous sa forme abrégée, la forme la plus courante est suivie de la forme la moins usitée entre parenthèses. Si ces deux formes sont aussi fréquentes l'une que l'autre, elles font l'objet de deux entrées séparées. La prononciation des abréviations, sigles et acronymes est indiquée ; par exemple :

the CIS [ˌsiːaɪˈes]   la CEI
the Commonwealth of   la Communauté des États
 Independent States   indépendants

a compact disc®   un disque compact
a CD [ˌsiːˈdiː]   un CD

FAUX AMIS

Un certain nombre de mots se présentent sous une forme identique ou très voisine en français et en anglais. Beaucoup d'entre eux n'ont cependant pas du tout le même sens. Ce sont des faux amis. Une note à la suite de ces mots attire l'attention du lecteur et l'invite à prendre conscience de la différence afin d'éviter les erreurs de traduction ; par exemple :

present [ˈpreznt]   présent, actuel
ATTENTION FAUX AMI **actual** = réel

REMARQUES

On trouvera, en fin de chapitre ou de section, un certain nombre de remarques qui portent sur un aspect de civilisation, un point de grammaire, un usage. Ces remarques visent à mettre en relief les particularités de la langue anglaise et les éléments intéressants de la culture britannique ou américaine ; par exemple :

REMARQUES :
1. L'anglais emploie **ever** à la place de **never** lorsqu'une négation se trouve déjà dans la phrase ; exemple : il ne se passe jamais rien = **nothing ever happens.**
2. Attention aux temps ! exemple : je l'ai déjà fait = BR **I've already done it,** AM **I already did it, I did it already.**
Remarque : En Grande-Bretagne, ce sont des lapins appelés **Easter Bunnies** qui sont censés apporter les œufs de Pâques aux enfants.

TRANSCRIPTION PHONÉTIQUE
DE L'ANGLAIS

La notation adoptée est celle de l'Association phonétique internationale. La transcription correspond à la Received Pronunciation (R. P.), variété de l'anglais britannique la plus étudiée aujourd'hui.

VOYELLES, DIPHTONGUES et TRIPHTONGUES

[iː]	cream, see
[ɑː]	card, calm
[ɔː]	pork, small
[uː]	fool, moon
[ɜː]	burn, fern, work
[ɪ]	sit, pity
[e]	bless, set
[æ]	apple, cat
[ʌ]	come, ugly
[ɒ]	fond, wash, squat
[ʊ]	full, soot
[ə]	composer, above
[eɪ]	bay, pale
[aɪ]	buy, lie
[ɔɪ]	boy, voice
[əʊ]	no, ago
[aʊ]	now, plough
[ɪə]	tier, beer
[ɛə]	fair, care
[ʊə]	tour, moor
[aɪə]	diary, tyre
[aʊə]	flower, tower
[eɪə]	layer, player
[ɔɪə]	employer, soya
[əʊə]	grower, lower

CONSONNES

[p]	pat, pope
[b]	bat, baby
[t]	tag, strut
[d]	dab, mended
[k]	cot, kiss, chord
[g]	got, gag
[f]	fine, raffle
[v]	vine, river
[s]	pots, sit, rice
[z]	pods, buzz
[θ]	thin, maths
[ð]	this, other
[ʃ]	ship, sugar
[ʒ]	leisure
[tʃ]	chance
[dʒ]	just, edge
[l]	place, little
[m]	ram, mummy
[n]	ran, nut
[r]	ran, stirring
[ŋ]	rang, bank
[h]	hat, reheat
[j]	yet, million
[w]	wet, between

[ʳ] représente un [r] entendu s'il forme une liaison avec la voyelle du mot suivant, comme dans **her hair** [hɛəʳ] **is dark.**

[ˈ] signale un accent tonique sur la syllabe qui suit. Il est essentiel de bien placer cet accent qui peut avoir une fonction distinctive : **a record** [ˈrekɔːd] = un disque, **to record** [rɪˈkɔːd] = enregistrer.

[ˌ] signale un accent secondaire sur la syllabe qui suit. Cet accent est d'intensité plus faible que l'accent tonique : **a conversation** [ˌkɒnvəˈseɪʃən].

Les caractères en italique représentent des phonèmes facultatifs, comme dans **change** [tʃeɪndʒ], **unkempt** [ˈʌnˈkempt].

THE HUMAN BODY : LE CORPS HUMAIN

1 PARTS OF THE BODY : LES PARTIES DU CORPS

The body [ˈbɒdɪ]	le corps
an organ [ˈɔ:gən]	un organe
a cell [sel]	une cellule
the skeleton [ˈskelɪtn]	le squelette
a bone [bəʊn]	un os
the bone structure	l'ossature
bone marrow	la moelle osseuse
a cartilage [kɑ:tɪlɪdʒ]	un cartilage
a joint [dʒɔɪnt]	une articulation
A muscle [ˈmʌsl]	un muscle
muscle tissue	le tissu musculaire
a biceps [ˈbaɪseps]	un biceps
flesh [fleʃ]	la chair
fleshy [ˈfleʃɪ]	charnu
a sinew [ˈsɪnju:]	un tendon
a tendon [ˈtendən]	
a membrane [ˈmembreɪn]	une membrane
a mucous membrane	une muqueuse

The blood [blʌd]	le sang
to bleed* [bli:d]	saigner
an artery [ˈɑ:tərɪ]	une artère
a vein [veɪn]	une veine
a blood vessel	un vaisseau sanguin
the blood circulation	la circulation du sang
red/white corpuscles	des globules rouges/blancs
Skin [skɪn]	la peau
a nail [neɪl]	un ongle
the pores [pɔ:ˈz]	les pores
the epidermis [ˌepɪˈdɜ:mɪs]	l'épiderme
a hair [hɛəˈ]	un poil
hair (n.c. sing.)	les poils
hairy [ˈhɛərɪ]	velu, poilu
a nerve [nɜ:v]	un nerf
the nervous system	le système nerveux
a gland [glænd]	une glande

2 THE HEAD : LA TÊTE

The head [hed]	la tête
the skull [skʌl]	le crâne
the scalp [skælp]	le cuir chevelu
the face [feɪs]	le visage
the profile [ˈprəʊfaɪl]	le profil
the forehead [ˈfɒrɪd]	le front
the brow [braʊ] (soutenu)	
a temple [ˈtempl]	une tempe
a cheek [tʃi:k]	une joue
a cheekbone	une pommette
a jaw [dʒɔ:]	une mâchoire
the upper/lower jaw	la mâchoire supérieure/inférieure
the jawbone	le maxillaire
the chin [tʃɪn]	le menton
the brain [breɪn]	le cerveau
The nose [nəʊz]	le nez
the nostrils [ˈnɒstrəlz]	les narines

an ear [ɪəˈ]	une oreille
the ear lobe	le lobe de l'oreille
the eardrum	le tympan
The eye [aɪ]	l'œil
an eyelid	une paupière
an eyelash	un cil
an eyebrow	un sourcil
the arch of the eyebrow	l'arcade sourcilière
the eyeball	le globe oculaire
the iris [ˈaɪərɪs] (plur. irides)	l'iris
the eye socket	l'orbite oculaire
the pupil [ˈpju:pl]	la pupille, la prunelle
the retina [ˈretɪnə] (plur. retinae, retinas)	la rétine
the cornea [ˈkɔ:nɪə] (plur. corneae, corneas)	la cornée

The mouth [maʊθ]	la bouche	the nape of the neck	la nuque
the tongue [tʌn]	la langue	a shoulder ['ʃəʊldəʳ]	une épaule
a lip [lɪp]	une lèvre	a shoulder blade	une omoplate
the upper/lower lip	la lèvre supérieure/inférieure	the collarbone ['kɒlə.bəʊn]	la clavicule
the gums [gʌmz]	les gencives	the Adam's apple	la pomme d'Adam
the palate ['pælɪt]	le palais	the windpipe ['wɪndpaɪp]	la trachée artère
a tooth [tu:θ] (plur. teeth)	une dent	the larynx ['lærɪŋks] (plur. larynges, larynxes)	le larynx
a molar ['məʊləʳ]	une molaire		
an eyetooth ['aɪtu:θ]	une canine	the pharynx ['færɪŋks] (plur. pharynges, pharynxes)	le pharynx
an incisor [ɪn'saɪzəʳ]	une incisive		
a wisdom tooth	une dent de sagesse	BR the oesophagus [i:'sɒfəgəs] (plur. oesophagi)	l'œsophage
the milk teeth	les dents de lait		
		AM the esophagus (plur. esophagi)	
The neck [nek]	le cou	the vocal chords	les cordes vocales
the throat [θrəʊt]	la gorge	the tonsils ['tɒnslz]	les amygdales

THE TORSO : LE TORSE

The trunk [trʌŋk]	le tronc	the abdomen ['æbdəmən]	l'abdomen
the chest [tʃest]	la poitrine, la cage thoracique	the bowels ['baʊəls]	les intestins
the bosom ['bʊzəm] (soutenu)	la poitrine (d'une femme)	the intestines [ɪn'testɪnz]	
		the guts [gʌts] (parlé)	les boyaux
the bust [bʌst]	le buste	the appendix [ə'pendɪks] (plur. appendixes, appendices)	l'appendice
a breast [brest]	un sein		
the breastbone	le sternum	the navel ['neɪvəl]	le nombril
a rib [rɪb]	une côte	a kidney ['kɪdnɪ]	un rein
the thorax ['θɔ:ræks] (plur. thoraxes, thoraces)	le thorax	the bladder ['blædəʳ]	la vessie
		the bottom ['bɒtəm]	le derrière
the heart [hɑ:t]	le cœur	the buttocks ['bʌtəks]	les fesses
to beat* [bi:t]	battre (cœur)	the groin [grɔɪn]	l'aine
a lung [lʌŋ]	un poumon	the womb [wu:m]	l'utérus
the bronchial tubes	les bronches	the uterus ['ju:tərəs] (plur. uteri)	
the aorta [eɪ'ɔ:tə] (plur. aortae, aortas)	l'aorte	the vagina [və'dʒaɪnə] (plur. vaginae, vaginas)	le vagin
		an ovary ['əʊvərɪ]	un ovaire
The digestive system	le système digestif	the genitals ['dʒenɪtlz]	les organes génitaux
the stomach ['stʌmək]	l'estomac	the penis ['pi:nɪs] (plur. penises, penes)	le pénis
the liver ['lɪvəʳ]	le foie		
the gall bladder	la vésicule biliaire	the testicles ['testɪklz]	les testicules
the spleen [spli:n]	la rate		
the diaphragm ['daɪəfræm]	le diaphragme	**T**he back [bæk]	le dos
		the small of the back	le creux des reins
		the spine [spaɪn]	l'épine dorsale
The waist [weɪst]	la taille	the backbone the spinal column	la colonne vertébrale
the belly ['belɪ]	le ventre		
the tummy ['tʌmɪ] (parlé)		a vertebra ['vɜ:tɪbrə] (plur. vertebrae, vertebras)	une vertèbre

4 **THE LIMBS** : LES MEMBRES

An **arm** [ɑːm]	un bras
the **elbow** ['elbəu]	le coude
the **wrist** [rɪst]	le poignet
the **forearm** ['fɔːrɑːm]	l'avant-bras
the **armpit** ['ɑːmpɪt]	l'aisselle
A hand [hænd]	une main
the **back of the hand**	le dos de la main
the **palm** [pɑːm]	la paume
the **fist** [fɪst]	le poing
the **knuckle** ['nʌkl]	l'articulation du doigt
a **finger** ['fɪŋgəʳ]	un doigt
the **thumb** [θʌm]	le pouce
the **forefinger** ['fɔːˌfɪŋgəʳ]	l'index
the **middle finger**	le majeur
the **ring finger**	l'annulaire
the **little finger** AM the **pinkie** ['pɪŋkɪ] AM the **pinky**	le petit doigt, l'auriculaire
a **fingernail**	un ongle de la main
to be **right-handed**	être droitier
to be **left-handed**	être gaucher
A leg [leg]	une jambe
the **knee** [niː]	le genou

to **sit*** on sb's **lap**	être assis sur les genoux de qqn
the **kneecap**	la rotule
the **hip** [hɪp]	la hanche
the **thigh** [θaɪ]	la cuisse
the **ankle** ['æŋkl]	la cheville
the **calf** [kɑːf] (plur. calves)	le mollet
the **shinbone** ['ʃɪn.bəun]	le tibia
the **fibula** ['fɪbjulə] (plur. fibulae, fibulas)	le péroné
the **ham** [hæm]	le jarret
the **thighbone**	le fémur
to **break*** one's **hip**	se casser le col du fémur
the **pelvis** ['pelvɪs] (plur. pelvises, pelves)	le bassin
A foot [fut] (plur. feet)	un pied
the **heel** [hiːl]	le talon
the **sole of the foot**	la plante du pied
the **instep** ['ɪnstep]	le cou-de-pied
the **arch of the foot**	la voûte plantaire
a **toe** [təu]	un orteil
the **big toe**	le gros orteil
a **toenail**	un ongle de pied

5 **THE FACE** : LE VISAGE

The **features** ['fiːtʃəʳz]	les traits
to have **delicate features**	avoir les traits fins
the **countenance** ['kauntɪnəns] (soutenu)	la physionomie
freckles ['freklz]	des taches de rousseur
a **freckled face**	un visage plein de taches de rousseur
a **mole** [məul] a **beauty spot**	un grain de beauté
a **dimple** ['dɪmpl]	une fossette
a **wrinkle** ['rɪŋkl] a **line** [laɪn]	une ride
wrinkled ['rɪŋkld]	ridé
The **complexion** [kəm'plekʃən]	le teint
to have a **fresh complexion**	avoir le teint frais

a **greasy/dry skin**	une peau grasse/sèche
to have **soft/rough skin**	avoir la peau douce/rêche
a **pimple** ['pɪmpl] a **spot** [spɒt]	un bouton
pimply ['pɪmplɪ] **spotty** ['spɒtɪ]	boutonneux
What **colour** are her **eyes?**	De quelle couleur sont ses yeux?
to have **blue/brown/ green eyes**	avoir les yeux bleus/marrons/verts
deep-set/bulging eyes	des yeux caves/globuleux
to have **bags under** one's **eyes**	avoir des poches sous les yeux
a **Roman/snub/ flat/pointed nose**	un nez aquilin/retroussé/épaté/pointu

BR **a moustache** [məsˈtɑːʃ] AM **a mustache** [ˈmʌstæʃ]	une moustache	**whiskers** [ˈwɪskəʳz]	des favoris
a beard [bɪəd]	une barbe	BR **sideboards** [ˈsaɪdbɔːdz] AM **sideburns** [ˈsaɪdbɜːnz]	des pattes (de lapin)
to have a beard	porter la barbe		
bearded [ˈbɪədɪd]	barbu	**stubbly** [ˈstʌblɪ]	mal rasé (menton)

⑥ **THE HAIR** : LES CHEVEUX

A hair [hɛəʳ] — un cheveu

the hair (n.c. sing.) — les cheveux, la chevelure

a fine head of hair — une belle chevelure

a lock of hair — une mèche de cheveux

a curl [kɜːl] — une boucle

To have short/long/shoulder-length hair — avoir les cheveux courts/longs/mi-longs

to have curly/straight hair — avoir les cheveux frisés/raides

to have wavy/frizzy hair — avoir les cheveux ondulés/crépus

Blond(e) [blɒnd] — blond

ash blond — blond cendré

chestnut brown — châtain

his hair is dark
he has dark hair
he is dark-haired — il a les cheveux bruns

a brunette [bruːˈnet] — une brune

to have red hair
to have ginger hair
to be redheaded — être roux

a redhead — un(e) rouquin(e)

jet black hair — des cheveux d'ébène

BR **grey** [greɪ]
AM **gray** — gris

BR **to be going grey**
AM **to be going gray** — grisonner

to have white hair — avoir les cheveux blancs

Bald [bɔːld] — chauve

as bald as a coot
as bald as an egg — chauve comme un œuf

baldness [ˈbɔːldnɪs] — la calvitie

to be balding · — perdre ses cheveux

to be going thin on top — se dégarnir sur le dessus

a wig [wɪg] — une perruque

a toupee [ˈtuːpeɪ] — un postiche

dandruff [ˈdændrəf] (n.c. sing.) — des pellicules

A hairstyle [ˈhɛə.staɪl] — une coiffure

to change one's hairstyle — changer de coiffure

BR **the parting** [ˈpɑːtɪŋ]
AM **the part** [pɑːt] — la raie

close-cropped — coupé ras

a bob [bɒb] — une coupe courte

to have a crew cut — avoir les cheveux en brosse

BR **a plait** [plæt]
AM **a braid** [breɪd] — une tresse, une natte

to wear* one's hair in plaits — porter des nattes

a pigtail [ˈpɪg.teɪl] — une natte

a ponytail [ˈpəʊnɪ.teɪl] — une queue de cheval

a bun [bʌn] — un chignon

BR **a fringe** [frɪndʒ]
AM **a bang** [bæŋ] — une frange

to dye one's hair black — se teindre les cheveux en noir

REMARQUE : Il est possible de former des adjectifs sur le modèle suivant :
to have blond hair = avoir les cheveux blonds, **to be blond-haired**
= être blond.

7 HAIR CARE : LES SOINS DES CHEVEUX

To do* one's hair	se coiffer
a **comb** [kəʊm]	un peigne
a **brush** [brʌʃ]	une brosse
to **comb/to brush** one's hair	se peigner/se brosser les cheveux
to **backcomb one's hair**	se crêper les cheveux
a **shampoo** [ʃæmˈpuː]	un shampooing
to **shampoo** one's hair	se faire un shampooing
hair spray BR **(hair) lacquer**	la laque
a **hair slide** AM **a barrette** [bəˈret]	une barrette
a **hairgrip** [ˈheəgrɪp]	une pince
a **hairpin** [ˈheəpɪn]	une épingle à cheveux
a **hairnet** [ˈheənet]	un filet (à cheveux)
(hair) rollers	des rouleaux
(hair) curlers	des bigoudis
a **hair dryer**	un sèche-cheveux
Hairdressing [ˈheədresɪŋ]	la coiffure (métier)
a **hairdresser** [ˈheədresəʳ] a **hairstylist** [ˈheəstaɪlɪst]	un(e) coiffeur (-euse)

a **barber** [ˈbɑːbəʳ]	un coiffeur pour hommes
a **hairdressing salon**	un salon de coiffure
a **barbershop**	un salon de coiffure pour hommes
to **have one's hair done**	se faire coiffer
a **haircut** [ˈheəkʌt]	une coupe de cheveux
to **have one's hair cut**	se faire couper les cheveux
to **have a trim**	se faire rafraîchir les cheveux
a **hair set**	une mise en plis
to **have one's hair set**	se faire faire une mise en plis
to **have a blow dry**	se faire faire un brushing
to **have one's hair bleached**	se faire décolorer
a **rinse** [rɪns]	un rinçage
to **have highlights put in**	se faire faire des mèches
a **perm** [pɜːm]	une permanente
to **give* sb a perm** to **perm sb's hair**	faire une permanente à qqn

8 THE PHYSIQUE : LE PHYSIQUE

Height [haɪt]	la taille
to **be six feet tall**	≈ mesurer 1 mètre 80
to **be of average height**	être de taille moyenne
tall [tɔːl]	grand
big [bɪg]	grand et fort
small [smɔːl] **short** [ʃɔːt]	petit
a **giant** [ˈdʒaɪənt]	un géant
a **giantess** [ˈdʒaɪəntɪs]	une géante
a **dwarf** [dwɔːf]	un(e) nain(e)
Build [bɪld]	la carrure
broad-shouldered	de forte carrure
well-built	bien bâti
muscular [ˈmʌskjʊləʳ]	musclé (corps, membre, personne)
brawny [ˈbrɔːnɪ]	musclé (homme)

squat [skwɒt]	courtaud
thickset [ˈθɪkset]	trapu
stocky [ˈstɒkɪ]	râblé
The figure [ˈfɪgəʳ]	la silhouette
to **keep* one's figure**	garder la ligne
the **waistline** [ˈweɪstlaɪn]	le tour de taille
slim [slɪm]	mince
slimness [ˈslɪmnɪs]	la minceur
slight [slaɪt]	menu
petite [pəˈtiːt]	menue (femme)
slender [ˈslendəʳ]	élancé, svelte
slenderness [ˈslendənɪs]	la sveltesse
leggy [ˈlegɪ]	tout en jambes
thin [θɪn] **lean** [liːn]	maigre

thinness ['θɪnnɪs] **leanness** ['liːnnɪs]	la maigreur
as thin as a rake	maigre comme un clou
skinny ['skɪnɪ] (parlé)	maigrichon
to be all skin and bone	n'avoir que la peau et les os
lanky ['læŋkɪ]	dégingandé
puny ['pjuːnɪ]	chétif, frêle
a weakling ['wiːklɪŋ]	un gringalet
gaunt [gɔːnt] **emaciated** [ɪ'meɪsɪeɪtɪd]	émacié
Fat [fæt]	gros
fatness ['fætnɪs]	l'embonpoint
to put* on weight **to get fatter**	grossir
to be overweight	être trop gros
corpulent ['kɔːpjʊlənt] **stout** [staʊt] **portly** ['pɔːtlɪ]	corpulent
corpulence ['kɔːpjʊləns]	la corpulence
obese [əʊ'biːs]	obèse
obesity [əʊ'biːsɪtɪ]	l'obésité
hefty ['heftɪ]	costaud
flabby ['flæbɪ]	flasque
plump [plʌmp]	grassouillet
chubby ['tʃʌbɪ]	potelé
chubby-faced **chubby-cheeked**	joufflu
dumpy ['dʌmpɪ]	boulot
sturdy ['stɜːdɪ]	vigoureux
buxom ['bʌksəm]	bien en chair (femme)
tubby ['tʌbɪ] (parlé)	rondelet
bloated ['bləʊtɪd]	bouffi
Beauty ['bjuːtɪ]	la beauté
she's a real beauty	c'est une beauté
beautiful ['bjuːtɪfʊl]	beau (femme)
handsome ['hænsəm] **good-looking**	beau (homme)
shapely ['ʃeɪplɪ]	bien fait
attractive [ə'træktɪv]	séduisant

pretty ['prɪtɪ]	joli
charming ['tʃɑːmɪŋ]	charmant
sweet [swiːt] **cute** [kjuːt](parlé)	mignon
exquisite [ɪks'kwɪzɪt]	ravissant
well-groomed	soigné
to grow* more attractive	embellir
to have class	avoir de l'allure
a beauty competition **a beauty contest**	un concours de beauté
a beauty queen	une reine de beauté
Ugly ['ʌglɪ]	laid
ugliness ['ʌglɪnɪs]	la laideur
to become* ugly	enlaidir
plain [pleɪn] AM **homely** ['həʊmlɪ]	quelconque, ordinaire
unprepossessing ['ʌn.priːpə'zesɪŋ]	peu attirant
a forbidding look	un air rébarbatif
shabby ['ʃæbɪ]	minable
unkempt ['ʌn'kempt]	peu soigné
Pale [peɪl]	pâle
pallor ['pælə']	la pâleur
fair [fɛə']	clair (teint)
sallow ['sæləʊ]	cireux
dark [dɑːk]	basané (naturellement)
tanned [tænd]	basané (bronzé)
ruddy ['rʌdɪ]	rougeaud
To resemble sb **to look like sb**	ressembler à qqn
a resemblance [rɪ'zembləns]	une ressemblance
to be the spitting image of sb (parlé)	être le portrait craché de qqn
to be as like as two peas in a pod	se ressembler comme deux gouttes d'eau
a double ['dʌbl] **a lookalike** [lʊkə'laɪk]	un sosie

BEAUTY CARE : LES SOINS DE BEAUTÉ

Make-up ['meɪkʌp]	le maquillage
to make* o.s. up	se maquiller
heavily made-up	très maquillé
cosmetics [kɒz'metɪks]	les produits de maquillage

to remove one's make-up	se démaquiller
to cleanse one's skin	se nettoyer la peau
A cream [kriːm]	une crème
a moisturizer ['mɔɪstʃəraɪzə']	une crème hydratante

a lotion ['ləʊʃən]	une lotion
a face pack	un masque de beauté
a foundation cream	un fond de teint
face powder	la poudre
a powder compact	un poudrier
to powder one's nose	se poudrer
eye shadow	le fard à paupières
an eyebrow pencil	un crayon pour les yeux
mascara [mæs'kɑ:rə]	le mascara
a lipstick ['lɪpstɪk]	un tube de rouge à lèvres
to put* on lipstick	se mettre du rouge à lèvres
rouge [ru:ʒ]	le rouge à joues
tweezers ['twi:zəz]	une pince à épiler
perfume ['pɜ:fju:m] scent [sent]	le parfum
eau de Cologne	l'eau de Cologne
toilet water	l'eau de toilette
to dab on perfume	se parfumer
a bottle of perfume	un flacon de parfum

To do* one's nails	se faire les ongles
a nailbrush ['neɪlbrʌʃ]	une brosse à ongles
to cut* one's nails	se couper les ongles
to file one's nails	se limer les ongles
nail-clippers	un coupe-ongles
a nail file	une lime à ongles
to manicure one's nails	se faire une manucure
to give* sb a manicure	faire une manucure à qqn
a manicurist ['mænɪkjʊərɪst]	une manucure (personne)
a nail varnish a nail polish	un vernis à ongles
a nail polish remover	un dissolvant
a handcream ['hændkri:m]	une crème pour les mains
BR a beauty parlour AM a beauty parlor	un institut de beauté
a beautician [bju:'tɪʃən]	une esthéticienne
to have a facelift	se faire faire un lifting

---

10 HYGIENE : L'HYGIÈNE

Hygienic [haɪ'dʒi:nɪk]	hygiénique
BR body odour AM body odor BO (parlé)	les odeurs de transpiration
to smell* [smel]	sentir mauvais
to have good/bad breath	avoir bonne/mauvaise haleine
To (have a) wash AM to wash up(1)	se laver
to wash one's hands	se laver les mains
to have a bath to take* a bath AM to bathe(2) [beɪð]	prendre un bain
to run* a bath	faire couler un bain
a shower ['ʃaʊər]	une douche
to have a shower to take* a shower	prendre une douche
to have a quick wash	se débarbouiller
to freshen up	faire un brin de toilette
a rub-down	une friction
to soap o.s.	se savonner
to dry o.s.	se sécher

ATTENTION (1) BR **to wash up** = faire la vaisselle
(2) BR **to bathe** = se baigner dans la mer ou dans une rivière

Soap [səʊp]	le savon
a bar of soap	un savon
a tablet of soap	une savonnette
a deodorant [di:'əʊdərənt]	un déodorant
a sponge [spʌndʒ]	une éponge
a massage glove	un gant de crin
bath salts	les sels de bain
a sponge bag a toilet bag	une trousse de toilette
a toilet case	une mallette de toilette
To clean one's teeth	se laver les dents
to brush one's teeth	se brosser les dents
a toothbrush ['tu:θbrʌʃ]	une brosse à dents
toothpaste ['tu:θpeɪst]	la pâte dentifrice
a tube of toothpaste	un tube de dentifrice
to have a pedicure	se faire soigner les pieds
toilet paper	le papier hygiénique
a roll of toilet paper	un rouleau de papier hygiénique
BR a sanitary towel AM a sanitary napkin	une serviette hygiénique
a tampon ['tæmpɒn]	un tampon hygiénique

To shave [ʃeɪv]	se raser	**a shaving brush**	un blaireau
a razor [ˈreɪzəʳ]	un rasoir	**a razor blade**	une lame de rasoir
an electric razor	un rasoir électrique	**shaving cream**	la crème à raser
a shaver [ˈʃeɪvəʳ]		**shaving foam**	la mousse à raser
a cut-throat razor	un rasoir à main	**after-shave**	la lotion après-rasage

2 CLOTHING : L'HABILLEMENT

1 GETTING DRESSED : S'HABILLER

Clothes [kləʊðz]	les vêtements
a garment [ˈgɑːmənt]	un vêtement
dress [dres]	la tenue
gear [gɪəʳ] (n.c.) (parlé)	des fringues
To wear* [wɛəʳ]	porter
to dress (o.s.) **to get* dressed**	s'habiller
to put* sth on	mettre qqch.
to slip sth on	enfiler qqch.
dressed [drest] **clad** [klæd] (soutenu)	habillé, vêtu
to be dressed in black	être habillé en noir
to dress in white/wool	porter du blanc/de la laine
to be wearing casuals	avoir une tenue « sport »
fully clothed **fully dressed** **fully clad**	tout habillé
well/badly dressed	bien/mal habillé
ragged [ˈrægɪd] **tattered** [ˈtætəd]	en haillons
slovenly [ˈslʌvnlɪ]	débraillé
in full dress	en grande tenue
To undress (o.s.) **to get* undressed**	se déshabiller
to take* sth off	ôter qqch.
to change [tʃeɪndʒ] **to get* changed**	se changer
to strip off	se déshabiller complètement
to have nothing on	être tout nu
naked [ˈneɪkɪd] **nude** [njuːd]	nu (personne)
bare [bɛəʳ]	nu (membres)
barefoot	nu-pieds
barelegged	nu-jambes
bareheaded	nu-tête
stripped to the waist	torse nu
half-naked	à moitié nu
scantily dressed	en petite tenue

To fasten one's coat **to do* up one's coat**	fermer son manteau
to tie one's tie	nouer sa cravate
to tie one's belt **to buckle one's belt**	boucler sa ceinture
to unfasten one's jacket **to undo* one's jacket**	défaire sa veste
a button [ˈbʌtn]	un bouton
to button (up) a coat	boutonner un manteau
to unbutton [ˌʌnˈbʌtn]	déboutonner
to unbuckle one's belt	défaire sa ceinture
a hook [hʊk] **a fastener** [ˈfɑːsnəʳ]	une agrafe
BR **a zip (fastener)** AM **a zipper** [ˈzɪpəʳ]	une fermeture éclair®
BR **a press stud** AM **a snap (fastener)**	un bouton-pression
What size do you take?	Quelle taille faites-vous?
What is your waist/hip size?	Quel est votre tour de taille/de hanches?
to try sth on	essayer qqch.
it fits you	ça te va bien (comme taille)
it suits you	ça te va bien (comme couleur)
loose [luːs]	ample
baggy [ˈbægɪ]	large
close-fitting	ajusté
tight [taɪt]	étroit
skimpy [ˈskɪmpɪ]	étriqué
to match sth	être assorti à qqch.
a matching scarf	une écharpe assortie
A fancy-dress costume	un déguisement
in fancy dress	déguisé
to dress up *as sth*	se déguiser *en qqch.*
a uniform [ˈjuːnɪfɔːm]	un uniforme
to be in uniform	être en uniforme
spare clothes	des vêtements de rechange

THE WARDROBE : LA GARDE-ROBE

A collar [ˈkɒləʳ] — un col
a sleeve [sliːv] — une manche
short-sleeved — à manches courtes
long-sleeved — à manches longues
BR **cuffs** [kʌfz]
AM **(shirt) cuffs** — des manchettes
BR **turn-ups** [ˈtɜːnʌps]
AM **(pants) cuffs** — des revers de pantalon
a lapel [ləˈpel] — un revers de veste
a pocket [ˈpɒkɪt] — une poche
flies [flaɪz] (plur.) — la braguette

Knitwear [ˈnɪtweəʳ] (n.c. sing.) — les tricots (terme commercial)
a pullover [ˈpʊləʊvəʳ] — un pull-over
a sweater [ˈswetəʳ]
a jersey [ˈdʒɜːzɪ]
BR **a jumper** [ˈdʒʌmpəʳ] — un tricot
a thick sweater — un chandail
a cardigan [ˈkɑːdɪgən] — un gilet de laine
a sweatshirt [ˈswetʃɜːt] — un sweat-shirt
a T-shirt [ˈtiːʃɜːt] — un T-shirt
a slipover [ˈslɪpəʊvəʳ] — un débardeur
a neckline [ˈneklaɪn] — une encolure
BR **a polo-neck**
AM **a turtleneck**(1) [ˈtɜːtlnek] — un col roulé
a V-necked/round-necked sweater — un pull en V/ras du cou
a low-necked dress
a low-cut dress — une robe décolletée

(1) ATTENTION BR **a turtleneck** = un pull à col cheminée

A shirt [ʃɜːt] — une chemise
a sports shirt — un polo
in (one's) shirt sleeves — en manches de chemise
BR **trousers** [ˈtraʊzəz] (plur.)
AM **pants**(1) [pænts] (plur.) — un pantalon
slacks [slæks] (plur.) — un pantalon « sport »
cords [kɔːdz] (plur.) — un pantalon en velours côtelé
jeans [dʒiːnz] (plur.)
denims [ˈdenɪmz] (plur.) — un jean
shorts(2) [ʃɔːts] (plur.) — un short
a jacket [ˈdʒækɪt] — une veste, un veston
a blazer [ˈbleɪzəʳ] — un blazer
BR **a waistcoat** [ˈweɪstkəʊt]
AM **a vest**(3) [vest] — un gilet de costume

a suit [suːt]
BR **a lounge suit** — un complet
BR **a dinner jacket**
AM **a tuxedo** [tʌkˈsiːdəʊ] — un smoking
tails [teɪlz] (plur.) — une queue-de-pie
a tailcoat [ˈteɪlkəʊt] — un habit
a kilt [kɪlt] — un kilt

ATTENTION (1) BR **pants** = un slip
(2) également AM **shorts** = un caleçon d'homme
(3) BR **a vest** = un maillot de corps

A skirt [skɜːt] — une jupe
a straight/full skirt — une jupe droite/large
a pleated/gathered skirt — une jupe plissée/froncée
a miniskirt [ˈmɪnɪskɜːt] — une mini-jupe
culottes [kjuː(ˈ)lɒts] (plur.) — une jupe-culotte
a wrap-around skirt — une jupe-portefeuille
a dress [dres]
a gown [gaʊn] (soutenu) — une robe
an evening dress — une robe du soir
a blouse [blaʊz] — un chemisier, un corsage
BR **a shirtwaister** [ˈʃɜːtweɪstəʳ]
AM **a shirtwaist** [ˈʃɜːtweɪst] — une robe-chemisier
a suit [suːt] — un ensemble
a lady's suit — un tailleur
a shawl [ʃɔːl]
a wrap [ræp] — un châle
an apron [ˈeɪprən]
a pinafore [ˈpɪnəfɔːʳ] — un tablier

A coat [kəʊt] — un manteau
an overcoat [ˈəʊvəkəʊt] — un pardessus
a sheepskin jacket — une canadienne
a duffel coat — un duffel-coat
a fur coat — un manteau de fourrure
a raincoat [ˈreɪnkəʊt] — un imperméable
waterproof [ˈwɔːtəpruːf] — imperméable
BR **oilskins** [ˈɔɪlskɪnz] (plur.)
AM **oilers** [ˈɔɪləz] (plur.) — un ciré
BR **an anorak** [ˈænəræk]
AM **a parka** [ˈpɑːkə] — un anorak
a jerkin [ˈdʒɜːkɪn]
a (bomber) jacket — un blouson
BR **a windcheater** [ˈwɪndtʃiːtəʳ]
AM **a windbreaker** [ˈwɪndbreɪkəʳ] — un coupe-vent

a cloak [kləʊk]	une cape		**dungarees** [ˌdʌŋgəˈriːz] (plur.)	une salopette
a tunic [ˈtjuːnɪk]	une tunique		**sportswear** [ˈspɔːtsweəʳ](n.c. sing.)	les vêtements de sport (terme commercial)
Overalls [ˈəʊvərɔːlz] (plur.) BR **a boiler suit**	un bleu de travail		**a tracksuit** [ˈtræksuːt] **a jogsuit** [ˈdʒɒgsuːt]	un survêtement

REMARQUE : Les termes anglais désignant les vêtements dans lesquels on passe les jambes sont toujours au pluriel ; ex. : **my trousers have a hole in them** = mon pantalon est troué. Si l'on désire utiliser ces termes avec un adjectif numéral, il faut les accompagner de l'expression **pair(s) of** ; ex. : **I've bought one pair of trousers/two pairs of trousers** = j'ai acheté un pantalon/deux pantalons.

UNDERWEAR : LES SOUS-VÊTEMENTS

Underwear [ˈʌndəweəʳ] (n.c.)	le linge de corps		ATTENTION (1) AM **a vest** = un gilet de costume	
underclothing [ˈʌndəkləʊðɪŋ] (n.c. sing.)	les sous-vêtements		(2) FAUX AMI **a slip** = une combinaison (3) AM **pants** = un pantalon (4) BR **shorts** = un short	
lingerie [ˈlænʒəriː]	la lingerie fine		BR **pyjamas** [pɪˈdʒɑːməz] (plur.)	un pyjama
an undergarment [ˈʌndəgɑːmənt]	un sous-vêtement		AM **pajamas** [pəˈdʒɑːməz] (plur.)	
BR **a vest**(1) [vest] BR **a singlet** [ˈsɪŋglɪt] AM **an undershirt** [ˈʌndəʃɜːt]	un maillot de corps		BR **a nightdress** [ˈnaɪtdres] BR **a nightie** [ˈnaɪtɪ] (parlé) AM **a nightgown** [ˈnaɪtgaʊn]	une chemise de nuit
briefs [briːfs] (plur.)	un slip(2)		**a dressing-gown**	une robe de chambre
panties(3) [ˈpæntɪz] (plur.) BR **knickers** [ˈnɪkəz] (plur.)	un slip de femme, une culotte		**a bathrobe** [ˈbɑːθrəʊb] **a négligé** [ˈneglɪʒeɪ]	un peignoir de bain un déshabillé
BR **underpants** [ˈʌndəpænts] (plur.) AM **shorts**(4) [ʃɔːts] (plur.)	un caleçon		**A** sock [sɒk]	une chaussette
a bra [brɑː]	un soutien-gorge		**ankle socks**	des socquettes
a petticoat [ˈpetɪkəʊt] BR **an underskirt** [ˈʌndəskɜːt] **a waist slip**	un jupon		BR **tights** [taɪts] (plur.) AM **panty hose** (plur.) AM **pantihose** (plur.)	un collant
a (full) slip	une combinaison		**hose** [həʊz] (n.c. sing.) **hosiery** [ˈhəʊzɪərɪ] (n.c.)	les bas et chaussettes (terme commercial)
a body stocking	un body		**a stocking** [ˈstɒkɪŋ]	un bas
BR **a suspender** [səsˈpendəʳ] AM **a garter** [ˈgɑːtəʳ]	une jarretelle		**fishnet stockings**	des bas résille
			BR **a ladder** [ˈlædəʳ] AM **a run** [rʌn]	une maille filée, une échelle
BR **a suspender belt** AM **a garter belt**	un porte-jarretelles		**A** swimsuit [ˈswɪmsuːt]	un maillot de bain (pour femme)
BR **braces** [ˈbreɪsɪz] (plur.) AM **suspenders** [səsˈpendəʳs] (plur.)	des bretelles		**a one-piece/two-piece swimsuit**	un maillot de bain une pièce/deux pièces
a girdle [ˈgɜːdl]	une gaine		BR **swimming trunks** (plur.) AM **swimming shorts** (plur.)	un maillot de bain (pour homme)

4 FABRICS : LES TISSUS

A fabric ['fæbrɪk] **a material** [mə'tɪərɪəl]	un tissu, une étoffe
cloth [klɒθ] (n.c.)	du tissu, de l'étoffe
man-made fibres	les fibres synthétiques
Wool [wʊl]	la laine
wool BR **woollen** ['wʊlən] AM **woolen**	en laine
BR **woollens** ['wʊlənz] AM **woolens**	des lainages
tweed [twiːd]	le tweed
cotton ['kɒtn]	le coton
linen ['lɪnɪn]	le lin
silk [sɪlk]	la soie
satin ['sætɪn]	le satin
velvet ['velvɪt]	le velours
corduroy ['kɔːdərɔɪ]	le velours côtelé
denim ['denɪm]	la toile de jean
gingham ['gɪŋəm]	le vichy
polyester [ˌpɒlɪ'estəʳ]	le polyester
viscose ['vɪskəʊs]	la viscose
nylon ['naɪlɒn]	le nylon
acrylic [ə'krɪlɪk]	l'acrylique
terry towelling	le tissu-éponge
lace [leɪs]	la dentelle
fur [fɜːʳ]	la fourrure
leather ['leðəʳ]	le cuir
suede [sweɪd]	le daim
A printed material	un tissu imprimé
a stripe [straɪp]	une rayure
striped [straɪpt]	rayé
polka dots	des pois
a polka-dot dress	une robe à pois
checks [tʃeks] (plur.)	des carreaux
check(ed) [tʃek(t)]	à carreaux
tartan ['tɑːtən]	écossais
a herringbone pattern	un motif à chevrons

A tear [tɛəʳ]	un accroc
to come* off	se découdre (bouton)
to come* unstitched	se découdre (vêtement)
to crease [kriːs]	se chiffonner
a crease [kriːs]	un faux pli
crease-resistant	infroissable
to crumple ['krʌmpl]	se froisser
hard-wearing	solide
to shrink* [ʃrɪŋk]	rétrécir
frayed [freɪd]	effiloché
shiny ['ʃaɪnɪ]	lustré
threadbare ['θredbɛəʳ]	élimé, râpé
to fade [feɪd]	passer (couleur)
moth-eaten	mité
BR **colourfast** ['kʌləʳ.fɑːst] AM **colorfast**	grand teint
the colour has run	ça a déteint
Silky ['sɪlkɪ]	soyeux
velvety ['velvɪtɪ]	velouté
BR **fluff** [flʌf] (n.c.) AM **lint** [lɪnt] (n.c.)	des peluches
BR **fluffy** ['flʌfɪ] AM **linty** ['lɪntɪ]	pelucheux
To fold one's clothes	plier ses vêtements
to hang* up one's clothes	accrocher ses vêtements
a coat hanger	un cintre
a peg [peg]	une patère
a laundry ['lɔːndrɪ]	une blanchisserie
BR **a launderette** [ˌlɔːndə'ret] AM **a Laundromat®** ['lɔːndrəmæt]	une laverie automatique
to have sth drycleaned	donner qqch. à nettoyer
a (dry)cleaner	un(e) teinturier (-ière)
a (dry)cleaner's (shop)	une teinturerie, un pressing ·

REMARQUE : Tous les noms de tissus peuvent s'employer comme adjectifs ; ex. : **a cotton/silk dress** = une robe en coton/en soie.

5 **SEWING & WEAVING** : LA COUTURE ET LE TISSAGE

To sew* [səʊ]	coudre, faire de la couture
to sew* on a button	coudre un bouton
hand-sewn	cousu à la main
machine-sewn	piqué à la machine
to take* the stitches out of a garment	découdre un vêtement
BR **to unpick a garment**	
to embroider sth *with*	broder qqch. *de*
embroidery [ɪmˈbrɔɪdərɪ]	la broderie
a piece of embroidery	une broderie
lace [leɪs]	la dentelle
needlework [ˈniːdl.wɜːk] (n.c. sing.)	les travaux d'aiguille
a tailor [ˈteɪləʳ]	un tailleur
a dressmaker [ˈdres.meɪkəʳ]	une couturière
A needle [ˈniːdl]	une aiguille
a pin [pɪn]	une épingle
a safety pin	une épingle à nourrice
a pin cushion	une pelote à épingles
to pin sth (on)	épingler qqch.
to pin up a hem	épingler un ourlet
scissors [ˈsɪzəʳz]	des ciseaux
a pair of scissors	une paire de ciseaux
a thimble [ˈθɪmbl]	un dé
a tape measure	un mètre à ruban
a sewing machine	une machine à coudre
a sewing box	une boîte à ouvrage
a workbox [ˈwɜːkbɒks]	
Thread [θred]	du fil
BR **cotton** [ˈkɒtn]	
a reel of thread	une bobine de fil
a reel of cotton	
a ribbon [ˈrɪbən]	un ruban
A seam [siːm]	une couture
to baste [beɪst]	bâtir
BR **to tack** [tæk]	
a pleat [pliːt]	un pli
to shorten sth	raccourcir qqch.
to take* sth up	
to lengthen sth	rallonger qqch.
to let* sth down	
the cut of a garment	la coupe d'un vêtement
a buttonhole [ˈbʌtnhəʊl]	une boutonnière
to gather [ˈgæðəʳ]	froncer

a dart [dɑːt]	une pince
a lining [ˈlaɪnɪŋ]	une doublure
to line a skirt *with sth*	doubler une jupe *de qqch.*
lined with fur	doublé de fourrure
fur-lined	
a shoulder pad	une épaulette
to mend [mend]	raccommoder
to darn [dɑːn]	repriser
a patch [pætʃ]	une pièce
a pattern [ˈpætən]	un patron, un modèle
To knit [nɪt]	tricoter
knitting [ˈnɪtɪŋ]	le tricot (activité)
a ball of wool	une pelote de laine
a skein [skeɪn]	un écheveau
a stitch [stɪtʃ]	une maille
purl one, knit one	une maille à l'envers, une maille à l'endroit
knitting needles	des aiguilles à tricoter
a knitting machine	une machine à tricoter
to crochet [ˈkrəʊʃeɪ]	faire du crochet
a crochet hook	un crochet
Fashion [ˈfæʃən]	la mode
a style [staɪl]	un style, une mode
classic(al) [ˈklæsɪk(əl)]	classique
old-fashioned [ˈəʊldˈfæʃnd]	démodé
to come* back into fashion	revenir à la mode
to be in fashion	être à la mode (vêtement)
to be fashionable	
a fashion parade	un défilé de mode
the winter/summer collection	la collection d'hiver/d'été
a model [ˈmɒdl]	un mannequin
made-to-measure	fait sur mesure
to have a dress made	se faire faire une robe
ready-to-wear clothes	des vêtements de prêt-à-porter
BR **off-the-peg clothes**	
AM **off-the-rack clothes**	
the rag trade (parlé)	la confection
a clothes shop	un magasin de confection
a dress shop	
haute couture	la haute couture
a fashion designer	un(e) styliste
a top designer	un grand couturier

a designer shirt	une chemise haute couture	**the woof** [wʊf] **the weft** [weft]	la trame
a fitting ['fɪtɪŋ]	un essayage	**the warp** [wɔːp]	la chaîne
to fit a dress on sb	essayer une robe à qqn	**a loom** [luːm]	un métier
		to spin* [spɪn]	filer
To weave* [wiːv]	tisser	**a spindle** ['spɪndl]	un fuseau
a weaver ['wiːvəʳ]	un(e) tisserand(e)	**a tapestry** ['tæpɪstrɪ]	une tapisserie

 SHOES : LES CHAUSSURES

A shoe [ʃuː]	une chaussure, un soulier	BR **moccasins** ['mɒkəsɪns] AM **loafers** ['ləʊfəz]	des mocassins
a pair of shoes	une paire de chaussures	**pumps** [pʌmps] **court shoes**	des escarpins
to put* one's shoes on	se chausser	**a sandal** ['sændl]	une sandale
to take* one's shoes off	se déchausser	**a clog** [klɒg]	un sabot
the sole [səʊl]	la semelle	**canvas shoes**	des chaussures de toile
the heel [hiːl]	le talon	**trainers** ['treɪnəz]	des chaussures de sport
to wear* high heels	porter des talons hauts	**tennis shoes**	des tennis
high-heeled shoes	des chaussures à talons hauts	**gym shoes**	des chaussons de gymnastique
stiletto heels	des talons aiguilles	**a slipper** ['slɪpəʳ]	une pantoufle, un chausson
platform shoes	des chaussures à semelles compensées	**a mule** [mjuːl]	une mule
flat shoes	des chaussures basses		
patent (leather) shoes	des souliers vernis	**A shoeshop** ['ʃuːʃɒp]	un magasin de chaussures
a strap [stræp]	une bride	**footwear** ['fʊtwɛəʳ] (n.c.)	la chaussure (terme commercial)
BR **a shoelace** AM **a shoestring**	un lacet	**the shoe repairer** **the shoe mender** **the cobbler** ['kɒbləʳ]	le cordonnier
to lace up one's shoes **to do* one's shoes up**	lacer ses souliers	**to have one's shoes mended** **to have one's shoes repaired**	faire réparer ses chaussures
a shoehorn	un chausse-pied	**to have a pair of shoes resoled**	faire ressemeler une paire de chaussures
A (high) boot	une botte	**shoe polish** **shoe cream**	le cirage
an ankleboot ['æŋklbuːt]	un bottillon, une bottine	**to polish one's shoes**	cirer ses chaussures
thigh boots	des cuissardes	**to pinch** [pɪntʃ]	serrer, faire mal
wellington boots **wellies** ['welɪz]	des bottes en caoutchouc		

 ACCESSORIES AND JEWELLERY : LES ACCESSOIRES ET LES BIJOUX

A hat [hæt]	un chapeau	**a hood** [hʊd]	une capuche
the brim of the hat	le bord du chapeau	**a cap** [kæp]	une casquette

a **bonnet** [ˈbɒnɪt]	un bonnet
a **beret** [ˈbereɪ]	un béret
a **turban** [ˈtɜːbən]	un turban
a **felt hat**	un feutre
BR a **trilby** [ˈtrɪlbɪ] AM a **fedora** [fəˈdɔːrə]	un chapeau mou
BR a **bowler (hat)** [ˈbəʊləʳ(hæt)] AM a **derby** [ˈdɜːbɪ]	un chapeau melon
a **top hat**	un haut-de-forme
a **boater** [ˈbəʊtəʳ]	un canotier
a **helmet** [ˈhelmɪt]	un casque
a **balaclava (helmet)**	un passe-montagne
a **veil** [veɪl]	un voile, une voilette
a **tie** [taɪ] AM a **necktie** [ˈnektaɪ]	une cravate
a **bow tie**	un nœud papillon
a **belt** [belt]	une ceinture
a **scarf** [skɑːf] (plur. scarves)	une écharpe
a **muffler** [ˈmʌfləʳ]	un cache-nez
a **glove** [glʌv]	un gant
mitts [mɪts] **mittens** [ˈmɪtns]	des moufles
a **handbag** [ˈhændbæg] AM a **purse**(1) [pɜːs]	un sac à main
an **umbrella** [ʌmˈbrelə]	un parapluie
a **(walking) stick** a **cane** [keɪn]	une canne
a **briefcase** [ˈbriːfkeɪs]	une serviette
an **attaché case**	une mallette
a **waist bag** a **bum bag**	un sac banane
a **parasol** [ˈpærəsɒl]	une ombrelle

BR **sun glasses** **shades** [ʃeɪdz] (parlé)	des lunettes de soleil
(1) ATTENTION BR a **purse** = un porte-monnaie	
a **wallet** [ˈwɒlɪt] AM a **pocketbook** [ˈpɒkɪtbʊk] AM a **billfold** [ˈbɪlfəʊld]	un portefeuille
BR a **purse**(1) [pɜːs] AM a **coin purse** AM a **change purse**	un porte-monnaie
an **address book**	un carnet d'adresses
a **notebook** [ˈnəʊtbʊk]	un calepin
BR a **diary** [ˈdaɪərɪ] AM a **datebook** [ˈdeɪtbʊk]	un agenda
a **visiting card**	une carte de visite
a **handkerchief** [ˈhæŋkətʃɪf] a **hankie** [ˈhæŋkɪ] (parlé)	un mouchoir
a **tissue** [ˈtɪʃuː] a **paper hankie** (parlé)	un mouchoir en papier
a **lighter** [ˈlaɪtəʳ]	un briquet
(1) ATTENTION AM a **purse** = un sac à main	
A watch [wɒtʃ]	une montre
a **wristwatch** [ˈrɪstwɒtʃ]	une montre-bracelet
a **watchstrap**	un bracelet de montre
cufflinks [ˈkʌflɪŋks]	des boutons de manchette
a **bracelet** [ˈbreɪslɪt]	un bracelet
a **ring** [rɪŋ]	une bague
a **signet ring**	une chevalière
a **necklace** [ˈneklɪs]	un collier
a **pearl necklace**	un collier de perles
a **brooch** [brəʊtʃ]	une broche
an **earring** [ˈɪəˌrɪŋ]	une boucle d'oreille
a **badge** [bædʒ]	un badge
a **lapel badge**	une épinglette, un pin's

Tableau des correspondances les plus proches entre les tailles en France, en Grande-Bretagne et aux États-Unis

FEMMES								
Robes, jupes, manteaux, pantalons, chemisiers, pulls								
France	34	36	38	40	42	44	46	48
GB	6	8	10	12	14	16	18	20
USA	2	4	6	8	10	12	14	16
Chaussures								
France	37	38	39	40	41	42	43	
GB	$4\frac{1}{2}$	$5\frac{1}{2}$	$6\frac{1}{2}$	$7\frac{1}{2}$	$8\frac{1}{2}$	$9\frac{1}{2}$	$10\frac{1}{2}$	
USA	6	7	8	9	10	11	12	
HOMMES								
Pantalons								
France	36	37	38	39	40	42	44	46	48
USA	28	29	30	31	32	33	34	36	38
Chaussures								
France	40	41	42	43	44			
GB	6	7	8	9	10			
USA	7	8	9	10	11			

3 PERCEPTION : LA PERCEPTION

1 PHYSICAL FEELINGS : LES SENSATIONS

The five senses	les cinq sens
to perceive [pə'si:v]	percevoir
sensitive *to* ['sensɪtɪv]	sensible *à*
a sensation [sen'seɪʃən] **a feeling** ['fi:lɪŋ]	une sensation
to sense [sens]	sentir (intuitivement)
to feel* [fi:l]	sentir (physiquement)
to feel* a draught	sentir un courant d'air
to have a burning feeling	avoir une sensation de brûlure
I can't feel my hands	je ne sens plus mes mains
numb [nʌm]	engourdi (membre)
to go* numb **to go* to sleep** **to go* dead**	s'engourdir (membre)
Conscious of sth **aware of sth**	conscient de qqch.
unaware of sth	inconscient de qqch.
to experience sth	éprouver qqch.
to get* the impression that	avoir l'impression que
it felt like flying	on avait l'impression de voler
sensory ['sensərɪ]	sensoriel

sensuous ['sensjʊəs]	sensuel
sensuousness ['sensjʊəsnɪs]	la sensualité
Distinct [dɪs'tɪŋkt]	distinct
intense [ɪn'tens]	intense
intensity [ɪn'tensɪtɪ]	l'intensité
perceptible [pə'septəbl]	perceptible
imperceptible [ˌɪmpə'septəbl]	imperceptible
discernible [dɪ'sɜːnəbl]	discernable
to discern [dɪ'sɜːn]	discerner
detectable [dɪ'tektəbl]	décelable
to detect [dɪ'tekt]	détecter
superficial [ˌsuːpə'fɪʃəl]	superficiel
A reaction *to sth* [ri:'ækʃən]	une réaction à *qqch.*
to react *to sth* [ri:'ækt]	réagir à *qqch.*
a response *to sth* [rɪs'pɒns]	une réponse à *qqch.*
to respond *to sth* [rɪs'pɒnd]	répondre à *qqch.*
to stimulate ['stɪmjʊleɪt]	stimuler
a stimulus ['stɪmjʊləs] (plur. stimuli)	un stimulus

REMARQUE : Les verbes exprimant des sensations se construisent souvent avec **can** ; ex. : **I can feel it** = je le sens, **I can hear it** = je l'entends, **I can see it** = je le vois.

2 TOUCH : LE TOUCHER

To feel* sth	tâter qqch., palper qqch.
rough/smooth to the touch	rugueux/lisse au toucher
contact *with* ['kɒntækt]	le contact *avec*
to come* into contact *with*	être en contact *avec*
tactile ['tæktaɪl]	tactile
tangible ['tændʒəbl]	tangible

To touch [tʌtʃ]	toucher
to finger sth	toucher qqch. des doigts
to touch sth lightly	effleurer qqch.
to feel* around for sth	chercher qqch. à tâtons
to handle ['hændl]	manipuler
to rub *against* [rʌb]	frotter *contre*
to brush against sth	frôler qqch.

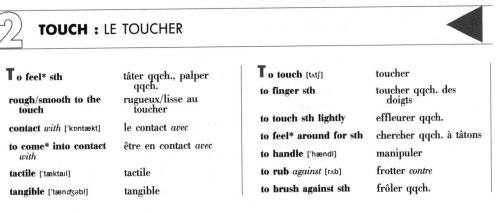

to **caress** [kə'res] to **stroke** [strəʊk] to **pet** [pet]	caresser	to **smooth**	lisser
		even ['i:vən]	uni
to **tap** on sth, against sth [tæp]	taper doucement sur qqch.	**downy** ['daʊnɪ]	duveteux
to **pat** [pæt]	tapoter (joue)	**H**ard [hɑ:d]	dur
to **tap**	tapoter (objet)	**slippery** ['slɪpərɪ]	glissant
to **knock** on/against sth [nɒk]	frapper sur/contre qqch.	**slimy** ['slaɪmɪ]	visqueux
		greasy ['gri:sɪ]	graisseux
to **squeeze** [skwi:z]	presser	**moist** [mɔɪst]	humide
to **tickle** ['tɪkl]	chatouiller	**sticky** ['stɪkɪ]	poisseux
ticklish ['tɪklɪʃ]	chatouilleux	**clammy** ['klæmɪ]	moite
		coarse [kɔ:s]	rude
Soft [sɒft]	doux	**uneven** [ʌn'i:vən]	irrégulier
smooth [smu:ð]	lisse	**rough** [rʌf]	rugueux

REMARQUE : On notera que la plupart des verbes exprimant le contact sont souvent
suivis d'une postposition : **to brush** against, **to rub** against, **to tap** on.

 TASTE : LE GOÛT

To taste sth	goûter qqch.	**D**elicious [dɪ'lɪʃəs]	délicieux
to **give*** sb a taste of sth	faire goûter qqch. à qqn	**tasty** ['teɪstɪ]	savoureux
to **taste** [teɪst]	déguster (vin)	**appetizing** ['æpɪtaɪzɪŋ]	appétissant
to **sample** ['sɑ:mpl]	déguster (fromages, coquillages)	**mouth-watering**	alléchant
		luscious ['lʌʃəs]	succulent
to **enjoy** [ɪn'dʒɔɪ] BR to **savour** ['seɪvə'] AM to **savor**	savourer	**palatable** ['pælətəbl]	agréable au goût
to **have a discerning palate**	avoir le palais fin	**T**asteless ['teɪstlɪs]	sans goût
		bland [blænd]	fade
To taste of sth	avoir un goût de qqch.	**insipid** [ɪn'sɪpɪd]	insipide
What does it taste like?	Quel goût ça a?	**unpalatable** [ʌn'pælɪtəbl]	désagréable au goût
		cloying ['klɔɪɪŋ]	écœurant
to **have a burnt taste**	avoir un goût de brûlé	**acrid** ['ækrɪd]	âpre
it **tastes nice/awful**	ça a bon/mauvais goût		
it **has a sweet/sour taste**	ça a un goût sucré/amer	**S**alty ['sɔ:ltɪ]	salé
sweet to the taste	sucré au goût	**hot** [hɒt]	relevé
you **can taste the vanilla**	on sent le goût de la vanille	**peppery** ['pepərɪ]	poivré
		sweet [swi:t]	sucré
an **aftertaste** ['ɑ:ftəteɪst]	un arrière-goût	**bitter** ['bɪtə']	amer
BR a **nice/strong flavour** AM a **nice/strong flavor**	un goût agréable/prononcé	**bitter-sweet**	aigre-doux
		acid ['æsɪd]	acide
BR to **flavour** sth AM to **flavor** sth	donner du goût à qqch.	**acidity** [ə'sɪdɪtɪ]	l'acidité
		sour ['saʊə']	aigre
BR a **flavour** ['fleɪvə'] AM a **flavor**	un parfum (glace)	**pungent** ['pʌndʒənt]	piquant

4 SMELL : L'ODORAT

To smell* sth	sentir qqch. (en le respirant)
to smell* gas	sentir une odeur de gaz
to have a keen sense of smell	avoir un bon odorat
a smell [smel]	une odeur
BR an odour ['əudə'] (soutenu)	
AM an odor (soutenu)	

To smell* of sth	sentir qqch. (en avoir l'odeur)
it smells of lavender	ça sent la lavande
it has no smell	ça ne sent rien
BR odourless ['əudəlɪs] AM odorless	inodore (gaz)
scentless ['sentlɪs]	inodore (fleur)

Sweet-smelling	odorant, qui sent bon
scent [sent] fragrance ['freɪgrəns]	le parfum (d'une fleur, d'un savon)
scented [sentɪd] fragrant ['freɪgrənt]	parfumé (fleur, savon)
sweet [swiːt]	parfumé (fruit)
heady ['hedɪ]	capiteux
pervasive [pɜːˈveɪsɪv]	pénétrant
a fragrance	une senteur
an aroma [əˈrəumə]	un arôme
aromatic [ˌærəuˈmætɪk]	aromatique

To sniff at sth	renifler qqch., flairer qqch.
to sniff the air	humer l'air
to scent [sent] to perfume ['pɜːfjuːm]	parfumer (fleurs)
to exhale [eksˈheɪl] to give* off	exhaler
to give* out a fragrance	embaumer

Nasty-smelling	malodorant, qui sent mauvais
it's smelly	ça sent mauvais
it's stuffy here	ça sent le renfermé ici
foul [faul]	nauséabond
to stink* [stɪŋk] to reek [riːk]	puer
to stink* of sth to reek of sth	puer qqch., empester qqch.
stinking ['stɪŋkɪŋ]	puant
it stank the room out	cela empestait la pièce
stink stench [stentʃ]	la puanteur
a stench	une odeur nauséabonde
acrid ['ækrɪd] pungent ['pʌndʒənt]	âcre
pungency ['pʌndʒənsɪ]	l'âcreté
fetid ['fetɪd]	fétide

5 SIGHT : LA VUE

To see* [siː]	voir
to have good/bad eyesight	avoir une bonne/mauvaise vue
visible ['vɪzəbl]	visible
invisible [ɪnˈvɪzəbl]	invisible
visibility [ˌvɪzɪˈbɪlɪtɪ]	la visibilité
visual ['vɪzjuəl]	visuel
at first sight	à première vue
to be in sight	être en vue
to come* into sight to appear [əˈpɪə']	apparaître
to be out of sight	être hors de vue
to go* out of sight to disappear [ˌdɪsəˈpɪə']	disparaître

at the sight of him, they ... when they saw him, they ...	à sa vue, ils...
to lose* sight of sth/sb	perdre qqch./qqn de vue
to shoot* on sight	tirer à vue
to know* sb by sight	connaître qqn de vue

To make* sth out	distinguer qqch.
to block sb's view	boucher la vue de qqn
a lovely view	une belle vue
the sight of [saɪt]	le spectacle de
a witness of, to ['wɪtnɪs]	un témoin de
the onlookers ['ɒnˌlukəz]	les badauds

Conspicuous [kən'spɪkjʊəs]	bien en évidence	**transparent** [træns'peərənt]	transparent
to be inconspicuous	passer inaperçu	**transparency** [træns'peərənsɪ]	la transparence
clear [klɪəʳ]	clair	**translucent** [trænz'luːsnt]	translucide
clarity ['klærɪtɪ]	la clarté	**optical** ['ɒptɪkəl]	optique
opaque [əʊ'peɪk]	opaque	**an optical illusion**	une illusion d'optique

 LOOKING : LE REGARD

To look at sth/sb to have a look at sth/sb to take* a look at sth/sb	regarder qqch./qqn	**to scan sth**	parcourir qqch. du regard
watch him do it **look at him do it**	regarde-le faire	**T**o peep at sth	regarder qqch. furtivement
to look down/up	baisser/lever les yeux	**to squint at sth**	regarder qqch. du coin de l'œil
to look for sth/sb	chercher qqch./qqn du regard	**to look surreptitiously at sb/sth**	regarder qqn/qqch. à la dérobée
to keep* a look-out for sth/sb	guetter qqch./qqn	**to ogle sb** (parlé)	reluquer qqn
		to blink [blɪŋk]	cligner des yeux
To observe [əb'zɜːv] to watch [wɒtʃ]	observer	**T**o gaze into space	regarder dans le vide
to examine [ɪg'zæmɪn]	examiner	**to stare at sb/sth**	fixer qqn/qqch. du regard
observant [əb'zɜːvənt]	observateur		
observation [ˌɒbzə'veɪʃən]	l'observation	**to peer at sb/sth**	regarder qqn/qqch. d'un air interrogateur
an observer [əb'zɜːvəʳ]	un(e) observateur (-trice)		
to notice sth/sb **to spot sth/sb**	remarquer qqch./qqn	**to peer doubtfully at sb/sth**	regarder qqn/qqch. d'un air dubitatif
to notice that	remarquer que	**to glare at sb**	lancer un regard furieux à qqn
to gaze at sth	contempler qqch.		
to fix one's gaze on sth/sb	arrêter ses yeux sur qqch./qqn	**to glare at sb disapprovingly**	jeter un regard désapprobateur à qqn
To glance at sth/sb	jeter un coup d'œil à qqch./qqn	**to make* eyes at sb** (parlé)	lancer des œillades à qqn
to glance up/around	regarder en l'air/autour de soi	**to wink at sb**	faire un clin d'œil à qqn
to catch* sight of sth/sb	apercevoir qqch./qqn (brièvement)	**to gape at sth/sb**	regarder qqch./qqn bouche bée
to catch* a glimpse of sth/sb		**he didn't take his eyes off her**	il ne l'a pas quittée des yeux

HEARING : L'OUÏE

To hear* [hɪəʳ]	entendre	**his hearing is very acute**	il a l'oreille fine
to listen *to sb/sth* ['lɪsən]	écouter *qqn/qqch.*		
to be all ears	être tout ouïe	**to have a good ear**	avoir de l'oreille

within/out of earshot	à portée/hors de portée de voix	to listen for sth	guetter (le bruit de) qqch.
To overhear* a conversation	surprendre une conversation	to listen with only one ear	n'écouter que d'une oreille
to eavesdrop on a conservation	écouter une conversation en cachette	to only half listen	
		to stop up one's ears	se boucher les oreilles
an eavesdropper ['i:vz.drɒpə']	une oreille indiscrète	to close one's ears to sth	faire la sourde oreille à qqch.
to prick up one's ears	tendre l'oreille	**A**udible ['ɔ:dɪbl]	audible
to lend* an ear to sth	prêter l'oreille à qqch.	audibly ['ɔ:dɪblɪ]	distinctement
		inaudible [ɪn'ɔ:dəbl]	imperceptible

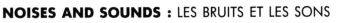

8   NOISES AND SOUNDS : LES BRUITS ET LES SONS

A noise [nɔɪz]	un bruit	piercing ['pɪəsɪŋ]	perçant
a sound [saʊnd]	un son	strident ['straɪdənt]	strident
noisy ['nɔɪzɪ]	bruyant	low [ləʊ]	grave (note)
noisily ['nɔɪzɪlɪ]	bruyamment	deep [di:p]	grave (voix, son)
to be noisy	faire du bruit	low-pitched	
to make* a noise			
		To ring* [rɪŋ]	sonner (téléphone, cloche, réveil)
Noiseless ['nɔɪzlɪs]	silencieux (machine)	a ring	une sonnerie
silent ['saɪlənt]	silencieux (personne, endroit)	to sound hollow	sonner creux
silence ['saɪləns]	le silence	to tinkle ['tɪŋkl]	tinter (clochette)
quiet ['kwaɪət]	tranquille	a tinkle	un tintement
quietness ['kwaɪətnɪs]	la tranquillité	to jingle ['dʒɪŋgl]	tinter (monnaie)
to be quiet	se taire	a jingle	un tintement
faint [feɪnt]	faible (bruit)	to chink [tʃɪŋk]	tinter (verres)
slight [slaɪt]		a chink	un tintement
faint	faible (voix)	to peal [pi:l]	carillonner
to muffle a sound	étouffer un bruit	to ring*	
		a peal of bells	un carillon
Loud [laʊd]	fort, sonore	to ring*	retentir (sonnerie)
deafening ['defnɪŋ]	assourdissant	to ring* out	retentir (cris)
a din [dɪn]	un vacarme	to boom [bu:m]	retentir (voix)
a racket ['rækɪt]		to resound with sth	retentir de qqch.
an uproar ['ʌprɔ:']	un tumulte		
an echo ['ekəʊ]	un écho	**T**o screech [skri:tʃ]	grincer (freins)
to echo	se répercuter	to grate [greɪt]	grincer (objet métallique)
		a screech [skri:tʃ]	un grincement
Shrill [ʃrɪl]	aigu (voix, son)	a grating noise	
high-pitched		to grind* one's teeth	grincer des dents
high(-pitched)	aigu (note)	to shriek [ʃri:k]	hurler (personne)
discordant [dɪs'kɔ:dənt]	discordant	a shriek	un hurlement
jarring ['dʒɑ:rɪŋ]		to wail [weɪl]	hurler (sirène)
to jar [dʒɑ:']	faire un bruit discordant	to blare [blɛə']	hurler (radio)
		to blast out	

To clink [klɪŋk]	cliqueter (vaisselle, clés)	**to squeak** [skwiːk]	craquer (chaussures)
a clink	un cliquetis	to creak [kriːk]	craquer (bois)
to clank [ˈklæŋk]	cliqueter (chaînes)	a creak	un craquement
a clank	un cliquetis	to rustle [ˈrʌsl]	bruire
to clatter [ˈklætəʳ]	cliqueter (talons)	a rustle	un bruissement
a clatter	un cliquetis		
to click [klɪk]	faire clic		
a click	un déclic	**To explode** [ɪksˈpləud]	exploser
to crunch [krʌntʃ]	crisser (gravier)	an explosion	une explosion, une
a crunch	un crissement (gravier)	[ɪksˈpləuʒən]	déflagration
to squeal [skwiːl]	crisser (pneus)	a blast [blɑːst]	
a squeal	un crissement (pneus)	a bang [bæŋ]	une détonation
to rattle [ˈrætl]	faire un bruit de ferraille (véhicule)	a report [rɪˈpɔːt]	
		to backfire [ˈbækˈfaɪəʳ]	pétarader
		to go* pop	faire pan
To crackle [ˈkrækl]	crépiter (feu)		
a crackle	un crépitement	**To snore** [snɔːʳ]	ronfler (personne)
to rattle [ˈrætl]	crépiter (mitrailleuse)	a snore	un ronflement
a rattle	un crépitement	to roar [rɔːʳ]	ronfler (feu, moteur)
to sizzle [ˈsɪzl]	grésiller (friture)	a roar [ˈrɔːr]	un ronflement
a sizzle	un grésillement (friture)	to whirr [wɜːʳ]	vrombir
to crackle	grésiller (radio)	a whirr [wɜːr]	un vrombissement
a crackle	un grésillement (radio)	to hiss [hɪs]	siffler (vapeur, serpent)
		a hiss	un sifflement
		to whistle [ˈwɪsl]	siffler (personne, vent, balle)
To crash [kræʃ]	se fracasser	a whistle	un sifflement
a crash	un fracas	to moan [məun]	gémir (vent, personne)
to come* crashing down	tomber avec fracas	a moan	un gémissement
Crash!	Patatras !	to creak [kriːk]	gémir (planche)
Bang! [bæŋ]		a creak	un gémissement
Wallop! [ˈwɒləp]		to rumble [ˈrʌmbl]	gronder (train, tonnerre, canon)
to bang	claquer (porte, volet)	a rumble	un grondement
a bang	un claquement	to roar [rɔːʳ]	rugir (mer, tempête)
to shut* the door with a bang	claquer la porte	a roar	un rugissement
to slam the door shut			
to snap [snæp]	claquer (corde qui casse)	**To make* a splash**	faire plouf
a snap	un claquement	to lap [læp]	clapoter
a slam [slæm]		the lapping of the waves	le clapotement des vagues
to crack [kræk]	claquer (fouet)	to gurgle [ˈgɜːgl]	gargouiller
a crack	un claquement	a gurgle	un gargouillis
to flap [flæp]	claquer (drapeau, voile)	to babble [ˈbæbl]	babiller (ruisseau, bébé)
to click one's heels	claquer des talons	the babbling of the brook	le babil du ruisseau
To crackle [ˈkrækl]	craquer (feuilles mortes)		
a crackle	un craquement		

REMARQUE : Les verbes indiquant le bruit peuvent s'employer à la forme en **-ing** pour indiquer le bruit lui-même ; ex. : **the whistling of the wind** = le sifflement du vent; **the sizzling of the butter in the pan** = le grésillement du beurre dans la poêle, etc. Ces formes peuvent également s'employer comme adjectifs précédant les mots **sound** et **noise** ; ex. : **I heard a whirring sound, I heard whirring sounds** = j'ai entendu un vrombissement, j'ai entendu des vrombissements.

4 BODILY ACTIVITY : L'ACTIVITÉ CORPORELLE

MOVEMENTS AND GESTURES : LES MOUVEMENTS ET LES GESTES

A movement
['mu:vmənt]
un mouvement

to move [mu:v]
bouger, faire un mouvement

a gesture ['dʒestʃəʳ]
un geste

to gesticulate
[dʒes'tɪkjʊleɪt]
gesticuler

To stand* up
se lever (quand on est assis)

to get* up
se lever (quand on est couché)

to stand* [stænd]
to be standing
être debout

To sit* down
s'asseoir (quand on est debout)

to sit* up
s'asseoir (quand on est couché)

to sit* [sɪt]
to be sitting
être assis

to sit* up straight
s'asseoir bien droit

to sit* astride *sth*
s'asseoir à califourchon sur qqch.

To stand* up straight
se tenir droit

to straighten one's back
se redresser

erect [ɪ'rekt]
droit comme un i

to have an arched back
être cambré

to have a stoop
être voûté

To bend* [bend]
se pencher, se courber

to bend* down
se baisser

to bend* one's knees
plier les genoux

to bend* one's head
to bow one's head
courber la tête

to kneel* down
s'agenouiller

to be kneeling
to be on one's knees
être à genoux

to crouch [kraʊtʃ]
to squat down
s'accroupir

on all fours
à quatre pattes

To lie* down
se coucher, s'étendre

to lie* [laɪ]
to be lying
être couché, être étendu

to sink* back into a chair
s'enfoncer dans un fauteuil

to sprawl in the grass
se vautrer dans l'herbe

to stretch [stretʃ]
s'étirer

A position [pə'zɪʃən]
une position

in a sitting/lying position
en position assise/couchée

to be sitting in the wrong position
être assis dans une mauvaise position

to hold* o.s. well/badly
bien/mal se tenir

the gait [geɪt]
la démarche

To turn round
se retourner

to turn towards sb
se tourner vers qqn

to spin* round
to swing* round
se retourner vivement

to turn one's back on sb
tourner le dos à qqn

his back was turned towards the door
il avait le dos tourné à la porte

To fold one's arms
croiser les bras

with (one's) arms folded
with folded arms
les bras croisés

to cross one's legs
croiser les jambes

with (one's) legs crossed
with crossed legs
les jambes croisées

with arms dangling
les bras ballants

with arms akimbo
les poings sur les hanches

to sway one's hips
se déhancher en marchant

To keep*/lose* one's balance
garder/perdre l'équilibre

to lean* against sth
s'appuyer contre qqch.

to lean* over sth
se pencher sur qqch.

to lean* forward/back(ward)
se pencher en avant/en arrière

To shake* one's head
secouer la tête, faire non de le tête

to nod [nɒd]
hocher la tête

to nod one's head	faire oui de la tête
to shake* one's fist at sb	menacer qqn du poing
to be restless	ne pas tenir en place
to be fidgety	être remuant
a nervous twitch a tic [tɪk]	un tic

To raise one's hand	lever la main
to swing* one's arms	balancer les bras
to shrug one's shoulders	hausser les épaules
to wave to sb	faire signe de la main à qqn
to point at sth	montrer qqch. du doigt
to beckon to sb	faire signe à qqn de venir
to clench one's fist	serrer le poing
to click one's fingers to snap one's fingers	faire claquer ses doigts
to twiddle one's thumbs	se tourner les pouces

To shake* [ʃeɪk] to tremble ['trembl]	trembler
to shiver ['ʃɪvəʳ]	frissonner (de froid, de peur)
a shiver	un frisson
to shake* with fear to quake with fear	trembler de peur
to shudder ['ʃʌdəʳ]	frémir (de répulsion, d'horreur)
a shudder	un frisson
to quiver ['kwɪvəʳ]	frémir (d'espoir, de colère)
a quiver	un frisson
to writhe [raɪð]	se tordre

Graceful ['greɪsful]	gracieux
elegant ['elɪgənt]	élégant
clumsy ['klʌmzɪ]	maladroit
awkward ['ɔːkwəd]	gauche

REMARQUE : La plupart des verbes de mouvement décrivent la position lorsqu'ils sont employés à la forme continue : **to be sitting/leaning/kneeling** = être assis/appuyé/agenouillé. Il ne faut pas confondre cette construction avec l'emploi de ces verbes à la forme simple qui décrit une action : **to sit down** = s'asseoir, **to lean against sth** = s'appuyer contre qqch., **to kneel down** = s'agenouiller.

FACIAL EXPRESSIONS : LA PHYSIONOMIE

To express [ɪks'pres]	exprimer
expressive [ɪks'presɪv]	expressif
an expression of disgust	une expression de dégoût
a smile [smaɪl]	un sourire
to smile at sb, to sb	sourire à qqn
to be all smiles	être tout sourire
to have a silly grin on one's face	sourire d'un air bête

To laugh [lɑːf] to give* a laugh	rire
to laugh at sb	rire de qqn
a laugh	un rire
laughter ['lɑːftəʳ] (n.c.)	le rire
to roar with laughter	rire aux éclats
to burst* out laughing	éclater de rire
to guffaw [gʌ'fɔː]	rire bruyamment

to chuckle ['tʃʌkl]	glousser
a chuckle	un gloussement
to giggle ['gɪgl]	rire bêtement
a giggle	un petit rire bête
to get* the giggles	avoir le fou rire
to sneer [snɪəʳ]	ricaner
a sneer	un ricanement

To cry [kraɪ] to weep* [wiːp] (soutenu)	pleurer
to have a good cry (parlé)	pleurer un bon coup
a tear(drop) ['tɪə(drɒp)]	une larme
to burst* into tears	fondre en larmes
to be in tears	être en larmes
tearful ['tɪəful]	larmoyant
his eyes were watering	il avait les larmes aux yeux

onions make my eyes water	les oignons me font pleurer
to sob [sɒb]	sangloter
a sob	un sanglot
to whine [waɪn]	pleurnicher
To wink at sb	faire un clin d'œil à qqn
to screw up one's eyes	plisser les yeux
to frown [fraʊn]	froncer les sourcils
to frown at sb	regarder qqn en fronçant les sourcils

to scowl at sb	lancer un regard mauvais à qqn
to put* out one's tongue *at sb*	tirer la langue *à qqn*
to pull a face to pout [paʊt]	faire la moue
to make* faces *at sb*	faire des grimaces à *qqn*
to grimace [grɪ'meɪs]	faire la grimace
a grimace	une grimace de douleur
to purse one's lips	pincer les lèvres

THE VOICE : LA VOIX

To shout [ʃaʊt] to yell [jel]	crier
a shout a yell	un cri
to scream [skriːm] to howl [haʊl]	hurler
a scream a howl	un hurlement
to shriek [ʃriːk]	pousser un cri perçant
a shriek	un cri perçant
to cry out to exclaim [ɪks'kleɪm]	s'écrier
to bawl [bɔːl]	brailler
to shout for help	crier au secours
to shout at sb	crier après qqn
to shout sth (out) to sb	crier qqch. à qqn
to scream with pain to howl with pain	hurler de douleur
To whisper ['wɪspər]	murmurer
a whisper	un murmure
to mumble ['mʌmbl]	marmonner
a mumble	un marmonnement
to mutter ['mʌtər]	marmotter
a mutter	un marmottement
to clear one's throat	se râcler la gorge
To moan [məʊn] to groan [grəʊn]	gémir
a moan a groan	un gémissement
to grunt [grʌnt]	grogner
a grunt	un grognement
to snarl [snɑːl] to growl [graʊl]	gronder

a snarl a growl	un grondement
to croak [krəʊk]	parler d'une voix rauque
To cheer [tʃɪər]	pousser des hourras
cheering ['tʃɪərɪŋ] (n.c. sing.)	des acclamations
to stammer ['stæmər] to stutter ['stʌtər]	bégayer
a stammer a stutter	un bégaiement
a stammerer ['stæmərər] a stutterer ['stʌtərər]	un(e) bègue
his voice is breaking	il mue
to whistle ['wɪsl] to give* a whistle	siffler
a whistle	un sifflement
to sigh [saɪ]	soupirer
to give* a sigh	pousser un soupir
a sigh	un soupir
A stentorian voice	une voix de stentor
to speak* in a low/loud voice	parler bas/fort
to have lost one's voice	avoir perdu la voix
to have a deep voice	avoir une voix grave
to have a thin voice	avoir un filet de voix
soft [sɒft]	doux
shrill [ʃrɪl]	perçant
high-pitched	aigu
piping ['paɪpɪŋ]	flûté
melodious [mɪ'ləʊdɪəs]	mélodieux
musical ['mjuːzɪkəl]	musical
rough [rʌf]	rude

harsh [hɑːʃ]	dur	**hoarse** [hɔːs]	enroué
gravelly ['grævəlɪ] **rasping** ['rɑːspɪŋ]	rocailleux	**husky** ['hʌskɪ]	rauque

REMARQUES :

1 **to whisper sth, to say sth in a whisper** = murmurer qqch., **to whisper back, to answer in a whisper** = murmurer une réponse, répondre en un murmure.

2 Les verbes tels que **to whistle** = siffler expriment l'action en général ; ex. : **he was whistling** = il était en train de siffler. Les constructions telles que **to give a whistle** = siffler expriment une action ponctuelle ; ex. : **he gave a whistle when he saw the picture** = il siffla à la vue du tableau.

4 THE ORGANISM : L'ORGANISME

A hiccup ['hɪkʌp] **a hiccough**	un hoquet	**T o yawn** [jɔːn] **to give* a yawn**	bâiller
to hiccup **to hiccough**	hoqueter	**a yawn**	un bâillement
to have hiccups	avoir le hoquet	**to snore** [snɔːʳ]	ronfler
a burp [bɜːp]	un rot	**a snore**	un ronflement
to burp	roter		
to burp a baby	faire faire son rot à un bébé	**P erspiration** [ˌpɜːspə'reɪʃən]	la transpiration
a belch [beltʃ]	un renvoi	**to perspire** [pəs'paɪəʳ]	transpirer
to belch	avoir un renvoi	**sweat** [swet]	la sueur
his tummy was gurgling	son estomac gargouillait	**to sweat**	suer
to have wind	avoir des gaz	**in a sweat**	en sueur
		beads of perspiration **beads of sweat**	des gouttes de sueur
A cough [kɒf]	une toux	**the sweat is pouring off me**	je suis en nage
to cough	tousser	**to have sweaty feet**	transpirer des pieds
a fit of coughing	une quinte de toux		
a sneeze [sniːz]	un éternuement	**T o spit*** [spɪt]	cracher
to sneeze	éternuer	**spittle** ['spɪtl] (n.c.)	un crachat
to blow* one's nose	se moucher	**to dribble** ['drɪbl]	baver
a sniff(le) ['snɪf(l)]	un reniflement	**to salivate** ['sælɪveɪt]	saliver
to sniff(le)	renifler	**saliva** [sə'laɪvə]	la salive
B reathing ['briːðɪŋ] (n.c.)	la respiration	**T o go* to the lavatory** **to go* to the toilet**	aller aux toilettes
breath [breθ]	le souffle, l'haleine	BR **to spend a penny** (parlé)	aller au petit coin
to breathe [briːð]	respirer		
to breathe in	inspirer	**to pee** [piː] (parlé) **to have a pee** (parlé) **to wee(wee)** ['wiː(wiː)] (parlé)	faire pipi
to breathe out	expirer		
take a deep breath	respirez bien fort		
to be out of breath	être essoufflé	**to urinate** ['juərɪneɪt] **to pass water**	uriner
to hold* one's breath	retenir son souffle		
to wheeze [wiːz]	respirer bruyamment	**urine** ['juərɪn]	l'urine
to gasp (for breath)	avoir le souffle coupé	**stools** [stuːls]	les selles
to pant (for breath) **to puff** [pʌf]	haleter	**excrement** ['ekskrɪmənt] (n.c. sing.)	les excréments
to choke [tʃəʊk]	s'étrangler	**faeces** ['fiːsiːz]	

5 **SEXUALITY** : LA SEXUALITÉ

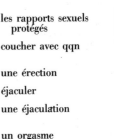

Sex [seks] — le sexe
sexual ['seksjʊəl] — sexuel
male [meɪl] — mâle, masculin
female ['fi:meɪl] — femelle, féminin
feminine ['femɪnɪn] — féminin
femininity [ˌfemɪ'nɪnɪtɪ] — la féminité
virile ['vɪraɪl] — viril
manly ['mænlɪ]
virility [vɪ'rɪlɪtɪ] — la virilité
manliness ['mænlɪnɪs]
impotent ['ɪmpətənt] — impuissant
impotence ['ɪmpətəns] — l'impuissance
frigid ['frɪdʒɪd] — frigide
frigidity [frɪ'dʒɪdɪtɪ] — la frigidité
chaste [tʃeɪst] — chaste
chastity ['tʃæstɪtɪ] — la chasteté

A lover ['lʌvə'] — un amant
a mistress ['mɪstrɪs] — une maîtresse
a partner ['pɑ:tnə'] — un(e) partenaire
to seduce [sɪ'dju:s] — séduire
sexy ['seksɪ] (parlé) — sexy
erotic [ɪ'rɒtɪk] — érotique
to kiss [kɪs] — embrasser, s'embrasser
to embrace [ɪm'breɪs] — enlacer, s'enlacer
to hug [hʌg]
to caress [kə'res] — caresser, se caresser
to fondle ['fɒndl]
to make* love *to sb* — faire l'amour *avec qqn*
to have sex *with sb* — avoir des rapports
to have (sexual) — (sexuels) *avec qqn*
   intercourse *with sb*

safe sex (n.c. sing.) — les rapports sexuels
   protégés
to sleep* with sb — coucher avec qqn
to go* to bed with sb
an erection [ɪ'rekʃən] — une érection
to ejaculate [ɪ'dʒækjʊleɪt] — éjaculer
an ejaculation — une éjaculation
   [ɪˌdʒækjʊ'leɪʃən]
an orgasm ['ɔ:gæzəm] — un orgasme

Sperm [spɜ:m] — le sperme
to have one's period(s) — avoir ses règles
to menstruate
   ['menstrueɪt] (soutenu)
menstruation — la menstruation
   [ˌmenstru'eɪʃən] (soutenu)
menopause ['menəupɔ:z] — la ménopause
male menopause — l'andropause

Contraception — la contraception
   [ˌkɒntrə'sepʃən]
a contraceptive — un contraceptif
   [ˌkɒntrə'septɪv]
BR **a condom** ['kɒndəm] — un préservatif
AM **a rubber**⁽¹⁾ ['rʌbə']
the pill [pɪl] — la pilule (contraceptive)
to be on the pill — prendre la pilule
a loop [lu:p] — un stérilet
an intra-uterine device
   (abr. IUD)

(1) ATTENTION BR **a rubber** = une gomme

6 **WAKING** : L'ÉTAT DE VEILLE

To wake* (up) — se réveiller
to awake* [ə'weɪk]
Wake up! — Réveille-toi!
to wake* sb up — réveiller qqn
to wake* with a start — se réveiller en sursaut
an alarm [ə'lɑ:m] — un réveil, un réveille-
an alarm clock — matin
a clock-radio — un radio-réveil
to set* the alarm for 5 — mettre le réveil à
   5 heures
to ring* [rɪŋ] — sonner
the alarm has gone — le réveil a sonné

To get* up — se lever
to rise* [raɪz]
Up you get! — Lève-toi!
Get up!
to be an early riser — être matinal
an early bird — un lève-tôt
a night owl — un lève-tard
to toss and turn — se tourner et se
   retourner dans
   son lit
to jump out of bed — sauter du lit
to rub one's eyes — se frotter les yeux

To sleep* in	dormir tard	it keeps me awake	ça m'empêche de dormir
to have a lie-in (parlé)	faire la grasse matinée	to have a sleepless night	passer une nuit blanche
to stay in bed	rester au lit	he didn't sleep a wink	il n'a pas fermé l'œil de la nuit
to have a rest	se reposer	he didn't get a wink of sleep (parlé)	
to take* a rest		insomnia [ɪnˈsɒmnɪə]	l'insomnie
AM to rest up		to have insomnia	avoir des insomnies
		to suffer from insomnia	
Wakeful [ˈweɪkfʊl]	éveillé		
wide-awake	bien réveillé	insomniac [ɪnˈsɒmnɪæk]	insomniaque

▶ 7 SLEEP : LE SOMMEIL

Sleepy [ˈsliːpɪ]	à moitié endormi	to slumber [ˈslʌmbəʳ] (soutenu)	dormir paisiblement
to feel* sleepy	avoir sommeil	the sandman has been here	le marchand de sable est passé
to be sleepy		I overslept	j'ai dormi trop longtemps
sleepily [ˈsliːpɪlɪ]	d'un air endormi		
drowsily [ˈdrauzɪlɪ]		to sleep* through one's alarm	ne pas entendre son réveil
sleepiness [ˈsliːpɪnɪs]	la somnolence		
to be asleep on one's feet	dormir debout	to sleep* round the clock	faire le tour du cadran
I can't keep my eyes open	je dors debout	**A** deep sleep	un sommeil profond
to be ready to drop	tomber de sommeil	to sleep* like a log	dormir comme une souche
drowsy [ˈdrauzɪ] (soutenu)	somnolent		
somnolent [ˈsɒmnələnt]		to be a heavy/light sleeper	avoir le sommeil lourd/léger
drowsiness [ˈdrauzɪnɪs]	la somnolence	to sleep* heavily/ lightly/soundly	dormir profondément/ d'un sommeil léger/ sur ses deux oreilles
torpor [ˈtɔːpəʳ]	la torpeur		
It's bedtime	c'est l'heure d'aller se coucher	**A** doze [dəʊz]	un petit somme
		a (short) nap	
at bedtime	à l'heure du coucher	to have a nap	faire un petit somme
to be in bed	être couché, être au lit	to take* a nap	
to go* to bed	se coucher	to doze off	s'assoupir
to go* to beddy-byes (parlé)	aller faire dodo	to (have a) doze	sommeiller
to put* sb to bed	coucher qqn	to snooze [snuːz]	
to tuck sb in	border qqn	a snooze	un roupillon
		to have a snooze	piquer un roupillon
To fall* asleep	s'endormir	to have forty winks (parlé)	
to go* to sleep		to take* a catnap (parlé)	
to get* to sleep	réussir à s'endormir	to have a siesta	faire la sieste
to drop off (parlé)	s'endormir (soudainement)	to take* a siesta	
to put* sb to sleep	endormir qqn		
to go* back to sleep	se rendormir	**T**o walk in one's sleep	marcher en dormant
Sleep well!	Dors bien!	to sleepwalk [ˈsliːpwɔːk]	
		sleepwalking [ˈsliːpwɔːkɪŋ]	le somnambulisme
To sleep* [sliːp]	dormir		
to be asleep		a sleepwalker [ˈsliːpwɔːkəʳ]	un(e) somnambule
to be fast asleep	dormir à poings fermés		
to be sound asleep			
half-asleep	à moitié endormi		

8 **DREAMS** : LES RÊVES

A dream [driːm] — un rêve
to dream* *about, of* — rêver *de*
to see* sth in one's dreams — voir qqch. en rêve
it came to him in a dream — il l'a vu en rêve
Pleasant dreams! Sweet dreams! — Fais de beaux rêves!
to have a bad dream — faire un mauvais rêve
a nightmare ['naɪt.mɛəʳ] — un cauchemar
to have a nightmare — faire un cauchemar
nightmarish ['naɪt.mɛərɪʃ] — cauchemardesque
my dream came true — mon rêve s'est réalisé
it was the car of his dreams / it was his dream car — c'était la voiture de ses rêves

A daydream ['deɪ.driːm]
a reverie ['revərɪ] (soutenu) — une rêverie
to daydream — rêvasser, rêver tout éveillé

a waking dream — un rêve éveillé
a mirage ['mɪrɑːʒ] — un mirage

An illusion [ɪ'luːʒən] — une illusion
a hallucination [həˌluːsɪ'neɪʃən] — une hallucination
to hallucinate [hə'luːsɪ.neɪt] — avoir des hallucinations
hallucinatory [hə'luːsɪnətərɪ] — hallucinatoire
a vision ['vɪʒən] — une vision
to have visions / to see* things — avoir des visions
to hypnotize sb — hypnotiser qqn
hypnotic [hɪp'nɒtɪk] — hypnotique
hypnotism ['hɪpnətɪzəm] — l'hypnotisme
a hypnotist ['hɪpnətɪst] — un(e) hypnotiseur (-euse)
a trance [trɑːns] — une transe
to go* into a trance — entrer en transe

HEALTH : LA SANTÉ

PHYSICAL CONDITION : LA CONDITION PHYSIQUE

Health [helθ]	la santé
healthy ['helθɪ]	en bonne santé
to be in good/poor health	être en bonne/mauvaise santé
to be/feel* well	être/se sentir bien
to be fine (parlé)	aller bien
to be as fit as a fiddle (parlé)	se porter comme un charme
fitness ['fɪtnɪs]	la forme
fit [fɪt] **in good shape**	en forme
to be blooming with health	être resplendissant de santé
sound [saʊnd]	sain (organe)
wholesome ['həʊlsəm]	sain (nourriture, mode de vie)
sound in body and mind	sain de corps et d'esprit
Strength [streŋθ]	la force
to be strong	être fort
robust [rəʊ'bʌst]	robuste (personne)
sound [saʊnd]	solide, robuste (cœur)
vigorous ['vɪgərəs]	vigoureux
energy ['enədʒɪ]	l'énergie
energetic [.enə'dʒetɪk]	énergique
vitality [vaɪ'tælɪtɪ]	la vitalité
lively ['laɪvlɪ]	plein de vitalité
sturdy ['stɜːdɪ]	solide
resilient [rɪ'zɪlɪənt]	endurant
active ['æktɪv]	actif
tough [tʌf]	résistant
to have a cast-iron constitution	avoir une santé de fer
endurance [ɪn'djʊərəns] **stamina** ['stæmɪnə]	l'endurance
to have staying power	avoir de l'endurance

To tire ['taɪə']	fatiguer, se fatiguer
tiredness ['taɪədnɪs]	la fatigue
tired ['taɪəd]	fatigué
exhausted [ɪg'zɔːstɪd] **tired out worn out**	épuisé
shattered ['ʃætəd] (parlé)	claqué
exhaustion [ɪg'zɔːstʃən]	l'épuisement
weary ['wɪərɪ]	las
weariness ['wɪərɪnɪs]	la lassitude
Weak [wiːk]	faible
weakness ['wiːknɪs]	la faiblesse
to have poor health	être de santé fragile
to suffer from ill health	être mal portant
sickly ['sɪklɪ]	maladif
To put* on weight	grossir, prendre du poids
to put* on 5 kilos	grossir de 5 kilos
to be overweight	être trop gros
obese [əʊ'biːs]	obèse
to lose* one's figure	s'empâter
to lose* weight	maigrir, perdre du poids
to lose* 2 kilos	maigrir de 2 kilos
to be underweight	être trop maigre
BR **to slim** [slɪm] AM **to slenderize** ['slendəraɪz]	mincir
to watch one's weight	surveiller sa ligne
a diet ['daɪət]	un régime
to be/go* on a diet	être/se mettre au régime
to diet	suivre un régime

THE PATIENT : LE MALADE

A patient ['peɪʃənt]	un(e) patient(e), un(e) malade
a sick person	un(e) malade

the sick [sɪk] (plur.)	les malades
to be out of sorts	ne pas se sentir très bien

to feel below par	ne pas se sentir en forme
unwell [ʌnˈwel] BR poorly [ˈpʊəlɪ]	souffrant
BR off colour (parlé) BR under the weather (parlé)	mal fichu
to be in a bad way (parlé)	aller vraiment mal
to be sickening for sth	couver qqch.
prone to	sujet à
a health hazard	un risque pour la santé
a hypochondriac [ˌhaɪpəʊˈkɒndrɪæk]	un(e) malade imaginaire

To fall* sick to fall* ill to be taken ill	tomber malade
to go* down with sth to come* down with sth	tomber malade de qqch.
BR to be ill AM to be sick(1)	être malade
to go* sick	se faire porter malade
on sick leave	en congé de maladie
to pass an illness on to sb	passer une maladie à qqn
(1) ATTENTION BR to be sick = vomir	

To suffer [ˈsʌfəʳ] to be in pain	souffrir
his condition is stable/critical	il est dans un état stable/critique
out of danger	hors de danger
his condition gives no cause for alarm	son état n'inspire pas d'inquiétude

he has taken a turn for the worse	son état s'est aggravé
to have a relapse	faire une rechute
seriously ill	gravement malade
terminally ill	condamné
to stay in bed	garder le lit
confined to bed	alité
bedridden [ˈbed.rɪdən]	grabataire

To be better to get* better	aller mieux
to feel* better	se sentir mieux
to improve [ɪmˈpruːv]	s'améliorer
there's a slight improvement	il y a un léger mieux
convalescence [ˌkɒnvəˈlesəns]	la convalescence
convalescent [ˌkɒnvəˈlesənt]	convalescent
a convalescent home	une maison de convalescence
to recuperate [rɪˈkuːpəreɪt]	récupérer
to be cured	guérir (personne)
to heal [hiːl] to mend [mend]	guérir (blessure)
to recover [rɪˈkʌvəʳ]	se rétablir
a recovery [rɪˈkʌvərɪ]	la guérison, le rétablissement
to get* over sth to recover from sth	se remettre de qqch.
to be back on one's feet again	être de nouveau sur pied
to be over the worst (parlé)	être tiré d'affaire
to pull through	s'en sortir .

TRAUMATISMS : LES TRAUMATISMES

An injury [ˈɪndʒərɪ]	une blessure
a knee injury	une blessure au genou
a wound [wuːnd]	une plaie
an open wound	une plaie ouverte
to injure [ˈɪndʒəʳ]	blesser (accidentellement)
to wound [wuːnd]	blesser (intentionnellement)
to injure o.s.	se blesser

A cut [kʌt]	une coupure
to cut* one's hand	se couper à la main
a bruise [bruːz]	un bleu, une ecchymose

a scratch [skrætʃ]	une égratignure
to scratch	égratigner
a graze [greɪz]	une éraflure
to graze one's knee	s'érafler le genou

A sprain [spreɪn]	une entorse
to twist one's ankle	se tordre la cheville
to sprain one's ankle	se fouler la cheville
to strain a muscle to pull a muscle	se froisser un muscle
to tear* a ligament	se déchirer un ligament

to dislocate one's shoulder	se démettre l'épaule
to have a stiff neck	avoir le torticolis
To break* one's arm	se casser le bras
a broken leg	une jambe cassée
a fracture ['fræktʃə']	une fracture
he has a fractured skull	il a une fracture du crâne
to be/put* in plaster	être/mettre dans le plâtre
to have one's arm in a sling	avoir le bras en écharpe
stitches [stɪtʃɪz]	des points de suture

A burn [bɜ:n]	une brûlure
a lesion ['li:ʒən]	une lésion
to get* sunstroke	attraper une insolation
a bee/wasp sting	une piqûre d'abeille/de guêpe
a bite [baɪt]	une morsure
a boil *on* [bɔɪl]	un furoncle *à*
an abscess ['æbses]	un abcès
a cyst *on sth* [sɪst]	un kyste *à qqch.*
a blister ['blɪstə']	une ampoule
a corn [kɔ:n]	un cor au pied
a chilblain ['tʃɪlbleɪn]	une engelure

▶ 4 SYMPTOMS : LES SYMPTÔMES

A pain [peɪn]	une douleur
to have a pain in one's arm	avoir une douleur au bras
a throbbing/agonizing pain	une douleur lancinante/atroce
painful ['peɪnful]	douloureux
a twinge [twɪndʒ]	un élancement
painless ['peɪnlɪs]	indolore

How are you feeling?	Comment vous sentez-vous?
What's the matter with you?	Qu'est-ce qui ne va pas?
I'm not feeling too good (parlé)	je ne me sens pas très bien
I'm feeling terrible (parlé)	je ne me sens pas bien du tout
to hurt* *sb* [hɜ:t]	faire mal *à qqn*
Where does it hurt?	Où avez-vous mal?
my arm hurts	j'ai mal au bras
I'm aching all over	j'ai mal partout
it's agony (parlé)	cela fait terriblement mal

A migraine ['mi:greɪn]	une migraine
to suffer from migraine	souffrir de migraines
neuralgia [njʊ'rældʒə] (n.c.)	la névralgie
tender ['tendə']	sensible (endroit)
sensible ['sensəbl]	sensible (blessure)
to have a headache	avoir mal à la tête
to have (a) stomach ache to have tummy ache (parlé)	avoir mal au ventre

to have a weak heart/stomach	avoir le cœur/l'estomac fragile
to suffer from backache	avoir souvent mal au dos
to have cramp in one's leg	avoir une crampe à la jambe
to have a sore throat/finger	avoir mal à la gorge/au doigt

To have a temperature to be running a temperature	avoir de la fièvre
to have a high fever	avoir beaucoup de fièvre
to have a temperature of 39 ºC	avoir 39 de fièvre
feverish ['fi:vərɪʃ]	fiévreux
to shiver ['ʃɪvə']	frissonner
to sneeze [sni:z]	éternuer
to cough [kɒf]	tousser
to have a fit of coughing	avoir une quinte de toux

To faint [feɪnt]	s'évanouir
unconscious [ʌn'kɒnʃəs]	sans connaissance
to lose*/recover consciousness	perdre/reprendre connaissance
to come* round	revenir à soi
to feel* giddy to feel* dizzy	avoir la tête qui tourne
dizziness ['dɪzɪnɪs] (sing.)	les vertiges
a bout of dizziness a dizzy spell	un vertige

To feel* sick	avoir mal au cœur	**A rash** [ræʃ]	une éruption
nausea ['nɔːsɪə]	la nausée	**to prickle** ['prɪkl]	picoter
to vomit ['vɒmɪt]	vomir	**to tingle** ['tɪŋgl]	
BR **to be sick**(1)		**my face is tingling**	le visage me picote
to throw* up (parlé)		**to sting*** [stɪŋ]	piquer
vomiting ['vɒmɪtɪŋ] (n.c. sing.)	des vomissements	**an itch** [ɪtʃ]	une démangeaison
to have a stomach upset	avoir l'estomac dérangé	**my arm is itching my arm is itchy**	le bras me démange
a spasm ['spæzəm]	un spasme	**a pimple** ['pɪmpl]	un bouton
it doesn't agree with me	je le digère mal	**a spot** [spɒt]	
to have diarrhea	avoir la diarrhée	**acne** ['æknɪ]	l'acné
BR **to have diarrhoea**		**eczema** ['eksɪmə]	l'eczéma
constipated ['kɒnstɪpeɪtɪd]	constipé	**an irritation** [ˌɪrɪ'teɪʃən]	une irritation
constipation [ˌkɒnstɪ'peɪʃən]	la constipation	**inflamed** [ɪn'fleɪmd]	enflammé
(1) ATTENTION AM **to be sick** = être malade		**to fester** ['festəʳ]	suppurer
		to swell* [swel]	enfler
B lood [blʌd]	le sang	**a swelling** ['swelɪŋ]	une enflure
to bleed* [bliːd]	saigner	**to be suffering from shock**	être commotionné
bleeding ['bliːdɪŋ] (n.c.)	le saignement		
BR **a haemorrhage** ['hemərɪdʒ]	une hémorragie	**S easickness** ['siːˌsɪknɪs]	le mal de mer
AM **a hemorrhage**		**airsickness** ['ɛəˌsɪknɪs]	le mal de l'air
BR **to haemorrhage**	faire une hémorragie	**to be seasick**	avoir le mal de mer
AM **to hemorrhage**		**to be airsick**	avoir le mal de l'air
blood pressure	la tension artérielle	**to be travel-sick**	être malade en voyage
to have high blood pressure	faire de l'hypertension	**to suffer from travel-sickness**	
to have low blood pressure	faire de l'hypotension	**to be carsick**	être malade en voiture

5 DISEASES : LES MALADIES

A disease [dɪ'ziːz]	une maladie	**a disorder** [dɪs'ɔːdəʳ]	un trouble
an illness ['ɪlnɪs]		**to have an attack of sth**	avoir une crise de qqch.
a lung/bone disease	une maladie pulmonaire/osseuse	**an allergy** ['ælədʒɪ]	une allergie
during his illness	pendant sa maladie	**allergic** to sth [ə'lɜːdʒɪk]	allergique à qqch.
a minor illness	une maladie sans gravité	**a fit** [fɪt]	des convulsions
to catch* sth	attraper qqch.	**a germ** [dʒɜːm]	un microbe
to get* sth		**a bug** [bʌg] (parlé)	
to have pneumonia	avoir une pneumonie	**a virus** ['vaɪərəs]	un virus
		contagious [kən'teɪdʒəs]	contagieux
A complaint [kəm'pleɪnt]	une affection	**catching** ['kætʃɪŋ] (parlé)	
		the incubation period	la période d'incubation
an infection [ɪn'fekʃən]	une infection		
an infectious disease	une maladie infectieuse	**A cold** [kəʊld]	un rhume
an epidemic [ˌepɪ'demɪk]	une épidémie	**a bad/slight cold**	un gros/petit rhume
a flu epidemic	une épidémie de grippe	**to catch* a cold**	s'enrhumer
an outbreak of flu		**to catch* a chill**	prendre froid

to have a **runny nose**	avoir le nez qui coule	**M**easles ['mi:zlz]	la rougeole
flu [flu:]	la grippe	**German measles**	la rubéole
influenza [ˌɪnfluˈenzə]		**chicken pox**	la varicelle
AM **grippe** [grɪp]		**mumps** [mʌmps]	les oreillons
asthmatic [æsˈmætɪk]	asthmatique	**scarlet fever**	la scarlatine
asthma [ˈæsmə]	l'asthme	**jaundice** [ˈdʒɔːndɪs]	la jaunisse
hay fever	le rhume des foins	**whooping cough**	la coqueluche
a throat infection	une angine		
sinusitis [ˌsaɪnəˈsaɪtɪs]	la sinusite		
tonsillitis [ˌtɒnsɪˈlaɪtɪs]	l'amygdalite		
Appendicitis [əˌpendɪˈsaɪtɪs]	l'appendicite	**R**heumatism [ˈruːmətɪzəm] (n.c. sing.)	les rhumatismes
food poisoning	l'intoxication alimentaire	**arthritis** [ɑːˈθraɪtɪs]	l'arthrite
kidney failure	l'insuffisance rénale	**lumbago** [lʌmˈbeɪgəʊ]	le lumbago
gallstones [ˈgɔːlstəʊnz]	des calculs biliaires	**to have varicose veins**	avoir des varices
a bilious attack	une crise de foie	**piles** [paɪlz]	les hémorrhoïdes
a hernia [ˈhɜːnɪə]	une hernie	**h(a)emorrhoids** [ˈhemərɔɪdz] (soutenu)	
a stomach ulcer	un ulcère à l'estomac		

> REMARQUE : Les noms de maladies ne prennent pas d'article en anglais courant et ne s'utilisent pas au pluriel ; ex. : il a fait une grosse bronchite = **he had bronchitis badly, he had a bad dose of bronchitis** ; avoir une légère grippe = **to have a touch of flu** ; faire plusieurs amygdalites = **to have tonsillitis several times.**

SERIOUS ILLNESSES : LES MALADIES GRAVES

Curable [ˈkjʊərəbl]	guérissable	**to have a coronary**	avoir un infarctus
incurable [ɪnˈkjʊərəbl]	incurable	**a heart failure**	un arrêt cardiaque
hereditary [hɪˈredɪtərɪ]	héréditaire	**a cardiac arrest**	
congenital [kənˈdʒenɪtl]	congénital	**angina** [ænˈdʒaɪnə]	l'angine de poitrine
chronic [ˈkrɒnɪk]	chronique		
a terminal illness	une maladie mortelle	**P**neumonia [njuːˈməʊnɪə]	la pneumonie
cancer [ˈkænsəʳ]	le cancer	**pleurisy** [ˈplʊərɪsɪ]	la pleurésie
to have cancer of the liver	avoir un cancer du foie	**tuberculosis** [tjuːbɜːkjuˈləʊsɪs]	la tuberculose
a cancer sufferer	un(e) cancéreux (-euse)	**TB** [tiːˈbiː] (parlé)	
carcinogenic [ˌkɑːsɪnəˈdʒenɪk]	cancérigène		
a growth on [grəʊθ]	une tumeur à	**A**n(a)emia [əˈniːmɪə]	l'anémie
BR **a tumour** on [ˈtjuːməʳ]		**an(a)emic** [əˈniːmɪk]	anémique
AM **a tumor** on		**diabetes** [ˌdaɪəˈbiːtiːz]	le diabète
a brain tumour	une tumeur au cerveau	**a diabetic** [ˌdaɪəˈbetɪk]	un(e) diabétique
malignant [məˈlɪgnənt]	malin	**epilepsy** [ˈepɪlepsɪ]	l'épilepsie
in a coma	dans le coma	**an epileptic** [ˌepɪˈleptɪk]	un(e) épileptique
		h(a)emophilia [ˌhiːməʊˈfɪlɪə]	l'hémophilie
To have a **stroke**	avoir une attaque	**a h(a)emophiliac** [ˌhiːməʊˈfɪlɪæk]	un(e) hémophile
to have a heart attack	avoir une crise cardiaque		

leuk(a)emia [luːˈkiːmɪə]	la leucémie	**meningitis** [ˌmenɪnˈdʒaɪtɪs]	la méningite
Parkinson's disease	la maladie de Parkinson	**typhoid** [ˈtaɪfɔɪd]	la typhoïde
shingles [ˈʃɪŋglz] (sing.)	le zona	**hepatitis** [ˌhepəˈtaɪtɪs]	l'hépatite
glandular fever mononucleosis [ˌmɒnəunjuːklɪˈəusɪs]	la mononucléose	**tetanus** [ˈtetənəs]	le tétanos
multiple sclerosis	la sclérose en plaques	**gangrene** [ˈgæŋgriːn]	la gangrène
		rabies [ˈreɪbiːz] (sing.)	la rage
Diphtheria [dɪfˈθɪərɪə]	la diphtérie	**A** venereal disease (abr. VD)	une maladie vénérienne
cholera [ˈkɒlərə]	le choléra	**a sexually transmitted disease**	une maladie sexuellement transmissible
malaria [məˈlɛərɪə]	le paludisme		
leprosy [ˈleprəsɪ]	la lèpre	**an STD** [estiːˈdiː]	une MST
a leper [ˈlepəʳ]	un(e) lépreux (-euse)	**Aids** [eɪdz] (sing.)	le sida
the plague [pleɪg]	la peste	**sero-positive HIV positive**	séro-positif
smallpox [ˈsmɔːlpɒks]	la variole		

---

7   PHYSICAL HANDICAPS AND MENTAL DISORDERS : LES HANDICAPS PHYSIQUES ET LES TROUBLES MENTAUX ◀

Handicapped [ˈhændɪkæpt] **disabled** [dɪsˈeɪbld]	handicapé	**A** mental illness	une maladie mentale
		a mentally ill person	un(e) malade mental(e)
a disabled person a handicapped person	un(e) handicapé(e)	**mental disorder** (n.c.)	les troubles mentaux
the disabled [dɪsˈeɪbld] (plur.) **the handicapped** (plur.)	les handicapés	**neurotic** [njuˈrɒtɪk]	névrosé
		neurosis [njuˈrəusɪs] (plur. neuroses)	la névrose
a handicap [ˈhændɪkæp]	un handicap	**psychosis** [saɪˈkəusɪs] (plur. psychoses)	la psychose
a disability [ˌdɪsəˈbɪlɪtɪ]	un handicap physique	**madness** [ˈmædnɪs] **lunacy** [ˈluːnəsɪ] **insanity** [ɪnˈsænɪtɪ]	la folie
infirm [ɪnˈfɜːm]	infirme		
an infirmity [ɪnˈfɜːmɪtɪ]	une infirmité	**dementia** [dɪˈmenʃɪə]	la démence
an invalid [ˈɪnvəlɪd]	un(e) infirme	**mad** [mæd] **crazy** [ˈkreɪzɪ] **insane** [ɪnˈseɪn]	fou
BR **paralysed** [ˈpærəlaɪzd] AM **paralyzed**	paralysé		
crippled [krɪpld]	estropié	**a lunatic** [ˈluːnətɪk]	un fou, une folle
to be hunchbacked	être bossu	**an insane person**	un(e) aliéné(e)
a hunchback [ˈhʌntʃbæk]	un bossu	**H**e's mentally deficient	c'est un débile mental
to be bandy-legged	avoir les jambes arquées	**mongolism** [ˈmɒngəlɪzəm] **Down's syndrome**	le mongolisme
lame [leɪm]	boiteux, estropié		
to limp [lɪmp]	boiter	**a mongol** [ˈmɒngəl]	un(e) mongolien(ne)
crutches [ˈkrʌtʃɪz]	des béquilles	**a Down's syndrome child**	un(e) trisomique 21
a wheelchair [ˈwiːltʃɛəʳ]	un fauteuil roulant	**brain damage** (n.c.)	une lésion cérébrale
(a) spastic [ˈspæstɪk]	(un) handicapé moteur		
his faculties are impaired	il est très diminué	**A** nervous breakdown	une dépression nerveuse
paraplegic [ˌpærəˈpliːdʒɪk]	paraplégique	**to have a breakdown**	faire une dépression nerveuse
hemiplegic [ˌhemɪˈpliːdʒɪk]	hémiplégique		

depressive [dɪ'presɪv]	dépressif	
autism ['ɔːtɪzəm]	l'autisme	
autistic [ɔː'tɪstɪk]	autistique, autiste	
anorexia (nervosa)	l'anorexie (mentale)	
anorexic [ænə'reksɪk]	anorexique	
bulimia [bjuː'lɪmɪə]	la boulimie	
bulimic [bjuː'lɪmɪk]	boulimique	
stress [stres]	le stress	
hysteria [hɪs'tɪərɪə]	l'hystérie	
(a fit of) hysterics	une crise de nerfs	

A **phobia** ['fəubɪə]	une phobie
to have a phobia about sth	avoir la phobie de qqch.
claustrophobia [ˌklɔːstrə'fəubɪə]	la claustrophobie
claustrophobic [ˌklɔːstrə'fəubɪk]	claustrophobe
agoraphobia [ˌægərə'fəubɪə]	l'agoraphobie
a hallucination [həˌluːsɪ'neɪʃən]	une hallucination
schizophrenia [ˌskɪtsəu'friːnɪə]	la schizophrénie
a schizophrenic [ˌskɪtsəu'frenɪk]	un(e) schizophrène

8 TEETH, EYES AND EARS : LES DENTS, LES YEUX ET LES OREILLES

A **dentist** ['dentɪst]	un(e) dentiste
a dental surgeon	un chirurgien dentiste
the dentist's chair	le fauteuil du dentiste
the drill [drɪl]	la roulette
to have toothache	avoir mal aux dents
raging toothache (n.c.)	une rage de dents
tooth decay (n.c.)	la carie dentaire
to have a bad tooth **to have a hole in one's tooth**	avoir une carie
a filling ['fɪlɪŋ]	un plombage
to have a tooth filled	se faire plomber une dent
A **n extraction** [ɪks'trækʃən]	une extraction
to extract [ɪks'trækt]	extraire
to have a tooth out	se faire arracher une dent
to have one's teeth scaled	se faire détartrer les dents
dentures (plur.) ['dentʃə'z]	un dentier
a plate [pleɪt]	un appareil dentaire (prothèse)
a brace [breɪs]	un appareil dentaire (de contention)
a bridge [brɪdʒ]	un bridge
a crown [kraun]	une couronne
A **n optician** [ɒp'tɪʃən]	un(e) opticien(ne)
an eye specialist **an ophthalmologist** [ˌɒfθæl'mɒlədʒɪst] (soutenu)	un(e) ophtalmologiste

eyesight ['aɪsaɪt] **vision** ['vɪʒən]	la vue
to have good/poor eyesight	avoir une bonne/mauvaise vue
blind [blaɪnd]	aveugle
the blind (plur.)	les aveugles
to go* blind	devenir aveugle
to lose* one's sight	perdre la vue
blindness ['blaɪndnɪs]	la cécité
blind in one eye	borgne
BR **colour-blind** AM **color-blind**	daltonien
BR **colour-blindness** AM **color-blindness**	le daltonisme
to be partially sighted **to have impaired sight** (soutenu)	être mal voyant
short-sighted	myope
BR **long-sighted** AM **far-sighted**	hypermétrope
a squint [skwɪnt]	un strabisme
to squint **to have a squint**	loucher
conjunctivitis [kənˌdʒʌŋKtɪ'vaɪtɪs]	la conjonctivite
a cataract ['kætərækt]	une cataracte
to have one's eyes tested	faire contrôler sa vue
G **lasses** ['glɑːsɪz] **spectacles** ['spektəklz]	des lunettes
to wear* glasses	porter des lunettes
the frames [freɪmz] (plur.)	la monture
a lens [lenz]	un verre (de lunettes)
contact lenses	des verres de contact

D eaf [def]	sourd
the deaf (plur.)	les sourds
deafness ['defnɪs]	la surdité
stone deaf	complètement sourd
hard of hearing	dur d'oreille

to have impaired hearing (soutenu)	être mal entendant
a hearing aid	un appareil acoustique
an ear infection otitis [əʊ'taɪtɪs] (soutenu)	une otite

9 DRUG AND ALCOHOL ABUSE : LA DROGUE ET L'ALCOOL

A n alcoholic [.ælkə'hɒlɪk]	un(e) alcoolique
alcoholism ['ælkəhɒlɪzəm]	l'alcoolisme
a drunkard ['drʌŋkəd] **a drunk** [drʌŋk] (parlé)	un(e) ivrogne
drunkenness ['drʌŋkənnɪs]	l'ivrognerie
drunk inebriated [ɪ.niːbrɪ'eɪtɪd] (soutenu)	ivre
tipsy ['tɪpsɪ] (parlé)	éméché
to drink* heavily to be a heavy drinker	boire trop
under the influence of alcohol (soutenu)	en état d'ivresse

D rugs[1] [drʌgz] (plur.)	la drogue
a drug addict	un(e) drogué(e), un(e) toxicomane
a junkie ['dʒʌŋkɪ] (parlé)	un(e) toxico
to take* drugs	se droguer
to be addicted to sth to be hooked on sth (parlé)	se droguer à qqch.
addiction *to sth* [ə'dɪkʃən]	l'accoutumance *à qqch.*
to be addictive to be habit-forming	créer une accoutumance
drug addiction	la toxicomanie

(1) REMARQUE **a drug** désigne aussi un médicament

A hard/soft drug	une drogue dure/douce
a joint [dʒɔɪnt] (parlé)	un joint
to get a fix	se piquer
narcotics [naː'kɒtɪks]	les stupéfiants
barbiturates [baː'bɪtjʊrɪts]	les barbituriques
to take* an overdose *of sth* **to overdose** *on sth* ['əʊvədəʊs]	prendre une dose massive *de qqch.*

M arijuana [.mærɪ'hwaːnə]	la marihuana
heroin ['herəʊɪn]	l'héroïne
hashish ['hæʃɪʃ]	le haschisch
hash [hæʃ] (parlé)	le hasch
morphine ['mɔːfiːn]	la morphine
cannabis ['kænəbɪs]	le cannabis
grass [graːs] (parlé)	l'herbe
opium ['əʊpɪəm]	l'opium
cocaine [kə'keɪn]	la cocaïne
LSD [eles'diː]	le LSD
amphetamines [æm'fetamiːnz]	les amphétamines

T obacco [tə'bækəʊ]	le tabac
nicotine ['nɪkətiːn]	la nicotine
smoking ['sməʊkɪŋ]	le tabagisme
the dangers of smoking	les méfaits du tabac
to smoke (cigarettes/a pipe)	fumer (la cigarette/la pipe)
a cigarette [.sɪgə'ret]	une cigarette
a cigar [sɪ'gaːʳ]	un cigare
a cigarette butt a cigarette end	un mégot
an ashtray ['æʃtreɪ]	un cendrier
to light* a cigarette	allumer une cigarette
to put* out a cigarette	éteindre une cigarette
a box of matches	une boîte d'allumettes
a (cigarette) lighter	un briquet
BR **a packet of cigarettes** AM **a pack of cigarettes**	un paquet de cigarettes

AT THE DOCTOR'S : CHEZ LE MÉDECIN

A doctor ['dɒktə'] — un médecin
the family doctor — le médecin de famille
a general practitioner a GP [dʒi:'pi:] — un généraliste
your usual doctor — votre médecin traitant
a locum (tenens) (plur. locum tenentes) — un(e) remplaçant(e)

BR **the doctor's surgery** AM **the doctor's office** — le cabinet médical
a doctor's practice — la clientèle d'un médecin
BR **surgery hours** AM **office hours** — les heures de consultation
a waiting room — une salle d'attente

To make* an appointment to see the doctor — prendre rendez-vous chez le médecin
to go to the doctor's — aller chez le médecin
to call the doctor to send* for the doctor — faire venir le médecin
BR **a home visit** AM **a house call** — une visite à domicile
to be on call to be on duty — être de garde

A medical examination — un examen médical
to have a check-up — se faire faire un bilan de santé
medical records (plur.) — un dossier médical
a diagnosis [.daɪəg'nəʊsɪs] (plur. diagnoses) — un diagnostic
to diagnose sb/sth as ['daɪəgnəʊz] — diagnostiquer qqn/qqch. comme étant
a stethoscope ['steθəskəʊp] — un stéthoscope
a thermometer [θə'mɒmɪtə'] — un thermomètre

to examine [ɪg'zæmɪn] — examiner
to look after sb — soigner qqn
the prognosis [prɒg'nəʊsɪs] (plur. prognoses) — le pronostic
to feel* sb's neck — palper le cou de qqn
to feel* sb's pulse — tâter le pouls de qqn
to listen to sb's chest — ausculter qqn
to take* sb's blood pressure — prendre la tension de qqn
to take* a blood sample from sb — faire une prise de sang à qqn
to get* some tests done — faire faire des analyses
a prescription [prɪs'krɪpʃən] — une ordonnance
to prescribe a medicine — prescrire un médicament
to treat sb for sth — soigner qqn pour qqch.
to cure sb of sth — guérir qqn de qqch.
a remedy ['remədɪ] **a cure** [kjʊə'] — un remède

A vaccine against ['væksi:n] — un vaccin contre
a smallpox vaccine — un vaccin contre la variole
to vaccinate sb against sth — vacciner qqn contre qqch.
an inoculation against [ɪ.nɒkjʊ'leɪʃən] — une inoculation contre
to inoculate sb against sth [ɪ'nɒkjuleɪt] — inoculer qqn contre qqch.
antibodies against ['æntɪ.bɒdɪz] — des anticorps contre
an injection [ɪn'dʒekʃən] — une piqûre
to give* sb an injection — faire une piqûre à qqn
a syringe [sɪ'rɪndʒ] — une seringue
a needle ['ni:dl] — une aiguille

TREATMENTS : LES TRAITEMENTS

A medicine ['medsn, 'medɪsn] — un médicament
a drug [drʌg]
to take* an aspirin — prendre une aspirine
to swallow ['swɒləʊ] — avaler

a pill [pɪl] — une pilule
a tablet ['tæblɪt] — un comprimé
a lozenge ['lɒzɪndʒ] — une pastille
a capsule ['kæpsju:l] — une gélule

a syrup ['sɪrəp]	un sirop
to apply [ə'plaɪ]	appliquer
to rub in an ointment	faire pénétrer une pommade
eye/nose drops	des gouttes pour les yeux/le nez
a phial ['faɪəl]	une ampoule
"to be taken three times daily"	« à prendre trois fois par jour »
"not to be taken internally"	« ne pas avaler »

A spirin ['æsprɪn]	l'aspirine
paracetamol [pærə'si:təmɒl]	le paracétamol
a cough mixture	un sirop contre la toux
a laxative ['læksətɪv]	un laxatif
a suppository [sə'pɒzɪtərɪ]	un suppositoire
a tonic ['tɒnɪk]	un fortifiant
a stimulant ['stɪmjʊlənt]	un stimulant
(an) antibiotic ['æntɪbaɪ'ɒtɪk]	(un) antibiotique
to be on antibiotics	être sous antibiotiques
penicillin [ˌpenɪ'sɪlɪn]	la pénicilline

A painkiller ['peɪn.kɪlə']	un antalgique
a sedative ['sedətɪv]	un sédatif
to sedate sb	mettre qqn sous calmants
(an) analgesic [ˌænæl'dʒi:sɪk]	(un) analgésique
a sleeping pill	un somnifère
BR **a tranquillizer** ['træŋkwɪlaɪzə'] AM **a tranquilizer**	un tranquillisant

T o disinfect [ˌdɪsɪn'fekt]	désinfecter
a disinfectant [ˌdɪsɪn'fektənt]	un désinfectant
(an) antiseptic [ˌæntɪ'septɪk]	(un) antiseptique
iodine ['aɪədi:n]	la teinture d'iode
surgical spirit AM **rubbing alcohol**	l'alcool à 90 degrés
Mercurochrome® [mə'kjʊərə.krəʊm]	le Mercurochrome

A dressing ['dresɪŋ]	un pansement
a gauze dressing	une compresse
a bandage ['bændɪdʒ]	un bandage
to bandage	bander
BR **a sticking plaster** AM **a Band-Aid®** ['bændeɪd]	un pansement adhésif
BR **cotton wool** AM **absorbent cotton**	le coton hydrophile
gauze [gɔ:z]	la gaze
sterile ['steraɪl]	stérile
to nurse a patient	soigner un malade
to dress a wound	panser une plaie
to change a dressing	changer un pansement

A pharmacist ['fɑ:məsɪst]	un(e) pharmacien(ne)
BR **a chemist** ['kemɪst] AM **a druggist** ['drʌgɪst]	
BR **the chemist's (shop)** AM **the drugstore** ['drʌgstɔ:']	la pharmacie
hom(o)eopathy [ˌhəʊmɪ'ɒpəθɪ]	l'homéopathie
BR **to make* up a prescription** AM **to fill a prescription**	exécuter une ordonnance

12 AT THE HOSPITAL : À L'HÔPITAL

A hospital ['hɒspɪtl]	un hôpital
a mental hospital **a psychiatric hospital**	un hôpital psychiatrique
a nursing home	une clinique
a teaching hospital	un CHU, un centre hospitalier universitaire
a department [dɪ'pɑ:tmənt]	un service
to send* sb to hospital **to hospitalize sb** (soutenu)	hospitaliser qqn
an ambulance ['æmbjʊləns]	une ambulance

A n operation [ˌɒpə'reɪʃən]	une opération, une intervention chirurgicale
to undergo* surgery	subir une intervention chirurgicale
to have an operation	se faire opérer
to have one's appendix out	être opéré de l'appendicite
to have a hernia operation **to have an operation for hernia**	se faire opérer d'une hernie
to operate *on sb for sth* ['ɒpəreɪt]	opérer *qqn de qqch.*

a **surgeon** [ˈsɜːdʒən]	un(e) chirurgien(ne)	**cardiology** [ˌkɑːdɪˈɒlədʒɪ]	la cardiologie
surgery [ˈsɜːdʒərɪ]	la chirurgie	a **cardiologist** [ˌkɑːdɪˈɒlədʒɪst]	un(e) cardiologue
BR **an anaesthesist** [æˈniːsθɪtɪst] AM **an anesthesist**	un(e) anesthésiste	a **heart specialist**	
BR **under anaesthesia** BR **under the anaesthetic** AM **under anesthesia** AM **under the anesthetic**	sous anesthésie	**T**o be **under observation**	être en observation
		to have **an X-ray**	passer une radio
		to have **a scan**	passer un scanner
an **oxygen mask**	un masque à oxygène	a **blood transfusion**	une transfusion sanguine
		to **give*** **blood**	donner du sang
A nurse [nɜːs]	une infirmière	a **blood/an organ donor**	un(e) donneur (-euse) de sang/d'organe
a **male nurse**	un infirmier	a **blood group**	un groupe sanguin
BR a **(ward) sister** BR a **charge nurse** AM a **head nurse**	une infirmière chef	to have **physiotherapy**	faire de la rééducation
		to **set*** **a fracture**	réduire une fracture
a **nursing auxiliary**	un(e) aide-soignant(e)	**radiotherapy** [ˌreɪdɪəʊˈθerəpɪ]	la radiothérapie
		chemotherapy [ˌkeməʊˈθerəpɪ]	la chimiothérapie
A ward [wɔːd]	une salle d'hôpital	**therapy** [ˈθerəpɪ]	la thérapeutique (traitement)
a **hospital bed**	un lit d'hôpital		
an **in-patient**	un malade hospitalisé		
BR **an operating theatre** AM **an operating room**	une salle d'opérations	**A** kidney transplant	une greffe du rein
the **casualty department**	le service des urgences	a **heart transplant**	une transplantation cardiaque
an **intensive care unit**	un service de réanimation	a **graft** [grɑːft]	une greffe
in **intensive care**	en réanimation	a **skin graft**	une greffe de la peau
to be on a **life-support machine**	être sur respirateur artificiel	an **amputation** [ˌæmpjuˈteɪʃən]	une amputation
the **outpatients' clinic**	le service de consultation	to **amputate** sb's leg	amputer qqn d'une jambe
the **pathology laboratory**	le laboratoire d'analyses	a **prosthesis** [prɒsˈθiːsɪs] (plur. prostheses)	une prothèse
		cosmetic/plastic surgery	la chirurgie esthétique/plastique
A hospital doctor	un médecin hospitalier	a **scar** [skɑːʳ]	une cicatrice
BR a **houseman** (fém. a housewoman) [ˈhaʊsmən] AM **an intern** [ɪnˈtɜːn]	≈ un(e) interne	to **heal** [hiːl]	se cicatriser
a **specialist** [ˈspeʃəlɪst] BR a **consultant** [kənˈsʌltənt]	un(e) spécialiste	**A** psychiatrist [saɪˈkaɪətrɪst]	un(e) psychiatre
a **physiotherapist** [ˌfɪzɪəˈθerəpɪst]	un(e) kinésithérapeute	**psychiatry** [saɪˈkaɪətrɪ]	la psychiatrie
radiography [ˌreɪdɪˈɒɡrəfɪ]	la radiographie	a **psychotherapist** [ˈsaɪkəʊˈθerəpɪst]	un(e) psychothérapeute
a **radiographer** [ˌreɪdɪˈɒɡrəfəʳ]	un(e) radiologue (technicien)	a **psychoanalyst** [ˌsaɪkəʊˈænəlɪst]	un(e) psychanalyste
a **radiologist** [ˌreɪdɪˈɒlədʒɪst]	un(e) radiologue (médecin)	**psychoanalysis** [ˌsaɪkəʊəˈnælɪsɪs]	la psychanalyse
radiology [ˌreɪdɪˈɒlədʒɪ]	la radiologie	**occupational therapy**	l'ergothérapie
oncology [ɒŋˈkɒlədʒɪ]	la cancérologie	**rehabilitation** [ˈriːəˌbɪlɪˈteɪʃən]	la rééducation (d'un malade)
an **oncologist** [ɒŋˈkɒlədʒɪst] a **cancer specialist**	un(e) cancérologue	**re-education** [ˈriːˌedjuˈkeɪʃən]	la rééducation (d'un membre)

LIFE AND DEATH : LA VIE ET LA MORT

1 EXISTENCE : L'EXISTENCE

Life [laɪf] — la vie
to live [lɪv] — vivre
to be [biː] — être
to exist [ɪgˈzɪst] — exister
to be alive — être vivant, être en vie
live animals — des animaux vivants
living creatures — les êtres vivants
existence [ɪgˈzɪstəns] — l'existence
in existence — existant
existing [ɪgˈzɪstɪŋ]
destiny [ˈdestɪnɪ] — la destinée
fate [feɪt] — le sort, le destin

A being [ˈbiːɪŋ] — un être
animate [ˈænɪmɪt] — animé
inanimate [ɪnˈænɪmɪt] — inanimé
a creature [ˈkriːtʃəʳ] — une créature
to create [kriːˈeɪt] — créer
creation [kriːˈeɪʃən] — la création
mortal [ˈmɔːtl] — mortel

immortal [ɪˈmɔːtl] — immortel
immortality [ˌɪmɔːˈtælɪtɪ] — l'immortalité
nothingness [ˈnʌθɪŋnɪs] — le néant

The origin [ˈɒrɪdʒɪn] — l'origine
evolution [ˌiːvəˈluːʃən] — l'évolution
to survive *sth* [səˈvaɪ] — survivre *à qqch.*
survival [səˈvaɪvəl] — la survie
a survivor [səˈvaɪvəʳ] — un(e) survivant(e)
the survival of the fittest — la sélection naturelle
to subsist [səbˈsɪst] — subsister
to subsist on sth — vivre de qqch.
subsistence [səbˈsɪstəns] — la subsistance

Man [mæn] — l'homme
mankind — l'humanité
humanity [hjuːˈmænɪtɪ]
the human race — la race humaine
male [meɪl] — mâle
female [ˈfiːmeɪl] — femelle

2 BIRTH : LA NAISSANCE

To conceive [kənˈsiːv] — concevoir
conception [kənˈsepʃən] — la conception
to reproduce [ˌriːprəˈdjuːs] — se reproduire
reproduction [ˌriːprəˈdʌkʃən] — la reproduction

The mother [ˈmʌðəʳ] — la mère
the father [ˈfɑːðəʳ] — le père
the child [tʃaɪld] — l'enfant
to father [ˈfɑːðəʳ] — engendrer
fertile [ˈfɜːtaɪl] — fertile, fécond
fertility [fəˈtɪlɪtɪ] — la fertilité
sterile [ˈsteraɪl] — stérile (femme)
infertile [ɪnˈfɜːtaɪl]
sterility [steˈrɪlɪtɪ] — la stérilité
infertility [ˌɪnfɜːˈtɪlɪtɪ]
sterile — stérile (homme)
sterility — la stérilité

A pregnancy [ˈpregnənsɪ] — une grossesse
pregnant [ˈpregnənt] — enceinte
an expectant mother — une femme enceinte
a mother-to-be — une future maman
to be expecting a baby — attendre un bébé
on maternity leave — en congé de maternité

Childbirth [ˈtʃaɪld.bɜːθ] — la naissance (à l'accouchement)
a maternity hospital — une maternité
a midwife [ˈmɪdwaɪf] — une sage-femme
a gynecologist [ˌgaɪnɪˈkɒlədʒɪst] — un(e) gynécologue
BR **a gynaecologist**
gynecology [ˌgaɪnɪˈkɒlədʒɪ] — la gynécologie
BR **gynaecology**
contractions [kənˈtrækʃənz] — des contractions

BR **to be in labour** AM **to be in labor**	être en travail
to give* birth to a girl	accoucher d'une fille
to deliver sb's baby **to deliver sb**	accoucher qqn
a delivery [dɪ'lɪvərɪ]	un accouchement
To be born	naître
I was born in Paris	je suis né à Paris
at birth	à la naissance
a newborn baby	un nouveau-né
an infant ['ɪnfənt]	un nourrisson
twins [twɪnz] **twin boys**	des jumeaux
twins **twin girls**	des jumelles
triplets ['trɪplɪts]	des triplés
An abortion [ə'bɔːʃən]	un avortement
to have an abortion	se faire avorter
a miscarriage ['mɪs'kærɪdʒ]	une fausse couche
to miscarry [ˌmɪs'kærɪ]	faire une fausse couche
a premature baby	un(e) prématuré(e)

an incubator ['ɪnkjubeɪtəʳ]	une couveuse
a c(a)esarean birth	une césarienne
stillborn ['stɪlbɔːn]	mort-né
a stillbirth ['stɪlbɜːθ]	un enfant mort-né
SIDS (abr. de *Sudden* *Infant Death* *Syndrome*) BR **cot death** AM **crib death**	la mort subite du nourrisson
Birth control	le contrôle des naissances
family planning	le planning familial
the birth rate	le taux de natalité
genetic [dʒɪ'netɪk]	génétique
genetics [dʒɪ'netɪks] (sing.)	la génétique
genetic engineering	la manipulation génétique
artificial insemination	l'insémination artificielle
womb-leasing	la location d'utérus
the biological mother	la mère porteuse
a test-tube baby	un bébé-éprouvette

 GROWING UP : LA CROISSANCE

Childhood ['tʃaɪldhʊd]	l'enfance
infancy ['ɪnfənsɪ]	la petite enfance
a child [tʃaɪld]	un(e) enfant
a boy [bɔɪ]	un garçon
a girl [gɜːl]	une fille
to grow* [grəʊ]	grandir (croître)
to grow* up	grandir (devenir adulte)
he's growing fast	il est en pleine croissance
to develop [dɪ'veləp]	se développer
a kid [kɪd] (parlé)	un(e) gosse
a toddler ['tɒdləʳ]	un bambin
a brat [bræt] (parlé péj)	un(e) môme
Adolescence [ˌædəʊ'lesns]	l'adolescence
teenage ['tiːneɪdʒ] **adolescent** [ˌædəʊ'lesnt] (soutenu)	adolescent
a teenager ['tiːnˌeɪdʒəʳ] **an adolescent**	un(e) adolescent(e)
to be in one's teens	être adolescent

young people	les jeunes
juvenile ['dʒuːvənaɪl]	juvénile
a youngster ['jʌŋstəʳ]	un(e) jeune
a minor ['maɪnəʳ]	un(e) mineur(e)
to be under age	être mineur
to be/to come* of age	être/devenir majeur
to reach puberty	atteindre la puberté
to reach the age of **discretion** **to reach the age of** **reason**	atteindre l'âge de raison
when I'm grown up ...	quand je serai grand...
Youth [juːθ]	la jeunesse
a young man **a youth**	un jeune homme
a young woman	une jeune femme
the younger **generation**	la jeune génération
the generation gap	le conflit des générations

4 MATURING : LA MATURITÉ

An adult ['ædʌlt]	un(e) adulte
the grown-ups	les grandes personnes
adulthood ['ædʌlthʊd]	l'âge adulte
manhood ['mænhʊd]	l'âge adulte (homme)
womanhood ['wʊmənhʊd]	l'âge adulte (femme)
Mature [mə'tjʊəʳ]	mûr
middle age maturity [mə'tjʊərɪtɪ]	l'âge mûr
middle-aged	d'un certain âge, d'âge mûr
maturity	la maturité
to mature	mûrir
a 40-year-old	un(e) quadragénaire
a 40-year-old teacher	un professeur âgé de 40 ans
a 50-year-old	un(e) quinquagénaire
in the prime of life in one's prime	dans la force de l'âge
to be well-preserved	être bien conservé
to look young for one's age	faire jeune pour son âge
to be young in outlook	être jeune de caractère
to be on the wrong side of forty (parlé)	avoir dépassé la quarantaine
to be on the right side of forty (parlé)	ne pas avoir encore la quarantaine
How old are you?	Quel âge as-tu?
What year were you born in?	En quelle année êtes-vous né?
at your age, I ...	à ton âge, je...
when I was that age, I ...	à cet âge-là, je...
he's six (years old)	il a six ans
a ten-/sixteen-year-old	un enfant de dix/seize ans
to be as old as sb to be the same age as sb	avoir le même âge que qqn
to be younger/older than sb	être plus jeune/vieux que qqn
to be 3 years younger/older than sb	être plus jeune/âgé que qqn de 3 ans

5 OLD AGE : LA VIEILLESSE

The old [əʊld] (plur.) old people (plur.)	les vieux, les vieillards
an old man	un vieil homme
an old gentleman	un vieux monsieur
an old woman	une vieille femme
an old lady	une vieille dame
to grow* old to get* old to age [eɪdʒ]	vieillir
(old) age	la vieillesse
ageing ['eɪdʒɪŋ]	le vieillissement
ageing	vieillissant
the elderly ['eldəlɪ] (plur.)	les personnes âgées
elderly	âgé
aged [eɪdʒd]	très âgé
To be getting on (in years)	ne plus se faire tout jeune
to be feeling one's age	sentir qu'on se fait vieux
to live to a ripe old age	vivre jusqu'à un âge avancé
towards the end of his life	sur la fin de sa vie
he's my junior/senior (by 2 years)	il est plus jeune/plus âgé que moi (de 2 ans)
A pensioner ['penʃənəʳ] an old-age pensioner	un(e) retraité(e)
senior citizens	les personnes du troisième âge
an old people's home an old folks' home	une maison de retraite
a septuagenarian [ˌseptjʊədʒɪ'neərɪən]	un(e) septuagénaire
an octogenarian [ˌɒktəʊdʒɪ'neərɪən]	un(e) octogénaire
a centenarian [ˌsentɪ'neərɪən]	un(e) centenaire
Ancient ['eɪnʃənt] (hum)	très vieux (personne)
as old as the hills	vieux comme Mathusalem

an old-timer (parlé) AM an oldster ['əʊldstə']	un ancien	to be losing one's faculties	perdre la tête
an old crone	une vieille bonne femme	elderly and infirm	vieux et malade
a walking stick	une canne	to lapse into second childhood	retomber en enfance
		decrepit [dɪ'krepɪt] (parlé)	décati
Senile ['siːnaɪl]	sénile	doddering ['dɒdərɪŋ]	gâteux
senility [sɪ'nɪlɪtɪ]	la sénilité	to be/to go* gaga (parlé)	être/devenir gaga
he's beginning to fail	il commence à baisser	to ramble on	radoter

6 DEATH : LA MORT

Dead [ded]	mort	to expire [ɪks'paɪə'] (soutenu)	expirer
the dead (plur.)	les morts	lifeless ['laɪflɪs]	sans vie
a dead man	un mort	stone-dead (parlé)	raide mort
a dead woman	une morte	the remains [rɪ'meɪnz] (plur.)	la dépouille mortelle
deceased [dɪ'siːst] (soutenu)	défunt		
the deceased (plur.) (soutenu)	le (la) défunt(e)	**T**o kill [kɪl]	tuer
a corpse [kɔːps] AM a cadaver [kə'deɪvə']	un cadavre	fatal ['feɪtl] lethal ['liːθəl]	mortel (blessure)
		fatal	mortel (chute)
To die from sth, of sth [daɪ]	mourir de qqch.	a suicide ['sʊɪsaɪd]	un suicide
to die a natural death	mourir de sa belle mort	to commit suicide	se suicider
dying ['daɪɪŋ]	mourant	to take* one's own life	mettre fin à ses jours
to be slipping away	être près de la fin	**T**o lose* sb	perdre qqn
at death's door	à l'article de la mort	the departed [dɪ'pɑːtɪd] (plur.)	les disparus
to be near death	être à l'agonie	the loss of a father	la perte d'un père
to pass on to pass away	s'éteindre	the late Mr Jones	feu M. Jones
to breathe one's last (soutenu)	rendre le dernier soupir	the death rate	le taux de mortalité

7 FUNERALS : LES ENTERREMENTS

A death certificate	un certificat de décès	to bury ['berɪ]	enterrer
to lay* out a body	faire la toilette d'un mort	to inter [ɪn'tɜː'] (soutenu)	inhumer
to lie* in state	être exposé solennellement	BR a crematorium [ˌkremə'tɔːrɪəm] AM a crematory ['kreməˌtɔːrɪ]	un crématorium
a mortuary ['mɔːtjʊərɪ]	une morgue (à l'hôpital)		
a morgue [mɔːg]	une morgue (à la police)	to cremate [krɪ'meɪt]	incinérer
		cremation [krɪ'meɪʃən]	l'incinération
The funeral ['fjuːnərəl]	l'enterrement (obsèques)	a hearse [hɜːs]	un corbillard
the burial ['berɪəl]	l'enterrement (mise en terre)	the funeral procession	le cortège funèbre

BR **a coffin** [ˈkɒfɪn]   un cercueil
AM **a casket** [ˈkɑːskɪt]

a wreath [riːθ]   une couronne
    mortuaire

a shroud [ʃraʊd]   un linceul

BR **an undertaker**   un entrepreneur des
    [ˈʌndəteɪkəʳ]   pompes funèbres
BR **a funeral director**
AM **a mortician**
    [mɔːˈtɪʃən]

a funeral home   un funérarium

A grave [greɪv]   une tombe(1)

a tombstone [ˈtuːmstəʊn]   une pierre tombale
a gravestone

a vault [vɔːlt]   un caveau

a cemetery [ˈsemɪtrɪ]   un cimetière
a graveyard

a churchyard [ˈtʃɜːtʃjɑːd]   un cimetière (église)

a memorial to sb   un monument à la
    [mɪˈmɔːrɪəl]   mémoire de qqn

the War Memorial   le monument aux
    morts

a burial place   une sépulture

ashes [æʃɪz]   les cendres

an urn [ɜːn]   une urne funéraire

here lies Robert Adam   ci-gît Robert Adam

"Rest In Peace" (abr.   « Qu'il repose en paix »
    R.I.P.)

an obituary [əˈbɪtjʊərɪ]   une notice
    nécrologique

an epitaph [ˈepɪtɑːf]   une épitaphe

to exhume [eksˈhjuːm]   exhumer

(1) ATTENTION FAUX AMI **a tomb** = un tombeau

The bereavement   le deuil (événement)
    [bɪˈriːvmənt]

the bereaved [bɪˈriːvd]   la famille du défunt
    (plur.)

to grieve for sb   pleurer qqn
to mourn sb

to be in mourning   porter le deuil de qqn
    for sb

the mourners [ˈmɔːnəz]   les parents et amis du
    défunt

THE FAMILY : LA FAMILLE

FAMILY RELATIONSHIPS : LES LIENS DE PARENTÉ

A family ['fæmɪlɪ] — une famille

my family — ma famille
my folks (plur.) (parlé)

family life — la vie de famille

a large/nuclear family — une famille nombreuse/nucléaire

a single-parent family
a one-parent family — une famille monoparentale

a relative ['relətɪv]
a relation [rɪ'leɪʃən] — un parent, un membre de la famille

a near/distant relative — un parent proche/éloigné

What relation is he to you? — Quels sont ses liens de parenté avec vous?

on the father's/ mother's side — du côté du père/de la mère

The husband ['hʌzbənd] — le mari

the wife [waɪf] (plur. wives) — la femme

the parents ['pɛərənts] — les parents

a father ['fɑ:ðəʳ] — un père

a mother ['mʌðəʳ] — une mère

motherhood ['mʌðəhʊd] — la maternité

fatherhood ['fɑ:ðəhʊd] — la paternité

paternal [pə'tɜ:nl] — paternel (autorité, descendance)

fatherly ['fɑ:ðəlɪ] — paternel (conseil, personne)

maternal [mə'tɜ:nl] — maternel (autorité, descendance)

motherly ['mʌðəlɪ] — maternel (conseil, personne)

dad(dy) ['dæd(ɪ)] — papa

mum(my) ['mʌm(ɪ)] — maman

a single parent — un parent unique

an unmarried mother — une mère célibataire

A child [tʃaɪld] (plur. children) — un(e) enfant

a son [sʌn] — un fils

a daughter ['dɔ:təʳ] — une fille

an only son/daughter — un fils/une fille unique

filial ['fɪlɪəl] — filial

a brother ['brʌðəʳ] — un frère

a sister ['sɪstəʳ] — une sœur

a half-brother — un demi-frère

a half-sister — une demi-sœur

The grandparents ['græn.pɛərənts] — les grands-parents

a grandfather ['græn.fɑ:ðəʳ] — un grand-père

a grandmother ['græn.mʌðəʳ] — une grand-mère

granny ['grænɪ]
grandma ['græn.mɑ:] — mamie

grandad ['græn.dæd]
grandpa ['græn.pɑ:] — papi

the great-grandparents — les arrière-grands-parents

An uncle ['ʌŋkl] — un oncle

an aunt [ɑ:nt] — une tante

uncle — tonton

auntie ['ɑ:ntɪ] — tata

a nephew ['nevju:] — un neveu

a niece [ni:s] — une nièce

a cousin ['kʌzn] — un(e) cousin(e)

a first cousin — un cousin germain

The parents-in-law — les beaux-parents (parents du conjoint)

my in-laws (plur.) (parlé) — ma belle-famille

a father-in-law (plur. fathers-in-law) — un beau-père

a mother-in-law (plur. mothers-in-law) — une belle-mère

a son-in-law (plur. sons-in-law) — un gendre

a daughter-in-law (plur. daughters-in-law) — une belle-fille

a brother-in-law (plur. brothers-in-law) — un beau-frère

a sister-in-law (plur. sisters-in-law) — une belle-sœur

A stepfather ['step.fɑ:ðəʳ] — un beau-père (après remariage)

a stepmother ['step.mʌðəʳ] — une belle-mère

a stepson ['stepsʌn] — un beau-fils

a stepdaughter ['step.dɔ:təʳ] — une belle-fille

a stepbrother ['step.brʌðə']	un demi-frère
a stepsister ['step.sɪstə']	une demi-sœur
The older ['əuldə'] the elder ['eldə']	l'aîné(e) (de deux personnes)
the oldest ['əuldɪst] the eldest ['eldɪst]	l'aîné(e) (de plusieurs personnes)
his older brother/son	son frère/fils aîné
the younger ['jʌŋgə']	le cadet, la cadette (de deux personnes)
his younger brother/sister	son frère cadet/sa sœur cadette
the youngest	le plus jeune, la plus jeune (de plusieurs personnes)
my little/big sister	ma petite/grande sœur
A widow ['wɪdəu]	une veuve
a widower ['wɪdəuə']	un veuf
to be widowed	devenir veuf, devenir veuve
an orphan ['ɔ:fən]	un(e) orphelin(e)
to adopt [ə'dɒpt]	adopter
an adopted child	un enfant adoptif
the adoptive parents	les parents adoptifs

a guardian ['gɑ:dɪən]	un(e) tuteur⁽¹⁾ (-trice)
a ward ['wɔ:d]	un(e) pupille
under guardianship	sous tutelle

(1) ATTENTION FAUX AMI **a tutor** = un précepteur

A godchild ['gɒdtʃaɪld]	un(e) filleul(e)
her godson ['gɒdsʌn]	son filleul
her goddaughter ['gɒd.dɔ:tə']	sa filleule
a godfather ['gɒd.fɑ:ðə']	un parrain
a godmother ['gɒd.mʌðə']	une marraine
A descendant [dɪ'sendənt]	un(e) descendant(e)
in direct line *from*	en ligne directe *de*
ancestors ['ænsɪstə'z] forefathers ['fɔ:.fɑ:ðəz] forebears ['fɔ:.bɛəz]	des ancêtres
genealogy [.dʒi:nɪ'ælədʒɪ]	la généalogie
to trace sb's ancestry to trace sb's genealogy	faire la généalogie de qqn
a genealogist [.dʒi:nɪ'ælədʒɪst]	un(e) généalogiste
a family tree	un arbre généalogique

---

2   FAMILY CELEBRATIONS : LES FÊTES DE FAMILLE

A family celebration	une fête de famille
to celebrate ['selɪbreɪt]	fêter
a family reunion a family gathering a family get-together (parlé)	une réunion de famille
to have a party	donner une (petite) réception
A christening ['krɪsnɪŋ] a baptism ['bæptɪzəm]	un baptême
to christen ['krɪsn] to baptize [bæp'taɪz]	baptiser
a name [neɪm]	un nom
a first name a Christian name	un prénom
a surname ['sɜ:neɪm]	un nom de famille
a pet name	un petit nom
a nickname ['nɪkneɪm]	un surnom
to name a child after sb	donner à un enfant le prénom de qqn

Their engagement (sing.)	leurs fiançailles
to get* engaged *to sb*	se fiancer *avec qqn*
his fiancée	sa fiancée
her fiancé	son fiancé
an engagement ring	une bague de fiançailles
A proposal [prə'pəuzl]	une demande en mariage
to propose to sb	demander qqn en mariage
to accept/refuse sb	accepter/refuser la demande en mariage de qqn
a marriage ['mærɪdʒ]	un mariage (acte, état)
a wedding ['wedɪŋ]	un mariage (cérémonie)
to get* married to sb to marry sb	se marier avec qqn, épouser qqn
to get* married in church/in the Registry Office	se marier à l'église/à la mairie
to have a white wedding	se marier en blanc

The bride [braɪd]	la mariée	**a birthday card/present**	une carte/un cadeau d'anniversaire
the (bride)groom	le marié		
a (married) couple	un couple (marié)	**my birthday is on May 16th**	mon anniversaire est le 16 mai
a bridesmaid	une demoiselle d'honneur	**to wish sb a happy birthday**	souhaiter bon anniversaire à qqn
the best man	le garçon d'honneur		
a page boy	un page	**it's his twenty-first birthday today**	il a vingt-et-un ans aujourd'hui
a witness [ˈwɪtnɪs]	un témoin		
a bridal veil/bouquet	un voile/bouquet de mariée	**Happy birthday! Many happy returns (of the day)!**	Bon anniversaire!
a wedding ring AM **a wedding band**	une alliance	**his nameday his saint's day**	sa fête (jour du prénom de qqn)
her maiden name	son nom de jeune fille		
the newly weds	les jeunes mariés		
a honeymoon [ˈhʌnɪˌmuːn]	une lune de miel	**An anniversary** [ˈænɪˈvɜːsərɪ]	un anniversaire (d'un événement)
to be on one's honeymoon	être en voyage de noces	**a wedding anniversary**	un anniversaire de mariage
A birthday [ˈbɜːθdeɪ]	un anniversaire (naissance)	**their silver/golden wedding (anniversary)**	leurs noces d'argent/d'or
a birthday party	une fête d'anniversaire		

▶ ③ FAMILY LIFE : LA VIE DE FAMILLE

To bring* up **to rear** [rɪəʳ] AM **to raise** [reɪz]	élever (enfant)	**To spoil*** [spɔɪl]	gâter
		to pet [pet]	chouchouter
to feed* a baby	nourrir un bébé	**to scold** [skəʊld]	gronder
to breastfeed* [ˈbrestfiːd]	allaiter	**to punish** [ˈpʌnɪʃ]	punir
to bottlefeed* [ˈbɒtlfiːd]	nourrir au biberon	**The head of the family**	le chef de famille
to give* a baby his/her bottle	donner le biberon à un bébé	**to look after sb/sth**	s'occuper de qqn/qqch.
		to attend to sth	s'occuper de qqch.
A lullaby [ˈlʌləbaɪ]	une berceuse	**a household** [ˈhaʊsˌhəʊld]	un ménage
to rock [rɒk]	bercer	**the household the family** [ˈfæmɪlɪ]	la maisonnée
a cradle [ˈkreɪdl]	un berceau	**a housewife** [ˈhaʊswaɪf] (plur. housewives)	une ménagère, une femme au foyer
BR **a pram** [præm] AM **a baby carriage** **a baby-buggy**	un landau		
a high chair BR **a carrycot** [ˈkærɪˌkɒt] AM **a baby carrier**	une chaise haute	**Single** [ˈsɪŋgl] **unmarried** [ʌnˈmærɪd]	célibataire
		a bachelor [ˈbætʃələʳ]	un célibataire, un vieux garçon
BR **a pushchair** [ˈpʊʃtʃeəʳ] AM **a stroller** [ˈstrəʊləʳ]	une poussette	**a spinster** [ˈspɪnstəʳ]	une célibataire (terme officiel)
a baby carrier	un porte-bébé	**an old maid**	une vieille fille
BR **a nappy** [ˈnæpɪ] AM **a diaper** [ˈdaɪəpəʳ]	une couche		
BR **a disposable nappy** AM **a disposable diaper**	une couche-culotte	**To live with sb**	vivre avec qqn
		his/her partner	sa/son partenaire

a live-in partner (parlé)	un(e) concubin(e)	his/her ex (parlé)	son ex(-femme/-mari)
free love	l'union libre	to remarry [ˌriːˈmærɪ]	se remarier
to live as husband and wife	vivre maritalement		
		A servant [ˈsɜːvənt]	un(e) domestique
A divorce [dɪˈvɔːs]	un divorce	a cleaning-lady	une femme de ménage
to divorce sb [dɪˈvɔːs]	divorcer de qqn	BR a daily help	
to get* divorced from sb		BR a charwoman [ˈtʃɑːwumən]	
divorced [dɪˈvɔːst]	divorcé	BR a char (parlé)	
a broken home	un foyer désuni	a maid [meɪd]	une bonne
marital problems	des problèmes conjugaux	a housemaid [ˈhausmeɪd]	une femme de chambre
to gain custody of the children	obtenir la garde des enfants	a tutor [ˈtjuːtər]	un précepteur
alimony [ˈælɪmənɪ] (n.c.)	une pension alimentaire	BR a nanny [ˈnænɪ] AM a child's nurse	une bonne d'enfants
BR maintenance [ˈmeɪntɪnəns] (n.c.)		an au pair [ˈəuˈpɛə]	une jeune fille au pair

4 INHERITANCE : L'HÉRITAGE

A will [wɪl]	un testament	**To** leave* sth to sb to bequeath sth to sb	laisser qqch. à qqn en héritage, léguer qqch. à qqn
to make* one's will	faire son testament		
his last wishes	ses dernières volontés	to come* into an inheritance	faire un héritage
his last will and testament	ses dernières dispositions	to be handed down	être transmis de génération en génération
to put* sb into one's will	coucher qqn sur son testament		
an executor [ɪgˈzekjutər]	un(e) exécuteur (-trice) (testamentaire)	to make* sb one's heir	instituer qqn son héritier
the succession [səkˈseʃən]	la succession	a bequest [bɪˈkwest] a legacy [ˈlegəsɪ]	un legs
to inherit sth [ɪnˈherɪt]	hériter de qqch.	a gift [gɪft]	un don
to inherit sth from sb	hériter qqch. de qqn	a beneficiary [ˌbenɪˈfɪʃərɪ]	un(e) légataire
an inheritance [ɪnˈherɪtəns]	un héritage (action)	to disinherit [ˈdɪsɪnˈherɪt]	déshériter
an heir [ɛər]	un héritier	inheritance tax (sing.) death duties	les droits de succession
an heiress [ˈɛəres]	une héritière		

THE HOUSE : LA MAISON

THE BUILDING : LE BÂTIMENT

To have a house built	faire construire une maison
the foundations [faʊnˈdeɪʃəns]	les fondations
a wall [wɔːl]	un mur
the front (of the house)	la façade
the façade [fəˈsɑːd]	
A door [dɔːʳ]	une porte
the front/back door	la porte d'entrée/de derrière
in the doorway	dans l'embrasure de la porte
a door frame	le chambranle d'une porte
the doorstep	le seuil, le pas de la porte
the threshold [ˈθreʃhəʊld]	
a porch [pɔːtʃ]	un porche
A window [ˈwɪndəʊ]	une fenêtre
a pane [peɪn]	une vitre
a windowsill	un rebord de fenêtre
a window-ledge	
a sash window	une fenêtre à guillotine
a picture window	une baie
a bow window	une fenêtre en saillie
a bay window	
a basement window	un soupirail
a fanlight [ˈfænlaɪt]	un vasistas
AM **a transom** [ˈtrænsəm]	
a skylight [ˈskaɪlaɪt]	une lucarne
a French window	une porte-fenêtre
A balcony [ˈbælkənɪ]	un balcon
a terrace [ˈterəs]	une terrasse
a veranda [vəˈrændə]	une véranda
AM **a stoop** [stuːp]	
a parapet [ˈpærəpɪt]	un parapet
steps [steps] (plur.)	un perron
The frame(work) [ˈfreɪm(wɜːk)]	la charpente
a roof [ruːf]	un toit
the ceiling [ˈsiːlɪŋ]	le plafond

a beam [biːm]	une poutre
a joist [dʒɔɪst]	une solive
a rafter [ˈrɑːftəʳ]	un chevron
a chimney [ˈtʃɪmnɪ]	une cheminée (sur le toit)
AM **a smokestack** [ˈsməʊkstæk]	une cheminée (d'usine)
a gable [ˈgeɪbl]	un pignon
a gutter [ˈgʌtəʳ]	une gouttière
The stairs [steəz] (plur.)	l'escalier
the staircase	
the stairwell	la cage d'escalier
the stairway	
a step [step]	une marche
the landing [ˈlændɪŋ]	le palier
BR **the ground floor**	le rez-de-chaussée
AM **the first floor**	
BR **the first floor**	le premier étage
AM **the second floor**	
BR **the second floor**	le deuxième étage
AM **the third floor**	
a floor [flɔːʳ]	un étage
BR **a storey** [ˈstɔːrɪ]	
AM **a story** [ˈstɔːrɪ]	
on that floor	à cet étage
a two-storey house	une maison de deux étages
upstairs [ʌpˈsteəz]	en haut, à l'étage supérieur
downstairs [ˈdaʊnˈsteəz]	en bas, à l'étage inférieur
an upstairs/downstairs room	une pièce du haut/au rez-de-chaussée
A brick [brɪk]	une brique
a tile [taɪl]	un carreau (de sol, de mur)
a roof tile	une tuile
a slate [sleɪt]	une ardoise
wood [wʊd]	le bois
wooden [ˈwʊdn]	en bois
wood	
BR **timber** [ˈtɪmbəʳ]	le bois de charpente
AM **lumber** [ˈlʌmbəʳ]	
a stone [stəʊn]	une pierre
concrete [ˈkɒnkriːt]	le béton
cement [səˈment]	le ciment
to cement	cimenter

mortar ['mɔ:təʳ]	le mortier	**plaster** ['plɑ:stəʳ]	le plâtre
a breeze-block	un parpaing	**to plaster**	plâtrer

REMARQUE : Certains mots de cette section ont des usages comptable et non comptable ; ex. : une maison en brique = **a brick house, a brick-built house, a house made of brick**; mais un tas de briques = **a heap of bricks**.

2 THE ROOMS : LES PIÈCES

A room [rʊm]	une pièce	BR **the playroom** ['pleɪrʊm]	la salle de jeux
the (entrance) hall	l'entrée, le vestibule	AM **the rumpus room**	
the lobby ['lɒbɪ]			
What's the way in/out?	Par où entre-t-on/ sort-on ?	**a spare room** **a guest room**	une chambre d'amis
a corridor ['kɒrɪdɔ:ʳ]	un couloir	**a dressing room**	un dressing, un vestiaire
a passage ['pæsɪdʒ]			
a passageway	un dégagement	**an attic room**	une chambre de bonne
a cellar ['seləʳ]	une cave		
a basement ['beɪsmənt]	un sous-sol	**The kitchen** ['kɪtʃɪn]	la cuisine
an attic ['ætɪk]	un grenier	**a kitchenette** [ˌkɪtʃɪ'net]	une cuisinette, un coin-cuisine
a loft [lɒft]			
a garret ['gærət]	une mansarde	**a larder** ['lɑ:dəʳ]	un garde-manger
		a pantry ['pæntrɪ]	
The sitting room	le salon	AM **a cupboard**(1) ['kʌbəd]	
the drawing room		**a store(room)**	un cellier
the lounge [laʊndʒ]		**a utility room**	une buanderie
the living room	la salle de séjour	**a wash-house**	
the dining room	la salle à manger	**a junk room**	un cagibi, un débarras
BR **a dining area**	un coin-repas	BR **a boxroom** ['bɒksrʊm]	
AM **a dinette** [daɪ'net]		BR **a lumber room**	
the study ['stʌdɪ]	le bureau	AM **a storage room**	
the library ['laɪbrərɪ]	la bibliothèque	**the bathroom** ['bɑ:θrʊm]	la salle de bains
a studio ['stju:dɪəʊ]	un atelier (artiste)	**the lavatory** ['lævətrɪ]	les toilettes, les w.-c.
		the toilet ['tɔɪlɪt]	
A bedroom ['bedrʊm]	une chambre à coucher	BR **the loo** [lu:] (parlé)	le petit coin
a nursery ['nɜ:sərɪ]	une chambre d'enfant	AM **the john** [dʒɒn] (parlé)	
		(1) ATTENTION BR **a cupboard** = un placard	

3 FURNITURE : L'AMEUBLEMENT

The furniture ['fɜ:nɪtʃəʳ] (n.c. sing.)	le mobilier	**an armchair** ['ɑ:mtʃɛəʳ] **an easy chair**	un fauteuil
the furnishings ['fɜ:nɪʃɪŋz] (plur.)		**a chair leg**	un pied de chaise
a piece of furniture	un meuble	**the arm/seat of a chair**	le bras/siège d'un fauteuil
to furnish ['fɜ:nɪʃ]	meubler	**the back of a chair**	le dossier d'un fauteuil
		a wing chair	une bergère
A seat [si:t]	un siège	**a rocking-chair**	un fauteuil à bascule
a chair [tʃɛəʳ]	une chaise	**a stool** [stu:l]	un tabouret

a **footstool** [ˈfʊtstuːl]	un tabouret bas
a **sofa** [ˈsəʊfə]	un sofa
a **settee** [seˈtiː] a **couch** [kaʊtʃ]	un canapé
a **divan** [dɪˈvæn]	un divan
a **sofa bed** a **convertible bed**	un canapé-lit

A **table** [ˈteɪbl]	une table
a **coffee table**	une table basse
a **nest of tables** (sing.)	des tables gigognes
an **occasional table**	un guéridon
a **dining-table**	une table de salle à manger
a **(tea) trolley**	une table roulante
a **sideboard** [ˈsaɪdbɔːd]	un buffet, un bahut
a **drawer** [drɔːʳ]	un tiroir
a **display cabinet**	une vitrine (meuble)

A **bureau** [ˈbjʊərəʊ]	un secrétaire
a **desk** [desk] a **writing-desk**	un bureau
a **shelf** [ʃelf] (plur. shelves)	une étagère
a **bookcase** [ˈbʊkkeɪs]	une bibliothèque

A **bedroom suite**	un mobilier de chambre à coucher
a **bed** [bed]	un lit
a **single bed**	un lit d'une personne
a **double bed**	un grand lit
a **bedstead**	un bois de lit
BR a **cot** [kɒt] AM a **crib** [krɪb]	un lit d'enfant
twin beds	des lits jumeaux
bunk beds	des lits superposés
the **upper/lower bunk**	le lit d'en haut/d'en bas
a **mattress** [ˈmætrɪs]	un matelas
a **pillow** [ˈpɪləʊ]	un oreiller
a **bolster** [ˈbəʊlstəʳ]	un traversin
a **bedside table**	une table de chevet
a **dressing-table** AM a **dresser** [ˈdresəʳ]	une coiffeuse
a **chest of drawers** AM a **bureau** [ˈbjʊərəʊ]	une commode
a **wardrobe** [ˈwɔːdrəʊb] an **armoire** [ˈɑːmˈnaɪ]	une armoire
a **hanging wardrobe**	une penderie
BR a **cupboard**(1) [ˈkʌbəd] AM a **closet** [ˈklɒzɪt]	un placard
a **mirror** [ˈmɪrəʳ] a **looking-glass** [ˈlʊkɪŋglɑːs]	un miroir, une glace

(1) ATTENTION AM a **cupboard** = un garde-manger

The **(kitchen) sink**	l'évier
BR a **tap** [tæp] AM a **faucet** [ˈfɔːsɪt]	un robinet
to **turn on**	ouvrir (robinet)
to **turn off**	fermer (robinet)
a **tiled floor/wall**	un sol/mur carrelé
a **worktop** [ˈwɜːktɒp] a **work(ing) surface**	un plan de travail
built-in	encastré
a **slot-in oven**	un four encastrable

A **washbasin** [ˈwɒʃbeɪsən] AM a **sink** [sɪŋk]	un lavabo
a **handbasin** [ˈhændbeɪsən]	un lave-mains
a **bidet** [ˈbiːdeɪ]	un bidet
a **bath(tub)** [ˈbɑːθ(tʌb)]	une baignoire
a **bathmat** [ˈbɑːθmæt]	un tapis de bain
a **shower** [ˈʃaʊəʳ]	une douche
a **shower cubicle**	une cabine de douche
the **toilet bowl** the **pan** [pæn]	la cuvette des w-c
a **cistern** [ˈsɪstən]	un réservoir de chasse d'eau
to **flush the toilet** to **pull the chain**	tirer la chasse d'eau
bathroom scales (plur.)	un pèse-personne
a **towel rail**	un porte-serviettes
a **soapdish** [ˈsəʊpdɪʃ]	un porte-savon
a **medicine chest** a **medicine cabinet**	une armoire à pharmacie

Soft **furnishings**	les tissus d'ameublement
a **curtain** [ˈkɜːtn]	un rideau
the **curtains** AM the **drapes** [dreɪps]	les rideaux
net curtains	les voilages
to **pull the curtains** to **draw* the curtains**	tirer les rideaux
a **curtain rail**	une tringle
hangings [ˈhæŋɪŋz]	les tentures
a **cushion** [ˈkʊʃən]	un coussin
a **carpet** [ˈkɑːpɪt] a **rug** [rʌg]	un tapis
BR **(fitted) carpet** **wall-to-wall carpeting**	de la moquette
linoleum [lɪˈnəʊlɪəm]	du linoléum
lino [ˈlaɪnəʊ]	du lino
floor-covering	du revêtement de sol

Wallpaper [ˈwɔːlpeɪpəʳ]	du papier peint
to **hang* wallpaper**	poser du papier peint

| to paper a room | tapisser une pièce | a house painter | un peintre-décorateur |
| to redecorate a room | refaire une pièce
(peinture et)/ou tapisseries | BR **a decorator**
[ˈdekəreɪtəʳ] | |

FIXTURES AND FITTINGS :
LES INSTALLATIONS ET LES AMÉNAGEMENTS INTÉRIEURS

A floor [flɔːʳ]	un sol, un plancher	**a ventilator** [ˈventɪleɪtəʳ]	un ventilateur
a floorboard	une latte de plancher	**a shutter** [ˈʃʌtəʳ]	un volet
a parquet floor	un parquet	**to close the shutters**	fermer les volets
BR **a skirting-board** AM **a baseboard** [ˈbeɪsbɔːd]	une plinthe	**a blind** [blaɪnd]	un store
		a Venetian blind	un store vénitien
a panel [ˈpænl]	un panneau	**to lower a blind**	baisser un store
(wood) panelling	le lambris	**ajar** [əˈdʒɑːʳ]	entrouvert (porte, fenêtre)
a cupboard under the stairs	une soupente		
the ban(n)ister(s) [ˈbænɪstə(z)]	la rampe	**A key** [kiː]	une clé
a partition [pɑːˈtɪʃən]	une cloison	**a bunch of keys**	un trousseau de clés
a (serving) hatch	un passe-plats	**a keyring**	un porte-clés
		a keyhole	un trou de serrure
The plumbing [ˈplʌmɪŋ]	la plomberie	**a lock** [lɒk]	une serrure
a pipe [paɪp]	un tuyau, un conduit	**to lock**	fermer à clé
a waste pipe	un tuyau de vidange	**to unlock** [ʌnˈlɒk]	ouvrir (qqch. de fermé à clé)
a drainpipe [ˈdreɪnpaɪp]	un tuyau d'écoulement (gén.)	**a latch** [lætʃ]	un loquet
BR **a downpipe** AM **a downspout** [ˈdaʊnˌspaʊt]	un tuyau d'écoulement (de gouttière)	**a bolt** [bəʊlt]	un verrou
		to bolt	verrouiller
a tank [tæŋk]	une citerne	**to knock (at the door)**	frapper (à la porte)
a hot-water tank	un ballon d'eau chaude	**a knocker** [ˈnɒkəʳ]	un heurtoir
a stopcock [ˈstɒpkɒk]	un robinet d'arrêt	**a doorbell** [ˈdɔːbel]	une sonnette
a water/gas main	une conduite d'eau/de gaz	**a doorhandle** [ˈdɔːˌhændl]	une poignée de porte
to be on the mains supply	être raccordé au réseau	**a doorknob** [ˈdɔːnɒb]	un bouton de porte
an aerial [ˈɛərɪəl]	une antenne	**a hinge** [hɪndʒ]	une charnière
		a safety chain	une chaîne de sûreté
Double-glazing	le double vitrage	**a burglar alarm**	une sirène d'alarme
double-glazed windows	des fenêtres à double vitrage	**a reinforced door**	une porte blindée
		a letter box	une boîte aux lettres

LIGHTING AND ELECTRICITY : L'ÉCLAIRAGE ET L'ÉLECTRICITÉ

Lighting [ˈlaɪtɪŋ]	l'éclairage	**a (lamp)shade** [(ˈlæmp)ʃeɪd]	un abat-jour
an electric light bulb	une ampoule électrique		
a socket [ˈsɒkɪt]	une douille	**a switch** [swɪtʃ]	un interrupteur

to switch on	allumer, ouvrir	a gas/oil lamp	une lampe à gaz/à pétrole
to switch off	éteindre, fermer		
BR a standard lamp	un lampadaire		
AM a floor lamp		**T**he (electric) wiring	l'installation électrique
a wall lamp	une applique	to have mains electricity	être raccordé au réseau
a wall light			
a ceiling light	un plafonnier	a wire ['waɪəʳ]	un fil électrique (d'une installation)
a ceiling lamp			
a bedside light	une lampe de chevet	BR a flex [fleks]	un fil électrique
a bedside lamp		AM a cord [kɔːd]	(d'appareil)
a halogen lamp	une lampe halogène	to wire sth up	faire l'installation électrique de qqch.
a dimmer ['dɪməʳ]	un variateur de lumière	to connect sth up	
		the electricity meter	le compteur d'électricité
a reading lamp	une lampe de travail		
BR an Anglepoise lamp®		a plug [plʌg]	une prise (mâle)
		a socket ['sɒkɪt]	une prise (femelle)
a spotlight ['spɒtlaɪt]	un spot	a point [pɔɪnt]	
a neon light	un néon	an adaptor [ə'dæptəʳ]	une prise multiple
a flashlight ['flæʃlaɪt]	une lampe de poche	to plug in	brancher
BR a torch [tɔːtʃ]		a fuse [fjuːz]	un plomb, un fusible
a candle ['kændl]	une bougie, une chandelle	AM a fuze	
		BR the earth [ɜːθ]	la terre
a candlestick	un bougeoir	AM the ground wire	
a chandelier [ˌʃændə'lɪəʳ]	un lustre		

 HEATING AND ELECTRICAL APPLIANCES :
LE CHAUFFAGE ET L'ÉLECTROMÉNAGER

Heating ['hiːtɪŋ]	le chauffage	a hearth [hɑːθ]	un foyer
central heating	le chauffage central	by the fireside	au coin du feu
to have a well heated house	être bien chauffé	to light* the fire	faire du feu
		a match [mætʃ]	une allumette
a boiler ['bɔɪləʳ]	une chaudière	to strike* a match	frotter une allumette
fuel [fjuəl] (n.c.)	le combustible	a flame [fleɪm]	une flamme
gas [gæs]	le gaz	a spark [spɑːk]	une étincelle
mains gas	le gaz de ville	to spark	jeter des étincelles
the gas meter	le compteur à gaz	smoke [sməuk]	la fumée
fuel oil	le mazout, le fuel domestique	tongs [tɒŋz]	des pincettes
central heating oil		bellows ['beləuz] (plur.)	un soufflet
oil-fired/gas-fired central heating	le chauffage central au mazout/au gaz	a pair of bellows	
		a poker ['pəukəʳ]	un tisonnier
solid fuel central heating	le chauffage au charbon	to poke the fire	tisonner le feu
		a log [lɒg]	une bûche
BR a gas/electric fire	un radiateur à gaz/électrique	coal [kəul]	le charbon
AM a gas/electric heater		live coals	les braises
a radiator ['reɪdɪeɪtəʳ]	un radiateur	embers ['embəz]	
a (night) storage heater	un radiateur à accumulation	ashes ['æʃɪz]	les cendres
a stove [stəuv]	un poêle		
		BR a labour-saving device	un appareil ménager
A fire [faɪəʳ]	un feu	AM a labor-saving device	
a fireplace	une cheminée		

an electric appliance	un appareil électrique
a domestic appliance	un appareil électroménager
a gadget [ˈgædʒɪt]	un gadget
BR **a cooker** [ˈkukəʳ] AM **a stove** [stəuv]	une cuisinière
an electric/a gas cooker	une cuisinière électrique/à gaz
a hob [hɒb] a hotplate [ˈhɒtpleɪt]	une plaque chauffante
an oven [ˈʌvn]	un four
a micro-wave (oven)	un (four à) micro-ondes
in the oven	au four
a hood [hud]	une hotte (aspirante)

A blender [ˈblendəʳ] a liquidizer [ˈlɪkwɪdaɪzəʳ] a mixer [ˈmɪksəʳ]	un mixeur
a mincer [ˈmɪnsəʳ]	un hachoir
a food processor	un robot ménager
a coffee grinder a coffee mill	un moulin à café
a toaster [ˈtəustəʳ]	un grille-pain
a pressure-cooker	un autocuiseur

A refrigerator [rɪˈfrɪdʒəreɪtəʳ] AM **an icebox** [ˈaɪsbɒks]	un réfrigérateur
a fridge [frɪdʒ] (parlé)	un frigo
a freezer(1) [ˈfriːzəʳ]	un congélateur
the freezer compartment BR the icebox	le freezer
an ice cube	un glaçon
an ice tray	un bac à glaçons
to refrigerate food	réfrigérer des aliments
to defrost [diːˈfrɒst]	dégivrer
to thaw (out)	décongeler

A washing-machine	un lave-linge
a spin dryer	une essoreuse
a tumble dryer	un sèche-linge
a dishwasher [ˈdɪʃwɒʃəʳ]	un lave-vaisselle
a water heater	un chauffe-eau
a vacuum cleaner a hoover® [ˈhuːvəʳ]	un aspirateur
a (floor-)polisher	une cireuse

7 CROCKERY : LA VAISSELLE

Crockery [ˈkrɒkərɪ] AM **flatware** [ˈflætˈwɛəʳ]	la vaisselle
a dinner set a dinner service	un service de table
china [ˈtʃaɪnə]	la porcelaine
earthenware [ˈɜːθənˈwɛəʳ]	la faïence
a china/an earthenware cup	une tasse en porcelaine/en faïence
a plate [pleɪt]	une assiette
a dish [dɪʃ]	un plat
a (salad) bowl	un saladier
a (soup) tureen	une soupière
a cup [kʌp]	une tasse
a teacup [ˈtiːkʌp]	une tasse à thé
a coffee-cup	une tasse à café
a saucer [ˈsɔːsəʳ]	une soucoupe
a mug [mʌg]	≈ une chope
a teapot [ˈtiːpɒt]	une théière
a coffee-pot	une cafetière
a sugar basin	un sucrier
a milk jug	un pot à lait
a jug [dʒʌg] AM **a pitcher** [ˈpɪtʃəʳ]	une cruche

A glass [glɑːs]	un verre
a wineglass [ˈwaɪnglɑːs]	un verre à vin
a decanter [dɪˈkæntəʳ]	une carafe
a water jug	une carafe à eau
Cutlery [ˈkʌtlərɪ] (n.c. sing.)	les couverts
a canteen of cutlery	une ménagère
silverware [ˈsɪlvəwɛəʳ]	l'argenterie
silverplated [ˈsɪlvəˈpleɪtɪd]	plaqué argent
goldplated [ˈgəuldˈpleɪtɪd]	plaqué or
a fork [fɔːk]	une fourchette
a knife [naɪf] (plur. knives)	un couteau
a knife rest	un porte-couteau
a spoon [spuːn]	une cuillère
a teaspoon [ˈtiːspuːn]	une cuillère à café
a dessertspoon [dɪˈzɜːtspuːn]	une cuillère à dessert
a soupspoon [ˈsuːpspuːn]	une cuillère à soupe
a tablespoon [ˈteɪblˈspuːn]	une cuillère à servir
a serving spoon salad servers (plur.)	le couvert à salade
a ladle [ˈleɪdl]	une louche

A place setting	un couvert	**a** cruet (stand)	un service à condiments
a placemat [ˈpleɪsmæt]	un set de table	**a** vinegar cruet	un vinaigrier
a (table)mat	un dessous de plat	an oil cruet	un huilier
a napkin ring	un rond de serviette	**a** salt cellar	une salière
a coaster [ˈkəʊstəʳ]	un dessous de bouteille	**a** pepper pot	un poivrier

 COOKING UTENSILS : LES USTENSILES DE CUISINE

A saucepan [ˈsɔːspən]	une casserole	**to** unscrew [ˌʌnˈskruː]	dévisser
a pot [pɒt]	une marmite	**to** cover [ˈkʌvəʳ]	couvrir
a frying pan	une poêle à frire	**to** seal [siːl]	sceller
AM a fry-pan		**to** close [kləʊs]	fermer, reboucher
a skillet [ˈskɪlɪt]		the handle [ˈhændl]	l'anse, la poignée
a pan [pæn]	un plat à rôtir		
a grill [grɪl]	un gril	**A** bag [bæg]	un sac
		a sack [sæk]	un sac de jute
A tray [treɪ]	un plateau	a basket [ˈbɑːskɪt]	un panier
a basin [ˈbeɪsn]	une jatte	a box [bɒks]	une boîte
a bowl [bəʊl]	un bol, un saladier	a case [keɪs]	une caisse
a jug [dʒʌg]	une cruche	a crate [kreɪt]	un cageot (de fruits, de légumes)
a kettle [ˈketl]	une bouilloire		
a cake tin	un moule à gâteau	a packet [ˈpækɪt]	un paquet
a rolling pin	un rouleau à pâtisserie	a package [ˈpækɪdʒ]	
a salad shaker	un panier à salade, une essoreuse à salade	a pot [pɒt]	un pot (de yaourt, de crème)
		a tub [tʌb]	
a breadbin [ˈbredbɪn]	une huche à pain		
kitchen scales (plur.)	une balance de ménage	**A** can [kæn]	une boîte de conserves
		BR a tin [tɪn]	
A bread knife (plur. knives)	un couteau à pain	a jar [dʒɑːʳ]	un pot, un bocal
		a bottle [ˈbɒtl]	une bouteille
a blade [bleɪd]	une lame	a bottle	un flacon
a spatula [ˈspætjʊlə]	une spatule	a flask [flɑːsk]	
BR a fish slice	une pelle à poisson	**to** bottle	mettre en bouteilles
AM a pancake turner		**to** stop up	boucher
a colander [ˈkʌləndəʳ]	une passoire	**to** cork [kɔːk]	boucher (avec un bouchon en liège)
a sieve [sɪv]	un tamis		
a grater [ˈgreɪtəʳ]	une râpe	a cork	un bouchon (en liège)
a lemon squeezer	un presse-agrumes	a stopper [ˈstɒpəʳ]	un bouchon (en verre, en plastique)
a can-opener	un ouvre-boîte		
BR a tin-opener		a cap [kæp]	une capsule
BR nutcrackers [ˈnʌtkrækəz] (plur.)	un casse-noix	a top [tɒp]	
AM a nutcracker		wax paper	le papier sulfurisé
		BR greaseproof paper	
A lid [lɪd]	un couvercle (qui se pose)	BR kitchen paper	l'essuie-tout
		BR kitchen roll	
a screw top	un couvercle (qui se visse)	AM paper towels	
		kitchen foil	le papier d'aluminium
to screw sth on	visser qqch.	BR clingfilm® [ˈklɪŋfɪlm]	le sellofrais®
to screw sth down		AM Saranwrap® [səˈrænræp]	

The contents ['kɒntents] le contenu
(plur.)

to contain [kən'teɪn] contenir
to hold* [həʊld]

full *of* [fʊl] plein *de*
to fill sth *with* remplir qqch. *de*
empty ['emptɪ] vide
to empty vider

REMARQUES :
1 Avec la plupart des noms désignant un récipient, on peut former un dérivé avec le suffixe **-ful** ; ex. : **a boxful/bagful of buttons** = une pleine boîte/un plein sac de boutons.
2 Attention : **a can of oil** = un bidon d'huile ; **an oil can** = un bidon à huile.

9 HOUSEHOLD LINEN : LE LINGE DE MAISON

A sheet [ʃiːt] un drap
a fitted sheet un drap-housse
a blanket ['blæŋkɪt] une couverture
an electric blanket une couverture chauffante
the covers ['kʌvəʳz] les couvertures
the bedclothes ['bed.kləʊðz] les draps et couvertures
a continental quilt une couette
BR **a duvet** ['duːveɪ]
a duvet cover une housse de couette
BR **an eiderdown** ['aɪdəʳ.daʊn] un édredon
AM **a comforter** ['kʌmfətəʳ]
AM **a quilt** [kwɪlt]
a bedcover ['bed.kʌvəʳ] un couvre-lit
a bedspread ['bedspred] un dessus-de-lit
a pillowcase ['pɪləʊkeɪs] une taie d'oreiller
a pillowslip ['pɪləʊslɪp]

to make* the bed faire le lit
bedding ['bedɪŋ] la literie

Table linen le linge de table
a (table)cloth une nappe
a (table) napkin une serviette (de table)
a bib [bɪb] un bavoir
a dish towel un torchon
BR **a tea towel**

Bathroom linen le linge de toilette
a face cloth un gant de toilette
BR **a (face) flannel**
AM **a wash-cloth**
a towel ['taʊəl] une serviette éponge
a bathtowel ['bɑːθ.taʊəl] une serviette de bain, un drap de bain

10 COMFORT IN THE HOME : LE CONFORT

Comfort ['kʌmfət] le confort
comfortable ['kʌmfətəbl] confortable
to have all mod cons avoir tout le confort
(parlé)
to have all modern conveniences
to like home comforts aimer son confort
cosy ['kəʊzɪ] douillet (lit)
AM **cozy**
cosy douillet (maison, atmosphère)
snug [snʌg]
a nice home un intérieur agréable
well-planned bien conçu
functional ['fʌŋkʃnəl] fonctionnel

convenient [kən'viːnɪənt] pratique
roomy ['rʊmɪ] spacieux
spacious ['speɪʃəs]
luxurious [lʌg'zjʊərɪəs] luxueux
luxury ['lʌkʃərɪ] le luxe

Uncomfortable inconfortable
[ʌn'kʌmfətəbl]
shabby ['ʃæbɪ] miteux
in a poor condition en mauvais état
dilapidated délabré
[dɪ'læpɪdeɪtɪd]
ramshackle ['ræm.ʃækl]

old and dilapidated	vétuste	BR **a draught** [drɑːft]	un courant d'air
to be falling down	tomber en ruine	AM **a draft** [drɑːft]	
to fall* in ruins			

▶ **11**

THE GARDEN : LE JARDIN

BR **a garden** [ˈgɑːdn]	un jardin	**a pot plant**	une plante en pot
AM **a yard** [jɑːd]		**a clump** [klʌmp]	un massif
the front/back garden	le jardin de	**a patio** [ˈpætɪəʊ]	un patio
AM **the front/back yard**	devant/de derrière	**a (garden) path**	un sentier
a (court)yard	une cour	**a gravel(led) path**	une allée de gravier
the grounds [graʊndz] (plur.)	le terrain	**a drive** [draɪv]	une allée (carrossable)
to open on to	donner sur (fenêtre)	**a rock garden**	une rocaille
to look on to		**an ornamental pond**	un bassin
to look on to	donner sur (pièce)	**an ornamental pool**	
to give* on to		**a bower** [ˈbaʊəʳ]	une tonnelle
		a trellis [ˈtrelɪs]	un treillage
A **gate** [geɪt]	un portail		
the railings [ˈreɪlɪŋz] (plur.)	la grille	**A** **garage** [ˈgærɑːʒ]	un garage
a fence [fens]	une clôture, une barrière	**a (garden) shed**	une cabane (de jardin)
to fence (off)	clôturer	**a tool shed**	une remise à outils
a hedge [hedʒ]	une haie	**a lean-to**	un appentis
a privet hedge	une haie de troènes	BR **an outhouse**(1) [ˈaʊthaʊs]	
		the outbuildings [ˈaʊtbɪldɪŋz]	les dépendances
A **lawn** [lɔːn]	une pelouse	**a summerhouse** [ˈsʌmə.haʊs]	un pavillon
the grass [grɑːs]	le gazon	**a canopy** [ˈkænəpɪ]	une marquise
a border [ˈbɔːdəʳ]	une bordure	(1) ATTENTION AM **an outhouse** = des toilettes extérieures	
a flowerbed [ˈflaʊəbed]	un parterre de fleurs		
a rockery [ˈrɒkərɪ]	une rocaille	**G**arden furniture (n.c. sing.)	un mobilier de jardin
a clump [klʌmp]	un massif	**a set of garden furniture**	un salon de jardin
an orchard [ˈɔːtʃəd]	un verger	**a garden chair**	un fauteuil de jardin
a kitchen garden	un potager	**a deckchair**	une chaise longue
a vegetable garden		**a garden seat**	un banc
		a bench [bentʃ]	
A **plant** [plɑːnt]	une plante	**cane furniture** (n.c. sing.)	des meubles de rotin
a flower [ˈflaʊəʳ]	une fleur	**a parasol** [ˌpærəˈsɒl]	un parasol
a bush [bʊʃ]	un buisson	**a flagstone** [ˈflægstəʊn]	une dalle
a tree [triː]	un arbre		
a shrub [ʃrʌb]	un arbuste		
a flowerpot	un pot à fleurs		

WORKING IN THE HOUSE :
LES TRAVAUX DANS LA MAISON

HOUSEHOLD CHORES : LES TÂCHES MÉNAGÈRES

Housework [ˈhaʊswɜːk]	le ménage
to do* the housework	faire le ménage
the cleaning [ˈkliːnɪŋ]	le nettoyage
to clean [kliːn]	nettoyer
to clean out a room	nettoyer une pièce à fond
spring-cleaning	le grand nettoyage de printemps
to clean up **to tidy up**	ranger (pièce)
To do* the dishes BR **to do* the washing-up** BR **to wash up**[1]	faire la vaisselle
a Brillo pad®	un tampon Jex®
a dish rack	un égouttoir
washing-up liquid	du produit à vaisselle
to dry the dishes	essuyer la vaisselle
to wipe sth (clean)	essuyer qqch.
to clean the windows	faire les vitres
a window-cleaner	un laveur de vitres
(1) ATTENTION AM **to wash up** = se laver	
The wash(ing) [ˈwɒʃ(ɪŋ)]	la lessive
to wash sth	laver qqch.
to do* the washing	faire la lessive
to do* two washes a week	faire deux lessives par semaine
soap powder BR **washing powder**	la lessive (en poudre)
a stain remover	un détachant
a fabric conditioner	un assouplissant textile
To rinse [rɪns]	rincer
to wring* [rɪŋ]	essorer (à la main)
to spin* dry	essorer (en machine)
to hang* out the washing	étendre le linge
to dry [draɪ]	sécher
to tumble-dry	faire sécher (dans un sèche-linge)
a clothes line **a washing line**	une corde à linge
BR **a clothes peg** AM **a clothes pin**	une pince à linge

To starch [stɑːtʃ]	amidonner
starch	l'amidon
to iron [ˈaɪən]	repasser
the ironing [ˈaɪənɪŋ]	le repassage
an iron	un fer à repasser
a steam iron	un fer à vapeur
an ironing board	une planche à repasser
a sleeve board	une jeannette
A brush [brʌʃ]	une brosse
a scrubbing brush	une brosse dure
a clothes brush	une brosse à habits
to scrub [skrʌb]	nettoyer à la brosse
a broom [bruːm] **a brush**	un balai
to sweep* [swiːp]	balayer
a dustpan [ˈdʌstpæn]	une pelle à poussière
to mop up	éponger
a sponge mop	un balai-éponge
a floorcloth [ˈflɔːklɒθ]	une serpillière
to vacuum a room BR **to hoover a room**	passer l'aspirateur dans une pièce
to sweep* the chimney	ramoner la cheminée
a chimney sweep	un ramoneur
to wipe sth	donner un coup de torchon à qqch.
To dust [dʌst]	épousseter
a cloth [klɒθ]	un chiffon
BR **a duster** [ˈdʌstəʳ] AM **a dust cloth**	un chiffon (à poussière)
a feather duster	un plumeau
A cleaner [ˈkliːnəʳ]	un produit d'entretien
a detergent [dɪˈtɜːdʒənt]	un détergent
polish [ˈpɒlɪʃ]	l'encaustique
to polish	encaustiquer
to polish sth up	faire briller qqch.
shoe polish	du cirage
to polish one's shoes	cirer ses chaussures
to polish	astiquer
to clean the brass/the silver	faire les cuivres/l'argenterie

to scour [ˈskaʊəʳ]	récurer	**a spray** [spreɪ]	un aérosol
bleach [bliːtʃ]	l'eau de javel	**an aerosol** [ˈɛərəsɒl]	
to bleach	blanchir		

REMARQUE : **to scrub/polish sth = to give sth a scrub/a polish ; to wash/ wipe/rinse/dry sth = to give sth a wash/a wipe/a rinse/a dry.**

2 DIRT AND CLEANLINESS : LA SALETÉ ET LA PROPRETÉ

Clean [kliːn]	propre	**fingermarks** [ˈfɪŋgəmɑːkz]	des traces de doigts
cleanness [ˈkliːnnɪs]	la propreté (d'un endroit)	**soiled** [sɔɪld]	souillé
cleanliness [ˈklenlɪnɪs]	la propreté (d'une personne)	**to stain** [steɪn]	tacher
sparkling clean	étincelant de propreté	**a stain** on sth	une tache à, sur qqch.
neat [niːt]	net	**a spot** on sth [spɒt]	
neat as a new pin	qui brille comme un sou neuf	**T**idy [ˈtaɪdɪ]	bien rangé
spotless [ˈspɒtlɪs]	impeccable	**to be tidy**	avoir de l'ordre
immaculate [ɪˈmækjʊlɪt]		**to be orderly**	
spick and span		**everything is neat and tidy**	tout est bien rangé
Dirty [ˈdɜːtɪ]	sale	**to put* things away**	faire du rangement
dirt [dɜːt]	la saleté	**to do* some tidying up**	
grime [graɪm]		**untidy** [ʌnˈtaɪdɪ]	en désordre, désordonné
to dirty	salir		
to get* dirty	se salir (personne)	**to mess up a room**	mettre le désordre dans une pièce
to dirty o.s.			
to get* dirty	se salir (tissu)	**to be a shambles** (parlé)	être en pagaille
to get* soiled		**everything was upside-down**	tout était sens dessus dessous
this material shows the dirt	ce tissu se salit facilement		
this material soils easily		**higgledy-piggledy** [ˈhɪgldɪˈpɪgldɪ]	pêle-mêle
filth [fɪlθ]	la crasse		
filthy [ˈfɪlθɪ]	crasseux	BR **rubbish** [ˈrʌbɪʃ] (n.c. sing.)	les ordures
disgusting [dɪsˈgʌstɪŋ]	dégoûtant	AM **trash** [træʃ] (n.c. sing.)	
foul [faʊl]	répugnant	**kitchen waste** (n.c. sing.)	les ordures ménagères
		household refuse (n.c. sing.)	
Grease [griːs]	la graisse	**litter** [ˈlɪtəʳ] (n.c. sing.)	des détritus
greasy [ˈgriːsɪ]	graisseux	BR **a dustbin** [ˈdʌstbɪn]	une poubelle
dust [dʌst]	la poussière	BR **a rubbish bin**	
dusty [ˈdʌstɪ]	poussiéreux	AM **a trash can**	
mud [mʌd]	la boue	AM **a garbage can**	
muddy [ˈmʌdɪ]	boueux	AM **an ashcan**	
sticky [ˈstɪkɪ]	poisseux	BR **a rubbish chute**	un vide-ordures
a smear [smɪəʳ]	une traînée, une salissure	AM **a garbage chute**	
a mark [mɑːk]	une salissure, une marque	**a waste disposal unit**	un broyeur d'ordures
to make* a mess	faire des saletés	**to throw* sth in the dustbin**	jeter qqch. à la poubelle, jeter qqch. aux ordures

3 TOOLS AND MAINTENANCE : L'OUTILLAGE ET L'ENTRETIEN

An implement *for doing sth* ['ımplımənt] — un instrument *pour faire qqch.*

a toolbox ['tu:lbɒks]
a toolchest ['tu:ltʃest] — une boîte à outils

a toolbag ['tu:lbæg]
a toolkit ['tu:lkɪt] — une trousse à outils

a nail [neɪl] — un clou

to nail — clouer

to drive* in a nail — enfoncer un clou

a hammer ['hæməʳ] — un marteau

to hammer — marteler

to hammer sth in — enfoncer qqch. à coups de marteau

a screw [skru:] — une vis

to screw — visser

a screwdriver — un tournevis

An electric drill — une perceuse électrique

to drill a hole
to bore a hole — percer un trou

to fill holes — boucher les trous

pincers ['pɪnsəz] (plur.)
a pair of pincers — des tenailles

pliers ['plaɪəz] (plur.)
a pair of pliers — une pince

BR **an adjustable spanner**
AM **a monkey wrench** — une clef anglaise, une clef à molette

to tighten ['taɪtn] — serrer (vis, écrou)

to loosen ['lu:sn] — desserrer (vis, écrou)

to fit a lock — monter une serrure

a file [faɪl] — une lime

to file sth (down) — limer qqch.

a soldering iron — un fer à souder

to solder ['səʊldəʳ] — souder

Wood [wʊd] — le bois

the woodwork (n.c. sing.) — les boiseries

plywood ['plaɪwʊd] — le contre-plaqué

BR **chipboard** ['tʃɪpbɔ:d]
AM **Masonite**® ['meɪsənaɪt] — l'aggloméré

hardboard ['hɑ:dbɔ:d] — l'Isorel®

a plane [pleɪn] — un rabot

to plane — raboter

shavings ['ʃeɪvɪŋz] — des copeaux

emery cloth — la toile émeri

sandpaper ['sænd.peɪpəʳ] — le papier de verre

to sand(paper) — poncer

a sander ['sændəʳ] — une ponceuse

Sharp [ʃɑ:p] — tranchant, bien affilé

to sharpen ['ʃɑ:pən] — affiler, aiguiser

a sharpener ['ʃɑ:pnəʳ] — un affiloir

the edge [edʒ] — le tranchant

blunt [blʌnt] — émoussé

to blunt — émousser

a pocketknife ['pɒkɪtnaɪf] (plur. pocketknives)
a penknife ['pennaɪf] (plur. penknives) — un canif

scissors ['sɪzəz] (plur.)
a pair of scissors — une paire de ciseaux

a chisel ['tʃɪzl] — un ciseau

the blade [bleɪd] — la lame

an axe [æks]
AM **an ax** — une hache

a hatchet ['hætʃɪt] — une hachette

a saw [sɔ:] — une scie

the teeth of a saw — les dents d'une scie

a circular saw — une scie circulaire

a hacksaw ['hæksɔ:] — une scie à métaux

a chain saw — une tronçonneuse

to saw* — scier

A power drill — une perceuse électrique

a pneumatic drill — un marteau-piqueur

a bit [bɪt]
a drill [drɪl] — un foret, une mèche

a brace [breɪs] — un vilebrequin

BR **a vice** [vaɪs]
AM **a vise** — un étau

BR **a spanner** ['spænəʳ]
AM **a wrench** [rentʃ] — une clé à écrous

a nut [nʌt] — un écrou

a bolt [bəʊlt] — un boulon

A rivet ['rɪvɪt] — un rivet

to rivet — riveter, river

a mallet ['mælɪt] — un maillet

a pickaxe ['pɪkæks]
AM **a pickax** — une pioche

a crowbar ['krəʊbɑ:ʳ] — un levier

a spirit level — un niveau à bulle

a guillotine [.gɪlə'ti:n] — un massicot

a ladder ['lædə']	une échelle
a stepladder ['step.lædə']	un escabeau
Paint [peɪnt]	la peinture (produit)
matt paint	la peinture mate
gloss paint	la laque
BR **Wet paint!** AM **Fresh paint!**	Attention, peinture fraîche !
to paint	peindre
to paint sth white/blue	peindre qqch. en blanc/en bleu
to paint with a roller	peindre au rouleau
to spray-paint	peindre au pistolet
a paintbrush	un pinceau
to strip paint	enlever la peinture

an undercoat ['ʌndəkəʊt]	une couche de fond
a coat of primer	une couche d'apprêt
Varnish ['vɑːnɪʃ]	le vernis
to varnish	vernir
plaster ['plɑːstə']	le plâtre
to plaster	plâtrer
whitewashed ['waɪtwɒʃt]	blanchi à la chaux
turpentine ['tɜːpəntaɪn]	la térébenthine
turpentine substitute BR **white spirit**	le white-spirit
BR **methylated spirits** (n.c. sing.) AM **wood alcohol**	l'alcool à brûler

4 REPAIRS : LES RÉPARATIONS

To break* sth	casser qqch.
to break* [breɪk]	se casser
to break* down	tomber en panne
broken ['brəʊkən]	cassé
out of order	hors service
it doesn't work	ça ne marche pas
wear and tear	l'usure
to repair [rɪ'pɛə'] **to mend** [mend]	réparer (objet)
to mend	réparer (fuite, déchirure)
to fix [fɪks]	réparer, arranger (appareil)
repairs to sth [rɪ'pɛəz]	des réparations à qqch.
to replace [rɪ'pleɪs]	remplacer
To send* for sb **to call sb**	faire venir qqn, appeler qqn
an odd-job man	un homme à tout faire
to do* odd jobs	bricoler, faire de menus travaux
a handyman ['hændɪmæn] (fém. handywoman)	un(e) bricoleur (-euse)
he's very handy he is good with his hands	il est très bricoleur
BR **do-it-yourself** (abr. DIY)	le bricolage (passe-temps)
a DIY shop	un magasin de bricolage
a (DIY) kit	un kit

Renovation [.renəʊ'veɪʃən]	la rénovation, la remise à neuf
to renovate ['renəʊveɪt]	rénover, remettre à neuf
to modernize ['mɒdənaɪz]	moderniser
to do* up an old house	retaper une vieille maison
to make* alterations to a house	faire des travaux dans une maison
to extend a house	agrandir une maison
to restore [rɪs'tɔː']	ravaler (façade)
to give* a facelift to (parlé)	ravaler (immeuble)
A plumber ['plʌmə']	un plombier
plumbing ['plʌmɪŋ]	la plomberie
a leak [liːk]	une fuite
a leaking roof	un toit qui fuit
BR **a dripping tap** AM **a dripping faucet**	un robinet qui fuit
to overflow* ['əʊvəfləʊ]	déborder
the drains are blocked	les canalisations sont bouchées
An electrician [ɪlek'trɪʃən]	un(e) électricien(ne)
power ['paʊə']	le courant
a power cut	une coupure de courant
to cut* off the power	couper le courant

a **power failure**	une panne d'électricité
a **blackout** [ˈblækaʊt]	
a **short circuit**	un court-circuit
to **short(-circuit)**	se mettre en court-circuit
to **short(-circuit)** sth	court-circuiter qqch.
a **circuit breaker**	un disjoncteur
a **cutout** [ˈkʌtaʊt]	
to **blow* a fuse**	faire sauter un plomb
a **fuse has blown**	un plomb a sauté
to **put* the power back on**	rétablir le courant
a **shock** [ʃɒk]	une décharge (électrique)
an **electric shock**	
to **get* a shock**	recevoir une décharge électrique
to **get* an electric shock**	
to **electrocute** [ɪˈlektrəkjuːt]	électrocuter
electrocution [ɪˌlektrəˈkjuːʃən]	l'électrocution

A **joiner** [ˈdʒɔɪnəʳ]	un(e) menuisier (-ière)
a **carpenter** [ˈkɑːpɪntəʳ]	un(e) charpentier (-ière)
woodworm [ˈwʊdwɜːm] (n.c. sing.)	des vers (de bois)
worm-eaten	vermoulu
a **termite** [ˈtɜːmaɪt]	un termite
The **builder** [ˈbɪldəʳ]	le maçon (en général)
the **(stone)mason** [ˈ(stəʊn)meɪsən]	le maçon (qui travaille la pierre)
the **bricklayer** [ˈbrɪkleɪəʳ]	le maçon (qui pose les briques)
a **crack** [kræk]	une lézarde, une fissure
a **glazier** [ˈgleɪzɪəʳ]	un vitrier
a **locksmith** [ˈlɒksmɪθ]	un serrurier
the **repair man**	le dépanneur
under guarantee	sous garantie
after-sales service	le service après-vente

5 GARDENING : LE JARDINAGE

A **gardener** [ˈgɑːdnəʳ]	un(e) jardinier (-ière)
to **garden** [ˈgɑːdn]	jardiner
to **do* some gardening**	
a **landscape gardener**	un jardinier-paysagiste
BR to **have green fingers**	avoir la main verte
AM to **have a green thumb**	
Earth [ɜːθ]	la terre
soil [sɔɪl]	
to **grow*** [grəʊ]	cultiver
to **sow*** [səʊ]	semer
a **seed** [siːd]	une graine
a **seedling** [ˈsiːdlɪŋ]	un semis, un plant
a **bulb** [bʌlb]	un bulbe
a **corm** [kɔːm]	
to **thin out**	éclaircir (plants)
to **plant** [plɑːnt]	planter
to **transplant** [trænsˈplɑːnt]	transplanter
to **plant out**	repiquer
annuals [ˈænjʊəlz]	des plantes annuelles
perennials [pəˈreniəlz]	des plantes vivaces
a **cutting** [ˈkʌtɪŋ]	une bouture
a **stake** [steɪk]	un tuteur
raffia [ˈræfɪə]	du raphia

To **dig*** [dɪg]	bêcher
a **spade** [speɪd]	une pelle, une bêche
a **fork** [fɔːk]	une fourche
to **turn over**	retourner
a **hoe** [həʊ]	une sarclette, une binette
to **hoe**	sarcler, biner
a **dibble** [ˈdɪbl]	un plantoir
fertilizer [ˈfɜːtɪlaɪzəʳ]	l'engrais (chimique)
manure [məˈnjʊəʳ]	l'engrais (animal)
compost [ˈkɒmpɒst]	le terreau, le compost
To **mow* the lawn**	tondre la pelouse
a **(lawn)mower**	une tondeuse à gazon
to **prune** [pruːn]	tailler
secateurs [sekəˈtɜːz] (plur.)	un sécateur
a **pair of secateurs**	
pruning shears (plur.)	
a **pair of pruning shears**	
to **clip the hedge**	tailler la haie
to **trim the hedge**	
hedge clippers (plur.)	un sécateur à haies
a **pair of hedgeclippers**	
shears [ʃɪəz]	des cisailles
a **pair of shears** (sing.)	
a **scythe** [saɪð]	une faux
a **sickle** [ˈsɪkl]	une faucille

To water ['wɔːtəʳ]	arroser
a watering-can	un arrosoir
a garden hose	un tuyau d'arrosage
a hose pipe	
a rake [reɪk]	un râteau
to rake	ratisser
to rake up leaves	ratisser des feuilles mortes
a roller ['rəʊləʳ]	un rouleau
a weed [wiːd]	une mauvaise herbe
to weed	désherber

a weedkiller	un désherbant, un herbicide
an insecticide [ɪn'sektɪsaɪd]	un insecticide
a wheelbarrow ['wiːlbærəʊ]	une brouette
a greenhouse ['griːnhaʊs]	une serre
a glasshouse ['glɑːshaʊs]	
a hothouse ['hɒthaʊs]	une serre chaude
hothouse plants	des plantes de serre
BR **a garden centre**	une jardinerie
AM **a garden center**	

10 HOUSING CONDITIONS : L'HABITAT

1 TOWN PLANNING : L'URBANISME

A town planner — un(e) urbaniste
an architect [ˈɑːkɪtekt] — un(e) architecte
architectural [ˌɑːkɪˈtektʃərəl] — architectural
to build* [bɪld] — construire
a plan [plæn] — un plan
to draw* up the plans — dessiner les plans
to design sth — concevoir qqch.
the proportions [prəˈpɔːʃənz] — les proportions
BR **a draughtsman** [ˈdrɑːftsmən] — un dessinateur industriel
AM **a draftsman**
a drawing board — une planche à dessin

Town-and-country planning — l'aménagement du territoire
civil engineering — les travaux publics
planning permission — le permis de construire
redevelopment [ˌriːdɪˈveləpmənt] — la rénovation (d'un quartier)
rehabilitation [ˌriːəbɪlɪˈteɪʃən]
renovation [ˌrenəʊˈveɪʃən]

restoration [ˌrestəˈreɪʃən] — la rénovation (d'un immeuble)
to redevelop [ˌriːdɪˈveləp] — rénover (un quartier)
to rehabilitate [ˌriːəˈbɪlɪteɪt]
to renovate [ˈrenəʊveɪt]
to restore [rɪsˈtɔːʳ] — rénover (un immeuble)

BR **a plot of land** — un terrain
AM **a lot** [lɒt]
"site for sale" — «terrain à bâtir»
"building land for sale"
an urban development zone — une zone d'aménagement concerté
BR **waste ground** (n.c.) — un terrain vague
AM **a vacant lot**

Green spaces — les espaces verts
green areas
the green belt — la ceinture verte
a (public) park — un jardin public
a public garden — un square
a playground [ˈpleɪɡraʊnd] — une aire de jeux

2 TOWN AND VILLAGE : VILLE ET VILLAGE

A town [taʊn] — une ville
a city [ˈsɪtɪ] — une grande ville
a large town
a major city — une métropole
a capital (city) — une capitale
a market town — un bourg, une bourgade
BR **a dormitory town** — une ville-dortoir
AM **a bedroom town**
a new town — une ville nouvelle
a locality [ləʊˈkælɪtɪ] — une localité
a built-up area — une agglomération
an inhabitant [ɪnˈhæbɪtənt] — un(e) habitant(e)
a city-dweller — un(e) citadin(e)
a town-dweller
an urban community — une communauté urbaine

the town — la municipalité
the municipality [mjuːˈnɪsɪpælɪtɪ]

The town centre — le centre ville
the centre of Boston — le centre de Boston
BR **central Boston**
AM **downtown Boston**
to go* into town — aller en ville
an area [ˈɛərɪə] — un quartier, un arrondissement
a district [ˈdɪstrɪkt]
the old town — la vieille ville
the upper/lower (part of the) town — la ville haute/basse
a residential area — une zone d'habitation
a middle-class district — un quartier résidentiel
a pedestrian precinct — une zone piétonne
the town hall — l'hôtel de ville, la mairie

BR **an estate** [ɪs'teɪt]	un lotissement, une
BR **a housing estate**	cité
AM **a housing development**	
AM **a housing project**	
BR **an industrial estate**	une zone industrielle
AM **an industrial park**	
a shanty town	un bidonville
a block [blɒk]	un pâté de maisons
a row of houses	une rangée de maisons
BR **he lives three streets away**	il habite trois rues plus loin
AM **he lives three blocks away**	

The outskirts ['aʊtskɜ:ts]	les environs, la périphérie
the suburbs ['sʌbɜ:bz] (plur.)	la banlieue
the outer suburbs (plur.)	la grande banlieue
to commute [kə'mju:t]	prendre les transports en commun pour aller à son travail
a commuter [kə'mju:tə']	un(e) banlieusard(e)
A hamlet ['hæmlɪt]	un hameau
a village ['vɪlɪdʒ]	un village
a villager ['vɪlɪdʒə']	un(e) villageois(e)
a country dweller	un(e) campagnard(e)
country people country folk	les gens de la campagne

THE STREETS : LES RUES

A street [stri:t] (abr. St) **a road** [rəʊd] (abr. Rd)	une rue
a lively/busy street	une rue animée/passante
BR **the high street** AM **the main street**	la grand-rue
a side street	une petite rue
an alley ['ælɪ] **a lane** [leɪn]	une ruelle
an avenue ['ævənju:] (abr. Ave)	une avenue
a boulevard ['bu:ləva:'] (abr. Bd)	un boulevard
a square [skwɛə'] (abr. Sq)	une place
the market square	la place du marché
BR **a pedestrian way** **a pedestrianized street** AM **a walkway** ['wɔ:kweɪ]	une rue piétonnière
BR **the pavement** ['peɪvmənt] AM **the sidewalk** ['saɪd.wɔ:k]	le trottoir
the road(way)	la chaussée

BR **the kerb** [kɜ:b] AM **the curb** [kɜ:b]	le bord du trottoir
the gutter ['gʌtə']	le caniveau
a crossroads ['krɒs.rəʊdz] (sing.)	un carrefour
a pedestrian crossing BR **a zebra crossing** AM **a crosswalk** ['krɒswɔ:k]	un passage clouté
a pedestrian walkway	un passage pour piétons
an underpass ['ʌndəpa:s] BR **a subway**(1) ['sʌbweɪ]	un passage souterrain
a set of traffic lights	des feux de circulation
the lights are green/amber/red	le feu est vert/orange/rouge
(1) ATTENTION AM **the subway** = le métro	
The banks of the Thames	les berges de la Tamise
along the embankment	sur les quais
a bridge [brɪdʒ]	un pont

REMARQUE : Les abréviations données plus haut entre parenthèses pour désigner les voies de circulation sont celles régulièrement employées pour les adresses. On rencontre également les termes suivants : **Place** (abr. Pl), **Crescent** (abr. Cres), **Drive** (abr. Dr), **Terrace** (abr. Terr), **Close** (abr. Cl).

4 BUILDINGS : LES BÂTIMENTS

A building [ˈbɪldɪŋ]	un bâtiment
a construction [kənˈstrʌkʃən]	une construction
an edifice [ˈedɪfɪs] (soutenu)	un édifice
an office block	un immeuble de bureaux
a tower (block)	une tour
a skyscraper [ˈskaɪˌskreɪpəʳ]	un gratte-ciel
A (detached) house	un pavillon, une maison individuelle
semidetached houses	des maisons jumelles
BR **terraced houses** AM **town houses**	des maisons mitoyennes
a bungalow [ˈbʌŋɡələʊ]	une maison de plain-pied
a thatched cottage	une chaumière
a weekend cottage	une maison de campagne
a villa [ˈvɪlə]	une villa
A manor (house)	un manoir, une gentilhommière
a mansion [ˈmænʃən]	un hôtel particulier
a castle [ˈkɑːsl]	un château fort
the Loire châteaux	les châteaux de la Loire
a palace [ˈpælɪs]	un palais
a hovel [ˈhɒvəl]	une masure
a shack [ʃæk] **a shanty** [ˈʃæntɪ]	une cabane, une baraque
An apartment [əˈpɑːtmənt] BR **a flat** [flæt]	un appartement

AM **a condominium** [ˌkɒndəˈmɪnɪəm]	un appartement (dont on est propriétaire)
a 3-room(ed) apartment	un appartement de 3 pièces
a studio flat BR **a flatlet** [ˈflætlɪt] BR **a one-room flat** AM **a studio apartment** AM **an efficiency (apartment)**	un studio [1]
BR **a block of flats** AM **an apartment house**	un immeuble d'habitation
BR **a high-rise block** BR **a tower block** AM **a high-rise apartment building**	une tour d'habitation
AM **a condominium**	un immeuble en copropriété
BR **a council house**	un immeuble HLM
BR **a council flat**	un appartement dans un HLM
a penthouse [ˈpenthaʊs] AM **a duplex (apartment)**	un duplex [2]
BR **a bedsitting room** **a bedsitter** [ˈbedˌsɪtəʳ]	≈ une chambre de bonne
a furnished apartment	un meublé
BR **a lodging house** AM **a rooming house**	un hôtel meublé

ATTENTION FAUX AMIS (1) AM **a studio** = un atelier d'artiste
(2) AM **a duplex (house)** signifie également une maison partagée en deux appartements

A cabin [ˈkæbɪn]	une cabane
a hut [hʌt]	une hutte
a log cabin	une cabane de rondins
a chalet [ˈʃæleɪ]	un chalet
an annexe [ˈæneks]	une annexe

5 ARCHITECTURE : L'ARCHITECTURE

A walled city	une ville fortifiée
a rampart [ˈræmpɑːt]	un rempart
the battlements [ˈbætlmənts]	les créneaux
a tower [ˈtaʊəʳ]	une tour
a turret [ˈtʌrɪt]	une tourelle
a keep [kiːp]	un donjon
a bastion [ˈbæstɪən]	un bastion

a moat [məʊt] (sing.)	des douves
a fort [fɔːt]	un fort
a fortress [ˈfɔːtrɪs] **a stronghold** [ˈstrɒŋˌhəʊld]	une forteresse
a citadel [ˈsɪtədl]	une citadelle
a blockhouse [ˈblɒkˌhaʊs]	un blockhaus

a pillbox ['pɪl.bɒks]	une casemate
a dome [dəʊm]	un dôme
a vault [vɔːlt]	une voûte
a courtyard ['kɔːtjɑːd]	une cour
a gallery ['gælərɪ]	une galerie
a wing [wɪŋ]	une aile
A column ['kɒləm]	une colonne
a colonnade [ˌkɒlə'neɪd]	une colonnade
a balustrade [ˌbæləs'treɪd]	une balustrade
a pillar ['pɪləʳ]	un pilier
a capital ['kæpɪtl]	un chapiteau
an arch [ɑːtʃ]	un arc, une arche
an arcade [ɑːˈkeɪd]	une arcade
a buttress ['bʌtrɪs]	un contrefort
a flying buttress	un arc-boutant
a gargoyle ['gɑːgɔɪl]	une gargouille
a porch [pɔːtʃ]	un porche
a portico ['pɔːtɪkəʊ] (plur. porticoes)	un portique
the pediment ['pedɪmənt]	le fronton

B are [beəʳ]	nu
austere [ɒs'tɪəʳ]	austère
modest ['mɒdɪst]	modeste
exuberant [ɪg'zjuːbərənt]	exubérant
grandiose ['grændɪəʊz]	grandiose
tall [tɔːl] **lofty** ['lɒftɪ]	élevé
low [ləʊ]	bas
imposing [ɪm'pəʊzɪŋ]	imposant
majestic [mə'dʒestɪk]	majestueux
noble ['nəʊbl]	noble
ruined ['ruːɪnd] **in ruins**	en ruine
tumbledown ['tʌmbl.daʊn]	délabré
A style [staɪl]	un style
the style of the 50's	le style des années 50
a Georgian/ Victorian/Tudor house	une maison géorgienne/ victorienne/Tudor
contemporary [kən'tempərərɪ]	contemporain
Norman ['nɔːmən]	roman
Gothic ['gɒθɪk]	gothique
rococo [rəʊ'kəʊkəʊ]	rococo
baroque [bə'rɒk]	baroque

▶ ⑥ HOUSING : LE LOGEMENT

To live in London/in a house	habiter à Londres/dans une maison
he lives at number 12	il habite au numéro 12
a residence ['rezɪdəns]	une résidence
his main/second home	sa résidence principale/secondaire
to reside [rɪ'zaɪd] (soutenu)	résider
a resident ['rezɪdənt]	un(e) résident(e)
the premises ['premɪsɪz]	les lieux, les locaux
A ccommodation [əˌkɒmə'deɪʃən]	l'hébergement
BR **accommodation** [əˌkɒmə'deɪʃən] (n.c.) AM **accommodations** [əˌkɒmə'deɪʃəns] (plur.)	un logement
to accommodate sb **to house sb** **to put* sb up**	loger qqn
to occupy a building	occuper un bâtiment

the householder ['haʊs.həʊldəʳ] **the occupier** ['ɒkjʊpaɪəʳ]	l'occupant(e)
an habitation [ˌhæbɪ'teɪʃən] **a dwelling** ['dwelɪŋ] (soutenu)	une habitation
a shelter ['ʃeltəʳ]	un abri
A house for sale	une maison à vendre
BR **property** ['prɒpətɪ] AM **real estate**	l'immobilier
BR **an estate agent** AM **a realtor** ['rɪəltɔːʳ]	un agent immobilier
a property developer	un promoteur immobilier
the managing agent	le syndic, le gérant
To settle in Paris/into a new house	s'installer à Paris/dans une nouvelle maison
to move in *with sb*	emménager *chez qqn*

to move into a house	emménager dans une maison
a newcomer [ˈnjuːkʌməʳ]	un(e) nouveau (-elle) venu(e)
to move [muːv]	déménager, changer de maison
to move out *of a house*	déménager *d'une maison*
a removal [rɪˈmuːvəl]	un déménagement
a removal firm/van	une entreprise/un camion de déménagement
a removal man	un déménageur

To own one's own house	être propriétaire de sa maison
a house of one's own	une maison à soi
the owner [ˈəʊnəʳ]	le (la) propriétaire
an owner-occupier	un(e) occupant(e) propriétaire

My landlord	mon propriétaire, mon logeur
my landlady	ma propriétaire, ma logeuse
to let* a house *to sb*	louer une maison *à qqn* (quand on est propriétaire)
to rent a house *from sb*	louer une maison *à qqn* (quand on est locataire)
to sublet* *sth to sb* [ˈsʌbˈlet]	sous-louer *qqch. à qqn*
the rent [rent]	le loyer
a receipt [rɪˈsiːt]	une quittance
the service charges	les charges

A tenant [ˈtenənt]	un(e) locataire
BR a lodger [ˈlɒdʒəʳ] AM a roomer [ˈruːməʳ]	un(e) locataire (d'une chambre)
BR to share a flat *with sb*	partager un appartement *avec qqn*
BR my flatmate AM my roommate	la personne qui partage l'appartement avec moi
a lease [liːs]	un bail
to renew a lease	renouveler un bail
a security [sɪˈkjʊərɪtɪ] a guarantee [ˌgærənˈtiː] a deposit [dɪˈpɒzɪt]	une caution
the inventory of fixtures	l'état des lieux
to draw* up the inventory	faire l'inventaire

to give* a three months' notice	donner un préavis de trois mois
to give* sb notice	donner congé à qqn

A boarding house	une pension
to board with sb	prendre pension chez qqn
a boarder [ˈbɔːdəʳ]	un(e) pensionnaire
a paying guest	un(e) hôte payant(e)
board and lodging	chambre avec pension
half board	demi-pension
full board	pension complète

Eviction [ɪˈvɪkʃən]	l'expulsion
to evict sb *from*	expulser qqn *de*
to rehouse sb	reloger qqn
to expropriate [eksˈprəʊprɪeɪt]	exproprier
expropriation [eksˌprəʊprɪˈeɪʃən]	l'expropriation

BR the caretaker [ˈkɛəˈteɪkəʳ] BR the porter [ˈpɔːtəʳ] AM the janitor [ˈdʒænɪtəʳ] AM the super [ˈsuːpəʳ] AM the manager [ˈmænɪdʒəʳ]	le (la) concierge
BR a neighbour [ˈneɪbəʳ] AM a neighbor	un(e) voisin(e)
the people next door	mes voisins
BR the neighbourhood AM the neighborhood	le voisinage

Housing problems	les problèmes de logement
a squatter [ˈskwɒtəʳ]	un squatter
to squat [skwɒt]	squatter
the homeless [ˈhəʊmlɪs] (n.c. plur.)	les sans-abri
a tramp [træmp] a vagrant [ˈveɪgrənt]	un(e) vagabond(e)
to sleep* rough	dormir sous les ponts
to have no fixed abode (soutenu)	être sans domicile fixe
a hostel [ˈhɒstəl]	un foyer
BR a doss house (parlé) AM a flophouse [ˈflɒphaʊs]	un asile de nuit
slums [slʌmz] (plur.)	un quartier de taudis
a shanty town	un bidonville
unfit for human habitation	insalubre
squalid [ˈskwɒlɪd]	misérable, sordide

7 **PUBLIC AMENITIES** : LES ÉQUIPEMENTS COLLECTIFS

Street lighting	l'éclairage public
BR **a lamppost** ['læmp.pəust] **a street light** AM **a street lamp**	un réverbère
a water tower	un château d'eau
the water supply	l'approvisionnement en eau
a sewer ['sjuə']	un égout
sewerage ['sjuərɪdʒ] (n.c.)	les égouts
mains drainage (n.c.)	le tout-à-l'égout
BR **a public convenience** (sing.) BR **public toilets** **public lavatories** AM **a rest room** AM **a comfort station**	des toilettes publiques
Pest control	la lutte contre la vermine
rat extermination	la dératisation

The cleansing department	le service de voirie
the cleansing truck	la balayeuse
to hose sth down	nettoyer qqch. au jet
BR **a road sweeper** AM **a street sweeper**	un balayeur
maintenance ['meɪntɪnəns]	l'entretien
to maintain [meɪn'teɪn]	entretenir
to cleanse the streets	nettoyer les rues
BR **the dustmen** ['dʌstmen] AM **the garbage collectors**	les éboueurs
BR **the dustmen have been**	les éboueurs sont passés
A skip [skɪp]	une benne
BR **the refuse collection** AM **the garbage collection**	le ramassage des ordures
BR **the tip** [tɪp] BR **the rubbish dump** AM **the garbage dump**	la décharge

11 MAN AND SOCIETY :
L'HOMME ET LA SOCIÉTÉ

1 SOCIAL STRUCTURE : LA STRUCTURE SOCIALE

A person [ˈpɜːsn] — une personne

people [ˈpiːpl] (n.c. plur.) — les gens
folks [fəʊks] (parlé) (n.c. plur.)

the population [ˌpɒpjuˈleɪʃən] — la population

populated with — peuplé de

a people — un peuple

indigenous [ɪnˈdɪdʒɪnəs] — indigène
native [ˈneɪtɪv]

a native — un(e) indigène

A race [reɪs] — une race

racial [ˈreɪʃəl] — racial

BR **colour** [ˈkʌləʳ] — la couleur
AM **color**

BR **coloured** [ˈkʌləd] — de couleur
AM **colored**

black [blæk] — noir

a Black — un(e) Noir(e)

white [waɪt] — blanc

a White — un Blanc, une Blanche

an aborigine [ˌæbəˈrɪdʒɪnɪ] — un(e) aborigène

A tribe [traɪb] — une tribu

tribal [ˈtraɪbəl] — tribal

a clan [klæn] — un clan

a tribesman [ˈtraɪbzmən] — un membre de la tribu
(fém. tribeswoman)

a nomad [ˈnəʊmæd] — un(e) nomade

nomadic [nəʊˈmædɪk] — nomade

sedentary [ˈsedntrɪ] — sédentaire (population)
settled [ˈsetld]

A civilization [ˌsɪvɪlaɪˈzeɪʃən] — une civilisation

society [səˈsaɪətɪ] — la société

social [ˈsəʊʃəl] — social

the individual [ˌɪndɪˈvɪdjuəl] — l'individu

a private individual — un particulier

the community [kəˈmjuːnɪtɪ] — la collectivité

a community — une communauté

common [ˈkɒmən] — commun

communal [ˈkɒmjuːnl] — communautaire

collective [kəˈlektɪv] — collectif

Community life — la vie associative

a group [gruːp] — un groupe

an association [əˌsəʊsɪˈeɪʃən] — une association

an organization [ˌɔːgənaɪˈzeɪʃən] — une organisation

a circle [ˈsɜːkl] — un cercle

a club [klʌb] — un club

a body [ˈbɒdɪ] — un organisme

an institution [ˌɪnstɪˈtjuːʃən] — une institution

To join [dʒɔɪn] — adhérer à

to belong to — appartenir à

a member [ˈmembəʳ] — un(e) membre

the membership — l'adhésion

a membership card — une carte d'adhérent

To assemble [əˈsembl] — s'assembler
to gather [ˈgæðəʳ]

an assembly [əˈsemblɪ] — une assemblée
a gathering [ˈgæðərɪŋ]

a bunch of people — une bande de gens

a gang [gæŋ] — un gang

to mix with — fréquenter

to go* around with — sortir avec

a reunion [rɪˈjuːnjən] — une réunion (entre amis)

A dropout [ˈdrɒp.aʊt] — un(e) marginal(e)

to drop out — se marginaliser

antisocial [ˌæntɪˈsəʊʃəl] — asocial (comportement)

a social misfit — un(e) asocial(e)

a social outcast — un paria

THE NATION : LA NATION

A **country** ['kʌntrɪ]	un pays	**naturalization** [ˌnætʃrəlaɪ'zeɪʃən]	la naturalisation
a land [lænd]	un pays (dans les contextes autres que politiques et administratifs)	**cosmopolitan** [ˌkɒzmə'pɒlɪtən]	cosmopolite
one's native land	son pays natal		
native of	originaire de	**F**oreign ['fɒrən]	étranger
a native of France	un Français de naissance	**a foreigner** ['fɒrənə']	un(e) étranger (-gère)
		AM **an alien** ['eɪlɪən]	
National [ˈnæʃənl]	national	**immigration** [ˌɪmɪ'greɪʃən]	l'immigration
nationality [ˌnæʃə'nælɪtɪ]	la nationalité	**an immigrant** ['ɪmɪgrənt]	un(e) immigrant(e)
of German nationality	de nationalité allemande	**an immigrant worker**	un travailleur immigré
a Belgian national	un(e) ressortissant(e) belge	**to immigrate** ['ɪmɪgreɪt]	immigrer
a Spanish subject	un sujet espagnol	**an emigrant** ['emɪgrənt]	un(e) émigrant(e)
a compatriot [kəm'pætrɪət]	un(e) compatriote	**to emigrate** ['emɪgreɪt]	émigrer
a fellow-countryman (fém. fellow-countrywoman)		**expatriate** [eks'pætrɪət]	expatrié
		a refugee [ˌrefju'dʒiː]	un réfugié
		stateless ['steɪtlɪs]	apatride
A **state** [steɪt]	un État	**P**atriotism ['pætrɪətɪzəm]	le patriotisme
a citizen ['sɪtɪzn]	un(e) citoyen(ne)	**patriotic** [ˌpætrɪ'ɒtɪk]	patriotique
a citizen of Italy **an Italian citizen**	un citoyen italien	**a patriot** ['peɪtrɪət]	un(e) patriote
citizenship	la citoyenneté	**my homeland** **my fatherland**	ma patrie
a resident ['rezɪdənt]	un(e) résident(e)	**the national anthem**	l'hymne national
residence ['rezɪdəns]	la résidence	**the (national) flag**	le drapeau (national)
to be naturalized	se faire naturaliser	**to salute the flag**	saluer le drapeau

REMARQUE : Le drapeau américain s'appelle **the Stars and Stripes** et le drapeau britannique **the Union Jack**. Les Britanniques appellent le drapeau français **the tricolour** et les Américains **the tricolor**. L'hymne britannique s'appelle le **God Save the Queen/King** et l'hymne américain le **Star-Spangled Banner**.

 SOCIAL CLASSES : LES CLASSES SOCIALES

A **class** [klɑːs]	une classe	**egalitarian** [ɪˌgælɪ'tɛərɪən]	égalitaire
the class system	le système de classes	**to be sb's equal**	être l'égal de qqn
class-consciousness	la conscience de classe	**class struggle** **class war(fare)**	la lutte des classes
class bias (n.c. sing.)	des préjugés de classe	**hierarchy** ['haɪərɑːkɪ]	la hiérarchie
a privilege ['prɪvɪlɪdʒ]	un privilège	**hierarchic(al)** [ˌhaɪə'rɑːkɪk(əl)]	hiérarchique
Social standing	la position sociale	**elitism** [ɪ'liːtɪzəm]	l'élitisme
social rank	le rang social	**elitist** [ɪ'liːtɪst]	élitiste
equality [ɪ'kwɒlɪtɪ]	l'égalité	**the elite** [ɪ'liːt]	l'élite
inequality [ˌɪnɪ'kwɒlɪtɪ]	l'inégalité	**a caste** [kɑːst]	une caste

The aristocracy [ˌærɪsˈtɒkrəsɪ]	l'aristocratie	a bourgeois [ˈbuəʒwɑː]	un(e) bourgeois(e)
aristocratic [ˌærɪstəˈkrætɪk]	aristocratique	middle-class bourgeois	bourgeois (milieu, quartier)
the nobility [nəʊˈbɪlɪtɪ]	la noblesse	the upper/lower middle class	la haute/petite bourgeoisie
the gentry [ˈdʒentrɪ]	la petite noblesse		
the landed gentry	l'aristocratie terrienne	to belong to an old family	appartenir à une vieille famille
High society	la haute société		
the upper class(es)	les classes supérieures	The working class(es)	la classe ouvrière
the ruling class	la classe dirigeante	working-class	ouvrier (milieu, banlieue)
the upper crust (parlé)	le gratin	the proletariat [ˌprəʊləˈtɛərɪət]	le prolétariat
the intelligentsia [ɪnˌtelɪˈdʒentsɪə]	l'intelligentsia	a proletarian [ˌprəʊləˈtɛərɪən]	un(e) prolétaire
the Paris smart set the tout-Paris	le Tout-Paris	the (working) masses	les masses (laborieuses)
The bourgeoisie [ˌbuəʒwɑːˈziː] the middle class	la bourgeoisie	to come* from a modest background	venir d'un milieu modeste
the middle classes	les classes moyennes	the common man	l'homme du peuple

REMARQUE : En anglais **bourgeois** est souvent péjoratif ; ex. : **to have bourgeois tastes** = avoir des goûts de bourgeois.

4 FORMS OF ADDRESS : LES FORMULES DE POLITESSE

Ladies and Gentlemen!	Mesdames, (Mesmoiselles,) Messieurs!	Mrs Marie Dupont	Mme Marie Dupont
Dear Sir or Madam	Madame, (Mademoiselle,) Monsieur (en-tête de lettre)	Mesdames Jones and Smith	Mesdames Jones et Smith
		yes, Madam (soutenu)	oui, madame
Dear Sirs	Messieurs (en-tête de lettre)	Miss Sarah Dupont	Mademoiselle Sarah Dupont
Mr Jean Dupont	M. Jean Dupont	the Misses Dupont the Miss Duponts	les demoiselles Dupont
Messrs Jones and Smith	Messieurs Jones et Smith	yes, Miss (soutenu)	oui, mademoiselle
yes, Sir (soutenu)	oui, monsieur	he addressed me as 'Sir'	il m'a appelé « Monsieur »

REMARQUE : Lorsqu'on écrit, seules les formes abrégées **Mr** = Monsieur et **Mrs** = Madame sont utilisées en anglais; ex. :
Mr Daniels = Monsieur Daniels, M. Daniels
Mrs Ferris = Madame Ferris, Mᵐᵉ Ferris.
Lorsqu'on écrit à une femme et qu'on ne veut pas faire la distinction entre **Mrs** = Madame et **Miss** = Mademoiselle, on emploie la forme **Ms**. Lorsqu'on écrit à un adolescent, on peut utiliser la formule **Master** ... ; ex. : **Master Gerald Brown** = Monsieur Gerald Brown. Lorsqu'on écrit à un homme, on peut utiliser la formule **Esq.**, forme abrégée de **esquire** = écuyer ; ex. : **Paul T. Janes Esq.** = M. Paul T. Janes.

▶ 5 TITLES : LES TITRES

A prince [prɪns]	un prince	**an aristocrat** ['ærɪstəkræt]	un(e) aristocrate
a princess [prɪn'ses]	une princesse	**a noble** ['nəubl]	un(e) noble
a duke [dju:k]	un duc	**a nobleman** (fém. noblewoman)	
a duchess ['dʌtʃɪs]	une duchesse	**the nobility** [nəu'bɪlɪtɪ]	les nobles
a count [kaunt]	un comte (en général)	**a commoner** ['kɒmənəʳ]	un(e) roturier (-ière)
an earl [ɜːl]	un comte (en GB)	**to confer a title on sb**	conférer un titre à qqn
a countess ['kauntɪs]	une comtesse	**to knight sb**	faire qqn chevalier
a viscount ['vaɪkaunt]	un vicomte		
a viscountess ['vaɪkauntɪs]	une vicomtesse	**Y**our Majesty	Votre Majesté
a marquess ['mɑ:kwɪs]	un marquis	**His/Her Majesty**	Sa Majesté
a marchioness ['mɑ:ʃənɪs]	une marquise	**Your (Royal) Highness**	Votre Altesse (royale)
a baron ['bærən]	un baron	**Her Royal Highness**	Son Altesse royale (femme)
a baroness ['bærənɪs]	une baronne	**a lady-in-waiting**	une dame d'honneur
a baronet ['bærənɪt]	un baronnet	**a bow** [bau]	une révérence (faite par un homme)
a knight [naɪt]	un chevalier		
a peer [pɪəʳ]	un pair (en GB)	**a curtsey** ['kɜ:tsɪ]	une révérence (faite par une femme)
a peeress ['pɪərɪs]	une pairesse (en GB)	**to bow** to	faire une révérence à
the peerage ['pɪərɪdʒ]	la pairie	**to curtsey** to	
to raise sb to the peerage	anoblir qqn	**to bow to sb**	s'incliner pour saluer qqn
		a coat of arms	un blason
The court [kɔ:t]	la cour	**a motto** ['mɒtəu]	une devise
a courtier ['kɔ:tɪəʳ]	un courtisan	**heraldry** ['herəldrɪ]	l'héraldique

REMARQUE : En Angleterre, les **pairs** = **peers** ont un des cinq titres suivants : **duke, marquess, earl, viscount, baron.** Ils peuvent siéger à la Chambre des lords. Le titre de **Sir** est donné aux **baronnets** = **baronets** et aux chevaliers = **knights**; ex. : **Sir Michael Hordern.** Le titre de **Lord** est donné aux marquis, comtes, vicomtes et barons ; ex. : **Lord Peter Wimsey.** Le titre de **Lady** est porté par les pairesses et les épouses des baronnets; ex. : **Lady Jane Grey.** Le titre de **Dame** est porté par les femmes décorées d'un ordre de chevalerie; ex. : **Dame Judy Dench.**

▶ 6 OFFICIAL PROCEDURES : LES DÉMARCHES OFFICIELLES

My papers	mes papiers	**a visa** ['vi:zə]	un visa
an identity card	une carte d'identité	**a residence permit**	un permis de séjour
his official status	son état civil	**an address** [ə'dres]	une adresse
his official details		**permanent address**	domicile permanent
marital status	la situation de famille	**to be domiciled in**	être domicilié à
a passport ['pɑ:spɔ:t]	un passeport	**date/place of birth**	date/lieu de naissance
a passport photo	une photo d'identité		

A birth certificate | un acte de naissance
to register a birth | déclarer une naissance
a death certificate | un acte de décès
a marriage certificate | un acte de mariage
a family record book | un livret de famille

The procedure [prə'siːdʒəʳ] | la procédure
to register ['redʒɪstəʳ] | enregistrer, inscrire
registration [ˌredʒɪs'treɪʃən] | l'enregistrement, l'inscription
the official register | le registre d'état civil
a registrar [ˌredʒɪs'trɑːʳ] | ≈ un officier de l'état civil

to certify *that* ['sɜːtɪfaɪ] | certifier *que*
in order | en règle (papiers)
valid *till, up to* ['vælɪd] | valable, valide *jusqu'à*
out of date | périmé
to extend a visa | proroger un visa
to issue ['ɪʃuː] | délivrer (document)

A copy ['kɒpɪ] | une copie
a certified copy | une copie certifiée conforme
a document ['dɒkjumənt] | un document
a form [fɔːm] | un formulaire, une fiche

BR **to fill in a form** | remplir un formulaire
BR **to fill up a form**
AM **to fill out a form**
an application *for sth* [ˌæplɪ'keɪʃən] | une demande *de qqch.*
to apply *for sth* [ə'plaɪ] | faire une demande *de qqch.*
to approach sb | faire une démarche auprès de qqn
to take steps to obtain sth | faire des démarches pour obtenir qqch.
a file *on sb* [faɪl] | un dossier *sur qqn*
a dossier *on sb* ['dɒsɪeɪ]
official [ə'fɪʃəl] | officiel
an official | un responsable administratif

SOCIAL LIFE : LA VIE EN SOCIÉTÉ

▶ 1 MEETING PEOPLE : LES RENCONTRES

To meet* sb
to encounter sb (soutenu) — rencontrer qqn

to come* across sb
to run* into sb — rencontrer qqn par hasard

a meeting *with sb* ['mi:tɪŋ] — une rencontre *avec qqn*

an encounter [ɪn'kauntə'] (soutenu) — une rencontre

To meet* sb
to collect sb — accueillir qqn (à son arrivée)

to welcome sb
to greet sb — accueillir qqn (chez soi)

to meet* up with sb — rejoindre qqn, retrouver qqn

a welcome ['welkəm] — un accueil

Welcome to Paris! — Bienvenue à Paris !

to welcome sb — souhaiter la bienvenue à qqn

to be made welcome — être bien accueilli

to receive a poor welcome — être mal accueilli

To receive sb — recevoir qqn (pour un entretien)

to get* a good/bad reception — être bien/mal reçu

to show* sb in — faire entrer qqn

to show* sb out — raccompagner qqn (à la porte)

Greetings ['gri:tɪŋz] — des salutations

to greet sb — saluer qqn

to acknowledge sb's greetings — rendre son salut à qqn

Hello! [hə'ləʊ] — Bonjour ! (en général)

Good morning! — Bonjour ! (le matin)

Good afternoon! — Bonjour ! (l'après-midi)

Good evening! — Bonsoir !

Hi! [haɪ]
Hullo! [hʌ'ləʊ]
Hallo! [hə'ləʊ] — Salut !

How are you?
How do you do? — Comment allez-vous ?

How's things? — Fine, thank you (parlé) — Comment ça va ? — Très bien, merci

It's so nice to see you again! — Je suis tellement content de vous revoir !

To say* goodbye *to sb* — dire au revoir *à qqn*

to take* one's leave *of sb* (soutenu) — prendre congé *de qqn*

to make* one's farewells — faire ses adieux

to slip away quietly — s'éclipser

Goodbye! [ˌgʊd'baɪ] — Au revoir !

Bye (bye)!
Cheerio! ['tʃɪən'əʊ] — Salut !

Have a nice day! — Bonne journée !

Farewell! [fɛə'wel] (soutenu) — Adieu !

Good night! — Bonne nuit !

See you later! — À tout à l'heure

See you on Monday! — À lundi !

Talk to you on Monday! — À lundi ! (on se reparlera)

See you soon! — À bientôt !

Talk to you soon! — À bientôt ! (on se reparlera)

To wave to sb — faire bonjour de la main à qqn

to wave goodbye *to sb* — faire au revoir de la main *à qqn*

to shake* hands with sb — serrer la main de qqn

a handshake ['hænd.ʃeɪk] — une poignée de main

to nod to sb — saluer qqn de la tête

to kiss sb — embrasser qqn

to kiss sb goodbye — embrasser qqn en partant

to blow* sb a kiss — envoyer un baiser à qqn

To make* sb's acquaintance — faire la connaissance de qqn

an introduction [ˌɪntrə'dʌkʃən] — une présentation

to make* the introductions — faire les présentations

to introduce sb *to sb* — présenter qqn *à qqn*

May I introduce Anne Gifford? — Puis-je vous présenter Anne Gifford ?

I want you to meet Jacqueline — Je voudrais te présenter à Jacqueline

Do you know my uncle Frank? — Connaissez-vous mon oncle Frank ?

Have you met him? — L'avez-vous déjà rencontré ?

How do you do?	Enchanté de faire votre connaissance	**Make yourself at home!**	Faites comme chez vous !
I am glad to meet you	je suis très heureux de faire votre connaissance	**Make yourself comfortable!**	Mettez-vous à l'aise !
I don't know him to speak to **I only know him by sight**	je le connais de vue seulement	**H**ere's to your success!	À ta réussite !
give my regards to your sister	faites mes amitiés à votre sœur	**Good health!** **Your health!** BR **Cheers!** [tʃɪəz]	À votre santé !
give her my love	embrasse-la pour moi	BR **Bless you!** AM **Gesundheit!**	À tes souhaits !

2 INVITATIONS : LES INVITATIONS ◀

A guest [gest]	un(e) invité(e)	**W**e accept with pleasure	nous acceptons avec plaisir
the guest of honour	l'invité d'honneur	**I have much pleasure in accepting your invitation** (soutenu)	j'accepte votre invitation avec grand plaisir
an invitation [ˌɪnvɪ'teɪʃən]	une invitation	**it was so kind of you to invite us**	c'était vraiment très aimable à vous de nous inviter
an invitation card	une carte d'invitation		
to invite sb to sth [ɪn'vaɪt]	inviter qqn à qqch.	**I look forward to seeing you again**	je serai très heureux de vous revoir
to invite sb to dinner **to ask sb to dinner**	inviter qqn à dîner	**I have no plans for that week**	je n'ai aucun projet pour cette semaine-là
to invite sb for lunch/drinks	inviter qqn à déjeuner/pour l'apéritif	**I wonder if I might bring James?**	Puis-je amener James ?
to invite sb in	inviter qqn à entrer		
to ask sb in for a drink	inviter qqn à venir prendre un verre	**I** **am sorry I cannot accept your invitation**	je regrette de ne pouvoir accepter votre invitation
to invite o.s.	s'inviter	**I am afraid I have a previous engagement**	je suis malheureusement déjà pris
Would you like to come to dinner on Friday?	Voulez-vous venir dîner vendredi ?	**Can you manage Saturday?**	Êtes-vous libre samedi ?
Are you free for lunch tomorrow?	Êtes-vous libre à déjeuner demain ?	**I cannot commit myself until I know ...** (soutenu)	je ne peux rien promettre avant de savoir...
do come and stay with us	venez donc passer quelques jours chez nous	**I can't get away until early evening**	je ne peux pas me libérer avant le début de la soirée
do come in for a moment	entrez un instant		
How about coming for a drink? (parlé)	Venez donc prendre un verre	**I can't make it before 10 o'clock** (parlé)	je ne suis pas libre avant 10 heures
Mr & Mrs X request the pleasure of your company at (soutenu)	M. et Mme X vous prient de leur faire l'honneur d'assister à	**I'm tied up all day** (parlé)	je suis pris toute la journée
we should be pleased if you could come	vous nous feriez très plaisir en venant	**Perhaps another time?** AM **I'll take a rain check** (parlé)	Ce sera pour une autre fois
I hope you will be able to join us	j'espère que vous pourrez vous joindre à nous		

ENTERTAINING : LES RÉCEPTIONS

The host [həʊst]	l'hôte, le maître de maison
the hostess ['həʊstɪs]	l'hôtesse, la maîtresse de maison
to entertain friends	recevoir des amis
to entertain a lot	recevoir beaucoup
A visit *to sb* ['vɪzɪt]	une visite *à qqn*
BR to visit sb	rendre visite à qqn
AM to visit with sb	
to call on sb	passer voir qqn
to pay* a call on sb	
to drop in on sb	faire un saut chez qqn
A reception [rɪ'sepʃən]	une réception
a function ['fʌŋkʃən]	une réception (officielle)
a bazaar [bə'zɑːʳ]	une vente de charité
a fête [feɪt]	une kermesse (fête de charité)
a fair [fɛəʳ]	une kermesse (fête populaire)
the church/the club social	la fête de la paroisse/du club
a gathering ['gæðərɪŋ]	une réunion
a get-together (parlé)	
To go* out in the evening	sortir le soir
to dine out	dîner en ville
a party ['pɑːtɪ]	une soirée, une réception, une fête
to have a party	donner une fête
to give* a party	
to throw* a party	
to have a dinner party	donner un dîner
to celebrate a birthday	fêter un anniversaire
We must have a celebration!	Il faut fêter cela!
Let's celebrate!	
A dance [dɑːns]	une soirée dansante
to dance	danser

a ball [bɔːl]	un bal
a fancy-dress ball	un bal costumé
a gala ['gɑːlə]	un gala
a cocktail party	un cocktail
a banquet ['bæŋkwɪt]	un banquet
to give* a house-warming (party)	pendre la crémaillère
BR a diary ['daɪərɪ]	un agenda
AM a datebook ['deɪt.bʊk]	
BR an appointments diary	un carnet de rendez-vous
informal/formal dress	tenue de ville/de soirée
etiquette ['etɪket]	l'étiquette
To enjoy o.s.	s'amuser
to have a good time	bien s'amuser
to have fun	
It was great fun!	On s'est bien amusé!
to spend* a pleasant evening	passer une bonne soirée
dull [dʌl]	ennuyeux
boring ['bɔːrɪŋ]	
to be bored stiff	s'ennuyer ferme
Society life	la vie mondaine
to have a full social life	mener une vie mondaine
high society	la haute société
the jet set	le jet-set
a socialite ['səʊʃəlaɪt]	un(e) mondain(e)
To be a good mixer	être sociable
to be unsociable	être asociable
convivial [kən'vɪvɪəl]	convivial
friendly ['frendlɪ]	amical
cordial ['kɔːdɪəl]	cordial
cordiality [ˌkɔːdɪ'ælɪtɪ]	la cordialité

CONVERSATION : LA CONVERSATION

To speak* to sb	adresser la parole à qqn
to address sb (soutenu)	s'adresser à qqn
to speak* *to sb about sth* [spiːk]	parler *à qqn de qqch.*
to talk *to sb about sth* [tɔːk]	

to tell* sb about sth	raconter qqch. à qqn
to say* sth to sb	dire qqch. à qqn
to listen to sb	écouter qqn
to ask a question	poser une question
to ask whether to enquire whether	demander si
to ask after sb to enquire after sb	demander des nouvelles de qqn
To answer *that* [ˈɑːnsəʳ] to reply *that* [rɪˈplaɪ] to respond *that* [rɪsˈpɒnd] (soutenu)	répondre *que*
to answer a question to reply to a question	répondre à une question
an answer a reply a response [rɪsˈpɒns] (soutenu)	une réponse
to retort *that* [rɪˈtɔːt]	répliquer *que*, rétorquer *que*
a retort	une réplique
A conversation [ˌkɒnvəˈseɪʃən]	une conversation
to start up a conversation *with sb*	engager la conversation *avec qqn*
to have a conversation *with sb about sth* to hold* a conversation *with sb* *about sth*	avoir une conversation *avec qqn à propos* *de qqch.*
to make* conversation *with sb*	faire la conversation *à qqn*
to converse [kənˈvɜːs]	converser
to converse *with sb* *about sth*	s'entretenir *de qqch.* *avec qqn*
to keep* the conversation going	alimenter la conversation
I had to do all the talking	j'ai dû parler tout le temps pour meubler
A discussion [dɪsˈkʌʃən]	une discussion
a talk [tɔːk]	un entretien
a chat [tʃæt]	un brin de conversation
to have a chat *with sb* to chat *with sb*	bavarder *avec qqn*
BR a dialogue [ˈdaɪəlɒg] AM a dialog	un dialogue
BR a monologue [ˈmɒnəlɒg] AM a monolog	un monologue
to chatter [ˈtʃætəʳ]	jacasser
a chatterbox	un moulin à paroles
to gossip *with sb about* *sth* [ˈgɒsɪp]	papoter *avec qqn de* *qqch.*
gossip (n.c. sing.)	les commérages

To have a tête-a-tête with sb	parler à qqn en tête-à- tête
to confide in sb	se confier à qqn
to confide in sb about sth	confier qqch. à qqn
to joke *with sb about* *sth* [dʒəʊk]	plaisanter *avec qqn* *de qqch.*
a joke	une plaisanterie
to have a good sense of humour	avoir beaucoup d'humour
to be good at repartee	avoir le sens de la repartie
to buttonhole sb	accaparer qqn
Small talk (n.c. sing.)	les menus propos
to talk about this and that	parler de la pluie et du beau temps
to talk for the sake of it to talk for the sake of talking	parler pour ne rien dire
to exchange pleasantries/bana- lities	échanger des propos aimables/des banalités
to make* remarks about sth	faire des réflexions sur qqch.
To be articulate	s'exprimer avec aisance
to be a good conversationalist	avoir de la conversation
loquacious [ləˈkweɪʃəs]	loquace
talkative [ˈtɔːkətɪv] chatty [ˈtʃætɪ]	bavard
garrulous [ˈgærʊləs]	volubile
garrulousness [ˈgærʊləsnɪs]	la volubilité
eloquent [ˈeləkwənt]	éloquent
eloquence [ˈeləkwəns]	l'éloquence
To have no small talk to have no conversation	ne pas avoir de conversation
to have nothing to say for o.s.	ne pas avoir grand- chose à dire
to be at a loss for words	ne pas savoir quoi dire
to be tongue-tied	être incapable de dire un mot
Shy [ʃaɪ]	timide
shyness [ˈʃaɪnɪs]	la timidité
to be embarrassed	être embarrassé
embarrassment [ɪmˈbærəsmənt]	l'embarras
embarrassing [ɪmˈbærəsɪŋ]	embarrassant
stilted [ˈstɪltɪd]	guindé (conversation)

formal ['fɔ:məl]	formel
informal [ɪn'fɔ:məl]	informel
An **insult** [ɪn'sʌlt]	une insulte
abuse [ə'bju:z] (n.c. sing.)	des injures
to insult sb	insulter qqn
to abuse sb	injurier qqn
insulting [ɪn'sʌltɪŋ]	insultant
abusive [əb'ju:sɪv]	injurieux
a snub [snʌb]	une rebuffade
to snub sb	snober qqn
In **my opinion**	à mon avis
in my view	
according to me	selon moi, d'après moi

as far as I am concerned	pour ma part
I would like to point out that ...	je voudrais vous faire remarquer que...
I must emphasize that ...	je tiens à souligner que...
I don't see what you're driving at	je ne vois pas où vous voulez en venir
I reckon that ...	j'estime que...
I get the impression that ...	j'ai l'impression que...
I feel that ...	
if I may say so	si je puis me permettre une remarque
it depends how you look at it	tout dépend du point de vue que vous adoptez

▶ 5 MANNERS : LE SAVOIR-VIVRE

To **behave (o.s.)** [bɪ'heɪv]	se conduire
he behaved (himself) well	il s'est bien conduit
he behaved (himself) badly	il s'est mal conduit
this is no way to behave	ce ne sont pas des façons de se conduire
BR **behaviour** [bɪ'heɪvjə'] AM **behavior**	la conduite
BR **misbehaviour** ['mɪsbɪ'heɪvjə'] AM **misbehavior**	la mauvaise conduite
to misbehave ['mɪsbɪ'heɪv]	faire des bêtises
To **have good/bad manners**	avoir de bonnes/ mauvaises manières
to be well-mannered/bad-mannered **to be well-bred/ill-bred**	être bien/mal élevé
to have no manners	n'avoir aucun savoir-vivre
Polite [pə'laɪt]	poli
politely [pə'laɪtlɪ]	poliment
politeness [pə'laɪtnɪs]	la politesse
refined [rɪ'faɪnd] **polished** ['pɒlɪʃt]	raffiné
tact [tækt]	le tact
tactful ['tæktfʊl]	plein de tact
discreet [dɪs'kri:t]	discret

discretion [dɪs'kreʃən]	la discrétion
courteous *towards* ['kɜ:tɪəs]	courtois *envers*
courteously ['kɜ:tɪəslɪ]	courtoisement
courtesy ['kɜ:tɪsɪ]	la courtoisie
civility [sɪ'vɪlɪtɪ]	la civilité
Impolite [ˌɪmpə'laɪt]	impoli
impolitely [ˌɪmpə'laɪtlɪ]	impoliment
impoliteness [ˌɪmpə'laɪtnɪs]	l'impolitesse
impertinent [ɪm'pɜ:tɪnənt]	impertinent
an impertinence [ɪm'pɜ:tɪnəns]	une impertinence
insolent ['ɪnsələnt]	insolent
insolence ['ɪnsələns]	l'insolence
impudent ['ɪmpjʊdənt]	impudent
impudence ['ɪmpjʊdəns]	l'impudence
cheeky ['tʃi:kɪ] (parlé)	culotté
cheek [tʃi:k] (parlé)	le culot
to have the cheek to do	avoir le culot de faire
offhand [ɒf'hænd] **casual** ['kæʒjʊl]	désinvolte
Indiscreet [ˌɪndɪs'kri:t]	indiscret
an indiscretion [ˌɪndɪs'kreʃən]	une indiscrétion
to be tactless	manquer de tact
rude *to* [ru:d]	grossier *envers*, *avec* (qui est impoli)

coarse [kɔːs]	grossier (qui est indécent)
rudeness [ˈruːdnɪs]	la grossièreté
coarseness [ˈkɔːsnɪs]	
vulgar [ˈvʌlɡəʳ]	vulgaire
vulgarity [vʌlˈɡærɪtɪ]	la vulgarité

Boorish [ˈbʊərɪʃ]	rustre
a boor [bʊəʳ]	un malappris, un rustre
a lout [laʊt]	
gauche [ɡəʊʃ]	gauche
antisocial [ˈæntɪˈsəʊʃəl]	asocial
uncouth [ʌnˈkuːθ]	fruste

Respect [rɪsˈpekt]	le respect
respectful *to, towards* [rɪsˈpektfʊl]	respectueux *envers*
respectfully [rɪsˈpektfəlɪ]	respectueusement

to show* respect towards sb	faire preuve de respect envers qqn
deferential *to* [ˌdefəˈrenʃəl]	plein de déférence *envers*
deference [ˈdefərəns]	la déférence
to defer to sb/to sb's opinion	s'en remettre à qqn/à l'opinion de qqn

Disrespect [ˈdɪsrɪsˈpekt]	le manque de respect
to be disrespectful *to*	manquer de respect *envers*
to interrupt sb	interrompre qqn
to break* into the conversation	interrompre la conversation
to cut* into the conversation	
to ignore sb pointedly	faire comme si qqn n'existait pas

HELP : L'AIDE

To help sb *to do sth*	aider qqn *à faire qqch.*
to assist sb *to do sth* (soutenu)	
to help sb across the road	aider qqn à traverser la rue
to give* sb a hand *to do sth*	donner un coup de main à qqn *pour faire qqch.*
to make* o.s. useful	se rendre utile
to do* sb a service	rendre service à qqn
to do* sb a good turn	
BR **to do* sb a favour**	
AM **to do* sb a favor**	
BR **to ask sb a favour**	demander un service à qqn
AM **to ask sb a favor**	

Helpful [ˈhelpfʊl]	serviable
obliging [əˈblaɪdʒɪŋ]	
considerate *towards* [kənˈsɪdərɪt]	plein d'égards *envers*
attentive *to* [əˈtentɪv]	prévenant *envers*
solicitous [səˈlɪsɪtəs]	plein de sollicitude
to support sb *in sth*	apporter son soutien à qqn *dans qqch.*
to be supportive of sb	être d'un grand soutien à qqn
to offer support to sb	offrir son soutien à qqn

Volunteer [ˌvɒlənˈtɪəʳ]	volontaire (personne)
voluntary [ˈvɒləntərɪ]	volontaire (travail)
to volunteer *to do*	se porter volontaire *pour faire*

unpaid [ˈʌnˈpeɪd]	bénévole
a volunteer	un(e) bénévole, un(e) volontaire
a helper [ˈhelpəʳ]	un(e) aide
an assistant [əˈsɪstənt]	un(e) assistant(e)

To be inconsiderate	manquer d'égards
to disturb sb	déranger qqn
to bother sb	
to be a nuisance	être agaçant
to hinder sb's work	gêner qqn dans son travail
a hindrance [ˈhɪndrəns]	une gêne
to hamper sb's efforts	gêner les efforts de qqn
you are in the way	tu gênes le passage
to do* sb a disservice	rendre un mauvais service à qqn
to do* sb a bad turn	

Can I be of any help?	Puis-je vous aider ?
Can I be of any assistance to you?	Puis-je vous être utile ?
Do you want a hand?	Voulez-vous un coup de main ?
if it's all right with you, I'll ...	si cela ne vous dérange pas, je vais...
Do you mind if I close the window?	Cela vous dérange si je ferme la fenêtre ?
it's no trouble, I assure you	ça ne me dérange pas du tout, je vous assure

7 NATIONAL HOLIDAYS AND SPECIAL DAYS : LES FÊTES NATIONALES

Bastille Day	le 14 Juillet	**a commemoration** [kə.memə'reɪʃən]	une commémoration
BR **Labour Day**	la fête du travail		
AM **Labor Day**		**to commemorate** [kə'meməreɪt]	commémorer
May Day	le 1ᵉʳ mai		
Armistice Day	le 11 Novembre	BR **the centenary** [sen'ti:nərɪ]	le centenaire
BR **Remembrance Sunday**	≈ le jour du souvenir	AM **the centennial** [sen'tenɪəl]	
AM **Veterans Day**		BR **the bicentenary** [.baɪsen'ti:nərɪ]	le bicentenaire
the French/Belgian National Day	la fête nationale française/belge	AM **the bicentennial** [.baɪsen'tenɪəl]	
Independence Day the Fourth of July	la fête de l'Indépendance (américaine)		
		Fireworks ['faɪəʳ.wɜːks]	des feux d'artifice
Mother's Day	la fête des Mères	**a fireworks display**	un feu d'artifice
BR **Mothering Sunday**		**to let* off fireworks**	tirer des feux d'artifice
Father's Day	la fête des Pères	**the finishing piece the crowning piece**	le bouquet
Saint Valentine's Day	la Saint-Valentin		
a Valentine (card)	une carte de la Saint-Valentin	**a bonfire** ['bɒnfaɪəʳ]	un feu de joie
April Fool's Day	le 1ᵉʳ avril	**a procession** [prə'seʃən]	un défilé, un cortège
April Fool!	Poisson d'avril !	**the illuminations** [ɪ.lu:mɪ'neɪʃəns]	les illuminations
to make* an April Fool of sb	faire un poisson d'avril à qqn	**the band** [bænd]	la fanfare
		a military parade	une revue militaire
		to put* out flags	pavoiser
A public holiday	un jour férié	**a street party**	un bal de rue
BR **a bank holiday**			

REMARQUE : La fête du travail a lieu le 1ᵉʳ mai en Grande-Bretagne et le premier lundi de septembre aux États-Unis. L'armistice du onze novembre est commémoré le second dimanche de novembre, en Grande-Bretagne le «jour du souvenir» = **Remembrance Sunday.**

13 EDUCATION : L'ÉDUCATION

Education [ˌedjuˈkeɪʃən]   l'éducation

teaching [ˈtiːtʃɪŋ]   l'enseignement

to get* a good education   recevoir une bonne éducation

to study [ˈstʌdɪ]   faire des études
to do* some studying

schooling [ˈskuːlɪŋ]   la scolarité

compulsory education   la scolarité obligatoire

a child of school age   un enfant d'âge
a school-age child   scolaire

the school-leaving age   l'âge de fin de scolarité

BR **the local education authority**   ≈ l'académie
AM **the school district**

a school complex   un groupe scolaire

an educational establishment   un établissement scolaire

a school [skuːl]   une école

a boys'/girls' school   une école de garçons/de filles

a coeducational school   un établissement mixte

a private school   un établissement privé

a denominational school   une école confessionnelle

BR **a state school**   un établissement
AM **a public school**(1)   public

(1) ATTENTION BR **a public school** = un lycée privé, une « public »

BR **a crèche** [kreɪʃ]   une crèche
AM **a child care center**

a kindergarten   un jardin d'enfants
  [ˈkɪndəgɑːtn]
a playgroup [ˈpleɪgruːp]
a playschool [ˈpleɪskuːl]

a nursery school   une école maternelle

a primary school   une école primaire
AM **an elementary school**
AM **a grade school**

BR **a prep(aratory) school**(1)   une école primaire privée

(1) ATTENTION AM **a prep school** = un lycée privé

BR **a secondary school**   ≈ un collège
AM **a junior high school**   d'enseignement secondaire

BR **a secondary school**   ≈ un lycée
AM **a high school**

a technical school   un lycée technique

a boarding school   un pensionnat, un internat

school fees   les frais de scolarité

a grant [grɑːnt]   une bourse (en fonction des revenus)

a scholarship [ˈskɒləʃɪp]   une bourse (en fonction des résultats scolaires)

Teachers [ˈtiːtʃəz]   les enseignants

the teaching profession   le corps enseignant

a teacher   un professeur, un(e) enseignant(e)

BR **a schoolmaster**   un maître d'école
  [ˈskuːlˌmɑːstə]

BR **a schoolmistress**   une maîtresse d'école
  [ˈskuːlˌmɪstrɪs]

Miss! [mɪs]   Maîtresse !

BR **a primary school teacher**   un(e) instituteur (-trice)
AM **a grade school teacher**

BR **a supply teacher**   un(e) suppléant(e),
AM **a substitute teacher**   un(e) remplaçant(e)

a trainee teacher   un enseignant stagiaire

To teach* sb sth   enseigner qqch. à qqn
to teach* sth to sb

to teach* sb (how) to do sth   apprendre à qqn à faire qqch.

to teach* sb the piano   enseigner le piano à qqn

to train sb to do sth   former qqn à faire
  [treɪn]   qqch.

training [ˈtreɪnɪŋ] (n.c.)   une formation

private tuition (n.c. sing.)   des cours particuliers

to tutor sb in sth   donner à qqn des cours particuliers de, en qqch.

to coach sb for an exam   préparer qqn à un examen

correspondance course   l'enseignement par correspondance

distance teaching   l'enseignement à distance

television teaching   le téléenseignement

educational methods	les méthodes pédagogiques	BR **the deputy headmaster** AM **the vice-principal**	le censeur, le principal adjoint
BR **an inspector of schools** AM **an accreditation officer**	un inspecteur	**the bursar** [ˈbɜːsəʳ]	l'intendant
BR **the director of education** AM **the commissioner of education**	le recteur d'académie	BR **the year head** AM **the dean** [diːn]	le (la) conseiller (-ère) d'éducation
BR **the headmaster** [ˈhedmɑːstəʳ] (fém. headmistress) AM **the principal** [ˈprɪnsɪpəl]	le proviseur, le principal	BR **careers guidance** AM **career counseling**	l'orientation scolaire
		BR **a careers adviser** AM **a counselor** [ˈkaʊnsləʳ]	un(e) conseiller (-ère) d'orientation

REMARQUE : En Grande-Bretagne, l'école primaire est divisée en **infant school** = cours préparatoire pour les enfants de 5 à 7 ans et en **junior school** = cours élémentaire et cours moyen pour les enfants de 7 à 11 ans. La **secondary school** regroupe le collège et le lycée pour adolescents de 12 à 18 ans. Deux types d'établissements d'enseignement secondaire ont coexisté jusque vers 1970 : les **grammar schools** dispensaient un enseignement classique et les **secondary modern schools** un enseignement moderne et technique. Par la suite, des **comprehensive schools**, établissements polyvalents, ont regroupé les élèves des différentes sections.

2 AT SCHOOL : À L'ÉCOLE

A classroom [ˈklɑːsruːm]	une salle de classe	**the canteen** [kænˈtiːn] AM **the cafeteria** [ˌkæfɪˈtɪərɪə]	la cantine
BR **a form room** AM **a homeroom** [ˈhəʊmruːm]	une salle de classe (affectée à une classe particulière)	**the dormitory** [ˈdɔːmɪtrɪ]	le dortoir
BR **the study room** AM **the study hall**	la salle d'étude, la permanence	**A desk** [desk]	un bureau (table)
the playground [ˈpleɪɡraʊnd]	la cour de récréation	**the rostrum** [ˈrɒstrəm]	la chaire, l'estrade
a laboratory [ləˈbɒrətərɪ]	un laboratoire	**the (black)board** [(ˈblæk)bɔːd]	le tableau (noir)
a lab [læb] (parlé)	un labo	**chalk** [tʃɔːk]	la craie
the gym [dʒɪm]	le gymnase	**a piece of chalk**	une craie
the sports field	le terrain de sport	BR **the notice board** AM **the bulletin board**	le tableau d'affichage
the cloakroom [ˈkləʊkrum]	le vestiaire	**teaching aids** (plur.)	le matériel pédagogique
the office [ˈɒfɪs]	le secrétariat	**audio-visual aids**	les supports audio-visuels
the staffroom [ˈstɑːfruːm]	la salle des professeurs	**a slide projector**	un projecteur de diapositives
the sickroom [ˈsɪkruːm]	l'infirmerie	**an overhead projector**	un rétroprojecteur
the refectory [rɪˈfektərɪ] **the dining hall**	le réfectoire	**a transparency** [trænsˈpɛərənsɪ]	un transparent

THE PUPIL : L'ÉLÈVE

A schoolboy ['sku:lbɔi]   un écolier

a **schoolgirl** ['sku:lgɜ:l]   une écolière

schoolchildren   les écoliers
   ['sku:ltʃildrən]

a **pupil** ['pju:pl]   un(e) élève
a **(school) student**

a **classmate** ['klɑ:smeit]   un(e) camarade de
a **school friend**   classe

a **class** [klɑ:s]   une classe (groupe
   d'élèves)

BR a **form** [fɔ:m]   une classe (année d'étude)
AM a **grade** [greid]
a **year** [jiə']

BR **the first/**   la (classe de) sixième/
   second/third/   cinquième/
   fourth form   quatrième/
AM **the sixth/**   troisième
   seventh/eighth/
   ninth grade

BR **the fifth form**   la (classe de) seconde
AM **the tenth grade**

BR **the lower sixth form**   la (classe de) première
AM **the junior grade**

BR **the upper sixth**   la (classe de) terminale
   form
AM **the twelfth grade**

BR an **upper sixth-**   un(e) élève de
   former   terminale
AM a **senior**

a **day boy**   un externe

a **day girl**   une externe

a **boarder** ['bɔ:də']   un(e) pensionnaire,
   un(e) interne

to **take* school meals**   être demi-pensionnaire

BR **the class prefect**   le chef de classe
BR **the class monitor**
AM **the class president**

a **class representative**   un(e) délégué(e) de
   classe

To go* to school   aller à l'école

to **be late for school**   arriver en retard à
   l'école

the (attendance)   le registre (d'absences)
   register

to **call the register**   faire l'appel
to **call the roll**

to **be absent**   être absent

an **absentee** [ˌæbsən'ti:]   un(e) absent(e)

attendance [ə'tendəns]   la présence, l'assiduité

the bell [bel]   la cloche

A detention [di'tenʃən]   une retenue

to **be kept in**   être gardé en retenue

to **bully** ['buli]   brutaliser

to **make an uproar**   faire du chahut

to **bait sb**   chahuter qqn
to **rag sb**
to **play up sb**

BR to **play truant**   faire l'école
AM to **play hooky**   buissonnière

truancy ['truənsi]   l'absentéisme scolaire

to **expel** [iks'pel]   renvoyer

expulsion [iks'pʌlʃən]   le renvoi

To leave* school   quitter l'école

a **school-leaver**   un(e) élève en fin de
   scolarité

a **former pupil**   un(e) ancien(ne) élève

School uniform   l'uniforme scolaire

a **schoolbag** ['sku:lbæg]   un cartable

a **satchel** ['sætʃəl]   un cartable à bretelles

a **(brief) case**   une serviette

a **book** [buk]   un livre

a **textbook** ['tekstbuk]   un manuel

an **exercise book**   un cahier
a **notebook** ['nəutbuk]

a **(fountain) pen**   un stylo à plume

a **ballpoint** ['bɔ:lpɔint]   un stylo à bille
a **biro®** ['baiərəu]

a **felt-tip pen**   un feutre

a **highlighter** ['hai·laitə']   un surligneur

a **pencil** ['pensl]   un crayon

a **pencil-sharpener**   un taille-crayon

a **pencil case**   une trousse

BR a **rubber** ['rʌbə']   une gomme
AM an **eraser** [i'reizə']

an **(ink) eraser pen**   un effaceur

a **ruler** ['ru:lə']   une règle

a **file** [fail]   un classeur

a **folder** ['fəuldə']   une chemise

a **calculator**   une calculatrice
   ['kælkjuleitə']

a **compass** ['kʌmpəs]   un compas
a **pair of compasses**

a **set square**   une équerre

a **protractor** [prə'træktə']   un rapporteur

a **pair of scissors**   une paire de ciseaux

SCHOOL WORK : LE TRAVAIL SCOLAIRE

The school year	l'année scolaire	the works on the syllabus	les œuvres du programme
a term [tɜ:m]	un trimestre	the core curriculum	le tronc commun
the autumn/ spring/summer term	le premier/ second/troisième trimestre	a free period	une heure de libre
a semester [siˈmestəʳ]	un semestre	BR **the break** [breɪk] AM **the recess** [riˈses]	la récréation
to have Wednesdays off	avoir congé le mercredi		
a school visit BR a school (educational) outing	une sortie scolaire	**T**o learn* [lɜ:n]	apprendre
		to learn* sth by heart	apprendre qqch. par cœur
BR the school holidays AM the school vacation	les vacances scolaires	to study [ˈstʌdɪ]	étudier
BR the summer holidays AM the summer vacation	les grandes vacances	the study of sth	l'étude de qqch.
		to have a good/bad memory	avoir une bonne/mauvaise mémoire
the Christmas/Easter holidays	les vacances de Noël/de Pâques	to memorize [ˈmeməraɪz]	retenir, mémoriser
half term	les vacances de milieu de trimestre	to go* over a lesson	revoir une leçon
to break* up on 20th March	être en vacances à partir du 20 mars	homework [ˈhəʊmwɜ:k] (n.c. sing.) AM assignments [əˈsaɪnmənts] (plur.)	les devoirs
to go* back to school	reprendre l'école		
back-to-school offers	promotions « rentrée des classes »	BR a composition [ˌkɒmpəˈzɪʃən]	une rédaction
		an essay [ˈeseɪ] AM a theme [θi:m]	une dissertation(1)
The timetable [ˈtaɪm·teɪbl]	l'emploi du temps	an exercise [ˈeksəsaɪz]	un exercice
a period [ˈpɪərɪəd]	≈ une heure de cours	an unseen (translation)	un thème
a lesson [ˈlesn]	une leçon	a prose [prəʊz]	une version
a class [klɑ:s]	une classe	a dictation [dɪkˈteɪʃən]	une dictée
a history lesson a history class	une leçon d'histoire	to dictate [dɪkˈteɪt]	dicter
BR a course [kɔ:s] AM a program [ˈprəʊgræm]	un cours, un stage (sur plusieurs séances)	to take* notes down	prendre des notes
		optional [ˈɒpʃənl]	facultatif
to take* a course in sth	suivre un cours de qqch.	practical work (n.c. sing.)	les travaux pratiques
the curriculum [kəˈrɪkjʊləm]	le programme (pour une classe)		
the syllabus [ˈsɪləbəs]	le programme (pour une matière)		

(1) ATTENTION FAUX AMI : **a dissertation** = un mémoire, une thèse en vue de l'obtention d'un diplôme de l'enseignement supérieur

REMARQUE : En Grande-Bretagne, un cours = **a period** dure en général 45 minutes.

 SCHOOL SUBJECTS : LES DISCIPLINES SCOLAIRES

A subject [ˈsʌbdʒɪkt]	une matière, une discipline	writing [ˈraɪtɪŋ]	l'écriture
reading [ˈri:dɪŋ]	la lecture	arithmetic [əˈrɪθmətɪk]	le calcul, les maths

the three Rs (abr. de Reading, Writing and Arithmetic)	la lecture, l'écriture et le calcul
to do* history	faire de l'histoire
general knowledge	la culture générale
Grammar ['græmə']	la grammaire
spelling ['spelɪŋ]	l'orthographe
literature ['lɪtərɪtʃə']	la littérature
philosophy [fɪ'lɒsəfɪ]	la philosophie
classical languages	les langues mortes
Latin ['lætɪn]	le latin
Greek [gri:k]	le grec
history ['hɪstərɪ]	l'histoire
geography [dʒɪ'ɒgrəfɪ]	la géographie
religious education (abr. R.E.) **religious instruction**	l'instruction religieuse
modern languages	les langues vivantes
Mathematics [ˌmæθə'mætɪks] (n.c. sing.)	les mathématiques
BR **maths** [mæθs] (n.c. sing.) AM **math** [mæθ] (n.c. sing.)	les maths
algebra ['ældʒɪbrə]	l'algèbre
geometry [dʒɪ'ɒmɪtrɪ]	la géométrie
trigonometry [ˌtrɪgə'nɒmɪtrɪ]	la trigonométrie
computer science computing [kəm'pju:tɪŋ]	l'informatique

business studies	les études de gestion
science ['saɪəns]	les sciences
biology [baɪ'ɒlədʒɪ]	les sciences naturelles, la biologie
botany ['bɒtənɪ]	la botanique
zoology [zəʊ'ɒlədʒɪ]	la zoologie
chemistry ['kemɪstrɪ]	la chimie
physics ['fɪzɪks] (n.c. sing.)	la physique
Physical education (abr. P.E.) **physical training** (abr. P.T.)	l'éducation physique
sports [spɔ:ts]	les sports
games ['geɪmz]	les activités de plein air
gymnastics [dʒɪm'næstɪks] (n.c. sing.)	la gymnastique
music ['mju:zɪk]	la musique
singing ['sɪŋɪŋ]	le chant
dancing ['dɑ:nsɪŋ]	la danse
art [ɑ:t] **drawing** ['drɔ:ɪŋ]	le dessin
painting ['peɪntɪŋ]	la peinture
BR **pottery** ['pɒtərɪ] AM **ceramics** [sɪ'ræmɪks] (n.c. sing.)	la poterie
technical education (n.c. sing.)	les travaux manuels
domestic science (n.c. sing.)	les arts ménagers
technical drawing	le dessin industriel
typing ['taɪpɪŋ]	la dactylo(graphie)
shorthand ['ʃɔ:thænd]	la sténo(graphie)

⑥ ACADEMIC PERFORMANCE : LES RÉSULTATS SCOLAIRES ◀

Ability [ə'bɪlɪtɪ]	l'aptitude
to move up a class	passer dans la classe supérieure
to skip a class	sauter une classe
BR **to be kept down** AM **to be held back**	redoubler
to repeat a year	redoubler une classe
to be good at sth	être bon en qqch.
intelligent [ɪn'telɪdʒənt] **clever** ['klevə']	intelligent
bright [braɪt]	éveillé
sharp [ʃɑ:p]	vif
gifted ['gɪftɪd]	doué
academically able	doué pour les études
to do* very well in one's studies	faire de brillantes études

Non academic	peu doué pour les études
a dunce [dʌns]	un cancre
he has not had much schooling	il n'a pas fait beaucoup d'études
academic failure	l'échec scolaire
remedial teaching	le rattrapage scolaire
special education	l'éducation spécialisée
Tidy/untidy work	du travail soigné/peu soigné
to take* care over sth to take* care with sth	faire qqch. avec soin
to take* pains over sth	se donner du mal pour qqch.
conscientious [ˌkɒnʃɪ'enʃəs]	consciencieux

industrious [ɪnˈdʌstrɪəs]	travailleur
motivation [ˌməʊtɪˈveɪʃən]	la motivation
to be highly motivated	être très motivé
proficient *in sth* [prəˈfɪʃənt]	compétent *en qqch.*
proficiency *in sth* [prəˈfɪʃənsɪ]	la compétence *en qqch.*
Idle [ˈaɪdl] **lazy** [ˈleɪzɪ]	paresseux
to botch up	bâcler
to drop a subject	abandonner une matière
Continuous assessment	le contrôle continu
the teacher's assessment	les appréciations du professeur
to correct [kəˈrekt]	corriger
a star [stɑːʳ]	un bon point
BR **a mark** [mɑːk] AM **a grade** [greɪd]	une note
BR **to mark** AM **to grade**	noter
6 out of 10	6 sur 10
BR **a mark sheet** AM **a grade sheet**	un relevé de notes
BR **the school record** AM **the student file**	le dossier scolaire
An examination [ɪgˌzæmɪˈneɪʃən] **an exam** [ɪgˈzæm] (parlé)	un examen
BR **a mock exam** AM **a practice test**	un examen blanc
a candidate [ˈkændɪdeɪt]	un(e) candidat(e)
an examiner [ɪgˈzæmɪnəʳ]	un(e) examinateur (-trice)
BR **an invigilator** [ɪnˈvɪdʒɪleɪtəʳ] AM **a proctor** [ˈprɒktə]	un(e) surveillant(e) d'examen
a written test	une interrogation écrite, un contrôle
an oral (exam)	un (examen) oral
a written paper	une épreuve écrite
the chemistry paper	l'épreuve de chimie

a multiple-choice question	une question à choix multiple
BR **to do one's GCSE's** (abr. de *General Certificate of Secondary Education*)	≈ passer son brevet
BR **A levels** (plur.) AM **the high school diploma**	≈ le baccalauréat
a diploma *in sth* [dɪˈpləʊmə]	un diplôme *de qqch.*
to have qualifications	avoir des diplômes
a competitive examination	un concours
the entrance examination	le concours d'entrée
To sit* an exam **to take* an exam**	passer un examen[1]
BR **to resit* an exam**	se représenter à un examen
the session [ˈseʃən]	la session
BR **to get* a pass**	≈ avoir la moyenne
to fail [feɪl] AM **to flunk** [flʌŋk] (parlé)	échouer, rater son examen
to fail *an exam/in chemistry*	échouer *à un examen/en chimie*
to fail a candidate AM **to flunk a candidate** (parlé)	recaler un candidat
to scrape through	réussir de justesse
to cheat in an exam	tricher à un examen
a cheat [tʃiːt]	un(e) tricheur (-euse)
a crib [krɪb]	une anti-sèche
to whisper the answer to sb	souffler la réponse à qqn

(1) ATTENTION FAUX AMI **to pass an exam** = réussir un examen

To study for an exam	préparer un examen
BR **to revise** *for an exam* [rɪˈvaɪz] AM **to review** *for an exam* [rɪˈvjuː]	réviser *un examen*
revision [rɪˈvɪʒən]	la révision
to swot for an exam (parlé)	bachoter
to swot up a subject (parlé)	potasser un sujet

REMARQUE : Jusqu'en 1988, les **O levels** en Grande-Bretagne ont correspondu au brevet des collèges en France. L'équivalent du baccalauréat en Grande-Bretagne est le **General Certificate of Education** (abr. GCE) pour lequel on se présente à plusieurs disciplines au choix appelées **A levels** (abr. de *advanced levels*) ; ex. : **to have five A levels** ≈ avoir le baccalauréat dans cinq matières ; **to take A level French** ≈ prendre le français comme matière au bac.

7 HIGHER EDUCATION : L'ENSEIGNEMENT SUPÉRIEUR

A university une université
[ˈjuːnɪˈvɜːsɪtɪ]
AM **a college** [ˈkɒlɪdʒ]

the University of l'université d'Oxford
Oxford

Harvard University l'université de Harvard

to go* to university aller à l'université
to go* to college

BR **a polytechnic** ≈ un institut
[ˌpɒlɪˈteknɪk] universitaire de
BR **a poly** [ˈpɒlɪ] (parlé) technologie
AM **a technical institute**

a teachers' training ≈ un institut
college universitaire de
BR **a college of** formation des
education maîtres

an art college une école des beaux-
arts

a business college une école de gestion
a business school

a military academy une école militaire

the faculty of la faculté de lettres/de
arts/sciences sciences

to drop out of abandonner ses études
university universitaires

Evening classes les cours du soir
night school (n.c. sing.)

adult education l'enseignement pour
adultes

a training scheme un programme de
formation
professionnelle

a trainee [treɪˈniː] un(e) apprenti(e)
an apprentice [əˈprentɪs]

a trainee hairdresser un apprenti coiffeur

apprenticeship l'apprentissage
[əˈprentɪʃɪp]

An academic un(e) universitaire
[ˌækəˈdemɪk]

BR **a (junior) lecturer** ≈ un(e) assistant(e)
AM **an instructor**
[ɪnˈstrʌktəʳ]

BR **a (senior) lecturer** un maître de
AM **an assistant** conférences
professor

a chair [tʃɛəʳ] une chaire

BR **a professor** [prəˈfesəʳ] un professeur
AM **a full professor** d'université

to have tenure être titulaire

a tenured professor un professeur titulaire

the head of le chef du département
department
AM **the chairman of the
department**

BR **the vice-chancellor** ≈ le président
AM **the president** d'université
[ˈprezɪdənt]

the dean of the faculty le doyen de la faculté

8 THE STUDENT : L'ÉTUDIANT

To enrol in a s'inscrire dans une
university université

enrolment [ɪnˈrəʊlmənt] l'inscription

the registrar's office le service de la
scolarité

BR **a student card** une carte d'étudiant
AM **a student ID card**

an undergraduate un(e) étudiant(e) de
[ˌʌndəˈgrædjʊɪt] premier cycle

BR **a fresher** [ˈfreʃəʳ] un(e) étudiant(e) de
AM **a freshman** [ˈfreʃmən] première année

BR **a second-year** un(e) étudiant de
undergraduate deuxième année
AM **a sophomore**
[ˈsɒfəmɔːʳ]

BR **a postgraduate** un(e) étudiant(e) de
student troisième cycle
AM **a graduate student**

BR **a former student** un(e) ancien(ne)
AM **an alumnus** étudiant(e) (d'une
[əˈlʌmnəs] (fém. alumna) université)
(plur. alumni)

The academic year l'année universitaire

a unit [ˈjuːnɪt] une unité
d'enseignement
(matière)

a credit [ˈkredɪt] une unité
d'enseignement
(diplôme)

a module [ˈmɒdjuːl] un module

a lecture on [ˈlektʃəʳ] une conférence *sur*

a seminar [ˈsemɪnɑːʳ] un séminaire

to give* a paper on sth faire un exposé *sur*
to give* a talk on sth qqch.

the vacation [vəˈkeɪʃən]	les vacances universitaires
BR a **summer school**	une université d'été
AM a **summer institute**	
BR a **hall of residence**	une résidence universitaire
AM a **residence hall**	
AM a **dormitory** [ˈdɔːmɪtrɪ]	
a **lecture hall**	un amphithéâtre

A university degree — une licence

a **B.A. degree**	une licence ès lettres
a **Bachelor of Arts degree**	
an **arts degree**	
a **B.Sc. degree**	une licence ès sciences
a **Bachelor of Science degree**	
a **science degree**	
BR an **honours degree**	≈ une licence avec mention
to **do* a degree in**	faire une licence de
to **graduate in history**	obtenir sa licence d'histoire
a **graduate** [ˈgrædjʊeɪt]	un licencié, un diplômé
to **have a master's degree** *in*	avoir une maîtrise *de*

an **M.A. degree**	une maîtrise ès lettres
a **Master of Arts degree**	
an **M.Sc. degree**	une maîtrise ès sciences
a **Master of Science degree**	
a **doctorate** [ˈdɒktərɪt]	un doctorat
a **doctoral degree**	
a **Ph.D.** [ˈpiːeɪtʃˈdiː]	
a **thesis** *on sth* [ˈθiːsɪs]	une thèse *sur qqch.*
BR a **doctoral thesis**	une thèse de doctorat
AM a **doctoral dissertation**	
an **honorary degree**	un diplôme honoris causa
graduation [ˌgrædjʊˈeɪʃən] (n.c.)	la remise des diplômes
AM the **commencement** [kəˈmensmənt]	

Research [rɪˈsɜːtʃ] — la recherche

to **research** *in/into*	faire de la recherche *en/sur*
to **do* research** *in*	faire de la recherche *en*
a **research assistant**	un assistant-chercheur

REMARQUE : À Oxford et à l'université du Sussex, le doctorat s'appelle **D. Phil** (abr. de *Doctor of Philosophy*).

14 RELIGIONS AND BELIEFS :
RELIGIONS ET CROYANCES

1 FAITH AND DOCTRINE : LA FOI ET LES DOCTRINES

A religion [rɪ'lɪdʒən] — une religion
religious [rɪ'lɪdʒəs] — religieux
a divinity [dɪ'vɪnɪtɪ] — une divinité
divine [dɪ'vaɪn] — divin
God [gɒd] — Dieu
a god — un dieu
a goddess ['gɒdɪs] — une déesse
an idol ['aɪdl] — une idole
the Supreme Being — l'Être suprême
the Creator [krɪ'eɪtər] — le Créateur

The spirit ['spɪrɪt] — l'esprit
spiritual ['spɪrɪtjuəl] — spirituel
the soul [səʊl] — l'âme
reincarnation — la réincarnation
['riːɪnkɑːˈneɪʃən]
eternal life — la vie éternelle
sacred ['seɪkrɪd] — sacré
holy ['həʊlɪ] — saint

Theology [θɪ'ɒlədʒɪ] — la théologie
divinity [dɪ'vɪnɪtɪ]
theological [θɪə'lɒdʒɪkəl] — théologique
a theologian — un(e) théologien(ne)
[θɪə'ləʊdʒən]
a divine [dɪ'vaɪn]

A believer [bɪ'liːvər] — un(e) croyant(e)
to believe [bɪ'liːv] — être croyant
to be a believer
to believe in sth/that — croire en qqch./que
belief in [bɪ'liːf] — la croyance en
faith [feɪθ] — la foi
to have faith — avoir la foi
to be converted to — se convertir à
a convert ['kɒnvɜːt] — un(e) converti(e)

A doctrine ['dɒktrɪn] — une doctrine
a dogma ['dɒgmə] — un dogme
orthodox ['ɔːθədɒks] — orthodoxe
heretical [hɪ'retɪkəl] — hérétique
a heretic ['herətɪk] — un(e) hérétique
a pilgrim ['pɪlgrɪm] — un pèlerin
to go* on a pilgrimage — faire un pèlerinage

Pious ['paɪəs] — pieux
godly ['gɒdlɪ]
piety ['paɪətɪ] — la piété
devout [dɪ'vaʊt] — dévot
devoutness [dɪ'vaʊtnɪs] — la dévotion
religious devotion
churchy ['tʃɜːtʃɪ] (parlé) — bigot(1)
fanatical [fə'nætɪkəl] — fanatique
a fanatic [fə'nætɪk] — un(e) fanatique
fanaticism [fə'nætɪsɪzəm] — le fanatisme
fundamentalism — l'intégrisme
[ˌfʌndə'mentəlɪzəm]
a fundamentalist — un(e) intégriste
[ˌfʌndə'mentəlɪst]

(1) ATTENTION FAUX AMI :
a bigot = un(e)fanatique ;
bigotry = le sectarisme, le fanatisme ;
to be bigoted = être sectaire.
On pourra traduire le français bigoterie
par **religious bigotry**

Pagan ['peɪgən] — païen
heathen ['hiːðən] (péj.)
a pagan — un(e) païen(ne)
a heathen (péj.)
lay [leɪ] — laïque
a lay person — un(e) laïque
a layman (fém. laywoman)
the laity ['leɪɪtɪ] (n.c. sing.) — les laïques
lay people
laity — la laïcité

Sacrilegious — sacrilège
[ˌsækrɪ'lɪdʒəs]
a sacrilege ['sækrɪlɪdʒ] — un sacrilège
blasphemous — blasphématoire
['blæsfɪməs]
a blasphemy ['blæsfɪmɪ] — un blasphème
to blaspheme [blæs'fiːm] — blasphémer
profane [prə'feɪn] — profané (auteur, œuvre)
secular ['sekjʊlər]
profanation — la profanation
[ˌprɒfə'neɪʃən]
to profane — profaner (église, tombe, nom)

Superstitious — superstitieux
[ˌsuːpə'stɪʃəs]
a superstition — une superstition
[ˌsuːpə'stɪʃən]

91

an unbeliever ['ʌnbɪ'liːvə'] **a non-believer**	un(e) incroyant(e)	**a free thinker**	un(e) libre penseur (-euse)
atheistic [.eɪθɪ'ɪstɪk]	athée	**a (free)mason**	un franc-maçon
an atheist ['eɪθɪɪst]	un(e) athée	**freemasonry** ['friː.meɪsənrɪ]	la franc-maçonnerie
atheism ['eɪθɪɪzəm]	l'athéisme		
an agnostic [æg'nɒstɪk]	un(e) agnostique	**masonic** [mə'sɒnɪk]	maçonnique

RELIGIONS : LES RELIGIONS

A cult [kʌlt]	un culte	**Allah** ['ælə]	Allah
a denomination [dɪ.nɒmɪ'neɪʃən]	une confession	**Mahomet** [mə'hɒmɪt]	Mahomet
denominational [dɪ.nɒmɪ'neɪʃənl]	confessionnel	**the Koran** [kɒ'rɑːn]	le Coran
a sect [sekt]	une secte	**Hinduism** ['hɪnduːɪzəm]	l'hindouisme
		Hindu ['hɪnduː]	hindou
Jewish ['dʒuːɪʃ]	juif	**a Hindu**	un(e) hindou(e)
a Jew [dʒuː]	un juif	**the Vedas** ['veɪdəz]	les Véda
a Jew **a Jewess** ['dʒuːɪs]	une juive	**Buddhism** ['bʊdɪzəm]	le bouddhisme
Judaism ['dʒuːdeɪɪzəm]	le judaïsme	**a Buddhist** ['bʊdɪst]	un(e) bouddhiste
Jehovah [dʒɪ'həʊvə]	Jéhovah	**Buddha** ['bʊdə]	Bouddha
the Talmud ['talmʊd]	le Talmud	**Confucianism** [kən'fjuːʃənɪzəm]	le confucianisme
the Torah ['təʊrə]	la Thora	**Confucius** [kən'fjuːʃəs]	Confucius
		Shintoism ['ʃɪntəʊɪzəm] **Shinto** ['ʃɪntəʊ]	le shintoïsme, le shintô
A Moslem ['mɒzləm] **a Muslim** ['mʊslɪm]	un(e) musulman(e)	**a Shintoist** ['ʃɪntəʊɪst]	un(e) shintoïste
Islam ['ɪzlɑːm]	l'islam	**animism** ['ænɪmɪzəm]	l'animisme
Islamic [ɪz'læmɪk]	islamique	**an animist** ['ænɪmɪst]	un(e) animiste

CHRISTIANITY : LE CHRISTIANISME

The Church [tʃɜːtʃ]	l'Église	**The nativity** [nə'tɪvɪtɪ]	la nativité
a Christian ['krɪstɪən]	un(e) chrétien(ne)	**the Last Supper**	la Cène
the Christian faith	la foi chrétienne	**the crucifixion** [kruːsɪ'fɪkʃən]	la crucifixion
Christendom ['krɪsndəm]	la chrétienté	**to crucify** ['kruːsɪfaɪ]	crucifier
Jesus (Christ)	Jésus(-Christ)	**the resurrection** [.rezə'rekʃən]	la résurrection
the Lord [lɔːd]	le Seigneur		
the Almighty [ɔːl'maɪtɪ]	le Tout-Puissant		
BR **the Saviour** ['seɪvjə'] AM **the Savior**	le Sauveur	**The Bible** ['baɪbl]	la Bible
the Messiah [mɪ'saɪə]	le Messie	**biblical** ['bɪblɪkəl]	biblique
the Virgin (Mary)	la Vierge (Marie)	**a prophet** ['prɒfɪt]	un prophète
the Three Kings **the Three Wise Men**	les Rois mages	**a prophecy** ['prɒfɪsɪ]	une prophétie
		to prophesy sth	prophétiser qqch., prédire qqch.
the Holy Spirit **the Holy Ghost**	le Saint-Esprit	**to prophesy that**	prédire que
the (Holy) Trinity	la (Sainte) Trinité	**Moses** ['məʊzɪs]	Moïse

an apostle [ə'pɒsl]	un apôtre
a disciple [dɪ'saɪpl]	un disciple
an evangelist [ɪ'vændʒəlɪst]	un évangéliste
The Old/New Testament	l'Ancien/le Nouveau Testament
(the Book of) Revelation the Apocalypse [ə'pɒkəlɪps]	l'Apocalypse
the Gospels ['gɒspəlz]	les Évangiles
the Gospel according to St John	l'Évangile selon Saint Jean
(the Book of) Genesis	(le livre de) la Genèse
the Ten Commandments	les dix commandements
the Creed [kriːd]	le Credo
a parable ['pærəbl]	une parabole
The Kingdom of Heaven	le royaume des cieux
heaven ['hevn] paradise ['pærədaɪs]	le paradis
the Garden of Eden	le jardin d'Éden, le Paradis terrestre
hell [hel] Hell	l'enfer
purgatory ['pɜːgətərɪ]	le purgatoire
in limbo	dans les limbes
To be saved	être sauvé
salvation [sæl'veɪʃən]	le salut
to redeem [rɪ'diːm]	racheter

redemption [rɪ'dempʃən]	la rédemption, le rachat
grace [greɪs]	la grâce
the incarnation [ˌɪnkɑː'neɪʃən]	l'incarnation
the Last Judgement Doomsday ['duːmzdeɪ]	le Jugement dernier
The Devil ['devl]	le diable
Satan ['seɪtn]	Satan
Adam ['ædəm]	Adam
Eve [iːv]	Ève
To sin [sɪn]	pécher
a sin	un péché
the original sin	le péché originel
the Seven Deadly Sins	les sept péchés capitaux
a sinner ['sɪnəʳ]	un(e) pécheur (-eresse)
A martyr ['mɑːtəʳ]	un(e) martyr(e)
martyrdom ['mɑːtədəm]	le martyre
a saint [seɪnt]	un(e) saint(e)
to be canonized	être canonisé
an angel ['eɪndʒəl]	un ange
his guardian angel	son ange gardien
an archangel ['ɑːkeɪndʒəl]	un archange
angelic [æn'dʒelɪk]	angélique
a cherub ['tʃerəb] (plur. cherubim)	un chérubin

4 CHRISTIAN DENOMINATIONS : LES CONFESSIONS CHRÉTIENNES

A (Roman) Catholic	un(e) catholique
(Roman) Catholicism	le catholicisme
a Protestant ['prɒtɪstənt]	un(e) protestant(e)
Protestantism ['prɒtɪstəntɪzəm]	le protestantisme
the Church of England (abr. the C. of E.)	l'Église anglicane
an Anglican ['æŋglɪkən]	un(e) anglican(e)
Anglicanism ['æŋglɪkənɪzəm]	l'anglicanisme
a Presbyterian [ˌprezbɪ'tɪərɪən]	un(e) presbytérien(ne)

Presbyterianism [ˌprezbɪ'tɪərɪənɪzəm]	le presbytérianisme
the Orthodox Church	l'Église orthodoxe
an Orthodox ['ɔːθədɒks]	un(e) orthodoxe
A Lutheran ['luːθərən]	un(e) luthérien(ne)
Lutheranism ['luːθərənɪzəm]	le luthéranisme
a Calvinist ['kælvɪnɪst]	un(e) calviniste
Calvinism ['kælvɪnɪzəm]	le calvinisme
a Methodist ['meθədɪst]	un(e) méthodiste
Methodism ['meθədɪzəm]	le méthodisme

a Baptist ['bæptɪst]	un(e) baptiste
a Unitarian [ˌjuːnɪ'teərɪən]	un(e) unitarien(ne)
Unitarianism [ˌjuːnɪ'teərɪənɪzəm]	l'unitarisme
the Quakers ['kweɪkəʳz]	les quakers

the Reformed Church	l'Église réformée
a Nonconformist [ˌnɒnkən'fɔːmɪst]	un(e) non-conformiste
Jehovah's Witnesses	les Témoins de Jéhovah
a Mormon ['mɔːmən]	un(e) mormon(e)

REMARQUE : Dans certains pays anglophones, l'Église anglicane s'appelle **the Episcopalian Church.**

▶ 5 THE CLERGY AND THE CONGREGATION :
LE CLERGÉ ET LES FIDÈLES

Catechism ['kætɪkɪzəm]	le catéchisme
to go* to Sunday school	≈ aller au catéchisme
to go* to church	aller à l'église
the faithful ['feɪθfʊl] (plur.)	les fidèles, les croyants
the congregation [ˌkɒŋgrɪ'geɪʃən]	l'assemblée des fidèles
practising ['præktɪsɪŋ]	pratiquant
a churchgoer ['tʃɜːtʃˌgəʊəʳ]	un(e) pratiquant(e)
a parish ['pærɪʃ]	une paroisse
a parishioner [pə'rɪʃənəʳ]	un(e) paroissien(ne)
the choir ['kwaɪəʳ]	le chœur
a chorister ['kɒrɪstəʳ]	un(e) choriste
an altar boy	un enfant de chœur
A clergyman ['klɜːdʒɪmən] **an ecclesiastic** [ɪˌkliːzɪ'æstɪk]	un ecclésiastique
a priest [priːst]	un prêtre
priesthood	la prêtrise
a (Catholic) priest	un curé
a minister ['mɪnɪstəʳ] **a parson** ['pɑːsn]	un pasteur (en général)
a vicar ['vɪkəʳ]	un pasteur (de l'Église anglicane)
a curate ['kjʊərɪt]	un vicaire (de l'Église anglicane)
A deacon ['diːkən]	un diacre
a deaconess	une diaconesse
a canon ['kænən]	un chanoine
a chaplain ['tʃæplɪn]	un aumônier
a missionary ['mɪʃənrɪ]	un missionnaire
a preacher ['priːtʃəʳ]	un prédicateur

A seminary ['semɪnərɪ] BR **a theological college**	un séminaire
to ordain sb priest	ordonner qqn prêtre
an ordination [ˌɔːdɪ'neɪʃən]	une ordination
to enter the priesthood	se faire prêtre
to be in/take* holy orders	être/entrer dans les ordres
to enter the ministry	se faire pasteur
a cassock ['kæsək]	une soutane
A bishop ['bɪʃəp]	un évêque
an archbishop ['ɑːtʃ'bɪʃəp]	un archevêque
episcopal [ɪ'pɪskəpəl]	épiscopal
a bishopric	un évêché
a diocese ['daɪəsɪs]	un diocèse
a cardinal ['kɑːdɪnl]	un cardinal
a mitre ['maɪtəʳ]	une mitre
the pope [pəʊp]	le pape
the Supreme Pontiff	le souverain pontife
His Holiness	sa Sainteté
the papacy ['peɪpəsɪ]	la papauté
papal ['peɪpəl]	papal
the Holy See	le Saint-Siège
a prelate ['prelɪt]	un prélat
A monk [mʌŋk]	un moine
a nun [nʌn]	une religieuse
a friar ['fraɪəʳ]	un frère
Brother Richard	frère Richard
Sister Josephine	sœur Joséphine
an abbot ['æbət]	un abbé
an abbess ['æbɪs]	une abbesse
a novice ['nɒvɪs]	un(e) novice

to take* a vow of chastity	faire vœu de chasteté	to take* the veil	prendre le voile
celibacy ['selɪbəsɪ]	le célibat	monastic [mə'næstɪk]	monastique

THE PLACE OF WORSHIP : LE LIEU DE PRIÈRE

A church [tʃɜːtʃ]	une église	an aisle [aɪl]	un bas-côté
a temple ['templ]	un temple (en général)	the chancel ['tʃɑːnsəl] the choir ['kwaɪəʳ]	le chœur
a Protestant church	un temple protestant	the vestry ['vestrɪ]	la sacristie
a chapel ['tʃæpəl]	une chapelle	the apse [æps]	l'abside
a cathedral [kə'θiːdrəl]	une cathédrale	the altar ['ɒltəʳ]	l'autel
an abbey ['æbɪ]	une abbaye	the high altar	le maître-autel
a monastery ['mɒnəstərɪ]	un monastère	the transept ['trænsept]	le transept
a convent ['kɒnvənt]	un couvent	the pulpit ['pulpɪt]	la chaire
a basilica [bə'zɪlɪkə]	une basilique	a minaret ['mɪnəret]	un minaret
a synagogue ['sɪnəgɒg]	une synagogue		
a mosque [mɒsk]	une mosquée		
a pagoda [pə'gəudə]	une pagode	The cross [krɒs]	la croix
		a triptych ['trɪptɪk]	un triptyque
The church tower the steeple ['stiːpl]	le clocher	a pew [pjuː]	un banc
a spire ['spaɪəʳ]	une flèche	a prie-dieu [priː'djɜː]	un prie-Dieu
the belfry ['belfrɪ]	le beffroi	the font [fɒnt] (sing.)	les fonts baptismaux
the bells [bels]	les cloches	the stoup [stuːp]	le bénitier
a cloister ['klɔɪstəʳ]	un cloître	holy water	l'eau bénite
a rose window	une rosace	the confessional [kən'feʃənl]	le confessionnal
a stained-glass window a church window	un vitrail	a shrine [ʃraɪn]	une châsse
the nave [neɪv]	la nef	a reliquary ['relɪkwərɪ]	un reliquaire

RITUAL : LE RITUEL

A ceremony ['serɪmənɪ]	une cérémonie	to celebrate mass	célébrer la messe
a rite [raɪt]	un rite	matins ['mætɪnz]	les matines
ritual ['rɪtjuəl]	rituel	vespers ['vespəʳz] evensong ['iːvənsɒŋ] (n.c. sing.)	les vêpres
a sacrament ['sækrəmənt]	un sacrement		
to bless [bles]	bénir	To preach [priːtʃ]	prêcher
a blessing ['blesɪŋ]	une bénédiction	a sermon ['sɜːmən]	un sermon
to say* grace to say* the blessing	dire le bénédicité	to take* the collection	faire la quête
		(Holy) Communion	la (Sainte) Communion
A service ['sɜːvɪs]	un service, un office	the Eucharist ['juːkərɪst]	l'Eucharistie
a mass [mæs]	une messe	the chalice ['tʃælɪs]	le calice
to go* to mass	aller à la messe	the Blessed Sacrament	le Saint-Sacrement
to say* mass	dire la messe		

Christening [ˈkrɪsnɪŋ]   le baptême
baptism [ˈbæptɪzəm]

to christen [ˈkrɪsn]   baptiser
to baptize [bæpˈtaɪz]

circumcision   la circoncision
  [ˌsɜ:kəmˈsɪʒən]

to circumcise   circoncire
  [ˈsɜ:kəmsaɪz]

the confirmation   la confirmation
  [ˌkɒnfəˈmeɪʃən]

to be confirmed   faire sa confirmation

to take* communion   communier
to receive communion

the bar mitzvah   la bar-mitzva
  [bɑ:ˈmɪtsvə]

To pray [preɪ]   prier

to pray to God   prier Dieu

a prayer [prɛəˈ]   une prière

to meditate [ˈmedɪteɪt]   se recueillir

meditation [ˌmedɪˈteɪʃən]   le recueillement

to make* the sign of   faire le signe de croix
  the cross

to cross o.s.   se signer

to kneel* (down)   s'agenouiller

to genuflect [ˈdʒenjʊflekt]   faire une génuflexion

a rosary [ˈrəʊzərɪ]   un chapelet
to say* the rosary   dire son chapelet

Worship [ˈwɜ:ʃɪp]   le culte (vénération)
to worship   adorer
to adore [əˈdɔ:ˈ]

the stations of the   le chemin de croix
  cross (plur.)

a procession [prəˈseʃən]   une procession

A hymn [hɪm]   un cantique

a psalm [sɑ:m]   un psaume

the liturgy [ˈlɪtədʒɪ]   la liturgie

liturgical [lɪˈtɜ:dʒɪkəl]   liturgique

the litany [ˈlɪtənɪ]   la litanie

to chant [tʃɑ:nt]   psalmodier

amen [ˈɑ:ˈmen]   amen

To confess [kənˈfes]   se confesser
to go* to confession

to confess one's sins   confesser ses péchés

to repent *of sth* [rɪˈpent]   se repentir *de qqch.*

repentance [rɪˈpentəns]   le repentir

a penitent [ˈpenɪtənt]   un(e) pénitent(e)

to do* penance   faire pénitence

▶ (8) **RELIGIOUS AND PAGAN FESTIVALS :**
    LES FÊTES RELIGIEUSES ET PAÏENNES

Christmas [ˈkrɪsməs]   Noël
  (abr. Xmas)

Merry Christmas!   Joyeux Noël !

to wish sb a merry   souhaiter joyeux Noël
  Christmas   à qqn

Christmas Day   le jour de Noël

Christmas Eve   la veille de Noël

BR **Boxing Day**   le lendemain de Noël

Season's Greetings!   Joyeuses fêtes ! (sur une
     carte de vœux)

the Christmas and   les fêtes de fin d'année
  New Year holiday(s)

the Christmas Eve   le réveillon de Noël
  dinner

to celebrate Christmas   réveillonner (à Noël)
  Eve

The crib [krɪb]   la crèche
the manger [ˈmeɪndʒəˈ]

the Christmas turkey   la dinde de Noël

the Yule log   la bûche de Noël

the Christmas tree   l'arbre de Noël

Father Christmas   le Père Noël
Santa Claus [ˌsæntəˈklɔ:z]
AM **Kriss Kringle**
  [ˈkrɪsˈkrɪŋgl]

to hang* up one's   ≈ mettre son soulier
  stocking   dans la cheminée

a (Christmas) carol   un chant de Noël

to go* to midnight   aller à la messe de
  mass   minuit

New Year's Day   le jour de l'An

Happy New Year!   Bonne année !

to wish sb a happy   souhaiter une bonne
  New Year   année à qqn

New Year's Eve   la Saint-Sylvestre
    (en général)

Hogmanay [ˌhɒgməˈneɪ]   la Saint-Sylvestre
    (en Écosse)

to celebrate New Year's Eve	réveillonner (à la Saint-Sylvestre)	Shrove Tuesday Pancake Tuesday	Mardi gras
Advent ['ædvənt]	l'Avent	Candlemas ['kændlmæs]	la Chandeleur
Epiphany [ɪ'pɪfənɪ] Twelfth Night	l'Épiphanie	Lent [lent]	le Carême
to celebrate Twelfth Night	tirer les Rois	Palm Sunday	le dimanche des Rameaux

Easter ['i:stə']	Pâques	**A**scension Day	l'Ascension
Easter Sunday	le dimanche de Pâques	Whit Sunday Pentecost ['pentɪkɒst]	le dimanche de Pentecôte
Happy Easter!	Joyeuses Pâques !	Whit Monday	le lundi de Pentecôte
an Easter egg	un œuf de Pâques	the Assumption [ə'sʌmpʃən]	l'Assomption
Easter Monday	le lundi de Pâques	All Souls' Day	le jour des Morts
Holy Week	la Semaine sainte	All Saints' Day	la Toussaint
Good Friday	le Vendredi saint	Ramadan [ˌræmə'dɑːn]	le Ramadan
Maundy Thursday	le Jeudi saint	the Passover ['pɑːsəʊvə']	la pâque (juive)

REMARQUE : En Grande-Bretagne, ce sont des lapins appelés **Easter Bunnies** qui sont censés apporter les œufs de Pâques aux enfants.

MYTHOLOGY : LA MYTHOLOGIE

A legend ['ledʒənd]	une légende	**A**pollo [ə'pɒləʊ]	Apollon
legendary ['ledʒəndərɪ]	légendaire	Atlas ['ætləs]	Atlas
a myth [mɪθ]	un mythe	Cupid ['kjuːpɪd]	Cupidon
mythical ['mɪθɪkəl]	mythique	Hercules ['hɜːkjuliːz]	Hercule
mythological [ˌmɪθə'lɒdʒɪkəl]	mythologique	Juno ['dʒuːnəʊ]	Junon
folklore ['fəʊklɔː]	le folklore	the Muses [mjuːzɪz]	les Muses
fabulous ['fæbjʊləs]	fabuleux	Oedipus ['iːdɪpəs]	Œdipe
		Orpheus ['ɔːfjuːs]	Orphée
A nymph [nɪmf]	une nymphe	the Sphinx [sfɪŋks]	le Sphinx
a dryad ['draɪəd]	une dryade	Ulysses [juː'lɪsiːz]	Ulysse
a satyr ['sætə']	un satyre	Hades ['heɪdiːz] (sing.) the Underworld ['ʌndəwɜːld]	les Enfers
a centaur ['sentɔː']	un centaure	Hell [hel]	

ASTROLOGY AND THE SUPERNATURAL : L'ASTROLOGIE ET LE SURNATUREL

Astrology [əs'trɒlədʒɪ]	l'astrologie	Aries ['ɛəriːz]	le Bélier
an astrologer [əs'trɒlədʒə']	un(e) astrologue	Taurus ['tɔːrəs]	le Taureau
a horoscope ['hɒrəskəʊp]	un horoscope	Gemini ['dʒemɪnaɪ]	les Gémeaux
to cast* sb's horoscope	faire l'horoscope de qqn	Cancer ['kænsə']	le Cancer
		Leo ['liːəʊ]	le Lion
the signs of the zodiac	les signes du zodiaque	Virgo ['vɜːgəʊ]	la Vierge

Libra ['li:brə]	la Balance
Scorpio ['skɔ:pɪəʊ]	le Scorpion
Sagittarius [.sædʒɪ'tɛərɪəs]	le Sagittaire
Capricorn ['kæprɪkɔ:n]	le Capricorne
Aquarius [ə'kwɛərɪəs]	le Verseau
Pisces ['paɪsi:z]	les Poissons
I'm Aquarius/Leo	je suis (du) Verseau/Lion

Supernatural [.su:pə'nætʃərəl]	surnaturel
destiny ['destɪnɪ]	la destinée
fate [feɪt]	le destin, le sort
a prediction [prɪ'dɪkʃən]	une prédiction
to predict that	prédire que
to tell* the future	prédire l'avenir
to foresee* sth	prévoir qqch.
a fortune-teller ['fɔ:tʃən.telər]	un(e) diseur (-euse) de bonne aventure
to tell* sb's fortune	dire la bonne aventure à qqn
to read* sb's palm	lire les lignes de la main à qqn
palmistry ['pɑ:mɪstrɪ] **chiromancy** ['kaɪərəmænsɪ]	la chiromancie
a clairvoyant [klɛə'vɔɪənt]	un(e) voyant(e)
a crystal ball	une boule de cristal
the tarot ['tærəʊ]	le tarot
to read* the tea leaves **to read* the teacups**	≈ lire dans le marc de café

Magic ['mædʒɪk]	la magie
black magic	la magie noire
magic	magique

a magic wand	une baguette magique
a magician [mə'dʒɪʃən]	un(e) magicien(ne)
a charm [tʃɑ:m]	un fétiche
a lucky charm	un porte-bonheur
a witch [wɪtʃ] **a sorceress** ['sɔ:sərəs]	une sorcière
a wizard ['wɪzəd] **a sorcerer** ['sɔ:sərər]	un sorcier
a witch doctor	un sorcier (d'une tribu)
witchcraft ['wɪtʃkrɑ:ft] **sorcery** ['sɔ:sərɪ]	la sorcellerie
a marabout ['mærə.bu:]	un marabout
voodoo ['vu:du:]	le vaudou
a magic spell	un sortilège
to put* a spell on sb **to cast* a spell on sb**	jeter un sort à qqn
an alchemist ['ælkɪmɪst]	un(e) alchimiste
alchemy ['ælkɪmɪ]	l'alchimie
the philosopher's stone	la pierre philosophale

A ghost [gəʊst]	un fantôme, un revenant
BR **a spectre** ['spektər] AM **a specter**	un spectre
an apparition [.æpə'rɪʃən]	une apparition
to appear to sb	apparaître à qqn
to haunt sb/sth [hɔ:nt]	hanter qqn/qqch.
haunted ['hɔ:ntɪd]	hanté
a spirit ['spɪrɪt]	un esprit
a poltergeist ['pɔ:ltəgaɪst]	un esprit frappeur
a medium ['mi:dɪəm] (plur. mediums)	un médium
a seance ['seɪɑ:ns]	une séance de spiritisme
the occult (sciences)	les sciences occultes

15 DANGER AND VIOLENCE :
LE DANGER ET LA VIOLENCE

DANGER : LE DANGER

D anger ['deɪndʒəʳ]	le danger
dangerous ['deɪndʒrəs]	dangereux
dangerously ['deɪndʒrəslɪ]	dangereusement
to be in danger	être en danger (personne)
to endanger [ɪn'deɪndʒəʳ]	mettre en danger (vie)
in mortal danger	en danger de mort
to expose o.s. to danger	s'exposer à un danger
a menace to the public	un danger public
A peril ['perɪl] (soutenu)	un péril
perilous ['perɪləs] (soutenu)	périlleux
in jeopardy **in peril** (soutenu)	en péril
to jeopardize ['dʒepədaɪz] **to imperil** [ɪm'perɪl] (soutenu)	mettre en péril (carrière, situation)
at the risk of his life	au péril de sa vie
A risk [rɪsk]	un risque
to take* risks	prendre des risques
to run* the risk of	courir le risque de
to risk one's life	risquer sa vie

to risk doing sth	prendre le risque de faire qqch.
I can't risk it	je ne peux pas prendre un tel risque
it's at your own risk	c'est à tes risques et périls
A hazard[1] ['hæzəd]	un risque, un danger
hazardous ['hæzədəs]	risqué, dangereux
it's an occupational hazard	ce sont les risques du métier
natural hazards	les risques naturels
a health hazard	un risque pour la santé
to have a lot at stake	risquer gros

(1) ATTENTION FAUX AMI le hasard = **chance, fate, luck**

I 'll chance it (parlé)	je vais tenter le coup
to chance one's luck	tenter sa chance
to chance one's arm (parlé)	risquer le tout pour le tout
risky ['rɪskɪ] **chancy** ['tʃɑːnsɪ] (parlé) BR **dicey** ['daɪsɪ] (parlé)	risqué, hasardeux
T o warn sb of sth, about sth/that	avertir qqn de qqch./que
a warning ['wɔːnɪŋ]	un avertissement

---

2 ACCIDENTS AND DISASTERS :
LES ACCIDENTS ET LES CATASTROPHES

An accident ['æksɪdənt]	un accident
to have an accident	avoir un accident
accidental [ˌæksɪ'dentl]	accidentel
accidentally [ˌæksɪ'dentəlɪ]	accidentellement
a fatal accident	un accident mortel
a disaster [dɪ'zɑːstəʳ] **a catastrophe** [kə'tæstrəfɪ]	une catastrophe
on the scene of the disaster	sur les lieux du drame

a disaster area	une région sinistrée
an air/rail disaster	une catastrophe aérienne/ferroviaire
A fire [faɪəʳ] **a blaze** [bleɪz]	un incendie
to catch* fire	prendre feu
to blaze **to flame up**	flamber
to set* fire to sth **to set* sth on fire**	mettre le feu à qqch.

to be on fire **to be burning**	être en feu, brûler
to scorch [skɔːtʃ]	brûler, roussir (fer à repasser)
to burn* sth down	brûler complètement qqch.
burning [ˈbɜːnɪŋ] **blazing** [ˈbleɪzɪŋ]	en flammes
An explosion [ɪksˈpləʊʒən]	une explosion
to explode [ɪksˈpləʊd] **to detonate** [ˈdetəneɪt]	exploser, faire exploser
to blow* up	sauter, faire sauter
a nuclear disaster	une catastrophe nucléaire
Smoke [sməʊk]	la fumée
to smoke	fumer
a spark [spɑːk]	une étincelle
to spark	jeter des étincelles
a flame [fleɪm]	une flamme
the embers [ˈembəˈz] (plur.)	la braise
ash [æʃ]	la cendre
(in)flammable [(ɪn)ˈflæməbl]	inflammable
non-(in)flammable	ininflammable
fireproof [ˈfaɪə.pruːf]	ignifuge
to extinguish [ɪksˈtɪŋgwɪʃ] **to put* out**	éteindre
a fire extinguisher	un extincteur
To drown [draʊn]	se noyer
to fall* overboard	tomber par-dessus bord
Man overboard!	Un homme à la mer !
a shipwreck [ˈʃɪprek]	un naufrage
to be shipwrecked	faire naufrage
to sink* [sɪŋk]	sombrer, couler
to run* aground	s'échouer
to capsize [kæpˈsaɪz] **to overturn** [ˌəʊvəˈtɜːn]	faire chavirer, chavirer
to lower the boats	mettre les chaloupes à la mer
to be lost with all hands	être perdu corps et biens
A rail accident **a rail crash**	un accident de chemin de fer
a derailment [dɪˈreɪlmənt]	un déraillement

to be derailed **to come* off the rails**	dérailler
to leave* the rails **to leave* the track**	quitter la voie
A crash-landing [ˈkræʃ.lændɪŋ]	un atterrissage en catastrophe
a forced landing **an emergency landing**	un atterrissage forcé
a belly landing	un atterrissage sur le ventre
to crash to the ground	s'écraser au sol
a near miss	une quasi-collision
A road accident	un accident de la route
a car accident **a motoring accident** **a car crash**	un accident de voiture
a minor accident	un accrochage
to bump into sb/sth	accrocher qqn/qqch.
a collision [kəˈlɪʒən]	une collision
to collide with sth [kəˈlaɪd]	entrer en collision avec qqch.
to collide head-on with sth	heurter qqch. de plein fouet
a pile-up	un carambolage
to hit* a wall **to run* into a wall**	heurter un mur
to crash into a wall	percuter un mur
To skid [skɪd]	déraper
to swerve [swɜːv]	faire une embardée
to roll over	faire un tonneau
a reckless driver	un chauffard
an accident black spot	un point noir de la circulation
To knock sb down	renverser qqn
to run* over sb/sth	écraser qqn/qqch.
to be thrown against sth	être projeté contre qqch.
to be thrown out of the car	être éjecté de la voiture
a wreck [rek]	une épave
to wreck	détruire
to be wrecked **to be a write-off**	être bon pour la ferraille
To be injured	être blessé
to be killed instantly	être tué sur le coup
one dead, three injured	un mort, trois blessés
there were five people injured	il y a eu cinq blessés

two people are reported missing	il y aurait deux disparus	safe and sound	sain et sauf
seriously injured	grièvement blessé	**D**amage ['dæmɪdʒ] (n.c. sing.)	les dégâts
serious injuries	des blessures graves		
a casualty ['kæʒjʊltɪ] a victim ['vɪktɪm]	une victime	there is extensive damage	les dégâts sont importants
to claim many lives	faire de nombreuses victimes	to damage	endommager, abîmer
the death toll	le bilan, le nombre de morts	in case of emergency in an emergency	en cas d'urgence
unharmed [ˌʌn'hɑːmd] unhurt [ˌʌn'hɜːt] unscathed [ˌʌn'skeɪðd]	indemne	to come* to sb's aid	porter secours à qqn
		a rescue party	une équipe de secours

VIOLENCE : LA VIOLENCE

A fight [faɪt]	une bagarre	**V**iolent ['vaɪələnt]	violent
to fight* (with) sb	se battre avec qqn	violently ['vaɪələntlɪ]	violemment
to hit* sb with sth to strike* sb with sth	frapper qqn avec qqch.	savage ['sævɪdʒ]	sauvage
to batter sb	rouer qqn de coups	ferocious [fə'rəʊʃəs]	féroce
to molest sb	molester qqn	ferocity [fə'rɒsɪtɪ]	la férocité
to hit* back	riposter	brutal ['bruːtl]	brutal
a stone struck him in the face	une pierre l'a atteint au visage	brutality [bruː'tælɪtɪ]	la brutalité
		barbaric [bɑː'bærɪk] barbarous ['bɑːbərəs]	barbare
A thug [θʌg] a hooligan ['huːlɪgən]	un voyou	an atrocity [ə'trɒsɪtɪ]	une atrocité
a football hooligan	un hooligan	a massacre ['mæsəkəʳ] slaughter ['slɔːtəʳ] (n.c.)	un massacre
a riot ['raɪət]	une émeute	to massacre to slaughter	massacrer
a rioter ['raɪətəʳ]	un(e) émeutier (-ière)	carnage ['kɑːnɪdʒ] (n.c.)	un carnage
to run* amok to run* riot	se déchaîner (foule)	the escalation of violence	l'escalade de la violence
To stab sb	poignarder qqn	**T**o persecute sb	persécuter qqn
a stab wound	un coup de couteau (blessure)	persecution [ˌpɜːsɪ'kjuːʃən]	la persécution
to knife sb	donner un coup de couteau à qqn	to torment sb	tourmenter qqn
BR a flick knife AM a switchblade ['swɪtʃ.bleɪd]	un couteau à cran d'arrêt	torment ['tɔːment] (n.c. sing.)	les tourments
		torture ['tɔːtʃəʳ]	la torture
to knock sb out to knock sb unconscious	assommer qqn	a form of torture	une torture, un supplice
a cosh [kɒʃ]	une matraque	to torture sb	torturer qqn
to cosh sb	matraquer qqn	a torturer ['tɔːtʃərəʳ]	un tortionnaire
to strangle sb	étrangler qqn	to force sb to do sth	forcer qqn à faire qqch.
to knock sb about to manhandle sb	malmener qqn	to oppress sb	opprimer qqn
to ill-treat sb	maltraiter qqn	oppression [ə'preʃən]	l'oppression
ill-treatment [ˌɪl'triːtmənt] (n.c. sing.)	les mauvais traitements	an oppressor [ə'presəʳ]	un oppresseur
		Cruel to sb ['krʊəl]	cruel envers qqn
		cruelty ['krʊəltɪ]	la cruauté

bloodthirsty [blʌd'θɜːstɪ]	sanguinaire	**sadistic** [sə'dɪstɪk]	sadique
sadism ['seɪdɪzəm]	le sadisme	**a sadist** ['seɪdɪst]	un(e) sadique

◢ 4 CRIME : LA CRIMINALITÉ

A crime [kraɪm]	un crime	**a juvenile offender**	un délinquant juvénile
to commit a crime	commettre un crime	**delinquency** [dɪ'lɪŋkwənsɪ]	la délinquance
criminal ['krɪmɪnl]	criminel	**a hardened criminal**	un criminel endurci
a criminal	un(e) criminel(le)	**a recidivist** [rɪ'sɪdɪvɪst]	un(e) récidiviste
a crime wave	une vague de criminalité	**a habitual offender**	
serious/petty crime	la grande/petite criminalité	**A gangster** ['gæŋstə']	un gangster, un bandit
crime prevention	la lutte contre le crime	**an armed robber** **a gunman** ['gʌnmən]	un bandit armé
BR **an offence** [ə'fens]	un délit	**a gang** [gæŋ]	un gang
BR **a criminal offence**		**organized crime**	le grand banditisme
AM **an offense**		**the Maf(f)ia** ['mæfɪə]	la Maf(f)ia
it's illegal **it's against the law**	c'est illégal	**an outlaw** ['aʊtlɔː]	un hors-la-loi
to break* the law **to contravene the law** (soutenu)	enfreindre la loi	**a racketeer** [ˌrækɪ'tɪə']	un racketteur
		a racket ['rækɪt]	un racket
a breach of the law (soutenu)	une infraction à la loi	**an accomplice** [ə'kʌmplɪs]	un(e) complice
a motoring offence	une infraction au code de la route	**the underworld** ['ʌndəwɜːld]	le milieu, la pègre
an offender [ə'fendə'] **a delinquent** [dɪ'lɪŋkwənt]	un(e) délinquant(e)	**an informer** [ɪn'fɔːmə']	un(e) indicateur (-trice)
		a grass [grɑːs] (parlé)	un mouchard

◢ 5 CRIMES AGAINST THE PERSON : LES CRIMES CONTRE LES PERSONNES

An attack *on sb* [ə'tæk] **an assault** [ə'sɔːlt] (soutenu)	une attaque *contre qqn*, une agression *contre qqn*	**to assassinate** [ə'sæsɪneɪt]	assassiner (homme politique)
to attack sb **to assault sb** (soutenu)	attaquer qqn, agresser qqn	**a murderer** ['mɜːdərə']	un meurtrier, un assassin
a mugging ['mʌgɪŋ]	une agression (dans la rue)	**a murderess** ['mɜːdərɪs]	une meurtrière
		an assassin [ə'sæsɪn]	un assassin (d'un homme politique)
to mug sb	agresser qqn (dans la rue)	**a murder attempt**	une tentative de meurtre
an attacker [ə'tækə'] **an aggressor** [ə'gresə'] **an assailant** [ə'seɪlənt] (soutenu)	un agresseur	**a serial killer**	un tueur en série
A murder ['mɜːdə']	un meurtre, un assassinat	**A homicide** ['hɒmɪsaɪd]	un homicide
		manslaughter ['mæn.slɔːtə']	l'homicide involontaire
an assassination [əˌsæsɪ'neɪʃən]	un assassinat (politique)	**an infanticide** [ɪn'fæntɪsaɪd]	un infanticide
to murder	assassiner (en général)	**assault and battery** (soutenu)	coups et blessures

To shoot* at sb	tirer sur qqn	**a bomb scare**	une alerte à la bombe
to shoot* sb	abattre qqn	**a car/letter bomb**	une voiture/lettre piégée
to kill [kɪl]	tuer		
a shooting ['ʃuːtɪŋ]	une fusillade	**a bomb attack** **a bombing** ['bɒmɪŋ]	un attentat à la bombe
premeditated [priːˈmediteitid]	prémédité	**to plant a bomb**	poser une bombe
the scene of the crime	les lieux du crime		
the murder weapon	l'arme du crime		
to poison sb	empoisonner qqn	**A** pirate ['paiərit]	un pirate
poisoning ['pɔiznɪŋ]	l'empoisonnement	a hijacker ['haidʒækər]	un pirate de l'air
a poisoner ['pɔiznər]	un(e) empoisonneur (-euse)	to hijack a plane	détourner un avion
		a hijack(ing) ['haidʒæk(ɪŋ)]	un détournement d'avion
		a hostage ['hɒstidʒ]	un otage
To batter ['bætər]	martyriser (enfant)	to take* sb hostage	prendre qqn en otage
battered children	les enfants martyrs	hostage taking (n.c.)	la prise d'otages
a child batterer	un bourreau d'enfants	an ambush ['æmbuʃ]	une embuscade, un guet-apens
child abuse	les mauvais traitements aux enfants	to ambush sb	faire tomber qqn dans une embuscade
to rape sb	violer qqn	a sabotage ['sæbətɑːʒ]	un sabotage
a rape [reip]	un viol	a saboteur [ˌsæbəˈtɜːr]	un(e) saboteur (-euse)
a rapist ['reipist]	un violeur	to sabotage sth	saboter qqch.
A kidnap(ping) ['kidnæp(ɪŋ)] an abduction [æbˈdʌkʃən] (soutenu)	un enlèvement, un rapt	**A** plot [plɒt]	un complot
		to plot against sb/sth	comploter contre qqn/qqch.
to kidnap sb to abduct sb (soutenu)	enlever qqn	a conspiracy [kənˈspirəsi]	une conspiration
a kidnapper ['kidnæpər] an abductor [æbˈdʌktər] (soutenu)	un(e) ravisseur (-euse)	to conspire against sth/to do sth [kənˈspaiər]	conspirer contre qqch./pour faire qqch.
a ransom ['rænsəm]	une rançon	a (security) leak	une fuite (de documents, de renseignements)
blackmail ['blækmeil]	le chantage		
to blackmail sb	faire chanter qqn		
a blackmailer ['blækmeilər]	un maître chanteur	**A** slander ['slɑːndər]	une diffamation (en paroles)
		a libel ['laibəl]	une diffamation (par écrit)
Terrorism ['terərizəm]	le terrorisme	to slander	diffamer (en paroles)
an act of terrorism	un acte de terrorisme	to libel	diffamer (par écrit)
a terrorist ['terərist]	un(e) terroriste	slanderous ['slɑːndərəs] BR libellous ['laibələs] AM libelous	diffamatoire
a terrorist attack on	un attentat contre		
to claim responsibility for an attack	revendiquer un attentat	an anonymous letter a poison-pen letter	une lettre anonyme
in retaliation	par représailles		

THEFT AND FRAUD : LE VOL ET LA FRAUDE

A theft [θeft] — un vol (en général)

a robbery ['rɒbərɪ] — un vol (généralement avec menaces ou violence)

a thief [θiːf] (plur. thieves) — un(e) voleur (-euse) (en général)

a robber ['rɒbəʳ] — un(e) voleur (-euse) (usant de menaces ou de violence)

to steal* [stiːl] — voler

to steal* sth from sb
to rob sb of sth — voler qqch. à qqn

to have one's wallet stolen — se faire voler son portefeuille

to rob sb/a bank — dévaliser qqn/une banque

there's been a bank robbery — une banque a été dévalisée

a hold-up ['həʊldʌp]
a raid [reɪd] — un hold-up

armed robbery — le vol à main armée

A burglary ['bɜːglərɪ] — un cambriolage

BR **to burgle** ['bɜːgl]
AM **to burglarize** ['bɜːgləraɪz] — cambrioler

an attempted burglary — une tentative de cambriolage

a burglar ['bɜːgləʳ] — un(e) cambrioleur (-euse)

robbery with breaking and entering (soutenu) — vol avec effraction

a break-in ['breɪkɪn] — une effraction

To hold* sb up — braquer qqn

to aim a gun at sb — braquer une arme sur qqn

to do* sth at gunpoint — faire qqch. sous la menace d'une arme

a firearm ['faɪəʳ.ɑːm] — une arme à feu

Hands up! — Haut les mains !

to blow* a safe — dynamiter un coffre-fort

Shoplifting ['ʃɒp.lɪftɪŋ] (n.c.) — le vol à l'étalage

a shoplifter ['ʃɒp.lɪftəʳ] — un voleur à l'étalage

pickpocketing ['pɪk.pɒkɪtɪŋ] (n.c.) — le vol à la tire

to pick pockets — voler à la tire

a pickpocket ['pɪk.pɒkɪt] — un pickpocket

bag-snatching ['bæg.snætʃɪŋ] (n.c.) — le vol à l'arraché

pilfering ['pɪlfərɪŋ] (n.c.) — le chapardage

to pilfer ['pɪlfəʳ] — chaparder

A receiver [rɪ'siːvəʳ] — un(e) receleur (-euse)

to receive stolen goods — receler des objets volés

receiving [rɪ'siːvɪŋ] — le recel

a swindle ['swɪndl] — une escroquerie

a confidence trick — un abus de confiance

a crook [krʊk]
a swindler ['swɪndləʳ]
a con man (parlé) — un escroc

to swindle sb out of sth
to cheat sb out of sth — escroquer qqch. à qqn

crooked ['krʊkɪd] (parlé) — malhonnête

A fraud [frɔːd] — une fraude

fraudulent ['frɔːdjʊlənt] — frauduleux

to defraud [dɪ'frɔːd] — frauder

to embezzle [ɪm'bezl] — détourner des fonds

to embezzle 10 million — détourner 10 millions

embezzlement [ɪm'bezlmənt] (n.c.) — un détournement de fonds

to launder ['lɔːndəʳ] — blanchir (argent sale)

Drug trafficking
drug running — le trafic de drogue

to traffic in drugs — faire du trafic de drogue

a drug trafficker
a drug runner — un(e) trafiquant(e) de drogue

a (drug) pusher — un(e) revendeur (-euse) de drogue

a (drug) dealer — un dealer

Smuggling ['smʌglɪŋ] — la contrebande

to smuggle sth — faire la contrebande de qqch.

a smuggler ['smʌgləʳ] — un(e) contrebandier (-ière)

to smuggle sth in/out — faire entrer/sortir qqch. en fraude

a forger ['fɔːdʒəʳ] — un(e) faussaire

to forge sb's signature — imiter la signature de qqn

it is forged
it's a forgery — c'est un faux

forged documents — de faux papiers

to alter ['ɒltəʳ]
to falsify ['fɔːlsɪfaɪ] — falsifier

A vandal ['vændəl] — un(e) vandale

vandalism ['vændəlɪzəm] — le vandalisme

to vandalize sth — saccager qqch.

to loot [luːt]
to plunder ['plʌndəʳ] — piller

a **looter** [ˈluːtəʳ] a **plunderer** [ˈplʌndərəʳ]	un pillard	**arson** [ˈɑːsn]	l'incendie criminel
		a case of arson	un incendie criminel
looting [ˈluːtɪŋ] **plundering** [ˈplʌndərɪŋ]	le pillage	**an arsonist** [ˈɑːsənɪst]	un(e) incendiaire, un(e) pyromane

16 LAW AND ORDER : L'ORDRE PUBLIC

1 PREVENTION : LA PRÉVENTION

Safety [ˈseɪftɪ] — la sécurité (contre le danger)

security [sɪˈkjʊərɪtɪ] — la sécurité (contre le crime)

to be safe — être en sécurité, être en sûreté

safety measures
security measures — les mesures de sécurité

to keep* sth in a safe place — garder qqch. en lieu sûr

it's quite secure
it's quite safe — ça ne risque rien

it's perfectly safe — cela ne présente aucun danger

To protect sb/sth *from sth/against sth* — protéger qqn/qqch. *de qqch./contre qqch.*

protection [prəˈtekʃən] — la protection

caution [ˈkɔːʃən]
prudence [ˈpruːdəns] — la prudence

to exercise caution — faire preuve de prudence

cautious [ˈkɔːʃəs]
prudent [ˈpruːdənt] — prudent

cautiously [ˈkɔːʃəslɪ]
prudently [ˈpruːdəntlɪ] — prudemment

vigilant [ˈvɪdʒɪlənt] — vigilant

vigilance [ˈvɪdʒɪləns] — la vigilance

To defend sb/sth *against sth* — défendre qqn/qqch. *contre qqch.*

BR **defence** [dɪˈfens]
AM **defense** — la défense

BR **self-defence**
AM **self-defense** — la légitime défense

To watch sb/sth — surveiller qqn/qqch.

to be on the watch for sth — guetter qqch.

to watch out for sth

to be on the alert — être sur le qui-vive

to be on one's guard — être sur ses gardes

to guard sth — garder qqch., surveiller qqch.

under guard — sous bonne garde

To check (on) sth — vérifier qqch.

to see* to it that
to make* sure that — veiller à ce que

to take* precautions *against sth* — prendre des précautions *contre qqch.*

as an extra precaution — pour plus de sûreté

A watchman [ˈwɒtʃmən] — un gardien

a security guard — un vigile

a security guard
a Securicor guard® — un convoyeur de fonds

a bodyguard [ˈbɒdɪˌɡɑːd] — un garde du corps

a vigilante group — un groupe d'autodéfense

A lock [lɒk] — une serrure

to lock sth — fermer qqch. à clé

to lock sth up — mettre qqch. sous clé

under lock and key — sous clé

a bolt [bəʊlt] — un verrou

to bolt sth — verrouiller qqch.

a safety device — un dispositif de sécurité

a safe [seɪf] — un coffre-fort

a reinforced door — une porte blindée

an armoured truck — un camion blindé

The emergency exit — la sortie de secours

the fire escape — l'escalier de secours

an escape hatch — un sas de secours

a fire door — une porte coupe-feu

a smoke detector — un détecteur de fumée

protective clothing (n.c. sing.) — des vêtements de protection

a bullet-proof vest
a fla(c)k jacket — un gilet pare-balles

An alarm signal — un signal d'alarme

an alarm bell — une sonnette d'alarme

a fire alarm — une sonnerie d'alarme (en cas d'incendie)

a burglar alarm — une sonnerie d'alarme (en cas de cambriolage)

to set* off a burglar alarm — déclencher une sonnerie d'alarme

to give* the alarm
to sound the alarm
to raise the alarm — donner l'alarme

to sound the alert — donner l'alerte

a false alarm — une fausse alerte

2 **RESCUE SERVICES** : LES SERVICES DE SECOURS

To save sb/sth *from sth*	sauver qqn/qqch. de qqch.
to rescue sb	sauver qqn, secourir qqn
to save sb's life	sauver la vie de qqn
a rescue [ˈreskjuː]	un sauvetage
rescue operations	les opérations de sauvetage
a rescuer [ˈreskjuəʳ]	un sauveteur
a rescue party	une équipe de secours
to go* to sb's rescue **to go* to sb's aid**	aller au secours de qqn
to bring* aid to sb	porter secours à qqn
to go*/to send* for help	aller/envoyer chercher de l'aide
Help!	Au secours !
to call for help **to shout for help**	appeler au secours
An emergency [ɪˈmɜːdʒənsɪ]	une urgence
to give* sb first aid	donner les premiers soins à qqn
a first-aid worker	un(e) secouriste
a first-aid kit	une trousse de secours
to dig* sb out of the wreckage	dégager qqn des débris
to carry sb on a stretcher	porter qqn sur une civière
the search for survivors	les recherches pour retrouver des survivants

BR **a fireman** [ˈfaɪəˈmən] AM **a firefighter** [ˈfaɪəʳfaɪtəʳ]	un pompier
BR **the fire brigade** AM **the fire department**	les sapeurs-pompiers
the fire station AM **the fire house**	la caserne de pompiers
the fire engine	la voiture de pompiers
to fight* a fire	lutter contre un incendie
to contain a fire **to bring* a fire under control**	maîtriser un incendie
to put* out a fire **to extinguish a fire**	éteindre un incendie
a ladder [ˈlædəʳ]	une échelle
the big (turntable) ladder	la grande échelle
a fire hose	une lance d'incendie
a fire hydrant AM **a fireplug** [ˈfaɪəʳplʌg]	une bouche d'incendie
An SOS (signal) [abr. de *Save our Souls*]	un S.O.S.
to send* out an SOS	envoyer un S.O.S.
a flare [flɛəʳ]	une fusée de détresse
a life jacket AM **a life vest** AM **a life preserver**	un gilet de sauvetage
a life belt	une ceinture de sauvetage
a life buoy	une bouée de sauvetage
a life raft	un radeau de sauvetage
a lifeboat [ˈlaɪfˈbəʊt] *	un canot de sauvetage

3 **THE POLICE FORCE** : LES FORCES DE L'ORDRE

The police [pəˈliːs]	la police, la gendarmerie
the police force	les forces de l'ordre
the police were there in force	d'importantes forces de police étaient présentes
the police intervened	les forces de l'ordre sont intervenues
to call emergency services BR **to dial 999**	≈ appeler police secours
a police officer AM **a lawman** [ˈlɔːmən]	un policier, un gendarme

a policeman [pəˈliːsmən] BR **a (police) constable** AM **a patrolman** [pəˈtrəʊlmən]	≈ un gardien de la paix, un agent de police
a policewoman [pəˈliːsˌwʊmən] AM **a patrolwoman** [pəˈtrəʊlwʊmən]	une femme policier
a cop [kɒp] (parlé)	un flic
a uniformed policeman	un policier en tenue
a detective [dɪˈtektɪv] **a plain-clothes policeman** **a policeman in plain clothes**	un policier en civil

a police inspector	un officier de police (en tenue)
BR a detective constable AM a lieutenant [luːˈtenənt]	un inspecteur de police
BR a superintendent [ˌsuːpərɪnˈtendənt] AM a police captain	≈ un commissaire (de police)
a community policeman	≈ un îlotier
community policing	≈ l'îlotage
The police station	le commissariat de police
BR the local police station AM the precinct station	le poste de police du quartier
a police car a squad car AM a prowl car	une voiture de police
an unmarked police car	une voiture de police banalisée
a police patrol	une patrouille de police
Detective police	la police judiciaire (en général)
the CID [ˌsiːaɪˈdiː] (abr. de *Criminal Investigation Department*)	la police judiciaire (en GB)
the FBI [ˌefbiːˈaɪ] (abr. de *Federal Bureau of Investigation*)	le FBI, la police fédérale (aux USA)
The crime squad the murder squad	la brigade criminelle (en général)
the Murder Squad	la brigade criminelle (en GB)
the Homicide Department	la brigade criminelle (aux USA)
the Vice/Narcotics Squad	la brigade des mœurs/des stupéfiants
Interpol [ˈɪntəpɒl]	Interpol

BR the traffic police AM the state highway patrol	la police routière
a police motorcyclist	un motard
a traffic warden	un(e) contractuel(le) (en général)
˙BR a lollipop man (fém. lollipop lady) (parlé)	un(e) contractuel(le) (qui fait traverser les enfants)
the militia [mɪˈlɪʃə]	la milice
the mounted police	la police montée (en général)
the Mounties [ˈmaʊntɪz]	la police montée (au Canada)
a private detective a private eye (parlé)	un détective privé
a member of the anti-riot police	≈ un gendarme mobile
a member of the state security police	≈ un CRS
To be on duty	être de service
the duty officer	l'inspecteur de service
BR a truncheon [ˈtrʌntʃən] AM a night stick	une matraque
handcuffs [ˈhændkʌf]	les menottes
to handcuff sb	passer les menottes à qqn
a siren [ˈsaɪərən]	une sirène
BR a Black Maria AM a patrol wagon AM a police wagon	un panier à salade
a police dog	un chien policier
a dog handler	un maître-chien
a riot shield	un bouclier
a helmet [ˈhelmɪt]	un casque
a rubber bullet	une balle en caoutchouc
a water cannon (plur. inv.)	un canon à eau
a tear bomb	une bombe lacrimogène

REMARQUE : Dans les pays anglo-saxons, le maintien de l'ordre est assuré par les forces de police sur l'ensemble du territoire, alors qu'en France, ce rôle incombe à la police et à la gendarmerie.

POLICE OPERATIONS : LES OPÉRATIONS DE POLICE

A police operation	une opération de police
to enforce the law	faire respecter la loi
a crack-down *on sth*	une campagne de répression *contre qqch.*

a police enquiry a police investigation	une enquête policière
to conduct an enquiry *into sth* to conduct an investigation *into sth*	mener une enquête *sur qqch.*

to investigate a crime	faire une enquête sur un crime
A suspect ['sʌspekt]	un(e) suspect(e)
to be wanted by the police	être recherché par la police
he is wanted for questioning	la police le recherche
wanted for murder	recherché pour meurtre
to pick up a suspect	appréhender un suspect
A search warrant	un mandat de perquisition
a police raid	une descente de police
a police cordon	un cordon de police
an identity check	un contrôle d'identité
to shadow sb to tail sb	filer qqn
to track sb down to hunt sb down	traquer qqn
to question sb *about* *sth*	interroger qqn *sur* *qqch.*
to interrogate sb	interroger qqn (de manière prolongée)
an interrogation [ɪn.terəˈgeɪʃən]	un interrogatoire

To catch* sb redhanded to catch* sb in the act	prendre qqn en flagrant délit
an arrest [əˈrest]	une arrestation
to arrest sb	arrêter qqn
to make* an arrest	procéder à une arrestation
under arrest	en état d'arrestation
they have a warrant for his arrest	ils ont un mandat d'arrêt contre lui
to be kept in custody	être placé en garde à vue
to spend* the night in the cells	passer la nuit au poste
to release sb	relâcher qqn
To charge sb *with* *sth/with having* *done sth*	inculper qqn *de* *qqch./d'avoir* *fait qqch.*
on a charge of	sous l'inculpation de
a statement ['steɪtmənt]	une déposition
to caution sb	informer qqn de ses droits
a fingerprint ['fɪŋgə.prɪnt]	une empreinte digitale
to fingerprint sb	prendre les empreintes digitales de qqn
a criminal record	un casier judiciaire
he hasn't got a record	il a un casier judiciaire vierge

5 **THE LAW** : LA JUSTICE

A law [lɔː] an act [ækt]	une loi
by law	conformément à la loi
under French law	selon le droit français
a bill [bɪl]	un projet de loi
legislation *on* [.ledʒɪsˈleɪʃən]	la législation *sur*
jurisdiction [.dʒuərɪsˈdɪkʃən]	la juridiction
a regulation [.regjuˈleɪʃən]	un règlement
a code of conduct	un code de conduite
a decree [dɪˈkriː]	un décret
jurisprudence [.dʒuərɪsˈpruːdəns]	la jurisprudence
a test case	une affaire qui fait jurisprudence
to set* a precedent	faire jurisprudence

Legal ['liːgəl]	légal
lawful ['lɔːful]	légal, légitime
legality [lɪˈgælɪtɪ]	la légalité
lawfulness ['lɔːfulnɪs]	la légalité, la légitimité
illegal [ɪˈliːgəl]	illégal
unlawful ['ʌnˈlɔːful]	illégitime
illegality [.ɪliːˈgælɪtɪ] unlawfulness ['ʌnˈlɔːfulnɪs]	l'illégalité
BR a barrister ['bærɪstəʳ] BR a lawyer ['lɔːjəʳ] AM an attorney [əˈtɜːnɪ] AM a counselor ['kaunsləʳ]	un(e) avocat(e)
to consult a lawyer to take* legal advice	consulter un avocat
a bailiff ['beɪlɪf]	≈ un huissier de justice
BR a solicitor⁽¹⁾ [səˈlɪsɪtəʳ] AM a lawyer ['lɔːjəʳ]	≈ un notaire

a legal adviser	un(e) conseiller (-ère) juridique	**T**o maintain law and order	maintenir l'ordre
legal aid	l'aide judiciaire	to enforce the law	faire respecter la loi
(1) ATTENTION AM **a solicitor** = un conseiller juridique employé par une municipalité		to keep* the law to abide by the law	respecter la loi
		law-abiding [ˌlɔːəˈbaɪdɪŋ]	respectueux des lois
To legislate *on sth/against sth* ['ledʒɪsleɪt]	promulguer une loi *sur qqch./contre qqch.*	legitimate [lɪˈdʒɪtɪmɪt]	légitime
		legitimacy [lɪˈdʒɪtɪməsɪ]	la légitimité
to pass a law *to the effect that*	faire voter une loi *selon laquelle*	the rights of the individual	les droits de l'individu
		disorder [dɪsˈɔːdəʳ] (n.c. sing.)	les désordres
to repeal a law	abolir une loi	anarchy ['ænəkɪ]	l'anarchie
the civil/penal code	le code civil/pénal	martial law	la loi martiale
to decree that	décréter que		
to legalize sth	légaliser qqch.	**T**o arbitrate ['ɑːbɪtreɪt]	arbitrer
to ban sth to prohibit sth	interdire qqch.	arbitration [ˌɑːbɪˈtreɪʃən]	l'arbitrage
		to go* to arbitration	recourir à l'arbitrage
an embargo *on* [ɪmˈbɑːgəʊ]	un embargo *sur*	an arbiter ['ɑːbɪtəʳ] (soutenu)	un arbitre
sanctions *against* ['sæŋkʃənz]	des sanctions *contre*	a mediator ['miːdɪeɪtəʳ]	un(e) médiateur (-trice) (en général)
to give* a ruling *on sth*	rendre un jugement *sur qqch.*	an arbitrator ['ɑːbɪtreɪtəʳ]	un(e) médiateur (-trice) (conflit social)
the judge ruled that	le juge a ordonné que	an Ombudsman ['ɒmbʊdzmən]	un(e) médiateur (-trice) (en GB, réglant les différends entre les particuliers et l'État)

REMARQUES : 1 Pour désigner une loi particulière, on emploie de préférence le mot **act** ; ex. : la loi sur l'éducation = **the Education Act.**
2 Dans le droit anglais, les attributions du **solicitor** correspondent approximativement à celles qui sont dévolues en droit français au notaire et au conseiller juridique. Le **solicitor** ne plaide pas devant le tribunal. Il prépare le dossier de son client pour le **barrister** qui sera chargé de présenter l'affaire devant la cour.

▶ ⑥ **THE COURTS** : LES TRIBUNAUX

A case [keɪs]	une affaire	**T**o try sb	juger qqn
a trial ['traɪəl]	un procès (criminel)	to be tried for murder/theft	être jugé pour meurtre/vol
a lawsuit ['lɔːsuːt]	un procès (civil)	a (law) court	un tribunal
to go* to law	recourir à la justice	the courthouse ['kɔːthaʊs]	le palais de justice
to take* a case to court	porter une affaire devant les tribunaux	the court room	la salle d'audience
to lodge a complaint *against sb, about sb*	porter plainte *contre qqn*	**T**he defendant [dɪˈfendənt] the accused [əˈkjuːzd]	l'accusé(e)
to take* sb to court to sue sb	faire un procès à qqn	BR **the defence** [dɪˈfens] AM **the defense**	la défense
to bring* an action *against sb* to take* proceedings *against sb*	intenter une action *contre qqn*	to defend sb	défendre qqn

BR **the counsel for the defence**	l'avocat de la défense	**proof** *of sth* [pruːf] **evidence** *of sth* ['evɪdəns] (n.c.)	la preuve *de qqch.*
AM **the defense counsel**		**an exhibit** [ɪgˈzɪbɪt]	une pièce à conviction
The **plaintiff** [ˈpleɪntɪf]	le (la) plaignant(e)	**an alibi** [ˈælɪbaɪ]	un alibi
the prosecution [ˌprɒsɪˈkjuːʃən]	l'accusation, le ministère public	**T**o **plead** [pliːd]	plaider
an accusation [ˌækjuˈzeɪʃən]	une accusation	**to plead guilty/not guilty**	plaider coupable/non coupable
a charge [tʃɑːdʒ]		**in the dock**	sur le banc des accusés
to accuse sb *of sth/of doing sth*	accuser qqn *de qqch./de faire qqch.*	**a cross-examination**	un contre-interrogatoire
BR **the public prosecutor**	le procureur	**T**he **jury** [ˈdʒʊərɪ]	le jury
AM **the district attorney**		**a juror** [ˈdʒʊərəʳ]	un juré
to prosecute sb	poursuivre qqn	**the foreman of the jury**	le président du jury
A **magistrate** [ˈmædʒɪstreɪt]	un magistrat	**to deliberate** [dɪˈlɪbərɪt]	délibérer
a judge [dʒʌdʒ]	un juge	**the verdict** [ˈvɜːdɪkt]	le verdict
a Justice of the Peace (abr. J.P.)	un juge de paix	**to return a verdict**	rendre un verdict
the examining magistrate	≈ le juge d'instruction	**I**nnocent *of sth* [ˈɪnəsnt]	innocent *de qqch.*
AM **the committing magistrate**		**innocence** [ˈɪnəsns]	l'innocence
yes, your honour	oui, monsieur le juge	**guilty** *of sth* [ˈgɪltɪ]	coupable *de qqch.*
to try a case	entendre une affaire	**guilt** [gɪlt]	la culpabilité
to appear before a court	comparaître devant un tribunal	**to convict sb** **to find* sb guilty**	reconnaître qqn coupable
		a culprit [ˈkʌlprɪt]	un(e) coupable
A **witness** [ˈwɪtnɪs]	un témoin	**A**n **acquittal** [əˈkwɪtl]	un acquittement
to hear* a witness	entendre un témoin	**to acquit sb**	acquitter qqn
to give* evidence	témoigner, déposer	**damages** [ˈdæmɪdʒɪz]	les dommages et intérêts
to take* the oath	prêter serment		
to be on oath **to be under oath**	être sous serment	**bail** [beɪl] (n.c.)	une caution
to commit perjury	faire un faux serment	**to release sb on bail**	mettre qqn en liberté sous caution
BR **the witness box**	≈ la barre des témoins	**to pardon sb**	gracier qqn
AM **the witness stand**		**an appeal** [əˈpiːl]	un appel
a clue [kluː]	un indice	**to (lodge an) appeal**	faire appel

SENTENCES : LES PEINES

A **prisoner** [ˈprɪznəʳ]	un(e) prisonnier (-ière), un(e) détenu(e)	BR **the governor** [ˈgʌvənəʳ]	le directeur de la prison
BR **a prison officer**	un(e) gardien(ne) de prison	AM **the warden**	
BR **a prison warder** (fém. wardress)		**the prison authorities** (plur.)	l'administration pénitentiaire
AM **a prison guard**			

A prison ['prɪzn]
a jail [dʒeɪl]
BR **a gaol** [dʒeɪl]
AM **a penitentiary** [ˌpenɪ'tenʃərɪ] — une prison, une centrale

prison regime — le régime carcéral

a cell [sel] — une cellule

a top-security wing — un quartier de haute surveillance

BR **a detention centre**
BR **an approved school**
AM **a reform school**
AM **a reformatory** [rɪ'fɔːmətərɪ] — ≈ un centre d'éducation surveillée

a mutiny ['mjuːtɪnɪ] — une mutinerie

overcrowding [ˌəʊvə'kraʊdɪŋ] — la surpopulation

To go* to prison — aller en prison

to put* in prison
to imprison [ɪm'prɪzn]
to jail [dʒeɪl]
BR **to gaol** [dʒeɪl] — mettre en prison, emprisonner

imprisonment [ɪm'prɪznmənt] — l'emprisonnement

behind bars — derrière les barreaux, sous les verroux

A conviction [kən'vɪkʃən] — une condamnation

a sentence ['sentəns] — une peine

a suspended sentence — une peine avec sursis

to sentence sb for murder — condamner qqn pour meurtre

to sentence sb to three years' imprisonment
to pass a three-year (prison) sentence on sb
to send* sb to prison for three years — condamner qqn à trois ans de prison

to sentence sb in his absence
to sentence sb in absentia (soutenu) — condamner qqn par contumace

a fine [faɪn] — une amende

to fine sb — condamner qqn à une amende

to serve a sentence — purger une peine

Life imprisonment
imprisonment for life — la réclusion à perpétuité

to get*/give* sb a life sentence — être condamné/ condamner qqn à perpétuité

solitary confinement — le régime cellulaire

on parole — en liberté conditionnelle

an alternative sentence — une peine de substitution

a suspended sentence — une condamnation avec sursis

to get* a reduction in one's sentence
to get* one's sentence cut — obtenir une réduction de peine

To punish sb for sth/for doing sth — punir qqn de qqch./pour avoir fait qqch.

corporal punishment (n.c.) — un châtiment corporel

to deport sb — déporter qqn

deportation [ˌdiːpɔː'teɪʃən] — la déportation

to put* sb/to be under house arrest — placer qqn/être sous résidence surveillée

Capital punishment — la peine capitale

the death penalty — la peine de mort

to condemn sb to death
to sentence sb to death — condamner qqn à mort

to execute sb
to put* sb to death — exécuter qqn

an execution [ˌeksɪ'kjuːʃən] — une exécution

the executioner [ˌeksɪ'kjuːʃnəʳ] — le bourreau

to be hanged(1) — être pendu

(1) ATTENTION Dans ce sens particulier, **to hang** a une conjugaison régulière, la forme : **hanged** s'employant pour le prétérit et le participe passé

The gallows ['gæləʊz] (plur.) — la potence

the guillotine [ˌgɪlə'tiːn] — la guillotine

to behead sb — décapiter qqn

the scaffold ['skæfəld] — l'échafaud

the electric chair — la chaise électrique

a firing squad — un peloton d'exécution

17 POLITICS : LA POLITIQUE

POLITICAL SYSTEMS : LES SYSTÈMES POLITIQUES

A state [steɪt] — un État
a **union** [ˈjuːnjən] — une union
a **federation** [ˌfedəˈreɪʃən] — une fédération
to govern a country **to rule over a country** — gouverner un pays
a **head of state** — un chef d'État
a **head of government** — un chef de gouvernement
a **leader** [ˈliːdəʳ] — un(e) dirigeant(e)
incumbent [ɪnˈkʌmbənt] — en exercice (ministre, président)
a **regime** [reɪˈʒiːm] — un régime
institutions [ˌɪnstɪˈtjuːʃənz] — les institutions

A democracy [dɪˈmɒkrəsɪ] — une démocratie
a **people's democracy/republic** — une démocratie/ république populaire
democratic [ˌdeməˈkrætɪk] — démocratique
a **democrat** [ˈdeməkræt] — un(e) démocrate
a **republic** [rɪˈpʌblɪk] — une république
republican [rɪˈpʌblɪkən] — républicain
a **republican** — un(e) républicain(e)
the **president** [ˈprezɪdənt] — le président
the **vice-president** — le vice-président
the **presidency** [ˈprezɪdənsɪ] — la présidence
presidential [ˌprezɪˈdenʃəl] — présidentiel

A sovereign [ˈsɒvrɪn] a **ruler** [ˈruːləʳ] — un(e) souverain(e)
a **monarch** [ˈmɒnək] — un monarque
a **monarchy** [ˈmɒnəkɪ] — une monarchie
royalty [ˈrɔɪəltɪ] — la royauté
the **Royal Family** — la famille royale
the **Crown** [kraun] — la Couronne
royal [ˈrɔɪəl] — royal
to reign over [reɪn] **to rule** over [ruːl] — régner *sur*
a **reign** — un règne
in the reign of — sous le règne de (à l'époque de)

under the reign of — sous le règne de (sous la domination de)
a **dynasty** [ˈdɪnəstɪ] — une dynastie
a **regent** [ˈriːdʒənt] — un(e) régent(e)
a **coronation** [ˌkɒrəˈneɪʃən] — un couronnement
a **king** [kɪŋ] — un roi
a **queen** [kwiːn] — une reine
a **kingdom** [ˈkɪŋdəm] — un royaume
the accession (to the throne) of Henry IV — l'avènement de Henri IV
to ascend the throne **to come* to the throne** — monter sur le trône
to follow sb on the throne of France **to succeed sb on the throne of France** — succéder à qqn sur le trône de France
to swear* allegiance to sb — faire serment d'allégeance à qqn

An empire [ˈempaɪəʳ] — un empire
imperial [ɪmˈpɪərɪəl] — impérial
an **emperor** [ˈempərəʳ] — un empereur
an **empress** [ˈemprɪs] — une impératrice
a **prince** [prɪns] — un prince
a **princess** [prɪnˈses] — une princesse
a **principality** [ˌprɪnsɪˈpælɪtɪ] — une principauté
a **sultan** [ˈsʌltən] — un sultan
an **emir** [eˈmɪəʳ] — un émir
an **emirate** [eˈmɪərɪt] — un émirat
a **sheikh** [ʃeɪk] — un cheik

A dictator [dɪkˈteɪtəʳ] — un dictateur
a **dictatorship** [dɪkˈteɪtəʃɪp] — une dictature
totalitarian [ˌtəutælɪˈtɛərɪən] — totalitaire
totalitarianism [ˌtəutælɪˈtɛərɪənɪzəm] — le totalitarisme
a **tyrant** [ˈtaɪərənt] — un tyran
a **tyranny** [ˈtɪrənɪ] — une tyrannie
a **police state** — un État policier
a **life president** — un président à vie

PARLIAMENT : LE PARLEMENT

A parliament
['pɑːləmənt]
un parlement

parliamentary
[.pɑːlə'mentəri]
parlementaire

a legislative assembly
une assemblée législative

the elected representatives
les élus

BR **a lawgiver** ['lɔːgɪvəʳ]
AM **a lawmaker**
['lɔːmeɪkəʳ]
un(e) législateur (-trice)

the Constitution
[.kɒnstɪ'tjuːʃən]
la Constitution

To make* a speech
prononcer un discours

a parliamentary session
une session parlementaire

a parliamentary sitting
une séance parlementaire

the Opposition
[.ɒpə'zɪʃən]
(les partis de) l'opposition

to filibuster ['fɪlɪbʌstəʳ]
faire de l'obstruction parlementaire

to back the government
soutenir le gouvernement

to preside over the debates
to chair the debates
présider les débats

parliamentary privilege
l'immunité parlementaire

a motion ['məuʃən]
une motion

an amendment
[ə'mendmənt]
un amendement

to submit a motion of censure
BR **to table a motion of censure**
déposer une motion de censure

to pass a vote of no confidence
voter la motion de censure

Recess [rɪ'ses]
les vacances parlementaires

Parliament reassembles this week
la rentrée parlementaire aura lieu cette semaine

to dissolve Parliament
dissoudre l'Assemblée

The upper/lower chamber
la chambre haute/basse

the Chamber of deputies
la Chambre des députés

a deputy ['depjutɪ]
un député

the National Assembly
l'Assemblée nationale

Parliament ['pɑːləmənt]
le Parlement (en GB)

a member of Parliament
an MP [em'piː]
un membre du Parlement

the House of Commons
la Chambre des communes

the House of Lords
la Chambre des lords

Congress ['kɒngres]
le Congrès (aux USA)

a Congressman (fém. Congresswoman)
un membre du Congrès

the House of Representatives
la Chambre des représentants

a Representative
[.reprɪ'zentətɪv]
un représentant

the Senate ['senɪt]
le Sénat (en France et aux USA)

a senator ['senɪtəʳ]
un sénateur

the White House
la Maison-Blanche

REMARQUE : Le Parlement britannique = **Parliament** est composé de deux chambres : la Chambre des communes = **the House of Commons** et la Chambre des lords = **the House of Lords.** Il siège au Palais de Westminster = **the Houses of Parliament.** Le Congrès américain = **Congress** comprend également deux chambres : la Chambre des représentants = **the House of Representatives** et le Sénat = **the Senate.** Il siège au Capitole = **the Capitol.** La Chambre des communes et la Chambre des représentants sont les chambres basses et correspondent à l'Assemblée nationale en France. La Chambre des lords et le Sénat américain sont les chambres hautes et correspondent au Sénat en France.

THE GOVERNMENT : LE GOUVERNEMENT

BR **the government** ['gʌvənmənt] AM **the administration** [əd.mɪnɪs'treɪʃən]	le gouvernement
to run* a country	diriger un pays
a minority/coalition government	un gouvernement minoritaire/de coalition
to form a government	former un gouvernement
legislative ['ledʒɪslətɪv]	législatif
the legislature ['ledʒɪslətʃər] **the legislative body**	le (corps) législatif
executive [ɪg'zekjutɪv]	exécutif
the executive	l'exécutif
judiciary [dʒu:'dɪʃɪərɪ]	judiciaire
the judiciary	le judiciaire

A minister ['mɪnɪstər]	un ministre
a Secretary ['sekrətrɪ]	un ministre (aux USA)
the council of ministers	le Conseil des ministres
the Cabinet ['kæbɪnɪt]	le Cabinet (en GB)
BR **a junior minister** AM **an undersecretary** [ˌʌndə'sekrətrɪ]	≈ un secrétaire d'État
a government reshuffle	un remaniement ministériel

a Cabinet reshuffle	un remaniement ministériel (en GB)
the Prime Minister the Premier ['premɪər] **the PM** [pi:'em]	le Premier ministre
the Shadow Cabinet	le Cabinet fantôme (en GB)
a member of the Shadow Cabinet	un des porte-parole de l'opposition (en GB)

To appoint sb to an office	nommer qqn à un poste
an appointment [ə'pɔɪntmənt]	une nomination
official [ə'fɪʃəl]	officiel
to take* office	entrer en fonction
to hold* office to be in office	être au pouvoir
his counterpart his opposite number	son homologue
a policy ['pɒlɪsɪ]	une politique (dans un domaine particulier)
policies	une politique (manière de gouverner)
the government's foreign/economic policy	la politique étrangère/ économique du gouvernement
to have right-wing/left-wing policies	avoir une politique de droite/de gauche

REMARQUE : En Grande-Bretagne, le **Cabinet** correspond au Conseil des ministres en France. Il rassemble les ministres les plus importants appelés **Cabinet ministers**. Il se réunit une à trois fois par semaine au 10 Downing Street, demeure officielle du Premier ministre.

MAIN GOVERNMENT DEPARTMENTS : LES PRINCIPAUX MINISTÈRES

BR **the civil service**	la fonction publique
a government employee a government official BR **a civil servant**	un(e) fonctionnaire
BR **a ministry** ['mɪnɪstrɪ] AM **a department** [dɪ'pɑ:tmənt]	un ministère
BR **ministerial** [ˌmɪnɪs'tɪərɪəl] AM **departmental** [ˌdi:pɑ:t'mentl]	ministériel

BR **the Ministry of Education** AM **the Education Department**	le ministère de l'Éducation nationale
BR **the Minister of Education** AM **the Secretary for Education** AM **the Education Secretary**	le ministre de l'Éducation nationale
The Ministry of Finance	le ministère de l'Économie et des Finances

the Treasury ['treʒərɪ]	le Trésor (en GB)	the Justice Minister	le ministre de la Justice
the Treasury Department	le Trésor (aux USA)	the Lord Chancellor	le ministre de la Justice (en GB)
the Finance Minister	le ministre de l'Économie et des Finances	the Attorney General	le ministre de la Justice (aux USA)
the Chancellor of the Exchequer	le Chancelier de l'Échiquier (en GB)		
the Secretary of the Treasury	le secrétaire au Trésor (aux USA)	**T**he Ministry of Environment	le ministère de l'Environnement
		the Department of the Environment	le ministère de l'Environnement (en GB)
The Ministry of Foreign Affairs	le ministère des Affaires étrangères	the Environmental Protection Agency	le ministère de l'Environnement (aux USA)
the Foreign Office	le ministère des Affaires étrangères (en GB)		
the State Department	le ministère des Affaires étrangères (aux USA)	**T**he Ministry of Trade	le ministère du Commerce
		the Department of Trade and Industry	le ministère du Commerce (en GB)
the Minister of Foreign Affairs	le ministre des Affaires étrangères	the Department of Commerce	le ministère du Commerce (aux USA)
the Foreign Secretary	le ministre des Affaires étrangères (en GB)		
		The Ministry of Health	le ministère de la Santé
the Secretary of State the State Secretary	le ministre des Affaires étrangères (aux USA)	the Department of Health and Social Security (abr. DHSS)	le ministère de la Santé (en GB)
		the Department of Health and Human Services	le ministère de la Santé (aux USA)
The Ministry of the Interior	le ministère de l'Intérieur		
the Home Office	le ministère de l'Intérieur (en GB)	BR **the Ministry of Transport** AM **the Department of Transportation**	le ministère des Transports
the Minister of the Interior	le ministre de l'Intérieur		
the Home Secretary	le ministre de l'Intérieur (en GB)	BR **the Ministry of Defence** AM **the Department of Defense**	le ministère de la Défense
The Ministry of Justice	le ministère de la Justice	BR **the Ministry of Employment** AM **the Department of Labor**	le ministère du Travail et de l'Emploi
the Lord Chancellor's Office	le ministère de la Justice (en GB)		
the Department of Justice	le ministère de la Justice (aux USA)		

▶ 5 **LOCAL GOVERNMENT : L'ADMINISTRATION LOCALE**

To administer [əd'mɪnɪstə']	administrer	bureaucracy [bjuə'rɒkrəsɪ]	la bureaucratie
an administrator [əd'mɪnɪstreɪtə']	un(e) administrateur (-trice)	the mayor [mɛə']	le maire
administrative [əd'mɪnɪstrətɪv]	administratif	the deputy mayor	l'adjoint au maire
administration [əd.mɪnɪs'treɪʃən]	l'administration	BR **the town hall** AM **the city hall**	la mairie, l'hôtel de ville
An assembly [ə'semblɪ]	une assemblée	the town council BR **the (municipal) corporation**	le conseil municipal
a council ['kaʊnsl]	un conseil		

BR **a town councillor**	un(e) conseiller (-ère)	**a local government**	un fonctionnaire (d'une
AM **a city councilman**	municipal(e)	**officer**	administration locale)
(fém. councilwoman)		**a governor** [ˈgʌvənəʳ]	un gouverneur (aux USA)
municipal [mjuːˈnɪsɪpəl]	municipal	**decentralization**	la décentralisation
the district [ˈdɪstrɪkt]	≈ la commune	[diːsentrəlaɪˈzeɪʃən]	
	(territoire)	**regionalization**	la régionalisation
BR **the town council**	≈ la commune (autorité	[ˈriːdʒənəlaɪˈzeɪʃən]	
AM **the city council**	locale)		
the district council	≈ le conseil régional	**A** **committee** [kəˈmɪtɪ]	un comité
		a commission [kəˈmɪʃən]	une commission
A **county** [ˈkaʊntɪ]	un comté	**to sit* on a committee**	être membre d'un
a department	un département		comité
[dɪˈpɑːtmənt]		**a committee meeting**	une séance de comité
the county council	le conseil général	**the chairman** (fém.	le (la) président(e) (d'un
a region [ˈriːdʒən]	une région	chairwoman)	comité, d'une réunion)
regional [ˈriːdʒənl]	régional	**the chairperson**	
a province [ˈprɒvɪns]	une province	**the proceedings**	les délibérations
provincial [prəˈvɪnʃəl]	provincial	[prəˈsiːdɪŋs]	
the local authorities	les autorités locales	BR **a by(e)-law** [ˈbaɪlɔː]	un arrêté (municipal)
		an ordinance	
		[ˈɔːdɪnəns]	

⑥ **ELECTIONS** : LES ÉLECTIONS ◀

Politics [ˈpɒlɪtɪks] (sing.)	la politique (activité)	**to support sb**	apporter son soutien
political [pəˈlɪtɪkəl]	politique		à qqn
a politician [ˌpɒlɪˈtɪʃən]	un homme politique	**to canvass** *for sb*	solliciter des suffrages
the body politic	le corps politique	[ˈkænvəs]	*pour qqn*
to be in politics	faire de la politique	**an opinion poll**	un sondage d'opinion
	(professionnellement)	**a spokesman**	un porte-parole
to be a political	faire de la politique	[ˈspəʊksmən] (fém.	
activist	(comme militant)	spokeswoman)	
		a spokesperson	
A **candidate**	un(e) candidat(e)	[ˈspəʊksˌpɜːsən]	
[ˈkændɪdeɪt]		AM **the press secretary**	le porte-parole
BR **to stand* for office**	être candidat, poser sa		(du président)
AM **to run* for office**	candidature	**propaganda**	la propagande
to be nominated for	être proposé comme	[ˌprɒpəˈgændə]	
presidency	candidat à la	**a constituency**	une circonscription
	présidence	[kənˈstɪtjʊənsɪ]	électorale
AM **to gain the party**	obtenir l'investiture de	AM **a district** [ˈdɪstrɪkt]	
nomination	son parti (aux USA)	**his constituents**	les habitants de sa
AM **on the Democratic**	sur la liste du parti		circonscription
ticket	démocrate (aux USA)	**a convention**	une convention
AM **his running mate**	son colistier	[kənˈvenʃən]	politique (aux USA)
an electoral college	un collège électoral		
		An **election** [ɪˈlekʃən]	une élection
An **election**	une campagne	**to hold* an election**	procéder à une
campaign	électorale		élection
to campaign *for sb*	faire campagne *pour*	**a general election**	des élections
[kæmˈpeɪn]	*qqn*	(sing.)	législatives
an election tour	une tournée électorale	**a by(e)-election**	une élection partielle
a platform [ˈplætfɔːm]	une plate-forme	**a presidential election**	une élection
	électorale		présidentielle
		local elections	des élections
			municipales

to hold* a referendum	organiser un référendum
to hold* a plebiscite	faire un plébiscite
To elect sb	élire qqn
the voters ['vəʊtə'z]	les électeurs
a floating voter	≈ un indécis
my electors [ɪ'lektə'z]	mes électeurs
the electorate [ɪ'lektərɪt]	l'électorat
the franchise ['fræntʃaɪz]	le droit de vote
universal suffrage	le suffrage universel
the electoral roll the electoral register	la liste électorale
to go* to the polls	aller aux urnes
election day polling day	le jour des élections
A vote [vəʊt]	un vote, une voix, un suffrage
to vote *for sb*	voter *pour qqn*
BR the polling station AM the polling place	le bureau de vote
a voting booth a polling booth	un isoloir
the ballot (paper)	le bulletin de vote
a spoilt ballot paper	un bulletin nul
a blank vote	un bulletin blanc

a secret ballot	un vote à bulletin secret
the ballot box	l'urne
BR the turnout at the polls AM the voter turnout	le taux de participation électorale
to abstain [əb'steɪn]	s'abstenir
an abstainer [əb'steɪnə'] a non-voter	un(e) abstentionniste
the ballot ['bælət]	le scrutin
in the first/second ballot in the first/second round	au premier/second tour de scrutin
to count the votes	dépouiller le scrutin
gerrymandering ['dʒerɪmændərɪŋ]	le charcutage électoral
To win* a seat	remporter un siège
to win*/to lose* an election	remporter/perdre une élection
to poll 1,000 votes	recueillir 1 000 voix
to gain a majority of 2,000	obtenir une majorité de 2 000 voix
an absolute/a relative majority	une majorité absolue/relative
outgoing ['aʊtgəʊɪŋ]	sortant (député, président)
the president-elect	le futur président (aux USA : avant sa prise de fonction officielle)

POLITICAL PARTIES : LES PARTIS POLITIQUES

A party ['pɑːtɪ]	un parti
a party member	un membre du parti
to belong to a party	être membre d'un parti
to join a party	adhérer à un parti
the leader ['liːdə']	le chef, le leader
a sympathiser ['sɪmpəθaɪzə']	un(e) sympathisant(e)
militantism ['mɪlɪtəntɪzəm]	le militantisme
a militant ['mɪlɪtənt]	un(e) militant(e)
A manifesto [ˌmænɪ'festəʊ] (plur. manifestoes)	un manifeste
a party conference	les assises d'un parti
The left [left]	la gauche
left-wing	de gauche
the right [raɪt]	la droite
right-wing	de droite

BR the centre ['sentə'] AM the center	le centre
conservative [kən'sɜːvətɪv]	conservateur
a conservative	un(e) conservateur (-trice)
conservatism [kən'sɜːvətɪzəm]	le conservatisme
social democratic	social-démocrate
a social democrat	un(e) social-démocrate
social democracy	la social-démocratie
liberal ['lɪbərəl]	libéral
a liberal	un(e) libéral(e)
liberalism ['lɪbərəlɪzəm]	le libéralisme
moderate ['mɒdərɪt]	modéré
a moderate	un(e) modéré(e)
socialist ['səʊʃəlɪst]	socialiste
a socialist	un(e) socialiste
socialism ['səʊʃəlɪzəm]	le socialisme
communist ['kɒmjʊnɪst]	communiste
a communist	un(e) communiste

communism ['kɒmjunɪzəm]	le communisme	**fascism** ['fæʃɪzəm]	le fascisme
Marxist ['mɑːksɪst]	marxiste	**radical** ['rædɪkəl]	radical
a Marxist	un(e) marxiste	**a radical**	un(e) radical(e)
Marxism ['mɑːksɪzəm]	le marxisme	**radicalism** ['rædɪkəlɪzəm]	le radicalisme
		extremist [ɪks'triːmɪst]	extrêmiste
Anarchist ['ænəkɪst]	anarchiste	**an extremist**	un(e) extrêmiste
an anarchist	un(e) anarchiste	**extremism** [ɪks'triːmɪzəm]	l'extrêmisme
anarchy ['ænəkɪ]	l'anarchie	**a hard-liner**	un(e) inconditionnel(le), un(e) pur(e) et dur(e)
capitalist ['kæpɪtəlɪst]	capitaliste		
a capitalist	un(e) capitaliste	**reactionary** [ri:'ækʃənrɪ]	réactionnaire
capitalism ['kæpɪtəlɪzəm]	le capitalisme	**a reactionary**	un(e) réactionnaire
nationalist ['næʃnəlɪst]	nationaliste		
a nationalist	un(e) nationaliste	**A** Tory ['tɔːrɪ] (plur. Tories)	un(e) conservateur (-trice) (en GB)
nationalism ['næʃnəlɪzəm]	le nationalisme	**a Conservative** [kən'sɜːvətɪv]	
monarchist ['mɒnəkɪst]	monarchiste	**the Tory party** **the Conservative Party**	le parti conservateur
a monarchist	un(e) monarchiste		
monarchism ['mɒnəkɪzəm]	le monarchisme	**Labour** ['leɪbəʳ] **the Labour Party**	le parti travailliste (en GB)
royalist ['rɔɪəlɪst]	royaliste	**the SDP** [esdiː'piː] (abr. de *the Social Democratic Party*)	le parti social-démocrate (en GB)
a royalist	un(e) royaliste		
royalism ['rɔɪəlɪzəm]	le royalisme	**the Republican Party** **the GOP** [dʒiːəʊ'piː] (abr. de *the Grand Old Party*)	le parti républicain (aux USA)
imperialist [ɪm'pɪərɪəlɪst]	impérialiste		
an imperialist	un(e) impérialiste		
imperialism [ɪm'pɪərɪəlɪzəm]	l'impérialisme	**the Green Party**	le parti écologiste, les Verts
Fascist ['fæʃɪst]	fasciste	**the National Front**	le Front national
a fascist	un(e) fasciste	**the Popular Front**	le Front populaire

REMARQUES :
1 Les noms désignant les membres des partis politiques prennent une majuscule en anglais ; ex. : **a democrat/a republican** = un démocrate/un républicain *(qui a des idées démocratiques/républicaines)* ; **a Democrat/a Republican** = un démocrate/un républicain *(membre du parti démocrate/républicain aux États-Unis).*
2 Aux États-Unis, le parti républicain a pour emblème l'éléphant et le parti démocrate l'âne.

POLITICAL PROTEST : LA CONTESTATION

To resist sth [rɪ'zɪst]	résister à qqch.	**the rights of man**	les droits de l'homme
resistance [rɪ'zɪstəns]	la résistance	**civil rights**	les droits civiques
to reform sth	réformer qqch.	**inalienable** [ɪn'eɪlɪənəbl]	inaliénable
a reform [rɪ'fɔːm]	une réforme	**equality** [ɪ'kwɒlɪtɪ]	l'égalité
a reformer [rɪ'fɔːməʳ]	un(e) réformateur (-trice)	**equality of opportunity**	l'égalité des chances
		sexist ['seksɪst]	sexiste
Freedom ['friːdəm]	la liberté	**feminist** ['femɪnɪst]	féministe
freedom of thought/speech/ religion	la liberté de pensée/parole/culte	**a feminist**	un(e) féministe
		feminism ['femɪnɪzəm]	le féminisme

Women's Lib(eration)	le MLF, le Mouvement de libération de la femme

A **demonstration** [ˌdemən'streɪʃən] — une manifestation

a demo ['deməʊ] (parlé) — une manif

a demonstrator ['demənstreɪtəʳ] — un(e) manifestant(e)

to demonstrate *for/against* ['demənstreɪt] — manifester *pour/contre*

BR **to protest against sth** — protester contre qqch.

AM **to protest sth**

a protest movement — un mouvement de protestation

a protester [prə'testəʳ] — un(e) contestataire, un(e) protestataire

to oppose sth/sb — s'opposer à qqch./qqn

to campaign *for/against* [kæm'peɪn] — faire campagne *pour/contre*

a lobby ['lɒbɪ] (plur. lobbies) — un groupe de pression

BR **a pressure group**
BR **a ginger group**
AM **a special interest group**

Unrest [ʌn'rest] — l'agitation

an agitator ['ædʒɪteɪtəʳ] — un(e) agitateur (-trice)

a ringleader ['rɪŋˌli:dəʳ] — un(e) meneur (-euse)

civil disobedience — la résistance passive

a freedom fighter — un guérillero
a guerrilla [gə'rɪlə]

a rebellion [rɪ'beljən] — une rébellion

a rebel ['rebl] — un(e) rebelle

to rebel *against* [rɪ'bel] — se rebeller *contre*

a revolution [ˌrevə'lu:ʃən] — une révolution

a revolutionary [ˌrevə'lu:ʃnərɪ] — un(e) révolutionnaire

to revolt *against* [rɪ'vəʊlt] — se révolter *contre*

a revolt — une révolte

to rise* *against* [raɪz] — se soulever *contre*

a rising ['raɪzɪŋ] — un soulèvement
an uprising ['ʌpraɪzɪŋ]

an insurrection [ˌɪnsə'rekʃən] — une insurrection

subversion [səb'vɜ:ʃən] — la subversion

subversive [səb'vɜ:sɪv] — subversif

a coup (d'état) — un coup d'État

to overthrow* [ˌəʊvə'θrəʊ] — renverser

a national liberation front — un front national de libération

the class struggle — la lutte des classes

A **colony** ['kɒlənɪ] — une colonie

colonial [kə'ləʊnɪəl] — colonial

colonialism [kə'ləʊnɪəlɪzəm] — le colonialisme

autonomous [ɔ:'tɒnəməs] — autonome
self-governing

autonomy [ɔ:'tɒnəmɪ] — l'autonomie
self-government

independent [ˌɪndɪ'pendənt] — indépendant

independence [ˌɪndɪ'pendəns] — l'indépendance

to gain independence — obtenir son indépendance

self-determination [ˌselfdɪtɜ:mɪ'neɪʃən] — l'autodétermination

Oppression [ə'preʃən] — l'oppression

to oppress sb — opprimer qqn

oppressive [ə'presɪv] — oppressif

to repress sth — réprimer qqch.
to put* down sth

INTERNATIONAL RELATIONS :
LES RELATIONS INTERNATIONALES

▶1 DIPLOMACY : LA DIPLOMATIE

A **diplomat** ['dɪpləmæt]	un(e) diplomate
diplomatic [.dɪplə'mætɪk]	diplomatique
foreign ['fɒrən]	étranger
a foreigner ['fɒrənə']	un(e) étranger (-ère)
abroad [ə'brɔːd]	à l'étranger
international [.ɪntə'næʃnəl]	international
overseas ['əuvə'siːz]	outre-mer
an overseas region	une région d'outre-mer
Foreign/diplomatic relations	les relations extérieures/ diplomatiques
the West [west]	l'Occident
the western powers	les puissances occidentales
the Eastern bloc	le bloc de l'Est
non-aligned	non-aligné
The embassy ['embəsɪ]	l'ambassade
the French/British Embassy	l'ambassade de France/de Grande-Bretagne
an ambassador [æm'bæsədə']	un ambassadeur
an ambassadress [æm'bæsɪdrɪs]	une ambassadrice
an attaché [ə'tæʃeɪ]	un(e) attaché(e)
the commercial/ cultural attaché	l'attaché commercial/culturel
A **consulate** ['kɒnsjʊlɪt]	un consulat
a consul ['kɒnsəl]	un consul
a vice-consul	un vice-consul
a legation [lɪ'geɪʃən]	une légation
an emissary ['emɪsərɪ]	un émissaire
an envoy ['envɔɪ]	un(e) envoyé(e)
a representative [.reprɪ'zentətɪv]	un(e) représentant(e)
to represent [.reprɪ'zent]	représenter
BR **the diplomatic corps**	le corps diplomatique
AM **the foreign service**	

to be accredited to	être accrédité auprès de
diplomatic immunity	l'immunité diplomatique
A **memorandum** [.memə'rændəm] (plur. memorandums, memoranda)	un mémorandum
BR **the diplomatic bag** AM **the diplomatic pouch**	la valise diplomatique
a mission ['mɪʃən]	une mission
a trade mission	une mission commerciale
To seek* (political) asylum	demander l'asile politique
a diplomatic incident	un incident diplomatique
to recall an ambassador	rappeler un ambassadeur
an ultimatum [.ʌltɪ'meɪtəm] (plur. ultimatums, ultimata)	un ultimatum
to deliver an ultimatum *to*	adresser un ultimatum *à*
to break* off diplomatic relations	rompre les relations diplomatiques
Talks [tɔːks]	les pourparlers
a conference ['kɒnfrəns]	une conférence
a round table conference	une table ronde
a summit ['sʌmɪt]	un sommet
a summit conference	une conférence au sommet
an agreement [ə'griːmənt]	un accord
a treaty ['triːtɪ]	un traité
a pact [pækt]	un pacte
to stipulate *sth/that* ['stɪpjʊleɪt]	stipuler *qqch./que*
to ratify ['rætɪfaɪ]	ratifier, entériner
ratification [.rætɪfɪ'keɪʃən]	la ratification

THE EUROPEAN COMMUNITY AND OTHER INTERNATIONAL ORGANIZATIONS :
LA COMMUNAUTÉ EUROPÉENNE ET LES AUTRES ORGANISATIONS INTERNATIONALES

The Community [kə'mju:nɪtɪ]	la Communauté
the European (Economic) Community	la Communauté (Économique) Européenne
the E(E)C [i:(i)'si:]	la C.(E).E.
the Common Market	le Marché commun
Community regulations EEC regulations	les règlements communautaires
member states/countries	les États/pays membres
to join the EC	devenir membre de la C.E.
union citizenship	la citoyenneté de l'Union
subsidiarity [.səbsɪ'dɪærɪtɪ]	la subsidiarité
The European Parliament	le Parlement européen
a member of the European Parliament a Euro MP	un député européen
the Council of ministers	le Conseil des ministres
the Commission [kə'mɪʃən]	la Commission
a commissioner [kə'mɪʃənə']	un commissaire
a Eurocrat ['juərəu.kræt]	un(e) eurocrate
The Western European Union (abr. WEU)	l'Union de l'Europe occidentale (abr. UEO)
the European Court of Justice	la Cour de justice européenne
the European Council	le Conseil européen
the Treaty of Rome/Maastricht	le Traité de Rome/Maastricht
Eurocurrency ['juərəu.kʌrənsɪ]	la monnaie européenne
the ECU ['eɪkju:]	l'écu
the European Currency Unit	l'unité de compte européenne
a Eurodollar ['juərəu.dɒlə']	un eurodollar

the Economic and Monetary Union (abr. EMU)	l'Union économique et monétaire (abr. UEM)
the European Exchange Rate Mechanism the ERM [i:ɑ:'em]	le mécanisme du taux de change
the monetary snake	le serpent monétaire
the European monetary system	le système monétaire européen
the EMS [i:em'ɛs]	le SME
the European Central Bank (abr. ECB)	la banque centrale européenne (abr. BCE)
the Court of Audits	la Cour des comptes
The Common Agricultural Policy	la politique agricole commune
the C.A.P. [.si:eɪ'pi:]	la PAC
customs/trade barriers	les barrières douanières/ commerciales
the beef/butter mountain	la montagne de bœuf/de beurre
The United Nations Organization	l'Organisation des Nations Unies
UNO ['ju:nəu] the UN [ju:'en]	l'ONU
a UN resolution	une résolution de l'ONU
the Security Council	le Conseil de sécurité
the General Assembly	l'Assemblée générale
the Secretary General	le Secrétaire général
a veto ['vi:təu]	un veto
to veto	mettre son veto à
UNESCO [ju:'neskəu] (abr. de *United Nations Educational, Social and Cultural Organization*)	l'UNESCO
UNICEF ['ju:nɪsef] (abr. de *United Nations Children's Fund*)	l'UNICEF
NATO ['neɪtəu] (abr. de *North Atlantic Treaty Organization*)	l'OTAN (abr. de *Organisation du traité de l'Atlantique nord*)
The World Bank	la Banque mondiale
the International Monetary Fund	le Fonds monétaire international

the **IMF** [ˌaɪem'ef]	le FMI	the **World Health Organization**	l'Organisation mondiale de la santé
the **OECD** ['əʊi:si:'di:] (abr. de *Organization for Economic Cooperation and Development*)	l'OCDE (abr. de *Organisation de coopération et de développement économique*)	the **WHO** [ˌdʌblju:eɪtʃ'əʊ]	l'OMS
		NAFTA (abr. de *North American Free Trade Agreement*)	ALENA (abr. de *Accord de libre-échange nord-américain*)

3 SPYING : L'ESPIONNAGE

A spy [spaɪ]	un(e) espion(ne)	to **decode/encode a message**	décoder/encoder un message
to **spy** *on sb*	espionner *qqn*	in **morse**	en morse
espionage [ˌespɪə'nɑːʒ] **spying** ['spaɪɪŋ]	l'espionnage	**surveillance** [sɜː'veɪləns]	la surveillance
confidential [ˌkɒnfɪ'denʃəl]	confidentiel	to **plant a microphone**	poser un micro
top-secret	ultra-secret	to **bug sb's room**	cacher un micro dans la chambre de qqn
national security	la sécurité nationale	to **bug sb's telephone**	mettre le téléphone de qqn sur table d'écoute
An agent ['eɪdʒənt]	un agent		
a **secret agent**	un agent secret	**T**o pass secrets *to*	divulguer des secrets *à*
a **mole** [məʊl]	une taupe	a **leak** [liːk]	une fuite
the **secret service**	les services secrets	a **breach of national security**	une atteinte à la sécurité nationale
the **intelligence service**	les services de renseignements	a **double agent**	un agent double
counterespionage [ˌkaʊntər'espɪə'nɑːʒ]	le contre-espionnage	to **go* over to the West/the East** to **defect to the West/the East**	passer à l'Ouest/à l'Est
counterespionage services	les services de contre-espionnage	to **betray one's country**	trahir son pays
		a **traitor** ['treɪtə']	un traître
A code [kəʊd]	un code	**treachery** ['tretʃərɪ]	la traîtrise
to **break* a code**	déchiffrer un code		

REMARQUE : En Grande-Bretagne les services secrets s'appellent **MI6** (abr. de *Military Intelligence section 6*) et les services de contre-espionnage s'appellent **MI5** (abr. de *Military Intelligence section 5*) ; aux USA, la **CIA** (abr. de *Central Intelligence Agency*) regroupe ces deux types de services.

4 THE THIRD WORLD : LE TIERS-MONDE

Developing countries	les pays en voie de développement	**A**n international agency	une agence internationale
less developed countries	les pays les moins avancés	a **charity** ['tʃærɪtɪ] a **charitable organization**	une organisation caritative
emerging countries	les pays en voie d'émergence	**relief** [rɪ'liːf] (n.c. sing.)	les secours, l'aide
underdeveloped countries	les pays sous-développés	to **send emergency aid**	envoyer une aide d'urgence
aid to the Third World	l'aide au Tiers-Monde	a **relief organization**	une organisation de secours
the **North-South dialogue**	le dialogue Nord-Sud		

BR **VSO** [viːesˈəu] (abr. de *Voluntary Service Overseas*) AM **the Peace Corps**	≈ la coopération
BR **a person serving on VSO** AM **a person serving in the Peace Corps**	un(e) coopérant(e)
Drought [draut]	la sécheresse
famine [ˈfæmɪn]	la famine
starving [ˈstɑːvɪŋ]	affamé
to die of starvation **to starve to death**	mourir de faim
malnutrition [ˌmælnjuˈtrɪʃən]	la malnutrition
to subsist [səbˈsɪst]	subsister
subsistence [səbˈsɪstəns]	la subsistance
vitamin/protein deficiency	la carence en vitamines/protéines
rickets [ˈrɪkɪts] (n.c. sing.)	le rachitisme
infant mortality	la mortalité infantile
A well [wel]	un puits
to dig* a well	creuser un puits
drinking water	l'eau potable

to irrigate [ˈɪrɪgeɪt]	irriguer
irrigation [ˌɪrɪˈgeɪʃən]	l'irrigation
Food/cash crops	les cultures vivrières/de rapport
economic development	le développement économique
to industrialize [ɪnˈdʌstrɪəlaɪz]	industrialiser
industrialization [ɪnˌdʌstrɪəlaɪˈzeɪʃən]	l'industrialisation
technical/economic aid	l'aide technique/économique
a project [ˈprɒdʒekt] **a scheme** [skiːm]	un programme
to supply sb with sth	fournir qqch. à qqn
food supplies	des vivres
To counter the effects of sth	pallier les effets de qqch.
the debt problem	le problème de l'endettement
a shanty town	un bidonville
backward [ˈbækwəd]	arriéré
endemic [enˈdemɪk]	endémique (maladie, situation)

THE MAIN FOREIGN CURRENCIES : LES PRINCIPALES DEVISES ÉTRANGÈRES

A dollar [ˈdɒləʳ] AM **a buck** [bʌk] (parlé)	un dollar
AM **a greenback** (parlé)	un billet d'un dollar
the Australian/Canadian dollar	le dollar australien/canadien
The pound sterling	la livre sterling
a pound [paund] BR **a quid** [kwɪd] (parlé)	une livre
the Irish/Turkish/Syrian pound	la livre irlandaise/turque/syrienne
the punt [pʌnt] **the Irish pound**	la livre irlandaise
A franc [fræŋk]	un franc
the French/Belgian/Swiss franc	le franc français/belge/suisse

a mark [mɑːk]	un mark
a Deutschmark	un deutschmark
a lira [ˈlɪərə] (plur. liras, lire)	une lire
a peseta [pəˈsetə]	une peseta
an escudo [ɪˈskuːdəu]	un escudo
a peso [ˈpeɪsəu]	un peso
a guilder [gɪldəʳ]	un florin (hollandais)
a crown [kraun]	une couronne
the Danish/Swedish crown	la couronne danoise/suédoise
a rouble [ˈruːbl] **a ruble**	un rouble
a yen [jen]	un yen
a rupee [ruːˈpiː]	une roupie
a drachma [ˈdrækmə]	une drachme
a rand [rænd]	un rand

REMARQUE : Le dollar (symbole : $) se divise en **100 cents** (abr. ct) . **5 cents = a nickel, 10 cents = a dime, 25 cents = a quarter.** La livre sterling (symbole : £) se divise en **100 pennies** ou **pence** (abr. p). Jusqu'en 1970, il existait des **shillings** valant 1/20 de livre.

3 WESTERN EUROPE : L'EUROPE DE L'OUEST

France [frɑːns] — la France
Paris [ˈpærɪs] — Paris
Lyons [ˈlaɪənz] — Lyon
Marseilles [mɑːˈseɪlz] — Marseille
Strasbourg [ˈstræzbɜːg] — Strasbourg
Alsace [ˈælsæs] — l'Alsace
Brittany [ˈbrɪtənɪ] — la Bretagne
Burgundy [ˈbɜːgəndɪ] — la Bourgogne
Corsica [ˈkɔːsɪkə] — la Corse
Lorraine [lɒˈreɪn] — la Lorraine
Normandy [ˈnɔːməndɪ] — la Normandie
Picardy [ˈpɪkədɪ] — la Picardie
Provence [prɒˈvãːNs] — la Provence
Savoy [səˈvɔɪ] — la Savoie
the Basque Country — le Pays basque

Germany [ˈdʒɜːmənɪ] — l'Allemagne
the former East Germany — l'ex-Allemagne de l'Est
the Federal Republic of Germany — la République fédérale d'Allemagne
the FRG — la RFA
the German Democratic Republic — la République démocratique allemande
the GDR — la RDA
Bonn [bɒn] — Bonn
Berlin [bɜːˈlɪn] — Berlin
East/West Berlin — Berlin-Est/-Ouest
Hamburg [ˈhæmbɜːg] — Hambourg
Aachen [ˈɑːxən] — Aix-la-Chapelle
Bavaria [bəˈveərɪə] — la Bavière
the Rhineland [ˈraɪn.lænd] — la Rhénanie

Austria [ˈɒstrɪə] — l'Autriche
Vienna [vɪˈenə] — Vienne
the Tyrol [tɪˈrəʊl] — le Tyrol

Great Britain — la Grande-Bretagne
the United Kingdom the U.K. [juːˈkeɪ] — le Royaume-Uni
England [ˈɪŋglənd] — l'Angleterre
London [ˈlʌndən] — Londres
Scotland [ˈskɒtlənd] — l'Écosse
Edinburgh [ˈedɪnbərə] — Edimbourg
Wales [weɪlz] — le pays de Galles

Ireland [ˈaɪələnd] — l'Irlande
Northern Ireland Ulster [ˈʌlstəʳ] — l'Irlande du Nord
Eire [ˈeərə] — la République d'Irlande
Dublin [ˈdʌblɪn] — Dublin

Holland [ˈhɒlənd] — la Hollande
the Netherlands [ˈneðələndz] — les Pays-Bas
Amsterdam [ˈæmstədæm] — Amsterdam
The Hague [heɪg] — la Haye
Belgium [ˈbeldʒəm] — la Belgique
Brussels [ˈbrʌslz] — Bruxelles
Antwerp [ˈæntwɜːp] — Anvers
Flanders [ˈflɑːndəz] — la Flandre, les Flandres
Luxembourg [ˈlʌksəmbɜːg] — le Luxembourg

Scandinavia [ˌskændɪˈneɪvɪə] — la Scandinavie
Denmark [ˈdenmɑːk] — le Danemark
Copenhagen [ˌkəʊpnˈheɪgən] — Copenhague
Finland [ˈfɪnlənd] — la Finlande
Helsinki [ˈhelsɪŋkɪ] — Helsinki
Norway [ˈnɔːweɪ] — la Norvège
Oslo [ˈɒzləʊ] — Oslo
Sweden [ˈswiːdn] — la Suède
Stockholm [ˈstɒkhəʊm] — Stockholm
Greenland [ˈgriːnlənd] — le Groenland
Iceland [ˈaɪslənd] — l'Islande
Lapland [ˈlæplænd] — la Laponie

Italy [ˈɪtəlɪ] — l'Italie
Bologna [bəˈləʊnjə] — Bologne
Florence [ˈflɒrns] — Florence
Padua [ˈpædʒʊə] — Padoue
Rome [rəʊm] — Rome
Venice [ˈvenɪs] — Venise
Lombardy [ˈlɒmbədɪ] — la Lombardie
Piedmont [ˈpiːdmɒnt] — le Piémont
Tuscany [ˈtʌskənɪ] — la Toscane
Sardinia [sɑːˈdɪnɪə] — la Sardaigne
Sicily [ˈsɪsɪlɪ] — la Sicile
the Vatican [ˈvætɪkən] — le Vatican

Malta [ˈmɔːltə]	Malte
Monaco [ˈmɒnəkəʊ]	Monaco
Portugal [ˈpɔːtjʊgəl]	le Portugal
Lisbon [ˈlɪzbən]	Lisbonne
Spain [speɪn]	l'Espagne
Barcelona [ˌbɑːsɪˈləʊnə]	Barcelone
Madrid [məˈdrɪd]	Madrid
Seville [səˈvɪl]	Séville
Andalusia [ˌændəluˈsiːə]	l'Andalousie
Castile [kæˈstiːl]	la Castille
Catalonia [ˌkætəˈləʊnɪə]	la Catalogne
the Balearic Islands	les îles Baléares

Majorca [məˈjɔːkə]	Majorque
Minorca [mɪˈnɔːkə]	Minorque
Switzerland [ˈswɪtsələnd]	la Suisse
Geneva [dʒɪˈniːvə]	Genève
Basel [ˈbɑːzəl] **Basle** [bɑːl]	Bâle
Greece [griːs]	la Grèce
Athens [ˈæθɪnz]	Athènes
Crete [kriːt]	la Crète
Corfu [kɔːˈfuː]	Corfou
Cyprus [ˈsaɪprəs]	Chypre

EASTERN EUROPE : L'EUROPE DE L'EST

The U.S.S.R. [ˌjuːesesˈɑːʳ]	l'U.R.S.S.
the former U.S.S.R.	l'ex-U.R.S.S.
the Soviet Union	l'Union soviétique
the CIS [ˌsiːaɪˈes]	la CEI
the Commonwealth of Independent States	la Communauté des États indépendants
Russia [ˈrʌʃə]	la Russie
Moscow [ˈmɒskəʊ]	Moscou
the Ukraine [juːˈkreɪn]	l'Ukraine
Siberia [saɪˈbɪərɪə]	la Sibérie
the Baltic States	les pays baltes
Estonia [eˈstəʊnɪə]	l'Estonie
Latvia [ˈlætvɪə]	la Lettonie
Lithuania [ˌlɪθjʊˈeɪnɪə]	la Lituanie
Albania [ælˈbeɪnɪə]	l'Albanie
Tirana [tɪˈrɑːnə]	Tirana
the Balkans [ˈbɔːlkənz]	les Balkans
Bulgaria [bʌlˈgɛərɪə]	la Bulgarie
Sofia [ˈsəʊfɪə]	Sofia

Czechoslovakia [tʃəkəʊsləˈvækɪə]	la Tchécoslovaquie
former Czechoslovakia	l'ex-Tchécoslovaquie
Moravia [məˈreɪvɪə]	la Moravie
Bohemia [bəʊˈhiːmɪə]	la Bohême
Prague [prɑːg]	Prague
Slovakia [sləʊˈvækɪə]	la Slovaquie
Bratislava [ˌbrætɪˈslɑːvə]	Bratislava
Hungary [ˈhʌŋgərɪ]	la Hongrie
Budapest [ˌbjuːdəˈpest]	Budapest
Poland [ˈpəʊlənd]	la Pologne
Warsaw [ˈwɔːsɔː]	Varsovie
Rumania [ruːˈmeɪnɪə]	la Roumanie
Bucharest [ˌbuːkəˈrest]	Bucarest
Yugoslavia [ˈjuːgəʊˈslɑːvɪə]	la Yougoslavie
former Yugoslavia	l'ex-Yougoslavie
Croatia [krəʊˈeɪʃɪə]	la Croatie
Serbia [ˈsɜːbɪə]	la Serbie
Bosnia [ˈbɒsnɪə]	la Bosnie

AMERICA : L'AMÉRIQUE

North/South America	l'Amérique du Nord/du Sud
Canada [ˈkænədə]	le Canada
Quebec [kwɪˈbek]	le Québec

Newfoundland [ˈnjuːfəndlənd]	Terre-Neuve
Montreal [ˌmɒntrɪˈɔːl]	Montréal
The United States (of America)	les États-Unis (d'Amérique)

the USA [juːesˈeɪ]	les USA	Nicaragua [ˌnɪkəˈrægjʊə]	le Nicaragua
the US [juːˈes]		Panama [ˈpænəˌmɑː]	le Panama
New York	New York	the Panama Canal	le canal de Panama
Washington [ˈwɒʃɪŋtən]	Washington	Trinidad [ˈtrɪnɪdæd]	l'île de la Trinité
California [ˌkælɪˈfɔːnɪə]	la Californie	the West Indies	les Antilles
Philadelphia [ˌfɪləˈdelfɪə]	Philadelphie	the Antilles [ænˈtɪliːz]	
New Orleans	La Nouvelle-Orléans		

The Bahamas	les Bahamas	**A**rgentina [ˌɑːdʒənˈtiːnə]	l'Argentine
[bəˈhɑːməs]		Bolivia [bəˈlɪvɪə]	la Bolivie
Costa Rica [ˈkɒstəˈriːkə]	le Costa Rica	Brazil [brəˈzɪl]	le Brésil
Cuba [ˈkjuːbə]	Cuba	Chile [ˈtʃɪlɪ]	le Chili
the Dominican	la République	Colombia [kəˈlɒmbɪə]	la Colombie
Republic	dominicaine	Ecuador [ˈekwədɔːʳ]	l'Équateur
El Salvador [elˈsælvədɔːʳ]	le Salvador	the Falklands	les Malouines
Guatemala [ˌgwɑːtɪˈmɑːlə]	le Guatémala	[ˈfɔːlkləndz]	
Honduras [hɒnˈdjuərəs]	le Honduras	the Falkland Islands	
Jamaica [dʒəˈmeɪkə]	la Jamaïque	Paraguay [ˈpærəgwaɪ]	le Paraguay
Mexico [ˈmeksɪkəʊ]	le Mexique	Peru [pəˈruː]	le Pérou
Mexico City	Mexico	Uruguay [ˈjuərəgwaɪ]	l'Uruguay
		Venezuela [ˌveneˈzweɪlə]	le Venezuela

REMARQUE : Pour distinguer la ville de l'État de Washington, on précise **Washington DC** (abr. de *District of Columbia*) pour la ville. Pour distinguer la ville de l'État de New York, on précise **New York City** (abr. NYC) pour la ville, surnommée par ailleurs **the Big Apple**.

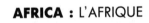

AFRICA : L'AFRIQUE

The Sahara [səˈhɑːrə]	le Sahara	Mali [ˈmɑːlɪ]	le Mali
the Suez Canal	le canal de Suez	Morocco [məˈrɒkəʊ]	le Maroc
		Mauritania [ˌmɒrɪˈteɪnɪə]	la Mauritanie
South Africa	l'Afrique du Sud	Mozambique	le Mozambique
Algeria [ælˈdʒɪərɪə]	l'Algérie	[ˌməʊzəmˈbiːk]	
Algiers [ælˈdʒɪəz]	Alger	Namibia [nɑːˈmɪbɪə]	la Namibie
Angola [ænˈgəʊlə]	l'Angola	Niger [ˈnaɪdʒəʳ]	le Niger
Botswana [ˌbɒtˈswɑːnə]	le Botswana	Nigeria [naɪˈdʒɪərɪə]	le Nigéria
Cameroon [ˌkæməˈruːn]	le Cameroun	the Central African	la République
the Congo [ˈkɒŋgəʊ]	le Congo	Republic	centrafricaine
the Ivory Coast	la Côte d'Ivoire	Senegal [ˌsenɪˈgɔːl]	le Sénégal
[ˈaɪvərɪˌkəʊst]		Sierra Leone	la Sierra Leone
Egypt [ˈiːdʒɪpt]	l'Égypte	[sɪˈɛərəlɪˈəʊnɪ]	
Cairo [ˈkaɪərəʊ]	le Caire	Somalia [səʊˈmɑːlɪə]	la Somalie
Ethiopia [ˌiːθɪˈəʊpɪə]	l'Éthiopie	the Sudan [suˈdɑːn]	le Soudan
Gabon [gəˈbɒn]	le Gabon	Tanzania [ˌtænzəˈnɪə]	la Tanzanie
Ghana [ˈgɑːnə]	le Ghana	Chad [tʃæd]	le Tchad
Guinea [ˈgɪnɪ]	la Guinée	Tunisia [tjuːˈnɪzɪə]	la Tunisie
Kenya [ˈkenjə]	le Kenya	Zambia [ˈzæmbɪə]	la Zambie
Libya [ˈlɪbɪə]	la Libye	Zaire [zɑːˈiːəʳ]	le Zaïre
Madagascar	Madagascar	Zimbabwe [zɪmˈbɑːbwɪ]	le Zimbabwe
[ˌmædəˈgæskəʳ]			

THE EAST : L'ORIENT

The Middle East	le Moyen-Orient
the Far East	l'Extrême-Orient
the Gulf states	les États du Golfe
Kuwait [ku'weɪt]	le Koweït
Saudi Arabia ['sɔ:dɪə'reɪbɪə]	l'Arabie Saoudite
Yemen ['jemən]	le Yemen
Iran [ɪ'rɑ:n]	l'Iran
Persia ['pɜ:ʃə]	la Perse
Iraq [ɪ'rɑ:k]	l'Irak
Israel ['ɪzreɪl]	Israël
Jerusalem [dʒə'ru:sələm]	Jérusalem
Palestine ['pælɪstaɪn]	la Palestine
Jordan ['dʒɔ:dn]	la Jordanie
the West Bank (of the Jordan)	la Cisjordanie
(the) Lebanon ['lebənən]	le Liban
Syria ['sɪrɪə]	la Syrie
Turkey ['tɜ:kɪ]	la Turquie
Afghanistan [æf'gænɪstæn]	l'Afghanistan
Bengal [beŋ'gɔ:l]	le Bengale
Bangladesh [ˌbæŋglə'deʃ]	le Bangladesh
India ['ɪndɪə]	l'Inde
Pakistan [ˌpɑ:kɪs'tɑ:n]	le Pakistan
Sri Lanka [ˌsri:'læŋkə]	le Sri Lanka
Ceylon [sɪ'lɒn]	Ceylan
Asia ['eɪʃə]	l'Asie
Burma ['bɜ:mə]	la Birmanie

Cambodia [kæm'bəudɪə]	le Cambodge
China ['tʃaɪnə]	la Chine
Hong Kong ['hɒŋ'kɒŋ]	Hong-Kong
Beijing ['beɪ'dʒɪŋ]	Bei-Jing
Peking [pi:'kɪŋ]	Pékin
Indonesia [ˌɪndəu'ni:zɪə]	l'Indonésie
Japan [dʒə'pæn]	le Japon
Tokyo ['təukjəu]	Tokyo
North/South Korea	la Corée du Nord/ du Sud
Laos [laus]	le Laos
Malaysia [mə'leɪzɪə]	la Malaisie
Manchuria [mæn'tʃuərɪə]	la Mandchourie
Mongolia [mɒŋ'gəulɪə]	la Mongolie
Singapore [ˌsɪŋgə'pɔ:']	Singapour
Thailand ['taɪlænd]	la Thaïlande
Tibet [tɪ'bet]	le Tibet
North/South Vietnam	le Vietnam du Nord/ du Sud
Oceania [ˌəuʃɪ'eɪnɪə]	Océanie
Australasia [ˌɔ:strə'leɪzɪə]	l'Australasie
Australia [ɒs'treɪlɪə]	l'Australie
Tasmania [tæz'meɪnɪə]	la Tasmanie
New Zealand	la Nouvelle-Zélande
New Caledonia	la Nouvelle-Calédonie
a Pacific island	une île du Pacifique
Polynesia [ˌpɒlɪ'ni:zɪə]	la Polynésie

REMARQUE : En américain **the Gulf States** désignent également les États autour du golfe du Mexique tels que le Texas ou la Louisiane.

NATIONALITIES AND LANGUAGES :
LES NATIONALITÉS ET LES LANGUES

French [frentʃ]	français
a Frenchman	un Français
a Frenchwoman	une Française
British ['brɪtɪʃ]	britannique
a Briton ['brɪtən]	un(e) Britannique
AM **a Britisher** ['brɪtɪʃə']	

English ['ɪŋglɪʃ]	anglais
an Englishman	un Anglais
an Englishwoman	une Anglaise
Irish ['aɪərɪʃ]	irlandais
an Irishman	un Irlandais
an Irishwoman	une Irlandaise

Scottish ['skɒtɪʃ]	écossais
a Scot(sman)	un Écossais
a Scot(swoman)	une Écossaise
Gaelic ['geɪlɪk]	le gaélique
Welsh [welʃ]	gallois
a Welshman	un Gallois
a Welshwoman	une Galloise
European [ˌjuərə'piːən]	européen
Austrian ['ɒstrɪən]	autrichien
Basque [bæsk]	basque
Belgian ['beldʒən]	belge
Flemish ['flemɪʃ]	flamand
a Fleming ['flemɪŋ]	un(e) Flamand(e)
Danish ['deɪnɪʃ]	danois
a Dane [deɪn]	un(e) Danois(e)
Dutch [dʌtʃ]	hollandais, néerlandais
a Dutchman	un Hollandais, un Néerlandais
a Dutchwoman	une Hollandaise, une Néerlandaise
Finnish ['fɪnɪʃ]	finlandais, finnois
a Finn [fɪn]	un(e) Finlandais(e)
German ['dʒɜːmən]	allemand
Greek [griːk]	grec
Icelandic [aɪs'lændɪk]	islandais
an Icelander ['aɪsləndər]	un(e) Islandais(e)
Italian [ɪ'tæljən]	italien
Roman ['rəumən]	romain
Venetian [vɪ'niːʃən]	vénitien
Sardinian [sɑː'dɪnɪən]	sarde
Sicilian [sɪ'sɪlɪən]	sicilien
Lapp [læp]	lapon
Maltese [ˌmɔːl'tiːz]	maltais
Monacan [mɒ'nɑːkən]	monégasque
a Monacan [mɒ'nɑːkən] **a Monegasque** [mɒnə'gæsk]	un(e) Monégasque
Norwegian [nɔː'wiːdʒən]	norvégien
Portuguese [ˌpɔːtjʊ'giːz]	portugais
Scandinavian [ˌskændɪ'neɪvɪən]	scandinave

Spanish ['spænɪʃ]	espagnol
a Spaniard ['spænjəd]	un(e) Espagnol(e)
Catalan ['kætələn]	catalan
Swedish ['swiːdɪʃ]	suédois
a Swede [swiːd]	un(e) Suédois(e)
Swiss [swɪs]	suisse
a Swiss (plur. inv.)	un(e) Suisse
Russian ['rʌʃən]	russe
Soviet ['səuvɪət]	soviétique
a Soviet citizen	un(e) Soviétique
Muscovite ['mʌskəvaɪt]	moscovite
Ukrainian [juː'kreɪnɪən]	ukrainien
Siberian [saɪ'bɪərɪən]	sibérien
Estonian [e'stəunɪən]	estonien
Latvian ['lætvɪən]	letton
Lithuanian [ˌlɪθjuː'eɪnɪən]	lituanien
Balkan ['bɔːlkən]	balkanique
Albanian [æl'beɪnɪən]	albanais
Bulgarian [bʌl'gɛərɪən]	bulgare
Czech [tʃek]	tchécoslovaque
Czech	le tchèque
Hungarian [hʌŋ'gɛərɪən]	hongrois
Polish ['pəulɪʃ]	polonais
a Pole [pəul]	un(e) Polonais(e)
Rumanian [ruː'meɪnɪən]	roumain
Yugoslav ['juːgəuslɑːv]	yougoslave
Serbo-Croat ['sɜːbəu'krəuæt]	le serbo-croate
North American	nord-américain
South American	sud-américain
Indian ['ɪndɪən]	indien
a Red Indian	un(e) Peau-Rouge
Eskimo ['eskɪməu]	esquimau
Hispanic [hɪs'pænɪk]	latino-américain
Canadian [kə'neɪdɪən]	canadien
Quebec [kwɪ'bek]	québécois
a Quebecois [kebe'kwa]	un(e) Québécois(e)
Californian [ˌkælɪ'fɔːnɪən]	californien
Costa Rican ['kɒstə'riːkən]	costaricain
Cuban ['kjuːbən]	cubain
Honduran [hɒn'djuərən]	hondurien

Jamaican [dʒə'meɪkən]	jamaïcain
Mexican ['meksɪkən]	mexicain
Nicaraguan [ˌnɪkə'ræɡjuən]	nicaraguayen
Panamanian [ˌpænə'meɪnɪən]	panaméen
West Indian	antillais
Argentinian [ˌɑːdʒən'tɪnɪən]	argentin
Argentine ['ɑːdʒəntaɪn]	
Bolivian [bə'lɪvɪən]	bolivien
Brazilian [brə'zɪlɪən]	brésilien
Chilean ['tʃɪlɪən]	chilien
Colombian [kə'lɒmbɪən]	colombien
Ecuadorian [ˌekwə'dɔːrɪən]	équatorien
Paraguayan [ˌpærə'ɡwaɪən]	paraguayen
Peruvian [pə'ruːvɪən]	péruvien
Uruguayan [ˌjuərə'ɡwaɪən]	uruguayen
Venezuelan [ˌvene'zweɪlən]	vénézuélien
African ['æfrɪkən]	africain
Arab ['ærəb]	arabe
Arabian [ə'reɪbɪən]	
an Arab ['ærəb]	un(e) Arabe
Arabic ['ærəbɪk]	l'arabe
Algerian [æl'dʒɪərɪən]	algérien
Moroccan [mə'rɒkən]	marocain
Tunisian [tjuː'nɪzɪən]	tunisien
Egyptian [ɪ'dʒɪpʃən]	égyptien
Ethiopian [ˌiːθɪ'əʊpɪən]	éthiopien
Libyan ['lɪbɪən]	libyen
Somali [səʊ'mɑːlɪ]	somalien
Angolan [æŋ'ɡəʊlən]	angolais
Congolese [ˌkɒŋɡəʊ'liːz]	congolais
Ghanaian [ɡɑː'neɪən]	ghanéen
Kenyan ['kenjən]	kenyen
Malian ['mɑːlɪən]	malien
Nigerian [naɪ'dʒɪərɪən]	nigérien
South African	sud-africain
Sudanese [ˌsuːdə'niːz]	soudanais
Tanzanian [ˌtænzə'nɪən]	tanzanien
Zambian ['zæmbɪən]	zambien
Zaïrese [zɑː'iːəriːz]	zaïrois

Kuwaiti [ku'weɪtɪ]	koweïtien
Saudi (Arabian)	saoudien
Iranian [ɪ'reɪnɪən]	iranien
Persian ['pɜːʃən]	persan
Iraqi [ɪ'rɑːkɪ]	irakien
Israeli [ɪz'reɪlɪ]	israélien
Jewish ['dʒuːɪʃ]	juif, israélite
a Jew [dʒuː]	un Juif, une Juive
Hebrew ['hiːbruː]	hébreu
Palestinian [ˌpæləs'tɪnɪən]	palestinien
Lebanese [ˌlebə'niːz]	libanais
Syrian ['sɪrɪən]	syrien
Turkish ['tɜːkɪʃ]	turc
a Turk [tɜːk]	un Turc, une Turque
Afghan ['æfɡæn]	afghan
Bengali [beŋ'ɡɔːlɪ]	bengali
Indian ['ɪndɪən]	indien
Pakistani [ˌpɑːkɪs'tɑːnɪ]	pakistanais
Singhalese [ˌsɪŋɡə'liːz]	cingalais
Sri Lankan [ˌsri'læŋkən]	sri-lankais
Asian ['eɪʃn]	asiatique
Asiatic [ˌeɪsɪ'ætɪk]	
an Asian	un(e) Asiatique
Burmese [bɜː'miːz]	birman
Cambodian [kæm'bəʊdɪən]	cambodgien
Chinese [tʃaɪ'niːz]	chinois
Indonesian [ˌɪndəʊ'niːzɪən]	indonésien
Japanese [ˌdʒæpə'niːz]	japonais
North/South Korean	nord-/sud-coréen
Laotian ['laʊʃɪən]	laotien
Malaysian [mə'leɪzɪən]	malaisien
Manchurian [mæn'tʃuərɪən]	mandchou
Mongol ['mɒŋɡəl]	mongol
Thai [taɪ]	thaïlandais
Thai	le thaï
Tibetan [tɪ'betən]	tibétain
Vietnamese [ˌvjetnə'miːz]	vietnamien
Australian [ɒs'treɪlɪən]	australien
Australasian [ˌɔːstrə'leɪzɪən]	australasien

New Zealand	néo-zélandais		**Polynesian** [ˌpɒlɪˈniːzɪən]	polynésien
a New Zealander	un(e) Néo-Zélandais(e)		**a Polynesian** [ˌpɒlɪˈniːzɪən]	un(e) Polynésien(ne)
New Caledonian	néo-calédonien			

REMARQUES :

1 Les noms d'habitants prennent une majuscule en anglais comme en français. Cependant, contrairement au français, les adjectifs de nationalité et les noms de langues prennent également une majuscule en anglais ; ex. : **a Tibetan** = un(e) Tibétain(e) *(habitant)*, **Tibetan** = tibétain *(adjectif)*, **Tibetan** = le tibétain *(langue)*. Lorsqu'il n'y a pas de différence orthographique entre le nom de l'habitant, le nom de langue et l'adjectif de nationalité, seul ce dernier est mentionné ici.

2 Les noms d'habitants terminés en **-ese** sont invariables en anglais ; ex. : **a Burmese** = un Birman, **two Burmese** = deux Birmans.

3 En anglais, lorsque l'adjectif de nationalité est différent du nom d'habitant, il peut être utilisé avec l'article défini pour désigner la totalité des habitants du pays ; ex. : **the English** = les Anglais, **the Irish** = les Irlandais, **the French** = les Français, etc. Il est aussi possible de dire dans le même sens : **English people, Irish people, French people**, etc.

19 PEACE AND WAR : LA PAIX ET LA GUERRE

 PEACE : LA PAIX

To make* peace *with sb*
faire la paix *avec qqn*

peaceful ['pi:sfʊl]
paisible, pacifique

peaceful coexistence
la coexistence pacifique

in peacetime
en temps de paix

to keep* the peace *between*
maintenir la paix *entre*

(the) détente [deɪ'ta:nt]
la détente

peacekeeping force
les forces de maintien de la paix

the UN peacekeeping force
the Blue Helmets
les Casques bleus

a deterrent force
une force de dissuasion

a nuclear deterrent
une force de dissuasion nucléaire

the interwar period
l'entre-deux-guerres

the postwar period
l'après-guerre

A peace treaty
un traité de paix

to sign an armistice
signer un armistice

to declare a ceasefire
déclarer le cessez-le-feu

a truce [tru:s]
une trêve

to end hostilities
mettre fin aux hostilités

a negotiator [nɪ'gəʊʃɪeɪtə']
un(e) négociateur (-trice)

to negotiate an agreement
négocier un accord

negotiations [nɪ,gəʊʃɪ'eɪʃənz]
les négociations

to enter into negotiations
engager des négociations

to negotiate *sth with sb* [nɪ'gəʊʃɪeɪt]
négocier *qqch. avec qqn*

a non-agression pact
un pacte de non-agression

mediation [,mi:dɪ'eɪʃən]
la médiation

a mediator ['mi:dɪeɪtə']
un médiateur

to mediate *between* ['mi:dɪeɪt]
servir d'intermédiaire *entre*

disarmament [dɪs'a:məmənt]
le désarmement

to disarm [dɪs'a:m]
désarmer

to demobilize [di:'məʊbɪlaɪz]
démobiliser

to make* reparations *to sb*
payer des réparations *à qqn*

The peace movement
le mouvement pour la paix

a pacifist ['pæsɪfɪst]
un(e) pacifiste

pacifism ['pæsɪfɪzəm]
le pacifisme

a conscientious objector
un objecteur de conscience

nuclear disarmament
le désarmement nucléaire

the CND [si:en'di:]
the Campaign for Nuclear Disarmament
le mouvement pour le désarmement nucléaire

to pacify ['pæsɪfaɪ]
pacifier

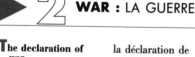 **WAR** : LA GUERRE

The declaration of war
la déclaration de guerre

to declare war *on*
déclarer la guerre *à*

to go* to war
entrer en guerre

to break* out
éclater

the outbreak of hostilities
le début des hostilités

To wage war *with sb*
faire la guerre *à qqn*

to be at war *with sb*
être en guerre *avec qqn*

to fight* (with) sb
se battre contre qqn

to struggle *against/for* ['strʌgl]
lutter *contre/pour*

the struggle *against/for*
la lutte *contre/pour*

a conflict ['kɒnflɪkt]
un conflit

in wartime
en temps de guerre

warlike ['wɔ:laɪk]
belliqueux

hostile ['hɒstaɪl, 'hɒstəl]
hostile

hostility [hɒs'tɪlɪtɪ]
l'hostilité

to resist *sth* [rɪ'zɪst]
résister *à qqch.*

resistance *to* [rɪ'zɪstəns]	la résistance *à*
a strategy ['strætɪdʒɪ]	une stratégie
strategic [strə'ti:dʒɪk]	stratégique
tactics[1] ['tæktɪks]	la tactique
tactical ['tæktɪkəl]	tactique
guerrilla warfare	la guérilla
a guerrilla [gə'rɪlə]	un guérillero
to mobilize ['məʊbɪlaɪz]	mobiliser
mobilization [ˌməʊbɪlaɪ'zeɪʃən]	la mobilisation
a world war	une guerre mondiale
the First/Second World War **World War One/Two**	la Première/Deuxième Guerre mondiale
all-out war	la guerre à outrance, la guerre totale
a war of attrition	une guerre d'usure
nuclear war	la guerre nucléaire
civil war	la guerre civile
Star Wars	la guerre des étoiles
the Strategic Defense Initiative (abr. SDI)	l'Initiative de défense stratégique (abr. I.D.S.)
the cold war	la guerre froide
a war of nerves	une guerre des nerfs
striking force	la force de frappe

(1) ATTENTION **tactics** s'emploie au pluriel dans le contexte militaire

Fighting men	des combattants
fighting troops	des troupes de combat
the enemy ['enəmɪ]	l'ennemi
enemy troops/lines	les troupes/lignes ennemies
to engage the enemy	engager le combat contre l'ennemi
a campaign [kæm'peɪn]	une campagne
operations [ˌɒpə'reɪʃənz]	les opérations
an offensive [ə'fensɪv]	une offensive
an expedition *against* [ˌekspɪ'dɪʃən]	une expédition *contre*
a task force **an expeditionary force**	un corps expéditionnaire

to invade [ɪn'veɪd]	envahir
the invader [ɪn'veɪdəʳ]	l'envahisseur
an invasion [ɪn'veɪʒən]	une invasion
to besiege [bɪ'si:dʒ]	assiéger
a siege [si:dʒ]	un siège
to die for one's country	mourir pour la patrie
a mercenary ['mɜ:sɪnərɪ]	un mercenaire

To win*/lose* a war	gagner/perdre une guerre
a victory ['vɪktərɪ]	une victoire
victorious [vɪk'tɔ:rɪəs]	victorieux
the victor ['vɪktəʳ]	le vainqueur
to conquer sth	conquérir qqch.
a conquest ['kɒŋkwest]	une conquête
a conqueror ['kɒŋkərəʳ]	un(e) conquérant(e)
to defeat sb	vaincre qqn
a defeat [dɪ'fi:t]	une défaite

A prisoner of war **a P.O.W.** ['pi:ˌəʊ'dʌbl.ju:]	un prisonnier de guerre
a prison camp	un camp de prisonniers
a concentration camp	un camp de concentration
a refugee [ˌrefjʊ'dʒi:]	un(e) réfugié(e)
to desert ['dezət]	déserter
a deserter [dɪ'zɜ:təʳ]	un déserteur
desertion [dɪ'zɜ:ʃən]	la désertion
to occupy ['ɒkjʊpaɪ]	occuper
the occupation [ˌɒkjʊ'peɪʃən]	l'occupation
occupying forces	les forces d'occupation
a war criminal	un criminel de guerre
war crimes	des crimes de guerre
a crime against humanity	un crime contre l'humanité
a mushroom cloud	un champignon atomique
the fallout ['fɔ:laʊt]	les retombées radioactives
genocide ['dʒenəʊsaɪd]	le génocide

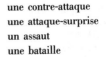

FIGHTING : LES COMBATS

In combat	au combat
to go* into action	engager le combat
to attack [ə'tæk]	attaquer
an attack *on*	une attaque *contre*

a counter-attack	une contre-attaque
a surprise attack	une attaque-surprise
an assault [ə'sɔ:lt]	un assaut
a battle ['bætl]	une bataille

to go* into battle to fight* a battle	livrer bataille
the front (line)	le front
front-line troops	les troupes de première ligne
to kill [kɪl]	tuer
to destroy [dɪs'trɔɪ]	détruire
destruction [dɪs'trʌkʃən]	la destruction

To charge [tʃɑːdʒ]	charger
a charge	une charge
a skirmish ['skɜːmɪʃ]	une escarmouche
to fight* hand-to-hand	se battre au corps à corps
to storm a position	prendre une position d'assaut
to come* under heavy fire	essuyer un tir nourri
a raid on [reɪd]	un raid sur
to put* to flight	mettre en fuite
to repel sb/sth	repousser qqn/qqch.
BR to reconnoitre [.rekə'nɔɪtə'] AM to reconnoiter	reconnaître (terrain)
reconnaissance [rɪ'kɒnɪsəns]	la reconnaissance
a reconnaissance mission/patrol	une mission/une patrouille de reconnaissance
to patrol [pə'trəʊl]	patrouiller
a patrol	une patrouille
a sniper ['snaɪpə']	un tireur isolé

A landing ['lændɪŋ]	un débarquement
the D-day landings	le débarquement du 6 juin 1944
D-day	le jour J
to take* a town/hill	prendre une ville/ une colline
to capture ['kæptʃə']	capturer
to (put* to) rout	mettre en déroute
to pursue [pə'sjuː]	poursuivre
to drive* sb back	refouler qqn, repousser qqn
to surround [sə'raʊnd]	entourer

to fall* back	reculer
to retreat [rɪ'triːt]	battre en retraite
a retreat	une retraite
to give* in to give* up	renoncer, s'avouer vaincu
to surrender to [sə'rendə']	se rendre à
the surrender to	la reddition à
an unconditional surrender	une reddition sans conditions
to withdraw* from [wɪθ'drɔː]	se retirer de
the vanguard ['vængɑːd]	l'avant-garde
the rearguard ['rɪəgɑːd]	l'arrière-garde

BR defences [dɪ'fensɪz] AM defenses	les moyens de défense
defensive [dɪ'fensɪv]	défensif
to defend sth against sth	défendre qqch. contre qqch.
a battlefield ['bætl.fiːld] a battleground ['bætl.graʊnd]	un champ de bataille
the trenches ['trentʃɪz]	les tranchées
barbed wire	du fil de fer barbelé
the barbed wire entanglements	les barbelés
a sandbag ['sændbæg]	un sac de sable
a bridgehead ['brɪdʒhed]	une tête de pont
the flank [flæŋk]	le flanc
reinforcements [.riːɪn'fɔːsmənts]	des renforts

To be reported missing	être porté disparu
to be taken prisoner	être fait prisonnier
to suffer heavy losses to have many casualties	essuyer de grosses pertes
the wounded ['wuːndɪd] (n.c. plur.)	les blessés
a stretcher-bearer ['stretʃə'.bɛərə']	un brancardier
a field hospital	un hôpital de campagne
the dead [ded] (n.c. plur.)	les morts
killed in action	tué au combat

▶ 4 WEAPONS : LES ARMES

A weapon ['wepən]	une arme
conventional/nuclear weapons	les armes conventionnelles/nucléaires
armaments ['ɑːməmənts]	les armements
ammunition [.æmjʊ'nɪʃən] (n.c. sing.) munitions [mjuː'nɪʃənz] (plur.)	les munitions
an ammunition dump	un dépôt de munitions

BR **armour** [ˈɑːməʳ] (n.c. sing.) AM **armor**	les blindés
an **explosive** [ɪksˈpləuzɪv]	un explosif
an **explosion** [ɪksˈpləuʒən]	une explosion
to **explode** [ɪksˈpləud]	exploser, faire exploser
gunpowder [ˈgʌn.paudəʳ]	la poudre à canon

A **sword** [sɔːd]	une épée
a **dagger** [ˈdægəʳ]	un poignard
a **spear** [spɪəʳ]	une lance
a **shield** [ʃiːld]	un bouclier
a **bow** [bəu]	un arc
an **arrow** [ˈærəu]	une flèche

A **firearm** [ˈfaɪəʳ.ɑːm]	une arme à feu
a **revolver** [rɪˈvɒlvəʳ]	un revolver
a **pistol** [ˈpɪstl]	un pistolet
a **gun** [gʌn] a **rifle** [ˈraɪfl]	un fusil
a **sawn-off shotgun**	un fusil à canon scié
an **automatic** [ɔːtəˈmætɪk]	une arme automatique
a **(hand) grenade**	une grenade
a **shot** [ʃot]	un coup de feu
to **fire** [faɪəʳ]	tirer
to **shoot*** at sb/sth [ʃuːt] to **fire a shot** at sb/sth	tirer sur qqn/qqch.
to **shoot*** sb	abattre qqn
Fire!	Feu !
a **bullet** [ˈbulɪt]	une balle
a **stray bullet**	une balle perdue
a **cartridge** [ˈkɑːtrɪdʒ] a **round (of ammunition)**	une cartouche
to **fire shots in the air**	tirer en l'air
to **aim at sb/sth**	viser qqn/qqch.
the **sight** [saɪt]	la mire
the **target** [ˈtɑːgɪt]	la cible, l'objectif
to **hit*** the **target**	atteindre l'objectif

A **canon** [ˈkænən] a **gun** [gʌn]	un canon
a **machine gun**	une mitrailleuse

a **submachine gun**	une mitraillette
a **tank** [tæŋk]	un tank, un char
a **caterpillar** [ˈkætəpɪləʳ]	une chenille
a **mortar** [ˈmɔːtəʳ]	un mortier
machine-gun/mortar fire (n.c.)	un tir de mitrailleuse/de mortier
a **bombardment** [bɒmˈbɑːdmənt]	un bombardement
a **bomb** [bɒm]	une bombe
the **H-bomb**	la bombe H
the **atom(ic) bomb**	la bombe atomique
a **shell** [ʃel]	un obus
to **bombard sth** with sth	bombarder qqch. de qqch.
to **bomb**	bombarder (avec des bombes)
to **shell**	bombarder (avec des obus)
a **mine** [maɪn]	une mine
a **minefield**	un champ de mines
a **torpedo** [tɔːˈpiːdəu] (plur. torpedoes)	une torpille
to **launch a rocket**	lancer une fusée
anti-aircraft defence	la D.C.A.
napalm [ˈneɪpɑːm]	le napalm
a **missile** [ˈmɪsaɪl]	un missile
a **ground-to-air/air-to-air missile**	un missile sol-air/air-air
an **intermediate range missile**	un missile de moyenne portée
a **cruise missile**	un missile de croisière
the **nuclear warhead**	l'ogive nucléaire
a **missile launcher**	un lance-missiles

Poison gas	le gaz asphyxiant
to **be gassed**	être gazé
tear gas	le gaz lacrymogène
nerve gas	le gaz neurotoxique
germ/biological warfare	la guerre bactériologique/ biologique
biological/chemical weapons	les armes biologiques/ chimiques

REMARQUE : Le mot **gun** s'emploie pour désigner toute arme à feu : fusil, revolver, pistolet, canon.

ENLISTMENT : L'ENRÔLEMENT

A serviceman ['sɜ:vɪs.mæn]	un militaire
the (armed) forces	les forces armées
to be in the Services **to be in the forces** AM **to be in the military**	être militaire, être dans l'armée
a regular soldier/officer	un militaire/officier de carrière
BR **a private** ['praɪvɪt] AM **an enlisted man**	un simple soldat
a recruit [rɪ'kru:t]	une recrue
BR **a conscript** [kən'skrɪpt] AM **a draftee** [dræf'ti:]	un appelé, un conscrit
National service **military service**	le service militaire
BR **to sign on** BR **to join (up)** AM **to enlist** [ɪn'lɪst]	s'engager, s'enrôler
to join the army **to go* into the army**	s'engager dans l'armée
to recruit sb	recruter qqn
to be called up	être mobilisé

to be demobilized	être démobilisé
a civilian [sɪ'vɪlɪən]	un(e) civil(e)
BR **conscription** [kən'skrɪpʃən] AM **the draft** [drɑ:ft]	la conscription
fit for service	bon pour le service
to be declared unfit (for military service)	être réformé
army pay	la solde
Uniform ['ju:nɪfɔ:m]	l'uniforme
in dress uniform	en tenue de cérémonie
in battle dress	en tenue de combat
a forage cap	un calot
a cap [kæp] **a peaked cap**	une casquette
a helmet ['helmɪt]	un casque
kit [kɪt] (n.c.)	le barda
a rank [ræŋk]	un grade
a star [stɑ:']	une étoile
a stripe [straɪp]	un galon
a chevron ['ʃevrən]	un chevron

MILITARY LIFE : LA VIE MILITAIRE

To serve *in a regiment* [sɜ:v]	servir *dans un régiment*
to be on duty	être de service
to be off duty	avoir quartier libre
a garrison ['gærɪsən]	une garnison
headquarters ['hedkwɔ:təz] (plur.)	le quartier général
HQ [eɪtʃ'kju:]	le QG
the barracks ['bærəks] (sing.)	la caserne
the mess [mes]	la cantine, le mess
a sentry ['sentrɪ]	une sentinelle, un factionnaire
to be on sentry duty	être de faction
to be on fatigue (duty)	être de corvée
reveille [rɪ'væli]	le réveil
BR **confined to barracks** BR **confined to quarters** AM **confined to base**	consigné
to go* on leave	partir en permission

An officer ['ɒfɪsə']	un officier
a non-commissioned officer **a NCO** [.ensi:'əʊ]	un sous-officier
the commanding officer **the CO** [si:'əʊ]	le commandant
to get* one's commission **to be commissioned**	être nommé officier
to be in command	commander
BR **an ex-serviceman** AM **a veteran** ['vetərən] AM **a vet** [vet] (parlé)	un ancien combattant
To salute *sb* [sə'lu:t]	saluer *qqn*
a salute	un salut
to present arms	présenter les armes
Present arms!	Présentez armes !
to stand*/come* to attention	être/se mettre au garde-à-vous
Attention! [ə'tenʃən]	Garde à vous !

to stand* at ease	être au repos
(Stand) at ease!	Repos !
to march [mɑːtʃ]	marcher au pas
to mark time	marquer le pas
Quick march!	En avant, marche !
About turn!	Demi-tour !
Right turn!	À droite, droite !
Left turn!	À gauche, gauche !
Halt! Who goes there?	Halte ! Qui va là ?
Lights out!	Extinction des feux !

To train *for* [treɪn]	s'entraîner *pour*, se préparer *à*
to train sb	former qqn, instruire qqn
training [ˈtreɪnɪŋ]	l'instruction
to drill [drɪl]	faire l'exercice

to drill soldiers	faire faire l'exercice à des soldats
drill (n.c.)	l'exercice
BR to be on manœuvres	être en manœuvres
AM to be on maneuvers	
the assault course	le parcours du combattant

A parade [pəˈreɪd]	une parade, une revue
a review [rɪˈvjuː]	une revue
to review	passer en revue
the parade ground	le terrain de manœuvres

to parade *before sb*	défiler *devant qqn*
to march past	défiler
a march past	un défilé
to inspect [ɪnˈspekt]	inspecter
an inspection [ɪnˈspekʃən]	une inspection

7 THE ARMY : L'ARMÉE DE TERRE

The British/French army	l'armée britannique/française
the US army	l'armée américaine
the infantry [ˈɪnfəntrɪ]	l'infanterie
the artillery [ɑːˈtɪlərɪ]	l'artillerie
the engineers [ˌendʒɪˈnɪəz]	le génie
the cavalry [ˈkævəlrɪ]	la cavalerie
the commandos [kəˈmɑːndəʊz]	les commandos
the Signals (corps)	les transmissions
an army corps a corps [kɔːʳ]	un corps d'armée
a division [dɪˈvɪʒən]	une division
a brigade [brɪˈgeɪd]	une brigade
a regiment [ˈredʒɪmənt]	un régiment
a battalion [bəˈtælɪən]	un bataillon
a company [ˈkʌmpənɪ]	une compagnie
a platoon [pləˈtuːn]	une section, un peloton
BR a field marshal AM a five-star general	un maréchal
a general [ˈdʒenərəl]	un général
BR a brigadier [ˌbrɪgəˈdɪəʳ] AM a brigadier general	un général de brigade
a colonel [ˈkɜːnl]	un colonel
a lieutenant colonel	un lieutenant-colonel

a major [ˈmeɪdʒəʳ]	un commandant
a captain [ˈkæptɪn]	un capitaine
a lieutenant [lefˈtenənt]	un lieutenant
a warrant officer	un adjudant
a sergeant [ˈsɑːdʒənt]	un sergent
a corporal [ˈkɔːpərəl]	un caporal
an infantryman [ˈɪnfəntrɪmæn]	un fantassin
a soldier [ˈsəʊldʒəʳ]	un soldat
a gunner [ˈgʌnəʳ]	un artilleur

The troops [truːps]	les troupes
a detachment [dɪˈtætʃmənt]	un détachement
a column [ˈkɒləm]	une colonne
the reserve [rɪˈzɜːv]	la réserve
an orderly [ˈɔːdəlɪ]	un planton
khaki [ˈkɑːkɪ] AM olive drab	kaki
airborne [ˈɛəbɔːn]	aéroporté
a paratrooper [ˈpærətruːpəʳ]	un parachutiste
paratroops [ˈpærətruːps]	les troupes aéroportées
a parachute [ˈpærəʃuːt]	un parachute
to parachute	parachuter, sauter en parachute

THE NAVY : LA MARINE DE GUERRE

The French Navy	la marine française
the Royal Navy (abr. RN)	la marine de guerre britannique
the US Navy (abr. USN)	la marine de guerre américaine
naval ['neɪvəl]	naval
a naval base	une base navale
the fleet [fliːt]	la flotte
a flotilla [flə'tɪlə]	une flotille
a convoy ['kɒnvɔɪ]	un convoi
a port [pɔːt]	un port
the home port the home base	le port d'attache
a naval dockyard	un arsenal maritime
to refit a ship	réarmer un navire

A warship ['wɔːʃɪp]	un navire de guerre
a battleship ['bætlʃɪp]	un cuirassé
an aircraft carrier	un porte-avions
a cruiser ['kruːzəʳ]	un croiseur
a destroyer [dɪs'trɔɪəʳ]	un contre-torpilleur
a frigate ['frɪgɪt]	une frégate
a torpedo boat	une vedette lance-torpilles
a troop carrier	un transport de troupes (navire)
a gunboat ['gʌnbəʊt]	une canonnière
a submarine [.sʌbmə'riːn]	un sous-marin
a launch [lɔːntʃ]	une vedette

a landing craft (plur. inv.)	une péniche de débarquement

An admiral ['ædmərəl]	un amiral
a commander [kə'mɑːndəʳ]	un capitaine de frégate
the marines [mə'riːnz]	les fusiliers marins
a lieutenant [lef'tenənt]	un enseigne de vaisseau
a midshipman ['mɪdʃɪpmən]	un aspirant
a sailor ['seɪləʳ] a seaman ['siːmən]	un marin
BR a rating ['reɪtɪŋ] AM a recruit [rɪ'kruːt]	un matelot

The flagship ['flægʃɪp]	le vaisseau amiral
a naval engagement	un combat naval
to escort ['eskɔːt]	escorter
in close formation	en ordre serré
to sink* [sɪŋk] to go* down	couler, sombrer
to sink* a ship	couler un navire
to scuttle a ship	saborder un navire
Action stations!	À vos postes de combat !
All hands on deck!	Tous les hommes sur le pont !
a mine [maɪn]	une mine
a minesweeper	un dragueur de mines
a minelayer	un mouilleur de mines
to lay* mines	mouiller des mines

REMARQUE : Le nom des navires de guerre britanniques commence toujours par les initiales **HMS** (abr. de *His/Her Majesty's Ship*) ; ex. : **HMS Bravado** = le Bravado. Le nom des navires de guerre américains commence toujours par les initiales **USS** (abr. de *United States Ship*) ; ex. : **the USS Bravado** = le Bravado. Les navires sont en général repris par des pronoms et des adjectifs au féminin ; ex. : **she was a beautiful ship, you should have seen her** = c'était un beau bateau, il fallait le voir.

THE AIR FORCE : L'ARMÉE DE L'AIR

The French Air Force	l'armée de l'air française
the Royal Air Force (abr. RAF)	l'armée de l'air britannique
the US Air Force (abr. USAF)	l'armée de l'air américaine

an aircraft ['ɛəkrɑːft] (plur. inv.)	un avion
a plane [pleɪn] BR an aeroplane ['ɛərəpleɪn] AM an airplane ['ɛəpleɪn]	
a pilot ['paɪlət]	un pilote

A fighter [ˈfaɪtəʳ]   un chasseur

a **bomber** [ˈbɒməʳ]   un bombardier

a **helicopter** [ˈhelɪkɒptəʳ]   un hélicoptère

a **vertical take-off plane**   un avion à décollage vertical

a **jet engine**   un moteur à réaction

a **wing** [wɪŋ]   une escadre aérienne

a **squadron** [ˈskwɒdrən]   une escadrille

a **glider** [ˈglaɪdəʳ]   un planeur

BR **an air chief marshal**
AM a **general** [ˈdʒenərəl]   un général (d'armée aérienne)

BR **an air commodore**
AM a **brigadier general**   un général de brigade aérienne

BR a **group captain**
AM a **colonel** [ˈkɜːnl]   un colonel (de l'armée de l'air)

BR a **wing commander**
AM a **lieutenant colonel**   un lieutenant-colonel (de l'armée de l'air)

BR a **squadron leader**
AM a **major** [ˈmeɪdʒəʳ]   un commandant (de l'armée de l'air)

BR a **flight lieutenant**
AM a **captain** [ˈkæptɪn]   un capitaine (de l'armée de l'air)

BR a **flying officer**
AM a **first lieutenant**   un lieutenant (de l'armée de l'air)

an **airman** [ˈɛəmæn]   un soldat (de l'armée de l'air)

a **navigator** [ˈnævɪgeɪtəʳ]   un navigateur

A sortie [ˈsɔːtɪ]   une sortie

an **air base**   une base aérienne

a **landing field** ·   un terrain d'atterrissage

a **mission** [ˈmɪʃən]   une mission

an **air raid**
a **bombing raid**   un raid aérien

to **drop a bomb** on sth   lâcher une bombe sur qqch.

to **shoot* sth/sb down**
to **bring* sth/sb down**   abattre qqch./qqn

to **crash-land** [ˈkræʃlənd]   atterrir en catastrophe

to **bale out**   sauter en catastrophe

an **ejector seat**   un siège éjectable

an **air-raid shelter**   un abri antiaérien

a **fallout shelter**   un abri anti-nucléaire

BR a **fly-past** [ˈflaɪˌpɑːst]
AM a **flyover** [ˈflaɪˌəʊvəʳ]   un défilé aérien

ECONOMY : L'ÉCONOMIE

 ECONOMIC CHOICES : LES CHOIX ÉCONOMIQUES

Free enterprise	la libre entreprise
liberalism ['lɪbərəlɪzəm]	le libéralisme
a **free-market economy**	une économie libérale, une économie de marché
free trade	le libre-échange
protectionism [prə'tekʃənɪzəm]	le protectionnisme
privatization [ˌpraɪvɪˌtaɪ'zeɪʃən]	la privatisation
to **privatize** ['praɪvɪˌtaɪz]	privatiser
Planning ['plænɪŋ]	la planification
to **plan** [plæn]	planifier
a **state-run economy** a **state-controlled economy**	une économie dirigée
state intervention	le dirigisme
Nationalization [ˌnæʃnələɪ'zeɪʃən]	la nationalisation
to **nationalize** ['næʃnəlaɪz]	nationaliser
the **nationalized industries**	les industries nationalisées
a **state-owned company** a **state-controlled company**	une entreprise publique
to **bring* under state control** to **bring* under government control**	étatiser (industrie, entreprise)
a **mixed economy**	une économie mixte

Monetarism ['mʌnɪtərɪzəm]	le monétarisme
monetary ['mʌnɪtəri]	monétaire
a **monetarist** ['mʌnɪtərɪst]	un(e) monétariste
public spending (n.c. sing.) **government spending** (n.c. sing.)	les dépenses publiques
a **government loan**	un emprunt d'État
to **issue a loan**	lancer un emprunt
a **subsidy** ['sʌbsɪdɪ]	une subvention
to **subsidize** ['sʌbsɪdaɪz]	subventionner
The balance of trade	la balance commerciale
the **balance of payments**	la balance des paiements
the **gross national product**	le produit national brut
the **GNP** [ˌdʒiːen'piː]	le PNB
the **gross domestic product**	le produit intérieur brut
the **GDP** [dʒiːdiː'piː]	le PIB
the **retail price index**	l'indice des prix à la consommation
The public/private sector	le secteur public/privé
primary industry	le secteur primaire
manufacturing industry **secondary industry**	le secteur secondaire
the **service industries** **tertiary industry**	le secteur tertiaire

THE ECONOMIC SITUATION : LA CONJONCTURE ÉCONOMIQUE

Economic [ˌiːkə'nɒmɪk]	économique (enjeu, problème)
growth [grəʊθ]	la croissance
the **growth rate**	le taux de croissance
to **boom** [buːm]	être en plein essor
the **economic boom**	l'essor économique
a **boom in sales/production**	une forte progression des ventes/de la production

The recession [rɪ'seʃən] the **slump** [slʌmp]	la récession
stagnation [stæg'neɪʃən]	le marasme
the **budget deficit**	le déficit budgétaire
a **trade deficit** a **trade gap**	un déficit commercial
a **downturn in sales**	une baisse des ventes
a **slump in demand**	une chute de la demande

An economic package	une série de mesures économiques	**I**nflation [ɪnˈfleɪʃən]	l'inflation
austerity measures (plur.)	une politique d'austérité	**inflationary** [ɪnˈfleɪʃnərɪ]	inflationniste
to boost [buːst]	relancer	**deflation** [diːˈfleɪʃən]	la déflation
to boost the economy **to reflate the economy**	relancer l'économie	**devaluation** [ˌdɪvæljuˈeɪʃən]	la dévaluation
reflation [riːˈfleɪʃən]	la relance économique	**to devalue** [diːˈvæljuː]	dévaluer
reflationary measures	des mesures de relance	**revaluation** [riːvæljuˈeɪʃən]	la réévaluation
the economic recovery	le redressement économique		
the economic revival	la reprise économique	**to revalue** [ˌriːˈvæljuː]	réévaluer

③ THE STOCK EXCHANGE : LA BOURSE

A portfolio [pɔːtˈfəuliəu]	un portefeuille	**the rate of exchange** **the exchange rate**	le taux de change
a share [ʃɛəʳ]	une action	**the foreign exchange market**	le marché des changes
stocks and shares	des actions	**a foreign exchange dealer**	un(e) cambiste
securities [sɪˈkjuərɪtɪz]	les valeurs, les titres	**a stockbroker** [ˈstɒkbrəukəʳ]	un agent de change
BR **gilt-edged securities** AM **blue chips**	des grandes valeurs de la cote	**a firm of stockbrokers**	une société de Bourse
BR **to hold* shares** in AM **to have stock** in	détenir des actions de	**T**o be quoted **to be listed**	être coté (en Bourse)
a shareholder [ˈʃɛəʳhəuldəʳ]	un(e) actionnaire	**a quotation** [kwəuˈteɪʃən]	une cotation
a stake [steɪk] **a holding** [ˈhəuldɪŋ] **an interest** [ˈɪntrɪst]	une participation financière	**an issue** [ˈɪʃuː] **a flotation** [fləuˈteɪʃən]	une émission
to take* a majority shareholding	prendre une participation majoritaire	**trading** [ˈtreɪdɪŋ] (n.c. sing.)	les échanges, les transactions
A bond [bɒnd] **a debenture** [dɪˈbentʃəʳ]	une obligation	**T**o appreciate [əˈpriːʃɪeɪt]	s'apprécier, prendre de la valeur
a government bond	une obligation d'État	**to depreciate** [dɪˈpriːʃɪeɪt]	perdre de sa valeur
government securities	les fonds d'État	**the dollar has risen/fallen by 9 %**	le dollar a augmenté/baissé de 9 %
a dividend [ˈdɪvɪdend]	un dividende		
the stock exchange **the stock market**	la Bourse (des valeurs)	**the rise of the dollar against the mark**	la hausse du dollar par rapport au mark
the forward market	le marché à règlement mensuel	**to rally** [ˈrælɪ]	se redresser
the spot market **the cash market**	le marché au comptant	**the market has rallied**	les cours se sont redressés
the share index	l'indice des valeurs boursières	**the market is steady**	le marché est stable
the Dow-Jones average	l'indice Dow-Jones	**F**luctuation [ˌflʌktjuˈeɪʃən]	la fluctuation
		to fluctuate [ˈflʌktjueɪt]	fluctuer
		a bull/bear market	un marché haussier/baissier
A currency [ˈkʌrənsɪ]	une monnaie	**the opening/closing price**	le cours d'ouverture/ de clôture
foreign currency	les devises étrangères		

the collapse of the market	l'effondrement du marché	to speculate *in* ['spekjʊleɪt]	spéculer *sur*
a crash [kræʃ]	un krach	a speculator ['spekjʊleɪtəʳ]	un(e) spéculateur (-trice)

 BANKS : LES BANQUES

Finance [faɪ'næns] la finance
high finance la haute finance
a financier [faɪ'nænsɪəʳ] un financier
banking ['bæŋkɪŋ] la banque
a banker ['bæŋkəʳ] un banquier

Money ['mʌnɪ] l'argent
BR a (bank)note un billet (de banque)
[('bæŋk)nəʊt]
AM a (treasury) bill
a 100-franc note un billet de 100 francs
a coin [kɔɪn] une pièce
a 10-franc coin une pièce de 10 francs

The change [tʃeɪndʒ] la monnaie
to give sb change for 100 francs faire à qqn la monnaie de 100 francs
to change a 100-franc note changer un billet de 100 francs
to get* change faire de la monnaie
small change de la petite monnaie
small/big notes des petites/grosses
notes of big/small denomination coupures

A bank account un compte bancaire
BR a current account un compte courant
AM a checking account
a savings account un compte sur livret
BR a deposit account
to open an account *with a bank* ouvrir un compte *dans une banque*
to close an account fermer un compte
Where do you bank? Quelle est votre banque ?
I bank with them j'ai un compte chez eux

A credit card une carte de crédit
BR a cheque [tʃek] un chèque
AM a check
BR a cheque for 500 francs un chèque de 500 francs
AM a check in the amount of 500 francs

BR a chequebook un chéquier
AM a checkbook
to write* a cheque faire un chèque
to write* sb a cheque for 4,000 francs faire à qqn un chèque de 4 000 francs
to make* a cheque out to sb libeller un chèque à l'ordre de qqn
to cross a cheque barrer un chèque
the cheque bounced (parlé) c'était un chèque en bois
a bad cheque un chèque sans
a dud cheque (parlé) provision

To cash a cheque toucher un chèque
to make* a deposit faire un versement
to deposit 900 francs in one's account verser 900 francs sur son compte
to credit an account with 3,000 francs créditer un compte de 3 000 francs
to pay* a cheque into an account déposer un chèque sur un compte
to withdraw* money *from* retirer de l'argent *de*
to draw* money *from one's account* tirer de l'argent *sur son compte*

A credit/debit balance un solde créditeur/débiteur
the account has a credit/debit of 500 francs le compte est créditeur/débiteur de 500 francs
a debtor ['detəʳ] un(e) débiteur (-trice)
a creditor ['kredɪtəʳ] un(e) créancier (-ière)

A (bank) statement un relevé bancaire
BR to have an overdraft avoir un découvert,
to be overdrawn être à découvert
to be in the red (parlé) être dans le rouge
bank charges des agios
a draft *of sth/on sth* [drɑːft] une traite *de qqch./ sur qqch.*

To lend* sth *to sb* prêter qqch. *à qqn*
a loan [ləʊn] un prêt, un emprunt
a mortgage ['mɔːgɪdʒ] un prêt immobilier

to **borrow money** *from*	emprunter de l'argent *à*	
a **credit institution**	un organisme de prêt	
the **schedule of repayments**	l'échéancier	
A mortgage ['mɔːgɪdʒ]	une hypothèque	
to **mortgage** sth	hypothéquer qqch.	
as a **security on a loan**	comme caution d'un prêt	
to **repay*** sth	rembourser qqch.	
BR a **merchant bank**	une banque d'affaires	
BR a **commercial bank**		
AM an **investment bank**		
capital ['kæpɪtl]	le capital	
funds [fʌndz]	les fonds	
to **invest** *in* [ɪn'vest]	investir *dans*	
an **investment** [ɪn'vestmənt]	un investissement	
an **investor** [ɪn'vestə']	un investisseur	

Interest ['ɪntrɪst] (n.c.)	l'intérêt, les intérêts	
interest on an investment	les intérêts d'un placement	
the **interest rate**	le taux d'intérêt	
6 % interest	6 % d'intérêt	
to **yield 6 %**	rapporter 6 %	
to **give* a good return**	être d'un bon rapport	
A bank manager	un directeur de banque	
a **bank clerk**	un(e) employé(e) de banque	
BR a **cashier** [kæ'ʃɪə']	un(e) caissier (-ière)	
AM a **teller** ['telə']		
BR a **safe** [seɪf]	un coffre-fort	
BR a **strong box**		
AM a **safe deposit box**		
the **strongroom** ['strɒŋruːm]	la salle des coffres	
the **vault** [vɔːlt]		
BR a **cashpoint** ['kæʃpɔɪnt]	un distributeur automatique de billets	
BR a **cash dispenser**		
AM an **automatic teller**		

5 BUSINESS : LES AFFAIRES

A company ['kʌmpənɪ]	une entreprise, une société
a **business** ['bɪznɪs]	une affaire
a **firm** [fɜːm]	une firme
to **be in business**	être dans les affaires
to **run* a business**	diriger une affaire
to **deal* in**	être dans le commerce de
to **trade in**	
Commercial [kə'mɜːʃəl]	commercial
trade [treɪd] (n.c. sing.)	les échanges commerciaux
trading ['treɪdɪŋ] (n.c. sing.)	
a **trade agreement**	un accord commercial
a **trading agreement**	
a **contract** ['kɒntrækt]	un contrat
to **sign/cancel a contract**	signer/résilier un contrat
a **breach of contract**	une rupture de contrat
A businessman ['bɪznɪs.mæn]	un homme d'affaires
a **businesswoman** ['bɪznɪs.wumən]	une femme d'affaires
a **head of a company**	un chef d'entreprise
the **entrepreneurial spirit**	l'esprit d'entreprise

to **set* up a company**	créer une entreprise
to **set* up in business on one's own**	s'établir à son compte
to **set* up one's own business**	
A make [meɪk]	une marque (produits manufacturés)
a **brand** [brænd]	une marque (produits alimentaires)
a **registered trademark**	une marque déposée
the **brand image**	l'image de marque
a **patent** ['peɪtənt]	un brevet
The law of supply and demand	la loi de l'offre et de la demande
competition [.kɒmpɪ'tɪʃən]	la concurrence
unfair competition	la concurrence déloyale
to **compete with sb/sth**	concurrencer qqn/qqch.
a **competitor** [kəm'petɪtə']	un(e) concurrent(e)
competitive [kəm'petɪtɪv]	concurrentiel, compétitif
rock-bottom prices	des prix défiant toute concurrence

Marketing [ˈmɑːkɪtɪŋ]	la commercialisation
to market [ˈmɑːkɪt]	commercialiser
to do* some market research	faire une étude de marché
a gap in the market	un créneau
an outlet [ˈaʊtlet]	un débouché
to meet* the needs of the customer	répondre aux besoins du client
to launch a product	lancer un produit

The home market the domestic market	le marché intérieur
to break* into new markets	s'établir sur de nouveaux marchés
to capture a market	s'emparer d'un marché
to carve out a share of the market	se tailler une part du marché
to establish o.s. in a market	s'implanter dans un marché
to saturate the market	saturer le marché

A sales drive	une campagne promotionnelle
a sample [ˈsɑːmpl]	un échantillon
a trade fair	une foire commerciale
the Book Fair	la Foire du livre
the Motor Show	le Salon de l'automobile
an exhibitor [ɪɡˈzɪbɪtəʳ]	un exposant

A profit [ˈprɒfɪt]	un bénéfice
to make* a profit	réaliser un bénéfice

the mark-up	la marge (sur un produit)
a profit margin	une marge bénéficiaire
a loss [lɒs]	une perte
gross [ɡrəʊs]	brut
net [net]	net
the turnover [ˈtɜːnəʊvəʳ]	le chiffre d'affaires
business is good/bad	les affaires marchent bien/mal

The financial year	l'exercice financier
the balance sheet	le bilan
assets [ˈæsets] (plur.)	l'actif
liabilities [ˌlaɪəˈbɪlɪtɪz] (plur.)	le passif
receipts [rɪˈsiːts]	les recettes
takings [ˈteɪkɪŋz]	les rentrées
outgoings [ˈaʊtɡəʊɪŋz]	les sorties
overheads [ˌəʊvəˈhedz] BR oncosts [ˈɒnkɒsts]	les frais généraux

A deficit [ˈdefɪsɪt]	un déficit
to be in deficit	être déficitaire
to go* into voluntary liquidation	déposer son bilan
compulsory liquidation	la liquidation judiciaire
to go* bankrupt	faire faillite
bankruptcy [ˈbæŋkrəptsɪ]	la faillite
to refloat a company	renflouer une compagnie
a rescue plan	un plan de sauvetage

▶ ⑥ **BUSINESS ORGANIZATION** : L'ORGANISATION DE L'ENTREPRISE

A group [ɡruːp]	un groupe
a multinational [ˌmʌltɪˈnæʃənl]	une multinationale
a subsidiary [səbˈsɪdɪərɪ]	une filiale
a branch office	une succursale
the head office	le siège social
the parent company	la maison mère
a small business a small-sized company	une petite entreprise
small and medium-sized companies	≈ les PME

A joint-stock company	une société par actions
BR a public limited company AM an incorporated company	≈ une société anonyme

BR **Dupont** & Co. plc AM **Dupont** & Co. Inc.	≈ Dupont & Cie S.A.

A monopoly [məˈnɒpəlɪ]	un monopole
a cartel [kɑːˈtel]	un cartel
to go* into partnership *with sb*	s'associer *avec qqn*
a partner [ˈpɑːtnəʳ]	un(e) associé(e)
a sleeping partner	un commanditaire

The management [ˈmænɪdʒmənt]	la direction
the board (of directors)	le conseil d'administration
a director [dɪˈrektəʳ]	un(e) administrateur (-trice)

BR **the managing director**	le PDG
AM **the chief executive officer**	
a **manager** ['mænɪdʒə']	un directeur, un gérant
a **manageress** [ˌmænɪdʒə'res]	une directrice, une gérante

The staff [stɑːf]	le personnel
an **executive** [ɪg'zekjʊtɪv]	un cadre
a **senior executive** a **senior manager**	un cadre supérieur
the **managerial staff**	les cadres
an **employee** [ˌɪmplɔɪ'iː]	un(e) employé(e)

A department [dɪ'pɑːtmənt]	un service, un département
a **head of department**	un chef de service
the **personnel director** the **personnel officer**	le chef du personnel

The sales department	le service des ventes
the **sales manager**	le directeur commercial
the **sales force** (sing.)	la force de vente
a **sales representative** a **commercial traveller** a **travelling salesman**	un représentant (de commerce)

Accounting [ə'kaʊntɪŋ] **book-keeping**	la comptabilité
the **books** [bʊks]	les livres de comptes
to **keep* the books**	tenir les comptes
the **ledger** ['ledʒə']	le grand livre
an **accountant** [ə'kaʊntənt]	un(e) comptable

the accounts department	le service de la comptabilité
BR **a chartered accountant**	un expert-comptable
AM **a certified public accountant**	
AM **a C.P.A.** [ˌsiːpiː'eɪ]	

To manage ['mænɪdʒ] **to run*** [rʌn]	gérer
management ['mænɪdʒmənt]	la gestion
good/poor management	une bonne/mauvaise gestion

A meeting ['miːtɪŋ]	une réunion
to **be in the chair**	présider
to **chair a meeting**	présider une réunion
on the agenda	à l'ordre du jour
to **take* the minutes of a meeting**	rédiger le compte rendu d'une réunion

To plan [plæn]	prévoir
to **develop** [dɪ'veləp]	développer
to **diversify** [daɪ'vɜːsɪfaɪ]	diversifier
it is company policy to do	la compagnie a pour règle de faire

To buy* up a company to **take* over a company**	racheter une entreprise
a **takeover** ['teɪk.əʊvə']	un rachat
a **takeover bid**	une OPA
a **(company) merger**	une fusion d'entreprises
to **merge** [mɜːdʒ]	fusionner

7 COMMERCE : LE COMMERCE

An item ['aɪtəm] **an article** ['ɑːtɪkl]	un article
a **commodity** [kə'mɒdɪti]	une denrée, une marchandise
a **product** ['prɒdʌkt]	un produit
the **goods** [gʊdz] (plur.) the **merchandise** ['mɜːtʃəndaɪz] (n.c.)	la marchandise
poor/high quality goods	des produits de mauvaise/très bonne qualité
it's **junk** (parlé)	c'est de la camelote
a **range** [reɪndʒ]	une gamme

a **model** ['mɒdl] a **design** [dɪ'zaɪn]	un modèle
a **top-of-the-range model**	un modèle haut de gamme
a **product line**	une ligne de produits

A buyer ['baɪə']	un(e) acheteur (-euse)
to **buy* sth from sb** [baɪ] to **purchase** sth from sb ['pɜːtʃɪs]	acheter qqch. à qqn
a **purchase**	un achat
to **buy* sth wholesale/retail**	acheter qqch. en gros/au détail

A **seller** ['selə']	un vendeur
to sell* [sel]	vendre
to sell* wholesale	vendre en gros
a wholesaler ['həulseɪlə']	un grossiste
to retail ['ri:teɪl]	vendre au détail
a retailer ['ri:teɪlə']	un détaillant
a dealer ['di:lə']	un concessionnaire
a sales outlet	un point de vente
The **wholesale/retail price**	le prix de gros/ de détail
the cost/selling price	le prix de revient/ de vente
the factory-gate price	le prix sortie d'usine
the launch price	le prix de lancement
An **order** ['ɔ:də']	une commande
to order sth from sb	commander qqch. à qqn
to place an order for sth/with sb	passer une commande de qqch./à qqn
to cancel an order	annuler une commande
an order form	un bon de commande
an order book	un carnet de commandes
in stock	en stock
out of stock	en rupture de stock
to have sth in stock	avoir qqch. en magasin
we do not stock this item anymore	nous ne faisons plus cet article
BR **a catalogue** ['kætəlɒg] AM **a catalog**	un catalogue
mail-order selling	la vente par correspondance
telephone selling	la vente par téléphone
On **approval**	à l'essai
second-hand	d'occasion
an exchange [ɪks'tʃeɪnʤ]	un échange
to exchange sth for sth	échanger qqch. contre qqch.
barter ['bɑ:tə']	le troc
A **label** ['leɪbl]	une étiquette (marque)
a price tag	une étiquette (prix)
A **transaction** [træn'zækʃən]	une transaction
to make* a deal with sb	conclure une affaire avec qqn
a quotation [kwəʊ'teɪʃən] **a quote** [kwəʊt] **an estimate** ['estɪmɪt]	un devis

an invoice ['ɪnvɔɪs]	une facture
to invoice	facturer
a receipt [rɪ'si:t]	un reçu
to supply sb with sth	fournir qqch. à qqn
the supplier [sə'plaɪə']	le fournisseur
To **pay*** [peɪ]	payer
to pay* cash (down)	payer comptant
credit ['kredɪt]	le crédit
BR **an instalment** [ɪn'stɔ:lmənt] AM **an installment**	un versement, une mensualité
free credit	le crédit gratuit
to give* sb credit	faire crédit à qqn
credit facilities	des facilités de paiement
to buy* sth on credit **to buy* sth on easy terms**	acheter qqch. à crédit
BR **to buy* sth on hire-purchase** AM **to buy* sth on the installment plan**	
BR **to pay* by monthly instalments** AM **to pay* by monthly installments**	payer par mensualités
to pay* a deposit on sth	verser des arrhes sur qqch.
A **complaint** [kəm'pleɪnt]	une réclamation
to make* a complaint **to complain** [kəm'pleɪn]	faire une réclamation
a guarantee [ˌgærən'ti:]	une garantie
a guarantee slip	un bon de garantie
it is under guarantee	c'est sous garantie
to guarantee sth against sth	garantir qqch. contre qqch.
the after-sales service	le service après-vente
to repair sth	réparer qqch.
To **distribute** [dɪs'trɪbju:t]	distribuer
the distribution network	le réseau de distribution
to dispatch [dɪs'pætʃ] **to despatch** [dɪs'pætʃ] **to consign** [kən'saɪn] **to ship** [ʃɪp]	expédier
dispatch **despatch** **shipping** ['ʃɪpɪŋ]	l'expédition (transport)
a consignment [kən'saɪnmənt] **a shipment** ['ʃɪpmənt]	une expédition, un envoi (marchandises)

A delivery [dɪ'lɪvəri]	une livraison
to deliver *sth to sb* [dɪ'lɪvər]	livrer *qqch. à qqn*
cash on delivery	paiement à la livraison
cash with order	payable à la commande
carriage forward/paid	port dû/payé

The **packaging** ['pækɪdʒɪŋ]	l'emballage, le conditionnement
to package ['pækɪdʒ]	emballer, conditionner
a cardboard box	un carton
a crate [kreɪt]	une caisse
a goods depot	un dépôt de marchandises
a warehouse ['wɛəhaʊs]	un entrepôt
handling ['hændlɪŋ]	la manutention
a warehouseman (fém. warehousewoman)	un(e) manutentionnaire

To **import** sth *from*	importer qqch. *de*
imports ['ɪmpɔːts]	les importations
an importer [ɪm'pɔːtər]	un importateur
a cotton importer	un importateur de coton
to export sth *to*	exporter qqch. *vers*
exports [ɪks'pɔːts]	les exportations
an exporter [ɪks'pɔːtər]	un exportateur
a coffee exporter	un exportateur de café
BR **an export licence** AM **an export license**	une licence d'exportation
a forwarding agent	un transitaire
customs ['kʌstəmz] (plur.)	la douane
a customs officer	un douanier
customs duty (n.c. sing.)	les droits de douane
to clear sth through customs	dédouaner qqch.
nothing/goods to declare	rien/marchandises à déclarer

---

⑧ CONSUMPTION : LA CONSOMMATION ◀

To **consume** [kən'sjuːm]	consommer
a consumer [kən'sjuːmər]	un(e) consommateur (-trice)
the consumer society	la société de consommation
consumer goods	des biens de consommation
living standards **the standard of living**	le niveau de vie
purchasing power	le pouvoir d'achat

The **cost** [kɒst]	le coût
the cost of living	le coût de la vie
What does it cost?	Cela coûte combien ?
How much is this?	C'est combien ?

Expensive [ɪks'pensɪv]	cher
costly ['kɒstlɪ] **dear** [dɪər]	coûteux
to be expensive **to cost* a lot of money**	coûter cher
to cost* a fortune	coûter une fortune
to cost* the earth (parlé)	coûter les yeux de la tête
exorbitant [ɪg'zɔːbɪtənt] **extravagant** [ɪks'trævəgənt] **outrageous** [aʊt'reɪdʒəs]	exorbitant
prohibitive [prə'hɪbɪtɪv]	prohibitif

to be valuable	avoir de la valeur
priceless ['praɪslɪs]	sans prix, inestimable
to pay* the earth for sth	acheter qqch. à prix d'or

Cheap [tʃiːp]	bon marché
inexpensive [ˌɪnɪks'pensɪv]	peu cher
at little cost	à peu de frais
free [friː]	gratuit
reasonable ['riːznəbl]	raisonnable
valueless ['væljuːlɪs] **worthless** ['wɜːθlɪs]	sans valeur

To **go* up** **to rise*** [raɪz] **to increase** [ɪn'kriːs]	augmenter (prix)
to go* up in price	augmenter (article)
to go* down **to fall*** [fɔːl] **to drop** [drɒp]	baisser (prix)
to go* down in price	baisser (article)
an increase/a drop in prices	une hausse/baisse des prix
prices are soaring **prices are rocketing** **prices are spiralling**	les prix montent en flèche
the explosion of prices	la flambée des prix

Thrift [θrɪft] (n.c.) — l'économie (vertu)

to economize on sth [ɪ'kɒnəmaɪz] — économiser sur qqch.

to save up
to put* aside — économiser (argent)

to save up for sth — faire des économies pour qqch.

to be economical with sth — économiser qqch.

an economy in sth [ɪ'kɒnəmɪ] — une économie de qqch.

economical [ˌiːkə'nɒmɪkəl] — économique

to cut* back on food
to cut* down on food — réduire ses dépenses de nourriture

to tighten one's belt — se serrer la ceinture

To spend* [spend] — dépenser

to spend* a lot on one's car — dépenser beaucoup pour sa voiture

an expense [ɪks'pens] — une dépense

expenses [ɪks'pensɪz]
expenditure [ɪks'pendɪtʃər] (n.c. sing.) — les dépenses

The housekeeping money — l'argent du ménage

a budget ['bʌdʒɪt] — un budget

to work out one's budget — faire ses comptes

to keep* the household accounts — tenir les comptes du ménage

Payment ['peɪmənt] — le paiement

to pay* for the goods — payer les marchandises

to pay* 80 francs for a book — payer un livre 80 francs

a bill [bɪl] — une facture

to pay* a bill
to settle an account — régler une facture

to pay* the bill — régler la note

unpaid bills — des factures impayées

outstanding [aʊt'stændɪŋ]
overdue [ˌəʊvə'djuː] — impayé

To owe money to sb — devoir de l'argent à qqn

a debt [det] — une dette

to get* into debt — s'endetter

in debt — endetté

to be in arrears with one's rent — devoir un arriéré de loyer

it is due by the end of the month — l'échéance est à la fin du mois

---

▶ ⑨ SHOPPING : LES COURSES

The shopping ['ʃɒpɪŋ] (n.c. sing.) — les achats, les commissions

to do* the shopping
AM **to market** ['maːkɪt] — faire les courses

to go* shopping — aller faire les courses

to shop at X — faire ses courses chez X

to make* a shopping list — faire une liste des commissions

To look for sth
to shop for sth — chercher qqch.

to shop around for sth — comparer les prix de qqch.

to go* window-shopping — faire du lèche-vitrines

A bargain ['baːgɪn] — une affaire

to get* a (good) bargain — faire une affaire

it's good value for money — le rapport qualité-prix est excellent

to buy* sth for a song
to buy* sth for next to nothing — acheter qqch. pour une bouchée de pain

The sales [seɪlz] — les soldes

to sell* sth off (at a sale price) — solder qqch.

BR **to be reduced**
AM **to be on sale** (1) — être soldé

a discount on ['dɪskaʊnt] — une remise sur

to give* a 20 % discount on sth — faire un rabais de 20 % sur qqch.

to knock 100 francs off the price (parlé) — baisser le prix de 100 francs

a reduction [rɪ'dʌkʃən]
a discount — une réduction

at a reduced price — au rabais

(1) ATTENTION BR **to be on sale** = être en vente

To display sth — exposer qqch.

a display [dɪs'pleɪ] — un étalage

to be on display — être exposé

BR **the (shop) window**
AM **the (store) window** — la vitrine

to be in the window — être en vitrine

a stall [stɔːl] — un éventaire, un étal

a shelf [ʃelf] (plur. shelves) — une étagère, un rayon

The checkout ['tʃekaʊt]	la caisse (supermarché)
the cashdesk ['kæʃdesk]	la caisse (magasin)
the cash register	la caisse (enregistreuse)
the till [tɪl]	

To haggle ['hægl]	marchander
to bargain ['bɑːgɪn]	
to haggle over the price	débattre le prix
to bargain with sb	marchander avec qqn
to bargain over sth	marchander qqch.

A shopkeeper ['ʃɒpkiːpəʳ]	un(e) commerçant(e)
a dealer ['diːləʳ]	un(e) négociant(e), un(e) marchand(e)
BR **a shop walker** AM **a floor walker**	un chef de rayon
BR **a shop assistant** AM **a (sales) clerk**	un commis de magasin
a salesman ['seɪlzmən]	un vendeur
a saleswoman ['seɪlzˌwʊmən]	une vendeuse

a customer ['kʌstəməʳ]	un(e) client(e)
the clientele [ˌkliːɑːˈnˈtel] **the customers** ['kʌstəməʳz]	la clientèle

A shopping basket	un panier
a shopping bag	un cabas
a carrier (bag) **a plastic bag**	un sac (en plastique)
BR **a (shopping) trolley** AM **a cart** [kɑːt] AM **a caddy** ['kædɪ]	un chariot, un caddie

A parcel ['pɑːsl]	un paquet
wrapping paper	du papier d'emballage
string [strɪŋ]	de la ficelle
a knot [nɒt]	un nœud (pour attacher qqch.)
a bow [bəʊ]	un nœud (pour décorer)
to wrap sth (up)	emballer qqch.
Is it a present?	C'est pour offrir ?
giftwrap(ping) paper	du papier cadeau
I had it giftwrapped	j'ai fait faire un paquet-cadeau

10 SHOPS AND STORES : LES MAGASINS

BR **a shop** [ʃɒp] AM **a store** [stɔːʳ]	un magasin
a self-service shop	un libre-service
a general store	un bazar
a boutique [buːˈtiːk]	une boutique de mode
BR **a corner shop** AM **a mom-and-pop store** (parlé)	un commerce de proximité

A department store	un grand magasin
a department [dɪˈpɑːtmənt]	un rayon (de grand magasin)
a chain store **a multiple store** **a multiple** ['mʌltɪpl]	un magasin à succursales multiples
a chain of shops	une chaîne de magasins
a branch [brɑːntʃ]	une succursale
a supermarket ['suːpəˌmɑːkɪt]	un supermarché, une grande surface
a hypermarket ['haɪpəmɑːkɪt]	un hypermarché
AM **a shopping centre** AM **a shopping mall**	un centre commercial
an arcade [ɑːˈkeɪd] **a shopping arcade**	une galerie marchande

a market ['mɑːkɪt]	un marché
a covered/an open-air market	un marché couvert/ en plein air
a flea market	un marché aux puces

A baker ['beɪkəʳ]	un(e) boulanger (-ère)
a confectioner [kənˈfekʃənəʳ]	un(e) pâtissier (-ière), un(e) confiseur (-euse)
a confectioner's (shop) BR **a sweet shop** AM **a candy store**	une confiserie

A butcher ['bʊtʃəʳ]	un(e) boucher (-ère)
a pork butcher	un(e) charcutier (-ière)
a delicatessen [ˌdelɪkəˈtesn]	≈ une épicerie fine
a grocer ['grəʊsəʳ]	un(e) épicier (-ière)
BR **a greengrocer** ['griːnˌgrəʊsəʳ]	un marchand de fruits et légumes
a fruiterer ['fruːtərəʳ]	un(e) fruitier (-ière)
BR **a fishmonger** ['fɪʃˌmʌŋgəʳ]	un(e) poissonnier (-ière)
BR **a fishmonger's (shop)** AM **a fish store**	une poissonnerie

a dairy ['dɛərɪ]	une crémerie
a dairyman (fém. dairywoman)	un(e) crémier (-ière)
a sandwich bar	une sandwicherie
a wine merchant	un marchand de vins
a florist ['flɒrɪst]	un(e) fleuriste
A newsagent ['nju:z.eɪdʒənt]	un(e) marchand(e) de journaux
BR **a bookstall** ['bʊkstɔːl] AM **a news stand**	un kiosque à journaux
a stationer ['steɪʃənər]	un(e) papetier(-ière)
a bookseller ['bʊk.selər]	un(e) libraire
a bookshop ['bʊkʃɒp] **a bookseller's (shop)**	une librairie
a second-hand bookseller	un(e) bouquiniste
BR **a haberdasher** (1) ['hæbədæʃər] AM **a notions dealer**	un(e) mercier (-ière)

(1) ATTENTION AM **a haberdasher** = un(e) chemisier (-ière)

BR **a chemist** ['kemɪst] AM **a druggist** ['drʌgɪst]	un(e) pharmacien(ne)
a pharmacy ['fɑːməsɪ] BR **a chemist's (shop)** AM **a drugstore** ['drʌgstɔːr]	une pharmacie
A jeweller ['dʒuːələr]	un(e) bijoutier (-ière)
a gift shop	un magasin de cadeaux
a second-hand shop	un magasin d'articles d'occasion
a hardware dealer BR **an ironmonger** ['aɪən.mʌŋgər]	un(e) quincaillier (-ière)
a shoeshop ['ʃuːʃɒp]	un magasin de chaussures
the tobacconist's [tə'bækənɪst]	le bureau de tabac
a video library	une vidéothèque
a record shop	un magasin de disques

REMARQUE : À partir du nom du commerçant, il est possible de dériver le nom du magasin sur le modèle suivant : **a butcher** = un boucher → **a butcher's shop**, **a butcher's** = une boucherie ; **a grocer** = un épicier → **a grocer's shop**, **a grocer's** = une épicerie. On dit ainsi : **to go to the butcher's/to the grocer's** = aller chez le boucher/chez l'épicier. **To be at the butcher's/at the grocer's** = être chez le boucher/chez l'épicier.
Il est également possible de dériver le nom du magasin à partir du type de produit vendu, sur le modèle suivant : **music** = la musique → BR **a music shop**, AM **a music store** = un magasin d'instruments de musique ; **wool** = la laine → BR **a wool shop**, AM **a wool store** = un magasin de laine. Les deux types de construction sont bien sûr conjointement possibles : **a florist's (shop)**, **a flower shop** = une boutique de fleuriste, un magasin de fleurs.

WEALTH AND POVERTY : LA RICHESSE ET LA PAUVRETÉ

The rich [rɪtʃ] (n.c. plur.)	les riches
rich **wealthy** ['welθɪ]	riche, fortuné
well-to-do **well-off** **well-heeled** (parlé)	aisé, nanti
to become* rich **to get* rich**	s'enrichir
prosperous ['prɒspərəs]	prospère
prosperity [prɒs'perɪtɪ]	la prospérité
to have means	avoir de la fortune
to lead* a life of luxury	vivre dans le luxe
to be affluent	vivre dans l'aisance
the affluent society	la société d'abondance

Wealth [welθ]	la richesse
riches [rɪtʃɪz] (plur.)	la richesse, les richesses
a fortune ['fɔːtʃən]	une fortune
a millionaire [.mɪljə'nɛər]	un millionnaire
BR **a multimillionaire** [.mʌltɪ.mɪljə'nɛər] AM **a billionaire** [.bɪljə'nɛər]	un milliardaire
an income ['ɪnkʌm]	un revenu
to have a large income	avoir de gros revenus
solvent ['sɒlvənt]	solvable
solvency ['sɒlvənsɪ]	la solvabilité

Poor [pʊəʳ] — pauvre

the poor (n.c. plur.) — les pauvres

a poor man — un pauvre, un miséreux

a poor woman — une pauvre, une miséreuse

poverty ['pɒvəti] — la pauvreté, la misère[1]

the poverty line — le seuil de pauvreté

to be short of money — être à court d'argent

to live from hand-to-mouth — vivre au jour le jour

destitute ['destɪtjuːt] — indigent

to be in straitened circumstances — être dans la gêne

needy ['niːdi] — nécessiteux

in need — dans le besoin

to be broke (parlé) — être fauché

penniless ['penɪlɪs] — sans le sou

to have difficulty in making ends meet — avoir du mal à joindre les deux bouts

to have a small income — avoir un petit revenu

to have a low income

penurious [pɪ'njʊəriəs] — misérable
poverty-stricken

to live in poverty — vivre dans la misère

grinding poverty — la misère noire

in debt — endetté

to run* up enormous debts — accumuler d'énormes dettes

(1) ATTENTION FAUX AMI **misery** = la tristesse, la détresse

A beggar ['begəʳ] — un(e) mendiant(e)

to beg *for sth* [beg] — mendier *qqch.*

to go* bankrupt — faire faillite

bankruptcy ['bæŋkrəptsi] — la faillite

insolvent [ɪn'sɒlvənt] — insolvable

insolvency [ɪn'sɒlvənsi] — l'insolvabilité

a moneylender ['mʌnɪˌlendəʳ]
a pawnbroker ['pɔːnˌbrəʊkəʳ] — un prêteur sur gages

to pawn sth — mettre qqch. en gage

---

12 **SOCIAL SECURITY BENEFITS, INSURANCE AND TAX :**
LES PRESTATIONS SOCIALES, LES ASSURANCES ET LES IMPÔTS

The Welfare State — l'État-providence

the social services — les services sociaux

social work — l'assistance sociale

a social worker — un(e) assistant social(e)

social administration — l'administration sociale

BR social security[1]
AM state aid — ≈ l'aide sociale

to be on social security — ≈ recevoir l'aide sociale

to refund [rɪ'fʌnd] — rembourser

an allowance *for sth* [ə'laʊəns] — une allocation *pour qqch.*

(1) ATTENTION AM **social security** = pension de vieillesse

BR the Department of Health and Social Security — ≈ la Sécurité sociale (santé)
BR the DHSS [ˌdiːeɪtʃesˈes]
BR the National Health Service
BR the NHS [ˌeneɪtʃ'es]
AM Medicaid ['medɪˌkeɪd]
AM Medicare ['medɪkeəʳ]

Social Security — ≈ la Sécurité sociale (chômeurs, retraités)

To be entitled to sth — avoir droit à qqch.

BR You can get it on the NHS — C'est remboursé par la Sécurité sociale

to pay* contributions *to* — verser des cotisations *à*

benefit(s) ['benɪfɪt(s)] — les prestations

BR unemployment benefit
AM unemployment compensation — l'allocation de chômage

to be on the dole (parlé) — toucher l'allocation de chômage

income support — le revenu minimum d'insertion

to get sickness benefit — toucher l'assurance-maladie

an industrial injury — un accident du travail

a disablement pension — une pension d'invalidité

compensation *for sth* [ˌkɒmpən'seɪʃən] — des indemnités *pour qqch.*

a maternity allowance — une allocation de maternité

maternity leave (n.c.) — le congé de maternité

family allowances — les allocations familiales

housing benefit	l'allocation de logement	**T**ax [tæks]	l'impôt
the old age pension	la pension de vieillesse	a taxpayer	un(e) contribuable
a retirement pension	une pension de retraite	income tax	l'impôt sur le revenu
a superannuation [ˌsuːpəˌrænjuˈeɪʃən]		land tax	l'impôt foncier
index-linked	indexé	wealth tax	l'impôt sur la fortune
to be retired	être à la retraite	BR **pay-as-you-earn** AM **pay-as-you-go**	système de retenue à la source de l'impôt sur le revenu
retirement [rɪˈtaɪəmənt]	la retraite		
a pensioner [ˈpenʃənər] an old age pensioner	un retraité	to pay* tax on sth	payer des impôts sur qqch.
an OAP [ˌəʊeɪˈpiː]		to be liable for tax	être imposable
senior citizens	les personnes du troisième âge	tax evasion	la fraude fiscale
		to evade taxation	frauder le fisc
a retirement home an old people's home	une maison de retraite	a tax form	une feuille d'impôts
		to do* one's tax return	remplir sa déclaration d'impôts
A car/fire/life insurance	une assurance-automobile/incendie/vie	a tax allowance/rebate	un abattement/dégrèvement fiscal
		tax exemption	l'exonération fiscale
to insure sth against theft	assurer qqch. contre le vol	a tax haven	un paradis fiscal
to take* out an insurance against sth	prendre une assurance contre qqch.	the tax collector the taxman (parlé)	le percepteur
civil liability	la responsabilité civile	the tax authorities BR **the Inland Revenue** AM **the Internal Revenue**	le fisc
an insurance policy	une police d'assurance		
a premium [ˈpriːmɪəm]	une prime	a tax on sth	une taxe sur qqch.
a policy holder	un(e) assuré(e)	BR **value added tax** AM **sales tax**	la taxe sur la valeur ajoutée
an all-risks policy	une police multirisque		
a comprehensive insurance	une assurance tous risques	BR **VAT** [viːeɪˈtiː, væt]	la TVA
		inclusive/exclusive of tax	taxes comprises/non comprises
an insurance agent	un agent d'assurances	duty-free	détaxé, hors-taxe
an insurance broker	un courtier d'assurances	the discount rate	le taux d'escompte
		BR **the rates** [reɪts]	≈ les impôts locaux

REMARQUE : En Grande-Bretagne, les impôts locaux, communément appelés **the rates**, ont pris en 1992 le nom de **council tax**, remplaçant un impôt précédent appelé **community tax** ou encore **poll tax**.

ECONOMIC SECTORS :
LES SECTEURS ÉCONOMIQUES

INDUSTRY : L'INDUSTRIE

A factory ['fæktərɪ]
a plant [plɑ:nt] — une usine, une fabrique

an industrial/a mining complex — un complexe industriel/minier

a warehouse ['wɛəhaʊs] — un entrepôt

a workshop ['wɜ:k.ʃɒp] — un atelier

Heavy/light industry — l'industrie lourde/légère

a processing industry — une industrie de transformation

a precision-tool industry — une industrie de précision

industrial [ɪn'dʌstrɪəl] — industriel (équipement, recherche)

to industrialize [ɪn'dʌstrɪəlaɪz] — industrialiser

industrialization [ɪn.dʌstrɪəlaɪ'zeɪʃən] — l'industrialisation

an industrialist [ɪn'dʌstrɪəlɪst] — un industriel

The food (processing) industry — l'industrie alimentaire

the car industry
AM **the automobile industry** — l'industrie automobile

the mechanical engineering industry — l'industrie mécanique

the chemical industry — l'industrie chimique

the construction industry
the building industry — le bâtiment

shipbuilding ['ʃɪp.bɪldɪŋ] — la construction navale

a shipbuilder ['ʃɪp.bɪldə] — un constructeur de navires

a shipyard ['ʃɪp.jɑ:d] — un chantier naval

The textile industry — l'industrie textile

the clothing industry — la confection

a cotton mill — une filature de coton

a flour mill — une minoterie

a distillery [dɪs'tɪlərɪ] — une distillerie

a brewery ['bru:ərɪ] — une brasserie

Raw materials — les matières premières

the production/ assembly line — la chaîne de fabrication/de montage

to assemble [ə'sembl] — monter, assembler

to process ['prəʊses] — traiter

a process — un procédé, un processus

processing ['prəʊsesɪŋ] (n.c.) — le traitement

Equipment [ɪ'kwɪpmənt] — l'outillage, l'équipement

heavy-duty equipment — l'équipement à usage industriel

plant [plɑ:nt] (n.c.) — le matériel

a machine [mə'ʃi:n] — une machine

a machine tool — une machine-outil

a part [pɑ:t]
a component [kəm'pəʊnənt] — une pièce

A robot ['rəʊbɒt] — un robot

automated ['ɔ:təmeɪtɪd] — robotisé

automation [.ɔ:tə'meɪʃən] — l'automation, la robotisation

automatic [.ɔ:tə'mætɪk] — automatique

a press [pres] — une presse

BR **a mould** [məʊld]
AM **a mold** — un moule

a vat [væt] — une cuve

To manufacture [.mænjʊ'fæktʃə'] — fabriquer, manufacturer

manufacture — la fabrication, la manufacture

a manufacturer [.mænjʊ'fæktʃərə'] — un(e) fabricant(e)

a product ['prɒdʌkt] — un produit

finished/semi-finished goods — les produits finis/semi-finis

manufactured goods — les produits manufacturés

goods made in France — des marchandises de fabrication française

a licensed product — un produit sous licence

to produce [prə'dju:s] — produire

production [prə'dʌkʃən] — la production

to mass-produce sth — produire qqch. en série

mass production — la production en série

productivity [ˌprɒdʌkˈtɪvɪtɪ]	la productivité	**full production**	le plein rendement
the output [ˈaʊtpʊt]	le rendement		

HEAVY INDUSTRY : L'INDUSTRIE LOURDE

Coal [kəʊl]	le charbon, la houille	**A quarry** [ˈkwɒrɪ]	une carrière
a coalfield	un gisement de charbon	BR **open-cast mining** AM **strip mining**	l'exploitation à ciel ouvert
a coalmine	une mine de charbon (site)	**a rock fall** **a cave-in** [ˈkeɪvɪn]	un éboulement
a pit [pɪt]	une mine de charbon (puits)	**to cave in**	s'effondrer
a colliery [ˈkɒlɪərɪ]	une houillère (entreprise)	**firedamp** [ˈfaɪə.dæmp]	le grisou
the coal (mining) industry	l'industrie houillère, les charbonnages	**a firedamp explosion**	un coup de grisou
the mining industry	l'industrie minière	**The iron and steel industry**	la sidérurgie
To work a mine	exploiter une mine	BR **an ironworks** [ˈaɪən.wɜːks] (sing.) AM **an iron plant**	une usine sidérurgique
to extract sth *from sth* **to dig* sth** *out of sth*	extraire qqch. *de qqch.*	**a steelworker** [ˈstiːl.wɜːkəʳ]	un sidérurgiste
the pithead [ˈpɪt.hed]	le carreau de la mine	BR **a steelworks** (sing.) AM **a steel plant**	une aciérie
a coal face	un front de taille	**a rolling mill**	un laminoir
a tunnel [ˈtʌnl]	une taille	**a blast furnace**	un haut-fourneau
a gallery [ˈgælərɪ]	une galerie	**a foundry** [ˈfaʊndrɪ]	une fonderie
a shaft [ʃɑːft]	un puits	**Metallurgy** [meˈtælədʒɪ]	la métallurgie
a slag heap	un terril, un crassier	**metal** [ˈmetl]	le métal
		a metalworker [ˈmetl.wɜːkəʳ]	un métallurgiste
To go* down the mines	travailler à la mine	**to melt metal (down)**	fondre du métal
a miner [ˈmaɪnəʳ]	un mineur	**sheet metal**	la tôle
a coalminer	un mineur (de houillère)	**iron** [ˈaɪən]	le fer
a mining engineer	un ingénieur des mines	**a bar of iron**	une barre de fer
a safety lamp	une lampe de mineur	**cast iron**	la fonte (matériau)
BR **a pickaxe** [ˈpɪk.æks] AM **a pickax**	une pioche	**iron ore**	le minerai de fer
		to smelt ore	fondre du minerai
a skip [skɪp]	une benne	**to forge** [fɔːdʒ]	forger

THE BUILDING INDUSTRY : LE BÂTIMENT

To construct [kənˈstrʌkt] **to build*** [bɪld]	construire, bâtir	**a building site**	un chantier de construction
building [ˈbɪldɪŋ]	la construction, le bâtiment (activité)	**a survey** [ˈsɜːveɪ]	un levé
masonry [ˈmeɪsnrɪ]	la maçonnerie (résultat)	**to survey a site**	faire un levé de terrain

a (land) surveyor	un arpenteur
a quantity surveyor	un métreur
A building contractor	un entrepreneur en bâtiment
building workers	les ouvriers du bâtiment
a builder ['bɪldəʳ] a constructor [kən'strʌktəʳ]	un constructeur
the foreman ['fɔːmən]	le chef de chantier
a builder ['bɪldəʳ]	un maçon (en général)
a stonemason ['stəun.meɪsn]	un maçon (qui travaille la pierre)
a bricklayer ['brɪk.leɪəʳ]	un maçon (qui pose les briques)
a plasterer ['plɑːstərəʳ]	un plâtrier
To excavate ['ekskəveɪt]	creuser, excaver
excavation [.ekskə'veɪʃən]	le terrassement
to lay* the foundations	poser les fondations
to lay* a pipe	poser un conduit
to dig* [dɪg]	creuser
a trench [trentʃ]	une tranchée
Scaffolding ['skæfəldɪŋ] (n.c.)	l'échafaudage
a crane [kreɪn]	une grue

a bulldozer ['buldəuzəʳ]	un bulldozer
an excavator ['ekskəveɪtəʳ] a mechanical shover	une pelleteuse
a (pneumatic) drill	un marteau-piqueur
Building materials	les matériaux de construction
reinforced concrete	le béton armé
cement [sə'ment]	le ciment
roughcast ['rʌfkɑːst]	le crépi
freestone ['friːstəun]	la pierre de taille
the shell [ʃel]	la carcasse, le gros œuvre
prefabricated [.priː'fæbrɪkeɪtɪd]	préfabriqué
a cement works (sing.) a cement factory	une cimenterie
a brickyard [brɪkjɑːd]	une briqueterie
To pull down a building to demolish a building	démolir un bâtiment
to bulldoze ['buldəuz]	démolir au bulldozer
demolition [.demə'lɪʃən]	la démolition
a demolition squad	une équipe de démolition
to knock down	abattre

⌐4 **ENERGY** : L'ÉNERGIE

Energy ['enədʒɪ] power ['pauəʳ]	l'énergie
a source of energy a source of power	une source d'énergie
energy resources	les ressources énergétiques
renewable energy sources	les énergies renouvelables
fuels [fjuəlz]	les combustibles, les carburants
fossil fuel	le combustible fossile
The energy bill	la facture énergétique
energy conservation (n.c. sing.) energy saving (n.c. sing.)	les économies d'énergie
to save energy	faire des économies d'énergie
power consumption	la consommation d'énergie

Oil [ɔɪl]	le pétrole[1]
crude oil	le pétrole brut
oil reserves	les réserves de pétrole
an oilfield	un gisement de pétrole
to strike* oil	trouver du pétrole
to drill for oil	forer pour trouver du pétrole
offshore drilling	le forage en mer
a layer of oil	une nappe de pétrole (gisement)
to gush [gʌʃ]	jaillir (pétrole)

(1) ATTENTION FAUX AMI BR **petrol** = essence

An oil rig	une plate-forme pétrolière
an oil well	un puits de pétrole
a derrick ['derɪk]	un derrick
an oil terminal	un terminal pétrolier

a pipeline ['paɪp.laɪn]	un oléoduc
a refinery [rɪ'faɪnərɪ]	une raffinerie
An oil company	une compagnie pétrolière
an oil-producing country	un pays producteur de pétrole
the OPEC countries	les pays de l'OPEP
a barrel ['bærəl]	un baril
a drum [drʌm]	un fût
a can [kæn]	un bidon
a tank [tæŋk]	une citerne
a tanker ['tæŋkər] an oil tanker	un pétrolier
a supertanker ['su:pə.tæŋkər]	un superpétrolier
BR a tanker (lorry) AM a tank truck	un camion-citerne
Domestic oil heating oil	le fuel domestique, le mazout
BR petrol AM gas(oline)	l'essence
jet fuel	le kérosène
diesel oil	le diesel
BR paraffin ['pærəfɪn] AM kerosene ['kerəsi:n]	le pétrole lampant
Nuclear energy nuclear power	l'énergie nucléaire
a nuclear plant	une centrale nucléaire
a reactor [ri:'æktər]	un réacteur
a breeder reactor	un surgénérateur
nuclear fission/fusion	la fission/fusion nucléaire
a chain reaction	une réaction en chaîne
the core [kɔ:r]	le cœur (d'un réacteur nucléaire)
the fuel rods	les crayons combustibles
radioactive [.reɪdɪəʊ'æktɪv]	radioactif
radioactivity [.reɪdɪəʊ'æktɪvɪtɪ]	la radioactivité

A leak(age) ['li:k(ɪdʒ)]	une fuite
nuclear waste (n.c. sing.)	les déchets nucléaires
the storage of nuclear waste	le stockage des déchets nucléaires
nuclear waste disposal	le traitement des déchets nucléaires
radiation [.reɪdɪ'eɪʃən]	la radiation
to irradiate [ɪ'reɪdɪeɪt]	irradier
a Geiger counter	un compteur Geiger
to contaminate [kən'tæmɪneɪt]	contaminer
contamination [kən.tæmɪ'neɪʃən]	la contamination
to decontaminate [.di:kən'tæmɪneɪt]	décontaminer
decontamination ['di:kən.tæmɪ'neɪʃən]	la décontamination
A generator ['dʒenəreɪtər]	un groupe électrogène
a power station	une centrale électrique
hydroelectric power	l'énergie hydroélectrique
a dam [dæm]	un barrage, un réservoir
at peak hours	aux heures de pointe
off-peak rates	le tarif réduit (heures creuses)
Gas [gæs]	le gaz
a cylinder of gas	une bouteille de gaz
propane ['prəʊpeɪn]	le propane
butane ['bju:teɪn]	le butane
natural/town gas	le gaz naturel/de ville
a gasometer [gæ'sɒmɪtər] a gasholder ['gæs.həʊdə]	un gazomètre
Solar energy solar heating	l'énergie solaire le chauffage (à l'énergie) solaire
a solar collector/panel	un capteur/panneau solaire
wind power	l'énergie éolienne
a windmill ['wɪndmɪl] a wind pump	une éolienne
tidal power wave power	l'énergie marémotrice
a tidal power station	une usine marémotrice

5 **AGRICULTURE :** L'AGRICULTURE

Agriculture [ˈægrɪkʌltʃəʳ]	l'agriculture
farming [ˈfɑːmɪŋ]	
agricultural [ˌægrɪˈkʌltʃərəl]	agricole (population, travaux)
agricultural produce (n.c. plur.)	les produits agricoles
farm produce (n.c. plur.)	
the farm-produce industry	l'industrie agro-alimentaire
The land [lænd]	la terre (terrain, surface)
earth [ɜːθ]	la terre (sol, matière)
the ground [graʊnd]	le sol
the soil [sɔɪl]	
a rich/poor soil	un sol riche/pauvre
fertile [ˈfɜːtaɪl]	fertile
barren [ˈbærən]	aride
arid [ˈærɪd]	
arable [ˈærəbl]	arable
Cereals [ˈsɪərɪəlz]	les céréales
wheat [wiːt]	le blé
BR **corn** [kɔːn]	
BR **maize** [meɪz]	le maïs
AM **corn**	
oats [əʊts] (plur.)	l'avoine
barley [ˈbɑːlɪ]	l'orge
rye [raɪ]	le seigle
sunflowers [ˈsʌnˌflaʊəz] (plur.)	le tournesol
hops [hɒps] (plur.)	le houblon
a hopfield	une houblonnière
To cultivate [ˈkʌltɪveɪt]	cultiver (champ, terre)
to grow* [grəʊ]	cultiver (céréales, légumes)
farmland [ˈfɑːmlænd]	des terres cultivées
cultivation [ˌkʌltɪˈveɪʃən]	la culture
to grow*	pousser
to plant [plɑːnt]	planter
to plant a field with wheat/barley	planter un champ en blé/avoine
To sow* [səʊ]	semer
sowing [ˈsəʊɪŋ] (n.c. sing.)	les semailles
seed(s) [siːd(s)]	les graines
a seeding machine	un semoir
BR **to plough** [plaʊ]	labourer
AM **to plow** [plaʊ]	
BR **a ploughman**	un laboureur
AM **a plowman**	

BR **a plough**	une charrue
AM **a plow**	
a furrow [ˈfʌrəʊ]	un sillon
a harrow [ˈhærəʊ]	une herse
a tractor [ˈtræktəʳ]	un tracteur
a (motorized) cultivator	un motoculteur
To reap [riːp]	faucher (champ, blé)
to mow* grass	faucher de l'herbe (mécaniquement)
to scythe grass	faucher de l'herbe (avec une faux)
a scythe [saɪð]	une faux
The harvest [ˈhɑːvɪst]	la moisson
to reap [riːp]	moissonner (champ)
to harvest	moissonner, récolter (céréales)
to reap	
a crop [krɒp]	une récolte
a harvest	
to gather in	rentrer (moisson)
a harvester [ˈhɑːvɪstəʳ]	une moissonneuse
a combine harvester	une moissonneuse-batteuse
a sheaf of corn (plur. sheaves)	une gerbe de blé
an ear [ɪəʳ]	un épi (de blé, de maïs)
hay [heɪ]	le foin
a haystack	une meule de foin
a hayrick	
haymaking	la fenaison
stubble [ˈstʌbl]	le chaume
straw [strɔː]	la paille
fodder [ˈfɒdəʳ]	le fourrage (pour animaux)
a silo [ˈsaɪləʊ]	un silo
a barn [bɑːn]	une grange
A field [fiːld]	un champ
a meadow [ˈmedəʊ]	une prairie, un pré
grassland (n.c.)	la prairie
the prairie(s) [ˈprɛərɪ]	la Grande Prairie (aux USA)
pasture (land) (n.c. sing.)	les pâturages, les herbages
A farmer [ˈfɑːməʳ]	un(e) agriculteur (-trice), un(e) cultivateur (-trice), un(e) fermier (-ière)

to farm [faːm]	être fermier
to work on a farm	travailler dans une ferme
a farm worker	un ouvrier agricole
a farmhand	
BR a farm labourer	
AM a farm laborer	
BR a tenant farmer	un métayer
AM a sharecropper ['ʃɛəʳˌkrɒpəʳ]	
a countryman ['kʌntrɪmən]	un paysan
a peasant⁽¹⁾ ['pezənt]	
a day labourer	un journalier
a seasonal worker	un saisonnier
a cowboy ['kau.bɔɪ]	un cow-boy
a shepherd ['ʃepəd]	un berger
a shepherdess ['ʃepədɪs]	une bergère

(1) ATTENTION **a peasant** peut avoir une valeur péjorative

A farm [faːm]	une exploitation agricole, une ferme
a farmhouse	une ferme (maison)
a ranch [raːntʃ]	un ranch
animal husbandry	l'élevage
to breed* [briːd] to rear [rɪəʳ]	élever (bétail)
to breed*	élever (porcs, chevaux)
a herd [hɜːd]	un troupeau (de bovins)
cattle ['kætl] (n.c. plur.)	le bétail
100 head of cattle	100 têtes de bétail
livestock ['laɪvstɒk] (n.c.)	le cheptel

A sheep/pig farm	une ferme d'élevage de moutons/de porcs
a stable ['steɪbl]	une écurie
BR a (pig)sty [('pɪg)staɪ] AM a pigpen ['pɪgpen]	une porcherie
a sheepfold ['ʃiːpfəuld]	une bergerie
a cowshed ['kauʃed]	une étable
to milk the cows	traire les vaches
a milking machine	une trayeuse
a drinking trough	un abreuvoir
a feeding trough	une auge

Battery farming	l'élevage intensif, l'élevage en batterie
the barnyard ['baːnjaːd]	la basse-cour
a henhouse ['henhaus]	un poulailler
free-range chickens/eggs	les poulets/les œufs de ferme
a rabbit hutch	un clapier

Beekeeping ['biːˌkiːpɪŋ] apiculture ['eɪpɪˌkʌltʃə] (soutenu)	l'apiculture
a beekeeper ['biːˌkiːpə] an apiarist ['eɪpɪərɪst] (soutenu)	un(e) apiculteur (-trice)
to keep* bees	élever des abeilles
a hive [haɪv]	une ruche
a swarm of bees	un essaim d'abeilles
to swarm [swɔːm]	essaimer
honey ['hʌnɪ]	le miel
a honeycomb ['hʌnɪkəum]	un rayon de miel
beeswax	la cire d'abeille

Horticulture ['hɔːtɪkʌltʃə]	l'horticulture
a horticulturist [ˌhɔːtɪ'kʌltʃərɪst]	un(e) horticulteur (-trice)
BR market gardening AM truck farming	la culture maraîchère
BR a market gardener AM a truck farmer	un(e) maraîcher (-ère)
an orchard ['ɔːtʃəd]	un verger
an apple orchard	une pommeraie
a cherry orchard	une cerisaie
an orange grove	une orangeraie

Ripe [raɪp]	mûr
unripe ['ʌn'raɪp] green [griːn]	vert
to ripen ['raɪpən]	mûrir
to yield [jiːld]	produire (champ, arbre)
a good/bad yield	un bon/mauvais rendement

Wine growing	la viticulture
a wine grower	un(e) viticulteur (-trice), un(e) vigneron(ne)
a vineyard ['vɪnjəd]	un vignoble, une vigne
the (grape) harvest (n.c. sing.)	les vendanges
to harvest the grapes	faire les vendanges
an estate [ɪs'teɪt]	un domaine, une propriété
a tea/coffee plantation	une plantation de thé/de café
a planter ['plaːntəʳ]	un planteur

Forestry ['fɒrɪstrɪ]	la sylviculture
to fell a tree	abattre un arbre
reforestation [ˌriːfɒrɪs'teɪʃən]	le reboisement
a lumberjack ['lʌmbəʳˌdʒak]	un bûcheron

a sawmill ['sɔ:mɪl]	une scierie	a fertilizer ['fɜ:tɪlaɪzəʳ]	un engrais (chimique)
to saw* [sɔ:]	scier	to manure [məˈnjʊəʳ]	fumer
a chain saw	une tronçonneuse	manure	le fumier
		organic [ɔ:ˈgænɪk]	biologique (produits, agriculture)
Agronomy [əˈgrɒnəmɪ]	l'agronomie		
an agricultural engineer	un ingénieur agronome	**A** pest [pest]	un insecte nuisible
to drain land	assécher le sol, drainer le sol	a pesticide ['pestɪsaɪd]	un pesticide
		a weed [wi:d]	une mauvaise herbe
to lie* fallow	rester en friche	a weed-killer	un désherbant, un herbicide
to irrigate ['ɪrɪgeɪt]	irriguer		
irrigation [ˌɪrɪˈgeɪʃən]	l'irrigation	a spray [spreɪ]	un pulvérisateur
to fertilize ['fɜ:tɪlaɪz]	fertiliser, amender	to spray sth on	pulvériser qqch. sur

22 WORK : LE TRAVAIL

◀ 1 EMPLOYMENT : L'EMPLOI

The working population	la population active
a job [dʒɒb]	un emploi, un poste, un travail
an occupation [ˌɒkjʊˈpeɪʃən]	un métier, une profession(1)
a trade [treɪd]	un métier (artisanal, manuel)
occupational [ˌɒkjʊˈpeɪʃnl]	professionnel (activité, maladie)
professional [prəˈfeʃənl]	professionnel (non amateur)

(1) ATTENTION FAUX AMI **a profession** = une profession libérale

To be in work **to have a job** **to be in employment** (soutenu)	avoir du travail, avoir un emploi
to work [wɜːk]	travailler
to work in an office/as a teacher	travailler dans un bureau/comme professeur
to work for a publisher	travailler chez un éditeur
to work from home **to work at home**	travailler à domicile
to work in a factory	travailler en usine
to work on a production line	travailler à la chaîne

Job security	la sécurité de l'emploi
full employment	le plein-emploi
a career [kəˈrɪəʳ]	une carrière
to make* a career *in*	faire carrière *dans*
a vocation [vəʊˈkeɪʃən] **a calling** [ˈkɔːlɪŋ]	une vocation
to be a plumber/baker by trade	être plombier/boulanger de son métier
What does he do for a living?	Que fait-il dans la vie ?

To look for work **to look for a job** **to be job-hunting** (parlé)	chercher du travail, chercher un emploi
a job application	une demande d'emploi, une candidature

to apply for a job *to sb*	faire une demande d'emploi *auprès de qqn*
to apply for a post	poser sa candidature à un poste
A vacancy [ˈveɪkənsɪ] **a vacant position**	un poste vacant, un poste à pourvoir
this post is vacant	ce poste est à pourvoir
a job offer	une offre d'emploi (en général)
a job advertisement **a job ad** (parlé)	une offre d'emploi (annonce dans un journal)
to answer an advertisement	répondre à une petite annonce
"situations vacant"	« offres d'emploi » (dans un journal)
"situations wanted"	« demandes d'emploi » (dans un journal)

A curriculum vitae	un curriculum vitae
BR **a CV** [siːˈviː] AM **a résumé** [ˈreɪzjuːmeɪ]	un CV
skills [skɪlz]	les compétences
training [ˈtreɪnɪŋ]	la formation
qualifications [ˌkwɒlɪfɪˈkeɪʃəns]	les diplômes
work experience	l'expérience professionnelle

An employment agency	une agence de placement
a headhunter [ˈhedˌhʌntəʳ]	un chasseur de têtes
a recruitment agency	une agence de recrutement
to recruit sb	recruter qqn
to employ sb *as*	employer qqn *comme*
to take* sb on	engager qqn, embaucher qqn
to hire sb *as*	embaucher qqn *comme*
to appoint sb (to a post)	nommer qqn à un poste
to appoint sb manager	nommer qqn directeur
to fill a post	pourvoir un poste
an appointment [əˈpɔɪntmənt]	un poste (important)

A work contract | un contrat de travail
a term contract | un contrat à durée déterminée
to sign a contract *with sb/to do sth* | signer un contrat *avec qqn/pour faire qqch.*
a probationary period | une période d'essai
a trial period |
to take* sb on probation | prendre qqn à l'essai
to take* sb on for a trial period |
to take* sb on a trial basis |

A task [tɑːsk] | une tâche
to be responsible for sth | être responsable de qqch.
to be in charge of sth | avoir la responsabilité de qqch.
to be directly responsible to sb | relever directement de qqn
to delegate sth/sb *to* | déléguer qqch./qqn *à*

To promote sb *to* | promouvoir qqn *à*
to upgrade sb *to* |
to be promoted to (the rank of) director | être promu directeur
to be upgraded to (the rank of) director |
promotion [prə'məuʃən] | la promotion, l'avancement
to demote sb | rétrograder qqn
to downgrade sb |
to transfer sb *to* | transférer qqn *à*, muter qqn *à*
a transfer [træns'fɜːˈ] | un transfert, une mutation

Vocational training | la formation professionnelle
in-service training | la formation continue
in-house training | (en entreprise)
a training course | un stage
to go* on a training course | faire un stage
to retrain [ˌriːˈtreɪn] | se recycler (pour un nouveau métier)
to go* on a refresher course | se recycler (pour se perfectionner)

a retraining course | un stage de recyclage (pour un nouveau métier)
a refresher course | un stage de recyclage (pour se perfectionner)

Busy [ˈbɪzɪ] | occupé
overworked [ˌəuvəˈwɜːkd] | surmené
to be snowed under with work | être débordé de travail
a workaholic [ˌwɜːkəˈhɒlɪk] (parlé) | un bourreau de travail
to work hard | travailler dur
to be hard-working | être travailleur
to work o.s. to death | se tuer au travail
to be at work on sth | travailler à qqch.
to be working on sth |
to get* down to work | se mettre au travail
job satisfaction | la satisfaction professionnelle
rewarding [rɪˈwɔːdɪŋ] | gratifiant

Careful [ˈkɛəful] | soigneux
conscientious [ˌkɒnʃɪˈenʃəs] | consciencieux
industrious [ɪnˈdʌstrɪəs] | industrieux
diligent [ˈdɪlɪdʒənt] | assidu
diligence [ˈdɪlɪdʒəns] | l'assiduité
painstaking [ˈpeɪnzˌteɪkɪŋ] | appliqué
to be responsible | être digne de confiance
he is very reliable | on peut vraiment compter sur lui

Lazy [ˈleɪzɪ] | paresseux
idle [ˈaɪdl] |
laziness [ˈleɪzɪnɪs] | la paresse
idleness [ˈaɪdlnɪs] |
lackadaisical [ˌlækəˈdeɪzɪkəl] | nonchalant
careless [ˈkɛəlɪs] | négligent
carelessness [ˈkɛəlɪsnɪs] | la négligence
to be irresponsible | ne pas être digne de confiance
he is unreliable | on ne peut pas compter sur lui
professional misconduct (n.c.) | une faute professionnelle

WORKERS AND WORKING CONDITIONS :
LES TRAVAILLEURS ET LES CONDITIONS DE TRAVAIL

A worker ['wɜ:kə']	un(e) travailleur (-euse)
a manual worker	un travailleur manuel
an employee [ˌɪmplɔɪ'i:]	un(e) employé(e)
a salaried employee	un(e) salarié(e)
a wage earner	
a self-employed person	un travailleur indépendant
a freelance worker	
a temporary worker	un(e) intérimaire
BR **a temp** [temp] (parlé)	
to work as a temporary worker	travailler comme intérimaire
to temp (parlé)	
an immigrant worker	un travailleur immigré
a work permit	un permis de travail
a moonlighter ['mu:nlaɪtə']	un travailleur au noir
to moonlight ['mu:nlaɪt]	travailler au noir
to do* moonlighting (parlé)	
black economy	l'économie parallèle
underground economy	

A worker ['wɜ:kə']	un ouvrier (en général)
a workman ['wɜ:kmən]	un ouvrier (d'une entreprise particulière)
a female worker	une ouvrière
a factory worker	un(e) ouvrier (-ière) (d'usine)
a factory hand	
BR **labour** ['leɪbə']	la main-d'œuvre
AM **labor**	
the workforce ['wɜ:kfɔ:s]	
manpower ['mæn.pauə']	
casual labour	la main-d'œuvre occasionnelle
seasonal work	le travail saisonnier
labour surplus/ shortage	le surplus/le manque de main-d'œuvre
BR **a labourer** ['leɪbərə']	un manœuvre
AM **a laborer** ['leɪbərə']	
an unskilled worker	un ouvrier non qualifié
a semi-skilled worker	un ouvrier spécialisé
a skilled worker	un ouvrier qualifié
a blue-/white-collar worker	un col bleu/blanc
an apprentice [ə'prentɪs]	un(e) apprenti(e)
a trainee [treɪ'ni:]	
apprenticeship [ə'prentɪʃɪp]	l'apprentissage
The strength [streŋθ]	l'effectif (d'une entreprise)
the workforce ['wɜ:kfɔ:s]	

to keep* up manning levels	maintenir le niveau des effectifs
the staff [stɑ:f]	le personnel
the personnel [ˌpɜ:sə'nel]	
a staff member	un membre du personnel
to be on the staff	faire partie du personnel
to be employed by a company	être employé par une entreprise
to be on a company's payroll	
an executive [ɪg'zekjutɪv]	un cadre
a senior/middle manager	un cadre supérieur/moyen
a top/middle executive	
an employer [ɪm'plɔɪə']	un(e) employeur (-euse)
the boss [bɒs] (parlé)	le (la) patron(ne)
a team [ti:m]	une équipe
teamwork	le travail en équipe
BR **a working day**	une journée de travail
AM **a workday** ['wɜ:k.deɪ]	
BR **a working week**	une semaine de travail
AM **a workweek** ['wɜ:k.wɪ:k]	
in working time	pendant les heures de travail
to clock in	pointer (en arrivant)
to clock off	pointer (en partant)
to clock out	
Part-time ['pɑ:t.taɪm]	à temps partiel
half-time ['hɑ:f.taɪm]	à mi-temps
full-time ['fʊl.taɪm]	à temps plein
to work flexitime	avoir un travail à horaire flexible
to work overtime	faire des heures supplémentaires
he did 15hours' overtime	il a fait 15 heures supplémentaires
to be paid on an overtime basis	être payé en heures supplémentaires
work sharing	le partage du travail
Shiftwork ['ʃɪft.wɜ:k]	le travail par roulement, le travail posté
to work shifts	travailler par roulement
to work on shifts (parlé)	
to work three eight-hour shifts	faire les trois-huit

the day/night shift	l'équipe de jour/ de nuit
to be on day/night shift	être de jour/de nuit
a shiftworker	un ouvrier posté
a work station	un poste de travail

Pay [peɪ] · la paie

wages ['weɪdʒɪz] (plur.)	un salaire (hebdomadaire)
a salary ['sæləri]	un salaire (mensuel, annuel)
to get* paid 150,000 francs a year	gagner 150 000 francs par an
to earn 2,000 francs a week	toucher 2 000 francs par semaine
to earn one's living as sth	gagner sa vie comme qqch.
a fee [fiː] (sing.) fees	des honoraires
BR a rise [raɪz] AM a raise [reɪz]	une augmentation (de salaire)
a payslip ['peɪslɪp]	un bulletin de paie, une feuille de paie
payday ['peɪˌdeɪ]	le jour de paie

a bonus ['bəʊnəs]	une prime
a company car	une voiture de fonction
an expense account	une note de frais
a luncheon voucher	un ticket-repas, un chèque-restaurant

A break [breɪk] · une pause

the lunch hour lunchtime ['lʌntʃˌtaɪm] (n.c.)	l'heure du déjeuner
holidays with pay	les congés payés
to take* a day off	prendre un jour de congé
on leave	en congé

Health and safety regulations · les règles d'hygiène et de sécurité

a labour inspector BR a factory inspector	un inspecteur du travail
occupational hazards	les risques du métier
an occupational disease	une maladie professionnelle

③ UNEMPLOYMENT : LE CHÔMAGE

Overmanning (n.c. sing.)	les sureffectifs
they are overmanned in this department	ils sont en sureffectif dans ce département
staff reductions	les compressions de personnel
a cutback in the workforce a cut in manpower	un dégraissage des effectifs

To make* sb redundant	licencier qqn (débaucher)
redundancy [rɪ'dʌndənsɪ]	le licenciement
to give* sb notice	donner à qqn un préavis de licenciement
a redundancy payment	une prime de licenciement
to lay* off workers	mettre des employés en chômage technique
there have been 300 lay-offs	300 travailleurs ont été mis en chômage technique
the company had to shed 100 workers	l'entreprise a dû se séparer de 100 employés

To dismiss sb to sack sb (parlé) BR to fire sb (parlé)	renvoyer qqn, congédier qqn
to be dismissed to get* the sack (parlé) to be sacked (parlé) BR to be fired	être renvoyé, être congédié
a dismissal [dɪs'mɪsəl]	un renvoi

To leave* one's job	quitter son emploi
to resign [rɪ'zaɪn]	démissionner
to hand in one's resignation	donner sa démission
to retire [rɪ'taɪə']	prendre sa retraite
early retirement	la préretraite
to take* early retirement	partir en préretraite
to pension sb off	mettre qqn à la retraite

To lose* one's job	perdre son emploi
jobless ['dʒɒblɪs]	sans emploi
the jobless	les sans-emploi
to be unemployed to be out of work	être au chômage

the unemployment figures	les chiffres du chômage
the unemployment figures have fallen	le nombre des demandeurs d'emploi a diminué
youth unemployment	le chômage des jeunes
to be on short-time	être en chômage partiel
an unemployed person	un(e) chômeur (-euse)

the long-term unemployed (plur.)	les chômeurs de longue durée
BR a job centre BR an employment office AM an Employment Service	≈ une Agence Nationale pour l'Emploi, une ANPE
a job creation scheme	un plan de création d'emplois
odd jobs	les petits boulots

 INDUSTRIAL RELATIONS : LES RELATIONS SOCIALES

Management and labour management and unions	les partenaires sociaux
employers [ɪm'plɔɪə'z] (plur.)	le patronat
trade(s) unionism	le syndicalisme
BR a trade(s) union BR a union ['juːnjən] AM a labor union	un syndicat (d'ouvriers)
a union branch AM a union lodge AM a union local	une section syndicale
a union member	un(e) syndiqué(e)
a union official BR a trade(s) unionist	un(e) syndicaliste
BR a shop steward	un(e) délégué(e) syndical(e)
BR unionized labour AM unionized labor	la main-d'œuvre syndiquée
the union dues (plur.) the union subscription	la cotisation syndicale
the works council the works committee	le comité d'entreprise
a joint committee	une commission paritaire
BR labour unrest AM labor unrest	l'agitation sociale
BR an industrial dispute AM a labor dispute	un conflit social
to be in dispute with sb	être en conflit avec qqn
a grievance ['griːvəns]	un grief
to be understaffed	manquer de personnel
a breach of contract	une rupture de contrat
a wage demand BR a wage claim	une revendication salariale
to demand sth	exiger qqch.
to claim sth	revendiquer qqch.
to go* to arbitration	recourir à l'arbitrage
to arbitrate ['ɑːbɪtreɪt]	arbitrer

to reach (a) deadlock	aboutir à une impasse
to break* off negotiations	rompre les négociations
an industrial tribunal	≈ un conseil de prud'hommes
A strike [straɪk]	une grève
the right to strike	le droit de grève
a strike call	un ordre de grève
the strike committee	le comité de grève
to give* notice of strike action	déposer un préavis de grève
to go* on strike to take* industrial action BR to come* out on strike	se mettre en grève
to be on strike to be striking	être en grève, faire grève
a striker ['straɪkə']	un(e) gréviste
the striking workers	les ouvriers en grève
A general strike an all-out strike	une grève générale
an unofficial strike a wildcat strike	une grève sauvage
BR a go-slow [gəʊ'sləʊ] AM a slowdown ['sləʊ.daʊn]	une grève perlée
BR to go* slow AM to slow down	faire une grève perlée
a sit-down strike	une grève sur le tas
BR a strike by rota AM a staggered strike	une grève tournante
a work-to-rule	une grève du zèle
to work to rule	faire la grève du zèle
a sympathy strike	une grève de solidarité
a lightning strike	une grève surprise
a lockout ['lɒkaʊt]	un lock-out, une grève patronale
a stoppage ['stɒpɪdʒ]	un débrayage, un arrêt de travail

To black a ship/a consignment	boycotter un cargo/un chargement
a **picket** ['pɪkɪt]	un piquet de grève
to **picket a factory**	mettre un piquet de grève devant une usine
to **cross the picket line**	traverser un piquet de grève
a **strikebreaker**	un briseur de grève
a **blackleg** ['blækleg] (parlé)	un jaune
a **scab** [skæb] (parlé)	

A **settlement** ['setlmənt]	un accord
a **pay settlement**	un accord salarial
an **incentive bonus** an **incentive payment**	une prime d'encouragement
a **productivity bonus**	une prime de rendement
to **resume work**	reprendre le travail

REMARQUE : En Grande-Bretagne, **the Trades Union Congress** (abr. TUC) est une importante confédération de syndicats.

5 **AT THE OFFICE** : AU BUREAU

To be at work	être à son travail
BR a **clerk** [klɑːk] AM a **clerk** [klɜːrk] an **office worker**	un employé de bureau
clerical staff	les employés de bureau
a **secretary** ['sekrətrɪ]	un(e) secrétaire
a **personal assistant** (abr. PA)	une assistante
an **executive secretary**	une secrétaire de direction
the **reception desk**	la réception
a **receptionist** [rɪ'sepʃənɪst]	un(e) réceptionniste

A **typist** ['taɪpɪst]	une dactylo
BR a **shorthand typist** AM a **stenographer** [ste'nɒɡrəfər]	une sténodactylo
BR **shorthand** ['ʃɔːthænd] AM **stenography** [ste'nɒɡrəfɪ]	la sténographie
the **typing pool**	le pool des dactylos

Office equipment	l'équipement de bureau
office automation	la bureautique
a **typewriter** ['taɪp.raɪtə]	une machine à écrire
to **type** [taɪp]	taper à la machine
word processing	le traitement de texte
a **word-processing package**	un traitement de texte (logiciel)
a **word processor**	une machine à traitement de texte
a **computer** [kəm'pjuːtər]	un ordinateur
a **calculator** ['kælkjuleɪtər]	une calculatrice

a **photocopier** ['fəʊtəʊ.kɒpɪər]	une photocopieuse
to **photocopy sth**	photocopier qqch.
a **photocopy** ['fəʊtəʊ.kɒpɪ]	une photocopie
the **fax machine**	le télécopieur
a **fax** [fæks]	une télécopie
to **fax a message** to sb	faxer un message à qqn
a **dictaphone®** ['dɪktəfəʊn] a **dictating machine**	un dictaphone®
to **dictate sth** to sb	dicter qqch. à qqn

A **desk** [desk]	un bureau (meuble)
a **filing cabinet**	un classeur (meuble)
a **folder** ['fəʊldər]	une chemise
a **file** [faɪl]	un dossier
to **file sth**	classer qqch.
a **memo(randum)**	une note de service
headed paper	le papier à en-tête
to **sign one's mail**	signer le courrier
to **send* a telex**	envoyer un télex
a **telephone message**	un message téléphonique
a **pigeonhole** ['pɪdʒɪn.həʊl]	un casier (pour courrier)

Office hours	les heures de bureau
to **make* an appointment** with sb/for sb	prendre un rendez-vous avec qqn/pour qqn
to **put* sth in one's diary**	noter qqch. dans son agenda
a **business lunch**	un déjeuner d'affaires
a **business contact**	une relation d'affaires

23 LEISURE AND SPORTS :
LES LOISIRS ET LES SPORTS

 LEISURE AND HOBBIES : LES LOISIRS ET LES PASSE-TEMPS

Leisure ['leʒəʳ] **spare time**	le temps libre
in my leisure time **in my free time** **in my spare time**	pendant mes heures de loisir
leisure activities **spare-time activities**	les loisirs (activités)
to devote one's leisure time to sth	consacrer ses loisirs à qqch.
a pastime ['pɑːstaɪm]	un passe-temps
a hobby ['hɒbɪ]	un violon d'Ingres
To enjoy o.s.	s'amuser
to have a good time	bien s'amuser
to amuse o.s. doing sth	s'amuser à faire qqch.
entertainment [ˌentə'teɪnmənt] (n.c. sing.) **distractions** [dɪs'trækʃənz]	les distractions
entertaining [ˌentə'teɪnɪŋ]	distrayant
to relax [rɪ'læks]	se détendre
relaxing [rɪ'læksɪŋ]	délassant
relaxation [ˌriːlæk'seɪʃən]	la détente
To collect stamps/coins	collectionner les timbres/des pièces
a stamp/butterfly collection	une collection de timbres/de papillons
a collector [kə'lektəʳ]	un(e) collectionneur (-euse)

numismatics [ˌnjuːmɪz'mætɪks] (sing.) **coin collecting**	la numismatique
philately [fɪ'lætəlɪ] **stamp collecting**	la philatélie
BR **to swop** sth *for* sth BR **to swap** sth *for* sth AM **to trade** sth *for* sth	échanger qqch. *contre* *qqch.*
Outdoor games	les jeux de plein air
a fair [fɛəʳ]	une foire
the fairground	le champ de foire
a funfair ['fʌnfɛəʳ]	une fête foraine
BR **a merry-go-round** BR **roundabout** ['raʊndəbaʊt] AM **carousel** [ˌkæruː'sel]	un manège, un carrousel
BR **the dodgems** ['dɒdʒəmz] BR **the dodgem cars** AM **the bumper cars**	les autos tamponneuses
BR **the big wheel** AM **the Ferris wheel** ['ferɪswiːl]	la grande roue
BR **the big dipper** (sing.) BR **the scenic railway** (sing.) BR **the switchback** ['swɪtʃbæk] (sing.) AM **the roller coaster** (sing.)	les montagnes russes
Aunt Sally	le jeu de massacre
a shooting range	un stand de tir

 CHILDREN'S GAMES : LES JEUX POUR ENFANTS

A game [geɪm]	un jeu
the rules of the game	les règles du jeu
That's not fair ! **That's against the rules !**	Ce n'est pas de jeu !
to play *with* sth/sb [pleɪ]	jouer *avec* qqch./qqn
It's you to go **it's your go**	C'est à toi, C'est ton tour
Well played !	Bien joué !
Dare you !	Chiche !

To play hide-and-seek	jouer à cache-cache
to play blind man's buff	jouer à colin-maillard
to play hopscotch	jouer à la marelle
to play at leapfrog	jouer à saute-mouton
to skip [skɪp]	sauter à la corde
BR **a skipping rope** AM **a jumping rope**	une corde à sauter

A kite [kaɪt] — un cerf-volant

BR **a catapult** ['kætəpʌlt] — un lance-pierre(s)
AM **a slingshot**

a ball [bɔ:l] — un ballon, une balle

a balloon [bə'lu:n] — un ballon de baudruche

to blow* up a balloon — gonfler un ballon

a scooter ['sku:tər] — une trottinette

a seesaw ['si:sɔ:] — une bascule

a climbing frame — une cage à poules

a swing [swɪŋ] — une balançoire

a slide [slaɪd] — un toboggan

a rocking horse — un cheval à bascule

A toy [tɔɪ] — un jouet

a soft toy — une peluche
BR **a fluffy toy**

a teddy (bear) — un ours en peluche

a doll [dɒl] — une poupée

a box of bricks — un jeu de cubes

a (spinning) top — une toupie

a building set — un jeu de construction

BR **a Meccano® set** — un meccano
AM **an erector set**

A small scale model — un modèle réduit, une maquette

the scale model of an aeroplane — un avion modèle réduit

a toy train — un petit train, un train électrique

a toy house — une maison miniature

toy soldiers
tin soldiers — les soldats de plomb

To play at make-believe — jouer à faire semblant

to dress up *as* — se déguiser *en*

a mask [mɑ:sk] — un masque

a nurse's/a Red Indian outfit — une panoplie d'infirmière/d'Indien

a puppet ['pʌpɪt] — une marionnette

a puppet show — un spectacle de marionnettes

a Punch and Judy show — ≈ un spectacle de Guignol

BR **a colouring book** — un album à colorier
AM **a coloring book**

marbles ['mɑ:blz] — les billes

modelling clay
plasticine® ['plæstɪsi:n] — la pâte à modeler

INDOOR GAMES : LES JEUX D'INTÉRIEUR

Parlour games — les jeux de société

a quiz game — un jeu-concours
a competition [ˌkɒmpɪ'tɪʃən]

a video game — un jeu vidéo

an electronic game — un jeu électronique

BR **an amusement arcade** — une galerie de jeux (vidéo)
AM **a video arcade**

Chess [tʃes] (sing.) — les échecs

a chessboard ['tʃes.bɔ:d] — un échiquier

a piece [pi:s] — une pièce

the chessmen — les pièces

the queen [kwi:n] — la reine

the king [kɪŋ] — le roi

a bishop ['bɪʃəp] — un fou

a castle ['kɑ:sl] — une tour
a rook [rʊk]

a knight [naɪt] — un cavalier

a pawn [pɔ:n] — un pion

A move [mu:v] — un coup

to move — bouger, déplacer

to take* a piece — prendre une pièce

a gambit ['gæmbɪt] — un gambit

stalemate ['steɪlmeɪt] — le pat

checkmate [tʃekmeɪt] — échec et mat

BR **draughts** ['drɑ:fts] (sing.) — le jeu de dames
AM **checkers** ['tʃekəz] (sing.)

BR **a draughtboard** ['drɑ:ft.bɔ:d] — un damier
AM **a checkerboard** ['tʃekə.bɔ:d]

A die [daɪ] (plur. dice) — un dé

to throw* the dice
to roll the dice — jeter les dés

a dice cup — un gobelet à dés

dominoes ['dɒmɪnəʊz] (sing.) — le jeu de dominos (activité)

a domino set — un jeu de dominos (matériel)

backgammon ['bæk.gæmən]	le trictrac, le jacquet	**a puzzle** ['pʌzl] **a jigsaw (puzzle)**	un puzzle
ludo ['luːdəʊ]	le jeu des petits chevaux	**to solve a puzzle/a crossword (puzzle)**	finir un puzzle/des mots croisés
Monopoly® [mə'nɒpəlɪ]	le Monopoly®		
Scrabble® ['skræbl]	le Scrabble®	**C**harades [ʃə'rɑːdz]	les charades
a forfeit ['fɔːfɪt]	un gage	**a riddle** ['rɪdl]	une énigme, une devinette
BR **noughts and crosses** AM **tick-tack-toe** [.tɪktæk'təʊ]	≈ le morpion	**to play at (asking) riddles**	jouer aux devinettes
rebus ['riːbəs]	un rébus	**to guess** [ges]	deviner
a crossword puzzle	une grille de mots croisés	**to guess right** **to guess correctly**	deviner juste
to do* crosswords	faire des mots croisés		
a crossword puzzle enthusiast	un(e) cruciverbiste	**to give* in** **to give* up**	donner sa langue au chat

GAMES OF CHANCE AND GAMES OF SKILL : LES JEUX DE HASARD ET LES JEUX D'ADRESSE

A playing card	une carte à jouer	**to take* a trick**	faire une levée
BR **a pack of cards** AM **a deck of cards**	un jeu de cartes (paquet)	**a trump** [trʌmp]	un atout
a card game	un jeu de cartes (activité)	**to play a trump**	jouer atout
		hearts are trumps	c'est atout cœur
a suit [suːt]	une couleur		
spades [speɪdz]	pique	BR **to play patience** AM **to play solitaire**	faire une réussite
hearts [hɑːts]	cœur	**blackjack** ['blækdʒæk]	le black jack
diamonds ['daɪəməndz]	carreau	BR **pontoon** [pɒn'tuːn] AM **twenty-one** ['twentɪwʌn]	le vingt-et-un
clubs [klʌbz]	trèfle		
the ace [eɪs]	l'as		
the king [kɪŋ]	le roi	**G**ambling ['gæmblɪŋ]	les jeux d'argent
the queen [kwiːn]	la dame, la reine	**to gamble** ['gæmbl]	jouer (de l'argent)
the jack [dʒæk] **the knave** [neɪv]	le valet	**a gambler** ['gæmblə']	un(e) joueur (-euse)
a joker ['dʒəʊkə']	un joker	**a big-time gambler**	un flambeur
		a casino [kə'siːnəʊ]	un casino
To play cards	jouer aux cartes	**a gambling club**	une maison de jeu
to play bridge/whist	jouer au bridge/au whist	**a croupier** ['kruːpɪeɪ]	un croupier
to have a game of	faire une partie de		
rummy ['rʌmɪ]	le rami	**R**oulette [ruː'let]	la roulette
poker ['pəʊkə']	le poker	**to play (at) boule**	jouer à la boule
		a chip [tʃɪp]	un jeton, une plaque
To shuffle the cards	battre les cartes	**a stake** [steɪk] **a bet** [bet]	une mise
to cut* the cards	couper le jeu	**to stake 100 F** *on* **to bet* 100 F** *on*	miser 100 F *sur*
to deal* the cards	donner les cartes		
the dealer ['diːlə']	le donneur	**to play for high stakes**	jouer gros jeu
to have a good hand	avoir du jeu	**to break* the bank**	faire sauter la banque

Lotto [ˈlɒtəʊ]　　　le loto (joué avec des pions)

to toss a coin　　　jouer à pile ou face

Heads or tails ?　　　Pile ou face ?

let's toss for it　　　on le joue à pile ou face

a one-arm(ed) bandit　　　une machine à sous
BR a fruit machine

to win* the jackpot　　　gagner le gros lot
to hit* the jackpot

BR billiards [ˈbɪljədz]　　　le billard
(sing.)
AM pool [puːl]

BR to play a game of　　　faire une partie de
billiards　　　billard
AM to play a game of
pool

BR a billiard table　　　un billard
AM a pool table

bowls [bəʊlz]　　　le jeu de boules, les boules

the jack [dʒæk]　　　le cochonnet

(tenpin) bowling　　　le bowling

croquet [ˈkrəʊkeɪ]　　　le croquet

knucklebones　　　les osselets
[ˈnʌklbəʊnz]

skittles [ˈskɪtlz]　　　le jeu de quilles, les quilles

darts [dɑːts]　　　les fléchettes

to hit* the bull's eye　　　mettre dans le mille

⑤ **SPORTS** : LE SPORT

A sportsman (fém. a sportswoman) [ˈspɔːtsmən]　　　un(e) sportif (-ive)

an athlete [ˈæθliːt]　　　un(e) athlète

amateur [ˈæmətəʳ]　　　amateur (équipe, sport)

professional [prəˈfeʃənl]　　　professionnel (équipe, sport)

To practice a sport　　　pratiquer un sport
to do* a sport　　　faire un sport

training [ˈtreɪnɪŋ]　　　l'entraînement

a practice [ˈpræktɪs]　　　une séance
a training session　　　d'entraînement

to train sb　　　entraîner qqn
to coach sb

to get* in training　　　s'entraîner pour qqch.
for sth
to train for sth

a coach [kəʊtʃ]　　　un entraîneur
a trainer [ˈtreɪnəʳ]

To be fit　　　être en forme
to be on form

on top form　　　en grande forme

to be out of form　　　ne pas être en forme
to be off form

to be fond of sports　　　être sportif (aimer le sport)
to be sporty (parlé)

to be athletic　　　être sportif (être doué pour le sport)

A competitive sport　　　un sport de compétition

to go* in for　　　faire de la compétition
competitive sport

a competitor　　　un(e) concurrent(e)
[kəmˈpetɪtəʳ]

to compete for　　　concourir pour
sth/against sb　　　qqch./contre qqn
[kəmˈpiːt]

to qualify for [ˈkwɒlɪfaɪ]　　　se qualifier pour

the heats [hiːts]　　　les éliminatoires

The Olympic Games　　　les Jeux olympiques
the Olympics
[əʊˈlɪmpɪks]

a tournament　　　un tournoi
[ˈtʊənəmənt]

a meeting [ˈmiːtɪŋ]　　　une rencontre

the championship　　　le championnat
[ˈtʃæmpjənʃɪp]

the champion　　　le (la) champion(ne)
[ˈtʃæmpjən]

the final [ˈfaɪnl]　　　la finale

the semi-final　　　la demi-finale

a quarter final　　　un quart de finale

the cup [kʌp]　　　la coupe

BR the cup final　　　la finale de la coupe

A sports event　　　une épreuve sportive,
a sporting event　　　une compétition sportive

a match [mætʃ]　　　un match

BR a test match　　　≈ un match
international (au cricket, au rugby)

a return match　　　un match retour, une revanche

an away match/a home match	un match à l'extérieur/à domicile	a sports field a sports ground	un terrain de sports
a friendly match	un match amical	a gym(nasium) [dʒɪm(ˈneɪzɪəm)]	un gymnase
The referee [ˌrefəˈriː]	l'arbitre (au football, au rugby, en boxe)	the changing rooms	les vestiaires
to referee [ˌrefəˈriː]	arbitrer	the stadium [ˈsteɪdɪəm]	le stade
the umpire [ˈʌmpaɪəʳ]	l'arbitre (au tennis, en hockey, au cricket)	BR the terraces [ˈterəsɪz] AM the bleachers [ˈbliːtʃəz]	les gradins
to umpire	arbitrer		
		the grandstand [ˈɡrænˌstænd]	la tribune d'honneur
A club [klʌb]	un club	the track [træk]	la piste
a tracksuit [ˈtræksuːt]	un survêtement		

6 INDIVIDUAL SPORTS : LES SPORTS INDIVIDUELS

Athletics [æθˈletɪks] (sing.)	l'athlétisme	a body builder	un(e) culturiste
BR an athletics meeting AM a track meet	une rencontre d'athlétisme	weightlifting [ˈweɪtˌlɪftɪŋ]	l'haltérophilie
running [ˈrʌnɪŋ]	la course à pied (sport)	a weightlifter [ˈweɪtˌlɪftə]	un(e) haltérophile
a race [reɪs]	une course	**W**alking [ˈwɔːkɪŋ]	la marche
to run* [rʌn] to go* running	courir	rambling [ˈræmblɪŋ]	la randonnée (en général)
to run* a race	participer à une course	to go* rambling	faire de la randonnée
		hiking [ˈhaɪkɪŋ]	la randonnée (sur parcours difficiles)
Long-/middle-distance running	la course de fond/de demi-fond	to go* hiking	faire de la randonnée
cross-country (running)	le cross	a rucksack [ˈrʌksæk] a haversack [ˈhævəsæk]	un sac à dos
the 100-metre hurdles	le 100 mètres haies		
a relay race	une course de relais	**M**ountaineering [ˌmaʊntɪˈnɪərɪŋ]	l'alpinisme
a marathon [ˈmærəθən]	un marathon	a mountaineer [ˌmaʊntɪˈnɪəʳ]	un(e) alpiniste
to jog [dʒɒɡ] to go* jogging	faire du jogging	rock-climbing	l'escalade, la varappe
a runner [ˈrʌnəʳ]	un(e) coureur (-euse)	an ascent [əˈsent]	une ascension
a stopwatch	un chronomètre	to climb [klaɪm]	grimper, escalader
		a climber [ˈklaɪməʳ]	un(e) grimpeur (-euse), un(e) varappeur (-euse)
Shot putting	le lancer du poids		
to throw* the discus/the javelin	lancer le disque/le javelot	a guide [ɡaɪd]	un guide
BR the long jump AM the broad jump	le saut en longueur	a rope [rəʊp] a roped party	une cordée
the high jump	le saut en hauteur		
pole vaulting	le saut à la perche	**H**ang-gliding [ˈhæŋˌɡlaɪdɪŋ]	le deltaplane, le vol libre
A gymnast [ˈdʒɪmnæst]	un(e) gymnaste	a hang-glider [ˈhæŋˌɡlaɪdə]	un deltaplane (appareil)
gymnastics [dʒɪmˈnæstɪks] (sing.)	la gymnastique	a hang-glider	un(e) libériste
body building	le culturisme	paragliding [ˈpærəˌɡlaɪdɪŋ]	le parapente

parascending ['pærə.sendɪŋ] — le parachutisme ascensionnel

bungee jumping — le saut à l'élastique

Tennis ['tenɪs] — le tennis

a tennis player — un(e) joueur (-euse) de tennis

a racket ['rækɪt] — une raquette

the net [net] — le filet

the court [kɔːt] — le court

to bounce [bauns] — rebondir

A backhand (shot) — un revers

a forehand (shot) — un coup droit

a serve [sɜːv] — un service
a service ['sɜːvɪs]

to serve — servir

a rally ['rælɪ] — un échange

the set/match point — la balle de set/match

a ladies' singles/doubles (plur.) — un simple/double dames

on grass/clay — sur gazon/terre battue

Badminton ['bædmɪntən] — le badminton

squash [skwɒʃ] — le squash

table tennis — le tennis de table

ping pong — le ping-pong

golf [gɒlf] — le golf

a golf course — un (terrain de) golf

a golf ball/club — une balle/un club de golf

the tee [tiː] — le tee

a hole [həʊl] — un trou

Cycling ['saɪklɪŋ] — le cyclisme

a cycle race — une course cycliste

a racing cyclist — un(e) coureur (-euse) cycliste

a bicycle ['baɪsɪkl] — une bicyclette

a bike [baɪk] — un vélo

a mountain bike — un vélo tout terrain, un VTT

Motor racing — la course automobile

a racing driver — un pilote de course

Formula One — la formule1

motor cycle racing — les courses de moto

a motorbike ['məʊtə.baɪk] — une moto

karting ['kɑːtɪŋ] — le karting

a go-kart ['gəʊkɑːt] — un kart

roller skates — les patins à roulettes

to roller-skate ['rəʊləskeɪt] — faire du patin à roulettes
to go* roller-skating

Horse-riding [hɔːraɪdɪŋ] — l'équitation

to go* horse-riding — monter à cheval, faire de l'équitation

to ride* a horse — monter un cheval

to mount a horse — monter sur un cheval

to dismount [dɪs'maʊnt] — descendre de cheval

on horseback — à cheval

a rider ['raɪdə'] — un(e) cavalier (-ière)

to gallop ['gæləp] — galoper

to trot [trɒt] — trotter

at a gallop/a trot — au galop/trot

to canter ['kæntə'] — aller au petit galop

to walk one's horse — mettre son cheval au pas

A riding hat — une bombe

the (riding) crop — la cravache

the saddle ['sædl] — la selle

the spurs [spɜː'z] — les éperons

the bit [bɪt] — le mors

the reins [reɪnz] — les rênes

the bridle ['braɪdl] — la bride

a stirrup ['stɪrəp] — un étrier

Show jumping (n.c.) — le concours hippique (activité)

a horse show — un concours hippique (épreuve)

a horse race — une course de chevaux

a racehorse ['reɪs.hɔːs] — un cheval de course

a stable ['steɪbl] — une écurie

a jockey ['dʒɒkɪ] — un jockey

BR **the racecourse** ['reɪskɔːs] — l'hippodrome, le champ de courses
AM **the racetrack** ['reɪstræk]

to go* to the races — aller aux courses

a racegoer — un(e) turfiste

to bet* on the horses — jouer aux courses

the odds [ɒdz] (plur.) — la cote

the odds on Omar are 5 to 1 — Omar est à 5 contre 1

the start [stɑːt] — le départ

the finish ['fɪnɪʃ] — l'arrivée

Fencing [ˈfensɪŋ] — l'escrime
to fence [fens] — faire de l'escrime
an épée [ˈɛpeɪ] — une épée
a foil [fɔɪl] — un fleuret
archery [ˈɑːtʃərɪ] — le tir à l'arc
an archer [ˈɑːtʃəʳ]
a bowman — un archer
a bow [bəʊ] — un arc
an arrow [ˈærəʊ] — une flèche
to hit the target — atteindre la cible

Combat sports — les sports de combat
martial arts — les arts martiaux

wrestling [ˈreslɪŋ] — la lutte
judo [ˈdʒuːdəʊ] — le judo
karate [kəˈrɑːtɪ] — le karaté
boxing [ˈbɒksɪŋ] — la boxe
a boxer [ˈbɒksəʳ] — un boxeur
to throw* in the towel — jeter l'éponge
a knock out — un knock-out, un k.-o.
to knock sb out — mettre qqn k.-o.
to be knocked down
to go* down for the count — aller au tapis
the (boxing) ring — le ring
boxing gloves — les gants de boxe

7 TEAM SPORTS : LES SPORTS D'ÉQUIPE

A team [tiːm] — une équipe
a team-mate — un(e) coéquipier (-ière)
an opponent [əˈpəʊnənt] — un(e) adversaire
a partner [ˈpɑːtnəʳ] — un(e) partenaire
the players [ˈpleɪəz] — les joueurs (-euses)

A ball [bɔːl] — une balle, un ballon
the pitch [pɪtʃ]
the field [fiːld] — le terrain (de football, de rugby)
a tennis/hockey match — un match de tennis/de hockey
volleyball [ˈvɒlɪbɔːl] — le volley-ball
basketball [ˈbɑːskɪtbɔːl] — le basket-ball
handball [ˈhændbɔːl] — le hand-ball

Football [ˈfʊtbɔːl]
soccer [ˈsɒkəʳ] — le football
BR **American football**
AM **football** [ˈfʊtbɔːl] — le football américain
a football [ˈfʊtbɔːl] — un ballon de football
a soccer player
a football player — un(e) footballeur (-euse)
a goal [gəʊl] — un but
the goalkeeper — le gardien de but, le goal
to score a goal — marquer un but
a goal post — un poteau de but
a striker [ˈstraɪkəʳ] — un buteur
offside [ˈɒfˈsaɪd] — hors jeu

Rugby (football)
rugger [ˈrʌgəʳ] (parlé) — le rugby
rugby union/league — le rugby à quinze/à treize

a rugby ball — un ballon de rugby
a rugby player — un(e) joueur (-euse) de rugby
to score a try — marquer un essai
to convert a try — transformer un essai
the scrum [skrʌm] — la mêlée
the backs [ˈbæks] — les arrières
the forwards [ˈfɔːwədz] — les avants

To kick (the ball)
to strike* the ball — frapper le ballon
a kick [kɪk] — un coup de pied
a penalty (kick) — un coup de pied de pénalité
a free kick — un coup franc
to blow* the whistle — siffler (arbitre)
a half [hɑːf] — une mi-temps (période de jeu)
half-time — la mi-temps (repos)

BR hockey [ˈhɒkɪ]
AM field hockey — le hockey sur gazon
BR ice hockey
AM hockey — le hockey sur glace
a hockey stick — une crosse de hockey
baseball [ˈbeɪsbɔːl] — le base-ball
BR a baseball game
AM a ball game — un match de base-ball
cricket [ˈkrɪkɪt] — le cricket
the bowler [ˈbəʊləʳ] — le lanceur
a bat [bæt] — une batte
the batsman — le batteur
the wicket [ˈwɪkɪt] — le guichet

WINTER AND WATER SPORTS :
LES SPORTS D'HIVER ET LES SPORTS NAUTIQUES

Skiing [ˈskiːɪŋ]	le ski (activité)
to ski [skiː] **to go* skiing**	faire du ski
alpine/downhill skiing	le ski alpin/de descente
a downhill race	une (épreuve de) descente
the slalom [ˈslɑːləm]	le slalom
cross-country skiing AM **ski-touring**	le ski de fond
snowboarding [ˈsnəʊ·bɔːdɪŋ]	le surf des neiges
monoski [ˈmɒnəʊ·skiː]	le monoski
ski jumping	le saut en skis
a skier [ˈskiːə^r]	un(e) skieur (-euse)
A ski [skiː]	un ski
sticks [stɪks]	les bâtons
(safety) bindings	les fixations (de sécurité)
a ski run **a piste**	une piste de ski
the nursery slopes	les pistes pour débutants
a skilift	un remonte-pente
a cablecar	un téléphérique
a ski tow	un téléski
BR **a sledge** [sledʒ] AM **a sled** [sled]	une luge
BR **to sledge** AM **to sled**	faire de la luge
(ice-)skating	le patinage (sur glace)
to ice-skate **to go* ice-skating**	patiner
skates [skeɪts]	les patins
an ice rink	une patinoire
To swim* [swɪm]	nager
to go* for a swim	aller se baigner
the (swimming) pool	la piscine
breaststroke [ˈbrest·strəʊk]	la brasse
crawl [krɔːl]	le crawl
butterfly stroke	la brasse papillon
backstroke [ˈbæk·strəʊk]	le dos crawlé
the diving board	le plongeoir

to dive⁽¹⁾ [daɪv]	plonger
(1) ATTENTION prétérit BR **dived** ; AM **dove**	
windsurfing [ˈwɪndsɜːfɪŋ] **sailboarding** [ˈseɪl·bɔːdɪŋ]	la planche à voile (activité)
a windsurfer [ˈwɪndsɜːfə^r] **a sailboarder** [ˈseɪl·bɔːdə^r]	un(e) véliplanchiste
to windsurf [ˈwɪndsɜːf] **to go* windsurfing** **to sailboard** [ˈseɪl·bɔːd] **to go* sailboarding**	faire de la planche à voile
a windsurfer **a sailboard**	une planche à voile
Water-skiing [ˈwɔːtə^r·skiːɪŋ]	le ski nautique
to water-ski [ˈwɔːtə^r·skiː] **to go* water-skiing**	faire du ski nautique
surfing [ˈsɜːfɪŋ]	le surf (activité)
to surf [sɜːf] **to go* surfing**	faire du surf
a surfer	un(e) surfeur (-euse)
a surfboard	une planche de surf
skin diving	la plongée sous-marine
to go* skin diving	faire de la plongée sous-marine
Canoeing [kəˈnuːɪŋ]	le canoë-kayak (activité)
a canoe [kəˈnuː]	un canoë, un kayak
to canoe **to go* canoeing**	faire du canoë, faire du kayak
to row [rəʊ] **to scull** [skʌl]	ramer
rowing [ˈrəʊɪŋ]	l'aviron (activité)
an oar [ɔː^r] **a scull**	une rame, un aviron
sailing [ˈseɪlɪŋ]	la voile (activité)
to sail [seɪl] **to go* sailing**	faire de la voile
a yacht [jɒt]	un yacht
yachting [ˈjɒtɪŋ]	la navigation de plaisance
a regatta [rɪˈgætə]	une régate

HUNTING AND FISHING : LA CHASSE ET LA PÊCHE

Fishing [ˈfɪʃɪŋ]	la pêche
to fish [fɪʃ]	pêcher
to go* fishing	
a fisherman [ˈfɪʃəmən]	un pêcheur
angling [ˈæŋglɪŋ]	la pêche à la ligne
to go* angling	pêcher à la ligne
an angler [ˈæŋgləʳ]	un pêcheur à la ligne
a target [ˈtɑːgɪt]	une cible

Fishing tackle	l'attirail de pêche
a (fishing) rod	une canne à pêche
a float [fləʊt]	un bouchon
the line [laɪn]	la ligne
a hook [hʊk]	un hameçon
the bait [beɪt]	l'appât
fly/spoon(bait) fishing	la pêche à la mouche/ à la cuiller

To cast* [kɑːst]	lancer
to bite* [baɪt]	mordre
to rise* (to bait)	
to strike* [straɪk]	ferrer
to catch* [kætʃ]	prendre, attraper
the catch	la prise
to land a catch	ramener une prise
a fishing net	un filet, une épuisette

BR **shooting** [ˈʃuːtɪŋ] AM **hunting** [ˈhʌntɪŋ]	la chasse
BR **to go* shooting** AM **to go* hunting**	chasser, aller à la chasse
BR **hunting** [ˈhʌntɪŋ]	la chasse à courre
a hunter [ˈhʌntəʳ]	un chasseur (en général)
a hunter **a huntsman** [ˈhʌntsmən]	un chasseur (de chasse à courre)
a gamekeeper [ˈgeɪm.kiːpəʳ]	un garde-chasse

to poach [pəʊtʃ]	braconner
a poacher [ˈpəʊtʃəʳ]	un braconnier
a trap [træp]	un piège

A battue [bæˈtuː] **a beat** [biːt]	une battue
to drive* game	rabattre le gibier
to start a rabbit	lever un lapin
to load [ləʊd]	charger
to raise one's rifle	épauler
to aim at sth **to take* aim at sth**	viser qqch.
to pull the trigger	appuyer sur la détente
to fire [faɪəʳ]	faire feu
to shoot* at sth [ʃuːt]	tirer sur qqch.
to shoot* sth	tirer qqch., tuer qqch.
to be a good/bad shot	être bon/mauvais tireur, être un bon/mauvais fusil

The pack (of hounds)	la meute
game [geɪm]	le gibier
to bring* to bay	mettre aux abois
to sound the horn	sonner du cor
to lose* the scent	perdre la piste
to throw* dogs off the scent	dépister les chiens

A gamebag	une gibecière
to come* home with an empty bag	rentrer bredouille
to come* home empty-handed	
a cartridge belt	une cartouchière
clay-pigeon shooting **skeet shooting** **trapshooting** [ˈtræp.ʃuːtɪŋ]	le ball-trap

WINNING AND LOSING : LA VICTOIRE ET LA DÉFAITE

To win* [wɪn]	gagner
the winner [ˈwɪnəʳ]	le (la) gagnant(e)
to win* hands down **to win* in an armchair**	gagner haut la main
to beat* sb **to defeat sb**	battre qqn

to beat* sb 5-3	battre qqn 5 à 3
to beat* the pants off sb (parlé) **to thrash sb** (parlé) BR **to beat* sb hollow**	battre qqn à plates coutures
to lose* [luːz]	perdre

the loser [ˈluːzəʳ]	le (la) perdant(e)	**there is a tie for second place**	il y a deux ex æquo en seconde position
to be a good/bad loser	être bon/mauvais perdant	**"deuce"** [djuːs]	« égalité » (au tennis)
		a draw [drɔː]	un match nul
A point [pɔɪnt]	un point	**a tie** [taɪ]	
the score [skɔːʳ]	le score	**to draw***	faire match nul
the score was 3 to 2	le score était de 3 à 2	**to tie**	
the score was 4 all	le score était de 4 partout	**A record** *for* [rɪˈkɔːd]	un record *de*
		the world record	le record mondial
To be in the lead	mener, être en tête	**to break*/hold* the record**	battre/détenir le record
to have a lead over sb	avoir une avance sur qqn	**to mount the podium**	monter sur le podium
to come* in first/second	se classer premier/second	**a gold/silver/bronze medal**	une médaille d'or/d'argent/de bronze
the runner-up	le (la) second(e)	**to be disqualified**	être disqualifié
to tie with sb for first place	être premier ex æquo avec qqn	**to withdraw*** [wɪθˈdrɔː]	déclarer forfait

REMARQUES :

1 Contrairement au verbe jouer, **to play** est généralement transitif ; ex. : jouer au volley-ball/rugby = **to play volleyball/rugby** ; jouer aux échecs = **to play chess.**

2 Les verbes décrivant une activité sportive peuvent se traduire de plusieurs façons selon les contextes ; ex. : il court vite = **he is a fast runner, he runs fast** ; il court tous les samedis = **he runs every Saturday, he goes running every Saturday** ; il est allé courir = **he has gone for a run, he has gone running.**

NUTRITION : LA NUTRITION

The food business **the food trade**	l'alimentation (secteur commercial)
foodstuffs ['fu:d.stʌfs]	les denrées alimentaires
perishable foods	les denrées périssables
a food [fu:d]	un aliment
To feed* sb	nourrir qqn, donner à manger à qqn
to nourish sb *with sth*	nourrir qqn *de qqch.*
well-nourished	bien nourri
nourishing ['nʌrɪʃɪŋ]	nourrissant
Dietetics [.daɪə'tetɪks] (sing.)	la diététique
dietary ['daɪətərɪ]	diététique, de régime
a vegetarian [.vedʒɪ'tɛərɪən]	un(e) végétarien(ne)
a vegan ['vi:gən]	un(e) végétalien(ne)
nutritious [nju:'trɪʃəs]	nutritif
the food value in sth	la valeur nutritive de qqch.
the staple diet	l'alimentation de base
to eat* sensibly	avoir une alimentation équilibrée
proteins ['prəuti:nz]	les protéines
vitamins ['vɪtəmɪnz]	les vitamines
high-protein	riche en protéines
calories ['kælərɪz]	des calories
a low-/high-calorie diet	un régime hypocalorique/ hypercalorique
Wholesome ['həulsəm]	sain
unwholesome ['ʌn'həulsəm]	malsain

light [laɪt]	léger
heavy ['hevɪ]	lourd
it is off	ça s'est gâté
mouldy ['məuldɪ]	moisi
low-fat ['ləufæt]	allégé (beurre, fromage)
Digestion [dɪ'dʒestʃən]	la digestion
indigestion [.ɪndɪ'dʒestʃən] (n.c.)	l'indigestion
to have an attack of indigestion	avoir une indigestion
to digest [daɪ'dʒest]	digérer
digestible [dɪ'dʒestəbl]	digeste
indigestible [.ɪndɪ'dʒestəbl]	indigeste
eatable ['i:təbl]	mangeable
uneatable ['ʌn'i:təbl] **inedible** [ɪn'edɪbl]	immangeable
edible ['edɪbl]	comestible
inedible	non comestible
To feed* (o.s.) *on sth*	se nourrir *de qqch.*
to subsist [səb'sɪst]	subsister
a ration ['ræʃən]	une ration
undernourishment [.ʌndə'nʌrɪʃmənt]	la sous-alimentation
malnutrition [.mælnju'trɪʃən]	la malnutrition
a vitamin deficiency	une carence en vitamines
hunger ['hʌngəʳ]	la faim
to starve to death **to be starving**	mourir de faim
to die of starvation	mourir d'inanition

APPETITE : L'APPÉTIT

To eat* [i:t]	manger
to eat*/to drink* in moderation	manger/boire avec modération
to have an appetite	avoir de l'appétit

to have a healthy appetite	avoir un solide appétit
to have a hearty appetite	avoir bon appétit
to eat* heartily	manger à belles dents

to eat* like a horse	manger comme quatre
to be a big eater	être gros mangeur

To have a very small appetite	avoir un appétit d'oiseau
to eat* like a bird	
to be off one's food	manquer d'appétit
to lose* one's appetite	perdre l'appétit
to fast [fɑ:st]	jeûner
frugal ['fru:gəl]	frugal

To be hungry	avoir faim
to be famished	être affamé
to be ravenous	avoir une faim de loup
to eat* one's fill	manger à sa faim

Greedy ['gri:dɪ]	gourmand
greed [gri:d]	la gourmandise
gluttonous ['glʌtənəs]	glouton
gluttony ['glʌtənɪ]	la gloutonnerie
fastidious [fæs'tɪdɪəs] BR choosy ['tʃu:zɪ] AM picky ['pɪkɪ]	difficile (pour la nourriture)

To bite* (into) sth	mordre (dans) qqch.
to chew [tʃu:]	mastiquer, mâcher
to nibble ['nɪbl]	grignoter
to crunch [krʌntʃ]	croquer
to lick [lɪk]	lécher
to swallow ['swɒləʊ]	avaler
it went down the wrong way	j'ai avalé de travers

To tuck into a meal	attaquer un repas
to eat* sth up	finir (de manger) qqch.
to polish sth off	
to finish sth off	
a substantial meal	un repas copieux
filling ['fɪlɪŋ]	bourratif

to make* sb's mouth water	faire venir l'eau à la bouche de qqn
to gobble up	engloutir
to gulp down	
to wolf down	
to gorge o.s. with sth	se bourrer de qqch.
to stuff o.s. with sth (parlé)	se goinfrer de qqch.
he put away three steaks (parlé)	il a dévoré trois biftecks
I'm full!	J'ai trop mangé!
BR to savour sth AM to savor sth	savourer qqch.
to pick at one's food to nibble at one's food	manger du bout des dents, chipoter

It's nice/awful it tastes nice/awful	c'est bon/mauvais
appetizing ['æpɪtaɪzɪŋ]	appétissant
delicious [dɪ'lɪʃəs]	délicieux
a delicacy ['delɪkəsɪ]	un mets délicat
a gourmet ['gʊəmeɪ]	un gourmet
to treat o.s. to sth	s'offrir qqch., se payer qqch.
This is my treat!	C'est moi qui régale!

To drink* [drɪŋk]	boire
a drink	une boisson
thirst [θɜ:st]	la soif
to be thirsty	avoir soif
to make* sb thirsty	donner soif à qqn
to sip sth	boire qqch. à petits coups, siroter qqch.
to drink* sth up	finir (de boire) qqch.
to quench one's thirst	se désaltérer
to drain one's glass	vider son verre
to knock back a whisky (parlé)	s'envoyer un whisky
He is a heavy drinker	Il boit beaucoup, il boit trop

3 MEALS : LES REPAS

Breakfast ['brekfəst]	le petit déjeuner
to (have) breakfast	prendre le petit déjeuner
lunch [lʌntʃ]	le déjeuner
to have lunch	déjeuner
to lunch on sth to lunch off sth	déjeuner de qqch.

an afternoon snack	≈ un goûter
dinner ['dɪnər]	le dîner
to have dinner	dîner
to dine on sth to dine off sth	dîner de qqch.
supper ['sʌpər]	le souper

To be eating to be having a meal	être à table
to sit* down to a meal	se mettre à table
a snack [snæk]	un casse-croûte
a barbecue [ˈbɑːbɪkjuː]	un barbecue
a picnic [ˈpɪknɪk]	un pique-nique
a banquet [ˈbæŋkwɪt]	un banquet
a feast [fiːst]	un festin
a buffet lunch **a buffet supper**	un buffet
refreshments [rɪˈfreʃmənts]	les rafraîchissements
to keep* a good table	avoir une bonne table

A course [kɔːs] **a dish** [dɪʃ]	un plat(1)
appetizers [ˈæpɪtaɪzəz]	les amuse-gueule
a cracker [ˈkrækəʳ]	un cracker, un biscuit salé
an hors d'œuvre	un hors-d'œuvre
BR **a starter** BR **an entrée** AM **an appetizer**	une entrée
BR **the main course** AM **the entrée**	le plat de résistance
the fish/meat course	le plat de poisson/ de viande
a dessert [dɪˈzɜːt] **a pudding** [ˈpʊdɪŋ] BR **a sweet** [swiːt]	un dessert
a three-course meal	≈ un repas avec une entrée, un plat et un dessert

(1) ATTENTION FAUX AMI **a plate** = une assiette

What's for pudding ?	Qu'y a-t-il comme dessert ?
Dinner is ready ! **Lunch is ready !**	À table !
Let's eat !	Passons à table !
Enjoy your meal ! **Have a nice meal !**	Bon appétit !
What's for supper ?	Que mange-t-on ce soir ?
What will you have ?	Que prends-tu ?
as a first course, I'll **take ...**	comme entrée, je prendrai ...
BR **to lay* the table** AM **to set* the table**	mettre le couvert
to clear away **to clear the table**	débarrasser (la table)
to serve sb	servir qqn
to help o.s. *to sth*	se servir *de qqch.*

to dish sth out **to dish sth up**	servir qqch.
a helping [ˈhelpɪŋ] **a portion** [ˈpɔːʃən]	une portion (en général)
a serving [ˈsɜːvɪŋ]	une portion (en restauration)
to have a second **helping of sth**	reprendre de qqch.
to hand round a plate **of sth**	faire passer un plat de qqch.
to carve meat	découper la viande
to open a bottle **to uncork a bottle**	déboucher une bouteille
to seat the guests	placer les invités

A restaurant [ˈrestərɔːŋ]	un restaurant
to eat* out	aller au restaurant
a chef [ʃef]	un chef
BR **the head waiter** AM **the maître d'(hôtel)**	le maître d'hôtel
a waiter [ˈweɪtəʳ]	un garçon
a waitress [ˈweɪtrɪs]	une serveuse
the wine waiter	le sommelier
BR **to wait at table** AM **to wait table**	servir à table
the first/second sitting	le premier/second service
the menu [ˈmenjuː]	le menu, la carte
"today's special"	«le plat du jour»

A canteen [kænˈtiːn]	une cantine
a refectory [rɪˈfektərɪ]	un réfectoire
a cafeteria [ˌkæfɪˈtɪərɪə]	une cafétéria
a snack bar	un snack-bar
fast food	la restauration rapide, le prêt-à-manger
a fast-food restaurant **a burger place** (parlé)	un restaurant rapide, un fast-food
a café [ˈkæfeɪ] AM **a diner** [ˈdaɪnəʳ]	un café
BR **a takeaway** [ˈteɪkəweɪ] AM **a takeout** [ˈteɪkaʊt]	un plat à emporter
BR **a hamburger to** **take out** AM **a hamburger to go**	un hamburger à emporter

4 MEAT AND POULTRY : LA VIANDE ET LA VOLAILLE

Beef [biːf] — le bœuf
veal [viːl] — le veau
mutton ['mʌtn] — le mouton
lamb [læm] — l'agneau
pork [pɔːk] — le porc
venison ['venɪsən] — la venaison

A cut of meat — un morceau de viande
BR **a joint** [dʒɔɪnt] — un rôti
BR **a roast** [rəust]
roast beef/pork/veal (n.c.) — le rôti de bœuf/de porc/de veau
a slice off the joint — une tranche de rôti
a leg of lamb — un gigot
a chop [tʃɒp] — une côtelette (de porc, d'agneau)
a cutlet ['kʌtlɪt] — une côtelette (de veau, d'agneau)
a mutton chop — une côte de mouton
a rib of beef — une côte de bœuf
a loin chop — une côte première
an escalope ['eskə.lɒp] — une escalope
BR **fillet steak** — le filet de bœuf
AM **tenderloin**
a steak [steɪk] — un bifteck, un steak
a grill [grɪl] — une grillade
loin of pork — l'échine de porc
brisket ['brɪskɪt] — la poitrine de bœuf
sirloin ['sɜːlɔɪn] — l'aloyau
saddle of lamb — la selle d'agneau
a marrowbone ['mærəu.bəun] — un os à moelle

Offal ['ɒfəl] (n.c. sing.) — les abats
liver ['lɪvəʳ] — le foie
kidneys ['kɪdnɪz] — les rognons
ox tongue — la langue de bœuf
oxtail ['ɒks.teɪl] — la queue de bœuf
trotters ['trɒtəʳz] — les pieds de porc
tripe [traɪp] (n.c. sing.) — les tripes
the rind [raɪnd] — la couenne
calf sweetbread — les ris de veau

BR **corned beef** — le corned-beef(1)
a sausage ['sɒsɪdʒ] — une saucisse
a frankfurter ['fræŋk.fɜ:təʳ] — une saucisse de Francfort
sausage meat — la chair à saucisse

a sausage roll — ≈ un friand à la viande
salami [sə'lɑːmɪ] — le salami
ham [hæm] — le jambon
cooked ham — le jambon blanc
boiled ham
a hock [hɒk] — un jambonneau
Parma ham — le jambon de Parme
bacon ['beɪkən] — ≈ le lard (fumé)
BR **a rasher of bacon** — ≈ une tranche de lard fumé
AM **a slice of bacon**
(1) ATTENTION AM **corned beef** = le bœuf salé

BR **minced meat** — la viande hâchée (de bœuf)
BR **mince** [mɪns]
AM **ground beef**
AM **hamburger meat**
a beefburger ['biːf.bɜ:gəʳ] — un hamburger
a hamburger ['hæm.bɜ:gəʳ]

Fat [fæt] — le gras
fatty ['fætɪ] — gras
lean [liːn] — maigre
dripping ['drɪpɪŋ] — la graisse de rôti
juice(s) from the meat — le jus de viande (de cuisson)
gravy ['greɪvɪ] — la sauce (faite avec du jus de viande)

A fowl [faul] — une volaille
poultry ['pəultrɪ] (n.c. plur.) — la volaille
a chicken ['tʃɪkɪn] — un poulet
a roast chicken — un poulet rôti
chicken breast — le blanc de poulet
a wing [wɪŋ] — une aile
a drumstick — un pilon
a leg [leg] — une cuisse
stuffing ['stʌfɪŋ] — la farce
stuffed [stʌfd] — farci
giblets ['dʒɪblɪts] — les abattis

A duck [dʌk] — un canard
a goose [guːs] (plur. geese) — une oie
a guinea fowl — une pintade
a turkey ['tɜːkɪ] — une dinde
a cockerel ['kɒkərəl] — un coquelet
a boiled chicken — une poule au pot
a coq au vin — un coq au vin

An egg [eg]	un œuf	**G**ame [geɪm]	le gibier
a (soft-)boiled egg	un œuf à la coque	a pigeon [ˈpɪdʒən]	un pigeon
a hard-boiled egg	un œuf dur	a quail [kweɪl]	une caille
a fried egg	un œuf sur le plat	a rabbit [ˈræbɪt]	un lapin
a poached egg	un œuf poché	jugged hare	le civet de lièvre
scrambled eggs	des œufs brouillés	snails [sneɪlz]	les escargots
a ham/cheese omelette	une omelette au jambon/au fromage		

5 FISH AND SHELLFISH : LE POISSON ET LES CRUSTACÉS

A fish [fɪʃ]	un poisson	a sturgeon [ˈstɜːdʒən]	un esturgeon
saltwater/freshwater fish	le poisson de mer/d'eau douce	a halibut [ˈhælɪbət]	un flétan
a fishbone	une arête	an anchovy [ˈæntʃəvɪ]	un anchois
a trout [traʊt]	une truite	soft roe	la laitance
a (Dover) sole	une sole	caviar [ˈkævɪɑːˈ]	le caviar
a plaice [pleɪs]	un carrelet		
a mackerel [ˈmækrəl]	un maquereau		
a haddock [ˈhædək]	un aiglefin	**S**eafood [ˈsiːfʊd] (n.c. sing.)	les fruits de mer
a herring [ˈherɪŋ]	un hareng	a shrimp [ʃrɪmp]	une crevette grise
a kipper [ˈkɪpəˈ]	un hareng saur	a prawn [prɔːn]	une crevette rose, un bouquet
a sardine [sɑːˈdiːn]	une sardine	BR a crayfish [ˈkreɪfɪʃ] AM a crawfish [ˈkrɔːfɪʃ]	une langouste
tuna [ˈtjuːnə]	du thon		
a salmon [ˈsæmən]	un saumon	a lobster [ˈlɒbstəˈ]	un homard
smoked salmon lox [lɒks]	du saumon fumé	a Dublin bay prawn	une langoustine
a skate [skeɪt] a ray [reɪ]	une raie	a crab [kræb]	un crabe
a squid [skwɪd]	un calmar	oysters [ˈɔɪstəˈz]	les huîtres
		mussels [ˈmʌslz]	les moules
A carp [kɑːp]	une carpe	a scallop [ˈskɒləp]	une coquille Saint-Jacques
an eel [iːl]	une anguille	cockles [ˈkɒklz]	les coques
a mullet [ˈmʌlɪt]	un mulet	clams [klæmz]	les palourdes, les praires, les clams
a pike [paɪk]	un brochet		

REMARQUE : Certains noms de poisson peuvent, au singulier, exprimer un pluriel. Le verbe est alors soit au pluriel, soit au singulier ; ex. : **all the carp have died** = toutes les carpes sont mortes ; **there's a lot of trout around here** = il y a beaucoup de truites par ici. L'anglais courant emploie cependant de plus en plus souvent le substantif au pluriel lorsqu'il s'agit de dénombrer les poissons. Ainsi on dira plus volontiers **I caught three fishes** que **I caught three fish** = j'ai attrapé trois poissons.

6 FRUIT : LES FRUITS

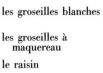

Fruit [fruːt] (n.c. sing.)	les fruits
a piece of fruit	un fruit
ripe [raɪp]	mûr
unripe [ˈʌnˈraɪp]	vert, pas mûr
overripe [əʊvəˈraɪp]	trop mûr, blet
hard [hɑːd]	dur
juicy [ˈdʒuːsɪ]	juteux
The peel [piːl]	l'écorce
the skin [skɪn]	la pelure, la peau
BR **a stone** AM **a pit**	un noyau
to stone **to pit** [pɪt]	dénoyauter
a pip [pɪp]	un pépin
An apple [ˈæpl]	une pomme
an eating apple	une pomme à couteau
a cooking apple	une pomme à cuire
an apple core	un trognon de pomme
a pear [pɛəʳ]	une poire
a plum [plʌm]	une prune[1]
a greengage [ˈgriːnˌgeɪdʒ]	une reine-claude
a peach [piːtʃ]	une pêche
a nectarine [ˈnektərɪn]	une nectarine, un brugnon
an apricot [ˈeɪprɪkɒt]	un abricot
rhubarb [ˈruːbɑːb]	la rhubarbe
a cherry [ˈtʃerɪ]	une cerise
a quince [kwɪns]	un coing

(1) ATTENTION FAUX AMI **a prune** = un pruneau

A berry [ˈberɪ]	une baie
strawberries [ˈstrɔːbərɪz]	les fraises
raspberries [ˈrɑːzbərɪz]	les framboises
blackberries [ˈblækbərɪz]	les mûres
blackcurrants [ˌblækˈkʌrənts]	les cassis
whortleberries [ˈwɜːtlbərɪz] BR **bilberries** [ˈbɪlbərɪz] AM **blueberries** [ˈbluːbərɪz]	les myrtilles
redcurrants [ˌredˈkʌrənts]	les groseilles rouges

whitecurrants [ˌwaɪtˈkʌrənts]	les groseilles blanches
gooseberries [ˈguzbərɪz]	les groseilles à maquereau
grapes [greɪps] (plur.)	le raisin
a grape [greɪp]	un grain de raisin
a bunch of grapes	une grappe de raisin
a melon [ˈmelən]	un melon
a watermelon	une pastèque
An orange [ˈɒrɪnʤ]	une orange
a mandarin (orange) **a tangerine** [ˌtænʤəˈriːn]	une mandarine
a clementine [ˈkleməntaɪn]	une clémentine
a lemon [ˈlemən]	un citron
a lime [laɪm]	un citron vert
a grapefruit [ˈgreɪpfruːt]	un pamplemousse
a pineapple [ˈpaɪnˌæpl]	un ananas
a banana [bəˈnɑːnə]	une banane
a date [deɪt]	une datte
a fig [fɪg]	une figue
a black/green olive	une olive noire/verte
a pomegranate [ˈpɒməˌgrænɪt]	une grenade
a kiwi (fruit)	un kiwi
a litchi [ˌlaɪˈtʃiː] **a lichee**	un litchi
a mango [ˈmæŋgəʊ] (plur. mangoes)	une mangue
A walnut [ˈwɔːlnʌt]	une noix
a hazelnut [ˈheɪzəlnʌt]	une noisette
an almond [ˈɑːmənd]	une amande
a peanut [ˈpiːnʌt]	une cacahuète
a groundnut [ˈgraʊndnʌt]	une arachide
a cashew (nut)	une noix de cajou
a Brazil (nut)	une noix du Brésil
a pistachio (nut)	une pistache
a pecan nut	une noix de pacane
a chestnut [ˈtʃesnʌt]	une châtaigne, un marron
a coconut [ˈkəʊkənʌt]	une noix de coco
a (nut)shell	une coquille

a raisin ['reɪzən]	un raisin sec	**a currant** ['kʌrənt]	un raisin de Corinthe
a sultana [sʌl'tɑ:nə]	un raisin de Smyrne	**a prune** [pru:n]	un pruneau

REMARQUES :

1 **Fruit** s'emploie le plus souvent au singulier pour exprimer le pluriel ; ex. : **fruit is good for you** = les fruits sont bons pour la santé ; **I bought some fruit** = j'ai acheté des fruits. Le pluriel est plus rarement employé : **I ate all the fruits** = j'ai mangé tous les fruits.

2 Pour désigner les fruits à écale en général, on emploie le mot **nuts** ; ex. : **mixed nuts** = un assortiment d'amandes, de noisettes, de noix, etc.

VEGETABLES : LES LÉGUMES

Vegetables ['vedʒtəblz] **veg** [vedʒ] (plur.) (parlé)	les légumes	**(water)cress**	le cresson (de fontaine)
green vegetables BR **greens** (parlé)	les légumes verts	BR **endive** ['endaɪv] AM **chicory**	la chicorée
early vegetables	des primeurs	BR **a head of chicory** AM **an endive**	une endive
a potato [pə'teɪtəʊ] (plur. potatoes)	une pomme de terre		
boiled potatoes	les pommes vapeur	**A radish** ['rædɪʃ]	un radis
mashed potatoes (plur.)	la purée de pommes de terre	BR **a beetroot** ['bi:tru:t] AM **a beet** [bi:t]	une betterave
jacket potatoes **baked potatoes**	les pommes de terre en robe des champs	**a mushroom** ['mʌʃrum]	un champignon (comestible)
BR **chips** [tʃɪps] AM **French fries**	les frites	**a truffle** ['trʌfl]	une truffe
BR **(potato) crisps** AM **(potato) chips**	les chips	**a cep** [sep]	un cèpe
potato peelings	les épluchures de pommes de terre	**a chanterelle** [ˌtʃæntə'rɛl]	une girolle, une chanterelle
		crisp [krɪsp]	croquant
		limp [lɪmp]	fané
A tomato [tə'mɑ:təʊ] (plur. tomatoes)	une tomate		
a cucumber ['kju:kʌmbə']	un concombre	**A cabbage** ['kæbɪdʒ]	un chou
BR **a courgette** [kʊə'ʒet] AM **a zucchini** [zu:'ki:nɪ]	une courgette	**a cauliflower** ['kɒlɪflaʊə']	un chou-fleur
BR **a (vegetable) marrow** AM **a squash** [skwɒʃ]	une courge	**(Brussels) sprouts**	les choux de Bruxelles
		an onion ['ʌnjən]	un oignon
an artichoke ['ɑ:tɪtʃəʊk] **a globe artichoke**	un artichaut	**a leek** [li:k]	un poireau
a turnip ['tɜ:nɪp]	un navet	**celery** ['selərɪ]	le céleri en branches
a carrot ['kærət]	une carotte	**a head of celery**	un pied de céleri
a mixed salad	une salade composée	**celeriac** [sə'lerɪæk]	le céleri-rave
a tomato/cucumber salad	une salade de tomates/de concombre	**asparagus** [ə'spærəgəs] (n.c. sing.)	les asperges
		asparagus tips	les pointes d'asperges
A salad vegetable	une salade (légume)	**fennel** ['fenl]	le fenouil
a (green) salad	une salade (verte) (plat)	**spinach** ['spɪnɪdʒ] (n.c. sing.)	les épinards
a lettuce ['letɪs]	une laitue	BR **an aubergine** ['əʊbəʒi:n] AM **an eggplant** ['eg.plɑ:nt]	une aubergine
BR **a cos lettuce** AM **a romaine lettuce**	une romaine	**an avocado (pear)**	un avocat
		a green/red pepper	un poivron vert/rouge

Peas [piːz]   les pois
green peas   les petits pois
garden peas
chickpeas   les pois chiches
a bean [biːn]   un haricot
runner beans   les haricots à rame
French beans   les haricots verts
haricot beans   les haricots blancs
kidney beans   les haricots rouges
dried beans   les haricots secs
broad beans   les fèves
bean sprouts   les germes de soja
bean shoots

Pulses ['pʌlsɪz]   les légumes secs
lentils ['lentlz]   les lentilles

rice [raɪs]   le riz
long-grained rice   le riz à grains longs
short-grained rice   le riz à grains ronds
round-grained rice
brown rice   le riz complet

(breakfast) cereals   les céréales
cornflakes ['kɔːn.fleɪks]   les cornflakes
bran [bræn]   le son
oatmeal ['əʊt.miːl]   les flocons d'avoine
   (n.c. sing.)
sweet corn   le maïs
corn on the cob   les épis de maïs
flour ['flaʊəʳ]   la farine (de blé)
meal [miːl]   la farine (de céréales
   autres que le blé)

DAIRY PRODUCE : LES LAITAGES

Milk [mɪlk]   le lait
skimmed/unskimmed milk   le lait écrémé/entier
homogenized/ pasteurized milk   le lait homogénéisé/ pasteurisé
condensed milk   le lait concentré
powdered milk   le lait en poudre
milk straight from the cow   le lait cru

Butter ['bʌtəʳ]   le beurre
salted/unsalted butter   le beurre salé/doux
to butter   beurrer
margarine [.mɑːdʒəˈriːn] AM **oleomargarine**   la margarine
rancid ['rænsɪd]   rance

Cheese [tʃiːz]   du fromage
a ripe cheese   un fromage fait
a blue cheese   un fromage bleu
a soft/hard cheese   un fromage à pâte molle/dure
a full-fat/low-fat cheese   un fromage gras/maigre
goat cheese   le fromage de chèvre
cottage cheese   ≈ le fromage blanc (égoutté)
cream cheese   la crème de fromage
a cheese spread   un fromage à tartiner
the cheese board   le plateau de fromages
a fruit/strawberry yog(h)urt   un yaourt aux fruits/à la fraise
curds [kɜːdz] (plur.)   le lait caillé

CONDIMENTS AND SPICES : LES CONDIMENTS ET LES ÉPICES

Oil [ɔɪl]   l'huile
sunflower/ groundnut/ olive oil   l'huile de tournesol/ d'arachide/ d'olive
salad/cooking oil   l'huile de table/à friture
vinegar ['vɪnɪgəʳ]   le vinaigre
wine/tarragon vinegar   le vinaigre de vin/à l'estragon

French dressing   la vinaigrette
salad dressing
vinaigrette sauce
mayonnaise [.meɪəˈneɪz]   la mayonnaise

A sauce [sɔːs]   une sauce
a stock cube   un bouillon-cube
meat/vegetable stock   le bouillon de viande/de légumes

tomato/white sauce	la sauce tomate/blanche	**Cayenne pepper**	le poivre de Cayenne
tomato purée	le concentré de tomates	to pepper ['pepə']	poivrer
(tomato) ketchup AM catsup ['kætsəp]	le ketchup	peppery ['pepəri]	poivré
pickled onions	des oignons au vinaigre	**A** chilli ['tʃili]	un piment rouge
gherkins ['gɜːkinz]	les cornichons	horseradish ['hɔːs.rædiʃ]	le raifort
		mustard ['mʌstəd]	la moutarde
Garlic ['gɑːlik]	l'ail		
a clove of garlic	une gousse d'ail	**S**easoning ['siːznɪŋ]	l'assaisonnement
herbs [hɜːbz]	les fines herbes	a spice [spais]	une épice
a bouquet garni	un bouquet garni	spicy ['spaisi] spiced [spaisd]	épicé
dill [dil]	l'aneth	to spice sth with sth	épicer, relever qqch. avec qqch.
basil ['bæzl]	le basilic		
chives [tʃaivz] (plur.)	la ciboulette	hot [hɒt]	relevé
shallot [ʃə'lɒt] scallion ['skæliən]	l'échalote		
bay leaves (plur.)	le laurier	**C**innamon ['sinəmən]	la cannelle
tarragon ['tærəgən]	l'estragon	cloves [kləuvz]	les clous de girofle
parsley ['pɑːsli]	le persil	coriander [.kɒri'ændə']	la coriandre
marjoram ['mɑːdʒərəm]	la marjolaine	cumin ['kʌmin]	le cumin
thyme [taim]	le thym	ginger ['dʒinʒə']	le gingembre
sorrel ['sɒrəl]	l'oseille	nutmeg ['nʌtmeg]	la noix de muscade
rosemary ['rəuzməri]	le romarin	paprika ['pæprikə]	le paprika
oregano [.ɒri'gɑːnəu]	l'origan	mixed spice (n.c. sing.)	les quatre épices
curry ['kʌri]	le curry, le cari, le carry	saffron ['sæfrən]	le safran
		vanilla [və'nilə]	la vanille
Condiments ['kɒndimənts]	les condiments	**S**ugar ['ʃugə']	le sucre
salt [sɔːlt]	le sel	granulated sugar	le sucre cristallisé
coarse salt	le gros sel	caster sugar	le sucre semoule, le sucre en poudre
to salt	saler	candy/cane sugar	le sucre candi/de canne
salt(ed)	salé	brown sugar	le sucre brun, le sucre roux, la cassonnade
pepper ['pepə']	le poivre		
white/black/green pepper	le poivre blanc/noir/vert	BR icing sugar AM confectionery sugar AM powdered sugar	le sucre glace
whole/ground pepper	le poivre en grain/moulu	a lump of sugar	un morceau de sucre
		sweet [swiːt]	sucré

BREAD, PASTA AND PASTRIES :
LE PAIN, LES PÂTES ET LES PÂTISSERIES

Bread [bred] (n.c.)	le pain	a piece of bread and butter	une tartine
a loaf (of bread) (plur. loaves)	un pain	a slice of bread and butter	
a slice [slais]	une tranche	the crust [krʌst] a crumb [krʌm]	la croûte une miette

Dough [dəʊ]   la pâte à pain
to knead dough   pétrir la pâte
fresh/stale bread   le pain frais/rassis
brown bread   le pain bis
granary bread   le pain complet
wholemeal bread
rye bread   le pain de seigle
leavened bread   le pain au levain
farmhouse bread   le pain de campagne
sandwich bread   le pain de mie

A cottage loaf   une miche
a stick of French   une baguette
  bread
toast [təʊst] (n.c.)   le pain grillé
a slice of toast   une tranche de pain
a piece of toast   grillé
a roll [rəʊl]   un petit pain
a bun [bʌn]   un petit pain rond
a croissant [ˈkrwʌsɒŋ]   un croissant
a chocolate-filled   ≈ un pain au chocolat
  croissant
a ham/cheese   un sandwich au
  sandwich   jambon/au fromage

BR a biscuit [ˈbɪskɪt]   un biscuit
AM a cookie
rusks [rʌsks]   les biscottes
a wafer [ˈweɪfəʳ]   une gaufrette
a waffle [ˈwɒfl]   une gauffre
a cake [keɪk]   un gâteau(1)
a fruit cake   un cake
a sponge cake   un pain de Gênes
gingerbread   le pain d'épices
a macaroon [ˌmækəˈruːn]   un macaron

(1) ATTENTION FAUX AMI **a gâteau** = un gâteau à la crème

(pancake) batter   la pâte à crêpes
BR a pancake [ˈpænkeɪk]   une crêpe
AM a crepe [kreɪp]

apple/banana fritters   des beignets aux
                                     pommes/à la banane

Pastry [ˈpeɪstrɪ]   la pâte à tarte
BR **shortcrust pastry**   la pâte brisée
AM **pie crust pastry**
puff pastry   la pâte feuilletée
BR **flaky pastry**
BR **sablé pastry**   la pâte sablée
AM **sugar crust pastry**
choux pastry   la pâte à choux
to roll out pastry   abaisser la pâte (au
                                     rouleau)

A pastry [ˈpeɪstrɪ]   une pâtisserie
a cake [keɪk]
a tart [tɑːt]   une tarte
a strawberry/plum tart   une tarte aux
                                     fraises/aux prunes
a tartlet [ˈtɑːtlɪt]   une tartelette
an apple pie   une tourte aux
                                     pommes
Christmas pudding   le pudding de Noël
a Christmas log   une bûche de Noël

Flour [ˈflaʊəʳ]   la farine
self-raising flour   la farine avec levure
                                     incorporée
BR **cornflour** [ˈkɔːnˌflaʊəʳ]   la farine de maïs, la
AM **cornstarch**   maïzena®
  [ˈkɔːnˌstɑːtʃ]
yeast [jiːst]   la levure
to rise* [raɪz]   monter (pâte)
stodgy [ˈstɒdʒɪ]   bourratif, lourd

Pasta [ˈpæstə]   les pâtes (alimentaires)
noodles [ˈnuːdls]   les nouilles
spaghetti [spəˈgetɪ]   les spaghettis
  (n.c. sing.)
lasagna [ləˈzænjə]   les lasagnes
  (n.c. sing.)
ravioli [ˌrævɪˈəʊlɪ]   les raviolis
  (n.c. sing.)
semolina [ˌseməˈliːnə]   la semoule
  (n.c. sing.)

DESSERTS : LES DESSERTS

Jam [dʒæm]   la confiture
strawberry/raspberry   la confiture de
  jam   fraises/de framboises
redcurrant/   la gelée de
  blackcurrant jelly   groseilles/de cassis

marmalade [ˈmɑːməleɪd]   la marmelade
honey [ˈhʌnɪ]   le miel
preserved fruit   les fruits en conserve,
  (n.c. sing.)   les fruits au sirop

candied fruit (n.c. sing.)	les fruits confits
glacé fruit (n.c. sing.)	
crystallized fruit (n.c. sing.)	les pâtes de fruits
a piece of cristallized fruit	une pâte de fruits
BR **(black) treacle**	la mélasse
AM **molasses** [məuˈlæsɪz] (sing.)	
maple syrup	le sirop d'érable
caramel [ˈkærəməl]	le caramel (sucre roussi)
peanut butter	le beurre de cacahuète(s)
whipped cream	la crème fouettée, la crème Chantilly
Chocolate mousse	la mousse au chocolat
custard [ˈkʌstəd]	la crème anglaise
fruit salad	la salade de fruits
strawberries/ raspberries and cream	les fraises/les framboises à la crème
stewed fruit (n.c. sing.)	une compote de fruits
stewed apples	une compote de pommes

An ice(cream)	une glace
BR **sorbet** [ˈsɔːbeɪ]	le sorbet
AM **sherbet** [ˈʃɜːbət]	
a cone [kəun]	un cornet de glace
a choc-ice	un esquimau
AM **an icecream bar**	
a Popsicle®	une glace à l'eau
BR **an iced lolly**	
Sweet things	les sucreries
BR **a sweet** [swiːt]	un bonbon
AM **a candy** [ˈkændɪ]	
a mint [mɪnt]	un bonbon à la menthe
chocolate [ˈtʃɒklɪt]	le chocolat
plain/milk chocolate	le chocolat à croquer/au lait
a chocolate	un chocolat, une crotte au chocolat
an Easter egg	un œuf de Pâques
a toffee [ˈtɒfɪ]	un caramel
AM **a taffy** [ˈtæfɪ]	
a lollipop [ˈlɒlɪpɒp]	une sucette
popcorn	le pop-corn
chewing gum	le chewing-gum
bubble gum	

COOKING : LA CUISINE

Cooking [ˈkukɪŋ]	la cuisine (activité)
plain cooking	la cuisine bourgeoise
a cook [kuk]	un(e) cuisinier (-ière)
to cook	faire la cuisine
to do* the cooking	
to be a good cook	bien faire la cuisine
to cook	cuire, faire cuire
a cookbook	un livre de cuisine
a cookery book	
a recipe [ˈresɪpɪ]	une recette
To chop sth (up)	hâcher qqch. (avec un couteau)
to mince sth	hâcher qqch. (dans un appareil)
to dice sth	découper qqch. en dés
to slice sth	découper qqch. en tranches
to cut* sth into thin stripes	découper qqch. en lamelles
to bone sth	désosser qqch.
to pluck a chicken	plumer un poulet
to skin a rabbit	dépouiller un lapin

to grate cheese/carrots	râper du fromage/ des carottes
to peel sth	éplucher qqch.
to shell sth	décortiquer qqch.
to shell green peas	écosser des petits pois
to smoke fish	fumer du poisson
An ingredient [ɪnˈgriːdɪənt]	un ingrédient
BR **to flavour sth** *with sth*	parfumer qqch. à qqch.
AM **to flavor sth** *with sth*	
to season [ˈsiːzn]	assaisonner
a dash of	une pointe de
a squeeze of lemon	un filet de citron
to curdle [ˈkɜːdl]	ne pas prendre, tomber (mayonnaise)
to beat* eggs	battre des œufs
to whisk the whites	battre les blancs en neige
to cream the butter and the sugar	travailler le beurre et le sucre
to stir sth	remuer qqch.

to marinate ['mærɪneɪt]	mariner, faire mariner
to spread* butter on sth	étaler du beurre sur qqch.
to spread* sth with butter	
to cook on a low heat/high heat	faire cuire à petit feu/à feu vif
To boil [bɔɪl]	bouillir, faire bouillir
to steam [sti:m]	cuire à la vapeur, faire cuire à la vapeur
to poach [pəʊtʃ]	faire pocher
to simmer ['sɪmə']	mijoter, faire mijoter
to stew [stju:]	cuire à l'étouffée, faire cuire à l'étouffée
to fry [fraɪ]	frire, faire frire
to brown onions	faire revenir des oignons
to bake [beɪk]	cuire au four, faire cuire au four
to roast [rəʊst]	rôtir, faire rôtir
to baste meat	arroser la viande
to braise sth	braiser qqch.
BR **to grill** [grɪl] AM **to broil** [brɔɪl]	griller, faire griller
to barbecue ['bɑ:bɪkju:]	faire griller au barbecue

To drain sth	égoutter qqch.
to toss the salad	tourner la salade
to garnish sth with cress/lettuce	garnir qqch. de cresson/de laitue
to dress salad	assaisonner la salade
to ice [aɪs]	glacer (gâteau)
to glaze [gleɪz]	glacer (viande)
A can [kæn] BR **a tin** [tɪn]	une boîte de conserve
canned food (n.c. sing.) BR **tinned food** (n.c. sing.)	les conserves
a can of pineapple/ peaches BR **a tin of pineapple/of peaches**	une boîte d'ananas/ de pêches
canned pineapple/ peaches BR **tinned pineapple/peaches**	l'ananas/les pêches en boîte

---

3 COOKED DISHES : LES PLATS CUISINÉS ◀

A dish [dɪʃ]	un plat
ready-cooked dishes	les plats préparés
frozen food (n.c. sing.)	les surgelés
leftovers ['left.əʊvəz]	les restes
Cooked [kʊkt]	cuit
undercooked [.ʌndə'kʊkt]	pas assez cuit
overcooked [.əʊvə'kʊkt]	trop cuit
raw [rɔ:]	cru
tender ['tendə']	tendre
tough [tʌf]	dur (viande)
rare [rɛə'] **underdone** [.ʌndə'dʌn]	saignant
medium (rare)	à point
very rare	bleu
A soup [su:p]	une soupe, un potage
onion/tomato soup	la soupe à l'oignon/à la tomate

a consommé [kən'sɔmeɪ]	un consommé
beef/vegetable stock	le bouillon de bœuf/ de légumes
cream of chicken/tomato	la crème de poulet/ de tomates
A pie [paɪ]	une tourte
a chicken/beef pie	une tourte au poulet/au bœuf
a stew [stju:]	un ragoût
potatoes au gratin	un gratin de pommes de terre
cauliflower cheese	le chou-fleur en gratin
pâté	le pâté
liver pâté	le pâté de foie
foie gras	le foie gras
a soufflé ['su:fleɪ]	un soufflé
kebabs [kə'bæbz]	les brochettes
frogs' legs	les cuisses de grenouille
a chicken/lamb curry	un curry de poulet/d'agneau

 **NON-ALCOHOLIC DRINKS** : LES BOISSONS SANS ALCOOL

A drink [drɪŋk]	une boisson
a **beverage** [ˈbevərɪdʒ] (soutenu)	
a **hot/cold drink**	une boisson chaude/froide
soft drinks	les boissons non-alcoolisées
I'd like something to drink	je voudrais quelque chose à boire
drinkable [ˈdrɪŋkəbl]	buvable
undrinkable [ˈʌnˈdrɪŋkəbl]	imbuvable
strong [strɒŋ]	fort
to **pour** [pɔːʳ]	verser
a **straw** [strɔː]	une paille
BR a **Thermos®** (**flask**) BR a **vacuum flask** AM a **vacuum bottle**	une bouteille thermos®

Coffee [ˈkɒfɪ]	le café
coffee beans (plur.)	le café en grains
ground coffee	le café moulu
filter coffee	le café filtre
an **espresso** [esˈpresəʊ]	un expresso
a **cappuccino** [ˈkæpuˈtʃiːnəʊ]	un cappuccino
decaffeinated [ˈdiːˈkæfɪneɪtɪd]	décaféiné
black coffee	le café noir
BR **white coffee** AM **coffee with cream**	le café crème

Tea [tiː]	le thé
to **make*** (**a pot of**) **tea**	faire du thé
to **infuse** [ɪnˈfjuːz]	infuser, faire infuser
to **take*** **sugar/milk**	prendre du sucre/du lait
herb(al) tea	la tisane
cocoa [ˈkəʊkəʊ]	le cacao
a **hot chocolate**	un chocolat chaud

Water [ˈwɔːtəʳ]	l'eau
drinking/non-drinking water	eau potable/non-potable
still [stɪl]	plat, non gazeux
mineral/plain water	l'eau minérale/plate
fizzy [ˈfɪzɪ]	pétillant, gazeux
soda water	l'eau gazeuse
BR a **fizzy drink** AM a (**soda**) **pop** (n.c.) AM a **soft drink**	un soda
a **Coca Cola®**	un coca-cola
a **Coke®** [kəʊk] (parlé)	un coca
orangeade [ˈɒrɪndʒˈeɪd]	l'orangeade
tonic (**water**) (**Indian**) **tonic**	≈ le Schweppes®
fruit juice (n.c.)	le jus de fruit
fresh orange juice	une orange pressée
BR **he is a teetotaller** AM **he is a teetotaler**	il ne boit jamais d'alcool

ALCOHOLIC DRINKS : LES BOISSONS ALCOOLISÉES

Alcohol [ˈælkəhɒl]	l'alcool
spirits [ˈspɪrɪts]	les spiritueux
a **cocktail** [ˈkɒkteɪl]	un cocktail
an **aperitif** [əˈperɪˈtiːf]	un apéritif
a **liqueur** [lɪˈkjʊəʳ]	un digestif⁽¹⁾, une liqueur
(1) ATTENTION FAUX AMI BR a **digestive** = un gâteau sec	

Wine [waɪn]	le vin
red/white/rosé wine	le vin rouge/blanc/rosé
a **dry/sweet wine**	un vin sec/doux
sparkling wine	le vin mousseux
a **vintage wine**	un vin millésimé
claret [ˈklærət]	le bordeaux rouge

burgundy [ˈbɜːgəndɪ]	le bourgogne
champagne [ʃæmˈpeɪn]	le champagne
sherry [ˈʃerɪ]	le xérès, le sherry
port (**wine**)	le porto
vermouth [ˈvɜːməθ]	le vermouth
mulled wine	le vin chaud (épicé)

Whisky [ˈwɪskɪ] **whiskey** [ˈwɪskɪ]	le whisky (écossais) le whisky (irlandais)
scotch (**whisky**)	le scotch
bourbon (**whisky**)	le bourbon
a **whisky and soda**	un whisky-soda

BR **he drinks his whisky neat**	il boit son whisky sec
AM **he drinks his whisky straight**	
gin and tonic	le gin tonic
brandy ['brændɪ]	le cognac
rum [rʌm]	le rhum
vodka ['vɒdkə]	la vodka
Beer [bɪəʳ]	la bière
a pint (of beer)	≈ un demi
draught beer	≈ la bière (à la) pression
lager ['lɑːgəʳ]	la bière blonde
BR **light ale**	
brown ale	la bière brune
BR **stout** [staʊt]	
a shandy ['ʃændɪ]	un panaché
alcohol-free beer	la bière sans alcool
cider ['saɪdəʳ]	le cidre
A bottle ['bɒtl]	une bouteille
a cork [kɔːk]	un bouchon
a corkscrew	un tire-bouchon

a bottle opener	un décapsuleur
to open a bottle	déboucher une bouteille
"serve chilled/at room temperature"	«servir frais/chambré»
an ice cube	un glaçon
to drink* a toast to sb	porter un toast à qqn
to drink* to sb's health	boire à la santé de qqn
Your health !	À votre santé !
Good health !	
Cheers ! (parlé)	À la bonne vôtre !
a round (of drinks)	une tournée
the drinks are on the house	c'est la tournée du patron
A bar [bɑːʳ]	un bar
a pub [pʌb]	un pub
a wine bar	un bar à vin
a tavern ['tævən]	une taverne
an inn [ɪn]	une auberge
BR **a barman**	un barman
AM **a bartender**	
a barmaid	une serveuse

25 TRANSPORT AND TRAVELLING :
LES TRANSPORTS ET LES VOYAGES

ROAD VEHICLES : LES VÉHICULES AUTOMOBILES

A car [kɑːʳ]   une voiture, une auto
BR **a motorcar**
['məʊtə·kɑːʳ]
AM **an auto(mobile)**
['ɔːtə(məbiːl)]

a two-door/four-door   une (voiture à)
car   deux/quatre portes

a front-wheel/rear-   une traction
wheel drive   avant/arrière

a four-wheel drive   un véhicule à quatre
vehicle   roues motrices

an automatic (car)   une voiture à boîte
                                  automatique

a diesel ['diːzəl]   un diesel

a cross-country vehicle   un véhicule tout-
                                  terrain

BR **a second-hand car**   une voiture d'occasion
AM **a used car**

BR **a saloon** [sə'luːn]   une berline, une
AM **a sedan** [sɪ'dæn]   conduite intérieure

a tourer ['tʊərəʳ]   une voiture de
a touring car   tourisme

a hatchback ['hætʃbæk]   une voiture à hayon

BR **an estate car**   un break, une voiture
AM **a station wagon**   commerciale

a convertible   une décapotable, un
[kən'vɜːtəbl]   cabriolet

a coupé ['kuːpeɪ]   un coupé

a sports car   une voiture de sport

a company car   une voiture de fonction

a limousine ['lɪməziːn]   une limousine
AM **a limo** ['lɪməʊ] (parlé)

a jalopy [dʒə'lɒpɪ]   un clou, un tacot
BR **a banger** ['bæŋəʳ] (parlé)

A taxi ['tæksɪ]   un taxi
a cab [kæb]

a taxi driver   un chauffeur de taxi
a cab driver

to call a taxi   appeler un taxi

A heavy goods vehicle   un poids lourd
an HGV [·eɪtʃdʒiː'viː]

BR **a lorry** ['lɒrɪ]   un camion
AM **a truck** [trʌk]

BR **an articulated lorry**   un semi-remorque
AM **a trailer truck**
AM **a rig** [rɪg]

a trailer ['treɪləʳ]   une remorque

a van [væn]   une camionnette, une
                                  fourgonnette

a pick-up truck   une camionnette
                                  ouverte

a bus [bʌs]   un autobus, un bus

a double-decker   un autobus à impériale

a bus   un car
BR **a coach** [kəʊtʃ]

A bicycle ['baɪsɪkl]   une bicyclette

a bike [baɪk] (parlé)   un vélo
BR **a push-bike** (parlé)

BR **a moped** ['məʊped]   une mobylette, un
BR **a motorbike**   vélomoteur
['məʊtəbaɪk]

a motorcycle   une motocyclette
['məʊtə·saɪkəl]

a (motor)bike (parlé)   une moto

a sidecar ['saɪdkɑː]   un side-car

a scooter ['skuːtəʳ]   un scooter

A coach [kəʊtʃ]   un carrosse

a stagecoach   une diligence
['steɪdʒ·kəʊtʃ]

a (pony) trap   un cabriolet

a carriage and   un équipage à deux
pair/and four   chevaux/à quatre
                                  chevaux

a hackney cab   un fiacre

a wag(g)on ['wægən]   un chariot

a barouche [bə'ruːʃ]   une calèche

a chariot ['tʃærɪət]   un char (romain)

PARTS AND ACCESSORIES : LES PIÈCES ET LES ACCESSOIRES

The chassis ['ʃæsɪ]   le châssis
the coachwork   la carrosserie
['kəʊtʃ·wɜːk]

the bodywork   la caisse
['bɒdɪ·wɜːk]
the roof [ruːf]   le toit

a sunroof ['sʌnruːf]	un toit ouvrant
BR the hood [hʊd]	la capote
AM the (soft) top	
a roof rack	une galerie
BR the bonnet ['bɒnɪt]	le capot
AM the hood [hʊd]	
BR the wing [wɪŋ]	l'aile
AM the fender ['fendəʳ]	
BR the bumper ['bʌmpəʳ]	le pare-chocs
AM the fender	
BR the boot [buːt]	le coffre
AM the trunk [trʌŋk]	
the tailboard ['teɪlbɔːd]	le hayon
the tailgate ['teɪlgeɪt]	
BR a number plate	une plaque
AM a license plate	d'immatriculation
BR the windscreen	le pare-brise
['wɪnd.skriːn]	
AM the windshield	
['wɪnd.ʃiːld]	
the rear window	la lunette arrière
a front/back window	une glace avant/arrière, une vitre avant/arrière
BR the winder ['waɪndəʳ]	le lève-glace, le lève-vitre
AM the crank [kræŋk]	
BR to wind* the window up/down	remonter/baisser la glace
AM to crank the window up/down	
BR windscreen wipers	les essuie-glaces
AM windshield wipers	
BR the windscreen washer	le lave-glace
AM the windshield washer	
the rear-view mirror	le rétroviseur (central)
BR a wing mirror	un rétroviseur latéral
AM a side-view mirror	
the quarterlight ['kwɔːtə.laɪt]	le déflecteur
A door [dɔːʳ]	une portière
a seat [siːt]	un siège
the front seat	le siège avant
the back seat	le siège arrière, la banquette arrière
a baby seat	un siège pour bébé
a seat belt	une ceinture de sécurité
to fasten/unfasten one's seat belt	attacher/détacher sa ceinture
The glove compartment	la boîte à gants
the parcel shelf	la plage arrière

a roof light	un plafonnier
a vanity mirror	un miroir de courtoisie
The dashboard ['dæʃbɔːd]	le tableau de bord
the instrument panel	
the horn [hɔːn]	l'avertisseur, le klaxon
to sound one's horn	klaxonner
to hoot [huːt]	
an indicator ['ɪndɪkeɪtəʳ]	un clignotant
a flasher ['flæʃəʳ]	
to indicate left/right	mettre son clignotant gauche/droit
the speedometer [spɪ'dɒmɪtəʳ]	le compteur (de vitesse)
BR the mileometer [maɪ'lɒmɪtəʳ]	le compteur kilométrique
AM the odometer [ɒ'dɒmɪtəʳ]	
The headlights ['hedlaɪts]	les phares
to turn on one's headlights	allumer les phares
to switch on one's headlights	
to have one's headlights full on	être en pleins phares
BR to dip one's headlights	se mettre en code
AM to dim one's headlights	
the rear lights	les feux arrière
the tail lights	
the sidelights ['saɪdlaɪts]	les feux de position, les veilleuses
BR reversing lights	les feux de recul
AM back-up lights	
the brake lights	les feux de stop, les stops
a fog lamp	un phare antibrouillard
The controls [kən'trəʊlz]	les commandes
the gears [gɪəʳz]	les vitesses
BR the gearbox	la boîte de vitesses
AM the transmission [trænz'mɪʃən]	
BR the gear lever	le levier de vitesse
AM the gearshift	
the brakes [breɪks]	les freins
disc/drum brakes	des freins à disque/à tambour
the brake pedal	la pédale de frein
the handbrake ['hændbreɪk]	le frein à main
the engine breaking	le frein moteur
the brake fluid	le liquide de frein
the brake pads	les plaquettes de frein

the clutch [klʌtʃ]	l'embrayage
the clutch pedal	la pédale d'embrayage
BR the accelerator [æk'selereɪtəʳ] AM the gas pedal	l'accélérateur
The engine ['enʤɪn]	le moteur
the camshaft ['kæmʃæft]	l'arbre à cames
the propeller shaft	l'arbre de transmission
a cylinder ['sɪlɪndəʳ]	un cylindre
a piston ['pɪstən]	un piston
a valve [vælv]	une soupape
BR the carburettor [ˌkɑːbjʊˈretəʳ] AM the carburetor	le carburateur
the coil [kɔɪl]	la bobine
the alternator ['ɒltɜːˌneɪtəʳ]	l'alternateur
the ignition [ɪgˈnɪʃən]	le contact, l'allumage
the ignition key	la clé de contact
to switch on/off the engine	mettre/couper le contact
BR the dynamo ['daɪnəməʊ] AM the generator ['ʤenəreɪtəʳ]	la dynamo
the battery ['bætərɪ]	la batterie
BR a sparking plug AM a spark plug	une bougie
the choke [tʃəʊk]	le starter (1)
to pull the choke out	mettre le starter
(1) ATTENTION FAUX AMI **the starter** = le démarreur	
The radiator ['reɪdɪeɪtəʳ]	le radiateur
the cooling system	le circuit de refroidissement
the fan [fæn]	le ventilateur
the fan belt	la courroie de ventilateur
antifreeze ['æntɪˈfriːz]	l'antigel
de-icing ['diːˈaɪsɪŋ]	le dégivrage
the air/oil filter	le filtre à air/huile
BR the petrol tank AM the gas tank	le réservoir
a petrol cap	un bouchon de réservoir

the exhaust (pipe)	le tuyau d'échappement, le pot d'échappement
BR a silencer ['saɪlənsəʳ] AM a muffler ['mʌfləʳ]	un silencieux
BR a catalyser [ˌkætəˈlaɪzəʳ] AM a catalyzer	un pot catalytique
The steering ['stɪərɪŋ]	la direction
power-assisted steering	la direction assistée
the (steering) wheel	le volant
to be at the wheel	être au volant
to take* the wheel	prendre le volant
A wheel [wiːl]	une roue
the spare wheel	la roue de secours
a hub cap	un enjoliveur
BR a tyre ['taɪəʳ] AM a tire	un pneu
tubeless ['tjuːblɪs]	sans chambre à air
the axle ['æksl]	l'essieu
the suspension [səsˈpenʃən]	la suspension
the shock absorbers	les amortisseurs
The saddle ['sædl]	la selle
the handlebars ['hændlˌbɑːz] (plur.)	le guidon
the frame [freɪm]	le cadre (bicyclette)
the pedals ['pedlz]	les pédales
to pedal	pédaler
to pedal up/down the street	descendre/remonter la rue à bicyclette
a crash helmet	un casque
BR a mudguard ['mʌdgɑːd] AM a fender ['fendəʳ]	un garde-boue
the spokes ['spəʊks]	les rayons
a bicycle chain	une chaîne de vélo
a bicycle pump	une pompe à vélo
a gearwheel ['gɪəˌwiːl]	un pignon
a chain wheel	un plateau
a derailleur [dəˈreɪljəʳ]	un dérailleur
the inner tube	la chambre à air
the pillion ['pɪljən]	le siège arrière, le tansad

DRIVING AND TRAFFIC : LA CONDUITE ET LA CIRCULATION

Motoring ['məʊtərɪŋ] — la conduite automobile

to drive* [draɪv] — conduire

to drive* a car/a lorry — conduire une voiture/un camion

the driver ['draɪvəʳ] — le (la) conducteur (-trice)

BR **a motorist** ['məʊtərɪst] — un(e) automobiliste
a (car) driver

a driver — un chauffeur (conducteur)

a chauffeur ['ʃəʊfəʳ] — un chauffeur (privé)

BR **a lorry driver** — un camionneur, un routier
AM **a trucker** ['trʌkəʳ]

a reckless driver — un chauffard
a roadhog ['rəʊdhɒg]

a pedestrian [pɪ'destrɪən] — un piéton

To drive* off — démarrer
to move off

to start up a car — mettre une voiture en marche

to turn the wheel — braquer

to pull out — déboîter

to reverse (the car) — faire marche arrière
BR **to back (the car)**
AM **to back up**

to do* a U-turn — faire demi-tour
to make* an about-turn

to keep* to the left/right — tenir sa gauche/droite

to go* at 50 mph (abr. de *miles per hour*) — ≈ rouler à 80 km/h

BR **to give* way** *to* — céder le passage *à*
AM **to yield** *to* [ji:ld]

to make* a left/right turn — tourner à gauche/à droite
to turn left/right

to engage gear — mettre en prise
to put in gear

BR **to change gear** — changer de vitesse
AM **to shift gear**

to engage first gear — passer la première
to put* the car into first gear

to let* in the clutch — embrayer

to let* out the clutch — débrayer
to release the clutch

to accelerate [æk'seləreɪt] — accélérer

BR **to put* one's foot down** (parlé) — appuyer sur le champignon
AM **to step on the gas** (parlé)

To slow down — ralentir

to brake [breɪk] — freiner
to put* the brakes on

to come* to a halt — s'immobiliser
to come* to a stop

to stop [stɒp] — s'arrêter
to pull up
to pull in
to draw* up

to stop short — s'arrêter pile, s'arrêter net
to stop suddenly

To pass sb — doubler qqn, dépasser qqn
BR **to overtake* sb**

dangerous overtaking (n.c.) — un dépassement dangereux

to cut* in *on sb* — faire une queue de poisson *à qqn*

to flash one's headlights *at sb* — faire un appel de phares *à qqn*

to freewheel ['fri:wi:l] — rouler en roue libre
AM **to coast** [kəʊst]

BR **to run* in (a car)** — roder (une voiture)
AM **to break* in (a car)**

To set* off — prendre la route

it will be a long journey — la route sera longue
it will be a long drive
it will be a long ride

to go* for a drive — faire un tour en voiture

to drive* into town — aller en ville en voiture

to drive* sb somewhere — conduire qqn quelque part

to take* a short cut — prendre un raccourci

at the roadside — sur le bord de la route
at the side of the road

the road to La Rochelle — la route de La Rochelle

The car holds the road well — la voiture tient bien la route

to be/remain in control of one's car — être/rester maître de son véhicule

to lose* control of one's car — perdre le contrôle de son véhicule

to go* into a skid — déraper
to skid [skɪd]

a skid — un dérapage

visibility is bad — la visibilité est mauvaise

The speed limit is 50 mph (abr. de *miles per hour*)	≈ la vitesse est limitée à 80 km/h
to be speeding to exceed the speed limit	dépasser la limitation de vitesse
a radar trap a speed trap	un radar
Traffic out of/into Paris	la circulation dans le sens Paris-province/province-Paris
traffic is heavy/moving	la circulation est dense/fluide
the rush hour (sing.)	les heures d'affluence, les heures de pointe
a bottleneck [ˈbɒtlnek] BR a tailback [ˈteɪlbæk]	un bouchon, une retenue
a traffic jam a (traffic) holdup	un embouteillage
congested [kənˈdʒestɪd]	encombré
busy [ˈbɪzɪ]	fréquenté (route)
A road sign a signpost [ˈsaɪnpəʊst]	un panneau indicateur
traffic lights	les feux (de circulation)
BR the amber light AM the yellow light	le feu orange
the traffic lights were at red/green	le feu était au rouge/au vert
to jump the lights	passer au feu rouge
to go* through the traffic lights AM to run* a red light	brûler un feu rouge
A traffic policeman	un agent de la circulation
to be stopped by the police	se faire arrêter par la police
to be fined	recevoir une amende, recevoir une contravention

to be fined for speeding	recevoir une contravention pour excès de vitesse
drunk driving	la conduite en état d'ivresse
drinking and driving	l'alcool au volant
a Breathalyzer® [ˈbreθəlaɪzəʳ]	un alcootest
they breathalyzed him	ils l'ont fait souffler dans le ballon
blow into the bag please	soufflez dans le ballon, s'il vous plaît
To break* down	tomber en panne
a breakdown [ˈbreɪkdaʊn]	une panne
BR a breakdown van AM a tow truck AM a wrecker [ˈrekəʳ]	une dépanneuse
to run* out of petrol	tomber en panne d'essence
BR a driving licence AM a driver's license	un permis de conduire
to take* one's driving test	passer son permis de conduire
a driving school	une auto-école
a driving instructor	un(e) moniteur (-trice) d'auto-école
to take* driving lessons	prendre des leçons de conduite
the highway code	le code de la route
BR the log book AM the registration papers	la carte grise
the green card	≈ la carte verte
To ride* a cycle/motorcycle	rouler à bicyclette/en moto
a cyclist [ˈsaɪklɪst]	un(e) cycliste
a motorcyclist [ˈməʊtəˌsaɪklɪst] a rider [ˈraɪdəʳ]	un(e) motocycliste

◢ 4 ROADS : LES ROUTES

The road network	le réseau routier
a main road	une grande route, un grand axe
BR a trunk road BR an A-road AM a highway [ˈhaɪweɪ]	une route nationale
a secondary road BR a B-road	une route départementale

an arterial road a thoroughfare [ˈθʌrəfeəʳ] (soutenu)	une artère
BR a motorway [ˈməʊtəweɪ] AM an expressway [ɪksˈpresweɪ] a freeway [ˈfriːweɪ] a speedway [ˈspiːdweɪ]	une autoroute

BR **a toll motorway**	une autoroute à péage
AM **a turnpike** [ˈtɜːnpaɪk]	
a throughway [ˈθruːəweɪ]	une voie express (en agglomération)
a riverside expressway **an embankment expressway**	une autoberge
BR **a ring road**	un périphérique
AM **a beltway** [ˈbeltweɪ]	
a section [ˈsekʃən]	un tronçon
a country road	une route de campagne
a dirt road	un chemin de terre
An **access road**	une bretelle
a side road/street	une rue/route latérale
a one-way street	une rue à sens unique
a cul-de-sac [ˈkʌldə-sæk] **a dead end**	une impasse
To **branch off** **to fork off**	bifurquer (route)
a fork (in the road)	une bifurcation
a spur [spɜːʳ]	un embranchement
a bend (in the road)	un virage
a hairpin bend	un virage en épingle à cheveux
A **junction** [ˈdʒʌŋkʃən] **an interchange** [ˈɪntə-tʃeɪndʒ]	un échangeur
BR **a (road) junction**	un croisement
AM **an intersection** [ˌɪntəˈsekʃən]	
BR **a roundabout** [ˈraʊndəbaʊt]	un rond-point
AM **a traffic circle**	
AM **a rotary** [ˈrəʊtərɪ]	
a crossroads [ˈkrɒsrəʊdz] (sing.)	un carrefour
A **bridge** [brɪdʒ]	un pont
a viaduct [ˈvaɪədʌkt]	un viaduc
BR **a flyover** [ˈflaɪ-əʊvə]	un autopont
AM **an overpass** [ˈəʊvəpɑːs]	
an underpass [ˈʌndəpɑːs]	un passage souterrain
BR **a subway** [ˈsʌbweɪ]	
a bypass [ˈbaɪpɑːs]	une rocade
a diversion [daɪˈvɜːʃən]	une déviation
traffic has been diverted	la circulation a été déviée
BR **the roadway** [ˈrəʊdweɪ]	la chaussée
AM **the pavement** [ˈpeɪvmənt]	

a lane [leɪn]	une voie, une file
a single-lane/a three-lane road	une route à voie unique/à trois voies
BR **a dual carriageway**	une route à quatre voies
AM **a divided highway**	
the left-/right-hand lane	la file de gauche/de droite
to change lanes	changer de file
a contraflow system	une voie à contresens
A **crash barrier**	une glissière de sécurité
BR **the central reservation**	le terre-plein central
AM **the median strip**	
cat's eyes	les catadioptres, les cataphotes
the verge [vɜːdʒ]	le bas-côté
"soft verge"	« accotement non stabilisé »
the hard shoulder	la bande d'arrêt d'urgence
a speed zone	une zone à vitesse limitée
BR **a 30-mile-an-hour area**	≈ une zone à vitesse limitée à 50 km/h
BR **the pavement** [ˈpeɪvmənt]	le trottoir
AM **the sidewalk** [ˈsaɪdwɔːk]	
BR **the kerb** [kɜːb]	le bord du trottoir
AM **the curb** [kɜːb]	
the gutter [ˈgʌtəʳ]	le caniveau
Roadworks [ˈrəʊdwɜːks]	les travaux de réfection des voies
a bump [bʌmp]	une bosse
bumpy [ˈbʌmpɪ]	cahoteux, bosselé
a pothole [ˈpɒthəʊl]	un nid de poule
a rut [rʌt]	une ornière
a hump back	un dos d'âne
BR **a sleeping policeman**	un ralentisseur, un casse-vitesse
AM **a speed bump**	
The **road surface**	le revêtement de la chaussée
loose chippings	les gravillons
tarmac [ˈtɑːmæk]	le macadam
tar [tɑːʳ]	le goudron
asphalt [ˈæsfælt]	l'asphalte

195

GARAGES AND PARKING :
LES GARAGES ET LE STATIONNEMENT

BR **a car park** AM **a parking lot**	un parking, un parc de stationnement
parking [ˈpɑːkɪŋ]	le stationnement
"no parking"	« défense de stationner »
BR **"no waiting"** AM **"no standing"**	« arrêt interdit »
to park [ˈpɑːk]	se garer
to be parked	stationner, être garé
to double-park	se garer en double file
to reverse into a **parking space**	faire un créneau
A **parking meter**	un parcmètre
BR **a traffic warden** AM **a meter maid**	une contractuelle
to get* a parking **ticket**	avoir un PV., avoir une contravention
a wheel clamp AM **a Denver boot**	un sabot (de Denver)
BR **petrol** [ˈpetrəl] AM **gas(oline)** [ˈgæs(əuliːn)]	l'essence
BR **four-star petrol** AM **super (gas)** AM **premium (gas)**	le super
BR **two-star petrol** AM **regular (gas)**	l'ordinaire
BR **lead-free petrol** BR **unleaded petrol** AM **unleaded gas**	l'essence sans plomb
BR **petrol consumption** AM **gas mileage**	la consommation (d'essence)
to do* 50 to the **gallon** **to do* 50 mpg** (abr. de *miles per gallon*)	≈ consommer 6 litres aux 100
a petrol pump	une pompe à essence

a (pump) attendant	un(e) pompiste
BR **a petrol station** AM **a gas station** AM **a filling station**	une station-service, un poste d'essence
the petrol gauge	la jauge d'essence
to fill up (with petrol)	faire le plein
fill it up please **fill her up please** (parlé)	le plein s'il vous plaît
A **garage** [ˈgærɑːʒ]	un garage
a garage owner	un garagiste (propriétaire)
a mechanic [mɪˈkænɪk]	un mécanicien
to have one's car **serviced**	faire réviser sa voiture
an oil change	une vidange
to check the oil/water **(level)**	vérifier le niveau d'huile/d'eau
BR **tyre pressure** AM **tire pressure**	la pression (des pneus)
to inflate [ɪnˈfleɪt] **to pump up**	gonfler
an agent [ˈeɪdʒənt]	un concessionnaire
S **pare parts**	les pièces de rechange
to repair [rɪˈpɛəʳ]	réparer
a repair shop	un atelier de réparations
a puncture [ˈpʌŋktʃəʳ] AM **a flat (tire)**	une crevaison
to change a wheel	changer une roue
a jack [dʒæk]	un cric
jump leads	les câbles de démarrage (pour batterie)
to give* sb a tow **to tow sb**	remorquer qqn

PUBLIC TRANSPORT : LES TRANSPORTS EN COMMUN

A **passenger** [ˈpæsndʒəʳ]	un(e) passager (-ère)
to go* somewhere by **bus/train**	aller quelque part en bus/train
the bus/coach driver	le conducteur de l'autobus/du car
the (bus) conductor	le receveur (en GB)
BR **a tram(car)** [ˈtræm(kɑːʳ)] AM **a streetcar** [ˈstriːtkɑːʳ]	un tramway

a coach station **a bus station**	une gare routière
a bus shelter	un abribus
the waiting room	la salle d'attente
the refreshment room	le buffet (dans une gare)
A **seat** [siːt]	une place
Is this seat taken ?	Cette place est-elle libre ?

a reservation [ˌrezəˈveɪʃən]	une réservation
to reserve a seat **to book a seat**	réserver (une place), faire une réservation
the fare [fɛəʳ]	le prix du billet
A ticket [ˈtɪkɪt]	un billet, un ticket
BR **a single (ticket)** to AM **a one-way ticket** to	un aller *pour*
BR **a return (ticket)** to AM **a round-trip ticket** to	un aller (et) retour *pour*
a half-fare ticket	un billet demi-tarif
a group ticket	un billet de groupe
BR **a travelcard** [ˈtrævlkɑːd] BR **a season ticket** AM **a commutation ticket**	une carte d'abonnement
BR **valid** [ˈvælɪd] AM **available** [əˈveɪləbl]	valide, valable
the ticket office	le guichet
to punch [pʌntʃ]	poinçonner
to punch	composter (avec un poinçon)
to (date) stamp	composter (avec un tampon)
BR **the timetable** [ˈtaɪmteɪbl] AM **the schedule** [ˈskedjuːl]	l'horaire
the arrival(s)/ departure(s) indicator board	le tableau des arrivées/des départs
"Arrivals" [əˈraɪvəlz]	«Arrivées»

"Departures" [dɪˈpɑːtʃəʳz]	«Départs»
to leave* at 9 am	partir à 9 h
the train is due at 9 am	le train arrive à 9 h
on time	à l'heure
late [leɪt]	en retard
early [ˈɜːlɪ]	en avance
To get* into the bus/train	monter dans l'autobus/le train
to get* off the bus/train	descendre de l'autobus/du train
to catch* the bus/the train	attraper l'autobus/le train
to miss one's bus/train	manquer son autobus/son train
to see* sb off at the station	accompagner qqn à la gare
to meet* sb **to go* and fetch sb**	aller chercher qqn
BR **the left-luggage (office)** AM **the checkroom** [ˈtʃekrum]	la consigne
a left-luggage locker	une consigne automatique
the luggage rack **the baggage rack**	le porte-bagages, le filet
the lost property office	le bureau des objets trouvés
BR **a (luggage) trolley** AM **a cart** [kɑːt]	un chariot

RAIL TRANSPORT : LES TRANSPORTS FERROVIAIRES

BR **the railway** [ˈreɪlweɪ] AM **the railroad** [ˈreɪlrəʊd]	le chemin de fer
by rail	par chemin de fer
a train [treɪn]	un train
a passenger train	un train de voyageurs
BR **a goods train** AM **a freight train**	un train de marchandises
A high-speed train	≈ un TGV, un train à grande vitesse
an express train	un rapide
a fast train	un train express
a main-line train	un train de grande ligne

a commuter train	un train de banlieue
a non-stop train **a through train**	un train direct
a stopping train **a slow train**	un omnibus
an extra train	un train supplémentaire
the engine [ˈendʒɪn] **the locomotive** [ˌləʊkəˈməʊtɪv]	la locomotive
To take* the train	prendre le train
the Poitiers train	le train de Poitiers
the next train to	le prochain train *à destination de*

to travel first/second class	voyager en première/en seconde	BR **an engine driver** AM **an engineer** [ˈendʒɪˈnɪəʳ]	un mécanicien
to face the engine	être assis dans le sens de la marche	BR **the guard** [gɑːd] AM **the conductor** [kənˈdʌktəʳ]	le chef de train
to have one's back to the engine	être assis dans le sens contraire (à celui) de la marche	**the station master**	le chef de gare
		a ticket inspector	un contrôleur (dans le train)
To stop at [stɒp]	s'arrêter à	**a ticket collector**	un contrôleur (dans la gare)
a stop	un arrêt		
the train will be calling at Dijon, Lyons ...	le train s'arrêtera à Dijon, Lyon...	**a porter** [ˈpɔːtəʳ] AM **a redcap** [ˈredkæp]	un porteur
the train stops at every station before Paris	le train est omnibus jusqu'à Paris	BR **a sleeper** [ˈsliːpəʳ] AM **a tie** [taɪ]	une traverse
to change at [tʃeɪndʒ]	changer à	BR **the points** [pɔɪnts] AM **the switches** [ˈswɪtʃɪz]	les aiguilles
to change trains	changer de train	**a signal box**	un poste d'aiguillage
to miss one's connection	manquer sa correspondance	**the embankment** [ɪmˈbæŋkmənt]	le remblai
		the rails [reɪls]	les rails
BR **a (railway) station** AM **a train station** **a railroad station**	une gare	**the track** [træk] **the line** [laɪn]	la voie ferrée
the concourse [ˈkɒŋkɔːs]	le hall	**a railway line**	une ligne de chemin de fer
the platform [ˈplætfɔːm]	le quai		
BR **on platform number one** AM **on track one**	sur la voie numéro un	**a siding** [ˈsaɪdɪŋ]	une voie de garage
		a junction [ˈdʒʌŋkʃən]	un embranchement
BR **a carriage** [ˈkærɪdʒ] AM **a car** [kɑːʳ]	une voiture	BR **a level crossing** AM **a grade crossing**	un passage à niveau
BR **a front/rear carriage** AM **a front/rear car**	une voiture de tête/de queue	**a tunnel** [ˈtʌnl]	un tunnel
the corridor [ˈkɒrɪdɔːʳ]	le couloir	**the Channel tunnel**	le tunnel sous la Manche
a sleeping car	une voiture-lit	BR **the underground** [ˈʌndəɡraʊnd] BR **the tube** [tjuːb] (parlé) AM **the subway** [ˈsʌbweɪ]	le métro
a berth [bɜːθ] **a couchette** [kuːˈʃet]	une couchette		
the dining car	la voiture-restaurant	BR **an underground station** BR **a tube station** (parlé) AM **a subway station**	une station de métro
the buffet car	la voiture-bar		
the observation car	la voiture panoramique	BR **an underground train** AM **a subway train**	une rame de métro
BR **the luggage van** AM **the baggage car**	le fourgon (à bagages)	**the elevated railroad**	le métro aérien

▶ ⑧ AIR TRANSPORT : LES TRANSPORTS AÉRIENS

Aviation [ˌeɪvɪˈeɪʃən]	l'aviation	**an airstrip** [ˈεə-strɪp]	un terrain d'aviation (petit aéroport)
air space	l'espace aérien	**a heliport** [ˈhelɪpɔːt]	un héliport, une héligare
an airport [ˈεəpɔːt]	un aéroport		
an airfield [ˈεə-fiːld]	un terrain d'aviation (général)	**an airline** [ˈεə-laɪn]	une compagnie aérienne

a **terminal** ['tɜ:mɪnl]	une aérogare
a **runway** ['rʌnweɪ]	une piste

A plane [pleɪn]	un avion
BR **an aeroplane** ['ɛərəpleɪn]	
AM **an airplane** ['ɛəpleɪn]	
an **aircraft** ['ɛəkrɑːft] (plur. inv.)	un appareil
a **long-/medium-haul aircraft**	un long-/moyen-courrier
supersonic [ˌsuːpəˈsɒnɪk]	supersonique
a **jet (plane)**	un avion à réaction, un jet
a **jumbo jet**	un gros porteur
an **airliner** ['ɛəlaɪnəʳ]	un avion de ligne

A seaplane ['siː.pleɪn]	un hydravion
BR a **hovercraft** ['hɒvə.krɑːft]	un aéroglisseur
AM **an air cushion vehicle** (abr. ACV)	
an **airship** ['ɛəʃɪp]	un dirigeable
AM a **dirigible** ['dɪrɪdʒəbl]	
a **glider** ['glaɪdəʳ]	un planeur
a **cargo plane**	un avion-cargo
a **helicopter** ['helɪkɒptəʳ]	un hélicoptère
an **old crate** (parlé)	un coucou, un zinc

A flight [flaɪt]	un vol
a **scheduled/charter flight**	un vol régulier/charter
a **domestic/ international flight**	un vol intérieur/ international
to **fly* to London**	aller à Londres en avion
a **refuelling stop**	une escale technique
to **stop over at**	faire escale à
a **non-stop flight**	un vol sans escale
to **be grounded**	être retenu au sol

To check in	se présenter à l'enregistrement
the **check-in desk**	le guichet d'enregistrement
Gate 5	Porte 5
a **shuttle** ['ʃʌtl]	une navette
a **boarding pass** a **boarding card**	une carte d'embarquement
the **departure lounge**	la salle d'embarquement
to **board the plane**	monter à bord, embarquer
BR **hand luggage** AM **hand baggage**	les bagages à main

BR **to disembark** [ˌdɪsɪmˈbɑːk]	descendre d'avion
AM **to deplane** [ˌdiːˈpleɪn]	
to **have jet lag** to **be jet-lagged**	souffrir du décalage horaire

The cabin ['kæbɪn]	la cabine
in the **front/rear of the plane**	à l'avant/à l'arrière de l'avion
the **fuselage** ['fjuːzəlɑːʒ]	le fuselage
the **cockpit** ['kɒkpɪt] the **flight deck**	le poste de pilotage
the **instrument panel**	le tableau de bord
the **hold** [həʊld]	la soute
a **window** ['wɪndəʊ]	un hublot
an **aisle** [aɪl]	une allée
the **emergency exit**	la sortie de secours

The control tower	la tour de contrôle
an **air traffic controller**	un aiguilleur du ciel, un contrôleur aérien
the **ground staff** the **ground crew**	le personnel à terre
the **flight staff**	le personnel navigant

The captain ['kæptɪn]	le capitaine
the **pilot** ['paɪlət]	le pilote
the **automatic pilot**	le pilote automatique
the **navigator** ['nævɪgeɪtəʳ]	le navigateur
the **(air)crew**	l'équipage
the **flying personnel**	le personnel navigant
an **air hostess**	une hôtesse de l'air
the **stewardess** ['stjʊədes] AM the **flight attendant**	l'hôtesse
the **steward** ['stjuːəd] AM the **flight attendant**	le steward

To taxi ['tæksɪ]	rouler au sol
to **take* off**	décoller
the **takeoff** ['teɪkɔf]	le décollage
to **cruise at 30,000 feet**	≈ voler à 10 000 mètres
the **cruising speed**	la vitesse de croisière

To land [lænd]	atterrir
a **landing** ['lændɪŋ]	un atterrissage
a **smooth landing**	un atterrissage en douceur
an **emergency/a blind landing**	un atterrissage forcé/sans visibilité

blind flying	le pilotage sans visibilité	**A**viation fuel AM **kerosene** [ˈkerəsiːn]	le kérosène (général)
a near miss	une quasi-collision	**jet fuel**	le kérosène (de jet)
turbulence [ˈtɜːbjʊləns] (n.c. sing.)	les turbulences	**the wing** [wɪŋ]	l'aile
to dive⁽¹⁾ [daɪv]	plonger, descendre en piqué	**the propeller** [prəˈpeləʳ]	l'hélice
the black box	la boîte noire	BR **the undercarriage** [ˈʌndəkærɪdʒ]	le train d'atterrissage
to parachute [ˈpærəʃuːt]	parachuter	AM **the landing gear**	
a parachute	un parachute	**a hangar** [ˈhæŋəʳ]	un hangar
(1) ATTENTION prétérit BR **dived**, AM **dove**			

▶ ⑨ **SHIPS AND BOATS** : LES BATEAUX

A ship [ʃɪp]	un navire	**T**o paddle [ˈpædl]	pagayer
shipping [ˈʃɪpɪŋ] (n.c. sing.)	les navires (collectivement)	**a paddle**	une pagaie
a merchant ship	un navire marchand,	**to row** [rəʊ]	ramer
a merchantman [ˈmɜːtʃəntmən]	un navire de commerce	**a rowboat** **a rowing boat**	un bateau à rames
the mercantile marine BR **the merchant navy** AM **the merchant marine**	la marine marchande	**an oar** [ɔːʳ]	une rame
a boat [bəʊt]	un bateau	**A** fishing boat	un bateau de pêche
a vessel [ˈvesl] (soutenu)	un vaisseau	**a trawler** [ˈtrɔːləʳ]	un chalutier
ocean-going [ˈəʊʃənˌɡəʊɪŋ]	de haute mer	**fishing nets**	les filets de pêche
a landlubber [ˈlændˌlʌbəʳ]	un marin d'eau douce	**a barge** [bɑːdʒ]	une péniche
		a tug [tʌɡ]	un remorqueur
A liner [ˈlaɪnəʳ] **a passenger ship**	un paquebot	**to tug** **to tow** [təʊ]	remorquer
a ferry [ˈferɪ]	un ferry, un bac	**a motorboat** [ˈməʊtəbəʊt]	un canot automobile
a steamer [ˈstiːməʳ] **a paddle boat** [ˈpædlbəʊt]	un bateau à vapeur	**S**ails [seɪlz]	les voiles
BR **a paddle steamer** AM **a sidewheeler**	un bateau à roue, un bateau à aubes	**the rigging** [ˈrɪɡɪŋ]	le gréement
a hydroplane [ˈhaɪdrəʊˌpleɪn]	un hydroglisseur	**a mast** [mɑːst]	un mât
		the helm [helm] **the tiller** [ˈtɪləʳ]	la barre
A tanker [ˈtæŋkəʳ] **an oil tanker**	un pétrolier	**the rudder** [ˈrʌdəʳ]	le gouvernail
a freighter [ˈfreɪtəʳ] **a cargo boat**	un cargo	**the hull** [hʌl]	la coque
		the keel [kiːl]	la quille
A coaster [ˈkəʊstəʳ]	un caboteur	**the propeller** [prəˈpeləʳ]	l'hélice
a speedboat [ˈspiːdbəʊt] **an outboard** [ˈaʊtbɔːd]	un hors-bord	**the gangway** [ˈɡæŋweɪ]	la passerelle d'embarquement
a dinghy [ˈdɪŋɡɪ]	un youyou, un (petit) canot	**the deck** [dek]	le pont
a sailing boat	un voilier	**the hold** [həʊld]	la cale
a sailing dinghy	un dériveur	**T**he bow(s) [baʊ(z)]	l'avant, la proue
a multihull [ˈmʌltɪhʌl]	un multicoque	**the stern** [stɜːn]	l'arrière, la poupe
a catamaran [ˌkætəməˈræn]	un catamaran	**the engine room**	la salle des machines
		the bridge [brɪdʒ]	la passerelle de commandement

port [pɔːt]	bâbord	**a seachart** ['siːʃɑːt]	une carte marine
starboard ['stɑːbəd]	tribord	**the logbook** ['lɒgbʊk]	le livre de bord, le journal de bord
The compass ['kʌmpəs]	le compas		

10 SEA TRANSPORT : LES TRANSPORTS MARITIMES

◀

Navigation [ˌnævɪ'geɪʃən]	la navigation	**to embark** *on* [ɪm'bɑːk]	(s')embarquer *à bord de*
shipping ['ʃɪpɪŋ]		**the anchor** ['æŋkər]	l'ancre
closed to shipping	interdit à la navigation	**to weigh anchor**	lever l'ancre
a shipping line	une compagnie de navigation	**to put* out to sea**	prendre la mer (en général)
sea traffic	le trafic maritime	**to (set*) sail**	prendre la mer (voilier)
the flag [flæg]	le pavillon	**to cast* off**	appareiller, larguer les amarres
to fly* the French flag	battre pavillon français	**to get* underway**	
a flag of convenience AM **a flag of necessity**	un pavillon de complaisance		
to hoist [hɔɪst]	hisser	**To head for the open sea**	gagner le large
		to head for	faire route vers
The captain ['kæptɪn] **the master** ['mɑːstər]	le capitaine (grand bateau)	**to sail towards**	faire voile vers
the captain **the skipper** ['skɪpər]	le capitaine (bateau de pêche, de plaisance)	**the ship to Marseille** **the ship bound for Marseille**	le bateau à destination de Marseille
the crew [kruː]	l'équipage	**the ship from Dover** **the ship out of Dover**	le bateau en provenance de Douvres
a member of the crew	un homme d'équipage		
a sailor ['seɪlər]	un marin	**the wake** [weɪk]	le sillage
the first mate	le second	**to drift** [drɪft]	dériver
BR **a docker** ['dɒkər] AM **a longshoreman** ['lɒŋ.ʃɔːmən]	un docker	**On board**	à bord
		a cabin ['kæbɪn]	une cabine
A port [pɔːt]	un port (ville portuaire)	**a berth** [bɜːθ]	une couchette
a harbour ['hɑːbər]	un port (enceinte)	**a cruise** [kruːz]	une croisière
to enter/leave harbour	entrer dans/quitter le port	**to go* on a cruise**	faire une croisière
a buoy [bɔɪ]	une bouée	**to cruise**	être en croisière
the quay [kiː]	le quai (en général)	**a crossing** ['krɒsɪŋ]	une traversée
at the quayside	à quai	**to cross from England to France**	faire la traversée d'Angleterre en France
the wharf [wɔːf]	le quai (pour marchandises)	**a rough/smooth crossing**	une mauvaise/bonne traversée
a landing stage	un appontement	**to be a good/poor sailor**	avoir/ne pas avoir le pied marin
the pier [pɪər]	l'embarcadère		
the jetty ['dʒetɪ]	la jetée		
a lighthouse ['laɪthaʊs]	un phare	**To call at** **to put* in at**	faire escale à
The gangway ['gæŋweɪ] **the gangplank** ['gæŋplæŋk]	la passerelle d'embarquement	**the dock** [dɒk]	le bassin, le dock
		to dock	arriver à quai
to go* on board	monter à bord, (s')embarquer	**to moor** [mʊər]	amarrer
		moorings ['mʊərɪŋz]	les amarres

to disembark [ˈdɪsɪmˈbɑːk]	débarquer	to go* ashore	débarquer, descendre à terre
to come* alongside	venir à quai, accoster	to drop anchor	jeter l'ancre
		to lie* at anchor	mouiller

TOURISM AND HOLIDAYS : LE TOURISME ET LES VACANCES

Tourism [ˈtuərɪzəm] the tourist industry the tourist trade	l'industrie du tourisme, le tourisme	**T**o book [bʊk]	réserver
a travel agent	un agent de voyages	to make* a booking	faire une réservation
a travel agency	une agence de voyages	to cancel [ˈkænsəl]	annuler, résilier
a tour operator	un tour-opérateur, un voyagiste	a cancellation [ˈkænsəˈleɪʃən]	une annulation, une résiliation
a holiday brochure	une brochure touristique	to rent a house	louer une maison
a leaflet [ˈliːflɪt]	un dépliant	to pay* a deposit *on*	verser des arrhes *sur*
the tourist information office the tourist information centre the tourist bureau	l'office du tourisme, le syndicat d'initiative	BR to hire a car to rent a car	louer une voiture
		BR a hire car a rented car	une voiture de location
BR a holiday [ˈhɒlɪdeɪ] AM a vacation [vəˈkeɪʃən]	des vacances	**T**o pack (one's luggage)	faire ses bagages, faire ses valises
the summer holiday(s)	les vacances d'été	a (suit)case a bag [bæg]	une valise
on (one's) holiday(s)	en vacances	a (cabin) trunk	une malle
the school holidays	les vacances scolaires	a holdall [ˈhəʊldɔːl]	un sac de voyage, un fourre-tout
the Easter/Christmas holiday(s)	les vacances de Pâques/de Noël		
Have a good holiday!	Bonnes vacances !	**A** holiday villa	une villa de vacances
to take* a holiday	prendre des vacances	a holiday village	un village de vacances
to take* one's holidays in June	prendre ses vacances en juin	BR a holiday camp AM a summer camp	une colonie de vacances
to go* on holiday	partir en vacances	a seaside resort	une station balnéaire
Are you going away for Easter/ Christmas ?	Vous partez en vacances à Pâques/à Noël ?	a ski resort	une station de sports d'hiver
to spend* one's holidays in to spend* one's vacations in	passer ses vacances à	a spa [spɑː]	une ville d'eau, une station thermale
to go* on a skiing holiday	partir aux sports d'hiver	a health farm	un établissement de cure, un centre de remise en forme
BR holiday-makers AM vacationers [vəˈkeɪʃənəˈz] AM vacationists [vəˈkeɪʃənɪsts]	les vacanciers	**T**o travel [ˈtrævl]	voyager
		BR a traveller [ˈtrævləˈ] AM a traveler	un(e) voyageur (-euse)
annual leave	le congé annuel	travel (n.c. sing.) travelling [ˈtrævlɪŋ] (n.c. sing.)	le(s) voyage(s)
holidays with pay	les congés payés	a trip [trɪp]	un voyage
a package holiday an all-in holiday	des vacances organisées	a trip to Greece/Leningrad	un voyage en Grèce/à Leningrad
		to go* on a trip to take* a trip	partir en voyage

the journey	le voyage, le trajet	to see* the sights of Paris	visiter (les monuments de) Paris
Have a good journey!	Bon voyage!	to go* on a guided tour	faire une visite guidée
to go* on a world tour to go* round the world	faire le tour du monde	a visitor ['vɪzɪtə']	un(e) visiteur (-euse)
to stop over in Rome	faire une halte à Rome	summer visitors	les estivants
to break* one's journey in Rome	faire étape à Rome	a tourist ['tʊərɪst]	un(e) touriste
		it's very popular with tourists	c'est très touristique
An excursion [ɪksˈkɜːʃən]	une excursion	it has great tourist attraction	
to go* on an excursion	faire une excursion	it's very touristy (péj.)	c'est trop touristique
trippers ['trɪpə'z]	les excursionnistes	**A** map [mæp]	une carte
to explore a country/a district	explorer un pays/une région	a street plan a street map	un plan (des rues)
an itinerary [aɪˈtɪnərərɪ] a route [ruːt]	un itinéraire	a guide(book)	un guide touristique (livre)
to spend* a day at the seaside/in the country	passer une journée au bord de la mer/à la campagne	a guide [gaɪd]	un guide (personne)
		a courier ['kʊrɪə']	un(e) accompagnateur (-trice)
to go* away for the weekend	partir en weekend		
to get* a change of air	changer d'air	**T**o hitchhike ['hɪtʃhaɪk]	faire de l'auto-stop
		to hitch [hɪtʃ] (parlé)	faire du stop
To go* sightseeing to go* touring	faire du tourisme	a hitch-hiker	un(e) auto-stoppeur (-euse)
to tour ['tʊə']		to hitch a lift to Paris	aller à Paris en stop
to visit ['vɪzɪt]	visiter (monument, musée)	to get* a lift	être pris en stop

12 HOTELS : LES HÔTELS

The hotel industry	l'hôtellerie, l'industrie hôtelière	**T**o stay in a hotel to put* up at a hotel	descendre à l'hôtel
a hotel chain	une chaîne hôtelière	to check in to register ['redʒɪstə']	signer le registre, remplir la fiche d'accueil
a luxury hotel	un palace		
a three-/four-star hotel	un hôtel trois/quatre étoiles	to book a room	réserver une chambre
a hotel-keeper [həʊˈteɪkiːpə] a hotelier [həʊˈteliə']	un(e) hôtelier (-ière)	to confirm one's reservation	confirmer sa réservation
		the bill [bɪl] AM the check [tʃek]	la note
A motel [məʊˈtel]	un motel	to check out to pay* one's bill	régler sa note
an inn [ɪn]	une auberge		
a youth hostel	une auberge de jeunesse	a guest [gest] a patron ['peɪtrən]	un client
a boarding house a guest house	une pension de famille	"no vacancies"	« complet »
a self-catering holiday cottage	un gîte (en général)	the hotel is full	l'hôtel est plein
a gite	un gîte (en France)	"vacancies" ['veɪkənsɪz]	« chambres libres »
a bed-and-breakfast place (abr. B & B)	≈ une chambre d'hôte	Have you got any vacancies for July?	Avez-vous des chambres (libres) pour juillet?

Full board	chambre avec pension complète	**air-conditioned** ['ɛə.kən'dɪʃənd]	climatisé
half board	chambre avec demi-pension	**the air conditioning**	la climatisation
a double bed	un grand lit		
a single bed	un lit simple, un lit d'une personne	**T**he reception (desk)	la réception
a single/double room	une chambre pour une personne/pour deux personnes	BR **the receptionist** [rɪ'sepʃənɪst]	le réceptionniste
		AM **the room clerk**	
		AM **the desk clerk**	
a room with twin beds	une chambre à lits jumeaux	**the manager** ['mænɪdʒəʳ]	le gérant
a room with a bath/ a shower	une chambre avec salle de bain/avec douche	**the manageress** [.mænɪdʒə'res]	la gérante
		the hotel staff	le personnel de l'hôtel
room number15	la chambre numéro 15	**the doorman** ['dɔ:mən] **the commissionaire** [kə.mɪʃə'nɛəʳ]	le portier
a room with a sea view	une chambre avec vue sur la mer		
room service	le service à l'étage	BR **the pageboy** ['peɪdʒbɔɪ]	le groom, le chasseur
		AM **the bellboy** ['belbɔɪ]	
		AM **the bellhop** ['belhɒp]	
The lounge [laʊndʒ]	le salon	BR **a lift** [lɪft] AM **an elevator** ['elɪveɪtəʳ]	un ascenseur
the dining-room ['daɪnɪŋ.rʊm]	la salle à manger	BR **a lift boy** BR **a lift man**	un liftier
		AM **an elevator boy**	
the bar [bɑ:ʳ] **the cocktail lounge**	le bar	**the chambermaid** ['tʃeɪmbə.meɪd]	la femme de chambre

CAMPING AND CARAVANNING :
LE CAMPING ET LE CARAVANING

A camp(ing) ground **a camp(ing) site**	un (terrain de) camping	**A** gas cylinder	une bouteille de gaz
to camp [kæmp] **to go* camping**	faire du camping	**a camp bed**	un lit de camp
a camper ['kæmpəʳ]	un(e) campeur (-euse)	**a folding chair/table**	une chaise/une table pliante
a site [saɪt]	un emplacement	**a camping stove**	un réchaud de camping
a shady site **a site with shade**	un emplacement ombragé	**a groundsheet** ['graʊnd.ʃɪ:t]	un tapis de sol
		a sleeping bag	un sac de couchage
A tent [tent]	une tente	**a backpack** ['bækpæk] **a rucksack** ['rʌksæk]	un sac à dos
to put* up a tent **to erect a tent**	monter une tente		
a tent pole	un montant de tente	BR **a camper** ['kæmpəʳ] AM **a motorhome** ['məʊtəhəʊm]	un camping-car
a mallet ['mælɪt]	un maillet		
a peg [peg]	un piquet	AM **an RV** [ɑ:'vi:] (abr. de *recreational vehicle*)	
a guy rope	une corde		
the awning ['ɔ:nɪŋ]	l'auvent	**a mobile home**	une autocaravane
to take* down a tent	démonter une tente	BR **a caravan** ['kærəvæn] AM **a trailer** ['treɪləʳ]	une caravane
to sleep* under canvas	coucher sous la tente		
waterproof ['wɔ:təprʊf]	imperméable	**a tent trailer**	une caravane pliante
to waterproof sth	imperméabiliser qqch.	**a trailer**	une remorque

---

TELECOMMUNICATIONS : LES TÉLÉCOMMUNICATIONS

A (tele)phone [('telɪ)fəʊn] — un téléphone

to be on the phone — avoir le téléphone

a public phone
a payphone ['peɪfəʊn] — un téléphone public

BR **a callbox** ['kɔːlbɒks]
BR **a phone box** — une cabine (téléphonique)
AM **a phone booth**

a card phone — un téléphone à carte

a phonecard ['fəʊn.kɑːd] — une carte téléphonique

A push-button/ cordless telephone — un téléphone à touches/sans fil

a car phone — un radiotéléphone

the receiver [rɪ'siːvəʳ] — le combiné

the cord [kɔːd]
the flex [fleks] — le fil

the (phone) bell — la sonnerie (du téléphone)

an intercom ['ɪntəkɒm]
a buzzer ['bʌzəʳ] — un interphone

A phone number — un numéro de téléphone

the dial ['daɪəl] — le cadran

to dial a number — composer un numéro

BR **the dialling tone**
AM **the dial tone** — la tonalité

BR **the dialling code**
AM **the area code** — l'indicatif

to dial direct to Pukatiwhaino — appeler Pukatiwhaino par l'automatique

A phone call — un appel téléphonique, un coup de téléphone, une communication téléphonique

a local call — une communication urbaine

an inter-city call
BR **a trunk call** — une communication interurbaine

BR **a personal call**
AM **a person-to-person call** — une communication avec préavis

BR **to reverse the charges**
BR **to transfer the charges** — téléphoner en PCV
AM **to call collect**

To (tele)phone [('telɪ)fəʊn] — téléphoner

to make* a (phone) call

to (tele)phone sb — téléphoner à qqn

BR **to ring* sb (up)**
BR **to give* sb a ring** (parlé)
AM **to call sb (up)** — passer un coup de fil à qqn

to get* through — obtenir la communication

to put* sb through to sb — mettre qqn en communication avec qqn, passer qqn à qqn

to be on the phone *to sb* — être au téléphone *avec qqn*

to call back
to phone back — rappeler

to leave* a message *for sb* — laisser un message *pour qqn*

To answer the phone — répondre au téléphone

an answering machine — un répondeur

to lift the receiver
to pick the receiver up — décrocher (le téléphone)

to leave* the phone off the hook — laisser le téléphone décroché

to replace the receiver — raccrocher le combiné

to hang* up — raccrocher

To ring* [rɪŋ] — sonner

the ringing tone — la sonnerie (d'appel)

There's no reply — Ça ne répond pas

to be cut off — être coupé

BR **It's engaged**
AM **It's busy** — C'est occupé

to get* a wrong number — faire un faux numéro

The lines are crossed — Il y a des interférences

Hello ! [hə'ləʊ]
Hallo ! [hə'ləʊ] — Allô !

Hello, Wallisdown & Co, can I help you ? — Allô, Wallisdown et Cie, j'écoute

Could I speak to Robert ? — Pourrais-je parler à Robert ?

Who's speaking ? — Qui est à l'appareil ?

This is Marie speaking — C'est Marie à l'appareil

Is that Marie ? — Speaking	C'est Marie (à l'appareil) ? — Elle-même	a **switchboard operator**	un(e) standardiste
Hold the line !	Ne quittez pas !	the **(telephone) switchboard**	le standard
We're trying to connect you	Nous recherchons votre correspondant	BR **extension 516** AM **station 516**	poste 516
He hung up on me	Il m'a raccroché au nez		
		A telex ['teleks]	un télex
The **(telephone) directory**	l'annuaire	to **telex sb**	envoyer un télex à qqn
the **phone book**		BR a **teleprinter** ['teli.printə']	un téléscripteur
to **look up sb's number in the directory**	chercher le numéro de qqn dans l'annuaire	AM a **teletypewriter** [.teli'taipraitə']	
the **yellow pages**	les pages jaunes (de l'annuaire)	a **fax** [fæks]	une télécopie, un fax
BR **to be ex-directory** AM **to be unlisted**	être sur la liste rouge	a **fax machine**	un télécopieur, un fax
BR **directory enquiries** AM **information** [.infə'meiʃən] (sing.)	les renseignements	to **fax sth** to sb	transmettre qqch. par télécopie à qqn
Try the operator	Appelez les réclamations	a **cable** ['keibl]	un câble
the **speaking clock**	l'horloge parlante	to **telegraph sth/sb**	télégraphier qqch./à qqn
		a **radio ham**	un radioamateur
BR a **telephonist** [ti'lefənist]	un(e) téléphoniste	a **CB fan**	un(e) cibiste
AM a **telephone operator**		a **walkie-talkie** ['wɔ:ki'tɔ:ki]	un talkie-walkie

2 POSTAL SERVICES : LES SERVICES POSTAUX

A post office	un bureau de poste, une poste	a **lettercard**	une carte-lettre
		" printed matter "	« imprimés »
mail service BR **post** [pəust] BR **postal service**	la poste (service)	a **packet** ['pækit]	un paquet
		a **parcel** ['pɑ:sl]	un colis
the **postmaster**	le receveur (des postes)	a **customs form**	une fiche de déclaration de douane
the **postmistress**	la receveuse (des postes)		
mailman (fém. mailwoman)	un(e) facteur (-trice), un(e) préposé(e)	**A** (postage) stamp	un timbre(-poste)
a **post office worker** BR a **postman** (fém. postwoman)	un(e) postier (-ière), un(e) employé(e) des postes	to **stick on a stamp**	coller un timbre
		to **stamp** [stæmp]	affranchir (avec un timbre)
the **mailman has been**	le facteur est passé	to **frank** [fræŋk]	affranchir (à la machine)
a **mail strike** a **postal strike**	une grève des postes	**postage** ['pəustidʒ]	l'affranchissement (prix payé)
Mail [meil] BR **post** [pəust]	le courrier	**" postage paid "**	« ne pas affranchir »
		postage rates	les tarifs postaux
to **have one's mail forwarded**	faire suivre son courrier	a **surcharge** ['sɜ:tʃɑ:dʒ]	une surtaxe
a **letter** ['letə']	une lettre	**A**n address [ə'dres]	une adresse
a **postcard**	une carte postale	to **address sth** to sb	adresser qqch. à qqn

a postal code	un code postal
AM **a zip code**	
the addressee [ˌædre'si:]	le (la) destinataire
the sender ['sendə']	l'expéditeur (-trice)
to seal an envelope	fermer une enveloppe
To mail sth *to sb*	poster qqch. *à qqn*
BR **to post sth** *to sb*	
to send* sth by mail	envoyer qqch. par la
BR **to send* sth by post**	poste
to send* sth by airmail	envoyer qqch. par avion
an aerogram	un aérogramme
to express sth	envoyer qqch. en
BR **to send* sth by express post**	exprès
BR **to send* sth express**	
AM **to send* sth by special delivery**	
BR **express letter/parcel**	lettre/colis exprès
AM **special delivery letter/parcel**	
by return of post	par retour de courrier
To send* sth recorded delivery	envoyer qqch. en recommandé (en général)
to register sth	envoyer qqch. en
to send* sth by registered mail	recommandé (avec valeur assurée)
BR **to send* sth by registered post**	
a recorded delivery letter	une lettre recommandée (en général)

a registered letter	un lettre recommandée (avec valeur assurée)
A letter box	une boîte aux lettres (privée)
BR **a postbox**	une boîte aux lettres
BR **a pillar-box**	
AM **a mailbox**	
the postmark	le cachet de la poste
to cancel ['kænsəl]	oblitérer
the sorting office	le centre de tri
to sort mail	trier le courrier
to deliver mail	distribuer le courrier
collection [kə'lekʃən]	une levée
a P.O. box	une boîte postale
poste restante	poste restante
A mail airplane/train	un avion/train postal
a mailbag ['meɪlbæg]	un sac postal
a postbag ['pəustbæg]	
mailvan ['meɪlvæn]	un fourgon postal
Telegram ['telɪgræm]	un télégramme
AM **a wire** ['waɪə']	
to send* a telegram *to sb*	envoyer un télégramme *à qqn*
AM **to send* a wire** *to sb*	
AM **to wire sb**	
a money order	un mandat
a postal order	

REMARQUE : Le service des postes s'appelle en Grande-Bretagne **the General Post Office** (abr. GPO) et aux États-Unis **the US Mail.**

---

③ INFORMATION : L'INFORMATION ◀

Information *about/on* [ˌɪnfə'meɪʃən] (n.c.sing.)	l'information *concernant/sur*, des renseignements *concernant/sur*
a piece of information	une information, un renseignement
an informant [ɪn'fɔ:mənt]	un(e) informateur (-trice)
to brief sb *on sth, about sth*	mettre qqn au courant *de qqch.* (de faits nouveaux)
to fill sb in *on sth*	
to bring*/keep* sb up to date *on sth*	mettre/tenir qqn au courant *de qqch.* (de changements)
a briefing ['bri:fɪŋ]	un briefing

An enquiry [ɪn'kwaɪərɪ]	une demande de renseignements
an inquiry [ɪn'kwaɪərɪ]	
to inform sb *of/about sth*	informer qqn *de/sur qqch.*
to give* sb some information	renseigner qqn
to enquire *about sth*	s'informer, se renseigner *sur qqch.*
to inquire *about sth*	
to make* enquiries *about sth*	
to make* inquiries *about sth*	
to find* out *about sth*	
to inform o.s.	s'informer (dans un domaine)

well-informed	bien informé
for your information	à titre d'information, pour votre information
to gather information *about sth/sb*	se documenter *sur qqch./qqn*
To study sth	étudier qqch.
to make* a study of sth	faire une étude de qqch.
to survey sth	
an enquiry *into sth, about sth* [ɪnˈkwaɪərɪ]	une enquête *sur qqch.*
an inquiry *into sth, about sth* [ɪnˈkwaɪərɪ]	
a survey *on* [ˈsɜːveɪ]	une enquête (approndondie) *sur*
To discover that	découvrir que
to find* out that	
a discovery [dɪsˈkʌvərɪ]	une découverte
to uncover sth	dévoiler qqch.
to check sth	vérifier qqch.
to verify sth	
a check [tʃek]	une vérification
to ascertain sth	s'assurer de qqch.
a fact [fækt]	un fait
to get* the facts clear	établir les faits
to get* the facts straight	
to confirm sth	confirmer qqch.
confirmation [ˌkɒnfəˈmeɪʃən]	la confirmation
To contact sb *about sth*	contacter qqn *à propos de qqch.*
to be in contact *with sb*	être en contact *avec qqn*
to be in touch *with sb*	

to get* in touch *with sb*	se mettre en contact *avec qqn*
to get* into contact *with sb*	
to communicate [kəˈmjuːnɪkeɪt]	communiquer
a communication [kəˌmjuːnɪˈkeɪʃən]	une communication
to notify sb *of sth, about sth*	aviser qqn *de qqch.*
a notice [ˈnəʊtɪs]	un avis
to issue a bulletin/statement *about sth*	publier un bulletin/un communiqué *sur qqch.*
a spokesperson *for* [ˈspəʊksˌpɜːsən]	un porte-parole *de*
a spokesman *for* [ˈspəʊksmən] (fém. spokeswoman)	
A hint [hɪnt]	une allusion
to drop a hint *about*	faire une allusion *à*
to hint that	laisser entendre que
a leak [liːk]	une fuite
to leak sth	divulguer qqch.
BR **a rumour** [ˈruːməʳ]	une rumeur, un bruit
AM **a rumor**	
BR **it's rumoured that**	la rumeur veut que
AM **it's rumored that**	
To refute [rɪˈfjuːt]	démentir
to deny [dɪˈnaɪ]	
to keep* quiet about sth	passer qqch. sous silence, taire qqch.
to hush sth up	étouffer qqch.
censorship [ˈsensəʃɪp]	la censure
to censor [ˈsensəʳ]	censurer

◀◢ 4 **THE PRESS :** LA PRESSE

The press [pres]	la presse (institution, journaux)
the newspapers [ˈnjuːsˌpeɪpəz]	la presse (journaux)
the papers [ˈpeɪpəz] (parlé)	
a newspaper	un journal
a paper (parlé)	
to read* sth in the paper	lire qqch. dans le journal
it's in all the papers	c'est dans toute la presse
to hold* a press conference	tenir une conférence de presse

to issue a press statement	publier un communiqué de presse
the freedom of the press	la liberté de la presse
A daily (paper)	un quotidien
a weekly (magazine)	un hebdomadaire
a monthly (magazine)	un mensuel
a periodical [ˌpɪərɪˈɒdɪkəl]	un périodique
a journal [ˈdʒɜːnl]	une revue

a quality paper	un journal sérieux
a tabloid ['tæblɔɪd]	un tabloïde, un quotidien populaire
the popular press	la presse à grand tirage
women's magazines (plur.)	la presse féminine

An edition [ɪ'dɪʃən]	une édition
to come* out to appear [ə'pɪə']	paraître
an issue ['ɪʃuː]	un numéro
the circulation [.sɜːkjʊ'leɪʃən]	le tirage
it has a circulation of 100,000	il tire à 100 000 exemplaires
a reader ['riːdə']	un(e) lecteur (-trice)
newsprint ['njuːs.prɪnt] newspaper ['njuːs.peɪpə']	le papier journal

The news [njuːz] (n.c. sing.)	les nouvelles
the news is good	les nouvelles sont bonnes
a piece of news	une nouvelle, une information (en général)
a news item	une nouvelle, une information (diffusée)
Have you heard the news ?	Tu as entendu la nouvelle ?
stop-press news	des informations de dernière minute
a dispatch [dɪs'pætʃ] a despatch [dɪs'pætʃ]	une dépêche (en général)
a telegram ['telɪɡræm]	une dépêche (télégraphique)

A headline ['hedlaɪn]	un gros titre
the front page	la une
in banner headlines on the front page	sur cinq colonnes à la une
to hit* the headlines	faire la une des journaux
an article ['ɑːtɪkl]	un article
a feature article	un article de fond
an editorial [.edɪ'tɔːrɪəl] a leading article a leader ['liːdə']	un éditorial
the sporting/finance news (n.c. sing.)	la chronique sportive/financière
a review [rɪ'vjuː]	une critique
a film/book review	une critique de film/de livre
to review sth	faire la critique de qqch.
"miscellaneous news"	«faits divers»

An open letter to	une lettre ouverte à
letters to the editor (plur.)	le courrier des lecteurs
the gossip column	la rubrique des échos
the agony column (parlé)	le courrier du cœur
a cartoon [kɑː'tuːn]	une caricature
a caption ['kæpʃən]	une légende (de dessin)
advertorial [.ædvə'tɔːrjəl]	le publireportage
BR a press cutting AM a press clipping	une coupure de presse

To report [rɪ'pɔːt]	rapporter
to announce [ə'naʊns]	annoncer
a report an announcement [ə'naʊnsmənt]	une annonce
ten people are reported to be dead	dix personnes seraient mortes, on annonce la mort de dix personnes
to cover an event	couvrir un événement
a scoop [skuːp]	un scoop
a correction [kə'rekʃən]	un rectificatif

Journalism ['dʒɜːnəlɪzəm]	le journalisme
investigative journalism	le journalisme d'investigation
a journalist ['dʒɜːnəlɪst]	un(e) journaliste
a newspaperman ['njuːs.peɪpə.mæn] (fém. newspaperwoman)	un(e) journaliste
a press photographer	un(e) photographe de presse
the chief editor	le (la) rédacteur (-trice) en chef
BR a subeditor ['sʌb'edɪtə'] AM a copyreader ['kɒpɪ.riː.də]	un(e) rédacteur (-trice) (en général)
an editor ['edɪtə']	un(e) rédacteur (-trice) (responsable de section)
the political/ economics editor	le rédacteur politique/ économique
a leader writer an editorial writer	un(e) éditorialiste
a columnist ['kɒləmnɪst]	un(e) chroniqueur (-euse)

A reporter [rɪ'pɔːtə']	un reporter
an international reporter	un grand reporter
a correspondent [.kɒrɪs'pɒndənt]	un(e) correspondant(e)
a special correspondent	un(e) envoyé(e) spécial(e)

| a **foreign correspondent** | un correspondant à l'étranger | a **press card** | une carte de presse |
| a **news agency** a **press agency** | une agence de presse | a **press baron** | un magnat de la presse |

▶ 5 RADIO AND TELEVISION : LA RADIO ET LA TÉLÉVISION

A radio (set)	un poste de radio	**A** channel ['tʃænl]	une chaîne
a **transistor (radio)**	un transistor	a **TV network**	un réseau de télévision, une chaîne de télévision
on the radio	à la radio		
a **radio station**	une station de radio	a **pay television**	une chaîne à péage, une chaîne cryptée
to **transmit** [trænz'mɪt]	émettre	a **subscription TV**	
a **transmitter** [trænz'mɪtə']	un émetteur	**cable television**	la télévision par câble
a **frequency** ['fri:kwənsɪ]	une fréquence	**satellite television**	la télévision par satellite
a **waveband** ['weɪv.bænd]	une bande de fréquences		
a **wavelength** ['weɪv.leŋθ]	une longueur d'onde	**T**o broadcast* ['brɔ:dkɑ:st]	diffuser
on the air	sur les ondes	to **repeat** [rɪ'pi:t] to **rerun*** ['ri:rʌn]	rediffuser
on short/medium/long wave	sur ondes courtes/petites ondes/grandes ondes	a **rerun** a **repeat**	une rediffusion
on frequency modulation	sur modulation de fréquence	a **broadcast** BR a **programme** ['prəʊgræm] AM a **program**	une émission, un programme
on FM	sur FM		
a **pirate station**	une station pirate	a **recorded/live broadcast**	une émission en différé/en direct
		to **record** [rɪ'kɔ:d]	enregistrer
To pick up	capter	a **recording** [rɪ'kɔ:dɪŋ]	un enregistrement
to **tune in** *to*	se mettre à l'écoute *de*	to **bill a programme**	programmer une émission
to **be tuned in** *to* to **be listening** *to*	être à l'écoute *de*	a **time slot**	un créneau horaire
static ['stætɪk] (n.c. sing.) **interference** [ˌɪntə'fɪərəns] (n.c. sing.)	les parasites	**T**he news [nju:z] (n.c. sing.)	les informations
		a **news bulletin** a **newscast**	un bulletin d'informations
A television set a **TV set** BR a **telly** ['telɪ] (parlé)	un poste de télévision, un téléviseur	a **news flash**	un flash d'informations
on television	à la télévision	the **latest news**	une information de dernière minute
to **be on the air**	être à l'antenne	the **main headlines**	les principaux titres (de l'actualité)
to **watch television**	regarder la télévision		
the **screen** [skri:n]	l'écran	the **weather forecast**	le bulletin météorologique
BR a **colour television** AM a **color television**	un téléviseur couleur		
a **black and white television**	un téléviseur (en) noir et blanc	**A**n interview ['ɪntəvju:]	une interview
a **portable television**	une télévision portative	to **interview**	interviewer
BR an **aerial** ['eərɪəl] AM an **antenna** [æn'tenə]	une antenne	a **documentary** [ˌdɒkju'mentərɪ]	un documentaire
a **(satellite) dish aerial** AM a **(satellite) dish antenna**	une antenne parabolique	a **report** [rɪ'pɔ:t]	un reportage
high definition	la haute définition	to **report on sth**	faire un reportage sur qqch.

it was X reporting	c'était un reportage de X
a commentary ['kɒməntəri]	un commentaire
a running commentary on sth	un commentaire suivi sur qqch.
to comment ['kɒment]	commenter
A TV play	une dramatique (télévisée)
a radio play **a play for radio**	une dramatique (radiodiffusée)
a serial ['sɪərɪəl]	un feuilleton
a soap opera	un feuilleton mélodramatique
a variety show **a variety programme**	un spectacle de variétés
a quiz (show)	un jeu-concours
a phone-in (programme) AM **a call-in (program)**	une émission à ligne ouverte
A newscaster ['nju:zkɑ:stə] BR **a newsreader** ['nju:zri:də] AM **a news announcer**	un(e) présentateur (-trice) (d'informations)
a sports commentator	un commentateur sportif
the host [həʊst] **the compere** ['kɒmpɛəʳ]	l'animateur (-trice)
to host a show **to compere a show**	animer une émission
an announcer [ə'naʊnsəʳ]	un(e) speaker(ine)
a producer [prə'dju:səʳ]	un(e) réalisateur (-trice)

The listeners ['lɪsnə'z]	les auditeurs
the viewers ['vju:ə'z]	les téléspectateurs
the licence fee	la redevance
the audience ratings (plur.)	l'indice d'écoute (en général)
the viewing figures (plur.) AM **viewership**	l'indice d'écoute (à la télévision)
to have good/poor ratings	avoir un bon/mauvais indice d'écoute, avoir un bon/mauvais audimat
prime (viewing) time (sing.) **peak viewing time** (sing.)	les heures de grande écoute
The studio ['stju:dɪəʊ]	le studio
a mobile studio	une voiture de reportage (de radio, de TV)
a radio car	une voiture de reportage (de radio)
a loudspeaker [ˌlaʊd'spi:kəʳ]	un haut-parleur
a microphone ['maɪkrəʊfəʊn] **a mike** [maɪk] (parlé)	un micro(phone)
A video cassette **a video tape**	une cassette vidéo
a video (recorder) **a video cassette recorder** (abr. VCR)	un magnétoscope
to record sth on video **to videotape sth**	enregistrer qqch. sur (magnétoscope)
Eurovision ['jʊərəʊvɪʒən]	l'Eurovision

REMARQUE : En Grande-Bretagne, **the BBC** (abr. de *the British Broadcasting Corporation*) diffuse deux chaînes nationales publiques, **BBC1** et **BBC2**. Le secteur privé est représenté par **ITV** (abr. de *Independent Television*). Aux États-Unis, **the PBS** (abr. de *Public Broadcasting Service*) diffuse les émissions de plusieurs centaines de chaînes de télévision. Le secteur privé comporte trois grands réseaux : **ABC** (abr. de *American Broadcasting Company*), **CBS** (abr. de *Columbia Broadcasting System*) et **NBC** (abr. de *National Broadcasting Company*).

6 ADVERTISING : LA PUBLICITÉ

An advertising agency **a publicity agency**	une agence de publicité
an advertising agent **a publicity agent**	un(e) publicitaire
a press agent	un agent de publicité

a copywriter	un(e) rédacteur (-trice) publicitaire
an advertiser ['ædvətaɪzəʳ]	un annonceur (publicitaire)
a designer [dɪ'zaɪnəʳ]	un(e) dessinateur (-trice)
an illustrator ['ɪləstreɪtəʳ]	un(e) illustrateur (-trice)

To advertise *sth* — faire de la publicité
['ædvətaɪz] — *pour qqch.*

an advertisement — une publicité, une
[əd'vɜːtɪsmənt] — annonce publicitaire
an ad [æd] (parlé)
BR **an advert** [əd'vɜːt] (parlé)

a promotional film — un film publicitaire

a commercial [kə'mɜːʃəl] — un spot publicitaire

a slogan ['sləʊgən] — un slogan

a poster ['pəʊstə'] — une affiche

BR **a hoarding** ['hɔːdɪŋ] — un panneau
AM **a billboard** ['bɪlbɔːd] — publicitaire

a prospectus — un prospectus
[prəs'pektəs]
a brochure ['brəʊʃjʊə']
a leaflet ['liːflɪt]

a sign(board) — une enseigne
[.saɪn(bɔːd)]

an illuminated sign — une enseigne
lumineuse

a neon sign — une enseigne au néon

a blurb [blɜːb] — un texte publicitaire

the classified ads — les petites annonces
the small ads

misleading advertising — la publicité
mensongère

a (trade) fair — une foire

a show [ʃəʊ] — une exposition, un
salon

An advertising — une campagne
campaign — publicitaire

a target ['tɑːgɪt] — une cible

to target a campaign — cibler une campagne
at a group — sur un groupe

to sell* [sel] — faire vendre

to push sth (parlé) — pousser la vente de
qqch., faire la
promotion de qqch.

hype [haɪp] (parlé) — le battage publicitaire

to hype sth (parlé) — faire du battage autour
de qqch.

Public relations — les relations publiques
PR [piːˈɑːʳ]

a public relations — un responsable des
officer — relations publiques
a PRO [.piːɑːˈrəʊ]

a press attaché — un(e) attaché(e) de
presse

a sponsor ['spɒnsə'] — un sponsor

to sponsor — sponsoriser

27 FAUNA AND FLORA :
LA FAUNE ET LA FLORE

An animal ['ænɪməl]   un animal, une bête

a beast(1) [biːst]   une bête

the animal kingdom   le règne animal

a species ['spiːʃiːz]   une espèce
(plur. inv.)

a breed [briːd]   une race

a genus ['dʒenəs]   un genre
(plur. genera)

wildlife ['waɪldlaɪf]   la faune
fauna ['fɔːnə] (n.c. plur.)

(1) REMARQUE **a beast** est souvent péjoratif.

A mammal ['mæməl]   un mammifère

mammalian   mammifère
[mæ'meɪlɪən]

a quadruped   un quadrupède
['kwɒdruped]

a bird [bɜːd]   un oiseau

a fish [fɪʃ]   un poisson

a reptile ['reptaɪl]   un reptile

an insect ['ɪnsekt]   un insecte

A vertebrate ['vɜːtɪbrət]   un vertébré

an invertebrate   un invertébré
[ɪn'vɜːtɪbrɪt]

an amphibian   un amphibie
[æm'fɪbɪən]

amphibious [æm'fɪbɪəs]   amphibie

a parasite ['pærəsaɪt]   un parasite

Carnivorous   carnassier, carnivore
[kɑː'nɪvərəs]

a carnivore ['kɑːnɪvɔː']   un carnassier, un
   carnivore

herbivorous [hɜː'bɪvərəs]   herbivore

a herbivore ['hɜːbɪvɔː']   un herbivore

omnivorous [ɒm'nɪvərəs]   omnivore

an omnivore ['ɒmnɪvɔː']   un omnivore

a ruminant ['ruːmɪnənt]   un ruminant

a rodent ['rəʊdənt]   un rongeur

a predator ['predətə']   un prédateur

predatory ['predətərɪ]   de proie, rapace

a prey [preɪ]   une proie

Habitat ['hæbɪtæt]   l'habitat

a territory ['terɪtərɪ]   un territoire

the breeding ground   le lieu de reproduction

migratory [maɪ'greɪtərɪ]   migrateur

Oviparous [əʊ'vɪpərəs]   ovipare

viviparous [vɪ'vɪpərəs]   vivipare

a male [meɪl]   un mâle

a female ['fiːmeɪl]   une femelle

to breed* [briːd]   se reproduire

to give* birth   mettre bas

A herd [hɜːd]   un troupeau (de vaches,
   de chevaux, d'éléphants)

a flock [flɒk]   un troupeau (de moutons,
   de chèvres)

a gaggle ['gægl]   un troupeau (d'oies)

a pack [pæk]   une meute, une bande
   (de loups, de chiens)

a flock [flɒk]   une volée (d'oiseaux)

a troop [truːp]   une bande (de singes)

a colony ['kɒlənɪ]   une colonie (de pingouins,
   de termites)

a shoal [ʃəʊl]   un banc (de poissons)
a school [skuːl]

An endangered   une espèce en voie de
species   disparition

extinct [ɪks'tɪŋkt]   disparu

a zoo [zuː]   un zoo

a wildlife park   une réserve naturelle
a nature reserve
a wildlife sanctuary

PETS : LES ANIMAUX DE COMPAGNIE

A pet [pet]	un animal de compagnie, un animal familier	a **poodle** ['pu:dl]	un caniche
to **keep* pets**	avoir des animaux de compagnie	a **spaniel** ['spænjəl]	un épagneul
		a **mongrel** ['mʌŋgrəl]	un bâtard
A cat [kæt]	un(e) chat(te)	**A** budgerigar ['bʌdʒərɪgɑ:']	une perruche
a **tomcat** ['tɒmkæt]	un chat, un matou	a **budgie** ['bʌdʒɪ] (parlé)	
a **kitten** ['kɪtn]	un chaton	a **canary** [kə'nɛərɪ]	un canari
a **tabby (cat)**	un chat tigré	a **parrot** ['pærət]	un perroquet
an **alley cat**	un chat de gouttière	**Pretty Polly !**	Bonjour Jacquot !
Puss ! [pʊs]	Minet, minet !	a **hamster** ['hæmstə']	un hamster
		a **guineapig** ['gɪnɪ.pɪg]	un cochon d'Inde, un cobaye
A dog [dɒg]	un chien		
a **bitch** [bɪtʃ]	une chienne	a **goldfish** ['gəʊldfɪʃ]	un poisson rouge
a **puppy** ['pʌpɪ]	un chiot		
"Beware of the dog !"	«Attention, chien méchant !»	**A** collar ['kɒlə']	un collier
a **guard/guide dog**	un chien de garde/d'aveugle	a **lead** [li:d]	une laisse
		a **leash** [li:ʃ]	
a **retriever** [rɪ'tri:və']	un chien de chasse	to **keep* a dog on a lead**	tenir un chien en laisse
a **hound** [haʊnd]	un chien courant	to **keep* a dog on a leash**	
a **sheepdog** ['ʃi:pdɒg]	un chien de berger		
a **lapdog** ['læpdɒg]	un chien de manchon	a **kennel** ['kenl]	un chenil
a **husky** ['hʌskɪ]	un chien de traîneau	the **dog's/cat's basket**	le panier du chien/ du chat
a **bulldog** ['bʊldɒg]	un bouledogue		
a **collie** ['kɒlɪ]	un colley	a **(bird)cage** [('bɜ:d)keɪdʒ]	une cage (à oiseaux)
BR an **alsatian** [æl'seɪʃən] AM a **German shepherd**	un berger allemand	an **aviary** ['eɪvɪərɪ]	une volière
a **greyhound** ['greɪhaʊnd]	un lévrier	an **aquarium** [ə'kwɛərɪəm]	un aquarium

REMARQUE : Pour signaler qu'un animal est de compagnie, on fait précéder son nom du terme **pet** ; ex. : **a pet pig, a pet lamb**.

 FARM ANIMALS : LES ANIMAUX DE LA FERME

A cow [kaʊ]	une vache	a **ram** [ræm]	un bélier
an **ox** [ɒks] (plur. oxen)	un bœuf	a **lamb** [læm]	un agneau
a **calf** [kɑ:f] (plur. calves)	un veau	a **(nanny-)goat** [('nænɪ)gəʊt]	une chèvre
a **heifer** ['hefə']	une génisse	a **billy goat**	un bouc
a **bull** [bʊl]	un taureau	a **kid** [kɪd]	un chevreau
		a **pig** [pɪg]	un cochon, un porc
A sheep [ʃi:p] (plur. inv.)	un mouton	a **sow** [saʊ]	une truie
		a **piglet** ['pɪglɪt]	un cochonnet, un porcelet
a **ewe** [ju:]	une brebis		

214

A horse [hɔːs]	un cheval	**a fowl** [faʊl]	une volaille
a mare [mɛəʳ]	une jument	**poultry** [ˈpəʊltrɪ] (n.c. plur.)	la volaille
a foal [fəʊl]	un poulain		
a colt [kəʊlt]	un jeune cheval		
a filly [ˈfɪlɪ]	une pouliche	**A duck** [dʌk]	un canard (terme générique)
a pony [ˈpəʊnɪ]	un poney		
a carthorse [ˈkɑːthɔːs]	un cheval de trait	**a drake** [dreɪk]	un canard (mâle)
a stallion [ˈstæljən]	un étalon	**a duck** [dʌk]	une cane
a mule [mjuːl]	une mule	**a duckling**	un caneton
a donkey [ˈdɒŋkɪ]	un âne	**a goose** [guːs] (plur. geese)	une oie
an ass [æs]		**a gander** [ˈgændəʳ]	un jars
		a gosling [ˈgɒzlɪŋ]	un oison
A cock [kɒk]	un coq	**a turkey cock**	un dindon
a rooster [ˈruːstəʳ]		**a turkey** [ˈtɜːkɪ]	une dinde
a cockerel [ˈkɒkərəl]	un jeune coq	**a guinea fowl**	une pintade
a hen [hen]	une poule	**a rabbit** [ˈræbɪt]	un lapin
a chicken [ˈtʃɪkɪn]	un poulet		
a chick [tʃɪk]	un poussin	**A litter** [ˈlɪtəʳ]	une portée
		the young [jʌŋ] (plur.)	les petits

4 **WILD ANIMALS :** LES ANIMAUX SAUVAGES

A bear [bɛəʳ]	un ours	**a mountain goat**	un chamois
a polar/brown bear	un ours polaire/brun	**a marmot** [ˈmɑːmət]	une marmotte
a grizzly (bear)	un grizzly	**a rac(c)oon** [rəˈkuːn]	un raton laveur
a wolf [wʊlf] (plur. wolves)	un loup		
a wolf cub	un louveteau	**A whale** [weɪl]	une baleine
a wildcat [ˈwaɪld.kæt]	un chat sauvage	**a walrus** [ˈwɔːlrəs]	un morse
a coyote [kɔɪˈəʊtɪ]	un coyote	**a dolphin** [ˈdɒlfɪn]	un dauphin
BR **a mountain cat**	un couguar, un puma	**a seal** [siːl]	un phoque
AM **a mountain lion**		**a sea lion**	une otarie
a puma [ˈpjuːmə]		**an otter** [ˈɒtəʳ]	une loutre
a cougar [ˈkuːgəʳ]			
		A (big) cat	un félin
A bison [ˈbaɪsn] (plur. inv.)	un bison	**a lion** [ˈlaɪən]	un lion
AM **a buffalo** [ˈbʌfələ] (plur. buffaloes)		**a lioness** [ˈlaɪənɪs]	une lionne
a caribou [ˈkærɪbuː]	un caribou	**a lion cub**	un lionceau
a deer [dɪəʳ] (plur. inv.)	un daim	**a tiger** [ˈtaɪgəʳ]	un tigre
a roe deer	un chevreuil	**a tigress** [ˈtaɪgrɪs]	une tigresse
a stag [stæg]	un cerf	**a panther** [ˈpænθəʳ]	une panthère
a doe [dəʊ]	une biche	**a leopard** [ˈlepəd]	un léopard
an elk [elk]	un élan (en Europe)	**a jaguar** [ˈdʒægjʊəʳ]	un jaguar
a moose [muːs] (plur. inv.)	un élan, un orignal (au Canada)	**a jackal** [ˈdʒækɔːl]	un chacal
a reindeer [ˈreɪndɪəʳ] (plur. inv.)	un renne	**a cheetah** [ˈtʃiːtə]	un guépard
		a hyena [haɪˈiːnə]	une hyène

a **lynx** [lɪŋks]	un lynx
a **mongoose** [ˈmɒŋguːs]	une mangouste
a **man-eating animal**	un animal mangeur d'hommes
An **elephant** [ˈelɪfənt]	un éléphant
a **bull elephant**	un éléphant mâle
a **cow elephant**	un éléphant femelle
a **calf elephant**	un éléphanteau
a **giraffe** [dʒɪˈrɑːf]	une girafe
a **baby giraffe**	un girafeau
a **hippopotamus** [ˌhɪpəˈpɒtəməs] (plur. hippopotamuses, hippopotami)	un hippopotame
a **hippo** [ˈhɪpəʊ] (parlé)	
a **rhinoceros** [raɪˈnɒsərəs]	un rhinocéros
a **rhino** [ˈraɪnəʊ] (parlé)	
A **buffalo** [ˈbʌfələʊ] (plur. buffaloes)	un buffle
a **zebu** [ˈziːbuː]	un zébu
a **kangaroo** [ˌkæŋgəˈruː]	un kangourou
an **antelope** [ˈæntɪləʊp]	une antilope
a **gnu** [nuː]	un gnou
a **gazelle** [gəˈzel]	une gazelle
a **zebra** [ˈziːbrə]	un zèbre
a **camel** [ˈkæməl]	un chameau
a **dromedary** [ˈdrɒmɪdərɪ]	un dromadaire
Apes [eɪps]	les grands singes
a **monkey** [ˈmʌŋkɪ]	un singe
a **chimpanzee** [ˌtʃɪmpænˈziː]	un chimpanzé
a **chimp** [tʃɪmp] (parlé)	
an **orang-utan** [ɔːˌræŋuːˈtæn]	un orang-outan
a **baboon** [bəˈbuːn]	un babouin
a **gorilla** [gəˈrɪlə]	un gorille

A **fox** [fɒks]	un renard
a **vixen** [ˈvɪksn]	une renarde
a **(fox) cub**	un renardeau
a **badger** [ˈbædʒəʳ]	un blaireau
a **beaver** [ˈbiːvəʳ]	un castor
a **porcupine** [ˈpɔːkjʊpaɪn]	un porc-épic
a **wild boar**	un sanglier
A **rat** [ræt]	un rat
a **mouse** [maʊs] (plur. mice)	une souris
a **fieldmouse** [ˈfiːldmaʊs] (plur. fieldmice)	un mulot
a **ferret** [ˈferɪt]	un furet
a **vole** [vəʊl]	un campagnol
a **weasel** [ˈwiːzl]	une belette
a **shrew** [ʃruː]	une musaraigne
a **hedgehog** [ˈhedʒhɒg]	un hérisson
a **mole** [məʊl]	une taupe ·
A **hare** [hɛəʳ]	un lièvre
a **squirrel** [ˈskwɪrəl]	un écureuil
a **stoat** [stəʊt]	une hermine
a **bat** [bæt]	une chauve-souris
a **chinchilla** [tʃɪnˈtʃɪlə]	un chinchilla
a **mink** [mɪŋk]	un vison
a **(pine) marten**	une martre
a **sable** [ˈseɪbl]	une zibeline
A **frog** [frɒg]	une grenouille
a **toad** [təʊd]	un crapaud
a **tadpole** [ˈtædpəʊl]	un têtard
a **newt** [njuːt]	un triton
A **den** [den]	une tanière
a **lair** [lɛəʳ]	un repaire
a **burrow** [ˈbʌrəʊ]	un terrier
a **warren** [ˈwɒrən]	une garenne
a **molehill** [ˈməʊlhɪl]	une taupinière

REMARQUE : L'anglais a plusieurs façons d'exprimer la distinction entre mâle et femelle chez les animaux :
— à l'aide des pronoms **he** et **she** ; ex. : un lapin = **a he-rabbit**, une lapine = **a she-rabbit**, une ourse = **a she-bear** ;
— à l'aide des mots **male** et **female** ; ex. : une guenon = **a female monkey** ;
— à l'aide des mots **bull** et **cow** pour les gros mammifères comme l'éléphant ; ex. : un éléphant mâle = **a bull elephant**, un éléphant femelle = **a cow elephant**.

5 **BIRDS** : LES OISEAUX

A blackbird ['blækbɜːd]	un merle
a **bluetit** ['bluːtɪt]	une mésange bleue
a **chaffinch** ['tʃæfɪntʃ]	un pinson
a **cuckoo** ['kʊkuː]	un coucou
a **dove** [dʌv]	une colombe
a **(sky)lark** [('skaɪ)lɑːk]	une alouette
a **robin** ['rɒbɪn]	un rouge-gorge
a **sparrow** ['spærəʊ]	un moineau
a **starling** ['stɑːlɪŋ]	un étourneau
a **stork** [stɔːk]	une cigogne
a **swallow** ['swɒləʊ]	une hirondelle
a **swift** [swɪft]	un martinet
a **thrush** [θrʌʃ]	une grive
a **wren** [ren]	un roitelet
A raven ['reɪvn]	un corbeau
a **crow** [krəʊ]	
a **crow**	une corneille
a **rook** [rʊk]	un freux
a **magpie** ['mægpaɪ]	une pie
a **rookery** ['rʊkərɪ]	une colonie de freux
a **peacock** ['piːkɒk]	un paon
an **ostrich** ['ɒstrɪtʃ]	une autruche
a **cockatoo** [ˌkɒkə'tuː]	un cacatoès
a **toucan** ['tuːkən]	un toucan
A bird of prey	un oiseau de proie
a **falcon** ['fɔːlkən]	un faucon
a **hawk** [hɔːk]	
an **eagle** ['iːgl]	un aigle

a **vulture** ['vʌltʃəʳ]	un vautour
a **buzzard** ['bʌzəd]	une buse
an **owl** [aʊl]	un hibou, une chouette
A wader bird	un échassier
a **heron** ['herən]	un héron
a **snipe** [snaɪp]	une bécassine
a **swan** [swɒn]	un cygne
a **kingfisher** ['kɪŋˌfɪʃə]	un martin-pêcheur
a **pelican** ['pelɪkən]	un pélican
a **(sea)gull** [('siː)gʌl]	une mouette, un goéland
a **penguin** ['peŋgwɪn]	un manchot, un pingouin
a **puffin** ['pʌfɪn]	un macareux
A pigeon ['pɪdʒən]	un pigeon
a **pheasant** ['feznt]	un faisan
a **partridge** ['pɑːtrɪdʒ]	une perdrix
a **quail** [kweɪl]	une caille
a **grouse** [graʊs] (plur. inv.)	une grouse
A n eyrie ['ɪərɪ]	une aire
a **nest** [nest]	un nid
an **egg** [eg]	un œuf
to **lay* an egg**	pondre un œuf
to **sit* on eggs**	couver des œufs
to **hatch out**	éclore
a **brood** [bruːd]	une couvée, une nichée
a **nestling** ['nestlɪŋ]	un oisillon

6 **FISHES AND REPTILES** : LES POISSONS ET LES REPTILES

A fish [fɪʃ]	un poisson
a **shark** [ʃɑːk]	un requin
a **swordfish** ['sɔːdfɪʃ]	un espadon
a **ray** [reɪ]	une raie
A shell [ʃel]	un coquillage, une coquille
shellfish (n.c. sing.)	les coquillages
BR a **mollusc** ['mɒləsk]	un mollusque
AM a **mollusk**	

a **clam** [klæm]	une palourde, une praire
a **sea urchin** '	un oursin
an **octopus** ['ɒktəpəs]	une pieuvre
a **squid** [skwɪd]	un calmar
a **jellyfish** ['dʒelɪfɪʃ]	une méduse
a **starfish** ['stɑːfɪʃ]	une étoile de mer
coral ['kɒrəl]	le corail
a **sponge** [spʌndʒ]	une éponge

A snake [sneɪk]   un serpent

a grass snake   une couleuvre

an adder ['ædə']   une vipère
a viper ['vaɪpə']

a python ['paɪθən]   un python

a rattlesnake ['rætl.sneɪk]   un serpent à sonnettes
AM **a rattler** ['rætlə']

a cobra ['kəʊbrə]   un cobra

a boa constrictor   un boa constrictor

harmless ['hɑ:mlɪs]   inoffensif

poisonous ['pɔɪznəs]   venimeux
venom ['venəm]   le venin

A crocodile ['krɒkədaɪl]   un crocodile
an alligator ['ælɪgeɪtə']   un alligator
a lizard ['lɪzəd]   un lézard
a chameleon [kə'mi:lɪən]   un caméléon
a tortoise ['tɔ:təs]   une tortue
a turtle ['tɜ:tl]   une tortue de mer
a terrapin ['terəpɪn]   une tortue d'eau douce

INSECTS AND OTHER ANIMALS :
LES INSECTES ET AUTRES ANIMAUX

A butterfly ['bʌtəflaɪ]   un papillon
a moth [mɒθ]   un papillon de nuit
BR **a ladybird** ['leɪdɪ.bɜ:d]   une coccinelle
AM **a ladybug** ['leɪdɪ.bʌg]

a spider ['spaɪdə']   une araignée
a cobweb ['kɒbweb]   une toile d'araignée
BR **a spider's web**
AM **a spiderweb**
to spin* a web   tisser sa toile

A flea [fli:]   une puce
a bedbug ['bed.bʌg]   une punaise
a cockroach ['kɒk.rəʊtʃ]   une blatte, un cafard
an ant [ænt]   une fourmi
an ant hill   une fourmilière
a termite ['tɜ:maɪt]   un termite
a beetle ['bi:tl]   un scarabée
a scorpion ['skɔ:pɪən]   un scorpion
an earwig ['ɪə'wɪg]   un perce-oreille
a louse [laʊs] (plur. lice)   un pou
a bug [bʌg]   une bestiole

A snail [sneɪl]   un escargot
a slug [slʌg]   une limace
a grub [grʌb]   un asticot
a worm [wɜ:m]   un ver de terre
an earthworm
['ɜ:θ.wɜ:m]
a caterpillar ['kætəpɪlə']   une chenille
a chrysalis ['krɪsəlɪs]   une chrysalide
a larva ['lɑ:və]   une larve
  (plur. larvae)

A bee [bi:]   une abeille
the queen bee   la reine des abeilles
a bumblebee ['bʌmblbi:]   un bourdon
a wasp [wɒsp]   une guêpe
a horsefly ['hɔ:s.flaɪ]   un taon
a hornet ['hɔ:nɪt]   un frelon
a nest [nest]   un nid
a hive [haɪv]   une ruche
a swarm [swɔ:m]   un essaim
to swarm   essaimer

A (house)fly   une mouche
  [('haʊs.)flaɪ]
a bluebottle ['blu:.bɒtəl]   une mouche bleue
a midge [mɪdʒ]   un moucheron
a gnat [næt]
a mosquito [mɒs'ki:təʊ]   un moustique
  (plur. mosquitoes)
a grasshopper   une sauterelle
  ['grɑ:s.hɒpə']
a cricket ['krɪkɪt]   un grillon
a locust ['ləʊkəst]   une locuste
a cicada [sɪ'kɑ:də]   une cigale
a dragonfly ['drægən.flaɪ]   une libellule
a greenfly ['gri:n.flaɪ]   un puceron
  (plur. inv.)
a clothes moth   une mite

ANIMAL BODIES : LE CORPS DES ANIMAUX

The mouth [mauθ]	la gueule
the nose [nəuz]	le museau, la truffe
the muzzle ['mʌzl]	le mufle (de lion)
the muffle ['mʌfl]	le mufle (de bovin)
the snout [snaut]	le groin
the trunk [trʌŋk]	la trompe
A leg [leg]	une patte (membre)
a paw [pɔ:]	une patte (extrémité du membre d'un chien, d'un félin)
a foot [fut] (plur. feet)	une patte (extrémité du membre d'un oiseau)
hind/fore legs	les pattes de derrière/de devant
a hoof [hu:f] (plur. hooves)	un sabot
An udder ['ʌdəʳ]	un pis
a teat [ti:t]	une tétine
a tail [teil]	une queue
the pouch [pautʃ]	la poche ventrale
The hide [haid]	la peau
a pelt [pelt]	une peau (cuir, fourrure)
hair [hɛəʳ]	le poil
bristles ['brislz]	les poils durs
the fur [fɜ:ʳ]	la fourrure
the coat [kəut]	le pelage, la robe (d'un cheval)
wool [wul]	la laine
the fleece [fli:s]	la toison
furry ['fɜ:ri]	à poil
hairy ['hɛəri]	velu
spots [spɒts]	les taches
spotted ['spɒtid]	tacheté

stripes [straips]	les rayures
striped [straipt]	rayé, tigré
Whiskers ['wiskəz]	les moustaches
the mane [mein]	la crinière
antennae [æn'teni:] **feelers** ['fi:ləz]	les antennes
A horn [hɔ:n]	une corne
a tusk [tʌsk]	une défense
the antlers ['æntləʳz]	les bois, la ramure
fangs [fæŋz]	les crocs
a claw [klɔ:]	une griffe
a spine [spain]	un piquant (de hérisson)
a quill [kwil]	un piquant (de porc-épic)
A feather ['feðəʳ]	une plume
plumage ['plu:midʒ]	le plumage
feathered ['feðəd]	à plumes
down [daun]	le duvet
a wing [wiŋ]	une aile
the crest [krest]	la crête (en général)
the comb [kəum]	la crête (de coq)
the beak [bi:k] **the bill** [bil]	le bec
a talon ['tælən]	une serre
web-footed	palmipède
Scales [skeilz]	les écailles
the gills [gilz]	les ouïes, les branchies
a fin [fin]	une nageoire, un aileron
a flipper ['flipəʳ]	une nageoire (de dauphin, de phoque)
a tentacle ['tentəkl]	un tentacule

ANIMAL MOVEMENTS : LES MOUVEMENTS DES ANIMAUX

To leap* [li:p] **to jump** [dʒʌmp]	sauter
a leap **a jump**	un saut
to bound [baund]	bondir
a bound	un bond
To skip [skip] **to hop** [hɒp]	sautiller

a skip **a hop**	un petit saut, un sautillement
to gambol ['gæmbəl]	gambader
to cavort [kə'vɔ:t] **to caper about**	faire des cabrioles
to prance [prɑ:ns]	caracoler

To trot [trɒt]	trotter	to bite* [baɪt]	mordre
a trot	le trot	to kick [kɪk]	ruer
to canter ['kæntə']	aller au petit galop	a kick	une ruade
a canter	le petit galop	to rear (up)	se cabrer
to gallop ['gæləp]	galoper	to sting* [stɪŋ]	piquer
a gallop	le galop		
at a trot/canter/gallop	au trot/au petit galop/au galop	**T**o feed* [fi:d]	nourrir, se nourrir
to bolt [bəʊlt]	s'emballer	to gnaw [nɔ:]	ronger
		to nibble ['nɪbl]	grignoter
		to crunch [krʌntʃ]	croquer
To scratch [skrætʃ]	gratter, se gratter	to lick [lɪk]	lécher
to stretch (itself)	s'étirer	to lap (up)	laper
to wag its tail	agiter la queue		
to prick up its ears	dresser les oreilles	**T**o fly* [flaɪ]	voler
to wriggle ['rɪgl]	frétiller	flight [flaɪt]	le vol
to crawl [krɔ:l]	ramper	to flap its wings	battre des ailes
to slither ['slɪðə']	onduler	to flutter ['flʌtə']	voltiger
to prowl [praʊl]	rôder	to swoop down on	fondre sur
to curl up	se rouler en boule	to flit [flɪt]	voleter
to coil itself round sth	s'enrouler autour de qqch.	to glide [glaɪd]	planer
		to hover ['hɒvə']	planer (oiseau de proie)
to crouch [kraʊtʃ]	se ramasser	to alight on a branch	se poser sur une branche
To attack [ə'tæk]	attaquer	to roost [ru:st]	se percher, se jucher
to charge [tʃɑ:dʒ]	charger	to peck *at sth* [pek]	picorer *qqch.*
a charge	la charge		
to spring* *at sb/sth* [sprɪŋ]	sauter *sur qqn/qqch.*, bondir *sur*	**T**o shed hair	muer (animal à poil)
to pounce *on sth* [paʊns]	*qqn/qqch.*	BR **to moult** [məʊlt] AM **to molt**	
to claw [klɔ:]	griffer	BR **to moult** AM **to molt**	muer (oiseau)
to draw* in its claws to sheathe its claws	rentrer ses griffes	to slough its skin	muer (serpent)

ANIMAL NOISES : LES CRIS DES ANIMAUX

To roar [rɔ:']	rugir	to bleat [bli:t]	bêler
to grunt [grʌnt]	grogner	to neigh [neɪ] to whinny ['wɪnɪ]	hennir
to growl [graʊl]	gronder		
to trumpet ['trʌmpɪt]	barrir	to bray [breɪ]	braire
to squeal [skwi:l]	pousser des cris aigus	to snort [snɔ:t]	s'ébrouer
to hiss [hɪs]	siffler		
to buzz [bʌz] to hum [hʌm] to drone [drəʊn]	bourdonner	**T**o mew [mju:] to miaow [mi:'aʊ]	miauler
		to purr [pɜ:']	ronronner
To bellow ['beləʊ]	mugir, beugler (bœuf, taureau)	to bark [bɑ:k]	aboyer
		to yelp [jelp]	japper
to low [ləʊ] to moo [mu:]	mugir, meugler (vache)	to howl [haʊl]	hurler
		to whine [waɪn]	gémir

The birdsong ['bɜːd.sɒŋ]	le chant des oiseaux	**to cackle** ['kækl]	caqueter
to sing* [sɪŋ]	chanter (en général)	**to cluck** [klʌk]	glousser
to crow* [krəʊ]	chanter (coq)	**to quack** [kwæk]	cancaner
at cockcrow	au premier chant du coq	**to croak** [krəʊk]	coasser, croasser
		to hoot [huːt]	hululer
to warble ['wɔːbl]	gazouiller	**to screech** [skriːtʃ]	crier (chouette)
to chirp [tʃɜːp]		**to cheep** [tʃiːp]	piauler
to chirrup ['tʃɪrəp]		**to squeal** [skwiːl]	couiner
to tweet [twiːt]	pépier	**to coo** [kuː]	roucouler
to twitter ['twɪtəʳ]			

REMARQUE : La plupart des cris d'animaux ont une forme et un usage comptables et non-comptables dérivés du verbe ; ex. : **to yelp** = japper, **a yelp** = un jappement, **I heard a yelp, I heard yelping** = j'ai entendu un jappement, **awaken by his dog's yelps, awaken by his dog's yelping** = réveillé par les jappements de son chien. De **to bray** on dérive donc **a bray** et **braying**, de **to hum, a hum** et **humming**, etc.

PLANTS : LES PLANTES

Vegetation [ˌvedʒɪˈteɪʃən]	la végétation	**a thorn** [θɔːn]	une épine
the plant kingdom	le règne végétal	**a root** [ruːt]	une racine
a climbing plant	une plante grimpante	**a tuber** ['tjuːbəʳ]	un tubercule
a climber ['klaɪməʳ]		**a bulb** [bʌlb]	un oignon
a creeping plant	une plante rampante		
a creeper ['kriːpəʳ]		**I**vy ['aɪvɪ]	le lierre
a houseplant ['haʊs.plɑːnt]	une plante d'appartement	**a vine** [vaɪn]	une vigne
a pot plant		**heather** ['heðəʳ]	la bruyère
a houseplant	une plante verte	**a thistle** ['θɪsl]	un chardon
a green (foliage) plant		**a nettle** ['netl]	une ortie
a succulent (plant)	une plante grasse	**a reed** [riːd]	un roseau
a (hardy) perennial	une plante vivace	**a fern** [fɜːn]	une fougère
grass [grɑːs]	l'herbe	**bracken** ['brækən] (n.c. sing.)	la fougère, les fougères
a blade of grass	un brin d'herbe	**mistletoe** ['mɪsltəʊ]	le gui
Moss [mɒs]	la mousse	**bamboo** [bæmˈbuː]	le bambou
lichen ['laɪkən]	le lichen	**a cactus** ['kæktəs] (plur. cactus(es), cacti)	un cactus
seaweed ['siːwiːd]	une algue		
seaweed(s) ['siːwiːd(z)]	des algues	**A** flower ['flaʊəʳ]	une fleur (en général)
a fungus ['fʌŋgəs] (plur. fungi)	un champignon (terme générique)	**a bloom** [bluːm] (soutenu)	
a mushroom ['mʌʃrʊm]	un champignon (comestible)	**a blossom** ['blɒsəm]	une fleur (d'arbre fruitier)
		blossom (n.c. sing.)	la floraison, les fleurs
cultivated mushrooms	les champignons de Paris	**in flower**	en fleur (arbuste, plante)
		in bloom	
a toadstool ['təʊd.stuːl]	un champignon vénéneux	**in blossom**	en fleur (arbre fruitier)
		to flower	fleurir (arbuste, plante)
A leaf [liːf] (plur. leaves)	une feuille	**to bloom** (soutenu)	
a stalk [stɔːk]	une tige	**to blossom**	fleurir (arbre fruitier)
a stem [stem]			

To open out	s'ouvrir	**T**he husk [hʌsk]	la bogue, l'enveloppe
to bloom [blu:m]	éclore, s'épanouir	a **(nut)shell** [('nʌt)ʃel]	une coquille
a **bud** [bʌd]	un bouton	a **pod** [pɒd]	une cosse
a **petal** ['petl]	un pétale	the **kernel** ['kɜ:nl]	l'amande (noyau)
a **stamen** ['steɪmen]	une étamine	a **cherry/peach stone**	un noyau de cerise/pêche
pollen ['pɒlən]	le pollen	**pips** [pɪps]	les pépins
A seed [si:d]	une graine	**R**ipe [raɪp]	mûr
to sprout [spraʊt]	germer	**mellow** ['meləʊ]	bien mûr, fondant
to shoot* [ʃu:t]	bourgeonner	**overripe** [əʊvə'raɪp]	blet
a **shoot**	une pousse	**to ripen** ['raɪpən]	mûrir
		unripe ['ʌn'raɪp]	vert, qui n'est pas mûr

▶ **12 FLOWERS :** LES FLEURS

A bunch of flowers	un bouquet de fleurs, une botte de fleurs	a **dahlia** ['deɪlɪə]	un dahlia
		a **peony** ['pɪənɪ]	une pivoine
a **bouquet** ['bʊkeɪ]	un bouquet de fleurs (soigneusement présenté)	a **gladiolus** [ˌglædɪ'əʊləs] (plur. gladioli)	un glaïeul
a **posy** ['pəʊzɪ]	un petit bouquet	**sweet peas**	les pois de senteur
to pick [pɪk]	cueillir		
to gather ['gæðə']	ramasser	**A** narcissus [nɑ:'sɪsəs] (plur. narcissi)	un narcisse
to wilt [wɪlt]	se faner	a **daffodil** ['dæfədɪl]	une jonquille
to fade [feɪd]	commencer à se faner	a **wallflower** ['wɔ:l.flaʊə']	une giroflée
to wither ['wɪðə']	se flétrir	a **chrysanthemum** [krɪ'sænθəməm]	un chrysanthème
		a **lupin** ['lu:pɪn]	un lupin
A snowdrop ['snəʊ.drɒp]	un perce-neige	a **sunflower** ['sʌn.flaʊə']	un soleil, un tournesol
a **hyacinth** ['haɪəsɪnθ]	une jacinthe	an **orchid** ['ɔ:kɪd]	une orchidée
an **anemone** [ə'neməni]	une anémone	a **waterlily** ['wɔ:tə'.lɪlɪ]	un nénuphar
a **pansy** ['pænzɪ]	une pensée	a **camellia** [kə'mi:lɪə]	un camélia
a **marigold** ['mærɪgəʊld]	un souci		
a **carnation** [kɑ:'neɪʃən]	un œillet	**A** hydrangea [haɪ'dreɪndʒə]	un hortensia
a **pink** [pɪŋk]	une mignardise		
a **lily** ['lɪlɪ]	un lis	a **clematis** ['klemətɪs]	une clématite
forget-me-not [fə'getmi:.nɒt]	le myosotis	**lilac** ['laɪlək]	le lilas
lily of the valley	le muguet	**honeysuckle** ['hʌnɪ.sʌkl]	le chèvrefeuille
a **crocus** ['krəʊkəs]	un crocus	**jasmine** ['dʒæzmɪn]	le jasmin, un jasmin
		wisteria [wɪs'tɪərɪə]	la glycine
A rose [rəʊz]	une rose		
a **rosebud**	un bouton de rose	**A** wild flower	une fleur sauvage
a **rosebush**	un rosier	a **poppy** ['pɒpɪ]	un coquelicot
a **hollyhock** ['hɒlɪ.hɒk]	une rose trémière, une passerose	a **cornflower** ['kɔ:n.flaʊə']	un bleuet
a **tulip** ['tju:lɪp]	une tulipe	a **daisy** ['deɪzɪ]	une pâquerette
a **geranium** [dʒɪ'reɪnɪəm]	un géranium	a **daisy**	une marguerite

a dandelion ['dændɪˌlaɪən]	un pissenlit	**a violet** ['vaɪəlɪt]	une violette
a buttercup ['bʌtəkʌp]	un bouton-d'or	**clover** ['kləʊvəʳ]	le trèfle
a primrose ['prɪmrəʊz]	une primevère	**a four-leaf clover**	un trèfle à quatre feuilles
a bluebell ['bluːbel]	une jacinthe des bois	**dogrose** ['dɒgˌrəʊz] **a wild rose**	l'églantine
a periwinkle ['perɪˌwɪŋkl]	une pervenche		

TREES : LES ARBRES

a tree [triː]	un arbre	**a rubber tree**	un hévéa
foliage ['fəʊlɪɪdʒ]	le feuillage	**a bay tree** **a laurel** ['lɒrəl]	un laurier-sauce
wood [wʊd]	le bois (substance)	**an oleander** [ˌəʊlɪ'ændəʳ]	un laurier-rose
the trunk [trʌŋk]	le tronc	**a magnolia** [mæg'nəʊlɪə]	un magnolia
a branch [brɑːntʃ]	une branche	**a hawthorn** ['hɔːθɔːn]	une aubépine
a limb [lɪm] (soutenu)		**a rhododendron** [ˌrəʊdə'dendrən]	un rhododendron
a bough [baʊ] (soutenu)			
a twig [twɪg]	une brindille		
bark [bɑːk]	l'écorce	**an apple tree**	un pommier
sap [sæp]	la sève	**a plum tree**	un prunier
resin ['rezɪn]	la résine	**a cherry tree**	un cerisier
a tree stump	une souche	**a pear tree**	un poirier
		a peach tree	un pêcher
Deciduous [dɪ'sɪdjʊəs]	à feuilles caduques	**an apricot tree**	un abricotier
evergreen ['evəgriːn]	à feuilles persistantes	**an almond tree**	un amandier
an evergreen	un arbre à feuilles persistantes	**a lemon tree**	un citronnier
a conifer ['kɒnɪfəʳ]	un conifère	**an orange tree**	un oranger
An oak [əʊk]	un chêne	**A fir (tree)**	un sapin
a cork oak	un chêne-liège	**a pine (tree)**	un pin
a plane (tree)	un platane	**a cypress** ['saɪprɪs]	un cyprès
a poplar ['pɒpləʳ]	un peuplier	**a spruce** [spruːs]	un épicéa
a (silver) birch	un bouleau	**a larch** [lɑːtʃ]	un mélèze
a beech [biːtʃ]	un hêtre	**a redwood** ['redwʊd]	un séquoia
a chestnut (tree)	un châtaigner	**a cedar** ['siːdəʳ]	un cèdre
a lime (tree)	un tilleul	**a monkey-puzzle** ['mʌŋkɪˌpʌzl]	un araucaria
an elm [elm]	un orme		
a willow ['wɪləʊ]	un saule	**A pine cone** **a fir cone**	une pomme de pin
a weeping willow	un saule pleureur		
an ash [æʃ]	un frêne	**(pine) needles**	les aiguilles (de pin)
a yew (tree)	un if	**an acorn** ['eɪkɔːn]	un gland
A sycamore ['sɪkəmɔːʳ]	un sycomore	**A forest** ['fɒrɪst]	une forêt
a maple ['meɪpl]	un érable	**a wood** [wʊd]	un bois
mahogany [mə'hɒgənɪ]	l'acajou	**wooded** ['wʊdɪd]	boisé
a palm tree	un palmier		

a **grove** [grəʊv]	un bocage, un bosquet
a **copse** [kɒps]	un taillis
a **coppice** [ˈkɒpɪs]	
a **clump of trees**	un bouquet d'arbres
a **thicket** [ˈθɪkɪt]	un fourré, un hallier
the **undergrowth** [ˈʌndəgrəʊθ]	le sous-bois
brushwood [ˈbrʌʃ.wʊd] (n.c. sing.)	les broussailles
a **clearing** [ˈklɪərɪŋ]	une clairière
a **glade** [gleɪd] (soutenu)	
to **fell a tree**	abattre un arbre
to **chop a tree down**	

A **shrub** [ʃrʌb]	un arbrisseau, un arbuste
a **bush** [bʊʃ]	un buisson
holly [ˈhɒli]	le houx
a **holly bush**	un houx
a **holly tree**	
gorse [gɔːs] (n.c. sing.)	les ajoncs
a **gorse bush**	un ajonc
a **broom** [brʊm]	un genêt
box [bɒks]	le buis
privet [ˈprɪvɪt]	le troène

MATTER AND THE UNIVERSE :
LA MATIÈRE ET L'UNIVERS

BODIES : LES CORPS

A **substance** ['sʌbstəns]	une substance
matter ['mætəʳ]	la matière
living/inanimate matter	la matière vivante/inanimée
a **material** [mə'tɪərɪəl]	une matière
an **element** ['elɪmənt]	un élément
a **body** ['bɒdɪ]	un corps
simple/compound bodies	les corps simples/composés
The composition of sth [ˌkɒmpə'zɪʃən]	la composition de qqch.
to **compose** [kəm'pəʊz]	composer
composed of	composé de
composite ['kɒmpəzɪt]	composite
a **compound** ['kɒmpaʊnd]	un composé
a **component** [kəm'pəʊnənt]	un élément, un composant
the **constitution** of sth [ˌkɒnstɪ'tjuːʃən]	la constitution de qqch.
to **constitute** ['kɒnstɪtjuːt]	constituer
a **constituent** [kən'stɪtjuənt]	un élément constitutif, un constituant

A **cell** [sel]	une cellule
cellular ['seljʊləʳ]	cellulaire
a **particle** ['pɑːtɪkl]	une particule
a **molecule** ['mɒlɪkjuːl]	une molécule
molecular [məʊ'lekjʊləʳ]	moléculaire
an **atom** ['ætəm]	un atome
atomic [ə'tɒmɪk]	atomique
the **nucleus** ['njuːklɪəs] (plur. nuclei)	le nucléus, le noyau
nuclear ['njuːklɪəʳ]	nucléaire
a **neutron** ['njuːtrɒn]	un neutron
a **proton** ['prəʊtɒn]	un proton
an **electron** [ɪ'lektrɒn]	un électron
an **ion** ['aɪən]	un ion
an **isotope** ['aɪsəʊtəʊp]	un isotope
Mass [mæs]	la masse
volume ['vɒljuːm]	le volume
weight [weɪt]	le poids
density ['densɪtɪ]	la densité
inertia [ɪ'nɜːʃə]	l'inertie

METALS : LES MÉTAUX

Metal ['metl]	le métal
ore [ɔːʳ]	le minerai
metallic [mɪ'tælɪk]	métallique
an **alloy** ['ælɔɪ]	un alliage
rust [rʌst]	la rouille
rusty ['rʌstɪ]	rouillé
verdigris ['vɜːdɪgriːs]	le vert-de-gris
BR **aluminium** [ˌæljʊ'mɪnɪəm] AM **aluminum** [ə'luːmɪnəm]	l'aluminium
bronze [brɒnz]	le bronze
chromium ['krəʊmɪəm]	le chrome
copper ['kɒpəʳ]	le cuivre (rouge)

brass [brɑːs]	le laiton, le cuivre (jaune)
iron ['aɪən]	le fer
zinc [zɪŋk]	le zinc
tin [tɪn]	l'étain (minerai)
pewter ['pjuːtəʳ]	l'étain (utilisé en artisanat)
gold [gəʊld]	l'or
silver ['sɪlvəʳ]	l'argent
platinum ['plætɪnəm]	le platine
lead [led]	le plomb
Magnesium [mæg'niːzɪəm]	le magnésium
calcium ['kælsɪəm]	le calcium
sodium ['səʊdɪəm]	le sodium

mercury ['mɜːkjʊrɪ]	le mercure	**plutonium** [pluːˈtəʊnɪəm]	le plutonium
nickel ['nɪkl]	le nickel	**uranium** [jʊəˈreɪnɪəm]	l'uranium
radium ['reɪdɪəm]	le radium		

REMARQUE : Les noms de métaux peuvent s'employer comme adjectifs ; ex. : a **brass handle/statue** = une poignée/une statue en cuivre.

▶ ③ ROCKS : LES ROCHES

A stone [stəʊn]	une pierre	**silica** ['sɪlɪkə]	la silice
a **rock** [rɒk]	une roche	**slate** [sleɪt]	l'ardoise
a **layer** ['leɪəʳ]	une couche		
a **stratum** ['strɑːtəm] (plur. strata)	une strate	**A**rsenic ['ɑːsnɪk]	l'arsenic
bedrock ['bedrɒk]	le soubassement	**asbestos** [æzˈbestəs]	l'amiante
dust [dʌst]	la poussière	**lime** [laɪm]	la chaux
		limestone	le calcaire
Geology [dʒɪˈɒlədʒɪ]	la géologie	**chalk** [tʃɔːk]	la craie
a **geologist** [dʒɪˈɒlədʒɪst]	un(e) géologue	**chalky** ['tʃɔːkɪ]	crayeux
geological [dʒɪəʊˈlɒdʒɪkəl]	géologique	a **stalagmite** ['stæləgmaɪt]	une stalagmite
mineralogy [ˌmɪnəˈrælədʒɪ]	la minéralogie	a **stalactite** ['stæləktaɪt]	une stalactite
a **mineralogist** [ˌmɪnəˈrælədʒɪst]	un(e) minéralogiste		
		A deposit [dɪˈpɒzɪt]	un dépôt
Alabaster ['æləbɑːstəʳ]	l'albâtre	a **fossil** ['fɒsl]	un fossile
basalt ['bæsɔːlt]	le basalte	**sediment** ['sedɪmənt] (n.c. sing.)	les sédiments
bauxite ['bɔːksaɪt]	la bauxite	**alluvium** [əˈluːvɪəm] (n.c. sing.)	les alluvions
crystal ['krɪstl]	le cristal	**peat** [piːt]	la tourbe
flint [flɪnt]	le silex		
granite ['grænɪt]	le granit		
graphite ['græfaɪt]	le graphite	**B**itumen ['bɪtjumɪn]	le bitume
		asphalt ['æsfælt]	l'asphalte
Marble ['mɑːbl]	le marbre	**carbon** ['kɑːbən]	le carbone
pyrites [paɪˈraɪtiːz] (sing.)	la pyrite	**carbon-dating**	la datation au carbone 14
quartz ['kwɔːts]	le quartz		
sand [sænd]	le sable	**pumice (stone)**	la pierre ponce
sandstone	le grès	**clay** [kleɪ]	l'argile

REMARQUE : Les noms de roches peuvent s'employer comme adjectifs ; ex. : a **crystal ball** = une boule de cristal ; a **silver ring** = une bague en argent.

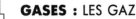

4 **GASES** : LES GAZ

A gas [gæs]	un gaz
gaseous [ˈgæsɪəs]	gazeux
gassy [ˈgæsɪ]	
natural gas	le gaz naturel
carbon dioxide	le gaz carbonique
carbon monoxide	l'oxyde de carbone
air [ɛəʳ]	l'air
nitrogen [ˈnaɪtrədʒən]	l'azote
hydrogen [ˈhaɪdrɪdʒən]	l'hydrogène
oxygen [ˈɒksɪdʒən]	l'oxygène
Acetylene [əˈsetɪliːn]	l'acétylène
ammonia [əˈməʊnɪə]	l'ammoniac

butane [ˈbjuːteɪn]	le butane
propane [ˈprəʊpeɪn]	le propane
chlorine [ˈklɔːriːn]	le chlore
helium [ˈhiːlɪəm]	l'hélium
methane [ˈmiːθeɪn]	le méthane
Steam [stiːm]	la vapeur (d'eau)
BR **a vapour** [ˈveɪpəʳ]	une vapeur
AM **a vapor**	
to emit [ɪˈmɪt]	dégager, émettre
an emission [ɪˈmɪʃən]	un dégagement, une émission
volatile [ˈvɒlətaɪl]	volatil

5 **LIQUIDS** : LES LIQUIDES

A liquid [ˈlɪkwɪd]	un liquide
liquid	liquide
a fluid [ˈfluːɪd]	un fluide
fluid	fluide
water [ˈwɔːtəʳ]	l'eau
aqueous [ˈeɪkwɪəs]	aqueux
A drop [drɒp]	une goutte
to drip [drɪp]	tomber goutte à goutte
a trickle [ˈtrɪkl]	un filet
to trickle	couler en un filet
to dribble [ˈdrɪbl]	dégouliner
to stream [striːm]	ruisseler
to ooze [uːz]	suinter
to flow [fləʊ]	couler
to run* [rʌn]	
to pour [pɔːʳ]	couler à flots
the stream	le flot
To spill* [spɪl]	renverser, se renverser
to overflow [ˈəʊvəfləʊ]	déborder
the overflow	le trop-plein
to splash [splæʃ]	éclabousser
a splash	un éclaboussement
to gush (out)	jaillir
to squirt (out)	gicler

A solution [səˈluːʃən]	une solution
to dissolve [dɪˈzɒlv]	dissoudre, se dissoudre
soluble [ˈsɒljʊbl]	soluble
distillation [ˌdɪstɪˈleɪʃən]	la distillation
BR **to distil** [dɪsˈtɪl]	distiller
AM **to distill**	
a bubble [ˈbʌbl]	une bulle, un bouillon
to bubble	bouillonner
fermentation [ˌfɜːmenˈteɪʃən]	la fermentation
to ferment [fəˈment]	fermenter
evaporation [ɪˌvæpəˈreɪʃən]	l'évaporation
to evaporate [ɪˈvæpəreɪt]	s'évaporer
Oil [ɔɪl]	l'huile
oily [ˈɔɪlɪ]	huileux
to oil	huiler
grease [griːs]	la graisse
greasy [ˈgriːsɪ]	graisseux
to grease	graisser
a lubricant [ˈluːbrɪkənt]	un lubrifiant
to lubricate [ˈluːbrɪkeɪt]	lubrifier
viscous [ˈvɪskəs]	visqueux
viscosity [vɪsˈkɒsɪtɪ]	la viscosité
emulsion [ɪˈmʌlʃən]	l'émulsion
milky [ˈmɪlkɪ]	laiteux

⑥ SPACE : L'ESPACE

The universe [' juːnɪvɜːs]	l'univers
the cosmos ['kɒzmɒs]	le cosmos
cosmic ['kɒzmɪk]	cosmique
a world [wɜːld]	un monde
(outer) space	l'espace
space travel	les voyages dans l'espace
interplanetary [ˌɪntə'plænɪtərɪ]	interplanétaire
extraterrestrial [ˌekstrətɪ'restrɪəl]	extraterrestre
infinity [ɪn'fɪnɪtɪ]	l'infini
infinite ['ɪnfɪnɪt]	infini

The theory of relativity	la théorie de la relativité
the big-bang	le big-bang
gravity ['grævɪtɪ]	la pesanteur
gravitation [ˌgrævɪ'teɪʃən]	la gravitation
the void [vɔɪd]	le vide
weightlessness ['weɪtlɪsnɪs]	l'apesanteur

The solar system	le système solaire
the sun [sʌn]	le soleil
solar ['səʊlə']	solaire
sunrays	les rayons du soleil
a sunspot	une tache solaire
to rise* [raɪz]	se lever (soleil)
to set* [set]	se coucher (soleil)

The moon [muːn]	la lune
the full moon	la pleine lune
the new moon	la nouvelle lune
a crescent/quarter moon	un croissant/quartier de lune
lunar ['luːnə']	lunaire
to wax [wæks]	croître (lune)
to wane [weɪn]	décroître (lune)

The zenith ['zenɪθ]	le zénith
a partial/total eclipse	une éclipse partielle/totale
the equinox ['iːkwɪnɒks]	l'équinoxe
a solstice ['sɒlstɪs]	un solstice
the northern lights **the aurora borealis**	l'aurore boréale
the aurora australis	l'aurore australe

The sky [skaɪ]	le ciel
the heavens ['hevnz] (plur.) (soutenu)	
a star [stɑː']	une étoile
a shooting star	une étoile filante
a starry sky	un ciel étoilé
stellar ['stelə']	stellaire
a constellation [ˌkɒnstə'leɪʃən]	une constellation
a galaxy ['gæləksɪ]	une galaxie
galactic [gə'læktɪk]	galactique
a satellite ['sætəlaɪt]	un satellite
a nebula ['nebjʊlə] (plur. nebulas, nebulae)	une nébuleuse
a nova ['nəʊvə] (plur. novas, novae)	une nova
a quasar ['kweɪzɑː']	un quasar
a black hole	un trou noir
a light-year	une année-lumière
it is 30 light-years away	c'est à 30 années-lumière

A planet ['plænɪt]	une planète
planetary ['plænɪtərɪ]	planétaire
a comet ['kɒmɪt]	une comète
the tail of a comet	la queue d'une comète
an asteroid ['æstərɔɪd]	un astéroïde
a meteor ['miːtɪə']	un météore
a meteorite ['miːtɪəraɪt]	un météorite
an orbit ['ɔːbɪt]	une orbite
in orbit round sth	en orbite autour de qqch.

(the) Earth [ɜːθ]	la Terre
Jupiter ['dʒuːpɪtə']	Jupiter
Mars [mɑːz]	Mars
Mercury ['mɜːkjʊrɪ]	Mercure
Neptune ['neptjuːn]	Neptune
Pluto ['pluːtəʊ]	Pluton
Saturn ['sætən]	Saturne
Uranus [jʊə'reɪnəs]	Uranus
Venus ['viːnəs]	Vénus

The Milky Way	la Voie lactée
the Great Bear BR **the Plough** [plaʊ] AM **the Big Dipper**	la Grande Ourse
the Pleiades ['plaɪədiːz]	les Pléiades

the Southern Cross	la Croix du Sud
the Pole Star	l'Étoile polaire
the Dog Star	Sirius
Orion [ə'raɪən]	Orion
the Zodiac ['zəʊdɪæk]	le zodiaque
a star chart	une carte du ciel

A n astronomer [əs'trɒnəməʳ]	un(e) astronome
astronomical [,æstrə'nɒmɪkəl]	astronomique
an observatory [əb'zɜ:vətrɪ]	un observatoire
a telescope ['telɪskəʊp]	un télescope
a planetarium [,plænɪ'tɛərɪəm]	un planétarium

7 PHYSICAL PROPERTIES : LES PROPRIÉTÉS PHYSIQUES

H ard [hɑ:d]	dur
hardness ['hɑ:dnɪs]	la dureté
to harden ['hɑ:dn]	durcir, se durcir
tough [tʌf]	dur, résistant
toughness ['tʌfnɪs]	la dureté, la résistance
to toughen ['tʌfn]	rendre résistant, devenir résistant
firm [fɜ:m]	ferme
firmness ['fɜ:mnɪs]	la fermeté
stiff [stɪf]	raide
stiffness ['stɪfnɪs]	la raideur
to stiffen ['stɪfn]	raidir, se raidir
rigid ['rɪdʒɪd]	rigide
rigidity [rɪ'dʒɪdɪtɪ]	la rigidité
L imp [lɪmp]	mou, flasque
limpness ['lɪmpnɪs]	la mollesse
malleable ['mælɪəbl]	malléable
malleability [,mælɪə'bɪlɪtɪ]	la malléabilité
supple ['sʌpl]	souple
suppleness ['sʌplnɪs]	la souplesse
flexible ['fleksəbl] pliable ['plaɪəbl]	flexible
flexibility [,fleksɪ'bɪlɪtɪ]	la flexibilité

elastic [ɪ'læstɪk]	élastique
elasticity [,i:læs'tɪsɪtɪ]	l'élasticité
plastic ['plæstɪk]	plastique
plasticity [plæs'tɪsɪtɪ]	la plasticité
T hin [θɪn]	mince
thinness ['θɪnnɪs]	la minceur
thick [θɪk]	épais
thickness ['θɪknɪs]	l'épaisseur
delicate ['delɪkɪt]	délicat
delicacy ['delɪkəsɪ] friability [,fraɪə'bɪlɪtɪ]	la délicatesse
fragile ['frædʒaɪl]	fragile
fragility [frə'dʒɪlɪtɪ]	la fragilité
crumbly ['krʌmblɪ] flaky ['fleɪkɪ] friable ['fraɪəbl] (soutenu)	friable
flakiness ['fleɪkɪnɪs]	la friabilité
T o bend* [bend]	plier, faire plier
to stretch [stretʃ]	étirer, s'étirer
to give* [gɪv] to yield [ji:ld]	céder

▶ 1 GEOGRAPHY : LA GÉOGRAPHIE

The globe [gləub]	le globe
the terrestrial surface	la surface terrestre
a land mass	une masse terrestre
the atmosphere ['ætməsfiə']	l'atmosphère
the stratosphere ['strætəusfiə']	la stratosphère
the ionosphere [aɪ'ɒnəsfiə']	l'ionosphère
the biosphere ['baɪəsfiə']	la biosphère
geographical [dʒɪə'græfɪkəl]	géographique
a geographer [dʒɪ'ɒɡrəfə']	un(e) géographe
The North/South Pole	le pôle Nord/Sud
polar ['pəulə']	polaire
Arctic ['ɑːktɪk]	arctique
the Arctic (Region)	l'Arctique
the Arctic Circle	le cercle polaire arctique
the Arctic Ocean	l'océan Arctique
Antarctica [ænt'ɑːktɪkə]	l'Antarctique
the Antarctic Circle	le cercle polaire austral
the Antarctic Ocean	l'océan Antarctique
The northern/ southern hemisphere	l'hémisphère nord/sud
the equator [ɪ'kweɪtə']	l'équateur
on the equator	à l'équateur
equatorial [.ekwə'tɔːrɪəl]	équatorial
the Tropic of Cancer/Capricorn	le tropique du Cancer/du Capricorne
tropical ['trɒpɪkəl]	tropical
in the tropics	sous les tropiques
Latitude ['lætɪtjuːd]	la latitude
longitude ['lɒŋɡɪtjuːd]	la longitude
a meridian [mə'rɪdɪən]	un méridien
the Greenwich meridian	le méridien de Greenwich
a time zone	un fuseau horaire
the 46th parallel	le 46e parallèle

A continent ['kɒntɪnənt]	un continent (en général)
the mainland	le continent (par rapport à une île)
the continental drift	la dérive des continents
the continental shelf	le plateau continental
a tropical/temperate zone	une zone tropicale/tempérée
a region ['riːdʒən]	une région
a territory ['terɪtərɪ]	un territoire
territorial [.terɪ'tɔːrɪəl]	territorial
A map [mæp]	une carte (en général)
a chart [tʃɑːt]	une carte (marine, du ciel)
an Ordnance Survey map	≈ une carte d'état-major
to map a region	dresser la carte d'une région
a map **a plan** [plæn]	un plan
the scale of a map	l'échelle d'une carte
cartography [kɑː'tɒgrəfɪ]	la cartographie
a cartographer [kɑː'tɒgrəfə']	un(e) cartographe
an atlas ['ætləs]	un atlas
topography [tə'pɒgrəfɪ]	la topographie
topographical [.tɒpə'græfɪkl]	topographique
The land [lænd]	la terre
on dry land	sur la terre ferme
the countryside ['kʌntrɪsaɪd]	la campagne
the landscape ['lænd.skeɪp] **the scenery**(1) ['siːnərɪ]	le paysage
a landmark ['lændmɑːk]	un point de repère

(1) ATTENTION **scenery** ne s'emploie jamais dans un contexte péjoratif

Relief [rɪ'liːf]	le relief
flat [flæt]	plat (étendue, région)
on level ground	sur terrain plat
undulating ['ʌndjuleɪtɪŋ] **hilly** ['hɪlɪ]	accidenté (région)
uneven ['ʌn'iːvən] **bumpy** ['bʌmpɪ]	accidenté (terrain)

A marsh [mɑːʃ]
a **bog** [bɒg]
a **swamp** [swɒmp] — un marais, un marécage

marshland (n.c. sing.)
wetlands ['wetləndz] — les marécages

marshy ['mɑːʃɪ]
boggy ['bɒgɪ] — marécageux

waterlogged ['wɔːtəlɒgd] — détrempé

A cave [keɪv]
a **cavern** ['kævən] (soutenu) — une caverne

an **abyss** [ə'bɪs]
a **gulf** [gʌlf] — un gouffre

a **cave**
BR a **pothole** ['pɒthəʊl] — une grotte

a **speleologist** [ˌspiːlɪ'ɒlədʒɪst]
a **caver** ['keɪvəʳ] (parlé)
BR a **potholer** ['pɒthəʊləʳ]
AM a **spelunker** [spɪ'lʌŋkəʳ] (parlé) — un(e) spéléologue

speleology [ˌspiːlɪ'ɒlədʒɪ] — la spéléologie (étude)

caving ['keɪvɪŋ] (parlé)
BR **potholing** ['pɒthəʊlɪŋ]
AM **spelunking** [spɪ'lʌŋkɪŋ] (parlé) — la spéléologie (exploration)

An island ['aɪlənd]
an **isle** [aɪl] (soutenu) — une île

a **peninsula** [pɪ'nɪnsjʊlə] — une péninsule, une presqu'île

an **isthmus** ['ɪsməs] — un isthme

a **promontory** ['prɒməntrɪ] — un promontoire

a **cape** [keɪp]
a **headland** ['hedlənd] — un cap

an **atoll** ['ætɒl] — un atoll

an **archipelago** [ˌɑːkɪ'pelɪgəʊ] (plur. archipelagoes) — un archipel

A desert ['dezət] — un désert
(sand) dunes — les dunes (de sable)

an **oasis** [əʊ'eɪsɪs] (plur. oases) — une oasis

savanna(h) [sə'vænə] — la savane

the **bush** [bʊʃ] — la brousse

the **jungle** ['dʒʌŋgl] — la jungle

A moor [mʊəʳ] — une lande

moorland (n.c.) — la lande

scrub(land) ['skrʌb(lənd)] (n.c. sing.)
brushwood ['brʌʃwʊd] (n.c. sing.) — les broussailles

woodland ['wʊdlənd] (n.c. sing.) — la forêt, les bois

A view [vjuː] — une vue

a **vista** ['vɪstə] — une vue, une perspective

as far as the eye can see — à perte de vue

a **panorama** [ˌpænə'rɑːmə] — un panorama

panoramic [ˌpænə'ræmɪk] — panoramique

2 THE POINTS OF THE COMPASS : LES POINTS CARDINAUX

The compass ['kʌmpəs] — la boussole

a **degree** [dɪ'griː] — un degré

to **find* one's bearings** — s'orienter

The north [nɔːθ] — le nord

north
northern ['nɔːðən] — du nord, septentrional (côte, pays)

northerly ['nɔːðəlɪ] — au nord (région, point)

a **northerly wind** — un vent du nord

the **north wind** — le vent du nord

north(wards) ['nɔːθ(wədz)]
towards the north — au nord, vers le nord (aller, se trouver)

northernmost — le plus au nord (ville, point)

The south [saʊθ] — le sud

south
southern ['sʌðən] — du sud, méridional (côte, pays)

southerly ['sʌðəlɪ] — au sud (région, point)

a **southerly wind** — un vent du sud

south(wards) ['saʊθ(wədz)]
towards the south — au sud, vers le sud (aller, se trouver)

southernmost — le plus au sud (ville, point)

The east [iːst] — l'est
the **Orient** ['ɔːrɪənt] — l'Orient

east
eastern ['iːstən] — de l'est, oriental (côte, pays)

easterly ['iːstəlɪ] — à l'est (région, point)

an easterly wind	un vent d'est	**T**he north of France **northern France**	le nord de la France
east(wards) ['i:st(wədz)] **towards the east**	à l'est, vers l'est (aller, se trouver)	**in the north of France** **in northern France**	dans le nord de la France
easternmost	le plus à l'est (ville, point)	**north of France**	au nord de la France (hors de France)
The west [west]	l'ouest, l'Occident	**to live in the north**	vivre dans le nord
west **western** ['westən]	de l'ouest, occidental (côte, pays)	**further north**	plus au nord
westerly ['westəlı]	de l'ouest, vers l'ouest (vent)	**the north-east**	le nord-est
west(wards) ['west(wədz)] **towards the west**	à l'ouest, vers l'ouest (aller, se trouver)	**north-by-north-east**	nord-nord-est
westernmost	le plus à l'ouest (ville, point)		

MOUNTAINS AND VALLEYS :
LES MONTAGNES ET LES VALLÉES

High [haı]	haut	**a mountain top**	un sommet de montagne
height [haıt]	la hauteur	**a hilltop** ['hıltɒp]	le sommet d'une colline
elevation [‚elı'veıʃən]	l'élévation	**a pinnacle** ['pınəkl]	un pinacle
altitude ['æltıtju:d]	l'altitude	**the crest** [krest]	la crête
at high altitude	en altitude (se trouver, voler)	**a point** [pɔınt]	une pointe
low [ləu]	bas	**a peak** [pi:k]	un pic
at low altitude	à basse altitude (en général)	**a glacier** ['glæsıə']	un glacier
low(-lying)	à basse altitude (nuages)	**A** valley ['vælı] **a vale** [veıl] (soutenu)	une vallée
a contour (line)	une courbe de niveau	**the Loire valley**	la vallée de la Loire
the contours ['kɒntuəz]	les contours	**a dale** [deıl]	un vallon
		hilly ['hılı]	vallonné
A mountain ['mauntın]	une montagne	**rolling countryside**	un paysage onduleux
mountainous ['mauntınəs]	montagneux	**a gorge** [gɔ:dʒ] AM **a canyon** ['kænjən]	une gorge
a hill [hıl]	une colline	**a defile** ['di:faıl]	un défilé
a hillock ['hılək] **a mound** [maund]	une butte		
a range of mountains **a mountain chain**	une chaîne de montagnes	**A** cliff [klıf]	une falaise
the foothills ['futhılz]	les contreforts	**a slope** [sləup]	une pente
a massif [mæ'si:f]	un massif	**a gentle slope**	une pente douce
a ridge [rıdʒ]	une arête	**to slope down**	descendre en pente
the eternal snows	les neiges éternelles	**a ledge** [ledʒ]	une corniche, une saillie
snow-capped	couronné de neige	**a pass** [pɑ:s]	un col
		a sheer drop	un à-pic
The summit ['sʌmıt]	le sommet	**a ravine** [rə'vi:n]	un ravin
the top of the **mountain/of the hill**	le sommet de la montagne/de la colline	**a precipice** ['presıpıs]	un précipice
		a chasm ['kæzəm]	un gouffre
		a crevasse [krı'væs]	une crevasse

A plain [pleɪn] — une plaine
a **plateau** ['plætəʊ] — un plateau
a **hollow** ['hɒləʊ] — un creux
a **depression** [dɪ'preʃən] — une dépression
a **basin** ['beɪsn] — un bassin

To **rise*** up — s'élever (montagne)
to **rise*** steeply — se dresser abruptement
to **tower over** sth — dominer qqch.
  (montagne)

steep [stiːp] — raide, escarpé
precipitous [prɪ'sɪpɪtəs] — à pic, très escarpé
impassable [ɪm'pɑːsəbl] — infranchissable

A volcano [vɒl'keɪnəʊ] — un volcan
  (plur. volcanoes)
volcanic [vɒl'kænɪk] — volcanique
a **volcanic eruption** — une éruption volcanique
to **erupt** [ɪ'rʌpt] — entrer en éruption
to **smoke** [sməʊk] — fumer

a **crater** ['kreɪtə'] — un cratère
lava ['lɑːvə] — la lave
scoriae ['skɔːrɪiː] — des scories
cinders ['sɪndəz]
a **fault** [fɔːlt] — une faille
an **earthquake** — un tremblement de terre
  ['ɜːθkweɪk]
an **earth tremor** — une secousse tellurique
7 on the Richter scale — 7 sur l'échelle de Richter

The **Alps** [ælps] — les Alpes
the **Pyrenees** [pɪrə'niːz] — les Pyrénées
the **Apennines** — l'Apennin
  ['æpənaɪnz] (plur.)
the **Rocky Mountains** — les Montagnes Rocheuses
the **Rockies** ['rɒkɪz]
the **Appalachian Mountains** — les Appalaches
the **Appalachians**
  [ˌæpə'leɪʃənz]
the **Andes** ['ændiːz] — les Andes
the **Himalayas** — l'Himalaya
  [ˌhɪmə'leɪəz] (plur.)

---

4 THE SEA : LA MER

Sea level — le niveau de la mer
above/below sea level — au-dessus/en dessous du niveau de la mer
at sea — en mer
the **open sea** — la pleine mer
a **landlocked sea** — une mer fermée
on the high seas — en haute mer

Sea water — l'eau de mer
an **ocean** ['əʊʃən] — un océan
a **current** ['kʌrənt] — un courant
maritime ['mærɪtaɪm] — maritime
the **sea bed** (sing.) — les fonds marins
maritime fauna/flora — la faune/la flore marine

The **tide** [taɪd] — la marée
at high/low tide — à marée haute/basse
the tide is in/out — la mer est haute/basse
the rising/falling tide — la marée montante/descendante
the tide is coming in/is going out — la marée monte/descend

to be slack — être étale
to turn [tɜːn] — changer (marée)
the flood tide — le flux
the ebb tide — le reflux

A wave [weɪv] — une vague
a **ground swell** — une lame de fond
surf [sɜːf] (n.c. sing.) — les vagues déferlantes
to break* [breɪk] — déferler
a **breaker** ['breɪkə'] — un brisant
to surge [sɜːdʒ] — s'enfler (vagues, mer)
to swell [swel]
the **swell** — la houle
the **undertow** ['ʌndətəʊ] — le ressac
the **backwash** ['bækwɒʃ]
a **rough/choppy/calm sea** — une mer houleuse/agitée/calme
the **crest of a wave** — la crête d'une vague
white horses — les moutons
spray [spreɪ] (n.c. sing.) — les embruns
foam [fəʊm] — l'écume
a **tidal wave** — un raz-de-marée

A bay [beɪ]	une baie	**a delta** [ˈdeltə]	un delta
a gulf [gʌlf]	un golfe	**a lagoon** [ləˈguːn]	un lagon, une lagune
a cove [kəʊv]	une anse	**a fjord** [fjɔːd]	un fjord
an inlet [ˈɪnlet] BR **a creek**(1) [kriːk]	une crique	**landlocked** [ˈlændlɒkt]	sans accès à la mer, sans littoral
a strait [streɪt] **straits** (plur.)	un détroit		
a channel [ˈtʃænl]	un chenal	**T he Adriatic (Sea)**	l'Adriatique, la mer Adriatique
an arm of the sea	un bras de mer		
(1) ATTENTION AM **a creek** = un ruisseau		**the Aegean** [iːˈdʒiːən]	la mer Égée
		the Atlantic (Ocean)	l'(océan) Atlantique
T he coast [kəʊst] AM **the seaboard** [ˈsiːbɔːd]	la côte	**the Baltic (Sea)**	la (mer) Baltique
		the Black Sea	la mer Noire
coastal [ˈkəʊstəl]	côtier	**the Caribbean** [ˌkærɪˈbiːən]	la mer des Caraïbes, la mer des Antilles
the (sea)shore [(ˈsiː)ʃɔːʳ]	le rivage		
by the seashore	sur le rivage	**the Caspian Sea**	la mer Caspienne
the seaside [ˈsiːsaɪd]	le bord de la mer	**the (English) Channel**	la Manche
at the seaside **by the seaside**	au bord de la mer	**the Dead Sea**	la mer Morte
		the Indian Ocean	l'océan Indien
		the Irish Sea	la mer d'Irlande
T he beach [biːtʃ]	la plage	**the Mediterranean (Sea)**	la (mer) Méditerranée
sand [sænd]	le sable		
a sandbank	un banc de sable	**the North Sea**	la mer du Nord
a sandy beach	une plage de sable	**the Pacific (Ocean)**	l'océan Pacifique
a pebble [ˈpebl]	un galet	**the Red Sea**	la mer Rouge
shingle [ˈʃɪŋgl] (n.c. sing.) **pebbles**	les galets	**the South Seas**	les mers du Sud
a shingle beach **a pebbly beach**	une plage de galets	**T he Bay of Biscay**	le golfe de Gascogne
a rock [rɒk]	une roche, un rocher	**the Gulf of Lions**	le golfe du Lion
rocky [ˈrɒkɪ]	rocailleux	**the Gulf of Mexico**	le golfe du Mexique
a reef [riːf]	un récif	**the (Persian) Gulf**	le golfe Persique
		the Hudson Bay	la baie de Hudson
T he mouth of a river	l'embouchure d'un fleuve	**the roaring forties**	les quarantièmes rugissants
an estuary [ˈestjʊərɪ]	un estuaire	**the Strait of Gibraltar**	le détroit de Gibraltar

 RIVERS AND LAKES : LES COURS D'EAU ET LES LACS

A river [ˈrɪvəʳ]	un fleuve, une rivière, un cours d'eau	**against the stream**	à contre-courant
		upstream [ˈʌpˈstriːm]	en amont
by the riverside	au bord de la rivière	**downstream** [ˈdaʊnstriːm]	en aval
the (river)bank	la rive		
the bed of a river **a riverbed**	le lit d'un fleuve	**A spring** [sprɪŋ]	une source (en général)
the course of a river	le cours d'un fleuve	**a source** [sɔːs]	une source (de cours d'eau)
the (rate of) flow	le débit	**this river has its source in the Alps** **this river springs up in the Alps**	cette rivière prend sa source dans les Alpes
the stream [striːm] **the current** [ˈkʌrənt]	le courant		

a brook [brʊk]	un ruisseau
a stream [stri:m]	
AM **a creek**(1) [kri:k]	
a tributary ['trɪbjʊtəri]	un affluent
a torrent ['tɒrənt]	un torrent
BR **the watershed** ['wɔːtəʃed]	la ligne de partage des eaux
AM **the divide** [dɪ'vaɪd]	
(1) ATTENTION BR **a creek** = une crique	

Mud [mʌd]	la boue
muddy ['mʌdɪ]	boueux
silt [sɪlt]	le limon
slime [slaɪm]	la vase
to silt up	s'envaser, s'ensabler

A lake [leɪk]	un lac
the lakeside	le bord du lac
a pool [pu:l]	un étang
a pond [pɒnd]	une mare
a waterfall ['wɔːtəfɔːl]	une chute d'eau
a cascade [kæs'keɪd]	une cascade
a whirlpool ['wɜːlpuːl]	un tourbillon
rapids ['ræpɪdz]	les rapides
a ford [fɔːd]	un gué
to ford	passer à gué
a dyke [daɪk]	une digue
a ditch [dɪtʃ]	un fossé

Fresh water	l'eau douce
clear [klɪəʳ]	limpide
fast-flowing [.fɑːst'fləʊɪŋ] **swift-flowing** [.swɪft'fləʊɪŋ]	rapide
slow [sləʊ]	lent
winding ['waɪndɪŋ]	sinueux
narrow ['nærəʊ]	étroit
broad [brɔːd]	large
deep [diːp]	profond
shallow ['ʃæləʊ]	peu profond
to wind* [waɪnd]	serpenter
meanders [mɪ'ændəz]	les méandres
to meander	faire des méandres

to ripple ['rɪpl]	se rider
a ripple	une ride, une ondulation

To flow [fləʊ]	couler
to flow into **to run* into**	se jeter dans
to gush [gʌʃ]	jaillir
to overflow its banks **to burst* its banks**	déborder, sortir de son lit
a rise in the water level	une crue (montée des eaux)
in spate	en crue
a flood [flʌd]	une inondation, une crue
to flood	inonder
flooding ['flʌdɪŋ]	l'inondation

Navigable ['nævɪgəbl]	navigable
a waterway ['wɔːtəweɪ]	une voie navigable
a canal [kə'næl]	un canal
a lock [lɒk]	une écluse
the lock gates	les portes d'une écluse
the towpath ['təʊpɑːθ]	le chemin de halage
a dam [dæm]	un barrage
a reservoir ['rezəvwɑːʳ] **a dam**	un réservoir

The Great Lakes	les Grands Lacs
Lake Geneva	le lac Léman, le lac de Genève
the Niagara Falls	les chutes du Niagara
the Victoria Falls	les chutes de Victoria
the (River) Thames	la Tamise
the Seine [seɪn]	la Seine
the Rhine [raɪn]	le Rhin
the Danube ['dænjuːb]	le Danube
the Tiber ['taɪbəʳ]	le Tibre
the Mississippi (River)	le Mississippi
the Amazon ['æməzən]	l'Amazone
the Nile [naɪl]	le Nil
the Jordan ['dʒɔːdn]	le Jourdain
the Congo River	le Congo
the Ganges ['gændʒiːz]	le Gange

▶ ⑥ THE WEATHER : LE TEMPS

Weather conditions	les conditions météorologiques
meteorology [ˌmiːtɪəˈrɒlədʒɪ]	la météorologie
meteorological [ˌmiːtɪərəˈlɒdʒɪkəl]	météorologique
the weather forecast	la météo, les prévisions / météorologiques
a meteorologist [ˌmiːtɪəˈrɒlədʒɪst]	un(e) météorologue

The barometer [bəˈrɒmɪtəʳ] the glass [glɑːs]	le baromètre
the barometer is set at fair/is pointing to rain	le baromètre est au beau/est à la pluie
atmospheric/ barometric pressure	la pression atmosphérique/ barométrique
a weathercock [ˈweðəkɒk] **a weathervane** [ˈweðəveɪn]	une girouette
the climate [ˈklaɪmɪt]	le climat
a cold/hot climate	un climat froid/chaud
to acclimatize [əˈklaɪmətaɪz]	acclimater, s'acclimater

Good weather	le beau temps
the weather's fine	il fait beau
it's a nice day	il fait beau aujourd'hui
glorious weather	du très beau temps
it's better weather	il fait meilleur temps
a blue sky **blue skies** (plur.)	un ciel bleu
sunny [ˈsʌnɪ]	ensoleillé
bright intervals	des éclaircies
the weather is clearing (up)	le temps se lève
the weather is brightening (up)	le temps s'éclaircit, le temps se dégage
to get* better	s'améliorer
dry [draɪ]	sec
a drought [draʊt]	une sécheresse

A cloud [klaʊd]	un nuage
a cloud bank	un banc de nuages
cloudy [ˈklaʊdɪ]	nuageux
to cloud over	se couvrir (ciel)
overcast [ˈəʊvəkɑːst]	couvert (ciel)

dull [dʌl]	maussade
a grey sky **grey skies** (plur.)	un ciel gris
changeable [ˈtʃeɪndʒəbl]	variable
unsettled [ˈʌnˈsetld]	instable
it looks like rain/snow	le temps est à la pluie/à la neige
to get* worse	empirer

Rain [reɪn]	la pluie
rainfall (n.c. sing.)	les précipitations
a raindrop	une goutte de pluie
rainwater	l'eau de pluie
a deluge [ˈdeljuːdʒ]	une pluie diluvienne, un déluge
rainy [ˈreɪnɪ] **wet** [wet]	pluvieux (temps, journée, région)
to rain	pleuvoir

To drizzle [ˈdrɪzl]	bruiner
drizzle	la bruine
a steady drizzle	une petite pluie fine
a shower [ˈʃaʊəʳ]	une averse
scattered showers	des averses intermittentes
a cloudburst [ˈklaʊdbɜːst] **a downpour** [ˈdaʊnpɔːʳ]	une grosse averse
a waterspout [ˈwɔːtəˈspaʊt]	une trombe d'eau
it's raining cats and dogs	il pleut des cordes
it's pouring (with rain)	il pleut à torrents
a monsoon [mɒnˈsuːn]	une mousson

Sleet [sliːt]	la neige fondue
hail [heɪl]	la grêle
a hailstone	un grêlon
to hail	grêler
fog [fɒg]	le brouillard
a peasouper [ˈpiːˈsuːpəʳ]	une purée de pois
foggy [ˈfɒgɪ]	brumeux
mist [mɪst]	la brume
misty [ˈmɪstɪ]	brumeux
a haze [heɪz]	une brume
hazy [ˈheɪzɪ]	brumeux
to lift [lɪft]	se lever (brouillard, brume)
to disperse [dɪsˈpɜːs]	se disperser

Wet [wet]	mouillé
to get* wet	se (faire) mouiller
to get* soaked to get* drenched	se faire tremper
to be soaked through	être trempé jusqu'aux os
to dry* [draɪ]	sécher
a rainbow ['reɪnbəʊ]	un arc-en-ciel
Humid ['hju:mɪd]	humide (air, climat, chaleur)
humidity [hju:'mɪdɪtɪ]	l'humidité (de l'air, du climat)
damp [dæmp]	humide (et froid) (cave)
dampness ['dæmpnɪs]	l'humidité (froide)
dew [dju:]	la rosée
dewy ['dju:ɪ]	couvert de rosée
The wind [wɪnd]	le vent
there's a wind blowing it's windy	il y a du vent
a high wind a strong wind	un vent fort
the prevailing wind	le vent dominant
a gust of wind	un coup de vent
to blow* [bləʊ]	souffler
to gust [gʌst]	souffler en bourrasques
windy ['wɪndɪ]	venteux
windswept	balayé par les vents
a breeze [bri:z]	une brise
there was hardly a breath of wind	il n'y avait pas un souffle d'air
to abate [ə'beɪt]	se calmer, tomber
A storm [stɔ:m] a gale [geɪl] a tempest ['tempɪst] (soutenu)	une tempête
a howling gale	une violente tempête
it is blowing a gale	le vent souffle en tempête
a squall [skwɔ:l] a strong gust of wind	une rafale de vent
a tornado [tɔ:'neɪdəʊ] (plur. tornadoes)	une tornade
a whirlwind ['wɜ:lwɪnd]	un tourbillon de vent
a typhoon [taɪ'fu:n]	un typhon
a hurricane ['hʌrɪkən]	un ouragan
to rage [reɪdʒ]	se déchaîner
a landslide ['lændˌslaɪd]	un glissement de terrain

A thunderstorm ['θʌndə'ˌstɔ:m]	un orage
thundery ['θʌndərɪ] stormy ['stɔ:mɪ]	orageux
thunder ['θʌndə']	le tonnerre
a clap of thunder	un coup de tonnerre
to thunder	tonner
lightning ['laɪtnɪŋ]	les éclairs, la foudre
there were flashes of lightning the lightning flashed	il y avait des éclairs
lightning has struck	la foudre est tombée
a lightning conductor	un paratonnerre
Frost [frɒst]	le gel, la gelée
white frost ground frost	la gelée blanche
to freeze* [fri:z]	geler
there will be a hard frost	il gèlera dur
it will be a frosty morning	il gèlera le matin
hoarfrost ['hɔ:frɒst]	le givre
to ice up to frost over	(se) givrer
ice [aɪs]	la glace
icy ['aɪsɪ]	glacé, glacial (vent)
black ice	le verglas
a sheet of black ice	une plaque de verglas
icy	verglacé (route)
Snow [snəʊ]	la neige
to snow	neiger
a snowflake	un flocon de neige
a snowfall	une chute de neige
a blanket of snow	une couche de neige
a snowdrift	une congère
an avalanche ['ævəlɑ:nʃ]	une avalanche
snowy ['snəʊɪ]	neigeux (temps)
snow-covered	enneigé, couvert de neige
snowbound	enneigé, bloqué par la neige (route, région)
to melt [melt]	fondre

7 HEAT AND COLD : LA CHALEUR ET LE FROID

Heat [hi:t] — la chaleur

to be bothered by the heat — être incommodé par la chaleur

a sweltering heat — une chaleur caniculaire

hot [hɒt] — chaud, très chaud

to be hot — avoir très chaud

it's hot — il fait chaud

a blazing hot day — une journée de grand beau temps

a heatwave — une vague de chaleur

it's scorching hot / it's stifling — il fait une chaleur étouffante

the midsummer heat / dog days (plur.) — la canicule (en juillet et août)

I'm boiling hot — j'étouffe

sultry ['sʌltrɪ] — suffocant (chaleur)

close [kləus] — lourd (temps)

To heat (up) — faire chauffer, chauffer

it's burning hot — c'est brûlant (objet)

it's boiling hot — c'est brûlant, c'est bouillant (boisson)

it's piping hot — c'est brûlant (nourriture)

Warmth [wɔ:mθ] — la chaleur (douce, agréable)

in the warmth — au chaud

warm [wɔ:m] — chaud, assez chaud

to be warm — avoir chaud

to be nice and warm — avoir bien chaud, être bien au chaud

Are you warm enough ? — As-tu assez chaud ?

it's rather warm today — il fait assez chaud aujourd'hui

it's nice and warm today — il fait bon aujourd'hui

To warm (up) — faire chauffer, chauffer

to reheat [ˌri:'hi:t] / to heat up again / to warm up again — réchauffer (nourriture)

to warm up — réchauffer (personne)

to get* warmer — se réchauffer (temps, température)

to warm o.s. (up) — se réchauffer (personne)

tepid ['tepɪd] / lukewarm ['lu:kwɔ:m] — tiède, pas assez chaud

The temperature ['temprɪtʃə'] — la température

to take* the temperature of sth — prendre la température de qqch.

a thermometer [θə'mɒmɪtə'] — un thermomètre

in temperatures of over 30° — par des températures de plus de 30°

below-freezing temperatures — des températures en dessous de zéro

30° centigrade — 30° centigrades

30° Celsius (abr. C) — 30° Celsius

90 degrees Fahrenheit (abr. F) — 90 degrés Fahrenheit

it was 30° in the shade — il faisait 30° à l'ombre

to fall* [fɔ:l] — baisser (température)

to rise* [raɪz] — monter (température)

Cold [kəuld] — froid

it's cold — il fait froid

cool [ku:l] — frais

it's cool — il fait frais

it's nice and cool — c'est bien frais

in the cool of the night — dans la fraîcheur de la nuit

To be cold — avoir froid

to feel* the cold — être frileux

it's icy cold in here / it's freezing cold in here — c'est glacial ici

I'm freezing — je gèle

I'm perished (parlé) — je meurs de froid

it's chilly — il fait très frais

it's nippy (parlé) — il fait frisquet

To chill [tʃɪl] — rafraîchir (vin)

to cool [ku:l] — rafraîchir (boisson)

it's getting cooler **it's getting colder**	le temps se rafraîchit	**to get* cold**	refroidir (nourriture)

REMARQUE : En Grande-Bretagne les températures sont encore parfois exprimées en degrés Fahrenheit. Le point de congélation est à 32° F (0 °C) et le point d'ébullition à 212° F (100 °C). Pour convertir des degrés Fahrenheit en degrés Celsius, on retranche 32 puis on multiplie le reste par 5 et on divise le tout par 9. Pour convertir des degrés Celsius en degrés Fahrenheit, on multiplie par 9 puis on divise par 5 et on ajoute 32.

LIGHT AND DARKNESS : LA LUMIÈRE ET L'OBSCURITÉ

Light [laɪt] — la lumière

a light — une lumière

a light source — une source de lumière

a ray of light
a beam (of light) — un rayon de lumière

Daylight ['deɪlaɪt] — le jour, la lumière du jour

in (the) daylight — à la lumière du jour, au grand jour

in broad daylight — en plein jour

sunlight ['sʌnlaɪt] — le soleil, la lumière du soleil

sunlit ['sʌnlɪt] — éclairé par le soleil, ensoleillé

moonlight ['muːnlaɪt] — le clair de lune

moonlit ['muːnlɪt] — éclairé par la lune

To light* (up) — éclairer (lampe)

there was a light in the window
the window was lit up — la fenêtre était éclairée

to light* a candle/ a lamp — allumer une bougie/ une lampe

to illuminate [ɪ'luːmɪneɪt] — illuminer

illumination
[ɪˌluːmɪ'neɪʃən] — l'illumination

to lighten ['laɪtn] — éclaircir (teinte)

Clear [klɪə'] — clair (ciel, eau)

bright [braɪt]
light [laɪt] — clair (pièce)

bright — vif (flamme, lumière)

brightness ['braɪtnɪs] — la clarté (d'une pièce, d'une flamme)

luminous ['luːmɪnəs] — lumineux (corps, couleur, ciel)

illuminated [ɪ'luːmɪneɪtɪd] — lumineux (enseigne)

luminosity [ˌluːmɪ'nɒsɪtɪ] — la luminosité (d'un corps, d'une couleur, du ciel)

To shine* [ʃaɪn] — briller

shining ['ʃaɪnɪŋ] — brillant

brilliance ['brɪljəns] — l'éclat

brilliant ['brɪljənt] — éclatant

to dazzle ['dæzl] — éblouir

dazzling ['dæzlɪŋ] — éblouissant

to shine* forth
to be radiant — rayonner (astre, lumière)

A glow [gləʊ]
a gleam [gliːm] — une lueur

to glow
to gleam — luire

glowing ['gləʊɪŋ]
gleaming ['gliːmɪŋ] — luisant

a glimmer ['glɪmə'] — une faible lueur

to glimmer — luire faiblement

To twinkle ['twɪŋkl] — scintiller

a twinkle — un scintillement

to shimmer ['ʃɪmə'] — miroiter

a shimmer (of light) — un miroitement

to sparkle ['spɑːkl] — étinceler

a sparkle — une étincelle

fluorescent [flʊə'resnt] — fluorescent

fluorescence [flʊə'resns] — fluorescence

to flash [flæʃ] — clignoter

Faint [feɪnt]
dim [dɪm] — faible, pâle (lumière)

dull [dʌl] — sans éclat (lumière)

shadow ['ʃædəʊ] — l'ombre (d'une personne, d'un objet)

shade [ʃeɪd] — l'ombre, l'ombrage

in the shade — à l'ombre

shady ['ʃeɪdɪ] — ombragé

Dark [dɑːk]	sombre	**darkness** [ˈdɑːknɪs]	l'obscurité
in the dark	dans le noir	**obscurity** [əbˈskjʊərɪtɪ]	
before/after dark	avant/après la tombée de la nuit	**to darken** [ˈdɑːkən]	assombrir, s'assombrir
it is pitch-dark	il fait nuit noire	**dark**	ténébreux
dark	obscur	**gloomy** [ˈgluːmɪ]	
		darkness (n.c. sing.)	les ténèbres
		gloom [gluːm] (n.c. sing.)	

► ⑨ **COLOURS :** LES COULEURS

BR **a colour** [ˈkʌləʳ]	une couleur	**to go* pink**	rosir (visage)
AM **a color**		**to grow* pink**	rosir (ciel)
the primary colours	les couleurs fondamentales	**to turn pink**	
the spectrum [ˈspektrəm] (plur. spectra)	le spectre	**S**now-white	blanc comme neige
What colour is it ?	De quelle couleur est-ce ?	**crimson** [ˈkrɪmzn]	cramoisi
		scarlet [ˈskɑːlɪt]	écarlate
coloured [ˈkʌləd]	coloré (en général)	**purple** [ˈpɜːpl]	violet, pourpre
colourful [ˈkʌləfʊl]	coloré (joliment, vivement)	**violet** [ˈvaɪəlɪt]	
multicoloured [ˈmʌltɪˌkʌləd]	multicolore	**mauve** [məʊv]	mauve
		vermilion [vəˈmɪljən]	vermillon
a splash of colour	une tache de couleur	**jet/inky black**	noir comme du jais/ de l'encre
		black as jet/ink	
White [waɪt]	blanc	**indigo** [ˈɪndɪgəʊ]	indigo
to whiten [ˈwaɪtn]	blanchir (tissu)	**orange** [ˈɒrɪndʒ]	orange
to turn white	blanchir (cheveux)	**maroon** [məˈruːn]	bordeaux
BR **to go* grey**		**ochre** [ˈəʊkəʳ]	ocre
AM **to go* gray**			
BR **grey** [greɪ]	gris	**O**live(-green)	vert olive
AM **gray**		**russet** [ˈrʌsɪt]	roux (feuilles, pelage)
black [blæk]	noir	**reddish-brown**	
to blacken [ˈblækən]	noircir (fumée, couleur)	**ginger** [ˈdʒɪndʒəʳ]	roux (orangé) (cheveux)
to darken [ˈdɑːkən]	noircir (peinture, cire)	**red** [red]	roux (foncé) (cheveux)
		auburn [ˈɔːbən]	
Blue [bluː]	bleu	**turquoise** [ˈtɜːkwɔɪz]	turquoise
to turn blue	bleuir	**silver(y)** [ˈsɪlvəʳ(ɪ)]	argenté
green [griːn]	vert	**gold(en)** [ˈgəʊld(ən)]	doré
to turn green	verdir	**copper(y)** [ˈkɒpəʳ(ɪ)]	cuivré
yellow [ˈjeləʊ]	jaune	**bronze** [brɒnz]	bronze
to turn yellow	jaunir		
brown [braʊn]	marron	**L**ight yellow/grey	jaune/gris clair
dark brown	brun	**pale yellow/grey**	jaune/gris pâle
to go* darker	brunir (cheveux)	**dark green/red**	vert/rouge foncé
to get* a tan	brunir (peau, personne)	**deep** [diːp]	intense
		bright [braɪt]	vif
Red [red]	rouge	**vivid** [ˈvɪvɪd]	
to redden [ˈredn]	rougir (fruit, légume)	**strong** [strɒŋ]	soutenu
to turn red		**dull** [dʌl]	terne
to blush [blʌʃ]	rougir (de honte, par gêne)	**plain** [pleɪn]	uni
to go* red		**colourless** [ˈkʌləlɪs]	incolore
pink [pɪŋk]	rose		

Gaudy [ˈgɔːdɪ]
garish [ˈgɛərɪʃ]
loud [laʊd] — voyant, criard

drab [dræb] — fade

speckled [ˈspekld] — tacheté

to match *sth* — être assorti *à qqch.*

to go* with — s'assortir avec

to clash *with* [klæʃ] — jurer *avec*

To colour [ˈkʌləʳ] — colorer

colouring [ˈkʌlərɪŋ] (n.c.) — le coloris, la coloration

a shade [ʃeɪd] — un ton

a tint [tɪnt]
a hue [hjuː] (soutenu) — une teinte

to tint — teinter

pigment [ˈpɪgmənt] — le pigment

to dye [daɪ] — teindre

a dye — une teinture, un colorant

To run* [rʌn] — déteindre

to fade [feɪd] — passer

faded [ˈfeɪdɪd] — passé, délavé

bleach [bliːtʃ] — l'eau de Javel

to bleach — décolorer

REMARQUES :

1 L'orthographe américaine **color** s'applique à tous les emplois de **colour** et de ses dérivés dans cette section.

2 Le suffixe -âtre français a comme équivalent -ish en anglais ; ex. : verdâtre = **greenish** ; jaunâtre = **yellowish**.

ECOLOGY AND POLLUTION :
L'ÉCOLOGIE ET LA POLLUTION

The environment [ɪnˈvaɪərənmənt] — l'environnement

environmental [ɪnˌvaɪərənˈmentl] — lié à l'environnement, environnemental

the ecosystem [ˈiːkəʊˌsɪstəm] — l'écosystème

an ecologist [ɪˈkɒlədʒɪst] — un(e) écologiste

ecological [ˌiːkəˈlɒdʒɪkəl] — écologique

an environmentalist [ɪnˌvaɪərənˈmentəlɪst] — un(e) environnementaliste

conservation [ˌkɒnsəˈveɪʃən] — la défense de l'environnement

a conservationist [ˌkɒnsəˈveɪʃənɪst] — un(e) défenseur (-euse) de l'environnement

to conserve sth
to preserve sth — préserver qqch.

to protect *against* [prəˈtekt] — protéger *contre*

the protection of beauty spots — la protection des sites

a clean-up campaign — une campagne de propreté

To survive [səˈvaɪv] — survivre

survival [səˈvaɪvəl] — la survie

to be threatened *with* — être menacé *de*

extinction [ɪksˈtɪŋkʃən] — la disparition (d'une espèce)

extinct [ɪksˈtɪŋkt] — disparu

an endangered species — une espèce en voie de disparition

To pollute [pəˈluːt] — polluer

air/water pollution — la pollution de l'air/ de l'eau

marine pollution — la pollution de la mer

polluting [pəˈluːtɪŋ] — polluant

a pollutant [pəˈluːtənt] — un(e) pollueur (-euse)

to contaminate [kənˈtæmɪneɪt] — contaminer

contamination [kənˌtæmɪˈneɪʃən] — la contamination

to poison [ˈpɔɪzn] — empoisonner

to leak [liːk] — fuir

a leak — une fuite

toxic [ˈtɒksɪk] — toxique

a poison cloud — un nuage toxique

A sewer [ˈsjuəʳ] — un égout

sewerage [ˈsjuərɪdʒ] — le système d'égouts

sewage [ˈsjuːɪdʒ] (n.c. sing.) — les eaux d'égout

a sewage outfall — un déversoir d'égout

noise pollution — les nuisances sonores

decibels [ˈdesɪbelz] — les décibels

the threshold of tolerance — le seuil de tolérance

Global warming — le réchauffement de la planète

the greenhouse effect — l'effet de serre

the ozone layer	la couche d'ozone
"ozone friendly"	«préserve la couche d'ozone»
factory smoke (n.c. sing.)	les fumées industrielles
an insecticide [ɪn'sektɪsaɪd]	un insecticide
a pesticide ['pestɪsaɪd]	un pesticide
an aerosol ['ɛərəsɒl]	un aérosol
CFCs [siː'ef'siːz] (abr. de *chloroflurocarbons*)	les CFCs
crop-spraying	la pulvérisation des cultures
acid rain (n.c. sing.)	les pluies acides
an oil slick an oil spill	une nappe de pétrole, une marée noire
radioactivity [ˌreɪdɪəʊæk'tɪvɪtɪ]	la radioactivité
radioactive fallout (sing.)	les retombées radioactives
To waste [weɪst]	gaspiller
wastage ['weɪstɪdʒ]	le gaspillage
litter ['lɪtəʳ] (n.c. sing.)	les détritus

refuse [rɪ'fjuːz] (n.c. sing.) BR rubbish ['rʌbɪʃ] (n.c. sing.)	les ordures
household refuse (n.c. sing.)	les ordures ménagères
BR a rubbish tip BR a rubbish dump AM a garbage dump	une décharge
waste (n.c. sing.)	les déchets
to dump waste/rubbish	déposer des déchets/des ordures
toxic/radioactive waste	les déchets toxiques/radioactifs
waste disposal	le traitement des déchets
a waste collection centre a waste collection site	une déchetterie, un centre de traitement des déchets
to recycle [ˌriː'saɪkl]	recycler
glass/paper/waste recycling	le recyclage du verre/des vieux papiers/des déchets
biodegradable [ˌbaɪəʊdɪ'greɪdəbl]	biodégradable
biofuel ['baɪəʊfjʊəl]	le combustible organique

THE SCIENCES : LES SCIENCES

A science ['saɪəns] — une science
the experimental sciences — les sciences expérimentales
natural sciences — les sciences naturelles
the physical sciences — les sciences physiques
applied sciences — les sciences appliquées
the social sciences — les sciences humaines
scientific [ˌsaɪən'tɪfɪk] — scientifique
a scientist ['saɪəntɪst] — un(e) scientifique, un savant

Research [rɪ'sɜ:tʃ] — la recherche
basic research — la recherche fondamentale
a researcher [rɪ'sɜ:tʃə'] — un(e) chercheur (-euse)
theory ['θɪərɪ] — la théorie
theoretical [θɪə'retɪkəl] — théorique
practice ['præktɪs] — la pratique
practical ['præktɪkəl] — pratique
an invention [ɪn'venʃən] — une invention
a discovery [dɪs'kʌvərɪ] — une découverte
a technician [tek'nɪʃən] — un(e) technicien(ne)
technicality [ˌteknɪ'kælɪtɪ] — la technicité

Physics (sing.) — la physique
nuclear physics (sing.) — la physique nucléaire
a physicist ['fɪzɪsɪst] — un(e) physicien(ne)
astronomy [əs'trɒnəmɪ] — l'astronomie
astrophysics ['æstrəʊ'fɪzɪks] (sing.) — l'astrophysique
an astrophysicist [ˌæstrəʊ'fɪzɪsɪst] — un(e) astrophysicien(ne)
mathematics [ˌmæθə'mætɪks] (sing.) — les mathématiques
a mathematician [ˌmæθəmə'tɪʃən] — un(e) mathématicien(ne)

Medicine ['medsn] — la médecine
medical ['medɪkəl] — médical
biology [baɪ'ɒlədʒɪ] — la biologie
microbiology [ˌmaɪkrəʊbaɪ'ɒlədʒɪ] — la microbiologie
biological [ˌbaɪə'lɒdʒɪkəl] — biologique
a biologist [baɪ'ɒlədʒɪst] — un(e) biologiste

physiology [ˌfɪzɪ'ɒlədʒɪ] — la physiologie
physiological ['fɪzɪə'lɒdʒɪkəl] — physiologique
a physiologist [ˌfɪzɪ'ɒlədʒɪst] — un(e) physiologiste
anatomy [ə'nætəmɪ] — l'anatomie
anatomical [ˌænə'tɒmɪkəl] — anatomique
an anatomist [ə'nætəmɪst] — un(e) anatomiste

Anthropology [ˌænθrə'pɒlədʒɪ] — l'anthropologie
anthropological [ˌænθrəpə'lɒdʒɪkəl] — anthropologique
an anthropologist [ˌænθrə'pɒlədʒɪst] — un(e) anthropologue
botany ['bɒtənɪ] — la botanique
botanical [bə'tænɪkəl] — botanique
a botanist ['bɒtənɪst] — un(e) botaniste
zoology [zəʊ'ɒlədʒɪ] — la zoologie
zoological [ˌzəʊə'lɒdʒɪkəl] — zoologique
a zoologist [zəʊ'ɒlədʒɪst] — un(e) zoologue

Psychology [saɪ'kɒlədʒɪ] — la psychologie
psychological [ˌsaɪkə'lɒdʒɪkəl] — psychologique
a psychologist [saɪ'kɒlədʒɪst] — un(e) psychologue
psychiatry [saɪ'kaɪətrɪ] — la psychiatrie
psychiatric [ˌsaɪkɪ'ætrɪk] — psychiatrique
a psychiatrist [saɪ'kaɪətrɪst] — un(e) psychiatre

Sociology [ˌsəʊsɪ'ɒlədʒɪ] — la sociologie
sociological [ˌsəʊsɪə'lɒdʒɪkəl] — sociologique
a sociologist [ˌsəʊsɪ'ɒlədʒɪst] — un(e) sociologue
economics [ˌi:kə'nɒmɪks] (sing.) — les sciences économiques, l'économie
an economist [ɪ'kɒnəmɪst] — un(e) économiste
statistics [stə'tɪstɪks] (sing.) — la statistique
statistical [stə'tɪstɪkəl] — statistique
a statistician [ˌstætɪs'tɪʃən] — un(e) statisticien(ne)

ELECTRICITY : L'ÉLECTRICITÉ

Electric [ɪˈlektrɪk]	électrique (fonctionnant à l'électricité)
electrical [ɪˈlektrɪkəl]	électrique (propre à l'électricité)
to conduct electricity	être conducteur d'électricité
a good/bad conductor	un bon/mauvais conducteur
conductivity [ˌkɒndʌkˈtɪvɪtɪ]	la conductivité
The voltage [ˈvəʊltɪdʒ]	le voltage, la tension
live [lɪv]	sous-tension
a volt [vəʊlt]	un volt
polarity [pəʊˈlærɪtɪ]	la polarité
positive [ˈpɒzɪtɪv]	positif
negative [ˈnegətɪv]	négatif
the load [ləʊd] **the charge** [tʃɑːdʒ]	la charge
A watt [wɒt]	un watt
a 550-watt motor	un moteur de 550 watts
an amp(ere) [ˈæmp(ɛəʳ)]	un ampère
a 5-amp fuse	un fusible de 5 ampères
resistance [rɪˈzɪstəns]	la résistance
an ohm [əʊm]	un ohm
A power station	une centrale (électrique)
to generate [ˈdʒenəreɪt]	produire

a generator [ˈdʒenəreɪtəʳ]	un groupe électrogène
a dynamo [ˈdaɪnəməʊ]	une dynamo
a transformer [trænsˈfɔːməʳ]	un transformateur
a pylon [ˈpaɪlən]	un pylône
a power line a high-tension line	une ligne à haute tension
the current [ˈkʌrənt]	le courant
direct current	le courant continu
alternating current	le courant alternatif
the (power) grid	le réseau électrique
A battery [ˈbætərɪ]	une pile, une batterie
to charge [tʃɑːdʒ]	se (re)charger (batterie)
to put* a battery on charge to charge a battery	charger une batterie
to discharge [dɪsˈtʃɑːdʒ]	se décharger
the battery is flat	la batterie est à plat
A coil [kɔɪl]	une bobine
a cell [sel]	une cellule
an anode [ˈænəʊd]	une anode
a cathode [ˈkæθəʊd]	une cathode
an electrode [ɪˈlektrəʊd]	une électrode
a circuit [ˈsɜːkɪt]	un circuit
a cable [ˈkeɪbl]	un câble

COMPUTERS AND ELECTRONICS : L'INFORMATIQUE ET L'ÉLECTRONIQUE

A computer [kəmˈpjuːtəʳ]	un ordinateur
computing [kəmˈpjuːtɪŋ] **computer science**	l'informatique
to computerize [kəmˈpjuːtəraɪz]	informatiser
computerization [kəmˌpjuːtəraɪˈzeɪʃən]	l'informatisation
a computer scientist	un(e) informaticien(ne)
Hardware [ˈhɑːdwɛəʳ]	le matériel, le hardware

a multi-user system	une configuration multi-poste
an interface [ˈɪntəfeɪs]	une interface
a peripheral [pəˈrɪfərəl]	un périphérique
a terminal [ˈtɜːmɪnl]	un terminal
the mainframe [ˈmeɪnfreɪm]	l'unité centrale
The memory [ˈmemərɪ]	la mémoire
random access memory (abr. RAM)	la mémoire vive

read only memory (abr. ROM)	la mémoire morte
a bit [bɪt]	un bit
a byte [baɪt]	un octet
a megabyte ['megə.baɪt]	un méga-octet
A chip [tʃɪp]	une puce
a memory chip	une puce à mémoire
a microchip ['maɪkrəu.tʃɪp]	une puce électronique
a transistor [træn'zɪstəʳ]	un transistor
silicon ['sɪlɪkən]	le silicium
a microprocessor [.maɪkrəu'prəusesəʳ]	un microprocesseur
compatible [kəm'pætɪbl]	compatible
compatibility [kəm.pætə'bɪlɪtɪ]	la compatibilité
A desk-top computer	un ordinateur de bureau
a laptop computer	un ordinateur portable
a micro(computer) ['maɪkrəu(kəm'pju:təʳ)]	un micro-ordinateur
a minicomputer ['mɪnɪkəm'pju:təʳ]	un mini-ordinateur
a home computer **a personal computer** **a PC** [pi:'si:]	un ordinateur personnel, un PC
a disk [dɪsk]	un disque
a hard disk	un disque dur
a floppy (disk) **a diskette** [dɪs'ket]	une disquette, un disque souple
a disk drive	un lecteur de disquettes
to format ['fɔ:mæt]	formater
The visual display unit (abr. VDU)	la console de visualisation
the screen [skri:n]	l'écran
a light pen	un crayon optique
the monitor ['mɒnɪtəʳ]	le moniteur
the keyboard ['ki:bɔ:d]	le clavier
a key [ki:]	une touche
a mouse [maus] (plur. mice)	une souris
the printer ['prɪntəʳ]	l'imprimante
a laser printer	une imprimante (à) laser
Data[1] ['deɪtə]	les données
data-processing	le traitement de données
a database	une base de données
an expert system	un système expert

binary ['baɪnərɪ]	binaire
an algorithm ['ælgə.rɪðəm]	un algorithme
a computer language **a programming language**	un langage de programmation
machine language	le langage machine
Fortran ['fɔ:træn]	le fortran
Basic ['beɪsɪk]	le basic

(1) REMARQUE **data** est généralement au singulier

Software ['sɒftwɛəʳ] (n.c.)	le logiciel
to buy* an application program **to buy* software**	acheter un logiciel
a (software) package	un progiciel
a spreadsheet (program)	un tableur
a systems analyst	un analyste-programmeur
electronic mail (abr. E-mail) (n.c.)	le courrier électronique
an electronic mailbox	une boîte aux lettres électronique
A program ['prəugræm]	un programme
to write* a program	écrire un programme
to program	programmer
a programmer ['prəugræməʳ]	un(e) programmeur (-euse)
a keyboarder ['ki:bɔ:dəʳ] **a keyboard operator**	un(e) claviste, un(e) pupitreur (-euse)
to key sth (in)	saisir qqch.
A file [faɪl]	un fichier
to open/to close a file	ouvrir/fermer un fichier
to sort [sɔ:t]	trier
to delete [dɪ'li:t] **to erase** [ɪ'reɪz]	effacer
A virus ['vaɪərəs]	un virus
a bug [bʌg]	un bogue
to debug [di:'bʌg]	mettre au point
a hacker ['hækəʳ]	un pirate en informatique
to hack into a system	pirater un système
Electronics [ɪlek'trɒnɪks] (sing.)	l'électronique
electronic [ɪlek'trɒnɪk]	électronique
telematics [.telɪ'mætɪks] (sing.)	la télématique

magnetism ['mægnɪtɪzəm]	le magnétisme	**radar** ['reɪdɑːʳ]	le radar
magnetic [mæg'netɪk]	magnétique	**laser** ['leɪzəʳ]	le laser
a magnet ['mægnɪt]	un aimant	**a laser beam**	un rayon laser

ASTRONAUTICS : L'ASTRONAUTIQUE

The space age	l'ère spatiale	**T**o launch [lɔːntʃ]	lancer
the conquest of space	la conquête de l'espace	**a launch**	un lancement
the aerospace industry	l'industrie aérospatiale	**a launch(ing) pad**	une rampe de lancement
an astronaut ['æstrənɔːt]	un(e) astronaute	**a countdown** ['kaʊntdaʊn]	un compte à rebours
a cosmonaut ['kɒzmənɔːt]	un(e) cosmonaute	**to lift off**	décoller (fusée)
a spaceman (fém. spacewoman)	un(e) spationaute	**lift-off**	le décollage
a space suit	une combinaison spatiale	**an orbit** ['ɔːbɪt]	une orbite
		in orbit *round*	en orbite *autour de*
		a space flight	un vol spatial
A spaceship ['speɪsʃɪp]	un vaisseau spatial		
a spacecraft ['speɪskrɑːft]		**R**e-entry [ˌriːˈentrɪ]	la rentrée dans l'atmosphère (d'un vaisseau spatial)
a manned/an unmanned spacecraft	un engin habité/inhabité	**a touchdown** ['tʌtʃdaʊn]	un atterrissage
a rocket ['rɒkɪt]	une fusée	**to touch down**	atterrir, toucher le sol
the first/second stage of the rocket	le premier/deuxième étage de la fusée	**a splashdown** ['splæʃdaʊn]	un amerrissage
retrorockets ['retrəʊˌrɒkɪts]	les rétrofusées	**to splash down**	amerrir
a space station	une station spatiale	**a moon landing**	un alunissage
a space platform		**to land on the moon**	alunir
a skylab ['skaɪlæb]	un laboratoire spatial	**to dock** [dɒk]	s'arrimer
a space laboratory		**to spacewalk** ['speɪswɔːk]	marcher dans l'espace
a space probe	une sonde spatiale		
a space shuttle	une navette spatiale	**A** satellite ['sætəlaɪt]	un satellite
a capsule ['kæpsjuːl]	une capsule	**an artificial satellite**	un satellite artificiel
a lunar vehicle	un véhicule lunaire	**a weather satellite**	un satellite météorologique
weightlessness ['weɪtlɪsnɪs]	l'apesanteur	**a communications satellite**	un satellite de télécommunications
weightless ['weɪtlɪs]	en état d'apesanteur (personne, objet)	**satellite transmission**	la transmission par satellite
space sickness	le mal de l'espace	**remote-controlled**	télécommandé

MECHANICS : LA MÉCANIQUE

Mechanical [mɪ'kænɪkəl]	mécanique	**mechanized** ['mekənaɪzd]	mécanisé
to mechanize ['mekənaɪz]	mécaniser	**a mechanism** ['mekənɪzəm]	un mécanisme

a **mechanic** [mɪ'kænɪk]	un(e) mécanicien(ne)
a **fitter** ['fɪtə']	un(e) monteur (-euse)
an **engineer** [ˌendʒɪ'nɪə']	un ingénieur
engineering [ˌendʒɪ'nɪərɪŋ]	l'ingénierie

Automatic [ˌɔ:tə'mætɪk]	automatique
automatically [ˌɔ:tə'mætɪkəlɪ]	automatiquement
automation [ˌɔ:tə'meɪʃən]	l'automatisation, la robotisation
a **robot** ['rəubɒt]	un robot
fully automated	complètement robotisé
robotics [rəu'bɒtɪks] (sing.)	la robotique

Equipment [ɪ'kwɪpmənt] (n.c.)	le matériel
gear [gɪə'] (n.c.)	
an **instrument** ['ɪnstrumənt]	un instrument
an **appliance** [ə'plaɪəns]	un appareil
an **apparatus** [ˌæpə'reɪtəs] (plur. apparatus, apparatuses)	
a **machine** [mə'ʃi:n]	une machine
a **machine tool**	une machine-outil
the **machinery** [mə'ʃi:nərɪ]	la machinerie
the **plant** [plɑ:nt]	
a **device** [dɪ'vaɪs]	un dispositif
an **engine** ['endʒɪn]	un moteur (en général)
a **motor** ['məutə']	un moteur (de petits appareils)

To machine [mə'ʃi:n]	usiner
a **lathe** [leɪð]	un tour
a **milling machine**	une fraiseuse
a **hoist** [hɔɪst]	un palan
lifting tackle (n.c.)	un appareil de levage
to **hoist sth (up)**	hisser qqch.
a **pump** [pʌmp]	une pompe
to **pump**	pomper

A dial ['daɪəl]	un cadran
an **indicator** ['ɪndɪkeɪtə']	un indicateur

to **indicate** ['ɪndɪkeɪt]	indiquer (instrument)
to **show*** [ʃəu]	
to **read*** [ri:d]	
a **gauge** [geɪdʒ]	une jauge
a **turbine** ['tɜ:baɪn]	une turbine
a **piston** ['pɪstən]	un piston
a **knob** [nɒb]	un bouton
a **cog (wheel)**	une roue dentée
a **ball bearing**	un roulement à billes
a **lever** ['li:və']	un levier
to **lever sth up**	faire levier sur qqch.
a **pulley** ['pulɪ]	une poulie

To function ['fʌŋkʃən]	fonctionner, marcher
to **work** [wɜ:k]	
to **go*** [gəu]	
to **run* smoothly**	bien marcher
in working order	en état de marche
operational [ˌɒpə'reɪʃənl]	opérationnel
in operation	en service

To start up a machine	faire démarrer une machine
to **work a machine**	faire marcher une machine
to **run* an engine**	faire tourner un moteur
to **operate sth**	faire fonctionner qqch.
the **controls** [kən'trəulz]	les commandes
the **control panel**	le pupitre de commandes
to **adjust** [ə'dʒʌst]	régler

Out of order	en panne
to **break* down**	tomber en panne
inoperative [ɪn'ɒpərətɪv]	inopérant
spare parts	les pièces de rechange
spares [spɛəz]	
a **repair** [rɪ'pɛə']	une réparation
to **repair** [rɪ'pɛə']	réparer
an **oilcan** ['ɔɪlkæn]	une burette de graissage
to **oil a machine**	graisser une machine, lubrifier une machine

CHEMISTRY : LA CHIMIE

Chemical ['kemɪkəl]	chimique
a **chemical**	un produit chimique
a **chemist** ['kemɪst]	un(e) chimiste

a **laboratory assistant**	un(e) laborantin(e)
biochemistry ['baɪəu'kemɪstrɪ]	la biochimie

biochemical ['baɪəʊ'kemɪkəl]	biochimique
a **biochemist** ['baɪəʊ'kemɪst]	un(e) biochimiste
pharmacology [fɑːmə'kɒlədʒɪ]	la pharmacologie
pharmacy ['fɑːməsɪ]	la pharmacie
pharmaceutical [fɑːmə'sjuːtɪkəl]	pharmaceutique
a **pharmaceutical assistant**	un(e) préparateur (-trice) (de laboratoire)

An **element** ['elɪmənt]	un élément
mass [mæs]	la masse
the **atomic weight**	le poids atomique
volume ['vɒljuːm]	le volume
a **concentrate** ['kɒnsəntreɪt]	un concentré
an **acid** ['æsɪd]	un acide
acid	acide
a **base** [beɪs]	une base
basic ['beɪsɪk]	basique
an **alkali** ['ælkəlaɪ]	un alcali
alkaline ['ælkəlaɪn]	alcalin
a **crystal** ['krɪstl]	un cristal
crystalline ['krɪstəlaɪn]	cristallin

Oxide ['ɒksaɪd]	l'oxyde
chlorine ['klɔːriːn]	le chlore
hydrochloric acid	l'acide chlorhydrique
carbon ['kɑːbən]	le carbone
nitrate ['naɪtreɪt]	le nitrate
nitric ['naɪtrɪk]	nitrique
phosphorus ['fɒsfərəs]	le phosphore
BR **sulphur** ['sʌlfə'] AM **sulfur**	le soufre
BR **sulphuric acid** AM **sulfuric acid**	l'acide sulfurique
ammonia [ə'məʊnɪə]	l'ammoniaque

A laboratory [lə'bɒrətərɪ]	un laboratoire
a **lab** [læb] (parlé)	un labo
a **test tube**	une éprouvette, un tube à essai

a **burette** [bjʊə'ret]	une éprouvette graduée
a **beaker** ['biːkə']	un vase à bec
a **retort** [rɪ'tɔːt]	une cornue
a **flask** [flɑːsk]	un ballon
a **tripod** ['traɪpɒd]	un trépied
a **pipette** [pɪ'pet]	une pipette
a **funnel** ['fʌnl]	un entonnoir
a **crucible** ['kruːsɪbl]	un creuset
a **mortar** ['mɔːtə']	un mortier
a **pestle** ['pesl]	un pilon
a **Bunsen burner**	un bec Bunsen
a **centrifuge** ['sentrɪfjuːʒ]	une centrifugeuse
a **still** [stɪl]	un alambic
a **cupel** ['kjuːpəl]	une coupelle

An **experiment** [ɪks'perɪmənt]	une expérience[1]
to **(carry out an) experiment** on	faire une expérience sur
experimental [ɪks.perɪ'mentl]	expérimental
experimentation [ɪks.perɪmen'teɪʃən]	l'expérimentation
an **analysis** [ə'næləsɪs] (plur. analyses)	une analyse
to **analyze** ['ænəlaɪz]	analyser
a **test** [test]	une analyse, un test

(1) ATTENTION FAUX AMI **an experience** = une expérience professionnelle ou humaine

A formula ['fɔːmjʊlə] (plur. formulae, formulas)	une formule
a **catalyst** ['kætəlɪst]	un catalyseur
a **solution** [sə'luːʃən]	une solution
a **precipitate** [prɪ'sɪpɪteɪt]	un précipité
litmus paper	le papier de tournesol
a **reaction** [riː'ækʃən]	une réaction
to **react** with sth	réagir à qqch.

A synthesis ['sɪnθəsɪs] (plur. syntheses)	une synthèse
to **synthesize** sth	synthétiser qqch.
to **purify** ['pjʊərɪfaɪ]	purifier
to **oxidize** ['ɒksɪdaɪz]	s'oxyder

SYNTHETIC SUBSTANCES : LES SUBSTANCES SYNTHÉTIQUES

Synthetic [sɪn'θetɪk]	synthétique
man-made fibres	les fibres synthétiques

artificial [ɑːtɪ'fɪʃəl]	artificiel
plastic ['plæstɪk]	le plastique

nylon ['naɪlɒn]	le nylon	**vinyl** ['vaɪnɪl]	le vinyle
acrylic [ə'krɪlɪk]	l'acrylique	**Teflon**® ['teflɒn]	le téflon®
resin ['rezɪn]	la résine	**Formica**® [fɔːˈmaɪkə]	le formica®
Polyester [ˌpɒlɪˈestəʳ]	le polyester	**C**ellophane® ['seləfeɪn]	la cellophane®
PVC [ˌpiːviːˈsiː]	le PVC	**rayon** ['reɪɒn]	la rayonne
melamine ['meləmiːn]	la mélamine	**artificial silk**	la soie artificielle
polystyrene [ˌpɒlɪˈstaɪriːn]	le polystyrène	**imitation leather**	le similicuir
expanded polystyrene	le polystyrène expansé	BR **perspex**® ['pɜːspeks]	le plexiglas®
polyurethane [ˌpɒlɪˈjʊərɪθeɪn]	le polyuréthane	AM **Plexiglass**® ['pleksɪglɑːs]	
		Bakelite® ['beɪkəlaɪt]	la bakélite®

REMARQUE : Tous les noms de substances ci-dessus peuvent s'employer comme adjectifs ; ex. : un sac en plastique = **a plastic bag,** un plan de travail en formica = **a Formica worktop.**

PROCESSING : LES PROCESSUS

 DOING THINGS : AGIR

To do* [duː] — faire

an action [ˈækʃən] — un acte, une action
a deed [diːd]
an act [ækt]

action — l'action

to act — agir

to go* into action — passer à l'action
to take* action

Active [ˈæktɪv] — actif

to be active in a movement/an association — prendre une part active dans un mouvement/une association

an activity [ækˈtɪvɪtɪ] — une activité

a task [tɑːsk] — une tâche

to set* sb a task — confier une tâche
to give* sb a task — à qqn

To try *sth/to do sth* [traɪ] — essayer *qqch./de faire qqch.*
to have a shot *at sth/at doing sth* (parlé)

BR to have a go *at sth* (parlé) — essayer *qqch.*

to make* an effort *to do sth* — faire un effort *pour faire qqch.*

to attempt *sth/to do sth* — tenter *qqch./de faire qqch.*

an attempt — une tentative

at the first attempt — du premier coup, à la première tentative

BR to endeavour to do sth — s'efforcer de faire qqch.
AM to endeavor to do sth

to strive* to do sth — s'évertuer à faire qqch.
to do* one's utmost to do sth

to do* one's best *to do sth* — faire tout son possible *pour faire qqch.*

To take* steps to do sth — prendre des mesures pour faire qqch.

to get* things moving (parlé) — faire avancer les choses

an initiative [ɪˈnɪʃətɪv] — une initiative

to take* the initiative *of doing sth* — prendre l'initiative *de faire qqch.*

to undertake* *to do sth* [ˌʌndəˈteɪk] — entreprendre *de faire qqch.*

an undertaking [ˌʌndəˈteɪkɪŋ] — une entreprise

to tackle sth — s'attaquer à qqch.

an objective [əbˈdʒektɪv] — un objectif

to set* out to do sth — se donner pour objectif de faire qqch.

To implement [ˈɪmplɪmənt] — réaliser, mettre en pratique

to carry sth out — accomplir qqch., exécuter qqch.
to execute sth

execution [ˌeksɪˈkjuːʃən] — l'exécution
implementation [ˌɪmplɪmenˈteɪʃən]

to elaborate sth — élaborer qqch.
to work sth out

elaboration [ɪˌlæbəˈreɪʃən] — l'élaboration

BR to practise sth — pratiquer qqch.
AM to practice sth

a practice [ˈpræktɪs] — une pratique

to put* sth into practice — mettre qqch. en pratique

a method [ˈmeθəd] — un procédé, une méthode

to exploit sth — tirer parti de qqch., exploiter qqch.

exploitation [ˌeksplɔɪˈteɪʃən] — l'exploitation

potential [pəˈtenʃəl] — potentiel

to have a lot of potential — avoir un grand potentiel

To cooperate *with sb on sth* [kəʊˈɒpəreɪt] — coopérer *avec qqn à qqch.*

cooperation [kəʊˌɒpəˈreɪʃən] — la coopération

to collaborate *with sb on sth* [kəˈlæbəreɪt] — collaborer *avec qqn à qqch.*

a collaborator [kəˈlæbəreɪtəʳ] — un(e) collaborateur (-trice)

collaboration [kəˌlæbəˈreɪʃən] — la collaboration

to intervene *in sth* [ˌɪntəˈviːn] — intervenir *dans qqch.*

an intervention [ˌɪntəˈvenʃən] — une intervention

to cope *with* [kəup]	se débrouiller *avec* (situation, problème)	**to come* off**	se réaliser (projet)
to cope by o.s.	se débrouiller tout seul	**I** **nactive** [ɪn'æktɪv]	inactif
to accomplish sth	accomplir qqch.,	**inactivity** [ˌɪnæk'tɪvɪtɪ]	l'inactivité
to achieve sth	réaliser qqch.	**passive** ['pæsɪv]	passif
an accomplishment [ə'kʌmplɪʃmənt]	un accomplissement, une réalisation	**passivity** [pæ'sɪvɪtɪ]	la passivité
an achievement [ə'tʃiːvmənt]		**inertia** [ɪ'nɜːʃə]	l'inertie

2 CREATING THINGS : CRÉER

A **work** [wɜːk]	une œuvre, un ouvrage	**to initiate** [ɪ'nɪʃɪeɪt]	lancer (mode, projet)
it's a good piece of work	c'est du bon travail	**to launch** [lɔːntʃ]	lancer (produit nouveau)
the basis *of sth, for sth* ['beɪsɪs] (plur. bases)	la base *de qqch.*	**T** **o improvise** ['ɪmprəvaɪz]	improviser
the origin ['ɒrɪdʒɪn]	l'origine	**improvisation** [ˌɪmprəvaɪ'zeɪʃən]	l'improvisation
originally [ə'rɪdʒənəlɪ]	à l'origine	**to prepare sth** *for*	préparer qqch. *pour*
a source of inspiration	une source d'inspiration	**preparation** [ˌprepə'reɪʃən]	la préparation
T **o invent** [ɪn'vent]	inventer	**to plan sth**	élaborer qqch., planifier qqch.
an invention [ɪn'venʃən]	une invention	**planning** ['plænɪŋ]	l'élaboration, la planification
inventive [ɪn'ventɪv]	inventif	**a plan** [plæn]	un plan
inventiveness [ɪn'ventɪvnɪs]	l'esprit d'invention	**a project** ['prɒdʒekt] **a plan**	un projet
an inventor [ɪn'ventə']	un(e) inventeur (-trice)		
to discover sth	découvrir qqch.	**T** **o conceive** [kən'siːv] **to devise** [dɪ'vaɪz]	concevoir (projet, solution)
a breakthrough ['breɪkθruː]	une découverte capitale	**conception** [kən'sepʃən]	la conception (d'un projet, d'une solution)
a pioneer *in* [ˌpaɪə'nɪə']	un(e) pionnier (-ière) *de*	**to design** [dɪ'zaɪn]	concevoir, dessiner (objet)
to think* up **to dream up**(1)	imaginer (système, instrument)	**the design** *of, for*	la conception *de*
(1) ATTENTION **to dream sth up** peut être péjoratif		**a designer** [dɪ'zaɪnə']	un(e) concepteur (-trice)
O **riginal** [ə'rɪdʒɪnl] **novel** ['nɒvəl]	original	**a prototype** ['prəutəutaɪp]	un prototype
originality [ə.rɪdʒɪ'nælɪtɪ] **novelty** ['nɒvəltɪ]	l'originalité	**T** **o create** [kriː'eɪt]	créer
new [njuː]	nouveau	**creative** [kriː'eɪtɪv]	créatif
fresh [freʃ]	nouveau, neuf (différent)	**creativity** [ˌkriː'er'tɪvɪtɪ]	la créativité
pioneering [ˌpaɪə'nɪərɪŋ]	complètement nouveau, d'avant-garde (recherche, travail)	**a creator** [kriː'eɪtə']	un(e) créateur (-trice)
a novelty	une nouveauté	**a creation** [kriː'eɪʃən]	une création
T **o innovate** ['ɪnəuveɪt]	innover	**T** **o make* sth**	faire qqch. (façonner, fabriquer)
an innovation [ˌɪnəu'veɪʃən]	une innovation	**to produce sth**	produire qqch.
innovative ['ɪnəu.veɪtɪv]	innovateur	**a product** ['prɒdʌkt]	un produit

a production [prə'dʌkʃən]	une production
a producer [prə'dju:səʳ]	un(e) producteur (-trice)
to construct sth *out of sth, from sth*	construire qqch. *à partir de qqch.*
construction [kən'strʌkʃən]	la construction
to structure sth	structurer qqch.
a structure ['strʌktʃəʳ]	une structure

To fashion sth **to shape sth**	façonner qqch., modeler qqch.
the form [fɔ:m]	la forme (en général)
the shape [ʃeɪp]	la forme (contour, apparence)
in the shape of	sous la forme de, en forme de
shapeless ['ʃeɪplɪs] **formless** ['fɔ:mlɪs]	informe

TRANSFORMING THINGS : TRANSFORMER

To change *sth from ... into* [tʃeɪndʒ]	changer *qqch. de... en*
a change *in sth*	un changement *de qqch.*
to transform sth *into sth*	transformer qqch. *en qqch.*
a transformation [ˌtrænsfə'meɪʃən]	une transformation
to mutate [mju:'teɪt]	subir une mutation, muter
a mutation [mju:'teɪʃən]	une mutation
a metamorphosis [ˌmetə'mɔ:fəsɪs] (plur. metamorphoses)	une métamorphose
to transform sth *into* **to metamorphose sth** *into*	métamorphoser qqch. *en*
transition *from ... to* [træn'zɪʃən]	la transition *de ... à*
transitional [træn'zɪʃənəl]	transitoire
to switch from sth to	passer de qqch. à
To modify ['mɒdɪfaɪ] **to alter** ['ɒltəʳ]	modifier, se modifier
a modification [ˌmɒdɪfɪ'keɪʃən] **an alteration** [ˌɒltə'reɪʃən]	une modification
to make* alterations to	apporter des modifications *à*
To fluctuate ['flʌktjueɪt]	fluctuer
fluctuation [ˌflʌktju'eɪʃən]	la fluctuation
to vary ['veəri]	varier
variable ['veəriəbl] **changeable** ['tʃeɪndʒəbl]	variable
a variation [ˌveəri'eɪʃən]	une variation
unchanging [ʌn'tʃeɪnʒɪn] **immutable** [ɪ'mju:təbl]	immuable
immutability [ɪˌmju:tə'bɪlɪti]	l'immuabilité

To substitute sth **for sth**	substituer qqch. à qqch.
a substitution [ˌsʌbstɪ'tju:ʃən]	une substitution
to replace sth *with sth*	remplacer qqch. *par qqch.*
a replacement [rɪ'pleɪsmənt]	un remplacement
to reform [rɪ'fɔ:m]	réformer
a reform *in, of*	une réforme *de*
a reformer [rɪ'fɔ:məʳ]	un(e) réformateur (-trice)
to disrupt [dɪs'rʌpt]	bouleverser
an upheaval [ʌp'hi:vəl] **a disruption** [dɪs'rʌpʃən]	un bouleversement
to revolutionize [ˌrevə'lu:ʃənaɪz]	révolutionner
a revolution *in sth* [ˌrevə'lu:ʃən]	une révolution *dans qqch.*
revolutionary [ˌrevə'lu:ʃnəri]	révolutionnaire
to renew [rɪ'nju:]	renouveler
renewal [rɪ'nju:əl]	le renouvellement
to revive [rɪ'vaɪv]	faire renaître (style, mouvement)
revival [rɪ'vaɪvəl]	le renouveau
To adapt sth *to sth* **to adapt** *to sth* [ə'dæpt]	adapter qqch. *à qqch.* s'adapter *à qqch.*
adaptable [ə'dæptəbl]	adaptable
an adaptation [ˌædæp'teɪʃən]	une adaptation
to convert sth *into*	convertir qqch. *en*
convertible [kən'vɜ:təbl]	convertible
a conversion [kən'vɜ:ʃən]	une conversion
To adjust sth	régler qqch., ajuster qqch.
an adjustment [ə'dʒʌstmənt]	un réglage, un ajustement

adjustable [ə'dʒʌstəbl]	réglable, ajustable
to correct [kə'rekt]	corriger
a correction [kə'rekʃən]	une correction
to improve [ɪm'pruːv]	améliorer, s'améliorer
an improvement *in* [ɪm'pruːvmənt]	une amélioration *de*
A copy ['kɒpɪ]	une copie
to copy sth *from*	copier qqch. *de*
to imitate ['ɪmɪteɪt]	imiter
an imitation [ˌɪmɪ'teɪʃən]	une imitation

a facsimile [fæk'sɪmɪlɪ]	un fac-similé
a replica ['replɪkə]	une réplique
To degenerate *into* [dɪ'dʒenəreɪt]	dégénérer *en*
degeneration [dɪˌdʒenə'reɪʃən]	la dégénérescence
to deteriorate [dɪ'tɪərɪəreɪt]	se dégrader, se détériorer
a deterioration *in sth* [dɪˌtɪərɪə'reɪʃən]	une dégradation *de qqch.*, une détérioration *de qqch.*
to worsen ['wɜːsn] **to get* worse**	empirer

---

4 MIXING AND BLENDING : MÉLANGER

A mixture ['mɪkstʃəˈ]	un mélange (en général)
a blend [blend]	un mélange (de vins, de tabacs, de couleurs)
a medley ['medlɪ]	un mélange (de styles)
to mix [mɪks] **to blend**	mélanger
to mingle *with* ['mɪŋgl]	mêler *à*, se mêler *à*
to amalgamate [ə'mælgəmeɪt]	amalgamer
an amalgamation [əˌmælgə'meɪʃən]	un amalgame
to combine [kəm'baɪn]	combiner, se combiner
a combination [ˌkɒmbɪ'neɪʃən]	une combinaison
to incorporate sth *into sth*	incorporer qqch. *à qqch.*
incorporation [ɪnˌkɔː pə'reɪʃən]	l'incorporation
To fuse [fjuːz]	fusionner (idées, tendances)
to merge [mɜːdʒ] **to combine** [kəm'baɪn]	fusionner (partis, systèmes)
to unite [juː'naɪt]	unir, s'unir
a union ['juːnjən]	une union
to join [dʒɔɪn]	joindre (efforts, forces)
to link up **to link together**	relier (faits, idées, mots)
a link *between* [lɪŋk]	un lien *entre*
to match [mætʃ]	assortir (couleurs, motifs)
matching ['mætʃɪŋ]	assorti
Compound ['kɒmpaund]	composé
a compound	un composé

composite ['kɒmpəzɪt]	composite
complex ['kɒmpleks]	complexe
hybrid ['haɪbrɪd]	hybride
an hybrid	un hybride
diverse [daɪ'vɜːs]	divers
diversity [daɪ'vɜːsɪtɪ]	la diversité
varied ['veərɪd]	varié
variety [və'raɪətɪ]	la variété
heterogeneous ['hetərə'dʒiːnɪəs]	hétérogène, hétéroclite
heterogeneity ['hetərəʊdʒɪ'niːɪtɪ] **heterogeneousness** ['hetərəʊ'dʒiːnɪəsnɪs]	l'hétérogénéité
sundry objects	des objets hétéroclites
disparate ['dɪspərɪt]	disparate (éléments, mobilier)
ill-assorted **badly-matched**	disparate (couleurs)
Homogeneous ['həʊmə'dʒiːnɪəs]	homogène
homogeneity [ˌhəʊməʊdʒɪ'niːɪtɪ] **homogeneousness** [ˌhəʊmə'dʒiːnɪəsnɪs]	l'homogénéité
to homogenize [hə'mɒdʒənaɪz]	homogénéiser
Odds and ends (plur.) **bric-à-brac** ['brɪkəbræk]	le bric-à-brac
chaos ['keɪɒs]	le chaos
chaotic [keɪ'ɒtɪk]	chaotique
a hotchpotch ['hɒtʃpɒtʃ]	un fatras
a jumble ['dʒʌmbl]	un fouillis

253

DEVELOPING AND USING : DÉVELOPPER ET UTILISER

To develop sth *from*	développer qqch. *à partir de*
a development [dɪˈveləpmənt]	un développement
to diversify [daɪˈvɜːsɪfaɪ]	diversifier
diversification [daɪ.vɜːsɪfɪˈkeɪʃən]	la diversification
To extend [ɪksˈtend] **to expand** [ɪksˈpænd]	étendre (activités, pouvoirs, connaissances)
an extension [ɪksˈtenʃən] **an expansion** [ɪksˈpænʃən]	une extension
to develop [dɪˈveləp] **to accentuate** [ækˈsentjʊeɪt]	amplifier, accentuer (tendance)
to expand [ɪksˈpænd] **to increase** [ɪnˈkriːs]	amplifier (mouvement, échanges)
To use [juːz]	utiliser (en général)
to utilize [ˈjuːtɪlaɪz]	utiliser (langue technique)
use [juːs]	l'emploi, l'utilisation, l'usage
to make* use of sth	se servir de qqch.

a user [ˈjuːzəʳ]	un(e) utilisateur (-trice)
to resort to sth	avoir recours à qqch.
as a last resort	en dernier recours
a resource [rɪˈsɔːs]	une ressource
to take* advantage of sth *to do sth*	profiter de qqch. *pour faire qqch.*
to make* the most of	bien profiter de (jeunesse)
to profit from sth **to profit by sth**	tirer profit de qqch., tirer avantage de qqch.
To waste [weɪst]	gaspiller
waste **wastage** [ˈweɪstɪdʒ]	le gaspillage, le gâchis
to misuse [ˈmɪsˈjuːs]	mal employer (ressources, temps)
misuse	le mauvais emploi, le mauvais usage
to abuse [əˈbjuːz] **to misuse**	abuser de (pouvoir, autorité)
to abuse	abuser de (confiance, hospitalité)

 DESTROYING : DÉTRUIRE

To destroy [dɪsˈtrɔɪ]	détruire
destruction [dɪsˈtrʌkʃən]	la destruction
destructive [dɪsˈtrʌktɪv]	destructeur
a destroyer [dɪsˈtrɔɪəʳ]	un(e) destructeur (-trice)
To demolish [dɪˈmɒlɪʃ] **to pull down** **to knock down** **to tear* down**	démolir (bâtiment)
demolition [ˌdeməˈlɪʃən]	la démolition
to raze a building to the ground	raser un bâtiment
To wipe out **to annihilate** [əˈnaɪəleɪt]	anéantir (ville, armée)
to dash [dæʃ] **to ruin** [ˈruːɪn]	anéantir (espoirs)
to wreck [rek] **to ruin**	anéantir (efforts)
to exterminate [ɪksˈtɜːmɪneɪt]	exterminer
extermination [ɪks.tɜːmɪˈneɪʃən]	l'extermination

to eliminate [ɪˈlɪmɪneɪt]	éliminer
elimination [ɪ.lɪmɪˈneɪʃən]	l'élimination
a ruin	une ruine
To break* [breɪk]	casser, se casser
to smash sth (up)	briser qqch.
to smash sth to smithereens	briser qqch. en mille morceaux
to shatter [ˈʃætəʳ]	fracasser, se fracasser
a fragment [ˈfrægmənt]	un fragment
to fragment	fragmenter, se fragmenter
To dissolve [dɪˈzɒlv]	dissoudre
dissolution [ˌdɪsəˈluːʃən]	la dissolution
to dismantle [dɪsˈmæntl] **to break* up**	démanteler
dismantling [dɪsˈmæntəlɪŋ] **break-up** [ˈbreɪkʌp]	le démantèlement
to take* sth apart **to take* sth to pieces**	démonter qqch.

to tear* sth up	déchirer qqch.
to tear* sth to pieces	
to rip sth up	
to pull sth apart	mettre qqch. en pièces
to pull sth to pieces	
to disintegrate [dɪs'ɪntɪgreɪt]	désintégrer, se désintégrer
disintegration [dɪs.ɪntɪ'greɪʃən]	la désintégration
To damage ['dæmɪdʒ]	endommager
damage (n.c. sing.)	les dégâts
extensive damage	des dégâts considérables

rubble ['rʌbl] (n.c. sing.)	les décombres
a wreck [rek]	une épave
wreckage ['rekɪdʒ] (n.c. sing.)	les débris
to devastate sth	dévaster qqch., ravager qqch.
to lay* waste to sth	
devastation [.devə'steɪʃən]	la dévastation, les ravages
havoc ['hævək] (n.c. sing.)	
to sack [sæk]	mettre à sac (ville)
to ransack ['rænsæk]	mettre à sac (pièce, maison)
a cataclysm ['kætəklɪzəm]	un cataclysme
a holocaust ['hɒləkɔːst]	un holocauste

---

7 BEGINNING AND ENDING : COMMENCER ET FINIR

To begin* [bɪ'gɪn]	commencer
to start [stɑːt]	
to commence [kə'mens] (soutenu)	
to start doing sth	commencer à faire qqch., se mettre à faire qqch.
to begin* doing sth	
the beginning [bɪ'gɪnɪŋ]	le commencement, le début
the start [stɑːt]	
First [fɜːst]	premier
first	premièrement
firstly ['fɜːstlɪ]	
initial [ɪ'nɪʃəl]	initial
to inaugurate [ɪ'nɔːgjʊreɪt]	inaugurer
inauguration [ɪ.nɔːgjʊ'reɪʃən]	l'inauguration
inaugural [ɪ'nɔːgjʊrəl]	inaugural
incipient [ɪn'sɪpɪənt] (soutenu)	naissant (révolte, maladie)
To finalize sth	mettre au point, finaliser qqch.
to finish ['fɪnɪʃ]	achever(1), finir
to end [end]	(discours, repas)
to finish	achever, finir (études, tâche, œuvre)
to complete [kəm'pliːt]	
completion [kəm'pliːʃən]	l'achèvement
to put* an end to sth	mettre fin à qqch.
to bring* sth to an end	
to terminate sth (soutenu)	
to end up (by) doing sth	finir par faire qqch.

To end [end]	finir, se terminer (cours)
to finish ['fɪnɪʃ]	
to end	finir, se terminer (collaboration)
to come* to an end	
to draw* to a close	s'achever (journée, réunion, vie)
the close [kləʊs]	la fin, la conclusion
the end	la fin
the finish	
Last [lɑːst]	dernier
last	en dernier
final ['faɪnl]	final
eventually [ɪ'ventʃʊəlɪ]	finalement (après tout)
finally ['faɪnəlɪ]	
in the end	
finally	finalement (dans une énumération)
conclusion [kən'kluːʒən]	la conclusion
to conclude [kən'kluːd]	conclure
to expire [ɪks'paɪə']	venir à expiration, arriver à terme
to come* to a sudden end	tourner court (discussion, projet)
to peter out	tourner court (intrigue, histoire)
A pause [pɔːz]	une pause
a break [breɪk]	
to pause	faire une pause
to take* a break	
an interval ['ɪntəvəl]	un intervalle
to resume [rɪ'zjuːm]	reprendre (travaux, relations, négociations)
to take* up again	reprendre (ses études)
to start up again	reprendre (pluie, bruit)
to start again	reprendre (cours)

(1) ATTENTION FAUX AMI **to achieve** = accomplir, réussir

A stop [stɒp]   un arrêt

to stop (doing) sth   arrêter (de faire) qqch.

to stop   s'arrêter (personne, appareil)

to stop
to come* to a stop   s'arrêter (train, voiture)

to stop
to come* to a halt
to come* to a standstill   s'arrêter (développement, croissance)

A delay [dɪ'leɪ]
a holdup ['həʊldʌp]   un retard (dans un projet)

to delay sth
to hold* sth up   retarder qqch.

to suspend [səs'pend]   suspendre

the suspension
[səs'penʃən]   la suspension

to defer [dɪ'fɜːʳ]
to put* off   différer

to postpone sth   remettre qqch. à plus tard, différer qqch., ajourner qqch.

postponement
[pəʊsˈpəʊnmənt]   l'ajournement

to put* sth on the back burner   mettre qqch. en veilleuse

REMARQUE : L'usage est d'associer **the beginning and the end, the start and the finish.**

8   **SUCCEEDING AND FAILING :** RÉUSSIR ET ÉCHOUER

An achievement
[ə'tʃiːvmənt]
a success [sək'ses]   une réussite, un succès

to achieve sth   réussir qqch.

to succeed in sth/ in doing sth [sək'siːd]
to be successful in sth/in doing sth   réussir dans qqch./à faire qqch.

to manage to do sth   parvenir à faire qqch., arriver à faire qqch.

he couldn't manage it   il n'y est pas arrivé

a feat [fiːt]
an exploit ['eksplɔɪt]   un exploit

To have success in sth   avoir du succès dans qqch.

to meet* with success   remporter un succès

crowned with success   couronné de succès

to be a success   être un succès

to be a hit (parlé)   faire un malheur (chanson, film)

to be a bestseller   être un grand succès (livre)

to go* right   bien marcher (projet)

everything went right (for him)   tout a bien marché (pour lui)

he is flushed with success   le succès lui a tourné la tête

An achiever [ə'tʃiːvəʳ]   un(e) fonceur (-euse)

a go-getter ['gəʊ.getəʳ] (parlé)   un(e) battant(e)

prosperous ['prɒspərəs]
thriving ['θraɪvɪŋ]
flourishing ['flʌrɪʃɪŋ]   prospère (commerce, pays)

prosperous   prospère (période)

to prosper ['prɒspəʳ]
to thrive [θraɪv]
to flourish ['flʌrɪʃ]   prospérer (commerce, pays)

to prosper   prospérer (personne)

prosperity [prɒs'perɪtɪ]   la prospérité

a triumph ['traɪʌmf]   un triomphe

to triumph over sb/sth   triompher de qqn/qqch.

triumphant [traɪ'ʌmfənt]   triomphant

triumphal [traɪ'ʌmfəl]   triomphal

A failure ['feɪljəʳ]   un échec

to fail in sth [feɪl]
to be unsuccessful in sth   échouer à qqch., dans qqch.

to fail to do sth   ne pas réussir à faire qqch.

to be a failure   être un raté

unsuccessful
['ʌnsək'sesfʊl]   infructueux, sans succès

to be a flop   faire un four

a fiasco [fɪ'æskəʊ]
a washout ['wɒʃaʊt] (parlé)   un fiasco

in vain
to no avail   en vain

there's something wrong
there's something amiss   il y a quelque chose qui ne va pas

to go* wrong   mal tourner, ne pas aller

32 MOVEMENT : LE MOUVEMENT

1 MOBILITY AND IMMOBILITY : LA MOBILITÉ ET L'IMMOBILITÉ

Movement ['muːvmənt]   le mouvement
motion ['məʊʃən]

a movement   un mouvement

moving ['muːvɪŋ]   en mouvement

mobile ['məʊbaɪl]   mobile (qui bouge)
moving

mobile   mobile (capable de bouger)
movable ['muːvəbl]

mobility [məʊ'bɪlɪtɪ]   la mobilité

to move [muːv]   se déplacer, bouger

to go* [gəʊ]   aller

to come* [kʌm]   venir

to pass [pɑːs]   passer
to go* past

Immobile [ɪ'məʊbaɪl]   immobile
still [stɪl]
motionless ['məʊʃənlɪs]

to stand* still   rester immobile
to stay still

immobility [ˌɪməʊ'bɪlɪtɪ]   l'immobilité

inert [ɪ'nɜːt]   inerte

inertia [ɪ'nɜːʃə]   l'inertie

To stop [stɒp]   faire halte, s'arrêter
to halt [hɔːlt]

to come* to a   s'immobiliser (machine,
standstill   véhicule)
to come* to a halt

to stop   s'immobiliser (personne)
to stand* still

stationary ['steɪʃənərɪ]   stationnaire

static ['stætɪk]   statique

to stay [steɪ]   rester
to remain [rɪ'meɪn]

to stay put   rester sur place

To hang* about   traîner, flâner
to loiter ['lɔɪtər]
to hang* around

to linger ['lɪŋgər]   s'attarder

to lounge about   paresser
to lounge around

BR **a queue** [kjuː]   une file d'attente, une
AM **a line** [laɪn]   queue

BR **to queue (up)**   faire la queue
BR **to stand* in a**
queue
BR **to form a queue**
AM **to stand* in line**

2 TO GO : ALLER

To go* along   avancer
to go* along the road   avancer sur la route

to go* out   sortir

to go* in   entrer

to go* into a room   entrer dans une pièce

to go* out of the   sortir de la maison
house

to go* up   monter

to go* up the stairs   monter l'escalier

to go* up to the first   monter au premier
floor/to one's room   étage/dans sa
   chambre

to go* down   descendre

to go* down the stairs   descendre l'escalier

To go* away   s'en aller, partir
to go* off

to go* away from a   partir d'un endroit,
place   s'éloigner d'un
   endroit

to go* off the road   quitter la route

to go* on   continuer (d'avancer)
to go* ahead

to go* back   retourner

to go* back to the   retourner à la maison
house

to go* back   reculer

to go* backwards   aller à reculons

To go* past   passer
to go* by

to go* past the school   passer devant l'école

to go* across   traverser

to go* across a road   traverser une rue
to go* over a road

to go* through a tunnel	traverser un tunnel	**to go* over to sb's house**	aller chez qqn
to go* through	passer à travers	**to go* round to sb's house**	
to go* over the wall	passer par-dessus le mur	**to go* round**	faire le tour
		to go* round a pillar	contourner un pilier

REMARQUE : Cette section illustre l'usage des particules de mouvement avec le verbe **to go**. La plupart des verbes de la section suivante peuvent être employés avec ces particules ; ils forment alors des expressions plus idiomatiques que des verbes simples de même sens ; ex. : **to go along, to come in** sont d'un emploi plus idiomatique que **to advance, to enter**.

MOVING AROUND : SE DÉPLACER

To walk [wɔːk]	marcher	**to sway (backwards and forwards)**	osciller (d'arrière en avant)
to walk back	rentrer (à pied)	**to reel** [riːl]	vaciller
a walk	une promenade	**to stumble** over sth ['stʌmbl]	trébucher sur qqch., contre qqch.
to go* for a walk	aller se promener		
to walk lightly/heavily	avoir une démarche légère/pesante	**to trip** [trɪp]	faire un faux pas
to walk on tiptoe	marcher sur la pointe des pieds	**to slip** [slɪp]	glisser (accidentellement)
		to slump (down)	s'affaisser
		to collapse [kə'læps]	s'effondrer
To stride* [straɪd]	marcher à grands pas		
to stride* in	entrer à grands pas	**A** jump [dʒʌmp]	un saut, un bond
a stride	une enjambée	**a leap** [liːp]	
to trudge [trʌdʒ]	marcher péniblement	**to jump**	sauter, bondir
to tramp [træmp]	marcher d'un pas lourd	**to leap**	
		to jump across	traverser d'un bond
to stalk out	sortir avec raideur	**to leap across**	
		to jump up	sauter sur ses pieds, se relever d'un bond
To wade [weɪd]	patauger		
to waddle ['wɒdl]	se dandiner	**to bounce** [baʊns]	rebondir
to strut about	se pavaner	**to bounce out**	sortir d'un bond
to strut around		**to skip** [skɪp]	sautiller, gambader
to sidle along	avancer de biais	**to hop** [hɒp]	sauter à cloche-pied
to hobble ['hɒbl]	clopiner		
to hobble in	entrer en clopinant	**T**o climb (up)	grimper, monter
to limp [lɪmp]	boiter	**to climb up a staircase/a ladder**	grimper un escalier/sur une échelle
to have a limp			
		to climb down a tree	descendre d'un arbre
To fall* [fɔːl]	tomber	**a climb** [klaɪm]	une montée, une ascension
to fall* down			
to fall* over		**to creep*** [kriːp]	ramper
to knock sb down	faire tomber qqn, renverser qqn	**to wriggle** ['rɪgl]	se tortiller
		to slide* [slaɪd]	glisser
to drop sth	laisser tomber qqch., lâcher qqch.	**to glide** [glaɪd]	glisser (élégamment)
		to swim* [swɪm]	nager
to stagger ['stægə']	chanceler	**to swim* back**	revenir à la nage
to stagger away	s'éloigner en chancelant	**to fly*** [flaɪ]	voler

to fly* away	s'envoler
to rumble past	passer avec fracas
to rattle past	passer dans un bruit de ferraille
to clang past	passer en faisant un bruit métallique

4 SPEED AND SLOWNESS : LA RAPIDITÉ ET LA LENTEUR

Quick [kwɪk] **fast** [fɑːst] **rapid** ['ræpɪd] **speedy** ['spiːdɪ]	rapide
quickly ['kwɪklɪ] **fast** **rapidly** ['ræpɪdlɪ] **speedily** ['spiːdɪlɪ]	vite, rapidement
rapidity [rə'pɪdɪtɪ] **quickness** ['kwɪknɪs] **speed** [spiːd]	la rapidité, la vitesse
swift [swɪft]	prompt
the impetus ['ɪmpɪtəs]	l'impulsion, l'élan
the momentum [məʊ'mentəm]	la vitesse acquise
Speed [spiːd]	la vitesse
at full speed **at full tilt**	à toute vitesse (aller, courir)
to speed* along	aller à toute vitesse, aller à toute allure
to tear* along **to race along**	passer à toute allure
pace [peɪs]	l'allure
at a quick pace	à vive allure
in a flash	en un éclair
like a flash **quick as a flash** **like lightning**	comme un éclair
to flash past **to belt along** (parlé)	passer comme un éclair
to hurtle past **to zoom along** (parlé)	passer en trombe
To run* [rʌn]	courir
at a run **at the double**	au pas de course
to tear* along **to spurt** [spɜːt]	foncer (coureur)
a burst of speed **a spurt**	une brusque accélération
to accelerate [æk'seləreɪt] **to speed up**	accélérer
To be in a hurry **to be in a rush**	être pressé
to hurry (up)	se dépêcher, se presser

Hurry up ! **Be quick !**	Dépêche-toi !
There's no hurry !	Inutile de se dépêcher !
haste [heɪst]	la hâte
in great haste	en toute hâte
hasty ['heɪstɪ]	hâtif
hastily ['heɪstɪlɪ]	hâtivement
to hasten ['heɪsn] (soutenu)	hâter, se hâter
to make* haste *to do sth*	se hâter *de faire qqch.*
to hurry down	descendre à la hâte
to hurry on	continuer d'un pas pressé
Precipitate [prɪ'sɪpɪteɪt] (soutenu)	précipité
precipitately [prɪ'sɪpɪtɪtlɪ]	précipitamment
a rush [rʌʃ] **a stampede** [stæm'piːd]	une ruée
there was a rush for the door	il y a eu une ruée vers la porte
to rush	se précipiter
to rush into a shop	se précipiter dans un magasin
to scramble out of the train	descendre avec précipitation du train
to dash in	entrer précipitamment
Slow [sləʊ]	lent
slowly but surely	lentement mais sûrement
to slow down	ralentir
to slow sth (down)	ralentir qqch.
to stroll [strəʊl] **to saunter** ['sɔːntə']	flâner
to wander in	entrer sans se presser
to amble ['æmbl]	marcher sans se presser
to patter past	passer en trottinant
to plow [plaʊ]	avancer d'un pas lourd
at a gentle/steady pace	à une allure modérée/régulière

gently [ˈdʒentlɪ]	doucement	**to dawdle** [ˈdɔːdl]	traîner
unhurriedly [ˌʌnˈhʌrɪdlɪ]	sans se presser	**to dawdle about** **to dawdle around**	
Take your time !	Prenez votre temps !	**a dawdler** [ˈdɔːdlə'] BR **a slowcoach** [ˈsləʊkəʊtʃ] (parlé) AM **a slowpoke** [ˈsləʊpəʊk] (parlé)	un(e) traînard(e)
To crawl along to go* at a crawl	avancer au pas	**weary** [ˈwɪərɪ]	las
at a snail's pace	à une allure d'escargot	**wearily** [ˈwɪərɪlɪ]	avec lassitude

 ## 5 DIRECTION : LA DIRECTION

A direction [dɪˈrekʃən]	une direction, un sens	**A departure** [dɪˈpɑːtʃə']	un départ
in the direction of	dans la direction de, en direction de	**to leave*** *from/for* [liːv] **to depart** *from/for* [dɪˈpɑːt] (soutenu)	partir *de/pour*
lengthwise [ˈleŋ(k)θwaɪz]	dans le sens de la longueur	**to leave* a place**	quitter un endroit
widthwise [ˈwɪdθwaɪz]	dans le sens de la largeur	**to start out** **to set* off**	se mettre en route
sideways [ˈsaɪdweɪz]	de côté	**to set* out** **to get* under way**	
diagonally [daɪˈægənəlɪ] **crosswise** [ˈkrɒswaɪz]	en diagonale, diagonalement	**Let's go !** **Let's be off !**	En route !
clockwise [ˈklɒkwaɪz]	dans le sens des aiguilles d'une montre	**Off we go !**	
anticlockwise [ˈæntɪˈklɒkwaɪz] AM **counter clockwise**	dans le sens contraire à celui des aiguilles d'une montre	**Flight** [flaɪt]	la fuite
		to flee* *from sb/sth* [fliː]	fuir qqn/qqch.
Forward(s) [ˈfɔːwəd(z)]	en avant	**an escape** [ɪsˈkeɪp]	une fuite, une évasion
to advance [ədˈvɑːns] **to move forward**	avancer	**to run* away** *from* **to escape** *from*	s'enfuir *de*
to head for	se diriger vers	**to break* out of** **to escape from**	s'échapper de
toward(s) [təˈwɔːd(z)]	vers, du côté de	**to follow** [ˈfɒləʊ]	suivre
the other way **in the other direction** **in the opposite direction**	de l'autre côté, en sens inverse	**in pursuit of sb/sth** **in chase of sb/sth**	à la poursuite de qqn/qqch.
		to pursue sb/sth **to chase (after) sb/sth**	poursuivre qqn/qqch.
comings and goings	des allées et venues		
Backward(s) [ˈbækwəd(z)]	en arrière, vers l'arrière	**To go* near** **to come* near** **to approach** [əˈprəʊtʃ]	s'approcher
to take* a step back **to step back(wards)**	faire un pas en arrière	**to draw* near to a place** (soutenu)	se rapprocher d'un endroit
behind [bɪˈhaɪnd]	en arrière, derrière	**to approach a place**	approcher d'un endroit
to look behind **to look back**	regarder en arrière	**at his approach**	à son approche
to return [rɪˈtɜːn] **to come* back** **to get* back**	revenir, retourner, rentrer	**to reach a place**	atteindre un endroit, arriver dans un endroit
a return	un retour	**to arrive** [əˈraɪv]	arriver
on his return	à son retour	**an arrival** [əˈraɪvəl]	une arrivée
to go* home	rentrer chez soi, retourner chez soi	**to converge** *on* [kənˈvɜːdʒ]	converger *sur*
to come* home	rentrer chez soi, revenir chez soi	**Through** [θruː]	à travers (la foule, un trou)

across [əˈkrɒs] through	à travers (un champ, une forêt)	to go* through	traverser (ville, tunnel, forêt)
		to circle a place	contourner un endroit
to cross [krɒs]	traverser (pont, rue)	to turn round	faire demi-tour

SITUATION : LA SITUATION

Here [hɪəʳ]	ici
from here	d'ici
I can hear him from here	je l'entends d'ici
there [ðɛəʳ]	là
over there	là-bas
from there	de là
from there you'll see the church	de là vous verrez l'église
2 kilometres away 2 kilometres off	à 2 kilomètres (d'ici)
In [ɪn]	dans
it's in this road/my bag	c'est dans cette rue/mon sac
in(side) [ɪn(ˈsaɪd)]	dedans, à l'intérieur
I've left my keys inside	j'ai laissé mes clés à l'intérieur
in(side)	à l'intérieur de
within [wɪðˈɪn]	dans les limites de, dans
within this perimeter	dans ce périmètre
out of	hors de
outside (of)	à l'extérieur de
it's outside the town	c'est à l'extérieur de la ville
outside [ˈaʊtˈsaɪd] out [aʊt]	à l'extérieur, dehors
leave your boots outside	laisse tes bottes dehors
On [ɒn] upon [əˈpɒn]	sur (en général)
on the table/the wall	sur la table/le mur
on top of	sur (en haut de)
on top of the wardrobe	sur l'armoire
over (it)	par-dessus, dessus (passer, lancer)
on (it)	dessus (fixer, écrire)
on top (of it)	dessus (placer, poser)
Below [bɪˈləʊ] beneath [bɪˈniːθ] under(neath) [ˈʌndə(ˈniːθ)]	sous, en dessous (de)

below the horizon	sous l'horizon
he's hidden under the bed	il est caché sous le lit
the flat below	l'appartement en dessous
In front of before [bɪˈfɔːʳ]	devant
he was standing in front of me he was standing before me	il était devant moi
I'll go ahead	j'irai devant
ahead of [əˈhed] in front of	en avant de
she has gone on ahead she has gone on in front	elle est partie en avant
at the head of	en tête de, à la tête de
In the front of at the front of	à l'avant de
at the back of in the back of AM (in) back of	à l'arrière de
seated at the front/back of the car seated in the front/back of the car	assis à l'avant/l'arrière de la voiture
at the rear of in the rear of	à l'arrière de
at the rear of the train/the procession	à l'arrière du train/de la procession
behind [bɪˈhaɪnd]	derrière
they were walking one behind the other	ils marchaient l'un derrière l'autre
the others are far behind (us)	les autres sont loin derrière (nous)
After [ˈɑːftəʳ] past [pɑːst]	après (plus loin que)
his house is after the church his house is past the church	sa maison est après l'église
behind [bɪˈhaɪnd] after	après (derrière)

I was just behind him in the queue	j'étais juste derrière lui dans la file	**at the base** *of*	à la base *de*
I was just after him in the queue		**on (top of)**	en haut de
		at the top *of* **on the top** *of*	en haut *de*
On the left/right *of* **to the left/right** *of*	à gauche/à droite *de*	**there's a restaurant at the top (of the building)**	il y a un restaurant en haut (du bâtiment)
opposite ['ɒpəzit]	en face (de)	**at the edge** *of* **on the edge** *of*	au bord *de* (cratère, table, forêt)
it's the house just opposite (ours)	c'est la maison juste en face (de la nôtre)		
beyond [bɪ'jɒnd]	au-delà, au-delà de	**Across** [ə'krɒs] **crosswise** ['krɒswaɪz]	en travers
beyond (that) is Spain	au-delà il y a l'Espagne	**across**	en travers de
between [bɪ'twiːn]	entre	**lying across the road**	étendu en travers de la route
On the surface *of*	sur la surface *de*	**round** [raʊnd]	autour de
at the end *of*	au bout *de*	**around** [ə'raʊnd]	(tout) autour
at one end *of*	à l'extrémité *de*	**among** [ə'mʌŋ]	parmi
at the tip *of* **on the tip** *of*	à la pointe *de*	**halfway** *between*	à mi-chemin *entre*
in the middle *of*	au milieu *de*		
at the heart *of*	au cœur *de*	**Distance** ['dɪstəns]	la distance
at the centre *of* AM **at the center** *of*	au centre *de*	**remote** [rɪ'məʊt] **distant** ['dɪstənt] **far-off**	lointain, éloigné
in the centre *of* AM **in the center** *of*	dans le centre *de*	**faraway** ['fɑːrə,weɪ] **far** [fɑːʳ]	loin
Next door	à côté (pièce ou maison adjacente)	**distant from** **far from**	éloigné de, loin de
the garden next door	le jardin d'à côté	**it's a good way off** **it's a long way off** **it's a long way away**	c'est assez loin
next to **beside** [bɪ'saɪd] **at the side of** **by the side of**	à côté de (adjacent à)		
		Proximity [prɒk'sɪmɪtɪ]	la proximité
he was at my side **he was by my side**	il était à côté de moi, il était à mes côtés	**in proximity to** **close to**	à proximité de
on the other side *of* **across** [ə'krɒs]	de l'autre côté de	**close by** **nearby** ['nɪəbaɪ]	tout près, à proximité, proche
it's on the other side of the forest	c'est de l'autre côté de la forêt	**near** [nɪəʳ] **by** [baɪ]	près de
the shop across the road **the shop on the other side of the road**	le magasin de l'autre côté de la rue	**adjacent** *to* [ə'dʒeɪsənt]	adjacent *à*, contigu *à*
		he's somewhere about	il est (quelque part) dans les parages
on the side	sur le côté (en général)	**it's about the room/the house**	c'est quelque part dans la pièce/la maison
on one's side	sur le côté (dormir, être allongé)		
side by side	côte à côte, l'un à côté de l'autre	**Where** [wɛəʳ]	où
		somewhere ['sʌmwɛəʳ] AM **some place**	quelque part
on all sides **on every side**	de tous côtés	**somewhere else** **elsewhere** ['elswɛəʳ] AM **some place else**	ailleurs
At the bottom *of*	au fond *de*	**everywhere** ['evrɪwɛəʳ] AM **everyplace** ['evrɪpleɪs]	partout
at the bottom of the glass/the lake	au fond du verre/du lac	**everywhere else** **anywhere else** AM **any place else**	partout ailleurs
at the foot *of*	au pied *de*		
at the foot of the tower	au pied de la tour	**anywhere** ['enɪwɛəʳ] AM **any place**	n'importe où

nowhere ['nəʊwɛəʳ] AM **no place**	nulle part	**a site** [saɪt]	un site, un emplacement (d'une entreprise)
nowhere else AM **no place else**	nulle part ailleurs	**to locate** [ləʊ'keɪt] **to situate** ['sɪtjʊeɪt] **to site** [saɪt]	placer, situer (bâtiment)
here, there and everywhere	un peu partout	**situation** [ˌsɪtjʊ'eɪʃən] **location** [ləʊ'keɪʃən]	la situation, l'emplacement
A place [pleɪs]	un endroit	**to be well/badly situated**	être bien/mal situé
in places **here and there**	par endroits	**to be located** *at/in*	se trouver *à/dans*, se situer *à/dans*

---

7 PUTTING THINGS SOMEWHERE : PLACER

To put* sth *in/on* sth	mettre qqch. *dans/sur qqch.*	**to put* together** **to organize** ['ɔːgənaɪz] **to order** ['ɔːdəʳ]	agencer (éléments)
to place sth *in/on* sth	placer qqch. *dans/sur qqch.*	**to arrange** **to organize**	ordonner (éléments)
to put* sth (down) **to lay* sth (down)** **to set* sth down**	poser qqch.		
to lean* a ladder against a wall **to put* up a ladder against a wall**	poser une échelle contre un mur	**To join two things (together)**	joindre deux choses
		to link sth *with*	relier qqch. *à*
to lay* sth (down) *on sth*	déposer qqch. *sur qqch.*	**to attach** sth *to*	joindre qqch. *à*
to perch sth *on sth*	jucher qqch. *sur qqch.*	**to fix** sth *onto/in*	fixer qqch. *sur/à*
to lean* sth *against sth*	appuyer qqch. *contre qqch.*, adosser qqch. *contre qqch.*	**to instal(l)** [ɪn'stɔːl] **to put* in**	installer (meuble)
		to put* in	installer (applique)
		to put* up	installer (étagère, rideau)
A pile [paɪl]	une pile	**To press sth (down)**	appuyer sur qqch.
to pile (up)	empiler	**to pack sth down** *into sth*	tasser qqch. *dans qqch.*
a heap [hiːp]	un tas	**to insert** sth *into sth*	insérer qqch. *dans qqch.*
to heap (up)	entasser		
		to stuff sth into sth **to ram sth into sth** **to jam sth into sth**	fourrer qqch. dans qqch.
To arrange [ə'reɪndʒ]	disposer (fleurs, personnes, meubles)	**to squeeze sth into sth**	faire entrer qqch. dans qqch. (en le pressant)
to place things in a row/in a circle	disposer des choses en ligne/en cercle	**to wedge sth** *in/between*	coincer qqch. *dans/entre*
to align [ə'laɪn] **to line up**	aligner (objets)		

---

8 MOVING THINGS AND PEOPLE : DÉPLACER

To carry ['kærɪ] **to bear*** [bɛəʳ] (soutenu)	porter (objets, enfant)	**To bring* sth closer** *to* **to bring* sth nearer** *to*	rapprocher qqch. *de*
to bring* [brɪŋ]	apporter		
to move [muːv] **to shift** [ʃɪft]	déplacer, bouger	**to bring* things/people together**	rassembler des choses/des gens
to transport ['trænspɔːt]	transporter		

to move sb/sth away *from*	éloigner qqn/qqch. *de*
to take* sb/sth away *from*	
To take* [teɪk]	prendre
to take* sth off *from*	enlever qqch. *de*, ôter
to take* sth away *from*	qqch. *de*
to remove sth *from*	
to withdraw* sth *from*	retirer qqch. *de*
to extract sth *from*	extraire qqch. *de*
To lift sth	lever qqch.
to raise sth	
to lift sb/sth (up)	soulever qqn/qqch.
to heave sth up/along	soulever/traîner qqch. péniblement
to lower sth	baisser qqch., abaisser qqch.
to lift sth down from a shelf	descendre qqch. d'une étagère
to take* sth down from a shelf	
To push sb/sth	pousser qqn/qqch.
to give* sb/sth a push (parlé)	
to push sth in/out	faire entrer/sortir qqch. en le poussant
to pull [pʊl]	tirer

to pull sth out	enlever qqch., arracher qqch.
to drag [dræg]	traîner (sac, personne)
to pull	
To throw* sth *to sb*	jeter qqch. *à qqn,* lancer qqch. *à qqn* (pour qu'il l'attrape)
to throw sth *at sb*	jeter qqch. *à qqn,* lancer qqch. *à qqn* (pour l'atteindre)
to hurl sth across a room	lancer qqch. à travers une pièce (avec agressivité)
to throw* sth out	jeter qqch., se débarrasser de qqch.
to fling* sth out (parlé)	
to chuck sth out (parlé)	
to scatter ['skætəʳ]	éparpiller
to pick sth up	ramasser qqch.
To (go* and) fetch sb/sth	aller chercher qqn/qqch.
to transfer sb/sth *from/to*	transférer qqn/qqch. *de/à*
to change places *with sb*	changer de place *avec qqn*
to let* sb in/out	laisser entrer/sortir qqn
to usher sb in/out	faire entrer/sortir qqn
to escort ['eskɔːt]	escorter
an escort	une escorte

TIME : LE TEMPS

TELLING THE TIME : L'HEURE

An hour [ˈaʊəˈ]	une heure
a minute [ˈmɪnɪt]	une minute
a second [ˈsekənd]	une seconde
half an hour	une demi-heure
a half-hour	
a quarter of an hour	un quart d'heure
three quarters of an hour	trois quarts d'heure
an hour and a half	une heure et demie
Daylight Saving Time	l'heure d'été (en général)
BR summer time	
British Summer Time (abr. BST)	l'heure d'été (en GB)
to put* the clocks forward/back one hour	avancer/retarder les pendules d'une heure
the time difference the time lag	le décalage horaire
to have jetlag	souffrir du décalage horaire
a meridian [məˈrɪdɪən]	un méridien
a time zone	un fuseau horaire
at 8 p.m. local time	à 20 heures heure locale
at 10 hours GMT (abr. de Greenwich Mean Time)	à 10 heures GMT
Have you got the time?	Avez-vous l'heure?
What time is it (by your watch)?	Quelle heure est-il (à votre montre)?
What time do you make it?	Vous avez quelle heure?
I make it five to six	j'ai six heures moins cinq
my watch says 4.25	à ma montre il est 4 h 25
What time did you arrive?	À quelle heure êtes-vous arrivé?
It's one/two o'clock	il est une heure/deux heures
at six o'clock	à six heures
at twenty past three	à trois heures vingt
at twenty to three	à trois heures moins vingt
it's five past six AM it's five after six	il est six heures cinq

it's half past six	il est six heures et demie
it's a quarter to nine AM it's a quarter of nine	il est neuf heures moins le quart
it's five/ten to three AM it's five/ten before three	il est trois heures moins cinq/dix
At 17.30	à 17 h 30
at 3.20 a.m. (abr. de ante meridiem)	à 3 h 20 (du matin)
at 6 (o'clock) in the morning	à six heures du matin
at 5.30 p.m. (abr. de post meridiem)	à 5 h 30 (de l'après-midi)
at 6 (o'clock) in the afternoon	à six heures de l'après-midi
at 11.30 p.m.	à 11 h 30 (du soir)
at 11 (o'clock) at night	à onze heures du soir
at zero hour	à l'heure H
About [əˈbaʊt] roughly [ˈrʌflɪ]	à peu près, environ
it's about five o'clock	il est environ cinq heures
almost [ˈɔːlməʊst] nearly [ˈnɪəlɪ]	presque
approximately [əˈprɒksɪmətlɪ]	approximativement
it's almost midnight it's nearly midnight	il est presque minuit
towards six o'clock	vers six heures, aux environs de six heures
it's just after three	il est un peu plus de trois heures
it's gone three	il est trois heures passées
To strike* ten	sonner dix heures
at the stroke of midnight	sur le coup de minuit
at the third stroke it will be ... at the third pip it will be ...	au troisième top il sera...
the pips [pɪps]	les tops
on the stroke of six	à six heures juste(s)
it was just on ten o'clock	il était tout juste dix heures

it's exactly half past four	il est exactement quatre heures et demie	**at seven o'clock sharp** **at seven o'clock on the dot** (parlé)	à sept heures pile, à sept heures tapantes
at four precisely	à quatre heures précises	BR **at dead on seven o'clock** (parlé)	

REMARQUE : **a.m.** se prononce [eɪ'em] et **p.m.** ['piː'em] ; **17.30** se dit ['sevn'tiːn'θɜːtɪ].

TIME INSTRUMENTS : LES INSTRUMENTS DE MESURE DU TEMP:

A clock [klɒk]	une horloge, une pendule	**the minute hand**	la grande aiguille
by the clock	à l'horloge, à la pendule	**the second hand** **the sweep hand**	la trotteuse
a grandfather clock	une horloge de parquet	**a liquid crystal display** (abr. LCD)	un affichage à cristaux liquides
a pendulum ['pendjuləm]	un balancier	**the winder** ['waɪndəʳ]	le remontoir
the chime [tʃaɪm]	le carillon	**the spring** [sprɪŋ]	le ressort
an alarm clock	un réveille-matin, un réveil	**a cog (wheel)**	un rouage
a clock-radio	un radio-réveil	**a watch battery**	une pile de montre
an hour glass	un sablier	**a (watch) strap**	un bracelet
a sundial ['sʌn.daɪəl]	un cadran solaire		
		To put* the clock/one's watch right	mettre la pendule/sa montre à l'heure
A watch [wɒtʃ]	une montre	**the clock is slow/fast**	la pendule retarde/avance
a wrist watch	une montre-bracelet		
a digital/quartz watch	une montre digitale/à quartz	**it's 5 minutes slow/fast**	elle retarde/avance de 5 minutes
a diver's watch	une montre de plongée	**to wind* up a watch**	remonter une montre
a fob watch	une montre de gousset	**to tick** [tɪk]	faire tic-tac
a stopwatch ['stɒpwɒtʃ]	un chronomètre	**the tick of a clock**	le tic-tac d'une pendule
to time sth with a stopwatch	chronométrer qqch.		
		to ring* [rɪŋ]	sonner (réveil)
		to chime [tʃaɪm]	sonner (pendule)
The dial ['daɪəl] **the face** [feɪs]	le cadran	**a clockmaker** ['klɒk.meɪkəʳ] **a watchmaker** ['wɒtʃ.meɪkəʳ]	un(e) horloger (-ère)
the hand [hænd]	l'aiguille		
the hour hand	la petite aiguille		

NIGHT AND DAY : LE JOUR ET LA NUIT

A day [deɪ]	un jour, une journée	**The morning** ['mɔːnɪŋ]	le matin, la matinée
during the day	pendant la journée	**this morning**	ce matin
in the daytime	pendant la journée, le jour	**in the morning, we ...**	le matin, nous...
diurnal [daɪ'ɜːnl]	diurne	**early in the morning**	tôt le matin, de bon matin

late in the morning	en fin de matinée	**A** night [naɪt]	une nuit
in the small hours in the early hours	au petit matin	at night, we ... during the night	la nuit, nous... pendant la nuit
on a fine spring morning one fine spring morning	par une belle matinée de printemps	in the middle of the night midnight ['mɪdnaɪt]	au milieu de la nuit minuit
from morning till night	du matin au soir	at midnight it's getting dark	à minuit la nuit tombe
		it's pitch dark	il fait nuit noire
At noon at midday at 12 (o'clock)	à midi (à 12 heures)	after dark	après la tombée de la nuit
at lunchtime at the lunch hour	à midi (à l'heure du déjeuner)	nocturnal [nɒk'tɜ:nl]	nocturne
		Dawn [dɔ:n]	l'aube
The afternoon ['ɑ:ftə'nu:n]	l'après-midi	at dawn at first light	à l'aube
this afternoon	cet après-midi	dawn is breaking	le jour se lève
in the afternoon, we ...	l'après-midi, nous...	sunrise ['sʌnraɪz] at sunrise	le lever du soleil au lever du soleil
the evening ['i:vnɪŋ]	le soir, la soirée		
this evening tonight [tə'naɪt]	ce soir	**D**usk [dʌsk] twilight ['twaɪlaɪt]	le crépuscule
in the evening, we ...	le soir, nous... dans la soirée, nous...	at dusk at twilight	au crépuscule
early/late in the evening	en début/en fin de soirée	sunset ['sʌnset] at sunset	le coucher du soleil au coucher du soleil
late at night	tard le soir	to set* [set]	se coucher

REMARQUE : Soir se traduit souvent par **night** lorsque l'on se réfère à la partie de la journée consacrée aux sorties ; ex. : il sort presque tous les soirs = **he goes out almost every night.**

4 SEASONS : LES SAISONS

Seasonal ['si:zənl]	saisonnier	summer ['sʌmər]	l'été
seasonable weather	un temps de saison	in summer(time)	en été
the dry season	la saison sèche	in the height of summer	en plein été
the wet season the rainy season	la saison des pluies	summer	estival (d'été)
at this time of year	en cette époque de l'année	summery ['sʌmərɪ]	estival (chaud, qui rappelle l'été)
the days are shortening/ lengthening	les jours raccourcissent/ rallongent	Indian summer	l'été indien, l'été de la Saint-Martin
Spring [sprɪŋ]	le printemps	BR **autumn** ['ɔ:təm] AM **fall** [fɔ:l]	l'automne
in spring(time)	au printemps	late autumn	l'arrière-saison
spring	printanier (de printemps)	autumnal [ɔ:'tʌmnəl]	automnal, d'automne
springlike	printanier (doux, qui rappelle le printemps)	winter ['wɪntər] in winter(time)	l'hiver en hiver

in midwinter	en plein hiver	**to hibernate** [ˈhaɪbəneɪt]	hiberner
winter	hivernal (d'hiver)		
wintry [ˈwɪntrɪ]	hivernal (très froid)	**hibernation** [ˌhaɪbəˈneɪʃən]	l'hibernation

▶ 5 DATES AND DAYS : LES DATES ET LES JOURS DE LA SEMAINE

The calendar [ˈkæləndəʳ]	le calendrier	**a working day**	un jour ouvrable
a date [deɪt]	une date	BR **a week on Saturday**	samedi en huit
What is today's date ?	Le combien sommes-nous aujourd'hui ?, quelle est la date d'aujourd'hui ?	BR **Saturday week** AM **a week from Saturday**	
		the weekend	le weekend
to date sth	dater qqch.	**at the weekend, we went ...**	le weekend, nous sommes allés...
Friday April 5th **Friday 5th April**	le vendredi 5 avril	BR **at weekends, we ...** AM **on weekends, we ...**	le weekend, nous allons...., tous les weekends, nous allons...
on 5th April, we ...	le 5 avril, nous...		
in the year 2000	en l'an 2000		
D-day [ˈdiːdeɪ]	le jour J	**two weeks** BR **a fortnight** [ˈfɔːtnaɪt]	quinze jours, une quinzaine
Monday [ˈmʌndɪ]	lundi	**two weeks on Friday** BR **a fortnight on Friday**	vendredi en quinze
Tuesday [ˈtjuːzdɪ]	mardi		
Wednesday [ˈwenzdɪ]	mercredi		
Thursday [ˈθɜːzdɪ]	jeudi	**Today** [təˈdeɪ]	aujourd'hui
Friday [ˈfraɪdɪ]	vendredi	**yesterday** [ˈjestədeɪ]	hier
Saturday [ˈsætədɪ]	samedi	**yesterday evening** **last night**	hier soir
Sunday [ˈsʌndɪ]	dimanche	**the day before yesterday**	avant-hier
On Saturday, we went ...	samedi, nous sommes allés...	**the night before last**	avant-hier soir
on Saturdays, we go ...	le samedi nous allons..., tous les samedis nous allons...	**the day before**	la veille
		two days before	l'avant-veille
		the previous day	le jour précédent
last Saturday	samedi dernier		
next Sunday	dimanche prochain	**Tomorrow** [təˈmɒrəu]	demain
it's Monday today **today is Monday**	c'est aujourd'hui lundi	**tomorrow morning**	demain matin
		the day after tomorrow	après-demain
		tomorrow evening	demain soir
A week [wiːk]	une semaine	**the following day** **the next day**	le lendemain
a weekday	un jour de semaine	**two days later**	le surlendemain

REMARQUE :
1 **April 5th 1990** et **5th April 1990** se disent
en anglais britannique **April the fifth, nineteen ninety** ou **the fifth of April, nineteen ninety**
en américain **April fifth, nineteen ninety**
2 **on 5th April** se dit **on the fifth of April**.

6 **MONTHS AND YEARS** : LES MOIS ET LES ANNÉES

January [ˈdʒænjuərɪ]	janvier
February [ˈfebruərɪ]	février
March [mɑːtʃ]	mars
April [ˈeɪprəl]	avril
May [meɪ]	mai
June [dʒuːn]	juin
July [dʒuːˈlaɪ]	juillet
August [ˈɔːɡəst]	août
September [sepˈtembəʳ]	septembre
October [ɒkˈtəʊbəʳ]	octobre
November [nəʊˈvembəʳ]	novembre
December [dɪˈsembəʳ]	décembre

In April	en avril
during May	au (cours du) mois de mai
in mid-March	à la mi-mars
at the end of March	à la fin de mars
next February	en février prochain
last February	en février dernier

early in June **in early June** **at the beginning of June**	au début de juin
late in June **in late June**	vers la fin (du mois de) juin

A month [mʌnθ]	un mois
a quarter [ˈkwɔːtəʳ]	un trimestre (en général)
a term [tɜːm]	un trimestre (d'année scolaire)
a year [jɪəʳ]	une année
a calendar year	une année civile
a leap year	une année bissextile
a decade [ˈdekeɪd]	une décennie
a century [ˈsentjʊrɪ]	un siècle
the millennium [mɪˈlenɪəm]	le millénaire
347 BC (abr. de *Before Christ*)	347 av. J.-C.
1489 AD (abr. de *Anno Domini*)	1489 apr. J.-C.

7 **DURATION** : LA DURÉE

To go* on for an hour/a week	durer une heure/une semaine (en général)
to last an hour/a week	durer une heure/une semaine (comme prévu)
How long does it last?	Combien de temps cela dure-t-il?
it went on for hours and hours	ça a duré des heures et des heures

Duration [djuˈreɪʃən] **length** [leŋθ]	la durée (d'un examen, d'un spectacle, d'un voyage)
the term [tɜːm] **duration**	la durée (d'un contrat)
life [laɪf]	la durée (de vie) (d'une ampoule, d'une pile)
for a limited/an unlimited length of time **for a limited/an unlimited period**	pour une durée limitée/illimitée
for (the period of) two months	pour une durée de deux mois
a lapse of time	un laps de temps

While [waɪl]	pendant que
meanwhile [ˈmiːnwaɪl]	en attendant, pendant ce temps
in the meantime	entre-temps, pendant ce temps
for a while	pendant quelque temps
over a period of	pendant une période de
for two days/months	pendant deux jours/mois
he didn't eat anything for two days	il n'a rien mangé pendant deux jours
for three weeks/years	pour trois semaines/mois
I'm here for two days	je suis ici pour deux jours

All day (long) **the whole day** **for the whole day**	pendant toute la journée
throughout the week/the year **all through the week/the year**	pendant toute la semaine/l'année

During [ˈdjʊərɪŋ] — durant, pendant
during my studies — durant mes études
for months on end — des mois durant, pendant des mois et des mois
for a full three hours — trois heures durant
for a whole three hours

During [ˈdjʊərɪŋ] — au cours de, durant
in the course of
it snowed during the night — il a neigé durant la nuit
it snowed in (the course of) the night
in (all of) ten years, I've seen him three times — en dix ans, je l'ai vu trois fois
in no time — en un rien de temps

All the time — tout le temps, à longueur de temps
the whole time
he does that all the time — il fait tout le temps cela
he does that the whole time
the all time I was there — tout le temps que j'étais là
the whole time I was there
all day — à longueur de journée
the whole day
BR **for 3hours on end** — pendant 3 heures d'affilée
AM **for 3hours back to back**
round the clock — 24 heures sur 24

Since the beginning — depuis le début
from the beginning
all along
for some time — depuis quelque temps
since January — depuis janvier
for two days/three months — depuis deux jours/trois mois
I have been here for two days — je suis ici depuis deux jours
he has been working here for five years — il travaille ici depuis cinq ans, cela fait cinq ans qu'il travaille ici
he has been working here since May — il travaille ici depuis mai
Since when have you been living here? — Depuis quand habitez-vous ici?
For how long have you been living here? — Depuis combien de temps habitez-vous ici?, cela fait combien de temps que vous habitez ici?

Till [tɪl] — jusqu'à (ce que), jusqu'en
until [ənˈtɪl]
up to
until May — jusqu'en mai
he worked until the age of 80 — il a travaillé jusqu'à 80 ans
he worked up to the age of 80
she stayed till the end — elle est restée jusqu'à la fin
she stayed to the end
up to now — jusqu'à présent
until then — jusqu'alors
up till then
till he arrives — jusqu'à ce qu'il arrive
until he arrives
up to and including March 3rd — jusqu'au 3 mars inclus

From now on — désormais, à partir de maintenant
henceforth [ˈhensfɔːθ] (soutenu)
in future
from then on — à partir de ce moment-là (dans le passé)
from 1988 (onwards) — dès 1988, à partir de 1988
BR **from Monday to Thursday** — de lundi jusqu'à jeudi
AM **Monday through Thursday**
BR **from 1959 till 1985** — de 1959 à 1985
BR **from 1959 to 1985**
AM **from 1959 through 1985**

Short [ʃɔːt] — court, de courte durée (stage, séjour)
a short spell — une courte période
short-lived — de courte durée (bonheur, répit)
short-term — à court terme (projet, vue)
brief [briːf] — bref
briefly [ˈbriːflɪ] — brièvement
brevity [ˈbrevɪtɪ] — la brièveté
passing [ˈpɑːsɪŋ] — passager (malaise)
brief
transient [ˈtrænzɪənt] — passager, éphémère, fugitif (bonheur, beauté)
ephemeral [ɪˈfemərəl]
fleeting [ˈfliːtɪŋ]
to shorten [ˈʃɔːtn] — écourter (discussion, séjour)
to curtail [kɜːˈteɪl]

Momentary [ˈməʊməntərɪ] — momentané
for a short while — momentanément
BR **momentarily**(1) [ˈməʊməntərɪlɪ]
temporary [ˈtempərərɪ] — temporaire
temporarily [ˈtempərərɪlɪ] — temporairement

provisional [prə'vɪʒənl]	provisoire
provisionally [prə'vɪʒnəlɪ]	provisoirement
the transition *from ...* *to* [træn'zɪʃən]	la transition *de... à*
transitional [træn'zɪʃənəl]	transitoire, de transition (mesures, régime)
(1) ATTENTION AM **momentarily**	= tout de suite

Long [lɒŋ]	long
lengthy ['leŋθɪ]	très long, trop long
a long time **quite some time**	longtemps
lengthily ['leŋθɪlɪ] **at length**	longuement
long-term	à long terme (projet, vue)
to prolong [prə'lɒŋ]	prolonger

Continuous [kən'tɪnjʊəs]	continu
continual [kən'tɪnjʊəl]	continuel
constant ['kɒnstənt]	constant

ceaseless ['si:slɪs]	incessant
persistent [pə'sɪstənt]	persistant
to persist [pə'sɪst]	persister
perpetual [pə'petjʊel]	perpétuel
permanent ['pɜ:mənənt]	permanent
to go* on	continuer
lasting ['lɑ:stɪŋ] **enduring** [ɪn'djʊərɪŋ] (soutenu)	durable

E ternal [ɪ'tɜ:nl] **everlasting** [ˌevə'lɑ:stɪŋ]	éternel
eternally [ɪ'tɜ:nəlɪ] **everlastingly** [ˌevə'lɑ:stɪŋlɪ]	éternellement
eternity [ɪ'tɜ:nɪtɪ]	l'éternité
endless ['endlɪs] **unending** [ˌʌn'endɪŋ]	sans fin
forever [fər'evə'] **for good**	pour toujours
for ever (and ever)	à jamais

REMARQUE : Attention aux temps ! L'anglais emploie le present perfect simple ou progressif pour exprimer qu'une action a commencé dans le passé mais se poursuit dans le présent ; ex. : il habite Paris depuis deux ans/depuis1986 = **he has lived in Paris for two years/since1986** ou **he has been living in Paris for two years/since1986**.

8 FREQUENCY : LA FRÉQUENCE

F requent ['fri:kwənt]	fréquent
frequently ['fri:kwəntlɪ]	fréquemment
frequency ['fri:kwənsɪ]	la fréquence
regular ['regjʊlə']	régulier
regularly ['regjʊləlɪ]	régulièrement
regularity [ˌregjʊ'lærɪtɪ]	la régularité

Rare [rɛə']	rare
rarely ['rɛəlɪ] **seldom** ['seldəm]	rarement
rarity ['rɛərɪtɪ]	la rareté
irregular [ɪ'regjʊlə']	irrégulier
irregularly [ɪ'regjʊləlɪ]	irrégulièrement
irregularity [ˌɪregjʊ'lærɪtɪ]	l'irrégularité
intermittent [ˌɪntə'mɪtənt]	intermittent
periodical [ˌpɪərɪ'ɒdɪkəl]	périodique
unique [ju:'ni:k]	unique

A cycle ['saɪkl]	un cycle
cyclical ['saɪklikəl]	cyclique

every four days	tous les quatre jours
on the 23rd of each month	tous les 23 du mois
every second Sunday/week **every other Sunday/week**	un dimanche/une semaine sur deux
every third day/month	un jour/mois sur trois
daily ['deɪlɪ]	quotidien
weekly ['wi:klɪ]	hebdomadaire
monthly ['mʌnθlɪ]	mensuel
annual ['ænjʊəl]	annuel
biennial [baɪ'enɪəl]	biennal, bisannuel
at intervals of	à intervalles de

Always ['ɔ:lweɪz]	toujours
often ['ɒfən]	souvent
more often than not **as often as not**	le plus souvent
once [wʌns] AM **one time**	une fois

twice [twaɪs] AM **two times**	deux fois	**once in a blue moon** (parlé)	tous les trente-six du mois
How many times did it happen ?	Combien de fois est-ce arrivé ?	**practically never**	pour ainsi dire jamais
it happened four times	ça s'est produit quatre fois	**that's unheard of**	cela ne s'est jamais vu
Once too often	une fois de trop	**Every time each time**	chaque fois
sometimes [ˈsʌmtaɪmz]	quelquefois, parfois	**every time (that) whenever** [wenˈevəʳ]	chaque fois que
several times	plusieurs fois	**every time he says it**	chaque fois qu'il le dit
many times many a time	bien des fois	**it's the first time that ...**	c'est la première fois que...
From time to time every now and again once in a while	de temps en temps, de temps à autre	**To repeat** [rɪˈpiːt]	répéter
		repetition [ˌrepɪˈtɪʃən]	la répétition
occasionally [əˈkeɪʒnəlɪ] **on occasion**	à l'occasion	**repeated** [rɪˈpiːtɪd]	répété
		repetitive [rɪˈpetɪtɪv]	répétitif
occasional [əˈkeɪʒənl]	occasionnel	**to reiterate** [riːˈɪtəreɪt]	réitérer
very occasionally	de loin en loin	**recurring** [rɪˈkɜːrɪŋ]	récurrent
sporadic [spəˈrædɪk]	sporadique	**to recur** [rɪˈkɜːʳ]	se reproduire

EXPRESSIONS OF TIME : LES EXPRESSIONS TEMPORELLES

To have (got) time *to do sth*	avoir le temps *de faire qqch.*	**as time goes by**	avec le temps (dans le futur)
to have plenty of time *to do sth*	avoir largement le temps *de faire qqch.*	**as time went by**	avec le temps (dans le passé)
I haven't got time to do it	je n'ai pas le temps de le faire	**At the same time**	en même temps
to save time	gagner du temps (pour l'économiser)	**at the same moment**	au même moment
to play for time	gagner du temps (temporiser)	**at that moment**	à ce moment-là
		just as	au moment où
to lose* time to waste time	perdre du temps	**as soon as**	dès que, aussitôt que
to make* up for lost time	rattraper le temps perdu	**as soon as I saw him the moment I saw him**	dès que je l'ai vu
to pass the time to while away the time	faire passer le temps	**simultaneous** [ˌsɪməlˈteɪnɪəs]	simultané
To spend* one's time doing sth	passer son temps à faire qqch.	**simultaneously** [ˌsɪməlˈteɪnɪəslɪ]	simultanément
to take* a long time to do sth	mettre longtemps à faire qqch.	**simultaneousness** [ˌsɪməlˈteɪnɪəsnɪs] **simultaneity** [ˌsɪməltəˈniːɪtɪ]	la simultanéité
it takes ages (parlé)	cela prend une éternité		
It's about time !	Il est bien temps !, Ce n'est pas trop tôt !	**Just a minute !**	Une minute !
		Just a second !	Une seconde !
it's high time he left	il est grand temps qu'il parte	**a moment** [ˈməʊmənt]	un moment
time flies	le temps passe vite	**an instant** [ˈɪnstənt]	un instant
		immediate [ɪˈmiːdɪət]	immédiat
there isn't much time left	il ne reste pas beaucoup de temps	**immediately** [ɪˈmiːdɪətlɪ]	immédiatement

instant	instantané
instantly ['ɪnstəntlɪ]	instantanément
at once	tout de suite, sur-le-
right away	champ
straight away	
forthwith ['fɔ:θ'wɪθ]	
(soutenu)	
AM **momentarily**(1)	
['məʊməntərɪlɪ]	
(1) ATTENTION BR **momentarily** = momentanément	

On time	à l'heure
in time for	à temps pour
timely ['taɪmlɪ]	à propos, opportun
punctual ['pʌŋktjʊəl]	ponctuel, à l'heure
punctually ['pʌŋktjʊəlɪ]	ponctuellement, à l'heure
punctuality [ˌpʌŋktjʊˈælɪtɪ]	la ponctualité, l'exactitude

Early ['ɜ:lɪ]	tôt, de bonne heure
earlier	plus tôt
earlier than	plus tôt que
premature ['premətʃʊə']	prématuré
prematurely ['premətʃʊəlɪ]	prématurément
late [leɪt]	en retard
to be/to arrive early for sth	être/arriver en avance pour qqch.
to be/to arrive late for sth	être/arriver en retard pour qqch.

Later (on)	plus tard
later than	plus tard que

not later than	pas plus tard que
sooner or later	tôt ou tard
for the time being	pour le moment

Already [ɔ:l'redɪ]	déjà
BR **I've already told you**	je te l'ai déjà dit
AM **I already told you**	
AM **I told you already**	
at last	enfin
Here you are at last !	Vous voici enfin !
still [stɪl]	encore, toujours (jusqu'à maintenant)
Is he still here ?	Est-il encore ici ?, Est-il toujours ici ?
yet [jet]	encore, déjà
not [...] (as) yet	ne [...] pas encore
Has he arrived yet ?	Est-il déjà arrivé ?
I haven't seen him yet	je le l'ai pas encore vu

When [wen]	quand, lorsque
as [æz]	comme
the day/the week (when) ...	le jour/la semaine où...
the year he died	l'année où il est mort

Never ['nevə']	ne... jamais
not ever	
I have never seen her	je ne l'ai jamais vue
I haven't ever seen her	
Did he never understand ?	N'a-t-il jamais compris ?
Didn't he ever understand ?	
at no time	à aucun moment

REMARQUES :

1 L'anglais emploie **ever** à la place de **never** lorsqu'une négation se trouve déjà dans la phrase ; ex. : il ne se passe jamais rien = **nothing ever happens**.
2 Attention aux temps ! Ex. : je l'ai déjà fait = BR **I've already done it**, AM **I already did it**, **I did it already**.

34

PAST, PRESENT AND FUTURE :
LE PASSÉ, LE PRÉSENT ET LE FUTUR

1 **PAST AND PRESENT :** LE PASSÉ ET LE PRÉSENT

Now [nau]   maintenant
at present   à présent
just now
at the moment   en ce moment

Then [ðen]   alors
at that time   à cette époque
at one time   à un moment donné
at one point   (dans le passé)
at some point
at some point   à un moment donné
            (dans le futur)
on that occasion   à cette occasion

Two days ago   il y a deux jours
a long time ago   il y a longtemps
long ago
he left two days ago/a il est parti il y a deux
  long time ago   jours/il y a
            longtemps
it has been a long   cela fait longtemps
  time since ...   que...
it dates from ...   cela date de...
it goes back to ...   cela remonte à...

Old [əʊld]   vieux, ancien
ancient ['eɪnʃənt]   antique (très vieux)
antique [æn'tiːk]   antique (de l'antiquité)
ancient
an antique   une antiquité
original [ə'rɪdʒɪnl] originel

Before [bɪ'fɔːʳ]   avant
he arrived before me il est arrivé avant moi
before   avant que
he left before I could il est parti avant que
  tell him   j'aie pu lui dire
before doing sth   avant de faire qqch.
do it before going to fais-le avant d'aller te
  bed   coucher
before(hand)   auparavant (d'abord)

Three days later   trois jours plus tard
three days afterwards
within three days of moins de trois jours
  his arrival   après son arrivée

Former ['fɔːməʳ]   ancien, précédent (qui
            n'est plus)
the former mayor   l'ancien maire, le
            maire précédent
the former world   l'ancien champion du
  champion   monde
my former husband mon mari précédent
my ex-husband   mon ex-mari
it has lost its former cela a perdu son
  charm   charme d'autrefois
formerly ['fɔːməlɪ] anciennement,
in former days   autrefois

Prior ['praɪəʳ]   préalable (accord, avis)
previous ['priːvɪəs]
first [fɜːst]   préalablement
beforehand [bɪ'fɔːhænd]
prior to   préalablement à, avant

Previous ['priːvɪəs] antérieur, précédent
earlier ['ɜːlɪəʳ]   (occasion, situation,
            rencontre)
in a former life   dans une vie
            antérieure
prior to   antérieur à
that was prior to his c'était antérieur à sa
  resignation   démission, c'était
            avant qu'il ne
            démissionne
previously ['priːvɪəslɪ] antérieurement,
            précédemment,
earlier   auparavant
three years previously trois ans auparavant
three years earlier

Past [pɑːst]   passé
the past   le passé
in the distant past dans un passé lointain
in olden days   au temps jadis,
in olden times   autrefois
in the past   dans le passé, par le
            passé

Present ['preznt]   présent, actuel (1)
in present-day   dans les
  circumstances/   circonstances/la
  China   Chine d'aujourd'hui
the present   le présent

at present	à présent
AM **presently**⁽²⁾ ['prezntlı]	
recent ['ri:snt]	récent
recently ['ri:sntlı]	récemment
latterly ['lætəlı] (soutenu)	
not long ago	naguère
ATTENTION FAUX AMI (1) **actual** = réel	
(2) BR **presently** = tout à l'heure	

Old-fashioned ['əuld'fæʃnd] — démodé

antiquated ['æntıkweıtıd]	vieillot
outdated [aut'deıtıd]	suranné, désuet
out-of-date	périmé (billet, bon)
expired [ıks'paıə'd]	
outdated	périmé (idée)
obsolete ['ɒbsəli:t]	obsolète
anachronistic [ə.nækrə'nıstık]	anachronique

an anachronism [ə'nækrənızəm]	un anachronisme
archaic [ɑ:'keıık]	archaïque
an archaism ['ɑ:keıızəm]	un archaïsme

Modern ['mɒdən] — moderne

current ['kʌrənt]	courant (année, semaine)
present ['preznt]	
contemporary [kən'tempərərı]	contemporain
up-to-date [.ʌptə'deıt]	actualisé, à jour (données, rapport)
it's the very latest thing	c'est le dernier cri
a state-of-the-art computer/car	un ordinateur/une voiture dernier cri
up-to-date	dans le vent, à la page (attitude, personne)

REMARQUE : Attention aux temps ! **ago** se construit toujours avec le prétérit, **since** avec le passé composé (present perfect) ou le plus-que-parfait (pluperfect).

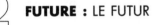

FUTURE : LE FUTUR

Future ['fju:tʃə']	futur
my husband-to-be	mon futur mari
subsequent ['sʌbsıkwənt]	postérieur, ultérieur
subsequently ['sʌbsıkwəntlı]	ultérieurement, par la suite
at some future date	à une date ultérieure
the future	l'avenir
in the near future	dans un proche avenir
in the distant future	dans un avenir lointain
in weeks/years to come	dans les semaines/années à venir

Soon [su:n]	bientôt
in a while	tout à l'heure
shortly ['ʃɔ:tlı]	
BR **presently**⁽¹⁾ ['prezntlı]	
in a minute	dans une minute
before long	sous peu
after a while	au bout de quelque temps

imminent ['ımınənt]	imminent
impending [ım'pendıŋ]	
(1) ATTENTION AM **presently** = à présent	

After(wards) ['ɑ:ftə(wədz)] — après

he arrived after me	il est arrivé après moi
I'll do it afterwards	je le ferai après
after some time	après quelque temps
after ['ɑ:ftə']	après que
I arrived after he left	je suis arrivé après qu'il fut parti
after doing sth	après avoir fait qqch.

The following day/month — le jour/mois suivant

when the time comes	le moment venu (dans le futur)
when the time came	le moment venu (dans le passé)
in the long run	à la longue
ultimate ['ʌltımıt]	final, ultime

275

HISTORY : L'HISTOIRE

The history of France / French history	l'histoire de France
the little details of history	la petite histoire
historical [hɪsˈtɒrɪkəl]	historique (étude, vérité, roman)
historic [hɪsˈtɒrɪk]	historique, qui fait date (événement, monument)
a historian [hɪsˈtɔːrɪən]	un(e) historien(ne)

A history book	un livre d'histoire
a source [sɔːs]	une source
a document [ˈdɒkjumənt]	un document
a record [ˈrekɔːd]	
the archives [ˈɑːkaɪvz]	les archives
an archivist [ˈɑːkɪvɪst]	un(e) archiviste

An account [əˈkaʊnt]	un récit
to give* an account of	faire le récit de
to recount [rɪˈkaʊnt]	raconter
to narrate [nəˈreɪt] (soutenu)	narrer
to relate [rɪˈleɪt]	
a chronicle [ˈkrɒnɪkl]	une chronique

a chronicler [ˈkrɒnɪkləʳ]	un chroniqueur
to chronicle sth	faire la chronique de qqch.
to distort the facts / to misrepresent the facts	déformer les faits
an event [ɪˈvent]	un événement
that'll make history	cela fera date
to go* down in history	entrer dans l'histoire

Chronology [krəˈnɒlədʒɪ]	la chronologie
chronological [ˌkrɒnəˈlɒdʒɪkəl]	chronologique
an epoch [ˈiːpɒk]	une époque
a period [ˈpɪərɪəd]	une période
periodic [ˌpɪərɪˈɒdɪk]	périodique
an era [ˈɪərə]	une ère
modern [ˈmɒdən]	moderne
contemporary [kənˈtempərərɪ]	contemporain
in the time of	à l'époque de
in prehistoric/ancient times	à l'époque préhistorique/ antique

 ARCHAEOLOGY AND PREHISTORY : L'ARCHÉOLOGIE ET LA PRÉHISTOIRE

Prehistory [priːˈhɪstərɪ]	la préhistoire
prehistoric [ˌpriːhɪsˈtɒrɪk]	préhistorique
BR archaeology [ˌɑːkɪˈɒlədʒɪ] / AM archeology	l'archéologie
BR archaeological [ˌɑːkɪəˈlɒdʒɪkəl] / AM archeological	archéologique
BR an archaeologist [ˌɑːkɪˈɒlədʒɪst] / AM an archeologist	un(e) archéologue
paleontology [ˌpælɪɒnˈtɒlədʒɪ]	la paléontologie
a paleontologist [ˌpælɪɒnˈtɒlədʒɪst]	un(e) paléontologue

A dig [dɪg] (sing.)	des fouilles
a find [faɪnd]	une découverte
remains [rɪˈmeɪnz]	les restes, les vestiges

traces of	des traces de
a treasure [ˈtreʒəʳ]	un trésor
a fossil [ˈfɒsl]	un fossile
a mummy [ˈmʌmɪ]	une momie
a cave painting	une peinture rupestre
to date sth	dater qqch.

A site [saɪt]	un site
a burial mound	un tumulus
a dolmen [ˈdɒlmen]	un dolmen
a menhir [ˈmenhɪəʳ]	un menhir
a monolith [ˈmɒnəʊlɪθ]	un monolithe
monolithic [ˌmɒnəˈlɪθɪk]	monolithe, monolithique
a megalith [ˈmegəlɪθ]	un mégalithe
megalithic [ˌmegəˈlɪθɪk]	mégalithique

The Ice Age **the glacial period**	la période glaciaire	a **brontosaurus** [ˌbrɒntəˈsɔːrəs]	un brontosaure
the Stone Age	l'âge de pierre	a **diplodocus** [dɪˈplɒdəkəs]	un diplodocus
paleolithic [ˌpælɪəʊˈlɪθɪk]	paléolithique	**to die out**	disparaître, s'éteindre
mesolithic [ˌmesəʊˈlɪθɪk]	mésolithique	a **hominid** [ˈhɒmɪnɪd]	un hominidé
neolithic [ˌniːəʊˈlɪθɪk]	néolithique	**primitive/prehistoric** **man**	l'homme primitif/ préhistorique
the Bronze Age	l'âge du bronze		
the Iron Age	l'âge du fer		
		Neanderthal man	l'homme de Néanderthal
A dinosaur [ˈdaɪnəsɔːʳ]	un dinosaure	a **cave dweller**	un homme des
a **pterodactyl** [ˌterəʊˈdæktɪl]	un ptérodactyle	a **caveman** [ˈkeɪvmæn]	cavernes

A FEW HISTORICAL LANDMARKS :
QUELQUES REPÈRES HISTORIQUES

Antiquity [ænˈtɪkwɪtɪ]	l'antiquité	a **crusader** [kruːˈseɪdəʳ]	un croisé
the ancient world	le monde antique	**the Hundred Years'** **War**	la guerre de Cent Ans
ancient Rome/Greece	la Rome/la Grèce antique	**the Wars of the Roses**	la guerre des Deux Roses
Gaul [gɔːl]	la Gaule	**the Wars of Religion**	les guerres de Religion
the Gauls [gɔːlz]	les Gaulois		
the Celts [kelts]	les Celtes		
Celtic [ˈkeltɪk]	celte, celtique	**A** dynasty [ˈdɪnəstɪ]	une dynastie
the Vikings [ˈvaɪkɪŋz]	les Vikings	**dynastic** [daɪˈnæstɪk]	dynastique
the Normans [ˈnɔːmənz]	les Normands	**the House of** **Bourbon/Valois**	la maison des Bourbons/des Valois
Norman	normand	**the Regency** [ˈriːdʒənsɪ]	la Régence
		the Renaissance [rɪˈneɪsɑ̃ːns]	la Renaissance
The Saxons [ˈsæksnz]	les Saxons		
Saxon	saxon	**the Reformation** [ˌrefəˈmeɪʃən]	la Réforme
the Anglo-Saxons [ˈæŋgləʊˈsæksənz]	les Anglo-Saxons	**the Restoration** [ˌrestəˈreɪʃən]	la Restauration
Anglo-Saxon	anglo-saxon	**the Industrial** **Revolution**	la révolution industrielle
the Roman Empire	l'Empire romain	**the Age of** **Enlightenment**	le Siècle des lumières
the rise and fall of the **Roman Empire**	la grandeur et la décadence de l'Empire Romain		
		The Belle Epoque	la Belle Époque
The Christian era	l'ère chrétienne	**the Victorian era**	l'ère victorienne
the Middle Ages	le Moyen-Âge	**the Roaring Twenties**	les Années folles
the Dark Ages	le Haut Moyen- Âge	**the First/Second** **World War** **World War I/II**	la Première/Deuxième Guerre mondiale
feudal [ˈfjuːdl]	féodal		
feudalism [ˈfjuːdəlɪzəm]	la féodalité	**the pre-war/post-war** **period**	l'avant-/l'après-guerre
BR **mediaeval** [ˌmedɪˈiːvəl] AM **medieval**	médiéval	**the inter-war period**	l'entre-deux-guerres
The Crusades [kruːˈseɪdz]	les Croisades	**T**he Declaration of **Independence**	la Déclaration d'indépendance
to go* on a crusade	partir en croisade		

the (American) Civil War	la guerre de Sécession américaine	**the Depression** [dɪˈpreʃən]	la crise de 1929
the Prohibition [ˌprəʊɪˈbɪʃən]	la Prohibition	**the Atomic/Electronic Age**	l'ère nucléaire/de l'électronique

35 QUANTIFICATION : LA QUANTIFICATION

1 CARDINAL NUMBERS : LES NOMBRES CARDINAUX

Zero ['zɪərəu] **nought** [nɔ:t] **naught**	zéro
one [wʌn]	un
two [tu:]	deux
three [θri:]	trois
four [fɔ:ʳ]	quatre
five [faɪv]	cinq
six [sɪks]	six
seven ['sevn]	sept
eight [eɪt]	huit
nine [naɪn]	neuf

Ten [ten]	dix
eleven [ɪ'levn]	onze
twelve [twelv]	douze
thirteen [θɜ:'ti:n]	treize
fourteen ['fɔ:'ti:n]	quatorze
fifteen [fɪf'ti:n]	quinze
sixteen ['sɪks'ti:n]	seize
seventeen ['sevn'ti:n]	dix-sept
eighteen ['eɪ'ti:n]	dix-huit
nineteen ['naɪn'ti:n]	dix-neuf

Twenty ['twentɪ]	vingt
twenty-one	vingt-et-un
twenty-two	vingt-deux
twenty-three	vingt-trois
twenty-four	vingt-quatre
twenty-five	vingt-cinq
twenty-six	vingt-six
twenty-seven	vingt-sept
twenty-eight	vingt-huit
twenty-nine	vingt-neuf

Thirty ['θɜ:tɪ]	trente
forty ['fɔ:tɪ]	quarante
fifty ['fɪftɪ]	cinquante

sixty ['sɪkstɪ]	soixante
seventy ['sevntɪ]	soixante-dix
eighty ['eɪtɪ]	quatre-vingt
ninety ['naɪntɪ]	quatre-vingt-dix

A hundred ['hʌndrəd] **one hundred**	cent
two/three hundred	deux/trois cents
BR **a hundred and one/two** AM **a hundred one/two**	cent un/deux
a thousand ['θauzənd] **one thousand**	mille
two/three thousand	deux/trois mille
BR **a thousand and one/two** AM **a thousand one/two**	mille un/deux
a hundred thousand	cent mille

A million ['mɪljən]	un million
two/three million	deux/trois millions
a million records	un million de disques
a billion ['bɪljən] BR **a thousand million**	un milliard

Ten [ten]	une dizaine (dix)
ten or so **about ten**	une dizaine (environ dix)
tens of letters	des dizaines de lettres
a dozen ['dʌzn]	une douzaine
a dozen books/people	une douzaine de livres/de personnes
a half-dozen **half-a-dozen**	une demi-douzaine
twenty ['twentɪ]	une vingtaine (vingt)
a score [skɔ:ʳ] **about twenty**	une vingtaine (environ vingt)
a hundred ['hʌndrəd] **one hundred**	une centaine (cent)
a hundred or so	une centaine (environ cent)

hundreds of	des centaines de	**a thousand or so**	un millier (environ mille)
a thousand ['θauzənd]	un millier (mille)		
one thousand		**thousands of**	des milliers de

REMARQUES :

1 À l'intérieur d'un numéro, zéro se prononce [əu] en anglais britannique et ['zɪərəu] en américain ; ex. : 104 se prononce [wʌnəu'fɔ:ʳ] en anglais britannique et [wʌn'zɪərəufɔ:ʳ] en américain. Dans le vocabulaire des sports, zéro se dit **nil** ; ex. : battu $5\text{-}0$ = **beaten 5-nil.** Toutefois, au tennis, on emploie **love** ; ex. : quinze-zéro **fifteen-love.** Quand il s'agit d'une note, zéro se dit **naught.**

2 **a hundred** = **one hundred.** On peut employer l'une ou l'autre de ces formes entre les nombres 101 et 199.

3 **a thousand** = **one thousand.** On peut employer l'un ou l'autre dans les nombres composés jusqu'à 1099 ; au-delà, **one thousand** est préférable.

4 Attention : en anglais, la virgule s'emploie pour séparer les milliers ; ex. : deux mille s'écrit en chiffres **2,000** ; un million quatre cent mille trois cent vingt-six $(1\,400\,326)$ = **one million, four hundred thousand, three hundred and twenty-six (1,400,326).**

ORDINAL NUMBERS : LES NOMBRES ORDINAUX

First [fɜ:st] (abr. 1st)	premier (1er)	**twenty-third**	vingt-troisième
second ['sekənd] (abr. 2nd)	deuxième (2e)	**twenty-fourth**	vingt-quatrième
third [θɜ:d] (abr. 3rd)	troisième (3e)	**twenty-fifth**	vingt-cinquième
fourth [fɔ:θ] (abr. 4th)	quatrième (4e)	**twenty-sixth**	vingt-sixième
fifth [fɪfθ] (abr. 5th)	cinquième (5e)	**twenty-seventh**	vingt-septième
sixth [sɪksθ] (abr. 6th)	sixième (6e)	**twenty-eighth**	vingt-huitième
seventh ['sevnθ] (abr. 7th)	septième (7e)	**twenty-ninth**	vingt-neuvième
eighth [eɪtθ] (abr. 8th)	huitième (8e)		
ninth [naɪnθ] (abr. 9th)	neuvième (9e)	**T**hirtieth ['θɜ:tɪɪθ]	trentième
tenth [tenθ] (abr. 10th)	dixième (10e)	**fortieth** ['fɔ:tɪɪθ]	quarantième
		fiftieth ['fɪftɪɪθ]	cinquantième
Eleventh [ɪ'levnθ]	onzième	**sixtieth** ['sɪkstɪɪθ]	soixantième
twelfth [twelfθ]	douzième	**seventieth** ['sevntɪɪθ]	soixante-dixième
thirteenth ['θɜ:ti:nθ]	treizième	**eightieth** ['eɪtɪəθ]	quatre-vingtième
fourteenth ['fɔ:'ti:nθ]	quatorzième	**ninetieth** ['naɪntɪɪθ]	quatre-vingt-dixième
fifteenth ['fɪf'ti:nθ]	quinzième	**hundredth** ['hʌndrɪdθ]	centième
sixteenth ['sɪks'ti:nθ]	seizième	BR **hundred and first**	cent unième
seventeenth ['sevn'ti:nθ]	dix-septième	AM **hundred first**	
eighteenth ['eɪ'ti:nθ]	dix-huitième	**thousandth** ['θauzəntθ]	millième
nineteenth ['naɪn'ti:nθ]	dix-neuvième	**millionth** ['mɪljənθ]	millionième
Twentieth ['twentɪɪθ]	vingtième	**one million four hundred thousand three hundred and twenty-sixth**	un million quatre cent mille trois cent vingt-sixième
twenty-first	vingt-et-unième		
twenty-second	vingt-deuxième		

ARITHMETIC AND ALGEBRA : L'ARITHMÉTIQUE ET L'ALGÈBRE

Mathematics [ˌmæθəˈmætɪks] (sing.) — les mathématiques

BR **maths** [mæθs] (sing.)
AM **math** [mæθ] (sing.) — les maths

mathematical [ˌmæθəˈmætɪkəl] — mathématique

a mathematician [ˌmæθəməˈtɪʃən] — un(e) mathématicien(ne)

statistics [stəˈtɪstɪks] (sing.) — la statistique (science)

statistics (plur.) — les statistiques (données)

statistical [stəˈtɪstɪkəl] — statistique

a statistician [ˌstætɪsˈtɪʃən] — un(e) statisticien(ne)

Arithmetic(al) [ˌærɪθˈmetɪk(əl)] — arithmétique

algebraic [ˌældʒɪˈbreɪɪk] — algébrique

arithmetic [əˈrɪθmətɪk]
counting [ˈkaʊntɪŋ] — le calcul

a sign [saɪn] — un signe

a symbol [ˈsɪmbəl] — un symbole

A number [ˈnʌmbəʳ] — un nombre

an even/odd number — un nombre pair/impair

a whole number
an integer [ˈɪntɪdʒəʳ] — un nombre entier

a prime number — un nombre premier

a number — un numéro

a figure [ˈfɪgəʳ]
a numeral [ˈnjuːmərəl] — un chiffre

a digit [ˈdɪdʒɪt]
a figure — un chiffre (dans un nombre)

a four-figure number
a four-digit number — un nombre à quatre chiffres

to write* out a number in figures — écrire un nombre en chiffres

a decimal [ˈdesɪməl] — une décimale

the decimal point — la virgule décimale

A factor [ˈfæktəʳ] — un facteur

a formula [ˈfɔːmjʊlə] — une formule

an equation [ɪˈkweɪʒən] — une équation

a variable [ˈvɛərɪəbl] — une variable

a constant [ˈkɒnstənt] — une constante

a function [ˈfʌŋkʃən] — une fonction

a unit [ˈjuːnɪt] — une unité

a log(arithm) [ˈlɒg(ərɪθəm)] — un log(arithme)

A calculation [ˌkælkjʊˈleɪʃən] — un calcul (en général)

a sum [sʌm] — un calcul (exercice scolaire)

mental arithmetic — le calcul mental

to calculate [ˈkælkjʊleɪt]
to reckon [ˈrekən]
to compute [kəmˈpjuːt]
to work out — calculer (prix, quantité)

to calculate
to work out — calculer (surface)

a problem [ˈprɒbləm] — un problème

to solve [sɒlv] — résoudre

the answer [ˈɑːnsəʳ]
the solution [səˈluːʃən] — la solution

To count [kaʊnt] — compter

to count up to ten — compter jusqu'à dix

to count sth up — faire le total de qqch.

the total [ˈtəʊtl]
the sum [sʌm] — le total, la somme

the whole [həʊl] — le tout

What do you reckon ? — Quel résultat trouves-tu ?

by my reckoning
according to my calculations — d'après mes calculs

I get 406
I make it 406 — j'obtiens 406

it comes to ... — cela fait...

your calculations are out
your calculations are wrong — ton calcul est faux

Addition [əˈdɪʃən] — l'addition

an addition
a sum [sʌm] — une addition

to add (up)
to reckon up — additionner

plus [plʌs] — plus

a plus (sign) — un (signe) plus

12 plus 8 is 20
12 and 8 make 20 — 12 plus 8 égalent 20

A subtraction [səbˈtrækʃən] — une soustraction

to take* (away) *from*
to subtract *from* [səbˈtrækt] — soustraire *de*

minus [ˈmaɪnəs] — moins

a minus (sign) — un (signe) moins

20 minus 12 is 8 — 20 moins 12 égalent 8

To equal [ˈiːkwəl]	égaler	**the average** [ˈævərɪdʒ]	la moyenne
equal *to*	égal *à*	**on average**	en moyenne
an equal sign	un (signe) égal	**to work out the average of sth**	faire la moyenne de qqch.
to amount to	s'élever à		
to total [ˈtəʊtl]		**the arithmetic/ geometric mean**	la moyenne arithmétique/ géométrique
to carry [ˈkærɪ]	retenir		
		a set [set]	un ensemble
Multiplication [ˌmʌltɪplɪˈkeɪʃən]	la multiplication	**a subset** [ˈsʌb.set]	un sous-ensemble
to multiply *by* [ˈmʌltɪplaɪ]	multiplier *par*		
multiplication tables	les tables de multiplication	**The root** [ruːt]	la racine
		square [skwɛəʳ]	carré
the three/four times table	la table de trois/quatre	**the square root**	la racine carrée
		to square	élever au carré
		cubic [ˈkjuːbɪk]	cube
Division [dɪˈvɪʒən]	la division	**a cube** [kjuːb]	un cube
to divide 12 by 6	diviser 12 par 6	**to cube**	cuber, élever au cube
to divide 6 into 12		**the cube root**	la racine cubique
it won't divide by 5	ce n'est pas divisible par 5	**an exponent** [ɪksˈpəʊnənt]	un exposant
it is not divisible by 5			
to halve [haːv]	diviser en deux	**2 to the power of 10**	2 puissance 10
to quarter [ˈkwɔːtəʳ]	diviser en quatre	**to number** [ˈnʌmbəʳ]	numéroter
indivisible [ˌɪndɪˈvɪzəbl]	indivisible, insécable		
		A fraction [ˈfrækʃən]	une fraction
Double [ˈdʌbl]	double	**a vulgar fraction**	une fraction simple
to double	doubler	**a simple fraction**	
treble [ˈtrebl]	triple	**a common fraction**	
to treble	tripler	**a half** [haːf]	un demi
multiple [ˈmʌltɪpl]	multiple	**one half**	
a multiple *of*	un multiple *de*	**à third** [θɜːd]	un tiers
		one third	
		two thirds	deux tiers
A percentage [pəˈsentɪdʒ]	un pourcentage	**a quarter** [ˈkwɔːtəʳ]	un quart
		one quarter	
per cent	pour cent	**three quarters**	trois quarts
the ratio [ˈreɪʃɪəʊ]	la proportion, le rapport	**four and a half**	quatre et demi
proportion [prəˈpɔːʃən]	la proportion	**four and a half kilometres**	quatre kilomètres et demi
proportional *to* [prəˈpɔːʃənl]	proportionnel *à*	**one and a quarter kilos**	un kilo et quart

REMARQUE : Les fractions se forment avec les adjectifs ordinaux ; ex. : trois dixièmes = **three tenths**, sept centièmes = **seven hundredths**.

4 GEOMETRY : LA GÉOMÉTRIE

Geometrical [ˌdʒɪəʊˈmetrɪkəl]	géométrique	**trigonometry** [ˌtrɪɡəˈnɒmɪtrɪ]	la trigonométrie
a geometrician [ˌdʒɪˌɒmɪˈtrɪʃən]	un(e) géomètre	**a theorem** [ˈθɪərəm]	un théorème

A line [laɪn]	une ligne
linear [ˈlɪnɪəʳ]	linéaire
a straight line	une ligne droite
a curve [kɜːv]	une courbe
curved [kɜːvd]	courbe
perpendicular *to* [ˌpɜːpənˈdɪkjʊləʳ]	perpendiculaire *à*
parallel *to* [ˈpærəlel]	parallèle *à*, parallèlement *à*
diagonal [daɪˈægənl]	diagonal
the diagonal	la diagonale

Horizontal [ˌhɒrɪˈzɒntl]	horizontal
horizontally [ˌhɒrɪˈzɒntəlɪ]	horizontalement
the horizontal	l'horizontale
vertical [ˈvɜːtɪkəl]	vertical
vertically [ˈvɜːtɪkəlɪ]	verticalement
the vertical	la verticale

A quadrilateral [ˌkwɒdrɪˈlætərəl]	un quadrilatère
quadrilateral	quadrilatéral
a square [skwɛəʳ]	un carré
square	carré
a rectangle [ˈrektæŋgl] **an oblong** [ˈɒblɒŋ]	un rectangle
rectangular [rekˈtæŋgjʊləʳ] **oblong**	rectangulaire
a parallelogram [ˌpærəˈleləʊgræm]	un parallélogramme
a trapezium [trəˈpiːzɪəm]	un trapèze
a triangle [ˈtraɪæŋgl]	un triangle
triangular [traɪˈæŋgjʊləʳ]	triangulaire

An angle [ˈæŋgl]	un angle
an acute/obtuse angle	un angle aigu/obtus
a right angle	un angle droit
right-angled	à angle droit
a degree [dɪˈgriː]	un degré

A circle [ˈsɜːkl]	un cercle
a semicircle [ˈsemɪˌsɜːkl]	un demi-cercle
circular [ˈsɜːkjʊləʳ]	circulaire
the diameter [daɪˈæmɪtəʳ]	le diamètre
the radius [ˈreɪdɪəs] (plur. radii)	le rayon
BR **the centre** [ˈsentəʳ] AM **the center**	le centre
the circumference [səˈkʌmfərəns]	la circonférence
pi [paɪ]	pi
an arc [ɑːk]	un arc
a tangent [ˈtændʒənt]	une tangente
a segment [ˈsegmənt]	un segment

A sphere [sfɪəʳ]	une sphère
a cone [kəʊn]	un cône
conical [ˈkɒnɪkəl]	conique
convex [ˈkɒnˈveks]	convexe
concave [ˈkɒnˈkeɪv]	concave
a plane [pleɪn]	un plan
a cube [kjuːb]	un cube
a pyramid [ˈpɪrəmɪd]	une pyramide

WEIGHTS AND MEASURES : LES POIDS ET MESURES

To measure [ˈmeʒəʳ]	mesurer
a measure	une mesure (quantité)
two measures of flour	deux mesures de farine
a measurement [ˈmeʒəmənt]	une mesure (évaluation, dimension)
to take* the measurements of sth	prendre les mesures de qqch.
the dimensions [daɪˈmenʃənz] **the measurements** [ˈmeʒəmənts]	les dimensions
to quantify sth	quantifier qqch.

The metric system	le système métrique
metric [ˈmetrɪk]	métrique
BR **a metre** [ˈmiːtəʳ] AM **a meter**	un mètre
BR **a centimetre** [ˈsentɪˌmiːtəʳ] AM **a centimeter**	un centimètre
BR **a kilometre** [kɪˈlɒmətəʳ] AM **a kilometer**	un kilomètre
a square metre (abr. sqm)	un mètre carré (abr. m²)
a hectare [ˈhektɑːʳ]	un hectare
a cubic metre	un mètre cube

A gram [græm] — un gramme
BR **a gramme**
a kilo(gram) — un kilo(gramme)
    ['kɪləʊ(græm)]
BR **a kilo(gramme)**
a ton [tʌn] — une tonne
BR **a litre** ['liːtər] — un litre
AM **a liter**

The imperial system — le système impérial (britannique)

an inch [ɪntʃ] (abr. in) — un pouce (= 2,54 cm)
a foot [fʊt] (abr. ft) — un pied (= 30,48 cm)
a yard [jɑːd] (abr. yd) — un yard (= 91,44 cm)
a pint [paɪnt] (abr. pt) — une pinte (en GB = 0,57 l ; aux USA = 0,47 l ; ≈ un demi-litre)
a mile [maɪl] — un mile (= 1,609 km)
a knot [nɒt] — un nœud, un mille nautique (= 1,85 km)
a gallon ['gælən] (abr. gal) — un gallon (en GB = 4,546 l ; aux USA = 3,78 l)
an ounce [aʊns] (abr. oz) — une once (= 28,35 g)
a pound [paʊnd] (abr. lb) — une livre (= 453,6 g)
an acre ['eɪkər] — un arpent, un acre (= 4046,86 m²)

Long [lɒŋ] — long
4 metres long — long de 4 mètres
to be 3 metres in length — faire 3 mètres de long
length [leŋ(k)θ] — la longueur
lengthways — dans le sens de la longueur
lengthwise
broad [brɔːd] — large
wide [waɪd]
4 metres across — large de 4 mètres
4 metres wide
to be 3 metres in breadth — faire 3 mètres de large
to be 3 metres in width
breadth [bretθ] — la largeur
width [wɪdθ]
breadthways — dans le sens de la largeur
breadthwise

High [haɪ] — haut
height [haɪt] — la hauteur
tall [tɔːl] — grand
tallness ['tɔːlnɪs] — la grandeur
5 metres high — haut de 5 mètres
to be 5 metres in height — faire 5 mètres de haut
he is 1 m 92 (tall) — il mesure 1 m 92

Deep [diːp] — profond
4 metres deep — profond de 4 mètres
to be 5 metres in depth — faire 5 mètres de profondeur
depth [depθ] — la profondeur
thick [θɪk] — épais
to be 2 centimetres thick — être épais de 2 centimètres, avoir une épaisseur de 2 centimètres
thickness ['θɪknɪs] — l'épaisseur

To weigh [weɪ] — peser
to weigh 6 kilos — peser 6 kilos
to be 6 kilos in weight
weight [weɪt] — le poids
a pair of scales — une balance
scales [skeɪlz] (plur.)
volume ['vɒljuːm] — le volume
to be 6 cubic metres in volume — faire 6 mètres cubes de volume
mass [mæs] — la masse
capacity [kə'pæsɪtɪ] — la capacité

Surface ['sɜːfɪs] — la surface
area ['eərɪə] — la superficie
to be 5 square metres in area — avoir une superficie de 5 mètres carrés
to have an area of 5 square metres
to measure 5 metres by 2 (metres) — mesurer 5 mètres sur 2

REMARQUE : L'anglais utilise souvent une unité de mesure appelée **stone** pour le poids des personnes. Elle est équivalente à 14 livres, soit 6,35 kg ; ex. : **he weighs 10 stones** = il pèse 63 kilos et demi.

SIZE : LA TAILLE

Tall [tɔ:l] **big** [bɪg]	grand
to get* taller **to get* bigger**	grandir (enfant)
to grow* [grəʊ]	grandir (plante, enfant)
growth [grəʊθ]	la croissance
to enlarge [ɪn'la:dʒ]	agrandir, s'agrandir
Big [bɪg] **large** [la:dʒ]	gros
to get* bigger **to become* larger**	grossir
enormous [ɪ'nɔ:məs] **huge** [hju:dʒ]	énorme
bulky ['bʌlkɪ] **voluminous** [və'lu:mɪnəs]	volumineux
heavy ['hevɪ]	lourd
to make* heavy	alourdir
to become* heavy	s'alourdir
heaviness ['hevɪnɪs]	la lourdeur, le poids
Long [lɒŋ]	long
to lengthen ['leŋ(k)θən]	rallonger
vast [va:st]	vaste
immense [ɪ'mens]	immense
vastness ['va:stnɪs] **immensity** [ɪ'mensɪtɪ]	l'immensité
giant ['dʒaɪənt]	géant
gigantic [dʒaɪ'gæntɪk]	gigantesque
gigantism [dʒaɪ'gæntɪzəm]	le gigantisme
colossal [kə'lɒsl]	colossal
gargantuan [ga:'gæntjʊən]	gargantuesque
Small [smɔ:l] **little** ['lɪtl]	petit
smallness ['smɔ:lnɪs] **littleness** ['lɪtlnɪs]	la petitesse
tiny ['taɪnɪ]	tout petit
minute ['mɪnɪt] **minuscule** ['mɪnə.skju:l]	minuscule
miniature ['mɪnɪtʃə']	miniature
microscopic [.maɪkrə'skɒpɪk]	microscopique
infinitesimal [.ɪnfɪnɪ'tesɪməl]	infime

Short [ʃɔ:t]	court
to shorten ['ʃɔ:tn]	raccourcir
low [ləʊ]	bas
to lower ['ləʊə']	baisser
narrow ['nærəʊ]	étroit
narrowness ['nærəʊnɪs]	l'étroitesse
to narrow	rétrécir, se rétrécir
thin [θɪn]	mince
thinness ['θɪnnɪs]	la minceur
Light [laɪt]	léger
lightness ['laɪtnɪs]	la légèreté
to lighten ['laɪtn]	alléger
shallow ['ʃæləʊ]	peu profond
flat [flæt]	plat
to flatten (down) **to flatten out**	aplatir, s'aplatir
Wide [waɪd] **broad** [brɔ:d]	large
to widen ['waɪdn]	élargir
to widen	s'élargir (rue)
to get* wider **to stretch** [stretʃ]	s'élargir (vêtement)
to stretch (out)	s'étendre (forêt, plaine)
area ['ɛərɪə] **expanse** [ɪks'pæns]	l'étendue (d'une forêt, d'une plaine)
to deepen ['di:pən]	approfondir, s'approfondir
to thicken ['θɪkən]	épaissir, s'épaissir
To shrink* [ʃrɪŋk]	rétrécir, se rétrécir
shrinkage ['ʃrɪŋkɪdʒ]	le rétrécissement
to contract ['kɒntrækt]	contracter, se contracter
contraction [kən'trækʃən]	la contraction
to condense into [kən'dens]	condenser en, se condenser en
to telescope ['telɪskəʊp]	se télescoper
Of average height/weight **of medium height/weight**	de taille moyenne, de poids moyen
it's a fair size	c'est assez grand
it's the size of ...	c'est de la taille de...

7 QUANTITY : LA QUANTITÉ

A **quantity** ['kwɒntɪtɪ]
an amount [ə'maʊnt]
une quantité

**a reasonable/
moderate/modest
quantity** of
**a reasonable/
moderate/modest
amount** of
une quantité
raisonnable/
modérée/modeste de

A **lot** [lɒt]
a great deal
very much
beaucoup

he eats a lot | il mange beaucoup

he reads a lot
he reads a great deal
il lit beaucoup

**he doesn't read (very)
much**
he doesn't read a lot
**he doesn't read a
great deal**
il ne lit pas beaucoup

A **lot of**
much [mʌtʃ]
beaucoup de (suivi d'un
nom non comptable)

**there is a lot of milk
left**
il reste beaucoup de
lait

**there isn't much milk
left**
il ne reste pas
beaucoup de lait

M **any** ['menɪ]
a lot of
beaucoup de (suivi d'un
nom comptable)

**a lot of them
believed it**
**many of them
believed it**
beaucoup d'entre eux
l'ont cru

**there were lots of
people**
il y avait beaucoup de
gens

**I know a great many
people who ...**
**I know a lot of people
who ...**
j'en connais beaucoup
qui...

Q **uite a lot of**
a fair amount of
pas mal de (suivi d'un
nom non comptable)

**he has quite a lot of
money**
**he has a fair amount
of money**
il a pas mal d'argent

A **good many**
a good few
quite a lot of
pas mal de (suivi d'un
nom comptable)

**she bought a good
many books**
**she bought a good few
books**
**she bought quite a lot
of books**
elle a acheté pas mal
de livres

T **he majority of**
most [məʊst]
la plupart de, la
majorité de

**the majority of
candidates**
most candidates
la plupart des
candidats, la
majorité des
candidats

most people | la plupart des gens, la
majorité (des gens)

to be the majority | être majoritaire

much of | une grande partie de,
la plupart de (suivi
d'un nom singulier)

much of the book | une grande partie du
livre

much of the time | la plupart du temps

N **ot much**
little ['lɪtl]
peu (modifiant un verbe)

I don't go out much | je sors peu

he drank very little | il a très peu bu

not very | peu (modifiant un adjectif,
un adverbe)

he's not very sociable | il est peu sociable

L **ittle** ['lɪtl]
not much
peu de (suivi d'un nom non
comptable)

I do not want much | j'en veux peu

few [fjuː]
not (very) many
peu de (suivi d'un nom
comptable)

he has got few friends
**he hasn't got many
friends**
il a peu d'amis

a minority [maɪ'nɒrɪtɪ] | une minorité

in a minority
in the minority
en minorité,
minoritaire

A **little** ['lɪtl]
a bit [bɪt]
un peu

a little bit | un tout petit peu

I'm a little (bit) tired
I'm a bit tired
je suis un peu fatigué

**you're driving a little
fast**
**you're driving a bit
fast**
tu conduis un peu vite

A **little** ['lɪtl]
a bit of
un peu de

a little money/sugar | un peu d'argent/de
sucre

a little patience
a bit of patience
un peu de patience

S ome [sʌm] — quelques, certains

some books — quelques livres, certains livres

some of the books — quelques-uns des livres, certains des livres

several ['sevrəl] — plusieurs

several books — plusieurs livres

several of the books — plusieurs des livres

a few [fju:] — quelques-uns

a few friends — quelques amis

a few of them — quelques-uns d'entre eux

quite a few — un certain nombre

E nough [ɪ'nʌf] — assez

enough sugar — assez de sucre

big/small enough — assez grand/petit

more than enough — plus qu'assez

plenty of — bien assez de

I've got plenty of time/of apples — j'ai bien assez de temps/de pommes

she's got plenty
she's got quite enough — elle en a bien assez

T oo much — trop (avec un verbe)

you sleep/work too much — tu dors/travailles trop

too [tu:] — trop (devant un adjectif ou un adverbe)

too old/quickly — trop vieux/rapidement

too much — trop de (devant un nom non comptable)

you've put too much salt — tu as mis trop de sel

too many — trop de (devant un nom comptable)

he made too many mistakes — il a fait trop d'erreurs

four/five too many — quatre/cinq de trop

very ['verɪ] — très

very good/quickly indeed — vraiment très bon/vite

M ore [mɔ:ʳ] — plus

I want more — j'en veux plus

three/four times as much — trois/quatre fois plus

(the) most [məust] — le plus

the one who earns (the) most — celui qui gagne le plus

no more than — pas plus de

it took no more than an hour — ça n'a pas pris plus d'une heure

at (the) most — au plus, au maximum

he's at most 70
he's 70 at the most — il a au plus 70 ans

at the very most — tout au plus

there are two more chairs
there are two extra chairs — il y a deux chaises en plus

we need another two chairs
we need two more chairs — il nous faut deux chaises en plus

an extra plate
an additional plate — une assiette supplémentaire

M ore and more — de plus en plus

it's getting more and more difficult — cela devient de plus en plus difficile

it was getting bigger and bigger — cela devenait de plus en plus gros

the more ... the more — plus... plus

the more he has the more he wants — plus il en a plus il en veut

the smaller it is the dearer it is — plus c'est petit plus c'est cher

the more ... the less — plus... moins

the more he works the less successful he is — plus il travaille moins il réussit

L ess [les] — moins

(the) least [li:st] — le moins

the one who works (the) least — celui qui travaille le moins

no less than — pas moins de

it weighs no less than 50 kilos — cela ne pèse pas moins de 50 kilos

at (the) least — au moins, au minimum

she's got at least ten cats
she's got ten cats at the least — elle a au moins dix chats

there are two chairs missing
we are two chairs short — il y a deux chaises en moins

L ess and less — de moins en moins

it's less and less efficient — c'est de moins en moins efficace

the less ... the less — moins... moins

the less I eat the less hungry I am — moins je mange moins j'ai faim

the more ... the less — moins... plus

the less I smoke the more I eat — moins je fume plus je mange

there are two chairs missing — il y a deux chaises en moins (elles manquent)

As much ... *as*	autant de... *que* (avec un nom non comptable)
there's as much snow here	il y a autant de neige ici
as many ... *as*	autant de... *que* (avec un nom comptable)
I have as many pupils as last year	j'ai autant d'élèves que l'année dernière
not so ... as all that	pas si... que ça
it's not so easy as all that	ce n'est pas si facile que ça

All [ɔ:l]	tout
in all / all told	en tout
6 in all	6 en tout
the whole book / the entire book	le livre entier
wholly ['həʊlɪ]	entièrement, complètement
total ['təʊtl]	total
complete [kəm'pli:t]	complet
all in all	tout compte fait
partial ['pɑ:ʃəl]	partiel

Every ['evrɪ] / each [i:tʃ]	chaque
every time/book / each time/book	chaque fois/livre
each (one) / every one	chacun
every one of the boys / each of the boys	chacun des garçons
one out of three/ten / one in three/ten	un sur trois/dix
the only reason/person	la seule raison/personne
only ['əʊnlɪ]	seulement

Any book	n'importe quel livre
both ... and	et... et

both [bəʊθ]	ensemble
both of them / the two of them	tous les deux, ensemble
all three of them / the three of them	tous les trois
both	à la fois, tout ensemble
both stupid and ugly	à la fois bête et laid
either ... or	ou... ou, soit... soit
either in Paris or in London	soit à Paris soit à Londres

None	aucun, pas un
none of the guests knew that	aucun invité ne le savait
there are none at all / there is not a single one	il n'y en a pas un seul
not one person was lost	pas une seule personne ne s'est perdue
no one / nobody	personne
nobody, not even Joe	personne, pas même Joe
nothing	rien
I have no sisters/no family	je n'ai pas de sœur/de famille
there is no room / there is not any room	il n'y a pas de place
neither ... nor	ni... ni
neither he nor I	ni lui ni moi
neither (of them)	ni l'un ni l'autre

Have you any books ?	Avez-vous des livres ?
I haven't any books	Je n'ai pas de livres
How much does it cost ?	Combien cela coûte-t-il ?
How many people were there ?	Combien de gens y avait-il ?
I want this much (parlé)	J'en veux comme ça
It's this big (parlé)	C'est grand comme ça

INCREASING AND DECREASING : AUGMENTER ET DIMINUER

To increase *by* [ɪn'kri:s] / to raise *by* [reɪz]	augmenter *de*, accroître *de* (prix, nombre, production)
to increase *by* / to rise* *by* [raɪz] / to go* up *by*	augmenter *de* (prix, nombre, production)
to increase sth *by*	augmenter qqch. *de*
a 5 % increase in capital/price	une augmentation de 5 % du capital/du prix

To reduce sth *by* / to bring* sth down *by* / to cut* sth *by*	diminuer qqch. *de*, réduire qqch. *de* (prix, dépenses, production)
to reduce *by* / to decrease *by* [di:'kri:s]	diminuer *de*, réduire *de* (nombre, longueur)
to diminish *by* [dɪ'mɪnɪʃ] / to decrease *by* / to fall* *by* [fɔ:l] / to drop *by* [drɒp]	diminuer *de* (nombre, production)

a reduction in expenses	une réduction des dépenses
a cut in expenses	
a decrease in supplies	une diminution des réserves
a diminution in supplies	
a fall in demand	une diminution de la demande
a drop in demand	

A lack of	un manque de
a scarcity of	
a shortage of	une pénurie de
a dearth of	
to lack sth	manquer de qqch.
I am 5 points short	il me manque 5 points
insufficient [ˌɪnsəˈfɪʃənt]	insuffisant
rare [rɛəʳ]	rare (objet, mot, cas)
scarce [skɛəs]	rare, peu abondant (nourriture, main-d'œuvre)
sparse [spɑːs]	rare, peu abondant (végétation)
rarely [ˈrɛəlɪ]	rarement
seldom [ˈseldəm]	
scarcely [ˈskɛəslɪ]	à peine
barely [ˈbɛəlɪ]	

A surplus of [ˈsɜːpləs]	un surplus de, un excédent de
surplus	en surplus, excédentaire
an excess [ɪkˈses]	un excès
an abundance of	une abondance de
plentiful [ˈplentɪful]	abondant
abundant [əˈbʌndənt]	
abundant food	de la nourriture en abondance
food in plenty	

Numerous [ˈnjuːmərəs]	nombreux
a profusion of	une profusion de
in profusion	à profusion
a multitude of	une multitude de
sufficient [səˈfɪʃənt]	suffisant
superfluous [suːˈpɜːfluəs]	superflu
excessive [ɪkˈsesɪv]	excessif

Empty [ˈemptɪ]	vide
to empty	vider
full [ful]	plein
to fill [fɪl]	remplir
half-full/-eaten	à moitié plein/mangé

36 CHARACTER AND BEHAVIOUR :
LE CARACTÈRE ET LE COMPORTEMENT

▶ 1 TEMPERAMENT : LE TEMPÉRAMENT

Character ['kærɪktə']	le caractère	**O**ptimistic [ˌɒptɪ'mɪstɪk]	optimiste
BR **to mould sb's character**	former le caractère de qqn	**an optimist** ['ɒptɪmɪst]	un(e) optimiste
AM **to mold sb's character**		**optimistically** [ˌɒptɪ'mɪstɪklɪ]	avec optimisme
to be good-/ill-natured	avoir bon/mauvais caractère	**optimism** ['ɒptɪmɪzəm]	l'optimisme
to be good-/bad-tempered		**pessimistic** ['pesɪmɪstɪk]	pessimiste
to be of a cheerful disposition	être d'un tempérament enjoué	**a pessimist** ['pesɪmɪst]	un(e) pessimiste
to be cheerful by temperament		**pessimistically** [ˌpesɪ'mɪstɪklɪ]	avec pessimisme
		pessimism ['pesɪmɪzəm]	le pessimisme
Personality [ˌpɜːsə'nælɪtɪ]	la personnalité		
to have a strong personality	avoir une forte personnalité	**S**hy [ʃaɪ] **timid** ['tɪmɪd] **bashful** ['bæʃful]	timide
to be cold/passionate by nature	avoir une nature froide/passionnée	**shyness** ['ʃaɪnɪs] **timidity** [tɪ'mɪdɪtɪ] **bashfulness** ['bæʃfulnɪs]	la timidité
natural ['nætʃrəl]	naturel		
a characteristic [ˌkærɪktə'rɪstɪk]	une caractéristique	**distant** ['dɪstənt]	distant
that's in character for him	cela lui ressemble bien		
that's just like him		**T**ough [tʌf]	dur
a trait [treɪt]	un trait de caractère	**strong** [strɒŋ]	fort
		strength [streŋθ]	la force
A **good quality**	une qualité	**weak** [wiːk]	faible
a bad quality	un défaut	**weakness** ['wiːknɪs]	la faiblesse
a fault [fɔːlt]		**to have a weakness for sth**	avoir un faible pour qqch.
a failing ['feɪlɪŋ]	un travers		
a shortcoming ['ʃɔːtkʌmɪŋ]		**spineless** ['spaɪnlɪs]	mou, veule
		spinelessness ['spaɪnlɪsnɪs]	la mollesse, la veulerie
Innate [ɪ'neɪt]	inné		
individual [ˌɪndɪ'vɪdjuəl]	individuel		
individuality [ˌɪndɪvɪdju'ælɪtɪ]	l'individualité	**T**o be liable to do sth	être susceptible de faire qqch.
individualistic [ˌɪndɪvɪdjuə'lɪstɪk]	individualiste	**a propensity for (doing) sth**	une propension à (faire) qqch.
idiosyncratic [ˌɪdɪəsɪŋ'krætɪk]	particulier, idiosyncrasique	**a propensity to (do) sth**	
an idiosyncrasy [ˌɪdɪə'sɪŋkrəsɪ]	une particularité, une idiosyncrasie	**to be inclined to (do) sth**	être enclin à (faire) qqch.
		to tend to do sth	tendre à faire qqch.
Balance ['bæləns]	l'équilibre	**to have a tendency to (do) sth**	avoir tendance à (faire) qqch.
balanced ['bælənst]	équilibré		
unbalanced ['ʌn'bælənst]	déséquilibré	**to have leanings towards sth**	avoir un penchant pour qqch.
unhinged ['ʌn'hɪndʒd]			
changeable ['tʃeɪndʒəbl]	changeant	**to be liable to (do) sth**	être sujet à (faire) qqch.
unstable ['ʌn'steɪbl]	instable	**to be prone to (do) sth**	

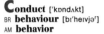

BEHAVIOUR : LE COMPORTEMENT

Conduct ['kɒndʌkt] la conduite, le
BR **behaviour** [bɪ'heɪvjəʳ] comportement
AM **behavior**

to behave [bɪ'heɪv] se conduire, se
to conduct o.s. (soutenu) comporter

to behave (well) bien se conduire
to behave o.s.

to misbehave mal se conduire
['mɪsbɪ'heɪv]

BR **misdemeanour** un écart de conduite,
[.mɪsdɪ'miːnəʳ] (n.c.) une incartade
AM **misdemeanor**
BR **misbehaviour**
['mɪsbɪ'heɪvjəʳ] (n.c.)
AM **misbehavior**

Decent ['diːsənt] décent

proper ['prɒpəʳ] convenable, bienséant

moral ['mɒrəl] moral

morality [mə'rælɪtɪ] la moralité

morals ['mɒrəlz] les mœurs
standards of
behaviour
moral standards

virtuous ['vɜːtjuəs] vertueux

a virtue ['vɜːtjuː] une vertu

Reputation la réputation
[.repju'teɪʃən]

to have a good/bad avoir bonne/mauvaise
reputation réputation

to have a reputation avoir la réputation
for generosity d'être généreux
to have a reputation
for being generous

Immoral [ɪ'mɒrəl] immoral

immorality [.ɪmə'rælɪtɪ] l'immoralité

indecent [ɪn'diːsnt] indécent

obscene [əb'siːn] obscène

obscenity [əb'senɪtɪ] l'obscénité

an obscenity une obscénité

depraved [dɪ'preɪvd] dépravé

depravity [dɪ'prævɪtɪ] la dépravation

a vice [vaɪs] un vice

a pervert [pə'vɜːt] un(e) vicieux (-euse)

perverted [pə'vɜːtɪd] vicieux[1]

(1) ATTENTION FAUX AMI **vicious** = méchant, haineux en
parlant d'une personne

An impulse ['ɪmpʌls] une impulsion

to act on impulse céder à une impulsion

impulsive [ɪm'pʌlsɪv] impulsif

stimulating ['stɪmjuleɪtɪŋ] stimulant

stimulation la stimulation
[.stɪmju'leɪʃən]

apathetic [.æpə'θetɪk] apathique

apathy ['æpəθɪ] l'apathie

Eccentric [ɪk'sentrɪk] excentrique

an eccentric un(e) excentrique

eccentrically avec excentricité
[ɪk'sentrɪkəlɪ]

eccentricity [.eksən'trɪsɪtɪ] l'excentricité

an eccentricity une excentricité
a quirk (of character)

a whim [wɪm] un caprice, une lubie

whimsical ['wɪmzɪkəl] fantasque

capricious [kə'prɪʃəs] capricieux
temperamental
[.temprə'mentl]

Mood [muːd] l'humeur
BR **humour** ['hjuːməʳ]
AM **humor**

to be in a good mood être de bonne humeur
to be in a good
humour

to be in a bad mood être de mauvaise
to be out of humour humeur

to feel* in the mood se sentir d'humeur à
for doing sth faire qqch.

to be in the right être d'humeur à faire
(kind of) mood for qqch.
doing sth

his moodiness (n.c.) ses sautes d'humeur

moody ['muːdɪ] d'humeur changeante,
lunatique[1]

(1) ATTENTION FAUX AMI **lunatic** = fou

KINDNESS AND NICENESS : LA GENTILLESSE ET L'AMABILITÉ

Sympathetic(1) [ˌsɪmpəˈθetɪk] **compassionate** [kəmˈpæʃənət]	compatissant
sympathy(2) [ˈsɪmpəθɪ] **compassion** [kəmˈpæʃən]	la compassion
sympathetically [ˌsɪmpəˈθetɪkəlɪ] **compassionately** [kəmˈpæʃənətlɪ]	avec compassion
to feel* sorry for sb	avoir de la peine pour qqn
to sympathize with sb(3)	comprendre qqn, compatir avec qqn

ATTENTION FAUX AMI (1) sympathique = **nice, friendly, likeable** ; trouver qqn sympathique = **to like sb**
(2) la sympathie = **friendliness**
(3) sympathiser avec qqn = **to make friends with sb**

Good [gʊd]	bon
goodness [ˈgʊdnɪs]	la bonté
kind [kaɪnd] **nice** [naɪs]	gentil, aimable
a kindness [ˈkaɪndnɪs]	une gentillesse, une bonté
amiable [ˈeɪmɪəbl] (soutenu)	aimable
kindly [ˈkaɪndlɪ] **benevolent** [bɪˈnevələnt]	bienveillant
kindliness [ˈkaɪndlɪnɪs] **benevolence** [bɪˈnevələns]	la bienveillance
gentle [ˈdʒentl]	doux
gentleness [ˈdʒentlnɪs]	la douceur
gently [ˈdʒentlɪ]	doucement
considerate [kənˈsɪdərɪt] **thoughtful** [ˈθɔːtfʊl]	prévenant
considerateness [kənˈsɪdərɪtnɪs] **thoughtfulness** [ˈθɔːtfʊlnɪs]	la prévenance
humane [hjuːˈmeɪn]	humain
a nice guy (parlé)	un brave type, un type sympa
a decent person	quelqu'un de bien

Pleasant [ˈpleznt] **congenial** [kənˈdʒiːnɪəl]	agréable
charming [ˈtʃɑːmɪŋ]	charmant
charm [tʃɑːm]	le charme
delightful [dɪˈlaɪtfʊl]	délicieux
sociable [ˈsəʊʃəbl]	sociable
to like sb **to be fond of sb**	bien aimer qqn
friendly [ˈfrendlɪ]	amical
genial [ˈdʒiːnɪəl]	affable
prepossessing [ˌpriːpəˈzesɪŋ]	avenant

Good-natured	accommodant
good-hearted	qui a bon cœur
to be kind-hearted	avoir bon cœur
to have a heart of gold	avoir un cœur d'or
warm-hearted	chaleureux
tender-hearted	sensible, compatissant
charitable [ˈtʃærɪtəbl]	charitable
understanding [ˌʌndəˈstændɪŋ]	la compréhension
understanding	compréhensif
well-intentioned	bien intentionné
encouraging [ɪnˈkʌrɪdʒɪŋ]	encourageant
to encourage [ɪnˈkʌrɪdʒ]	encourager

Tolerant [ˈtɒlərənt]	tolérant
tolerance [ˈtɒlərəns]	la tolérance
to tolerate sth/sb **to put* up with sth/sb**	tolérer qqch./qqn
indulgent [ɪnˈdʌldʒənt] **lenient** [ˈliːnɪənt]	indulgent
indulgence [ɪnˈdʌldʒəns] **leniency** [ˈliːnɪənsɪ]	l'indulgence
pity [ˈpɪtɪ]	la pitié
to have pity on sb	avoir pitié de qqn
merciful [ˈmɜːsɪfʊl]	clément
clemency [ˈklemənsɪ]	la clémence

 NASTINESS : LA MÉCHANCETÉ

Bad [bæd]	mauvais, méchant
wicked [ˈwɪkɪd]	méchant, malfaisant

nasty [ˈnɑːstɪ]	très méchant, très
AM **mean** [miːn]	mauvais

nastily [ˈnɑːstɪlɪ]	méchamment
wickedness [ˈwɪkɪdnɪs] nastiness [ˈnɑːstɪnɪs] AM meanness [miːnnɪs]	la méchanceté
out of spite	par méchanceté
cruel [kruəl]	cruel
cruelty [ˈkruəltɪ]	la cruauté
ignoble [ɪgˈnəʊbl]	ignoble
Unpleasant [ʌnˈpleznt] disagreeable [ˌdɪsəˈgriːəbl]	désagréable
unpleasantly [ʌnˈplezntlɪ] disagreeably [ˌdɪsəˈgriːəblɪ]	désagréablement
unkind to sb [ʌnˈkaɪnd]	peu gentil *envers qqn*, peu aimable *envers qqn*
cold [kəʊld] cool [kuːl]	froid
coldness [ˈkəʊldnɪs] coolness [ˈkuːlnɪs]	la froideur
sour-tempered surly [ˈsɜːlɪ]	revêche

sour [ˈsaʊəʳ]	acerbe
unsociable [ʌnˈsəʊʃəbl]	insociable
unprepossessing [ˈʌnˌpriːpəˈzesɪŋ]	peu avenant
Harsh [hɑːʃ] stern [stɜːn] hard [hɑːd]	dur, sévère
to be harsh with sb to be hard on sb	être sévère avec qqn
uncharitable [ʌnˈtʃærɪtəbl]	peu charitable
ruthless [ˈruːθlɪs] merciless [ˈmɜːsɪlɪs] pitiless [ˈpɪtɪlɪs]	impitoyable, sans pitié
relentless [rɪˈlentlɪs] remorseless [rɪˈmɔːslɪs]	implacable
to be heartless	être sans cœur
to have a heart of stone	avoir un cœur de pierre
intolerant [ɪnˈtɒlərənt]	intolérant
intolerance [ɪnˈtɒlərəns]	l'intolérance

5 SINCERITY AND HONESTY : LA SINCÉRITÉ ET L'HONNÊTETÉ

Sincere [sɪnˈsɪəʳ] genuine [ˈdʒenjuɪn]	sincère
sincerity [sɪnˈserɪtɪ]	la sincérité
frank [fræŋk] candid [ˈkændɪd]	franc
to be frank *with sb about sth*	parler franchement *de qqch. avec qqn*
frankness [ˈfræŋknɪs] BR candour(1) [ˈkændəʳ] AM candor	la franchise

(1) ATTENTION FAUX AMI Le français candide peut se rendre par l'anglais **innocent, naive, guileless, artless.** Le français candeur se rendra par l'anglais **innocence, naivety, guilelessness, artlessness.** L'anglais **ingenuous/ingenuousness** signifie à la fois sincère/sincérité et ingénu/ingénuité

Trust *in sb/sth* [trʌst]	la confiance *en qqn/qqch.*
trusting [ˈtrʌstɪŋ] trustful [ˈtrʌstfʊl]	confiant
to trust sb	faire confiance à qqn
to take* sth on trust	accepter qqch. en toute confiance

trustworthy [ˈtrʌstˌwɜːðɪ]	digne de confiance
straightforward [ˌstreɪtˈfɔːwəd]	direct
Innocent [ˈɪnəsnt]	innocent
innocence [ˈɪnəsns]	l'innocence
naive [naɪˈiːv]	naïf
naivety [naɪˈiːvtɪ]	la naïveté
Respectable [rɪsˈpektəbl]	respectable
respectability [rɪsˌpektəˈbɪlɪtɪ]	la respectabilité
honest [ˈɒnɪst]	honnête
honesty [ˈɒnɪstɪ]	l'honnêteté
upright [ˈʌpraɪt]	intègre, droit
integrity [ɪnˈtegrɪtɪ] uprightness [ˈʌpraɪtnɪs]	l'intégrité, la droiture
BR honour [ˈɒnəʳ] AM honor	l'honneur
BR honourable [ˈɒnərəbl] AM honorable	honorable
to be above board	être très correct
scruples [ˈskruːplz]	les scrupules

Conscientious [ˌkɒnʃɪˈenʃəs]	consciencieux	**loyal** *to sb* [ˈlɔɪəl]	loyal *envers qqn*
		loyalty [ˈlɔɪəltɪ]	la loyauté
serious [ˈsɪərɪəs] **earnest** [ˈɜːnɪst]	sérieux	**faithful** *to sb* [ˈfeɪθfʊl]	fidèle *à qqn*
seriousness [ˈsɪərɪəsnɪs] **earnestness** [ˈɜːnɪstnɪs]	le sérieux	**faithfulness** [ˈfeɪθfʊlnɪs]	la fidélité
		to have faith in sb	croire en qqn, avoir foi en qqn
I'm in earnest	je ne plaisante pas, je suis sérieux	**in good/bad faith**	de bonne/mauvaise foi

---

▶ ⑥ HYPOCRISY AND DISHONESTY : L'HYPOCRISIE ET LA MALHONNÊTETÉ

Dishonest [dɪsˈɒnɪst] **crooked** [ˈkrʊkɪd]	malhonnête	BR **a pretence** [prɪˈtens] AM **a pretense** **a pretext** [ˈpriːtekst]	un prétexte
dishonesty [dɪsˈɒnɪstɪ]	la malhonnêteté	**to do* sth under the pretence of**	faire qqch. sous couvert de
unfaithful *to sb* [ˈʌnˈfeɪθfʊl] **disloyal** *to sb* [dɪsˈlɔɪəl]	déloyal *envers qqn*	**insincere** [ˌɪnsɪnˈsɪəʳ] **hypocritical** [ˌhɪpəˈkrɪtɪkəl]	hypocrite
disloyalty [dɪsˈlɔɪəltɪ]	la déloyauté	**a hypocrite** [ˈhɪpəkrɪt]	un(e) hypocrite
untrustworthy [ˈʌnˈtrʌstwɜːðɪ]	indigne de confiance	**insincerity** [ˌɪnsɪnˈserɪtɪ] **hypocrisy** [hɪˈpɒkrɪsɪ]	l'hypocrisie
distrustful [dɪsˈtrʌstfʊl] **mistrustful** [mɪsˈtrʌstfʊl]	méfiant	**affectation** [ˌæfekˈteɪʃən]	l'affectation
distrust [dɪsˈtrʌst] **mistrust** [mɪsˈtrʌst]	la méfiance	**affected** [əˈfektɪd]	affecté
to distrust **to mistrust**	se méfier de	**to put* on an act**	jouer la comédie

(1) ATTENTION FAUX AMI prétendre = to claim
il prétend connaître le directeur = **he claims he knows the manager**

To lie [laɪ] **to tell* lies**	mentir	**T**o cheat [tʃiːt]	tricher
a lie **a falsehood** [ˈfɔːlshʊd] (soutenu)	un mensonge	**to cheat sb**	escroquer qqn
an untruth [ˈʌnˈtruːθ]	une contre-vérité	**to betray** [bɪˈtreɪ]	trahir
a fib [fɪb] (parlé)	un bobard	**betrayal** [bɪˈtreɪəl]	la trahison
a white lie	un pieux mensonge	**treason** [ˈtriːzn]	la trahison (politique)
a liar [ˈlaɪəʳ]	un(e) menteur (-euse)	**a traitor** [ˈtreɪtəʳ]	un traître
		treacherous [ˈtretʃərəs]	traître
To deceive sb	tromper qqn	**treachery** [ˈtretʃərɪ]	la traîtrise
deceitful [dɪˈsiːtfʊl]	trompeur (personne)	**to conspire** *with sb to do sth* [kənˈspaɪəʳ]	conspirer *avec qqn pour faire qqch.*
deceiving [dɪˈsiːvɪŋ] **misleading** [mɪsˈliːdɪŋ]	trompeur (attitude, apparences)	**a conspiracy** [kənˈspɪrəsɪ]	une conspiration
deceit [dɪˈsiːt] **deception** [dɪˈsepʃən]	la tromperie	**a plot** [plɒt]	un complot
to fool sb **to take* sb in**	duper qqn, berner qqn	**to plot** *against sb/to do sth*	comploter *contre qqn/de faire qqch.*
to trick sb **to con sb** (parlé)	rouler qqn	**an impostor** [ɪmˈpɒstəʳ]	un imposteur
to mislead* sb	induire qqn en erreur	**to pose as**	se faire passer pour
		double-dealing	la duplicité, le double jeu
To conceal sth *from sb* **to hide* sth** *from sb*	cacher qqch. *à qqn*	**to play a double game**	jouer double jeu
to pretend(1) *to do* [prɪˈtend]	faire semblant *de faire*		

Crafty [ˈkrɑːftɪ]	rusé	**cunning**	la ruse
cunning [ˈkʌnɪŋ]		**sly** [slaɪ]	sournois

---

7 COURAGE AND COWARDICE : LE COURAGE ET LA LÂCHETÉ

Courageous [kəˈreɪdʒəs]	courageux	**daring** [ˈdɛərɪŋ]	audacieux
courageously [kəˈreɪdʒəslɪ]	courageusement	**audacious** [ɔːˈdeɪʃəs]	
courage [ˈkʌrɪdʒ]	le courage	**daring**	l'audace
bold [bəʊld]	hardi	**audacity** [ɔːˈdæsɪtɪ]	
boldly [ˈbəʊldlɪ]	hardiment		
boldness [ˈbəʊldnɪs]	la hardiesse	**F**earless [ˈfɪəlɪs]	intrépide
brave [breɪv]	brave	**intrepid** [ɪnˈtrepɪd]	
gallant [ˈgælənt] (soutenu)		**fearlessness** [ˈfɪəlɪsnɪs]	l'intrépidité
bravely [ˈbreɪvlɪ]	bravement	**bravado** [brəˈvɑːdəʊ]	la bravade
gallantly [ˈgæləntlɪ] (soutenu)		**to have pluck** (parlé)	avoir du cran
bravery [ˈbreɪvərɪ]	la bravoure	**to have a nerve** (parlé)	avoir du culot
gallantry(1) [ˈgæləntrɪ] (soutenu)		**to have the nerve to do sth**	avoir l'audace de faire qqch.

(1) ATTENTION FAUX AMI la galanterie se dit plus couramment
courteousness
être galant = **to be courteous**

		A daredevil [ˈdɛəˌdevl]	un casse-cou
		a challenge [ˈtʃælɪndʒ]	un défi
Heroic [hɪˈrəʊɪk]	héroïque	**to dare sb to do sth**	mettre qqn au défi de faire qqch.
heroically [hɪˈrəʊɪkəlɪ]	héroïquement	**to take up a challenge**	relever un défi
heroism [ˈherəʊɪzəm]	l'héroïsme	**to overrate one's strength**	présumer de ses forces
a hero [ˈhɪərəʊ]	un héros		
a heroine [ˈherəʊɪn]	une héroïne		
spirited [ˈspɪrɪtɪd]	fougueux	**C**owardly [ˈkaʊədlɪ]	lâche
with spirit	avec fougue	**cowardice** [ˈkaʊədɪs]	la lâcheté
spiritedly [ˈspɪrɪtɪdlɪ]		**cowardliness** [ˈkaʊədlɪnɪs]	
to have plenty of spirit	être plein de fougue	**a coward** [ˈkaʊəd]	un(e) lâche
		a yellow-belly (parlé) [ˈjeləʊˈbelɪ]	un(e) trouillard(e), un(e) froussard(e)
To keep one's head	garder son sang-froid	**He's so chicken !** (parlé)	Quel trouillard !
to dare (to) do sth [dɛəʳ]	oser faire qqch.	**to chicken out** (parlé)	se dégonfler

---

8 PRIDE AND HUMILITY : LA FIERTÉ ET L'HUMILITÉ

Proud of [praʊd]	fier de	**to be self-confident**	avoir confiance en soi
proudly [ˈpraʊdlɪ]	fièrement	**ambitious** [æmˈbɪʃəs]	ambitieux
pride [praɪd]	la fierté	**ambition** [æmˈbɪʃən]	l'ambition
to take (a) pride in sth	tirer fierté de qqch.		
to pride o.s. on doing sth	se targuer de faire qqch.	**V**ain [veɪn]	vaniteux
self-confidence	la confiance en soi	**vanity** [ˈvænɪtɪ]	la vanité
		boastful [ˈbəʊstfʊl]	vantard

boastfulness ['bəʊstfʊlnɪs]	la vantardise
to boast of sth, about sth/that [bəʊst] **to brag** about sth/that [bræg]	se vanter de qqch./que
a braggart ['brægət]	un(e) fanfaron(ne)
Pushing ['pʊʃɪŋ] **thrusting** ['θrʌstɪŋ]	arriviste, qui se met en avant
self-satisfaction	la suffisance
self-satisfied	suffisant
conceit [kən'si:t]	la prétention
conceited [kən'si:tɪd]	prétentieux
to show* off	crâner, parader
brash [bræʃ]	effronté
brashly ['bræʃlɪ]	effrontément
brashness ['bræʃnɪs]	l'effronterie
arrogant ['ærəgənt]	arrogant
arrogance ['ærəgəns]	l'arrogance
obtrusive [əb'tru:sɪv]	importun
Humble ['hʌmbl]	humble
humbly ['hʌmblɪ]	humblement
modest ['mɒdɪst]	modeste, pudique
modestly ['mɒdɪstlɪ]	modestement, pudiquement
modesty ['mɒdɪstɪ]	la modestie, la pudeur
simple ['sɪmpl]	simple
simply ['sɪmplɪ]	simplement
simplicity [sɪm'plɪsɪtɪ]	la simplicité
self-denial **abnegation** [ˌæbnɪ'geɪʃən]	l'abnégation

Reserved [rɪ'zɜ:vd]	réservé
discreet [dɪs'kri:t] **unobtrusive** ['ʌnəb'tru:sɪv]	discret
discreetly [dɪs'kri:tlɪ] **unobtrusively** ['ʌnəb'tru:sɪvlɪ]	discrètement
discretion [dɪs'kreʃən] **unobtrusiveness** ['ʌnəb'tru:sɪvnɪs]	la discrétion
indiscreet [ˌɪndɪs'kri:t] **obtrusive** [əb'tru:sɪv]	indiscret
indiscretion [ˌɪndɪs'kreʃən] **obtrusiveness** [əb'tru:sɪvnɪs]	l'indiscrétion
nosy ['nəʊzɪ] (parlé)	fureteur, fouinard
To be self-conscious	être mal à l'aise
awkward ['ɔ:kwəd]	gauche
awkwardly ['ɔ:kwədlɪ]	gauchement
awkwardness ['ɔ:kwədnɪs]	la gaucherie
clumsy ['klʌmzɪ]	maladroit
clumsily ['klʌmzɪlɪ]	maladroitement
clumsiness ['klʌmzɪnɪs]	la maladresse
to be diffident	manquer d'assurance
diffidence ['dɪfɪdəns]	le manque d'assurance
prim [prɪm]	guindé
shameful ['ʃeɪmfʊl]	honteux (action)
ashamed of [ə'ʃeɪmd]	honteux de (personne)
shame [ʃeɪm]	la honte
shameless ['ʃeɪmlɪs]	éhonté

9 PRUDENCE AND IMPRUDENCE : LA PRUDENCE ET L'IMPRUDENCE

Cautious ['kɔ:ʃəs] **prudent** ['pru:dənt] **careful** ['keəfʊl]	prudent
cautiously ['kɔ:ʃəslɪ] **prudently** ['pru:dəntlɪ] **carefully** ['keəfəlɪ]	prudemment
caution ['kɔ:ʃən] **prudence** ['pru:dəns]	la prudence
thoughtful ['θɔ:tfʊl]	réfléchi
wise [waɪz]	sage
wisely ['waɪzlɪ]	sagement
wisdom ['wɪzdəm]	la sagesse
provident ['prɒvɪdənt]	prévoyant
foresight ['fɔ:saɪt] **forethought** ['fɔ:θɔ:t]	la prévoyance

to take* precautions	prendre des précautions
tact [tækt]	le tact
tactful ['tæktfʊl]	plein de tact
Rash [ræʃ] **imprudent** [ɪm'pru:dənt]	imprudent
rashness ['ræʃnɪs] **imprudence** [ɪm'pru:dəns]	l'imprudence
unwise ['ʌn'waɪz]	malavisé
thoughtless ['θɔ:tlɪs]	irréfléchi, inconsidéré
foolhardy ['fu:l.hɑ:dɪ] **reckless** ['reklɪs]	téméraire

foolhardiness   la témérité
['fu:l.hɑ:dɪnɪs]
recklessness ['reklɪsnɪs]
risky ['rɪskɪ]   aventureux (projet)
chancy(1) ['tʃɑ:nsɪ]

(1) ATTENTION FAUX AMI chanceux = **lucky, fortunate**

Scatterbrained   écervelé
['skætəbreɪnd]
AM **birdbrained**
['bɜ:dbreɪnd]

careless ['kɛəlɪs]   négligent
carelessly ['kɛəlɪslɪ]   négligemment
carelessness ['kɛəlɪsnɪs]   la négligence
tactless ['tæktlɪs]   qui manque de tact
tactlessness ['tæktlɪsnɪs]   le manque de tact

---

⑩ GENEROSITY AND MEANNESS :
LA GÉNÉROSITÉ ET L'AVARICE

Generous ['dʒenərəs]   généreux
generously ['dʒenərəslɪ]   généreusement
generosity [ˌdʒenəˈrɒsɪtɪ]   la générosité
prodigal *of sth*   prodigue *de qqch.*
['prɒdɪgəl] (soutenu)
prodigality [ˌprɒdɪˈgælɪtɪ]   la prodigalité
(soutenu)
munificent [mjuːˈnɪfɪsnt]   munificent
(soutenu)
munificence   la munificence
[mjuːˈnɪfɪsns] (soutenu)
to be open-handed   avoir le cœur sur la
   main
to spare no expense   ne pas regarder à la
to do sth   dépense *pour faire*
   qqch.
hospitable [hɒsˈpɪtəbl]   hospitalier
hospitality [ˌhɒspɪˈtælɪtɪ]   l'hospitalité

Selfless ['selflɪs]   désintéressé
unselfish ['ʌnˈselfɪʃ]
selflessness ['selflɪsnɪs]   le désintéressement
unselfishness
['ʌnˈselfɪʃnɪs]
liberal ['lɪbərəl]   libéral
liberality [ˌlɪbəˈrælɪtɪ]   la libéralité
magnanimous   magnanime
[mægˈnænɪməs]
magnanimity   la magnanimité
[ˌmægnəˈnɪmɪtɪ]
noble ['nəʊbl]   noble
nobly ['nəʊblɪ]   noblement
nobility [nəʊˈbɪlɪtɪ]   la noblesse

Extravagant   dépensier
[ɪksˈtrævəgənt]
he is a spendthrift   c'est un dépensier
to spend* lavishly   dépenser sans compter
to be lavish with one's
money

to spend* money like   jeter l'argent par les
water   fenêtres
to squander ['skwɒndəʳ]   gaspiller, dilapider
to be self-indulgent   ne rien se refuser

Mean [miːn]   avare
miserly ['maɪzəlɪ]
a miser ['maɪzəʳ]   un(e) avare
meanness ['miːnnɪs]
miserliness ['maɪzəlɪnɪs]   l'avarice
avaricious [ˌævəˈrɪʃəs]   cupide
avarice [ˈævərɪs]   la cupidité
close-fisted (parlé)   radin
tight-fisted (parlé)
stingy ['stɪndʒɪ]   ladre
grasping ['grɑːspɪŋ]
niggardly ['nɪgədlɪ]   pingre
greedy ['griːdɪ]   avide
greed [griːd]   l'avidité
greedily ['griːdɪlɪ]   avidement
a skinflint ['skɪnflɪnt]   un grippe-sou
cheeseparing   des économies de bouts
['tʃiːz.peərɪŋ] (n.c. sing.)   de chandelle
penny-pinching (n.c.
sing.)
to skimp *on sth* [skɪmp]   lésiner *sur qqch.*

Thrifty ['θrɪftɪ]   économe
thrift [θrɪft]   l'économie
thriftiness ['θrɪftɪnɪs]
to economize   économiser
[ɪˈkɒnəmaɪz]
to make economies   faire des économies
frugal ['fruːgəl]   frugal
frugality [fruːˈgælɪtɪ]   la frugalité
parsimonious   parcimonieux
[ˌpɑːsɪˈməʊnɪəs]
parsimony ['pɑːsɪmənɪ]   la parcimonie

Egoistical [ˌegəʊˈɪstɪkəl] égoïste
selfish [ˈselfɪʃ]

an egoist [ˈegəʊɪst] un(e) égoïste

egoism [ˈegəʊɪzəm] l'égoïsme
selfishness [ˈselfɪʃnɪs]

BR **self-centred** égocentrique
AM **self-centered**

BR **self-centredness** l'égocentrisme
AM **self-centeredness**

HUMOUR : L'HUMOUR

Wit [wɪt] l'esprit
to be witty avoir de l'esprit
quick-witted qui a de la repartie
a witty reply une remarque
spirituelle
tongue in cheek ironiquement, en
plaisantant
to make* fun of sb se moquer de qqn
to poke fun at sb
to chaff sb *about sth* blaguer qqn *sur qqch.*
to tease sb taquiner qqn

A joke [dʒəʊk] une plaisanterie
to joke *about sth* plaisanter *sur qqch.*
to tell* a joke raconter une
plaisanterie
to get* the point of a saisir la plaisanterie
joke
to see* the joke
he can't take a joke il ne comprend pas la
(parlé) plaisanterie
for a joke par plaisanterie, pour
in jest (soutenu) rire
a pun *on sth* [pʌn] un calembour, un jeu
de mots *sur qqch.*

a spoonerism une contrepèterie
[ˈspuːnərɪzəm]

A prank [præŋk] une farce
a hoax [həʊks]
a practical joke
a practical joker un farceur
a trick [trɪk] un tour
to play a trick on sb faire une farce à qqn,
jouer un tour à qqn
it's getting beyond a ce n'est plus drôle
joke

Farce [fɑːs] la farce
it's farcical c'est de la pure farce
slapstick (comedy) la grosse farce
a clown [klaʊn] un clown
he's a real comedian c'est un vrai clown,
c'est un pitre
comical [ˈkɒmɪkəl] comique
to fool around faire l'imbécile
to fool about

to clown about faire le clown
to clown around
a gag [gæg] un gag

BR **humour** [ˈhjuːməʳ] l'humour
AM **humor**
humorous [ˈhjuːmərəs] humoristique
a humorist [ˈhjuːmərɪst] un(e) humoriste
to have a sense of avoir le sens de
humour l'humour
to have no sense of n'avoir aucun sens de
humour l'humour
facetious [fəˈsiːʃəs] espiègle, facétieux
facetiousness l'espièglerie
[fəˈsiːʃəsnɪs]
a prank [præŋk] une espièglerie, une
facécie
jocular [ˈdʒɒkjʊləʳ] badin
(soutenu)
mischievous [ˈmɪstʃɪvəs] malicieux
mischievousness la malice[1]
[ˈmɪstʃɪvəsnɪs]
(1) ATTENTION FAUX AMI **malice** = la malveillance -
malicious = malveillant

Amusing [əˈmjuːzɪŋ] amusant, divertissant
entertaining [ˌentəˈteɪnɪŋ]
to amuse [əˈmjuːz] amuser, divertir
to entertain [ˌentəˈteɪn]
uproarious [ʌpˈrɔːriəs] désopilant
it is hilarious c'est à mourir de rire
hilarity [hɪˈlærɪti] l'hilarité
merriment [ˈmerɪmənt]
mirth [mɜːθ]
to have fun s'amuser
to enjoy o.s.
to have a good time
to do* sth for fun faire qqch. pour
to do* sth for the fun s'amuser
of it
fun [fʌn] l'amusement, le
amusement divertissement
[əˈmjuːzmənt]
funny [ˈfʌni] drôle
entertaining distrayant
diverting [daɪˈvɜːtɪŋ] divertissant
(soutenu)
just for a laugh (parlé) histoire de rire

SENSITIVENESS : LA SENSIBILITÉ

1 EMOTIONS : LES ÉMOTIONS

An emotion [ɪ'məʊʃən]	une émotion
a feeling ['fiːlɪŋ]	un sentiment
to feel* sth	éprouver qqch.
to experience sth	ressentir qqch.
emotional [ɪ'məʊʃənl]	émotionnel, affectif
emotional	émotif
susceptible *to sth* [sə'septəbl]	sensible⁽¹⁾ *à qqch.*
sensitive *to sth* ['sensɪtɪv]	
sensitivity [ˌsensɪ'tɪvɪtɪ] **sensitiveness** ['sensɪtɪvnɪs]	la sensibilité
sentimental [ˌsentɪ'mentl]	sentimental
sentimentally [ˌsentɪ'mentəlɪ]	sentimentalement
sentimentality [ˌsentɪmen'tælɪtɪ]	la sentimentalité

(1) ATTENTION FAUX AMI **sensible** = sensé, raisonnable

Filled with despair/happiness	rempli de désespoir/bonheur
to be full of joy/of enthusiasm	déborder de joie/d'enthousiasme
to be seized with fear/joy	être saisi de peur/joie
to laugh/cry for joy	rire/pleurer de joie

Moving ['muːvɪŋ]	émouvant
to move sb	émouvoir qqn
touching ['tʌtʃɪŋ]	touchant
to touch sb	toucher qqn
to affect sb	affecter qqn, peiner qqn

to be (deeply) affected *by sth*	être (très) affecté *par qqch.*
to take* sth to heart	prendre qqch. à cœur
impressionable [ɪm'preʃnəbl]	impressionnable

To bear* sth **to endure sth**	supporter qqch.
I can't bear it **I can't stand it**	je ne peux pas supporter ça
I just can't take it any more ! (parlé)	Je n'en peux plus !
to put* up with sth/sb	s'accommoder de qqch./qqn
bearable ['bɛərəbl]	supportable
unbearable [ʌn'bɛərəbl]	insupportable
relief [rɪ'liːf]	le soulagement
to relieve sb	soulager qqch.

Insensitive *to* [ɪn'sensɪtɪv]	insensible *à*
unfeeling [ʌn'fiːlɪŋ] **callous** ['kæləs]	dur, sans cœur
unemotional ['ʌnɪ'məʊʃənl] **emotionless** [ɪ'məʊʃənlɪs]	impassible
indifferent *to* [ɪn'dɪfrənt] **unconcerned** *about* ['ʌnkən'sɜːnd]	indifférent *à*
to repress one's feelings	réprimer ses sentiments

2 HAPPINESS AND CHEERFULNESS : LE BONHEUR ET LA GAIETÉ

Happy ['hæpɪ]	heureux
happiness ['hæpɪnɪs]	le bonheur
joy [dʒɔɪ]	la joie
delight [dɪ'laɪt]	le ravissement
joyful ['dʒɔɪfʊl] **joyous** ['dʒɔɪəs]	joyeux
joyously ['dʒɔɪəslɪ] **joyfully** ['dʒɔɪfəlɪ]	joyeusement

to jump for joy	sauter de joie
overjoyed [ˌəʊvə'dʒɔɪd] **thrilled** [θrɪld] **ecstatic** [eks'tætɪk]	au comble de la joie
Glad *about* [glæd] **pleased** *with* [pliːzd]	content *de*
delighted [dɪ'laɪtɪd]	ravi

to delight sb	réjouir qqn, enchanter qqn
to rejoice *over sth* [rɪ'dʒɔɪs]	se réjouir *de qqch.*
rejoicing(s) [rɪ'dʒɔɪsɪŋ(z)]	les réjouissances
Pleasure ['pleʒə'] **enjoyment** [ɪn'dʒɔɪmənt]	le plaisir
a pleasure **an enjoyment** [ɪn'dʒɔɪmənt]	un plaisir
to take* pleasure in sth/in doing sth	prendre plaisir à qqch./à faire qqch.
to take* delight in **to delight in**	prendre grand plaisir à
to please sb	faire plaisir à qqn
pleased *with* [pli:zd] **satisfied** *with* ['sætɪsfaɪd]	satisfait *de*
to enjoy sth/doing sth	aimer qqch./faire qqch.
to enjoy o.s. **to have a good time** **to have fun**	s'amuser, prendre du bon temps
enjoyable [ɪn'dʒɔɪəbl] **pleasant** ['pleznt]	agréable
Cheerful ['tʃɪəful]	gai, enjoué
cheerfully ['tʃɪəfulɪ]	gaiement
cheerfulness ['tʃɪəfulnɪs]	la gaieté
liveliness ['laɪvlɪnɪs] **buoyancy** ['bɔɪənsɪ]	l'entrain

lively ['laɪvlɪ] **buoyant** ['bɔɪənt] **high-spirited**	plein d'entrain
to be in high spirits **to be full of beans** (parlé)	être plein d'entrain
to be as pleased as Punch	être aux anges
Light-hearted	enjoué
jolly ['dʒɒlɪ] **jovial** ['dʒəuvɪəl]	jovial
jolliness ['dʒɒlɪnɪs] **joviality** [.dʒəuvɪ'ælɪtɪ]	la jovialité
BR **good-humoured** AM **good-humored**	de bonne humeur
carefree ['kɛəfri:] **happy-go-lucky**	insouciant
chirpy ['tʃɜ:pɪ] (parlé) **perky** ['pɜ:kɪ] (parlé)	guilleret
To keep* one's spirits up	ne pas se laisser abattre
Keep your chin up! (parlé)	Allez, un peu de courage!
to cheer up	se dérider
Cheer up!	Haut les cœurs!
to cheer sb up	remonter le moral à qqn
to take* heart	reprendre courage
to be in good heart **to be in good spirits**	avoir bon moral

▶ ③ CALMNESS : LE CALME

Calm [kɑ:m] **cool** [ku:l]	calme
calmly ['kɑ:mlɪ] **coolly** ['ku:lɪ]	calmement
to calm sb (down)	calmer qqn
to calm down **to cool down**	se calmer
to keep* calm **to keep* cool** **to keep* one's cool** (parlé)	rester calme, garder son calme
Composed [kəm'pəuzd] **cool-headed** **collected** [kə'lektɪd] (soutenu)	plein de sang-froid
composure [kəm'pəuʒə'] **sang-froid** ['sã:ŋ'frwɑ:] (soutenu)	le sang-froid
phlegm [flem]	le flegme
phlegmatic [fleg'mætɪk]	flegmatique

to be as cool as a cucumber	garder son flegme
to keep* one's temper	ne pas se fâcher
to have an even temper **to be even-tempered**	être d'humeur égale
Cool it! (parlé)	Ne t'énerve pas! Du calme!
to lose* one's temper **to lose* one's cool** (parlé)	perdre son calme
Self-control [.selfkən'trəul] **self-command** [.selfkə'mɑ:nd]	la maîtrise de soi
to keep* one's self-control	rester maître de soi
to control o.s.	se maîtriser
to control one's feelings	maîtriser ses sentiments

Peaceful ['pi:sfʊl]	paisible		**serenity** [sɪ'renɪtɪ]	la sérénité
peacefully ['pi:sfəlɪ]	paisiblement		**to unwind*** ['ʌn'waɪnd] (parlé)	se détendre
peace [pi:s]	la paix, la tranquillité		**to relax** [rɪ'læks] (parlé)	
serene [sə'ri:n]	serein		**relaxed** [rɪ'lækst]	détendu, décontracté
serenely [sə'ri:nlɪ]	sereinement		**relaxation** [.ri:læk'seɪʃən]	la détente

4 SADNESS : LA TRISTESSE

Sad [sæd]	triste		**to look glum**	avoir l'air lugubre
sadly ['sædlɪ]	tristement		**dismayed** [dɪs'meɪd]	consterné
to sadden sb	attrister qqn		**dismay** [dɪs'meɪ] **consternation** [.kɒnstə'neɪʃən]	la consternation
unhappy [ʌn'hæpɪ]	malheureux			
unhappiness [ʌn'hæpɪnɪs]	le malheur		**to my great dismay**	à ma grande consternation
To depress sb	déprimer qqn		**W**istful ['wɪstfʊl] **melancholy** ['melənkəlɪ]	mélancolique
depressed [dɪ'prest]	déprimé			
a nervous breakdown	une dépression nerveuse		**wistfully** ['wɪstfəlɪ] **melancholically** [.melən'kɒlɪklɪ]	mélancoliquement
depressing [dɪ'presɪŋ]	déprimant		**wistfulness** ['wɪstfʊlnɪs] **melancholy**	la mélancolie
Discouraged [dɪs'kʌrɪdʒd] **disheartened** [dɪs'hɑ:tnd]	découragé		**morose** [mə'rəʊs]	morose
			nostalgia [nɒs'tældʒɪə]	la nostalgie
discouraging [dɪs'kʌrɪdʒɪŋ] **disheartening** [dɪs'hɑ:tnɪŋ]	décourageant		**nostalgic** [nɒs'tældʒɪk]	nostalgique
			homesickness ['həʊm.sɪknɪs]	le mal du pays
to get* discouraged to lose* heart	se décourager		**to be homesick**	avoir le mal du pays
to feel* low to be in low spirits to be down in the mouth (parlé)	être démoralisé		**to feel* sorry for o.s.**	s'apitoyer sur son propre sort
to feel* down to feel* blue (parlé)	avoir le cafard		**U**pset [ʌp'set] **annoyed** [ə'nɔɪd]	contrarié
downcast ['daʊn.kɑ:st] **dispirited** [dɪs'pɪrɪtɪd] **dejected** [dɪ'dʒektɪd]	abattu		**to upset* sb to annoy sb**	contrarier qqn
to lose* hope	perdre espoir		**an upset**	un chagrin
BR **sombre** ['sɒmbə'] AM **somber**	sombre		**upsetting** [ʌp'setɪŋ] **annoying** [ə'nɔɪɪŋ]	contrariant
sullen ['sʌlən]	maussade, renfrogné		**a trouble** ['trʌbl] **a worry** ['wʌrɪ]	un souci
Gloomy ['glu:mɪ] **lugubrious** [lu:'gu:brɪəs] **dismal** ['dɪzməl]	lugubre		**to be troubled to have worries**	avoir des soucis
to feel* gloomy	avoir des idées noires		**to trouble sb**	gêner qqn
gloom [glu:m]	la profonde tristesse		**troublesome** ['trʌblsəm]	gênant

DISTRESS : LA DÉTRESSE

Despair [dɪs'pɛə']	le désespoir
to be in despair	être au désespoir
to drive* sb to despair	faire le désespoir de qqn
to despair *of (doing) sth*	désespérer *de (faire) qqch.*
desperate ['despərɪt]	désespéré
desperately ['despərɪtlɪ]	désespérément
despairing [dɪs'pɛərɪŋ] **hopeless** ['həʊplɪs]	désespérant
distressing [dɪs'tresɪŋ]	affligeant

Anguish ['æŋgwɪʃ]	l'angoisse
anguished ['æŋgwɪʃt]	angoissé
shattered ['ʃætəd]	bouleversé
shattering ['ʃætərɪŋ]	bouleversant
mournful ['mɔːnfʊl]	éploré
to mourn for sb	pleurer la mort de qqn

Pain [peɪn]	la douleur
painful ['peɪnfʊl]	douloureux
grief [griːf] **sorrow** ['sɒrəʊ]	le chagrin, la peine
grief-stricken	accablé de chagrin
sorrowful ['sɒrəʊfʊl]	affligé

to grieve *at, about, over* [griːv]	s'affliger *de*
to grieve for sb/sth	pleurer qqn/qqch.

Misery ['mɪzərɪ]	la misère
miserable ['mɪzərəbl] **wretched** ['retʃɪd]	malheureux, misérable
miserably ['mɪzərəblɪ]	misérablement, pitoyablement
bitter ['bɪtə']	amer
bitterly ['bɪtəlɪ]	amèrement
bitterness ['bɪtənɪs]	l'amertume
to break* sb's heart	briser le cœur de qqn
to be heartbroken to be broken-hearted	avoir le cœur brisé
to have an aching heart	avoir la mort dans l'âme

Pitiful ['pɪtɪfʊl] **pitiable** ['pɪtɪəbl]	pitoyable
pitifully ['pɪtɪfəlɪ] **pitiably** ['pɪtɪəblɪ]	pitoyablement
pathetic [pə'θetɪk]	désolant, navrant
pathos ['peɪθɒs]	le pathétique
lamentable ['læməntəbl]	lamentable

ANXIETY : L'ANXIÉTÉ

Nervous ['nɜːvəs]	nerveux
nervously ['nɜːvəslɪ]	nerveusement
nervousness ['nɜːvəsnɪs]	la nervosité
to be highly strung	être très nerveux
to be on edge	être énervé, être à cran
he's a bundle of nerves	c'est un paquet de nerfs
to live on one's nerves	vivre sur les nerfs
to disturb sb to perturb sb	perturber qqn
disturbed *by, at* [dɪs'tɜːbd] **perturbed** *by* [pə'tɜːbd]	perturbé *par*
disturbing [dɪs'tɜːbɪŋ] **perturbing** [pə'tɜːbɪŋ]	troublant

Tense [tens]	tendu
tenseness ['tensnɪs] **strain** [streɪn]	la tension

stress [stres]	le stress
to be under stress	être stressé
stressful ['stresfʊl]	stressant
the stresses and strains of modern life	les agressions de la vie moderne
agitated ['ædʒɪteɪtɪd]	agité
agitation [ˌædʒɪ'teɪʃən]	l'agitation
to get* o.s. into a state to work o.s. into a state	se mettre dans tous ses états
to get* all hot and bothered *about* (parlé)	se mettre dans tous ses états *à propos de*

Worried *about* ['wʌrɪd] **concerned** *about* [kən'sɜːnd]	inquiet *de*
to worry* sb to disquiet sb	inquiéter qqn

to **worry*** *about* ['wʌrɪ] to be **concerned** *about*	s'inquiéter *au sujet de,* se faire du souci *pour*	he is a great **worry** to us	il nous donne beaucoup de souci
worry **concern** [kən'sɜ:n] **disquiet** [dɪs'kwaɪət]	l'inquiétude, le souci	to be **worried to death** (parlé) to be **worried stiff** (parlé)	se faire du mauvais sang
health worries	des soucis de santé	**anxious** ['æŋkʃəs]	anxieux
worrying ['wʌrɪɪŋ] **disquieting** [dɪs'kwaɪətɪŋ]	inquiétant	**uneasy** [ʌn'i:zɪ] **uneasiness** [ʌn'i:zɪnɪs]	mal à l'aise, gêné le malaise, la gêne

7 FEAR AND TERROR : LA PEUR ET LA TERREUR

A fear [fɪə']	une peur, une crainte	**apprehension** [.æprɪ'henʃən]	l'appréhension
to **fear** sth/sb	craindre qqch./qqn	**apprehensive** [.æprɪ'hensɪv]	appréhensif
to be **fearful** of sth/of doing sth	craindre qqch./de faire qqch.		
to **fear for** sb/sth	trembler pour qqn/qqch.	**F earful** ['fɪəfʊl] **fearsome** ['fɪəsəm]	effroyable
to be in **fear of** one's life to **fear for** one's life	craindre pour sa vie	**alarming** [ə'lɑ:mɪŋ]	alarmant
for fear of/that	de crainte de/que	**D read** [dred]	l'effroi
to be **afraid** of sth/to do	avoir peur de qqch./de faire	to **dread** [dred]	redouter
to be **frightened** of sth/to do	avoir très peur de qqch./de faire	**terror** ['terə'] **terrible** ['terəbl]	la terreur, l'épouvante terrible
to be **scared** of sth/of doing		**dreadful** ['dredfʊl] **awful** ['ɔ:fəl]	
fright [fraɪt]	la frayeur	**frightful** ['fraɪtfʊl]	
frightened ['fraɪtnd] **scared** [skɛəd]	effrayé	**terribly** ['terəblɪ] **dreadfully** ['dredfəlɪ] **awfully** ['ɔ:flɪ]	terriblement
to **frighten** sb to **give*** sb a fright to **scare** sb	faire peur à qqn	**frightfully** ['fraɪtfəlɪ]	
to be **frightened into** doing sth	faire qqch. par peur	to **terrify*** sb	terrifier qqn
frightening ['fraɪtnɪŋ]	effrayant	**terrifying** ['terɪfaɪɪŋ] **awesome** ['ɔ:səm] **awe-inspiring**	terrifiant
scary ['skɛərɪ] (parlé)	angoissant, qui donne des frissons	**terrified** ['terɪfaɪd]	terrifié
to have a **fit of nerves**	avoir le trac (à l'examen)	to **terrorize** sb	terroriser qqn
to have **stage fright**	avoir le trac (devant un public)	BR to **appal** sb AM to **appall** sb	épouvanter qqn
A larmed [ə'lɑ:md]	alarmé	**appalling** [ə'pɔ:lɪŋ] **dreadful** ['dredfʊl]	épouvantable, effroyable
to be **scared stiff** (parlé) to be **scared to death** (parlé)	être mort de peur	to be **appalled at** sth	être épouvanté de qqch.
to be **scared out of** one's wits		to **strike*** terror in sb	remplir qqn d'effroi
to have the **jitters** (parlé) to be **jittery** (parlé)	avoir la frousse	**blood-curdling** **spine-chilling**	à vous glacer le sang
to **scare the life** out of sb to **scare the living** daylights out of sb (parlé)	faire une peur bleue à qqn	**H orror** ['hɒrə'] **horrible** ['hɒrɪbl] **horrendous** [hɒ'rendəs] **horrific** [hɒ'rɪfɪk]	l'horreur horrible

...ly ['hɒrɪblɪ] **horrendously** [hɒ'rendəslɪ] **horrifically** [hɒ'rɪfɪkəlɪ]	horriblement
to have a horror of sth/of doing sth	avoir horreur de qqch./de faire qqch.
to horrify* ['hɒrɪfaɪ]	horrifier
to be horrified at sth	être horrifié par qqch.
horrifying ['hɒrɪfaɪɪŋ]	horrifiant

Panic ['pænɪk]	l'affolement, la panique
a panic	un affolement, une panique
to (get* into a) panic	s'affoler
panic-stricken	affolé, pris de panique
panicky ['pænɪkɪ] (parlé)	qui s'affole facilement
petrified ['petrɪfaɪd]	pétrifié

⑧ ENTHUSIASM AND BOREDOM : L'ENTHOUSIASME ET L'ENNUI

An enthusiast [ɪn'θuːzɪæst]	un(e) enthousiaste
enthusiastic [ɪn.θuːzɪ'æstɪk]	enthousiaste
enthusiastically [ɪn.θuːzɪ'æstɪkəlɪ]	avec enthousiasme
eager for sth/to do sth ['iːgə'] BR **keen** on sth/on doing sth, to do sth [kiːn]	plein d'enthousiasme pour qqch./pour faire qqch.
Ardent ['aːdənt]	ardent
BR **ardour** ['aːdə'] AM **ardor**	l'ardeur
fervent ['fɜːvənt]	fervent
to thrill sb	faire un plaisir fou à qqn
a thrill of joy	un frisson de joie
zeal [ziːl]	le zèle
zealous ['zeləs]	zélé
motivation [.məʊtɪ'veɪʃən]	la motivation
motivated ['məʊtɪveɪtɪd]	motivé
Excitement [ɪk'saɪtmənt]	l'excitation
to excite sb	passionner qqn, exciter qqn
excited [ɪk'saɪtɪd] **turned on** (parlé)	excité
exciting [ɪk'saɪtɪŋ] **thrilling** ['θrɪlɪŋ]	passionnant, excitant
to get* excited	s'exciter
to get* a kick out of sth (parlé)	trouver qqch. excitant
overexcited [əʊvərɪk'saɪtɪd]	surexcité

Sensational [sen'seɪʃənl]	sensationnel, formidable
It's sensational ! It's a sensation !	C'est sensationnel !
breathtaking ['breθteɪkɪŋ]	à couper le souffle
exhilarating [ɪg'zɪləreɪtɪŋ]	grisant
to be exhilarated by sth	être grisé par qqch.
Boredom ['bɔːdəm] **tedium** ['tiːdɪəm]	l'ennui
boring ['bɔːrɪŋ]	ennuyeux
he's so boring he's such a bore	il est tellement ennuyeux
tedious ['tiːdɪəs]	mortellement ennuyeux (conversation, tâche)
to bore sb	ennuyer qqn
to get* bored	s'ennuyer
to be bored to tears **to be bored stiff** (parlé)	s'ennuyer à mourir
Monotonous [mə'nɒtənəs]	monotone
monotony [mə'nɒtənɪ]	la monotonie
to weary of sth/sb	se lasser de qqch./qqn
weariness ['wɪərɪnɪs]	la lassitude
to have enough of	en avoir assez de
to be fed up with (parlé)	en avoir marre de
to be sick to death of sth (parlé)	en avoir par-dessus la tête de qqch.
to be sick and tired of sth (parlé)	en avoir ras le bol de qqch.

9 FRIENDSHIP : L'AMITIÉ

Friendship ['frendʃɪp]	l'amitié
a friend [frend]	un(e) ami(e)
a friend of mine one of my friends	un de mes amis
a childhood friend	un ami d'enfance
a close friend an intimate friend a bosom friend	un ami intime
to like sb	bien aimer qqn
to take* a liking to sb	se prendre d'amitié pour qqn
to make* friends with sb to strike* up a friendship with sb	se lier d'amitié avec qqn

Friendly ['frendlɪ]	amical
in a friendly way	amicalement
friendliness ['frendlɪnɪs]	la gentillesse
goodwill *towards sb* [ˌgʊd'wɪl]	la bonne volonté *envers qqn*
devoted [dɪ'vəʊtɪd]	dévoué
devotion[1] *to sb* [dɪ'vəʊʃən]	le dévouement *envers* *qqn*

(1) ATTENTION FAUX AMI la dévotion = **devoutness, religious devotion**

An acquaintance [ə'kweɪntəns]	une connaissance
a comrade ['kɒmreɪd]	un(e) camarade
comradeship ['kɒmreɪdʃɪp]	la camaraderie
camaraderie [ˌkæmə'rɑːdərɪ]	la camaraderie (régiment, équipe)

a companion [kəm'pænjən]	un compagnon, une compagne
a mate [meɪt] (parlé) a pal [pæl] (parlé)	un copain, une copine
AM a buddy ['bʌdɪ] (parlé)	un copain

Affectionate [ə'fekʃənɪt]	affectueux
affection [ə'fekʃən] fondness ['fɒndnɪs]	l'affection
to be fond of sb	avoir de l'affection pour qqn
a token of affection	un gage d'affection

Likeable ['laɪkəbl] nice [naɪs]	sympathique[1] (personne)
friendly ['frendlɪ] pleasant ['pleznt]	sympathique[1] (soirée)
to have a liking for sb to like sb	avoir de la sympathie[2] pour qqn
friendliness ['frendlɪnɪs]	la sympathie[3]
to make* friends with sb	sympathiser[2] avec qqn
to be on good terms *with sb* to be on friendly terms *with sb*	être en bons termes *avec qqn*
to get* on (well) *with sb*	bien s'entendre *avec qqn*
to get* on like a house on fire (parlé)	s'entendre à merveille

ATTENTION FAUX AMI (1) **sympathetic** = compatissant
(2) **to sympathize** = compatir
(3) **sympathy** = la compassion

10 LOVE : L'AMOUR

To love [lʌv]	aimer
beloved [bɪ'lʌvɪd]	bien-aimé
his beloved	sa bien-aimée
to be in love *with*	être amoureux *de*
to fall* in love *with sb* to fall* for *sb* [fɔːl] (parlé)	tomber amoureux *de qqn*
it was love at first sight	ça a été le coup de foudre

Loving ['lʌvɪŋ]	affectueux, aimant
lovingly ['lʌvɪŋlɪ]	affectueusement

tender ['tendəʳ]	tendre
tenderly ['tendəlɪ]	tendrement
tenderness ['tendənɪs]	la tendresse
to adore [ə'dɔːʳ]	adorer
adoration [ˌædə'reɪʃən]	l'adoration
adorable [ə'dɔːrəbl]	adorable
to cherish ['tʃerɪʃ]	chérir
passionate ['pæʃənɪt]	passionné, éperdu
passionately ['pæʃənɪtlɪ]	passionnément, éperdument
a suitor ['suːtəʳ]	un soupirant

To be crazy about sb to be wild about sb to be mad about sb (parlé)	être fou de qqn	to have a date with sb (parlé)	sortir avec qqn (un soir)
to become* infatuated with sb	s'amouracher de qqn	to be going steady (parlé)	sortir ensemble (régulièrement)
to take* a fancy to sb (parlé)	se toquer de qqn	to court sb (soutenu) to woo sb (soutenu)	faire la cour à qqn
to be keen on sb (parlé)	avoir le béguin pour qqn	a couple ['kʌpl]	un couple
to be enamoured of sb (soutenu)	être épris de qqn	an affair [ə'fɛəʳ] a love affair	une liaison
to dote on sb	aimer qqn à la folie	her lover	son amant
to have a soft spot for sb (parlé)	avoir un petit faible pour qqn	his mistress	sa maîtresse
		a flirtation [flɜ:'teɪʃən]	un flirt
		to flirt with sb [flɜ:t]	flirter avec qqn
		to be flirtatious	aimer flirter
Alluring [ə'ljuərɪŋ] appealing [ə'pi:lɪŋ]	attrayant		
attractive [ə'træktɪv]	attirant	**A** kiss [kɪs]	un baiser
to attract sb to appeal to sb	attirer qqn, plaire à qqn	with (much) love love and kisses	bons baisers (en fin de lettre)
to be attracted to sb to feel* drawn to sb	être attiré par qqn	to kiss sb to give* sb a kiss	embrasser qqn
attraction [ə'trækʃən]	l'attirance	to hug sb to give* sb a hug	serrer qqn dans ses bras
charm [tʃɑ:m] appeal [ə'pi:l]	le charme	to embrace sb	étreindre qqn
to captivate sb	tenir qqn sous le charme	an embrace [ɪm'breɪs]	une étreinte
		to caress [kə'res] to fondle ['fɒndl]	caresser
To seduce [sɪ'dju:s]	séduire	to stroke sb's hand/hair	caresser la main/les cheveux de qqn
seduction [sɪ'dʌkʃən]	la séduction	a caress	une caresse
a seducer [sɪ'dju:səʳ]	un(e) séducteur (-trice)	to cuddle sb to give* sb a cuddle	faire un câlin à qqn
seductive [sɪ'dʌktɪv]	séduisant	to hold* hands	se tenir par la main
to desire [dɪ'zaɪəʳ]	désirer		
desire	le désir		
desirable [dɪ'zaɪərəbl]	désirable	**D**ear [dɪəʳ]	cher
		dearest ['dɪər'st]	très cher
A boyfriend ['bɔɪfrend]	un petit ami	darling ['dɑ:lɪŋ]	chéri
a girlfriend ['gɜ:lfrend]	une petite amie	yes, my darling	oui, mon chéri
to go* out with sb (parlé)	sortir avec qqn (en général)	yes, honey	oui, chéri(e)
		my love	mon amour
		yes, sweetheart	oui, mon ange

JEALOUSY AND REVENGE :
LA JALOUSIE ET LA VENGEANCE

Revenge [rɪ'vendʒ] vengeance ['vendʒəns]	la vengeance	to take* revenge on sb for sth	se venger de qqch. sur qqn
an act of revenge an act of vengeance	une vengeance	in revenge for sth	pour se venger de qqch.
to avenge sb/sth	venger qqn/qqch.	to seek* revenge for sth	chercher à se venger de qqch.
to avenge o.s. on sb to get* one's revenge on sb	se venger de qqn	vindictive [vɪn'dɪktɪv] vengeful ['vendʒful]	vindicatif

to revenge o.s. to get* one's own back	prendre sa revanche	**R**eprisal [rɪ'praɪzəl] **retaliation** [rɪ.tælɪ'eɪʃən] (n.c. sing.)	des représailles
Envy ['envɪ]	l'envie	to take* reprisals *against sb* to retaliate *against sb* [rɪ'tælɪeɪt]	user de représailles *contre qqn*
envious ['envɪəs]	envieux		
enviously ['envɪəslɪ] with envy	avec envie	**as a reprisal for** **in retaliation for**	en représailles de
to make* sb envious	faire envie à qqn		
to envy *sb (for) sth*	envier qqch. à qqn	to give* sb tit for tat	rendre la pareille à qqn
to arouse envy	faire des envieux		
covetousness ['kʌvɪtəsnɪs]	la convoitise	it's tit for tat	c'est œil pour œil dent pour dent
to covet ['kʌvɪt]	convoiter		
Jealousy ['dʒeləsɪ]	la jalousie	to pay* sb back to get* even with sb to give* sb a dose of their own medicine	rendre à qqn la monnaie de sa pièce
jealous ['dʒeləs]	jaloux		
to be jealous *of sth/sb*	être jaloux *de* *qqch./qqn*		
green with envy (parlé)	vert de jalousie	a vendetta *between* [ven'detə]	une vendetta *entre*
a rival ['raɪvəl]	un(e) rival(e)		
rivalry *between* ['raɪvəlrɪ]	la rivalité *entre*	a family feud	une querelle de famille

12 IRRITATION AND ANNOYANCE : L'IRRITATION ET L'AGACEMENT

To irritate sb	irriter qqn	**T**o exasperate sb to aggravate sb (parlé)	exaspérer qqn
irritating ['ɪrɪteɪtɪŋ]	irritant	exasperating [ɪg'zɑ:spəreɪtɪŋ]	exaspérant
irritable ['ɪrɪtəbl]	irritable		
irritability [.ɪrɪtə'bɪlɪtɪ]	l'irritabilité	exasperatingly slow	d'une lenteur exaspérante
tiresome ['taɪəsəm] **irksome** ['ɜ:ksəm] vexing[1] ['veksɪŋ]	irritant, agaçant	exasperation [ɪg.zɑ:spə'reɪʃən]	l'exaspération
		impatient [ɪm'peɪʃənt]	impatient
a vexation[2] [vek'seɪʃən]	un agacement	to get* sb's goat (parlé) to get* on sb's nerves (parlé)	taper sur les nerfs de qqn
to vex[3] sb (soutenu)	agacer qqn		
ATTENTION FAUX AMI (1) vexant *pour* = hurtful *to* (2) une vexation = a humiliation (3) vexer qqn = to hurt sb, to offend sb		to badger sb *with*	harceler qqn *de*
		to get* hot under the collar (parlé)	bouillir (d'énervement)
To be a nuisance	être embêtant	**I**ndignant [ɪn'dɪgnənt]	indigné
to be a nuisance to sb	casser les pieds à qqn	indignation [.ɪndɪg'neɪʃən]	l'indignation
What a nuisance !	Que c'est embêtant !	to lose* patience *with sb*	perdre patience *avec* *qqn*
To pester sb	importuner qqn	to try sb's patience to try sb	mettre la patience de qqn à l'épreuve
to bother sb to bug sb	embêter qqn	trying ['traɪɪŋ]	éprouvant
a bother ['bɒðə'] (parlé)	un embêtement	to raise sb's hackles	faire dresser le poil à qqn
to disturb sb	déranger qqn	to be ruffled	perdre son calme

To be in a (bad) temper to be bad-tempered	être de mauvaise humeur	**D**ispleasure [dɪs'pleʒə'] discontent(ment) ['dɪskən'tent(mənt)]	le mécontentement
to be in a foul temper	être d'une humeur massacrante	displeased *with* [dɪs'pli:zd]	mécontent *de*
to have a quick temper to be quick-tempered	se mettre facilement en colère	to displease sb	mécontenter qqn
to fly* into a temper	se mettre en rogne	touchy ['tʌtʃɪ]	susceptible
to have a hot temper to be hot-tempered	être soupe au lait	touchiness ['tʌtʃɪnɪs]	la susceptibilité
to have a nasty temper to have a vile temper	avoir un sale caractère	huffy ['hʌfɪ] (parlé)	froissé
dissatisfied ['dɪs'sætɪsfaɪd]	insatisfait	to be in a huff (parlé)	être froissé
dissatisfaction ['dɪs.sætɪs'fækʃən]	l'insatisfaction	to get* into a huff (parlé)	prendre la mouche

ANGER AND RAGE : LA COLÈRE ET LA RAGE

Anger ['æŋgə']	la colère	to infuriate sb to incense sb	rendre qqn furieux
angry *with sb at sth* ['æŋgrɪ]	en colère *contre qqn à cause de qqch.*	to madden sb to drive* sb mad	rendre qqn fou, faire enrager qqn
cross *with* [krɒs]	fâché *contre*	infuriating [ɪn'fjʊərɪeɪtɪŋ] maddening ['mædnɪŋ]	rageant
crossly ['krɒslɪ] angrily ['æŋgrɪlɪ]	d'un air fâché		
an outburst of anger a fit of anger	un accès de colère	**R**age [reɪdʒ]	la rage
angrily ['æŋgrɪlɪ] in anger	avec colère	to fly* into a rage	se mettre en rage
to make* sb angry to anger sb	mettre qqn en colère	to be in a rage to fume (with rage)	être en rage
to get* angry to lose* one's temper	se mettre en colère	to enrage sb	mettre qqn en rage
to throw* a tantrum	faire une colère (enfant)	in a blind rage in a towering rage	dans une rage folle
to take* one's anger out on sb to vent one's anger on sb	passer sa colère sur qqn	to be wild at sb (parlé) to be wild with sb (parlé)	être fou de rage contre qqn
to be mad at sb (parlé)	être furieux contre qqn	to have a fit of rage	piquer une crise de rage
to get* mad at sb (parlé)	s'emporter contre qqn	to be beside o.s. with rage	être hors de soi
peeved *with* [pi:vd] (parlé) sore *with* [sɔ:'] (parlé)	en rogne *contre*	**T**o blow* one's top (parlé)	exploser
irascible [ɪ'ræsɪbl]	irascible	overwrought [əʊvə'rɔ:t]	excédé, à bout
irascibility [ɪ.ræsɪ'bɪlɪtɪ]	l'irascibilité	to fly* off the handle (parlé)	sortir de ses gonds
irascibly [ɪ'ræsɪblɪ]	avec irascibilité	it makes my blood boil	cela me fait bouillir
Fury ['fjʊərɪ]	la fureur	irate [aɪ'reɪt] wrathful ['rɒθfʊl] (soutenu)	courroucé
furious ['fjʊərɪəs] incensed [ɪn'senst] infuriated [ɪn'fjʊərɪeɪtɪd]	furieux	wrath [rɒθ] (soutenu)	le courroux

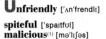

AGGRESSIVENESS AND HOSTILITY :
L'AGRESSIVITÉ ET L'HOSTILITÉ

Unfriendly [ˈʌnˈfrendlɪ] peu amical

spiteful [ˈspaɪtfʊl] malveillant
malicious(1) [məˈlɪʃəs]

spitefulness [ˈspaɪtfʊlnɪs] la malveillance
malice(2) [ˈmælɪs]

ATTENTION FAUX AMI (1) malicieux = **mischievous**
　　　　　　　(2) la malice = **mischievousness**

BR **rancour** [ˈræŋkəˈ] la rancœur
AM **rancor**

grudge [grʌdʒ] la rancune

to bear* sb a grudge garder rancune à qqn
　for sth de qqch.

resentment [rɪˈzentmənt] le ressentiment

to resent sth éprouver du
to be resentful of sth ressentiment de
　　　　　　　　　qqch.

animosity *towards* l'animosité *contre*
[ˌænɪˈmɒsɪtɪ]

Brutal [ˈbruːtl] brutal

brutality [bruːˈtælɪtɪ] la brutalité

aggressive [əˈgresɪv] agressif

aggressiveness l'agressivité
[əˈgresɪvnɪs]

an aggression [əˈgreʃən] une agression

there'll be some aggro il va y avoir du
(parlé) grabuge

Hostile *to* hostile *à*
[ˈhɒstaɪl, ˈhɒstəl]

hostility [hɒsˈtɪlɪtɪ] l'hostilité

a threat [θret] une menace
a menace [ˈmenɪs]

to threaten *sb with sth* menacer *qqn de qqch.*
　[ˈθretn]
to menace

threatening [ˈθretnɪŋ] menaçant
menacing [ˈmenɪsɪŋ]

To insult sb insulter qqn

an insult [ɪnˈsʌlt] une insulte

to abuse sb injurier qqn

abuse [əˈbjuːz] (n.c. sing.) les injures

abusive [əbˈjuːsɪv] injurieux

a swearword [ˈswɛəwɜːd] un juron
an oath [əʊθ]
a curse [kɜːs]

to curse sb/sth maudire qqn/qqch.

to swear* *at sb* [swɛəˈ] jurer *contre qqn*

to snap at sb rabrouer qqn
to bite* sb's head off
(parlé)

To scoff at sb se moquer de qqn
to poke fun at sb
to mock sb

mockery [ˈmɒkərɪ] la moquerie

ridicule [ˈrɪdɪkjuːl] le ridicule

to ridicule ridiculiser

to jeer at sb railler qqn
to gibe at sb
to sneer at sb

a jeer [dʒɪəˈ] une raillerie, une
a gibe [dʒaɪb] moquerie, un
a sneer [snɪəˈ] quolibet

An enemy [ˈenəmɪ] un(e) ennemi(e)
a foe [fəʊ] (soutenu)

an opponent [əˈpəʊnənt] un(e) adversaire

THE MIND : L'ESPRIT

▶ 1 INTELLECTUAL ABILITIES : LES FACULTÉS INTELLECTUELLES

Intelligent [ɪn'telɪdʒənt]
clever ['klevəʳ]
bright [braɪt]
brainy ['breɪnɪ] (parlé) — intelligent (personne)

intelligence [ɪn'telɪdʒəns] — l'intelligence

endowed with intelligence (soutenu) — doué d'intelligence

the brain [breɪn] — le cerveau

the intellect ['ɪntɪlekt] — l'intellect

intellectual [ɪntɪ'lektjuəl] — intellectuel

an intellectual — un(e) intellectuel(le)

the intelligentsia [ɪn.telɪ'dʒentsɪə] — l'intelligentsia

Able to do sth ['eɪbl]
capable of doing sth ['keɪpəbl] — capable de faire qqch., apte⁽¹⁾ à faire qqch.

ability [ə'bɪlɪtɪ]
capability [.keɪpə'bɪlɪtɪ] — la capacité

aptitude for sth/doing sth ['æptɪtjuːd] — l'aptitude pour qqch./à faire qqch.

to have an aptitude for sth — avoir des dispositions pour qqch.

competent ['kɒmpɪtənt] — compétent

competence ['kɒmpɪtəns] — la compétence

(1) ATTENTION FAUX AMI **to be apt to do sth** = être enclin à faire qqch.

To be quick-witted/slow-witted — avoir l'esprit vif/lent

to be quick on the uptake — comprendre vite, avoir l'esprit vif

penetrating ['penɪtreɪtɪŋ]
sharp [ʃɑːp] — pénétrant, sagace

perspicacity [.pɜːspɪ'kæsɪtɪ]
insight ['ɪnsaɪt] — la perspicacité

Smart [smɑːt]
shrewd [ʃruːd]
astute [əs'tjuːt] — astucieux

perspicacious [.pɜːspɪ'keɪʃəs] — perspicace

cunning ['kʌnɪŋ] — malin, rusé

resourceful [rɪ'sɔːsful] — ingénieux, plein de ressources

skilful ['skɪlful] — habile

skill [skɪl] — l'habileté

to have the knack of doing sth — connaître le truc pour faire qqch., avoir le coup pour faire qqch.

there's a knack to it — il y a un truc

to have a flair for sth — avoir du flair pour qqch.

A gift [gɪft] — un don

gifted ['gɪftɪd] — doué

to have a gift for sth — être doué pour qqch.

BR **a gifted child**
AM **an exceptional child** — un enfant surdoué

a child prodigy — un enfant prodige

a whiz(z) kid (parlé) — un petit prodige

a genius ['dʒiːnɪəs] — un génie

he has got genius — il a du génie

a stroke of genius — un trait de génie

a brainwave ['breɪnweɪv] — une idée géniale

A talent for ['tælənt] — un talent pour

to have talent
to be talented — avoir du talent

to be highly talented — avoir beaucoup de talent

versatile ['vɜːsətaɪl] — aux talents variés

Common sense — le bon sens, le sens commun

plain common sense — le gros bon sens

sensible ['sensəbl] — sensé

senseless ['senslɪs] — insensé

scatterbrained ['skætə.breɪnd] — écervelé

To be slow-witted — avoir l'esprit lent

silly ['sɪlɪ]
foolish ['fuːlɪʃ] — bête

silliness ['sɪlɪnɪs]
foolishness ['fuːlɪʃnɪs] — la bêtise

stupid ['stjuːpɪd] — stupide

idiotic [.ɪdɪ'ɒtɪk]
BR **daft** [dɑːft] (parlé)
AM **dumb** [dʌm] (parlé) — idiot

an idiot ['ɪdɪət] — un(e) idiot(e)

a fool [fuːl] — un(e) imbécile, un(e) sot(te)

Nonsense ['nɒnsəns] (n.c. sing.) — les sottises

That's nonsense ! — Quelle sottise !

a nitwit ['nɪtwɪt] (parlé) — un(e) nigaud(e)

to be slow (on the uptake) — avoir l'esprit lent

dull [dʌl] — borné

dim [dɪm] — obtus

backward ['bækwəd] — retardé

a simpleton ['sɪmpltən] — un simple d'esprit

---

2 REASONING : LE RAISONNEMENT

Reason ['ri:zn] — la raison

reasonable ['ri:znəbl] — raisonnable

his reasoning powers — ses facultés de raisonnement

to reason *about sth* — raisonner *sur qqch.*

rational ['ræʃənl] — rationnel

rationality [.ræʃə'nælɪtɪ] — la rationalité

irrational [ɪ'ræʃənl] — irrationnel

Logic ['lɒdʒɪk] — la logique

logical ['lɒdʒɪkəl] — logique

a logician [lɒ'dʒɪʃən] — un(e) logicien(ne)

illogical [ɪ'lɒdʒɪkəl] — illogique

mental ['mentl] — mental

a paradox ['pærədɒks] — un paradoxe

paradoxical [.pærə'dɒksɪkəl] — paradoxal

A premise ['premɪs] — une prémisse

an analysis [ə'nælɪsɪs] (plur. analyses) — une analyse

to analyze ['ænəlaɪz] — analyser

analytic(al) [.ænə'lɪtɪk(əl)] — analytique

to solve a problem
to work out a solution to a problem — résoudre un problème

the solution *to sth* [sə'lu:ʃən] — la solution *de qqch., à qqch.*

To conclude *from sth/that* [kən'klu:d] — conclure *de qqch./que*

a conclusion [kən'klu:ʒən] — une conclusion

to come* to the conclusion that — arriver à la conclusion que

to draw* conclusions *from* — tirer des conclusions *de*

to jump to conclusions — tirer des conclusions trop hâtives

to deduce *sth from sth/that* [dɪ'dju:s] — déduire *qqch. de qqch./que*

a deduction [dɪ'dʌkʃən] — une déduction

to infer *sth from sth/that* [ɪn'fɜ:'] — inférer *qqch. de qqch./que*

an inference ['ɪnfərəns] — une inférence

A thought [θɔ:t] — une pensée

to think* *of sth/sb, about sth/sb* [θɪŋk] — penser *à qqch./qqn*

a thinker ['θɪŋkə'] — un penseur

thoughtful ['θɔ:tful]
pensive ['pensɪv] — pensif

I had an afterthought — cela m'est venu à l'esprit après coup

an ulterior motive — une arrière-pensée

To think* sth over — réfléchir à qqch.

to think* twice about sth — réfléchir à qqch. à deux fois

to reflect on sth — réfléchir sur qqch.

to ponder *over sth, about sth* ['pɒndə'] — réfléchir longuement sur qqch.

a reflection [rɪ'flekʃən] — une réflexion

on second thoughts ... — réflexion faite...

to change one's mind
to have second thoughts — changer d'avis

To consider *sth to be sth/that* [kən'sɪdə'] — considérer *qqch. comme qqch./que*

to take* sth into consideration — prendre qqch. en considération

to meditate *on sth* ['medɪteɪt] — méditer *sur qqch.*

meditation [.medɪ'teɪʃən] — la méditation

to deliberate *about sth* [dɪ'lɪbərɪt] — délibérer *sur qqch.*

deliberation [dɪ.lɪbə'reɪʃən] — la délibération

to brood on sth, over sth — remâcher qqch., ressasser qqch.

3 JUDGING : LE JUGEMENT

To judge *sth/sb/that* [dʒʌdʒ]	juger *qqch./qqn/que*
a judg(e)ment [dʒʌdʒmənt]	un jugement
an error of judgement	une erreur de jugement
to pass judgement *on*	prononcer un jugement *sur*
to lack judgement	manquer de jugement
to be a good/poor judge of	être bon/mauvais juge de
to misread* the situation	se méprendre sur la situation
to misjudge sb	se méprendre sur qqn
to miscalculate [ˌmɪsˈkælkjʊˌleɪt]	faire un mauvais calcul
a miscalculation [ˌmɪskælkjʊˈleɪʃən]	un mauvais calcul
to misinterpret sth	mal interpréter qqch.
Judicious [dʒuːˈdɪʃəs]	judicieux
to evaluate [ɪˈvæljuˌeɪt]	évaluer, estimer
to assess [əˈses]	
to appraise [əˈpreɪz] (soutenu)	

an evaluation [ɪˌvæljuˈeɪʃən]	une estimation, une évaluation
an assessment [əˈsesmənt]	
an appraisal [əˈpreɪzəl] (soutenu)	
to distinguish *between* [dɪsˈtɪŋgwɪʃ]	discerner *entre*, distinguer *entre*
to discriminate *between* [dɪsˈkrɪmɪneɪt]	
to be discerning	faire preuve de discernement
to be discriminating	
Objective [əbˈdʒektɪv]	objectif
objectivity [ˌɒbdʒɪkˈtɪvɪtɪ]	l'objectivité
subjective [səbˈdʒektɪv]	subjectif
subjectivity [ˌsʌbdʒekˈtɪvɪtɪ]	la subjectivité
to prejudge sth	préjuger de qqch.
a bias *towards/against* [ˈbaɪəs]	un parti pris *en faveur de/contre*
a prejudice [ˈpredʒʊdɪs]	un préjugé
prejudiced *against* [ˈpredʒʊdɪst]	plein de préjugés *contre*
bias(s)ed [ˈbaɪəst]	partial
unbia(s)sed [ʌnˈbaɪəst]	impartial

4 VALUE JUDGEMENTS : LES JUGEMENTS DE VALEUR

A value [ˈvæljuː]	une valeur
a system of values	un système de valeurs
good [gʊd]	bien, bon
good	le bien
bad [bæd]	mauvais (en général)
evil [ˈiːvl]	mauvais (moralement)
evil	le mal
right and wrong	le bien et le mal
good and evil	
to know* right from wrong	discerner le bien du mal
to know* good from evil	
it is the right thing to do	c'est ce qu'il faut faire
it is the wrong thing to do	c'est la chose à ne pas faire
A wrong [rɒŋ]	un tort
to be wrong	avoir tort
wrongly [ˈrɒŋlɪ]	à tort

a fault [fɔːlt]	un défaut
a defect [ˈdiːfekt]	
a failing [ˈfeɪlɪŋ]	
to be at fault	être dans son tort, être fautif
an error [ˈerəʳ]	une erreur, une faute
erroneous [ɪˈrəʊnɪəs]	erroné
Right [raɪt]	juste, correct
to be right	avoir raison
rightly [ˈraɪtlɪ]	avec raison
rightness [ˈraɪtnɪs]	la justesse
a duty [ˈdjuːtɪ]	un devoir
it is his duty to do it	il est de son devoir de le faire
Moral [ˈmɒrəl]	moral
ethical [ˈeθɪkəl]	éthique
immoral [ɪˈmɒrəl]	immoral

unethical [ʌn'eθɪkəl]	peu éthique	**Just** [dʒʌst] **fair** ['fɛəʳ]	juste
conscience ['kɒnʃəns]	la conscience	**justice** ['dʒʌstɪs] **fairness** ['fɛənɪs]	la justice
to have a clear conscience	avoir la conscience tranquille	**unjust** [ʌn'dʒʌst] **unfair** [ʌn'fɛəʳ]	injuste
to have sth on one's conscience	avoir qqch. sur la conscience	**injustice** [ɪn'dʒʌstɪs] **unfairness** [ʌn'fɛənɪs]	l'injustice

5 UNDERSTANDING : LA COMPRÉHENSION

To understand* *sth/that* [ˌʌndə'stænd] **to comprehend** *sth/that* [ˌkɒmprɪ'hend] (soutenu)	comprendre *qqch./que*	**coherent** [kəʊ'hɪərənt]	cohérent
		coherence [kəʊ'hɪərəns]	la cohérence
		unequivocal [ˌʌnɪ'kwɪvəkəl]	sans équivoque
understandable [ˌʌndə'stændəbl] **comprehensible** [ˌkɒmprɪ'hensəbl]	compréhensible	**lucid** ['luːsɪd]	lucide
		lucidity [luː'sɪdɪtɪ]	la lucidité
understanding [ˌʌndə'stændɪŋ] **comprehension** [ˌkɒmprɪ'henʃən]	la compréhension, l'entendement	**To fail to understand sth**	ne pas arriver à comprendre qqch.
that is beyond all understanding **that is beyond all comprehension**	cela dépasse l'entendement	**to miss the point** *of sth* **to misunderstand*** *sth* [ˌmɪsʌndə'stænd]	mal comprendre *qqch.*
intelligible [ɪn'telɪdʒəbl]	intelligible	**a misunderstanding** [ˌmɪsʌndə'stændɪŋ]	une méprise
intelligibility [ɪnˌtelɪdʒə'bɪlɪtɪ]	l'intelligibilité	**to make*** a mistake** **to be mistaken**	se tromper
		to have a mistaken idea of sb/sth	se tromper sur qqn/qqch.
To make* o.s. understood**	se faire comprendre	**mistakenly** [mɪs'teɪkənlɪ]	par erreur
to manage to understand sth **to make*** sense of sth**	arriver à comprendre qqch.	**It's not consistent**	ça ne se tient pas
it makes sense	c'est logique	**I can't make head or tail of this**	je n'y comprends strictement rien
to realize that	se rendre compte que	**I haven't the faintest idea** **I haven't the faintest notion** (parlé)	je n'en ai pas la moindre idée
to grasp sth	saisir qqch.		
to be within/beyond sb's grasp	être/ne pas être à la portée de qqn	**I'm quite lost**	je suis perdu
to follow ['fɒləʊ]	suivre	**I'm all at sea** (parlé)	je nage complètement
to gather *sth/that* ['gæðəʳ]	croire comprendre, deviner *qqch./que*	**Incomprehensible** [ɪnˌkɒmprɪ'hensəbl]	incompréhensible
so I gather	c'est ce que j'ai cru comprendre	**puzzling** ['pʌzlɪŋ]	déroutant, déconcertant
I don't see the point (of it)	je n'en vois pas l'intérêt	**unintelligible** ['ʌnɪn'telɪdʒəbl]	inintelligible
it suddenly dawned on him that	il a tout à coup compris que	**equivocal** [ɪ'kwɪvəkəl]	équivoque
		obscure [əb'skjʊəʳ]	obscur
Evident ['evɪdənt] **obvious** ['ɒbvɪəs]	évident, manifeste	**unfathomable** [ʌn'fæðəməbl]	insondable
		incoherent [ˌɪnkəʊ'hɪərənt]	incohérent
evidently ['evɪdəntlɪ] **obviously** ['ɒbvɪəslɪ]	de toute évidence, manifestement	**incoherence** [ˌɪnkəʊ'hɪərəns]	l'incohérence

Mystifying [ˈmɪstɪfaɪɪŋ]	mystificateur	**ambiguous** [æmˈbɪgjuəs]	ambigu
enigmatic [ˌenɪgˈmætɪk]	énigmatique		
an enigma [ɪˈnɪgmə]	une énigme	**an ambiguity** [ˌæmbɪˈgjuɪtɪ]	une ambiguïté

▶ 6 INTELLECTUAL CURIOSITY : LA CURIOSITÉ INTELLECTUELLE

Curious [ˈkjuərɪəs]	curieux	**to probe into sth**	sonder qqch.
to have an enquiring mind	avoir l'esprit curieux	**to enquire** *into sth, about sth* [ɪnˈkwaɪəʳ]	se renseigner *sur qqch.*
curiosity [ˌkjuərɪˈɒsɪtɪ]	la curiosité	**to inquire** *into sth, about sth* [ɪnˈkwaɪəʳ]	
spurred on by curiosity	poussé par la curiosité	**to make* enquiries** *about sth/sb*	se renseigner *sur qqch./qqn*
to be curious enough to do sth	avoir la curiosité de faire qqch.	**to make* inquiries** *about sth/sb*	
alert [əˈlɜːt]	éveillé	**to examine** [ɪgˈzæmɪn]	examiner
the thirst for knowledge	la soif de connaître	**examination** [ɪgˌzæmɪˈneɪʃən]	l'examen
to stimulate [ˈstɪmjuleɪt]	stimuler	**an investigation** [ɪnˌvestɪˈgeɪʃən]	une investigation
stimulating [ˈstɪmjuleɪtɪŋ]	stimulant	**enquiring** [ɪnˈkwaɪərɪŋ]	investigateur
stimulation [ˌstɪmjuˈleɪʃən]	la stimulation	**inquiring** [ɪnˈkwaɪərɪŋ]	
		an investigator [ɪnˈvestɪgeɪtəʳ]	un(e) investigateur (-trice)
Interest *in sth* [ˈɪntrɪst]	l'intérêt *porté à qqch.*	BR **a clue** *to sth* [kluː]	un indice *de qqch.*, une indication *de qqch.*
to interest sb	intéresser qqn	AM **a clew** *to sth* [kluː]	
to be interested in sth	s'intéresser à qqch.	**to have/follow up a clue**	être sur/suivre une piste
to take* an interest in sth			
to take* an interest in everything	s'intéresser à tout	**to rack one's brains**	se creuser la tête
to feel* concerned *about sth*	se sentir concerné *par qqch.*	**U**ninteresting [ʌnˈɪntrɪstɪŋ]	inintéressant
to be anxious to learn	être très désireux d'apprendre	**uninterested** *in* [ʌnˈɪntrɪstɪd]	non intéressé *par*
to wish to know	vouloir savoir	**indifferent** *to, towards* [ɪnˈdɪfrənt]	indifférent *à*
To check (on) sth	vérifier qqch.	**indifference** [ɪnˈdɪfrəns]	l'indifférence
a check [tʃek]	une vérification	**incurious** [ɪnˈkjuərɪəs]	sans curiosité

▶ 7 CONJECTURE : LA CONJECTURE

A surmise [ˈsɜːmaɪz]	une conjecture, une hypothèse	**to suppose** [səˈpəuz]	supposer
		to assume [əˈsjuːm]	
speculation [ˌspekjuˈleɪʃən] (n.c. sing.)	les conjectures, les suppositions	AM **to guess** [ges]	
		assuming he can do it ...	en supposant qu'il puisse le faire...
to speculate idly *about sth*	se perdre en conjectures *à propos de qqch.*	**a supposition** [ˌsʌpəˈzɪʃən]	une supposition
to make* idle speculations *about sth*		**to presume that**	présumer que
		to assume that	
to surmise sth	conjecturer qqch.	**to make* an assumption that**	
to conjecture sth			

presumably ... I assume that ...	je présume que...	to guess *sth/that* [ges]	deviner *qqch./que*
a presumption [prɪ'zʌmpʃən]	une présomption	to make* a guess *at sth*	essayer de deviner *qqch.*
supposed [sə'pəuzd]	présumé, prétendu	to guess right	deviner juste
		That's a good guess! You guessed right!	Tu as deviné juste!
A hypothesis [.haɪ'ppθɪsɪs] (plur. hypotheses)	une hypothèse	to guess wrong	tomber à côté
a working hypothesis	une hypothèse de travail	it's only a guess it's only guesswork	ce n'est qu'une supposition
hypothetic(al) [.haɪpəu'θetɪk(əl)]	hypothétique	**T**o have a feeling that	avoir le sentiment que
a theory *about sth* ['θɪərɪ]	une théorie *sur qqch.*	to have an idea that to have a notion that	avoir idée que
in theory	en théorie	to have the impression that	avoir l'impression que
theoretical [θɪə'retɪkəl]	théorique	to feel* that	
a theorist ['θɪərɪst]	un(e) théoricien(ne)	to have a hunch that ... (parlé)	avoir comme une petite idée que...
To expect sth/that	s'attendre à qqch./à ce que	it turned out that ...	il s'est avéré que...
expected [ɪks'pektɪd]	attendu	it seems that ... it looks as though ... it looks as if ... AM it looks like ...	il semble que...
to anticipate *sth/that* [æn'tɪsɪpeɪt]	prévoir *qqch./que*		
in anticipation *of sth/that*	en prévision *de qqch./de ce que*	it appears that ...	il paraît que...

⑧ KNOWLEDGE : LA CONNAISSANCE

A subject ['sʌbdʒɪkt] a topic ['tɒpɪk]	un sujet, une matière	to come* to mind to spring* to mind	venir à l'esprit
a discipline ['dɪsɪplɪn]	une discipline	it occurred to him that ...	il lui est venu à l'esprit que...
cognitive ['kɒgnɪtɪv]	cognitif		
cognitive science	la science cognitive	**T**o learn* *sth about sth/sb* [lɜːn]	apprendre *qqch. sur qqch./qqn*
cognition [kɒg'nɪʃən]	la cognition	to learn* sth by heart	apprendre qqch. par cœur (parfaitement)
omniscient [ɒm'nɪsɪənt]	omniscient		
omniscience [ɒm'nɪsɪəns]	l'omniscience	to learn* sth by rote	apprendre qqch. par cœur (sans comprendre)
Study ['stʌdɪ]	l'étude	language learning	l'apprentissage des langues
a detailed study an in-depth study	une étude approfondie		
to study	étudier	to assimilate [ə'sɪmɪleɪt]	assimiler
research [rɪ'sɜːtʃ] (n.c.)	la recherche	assimilation [ə.sɪmɪ'leɪʃən]	l'assimilation
to do* research into sth	faire des recherches sur qqch.	to repeat sth parrot-fashion	répéter qqch. comme un perroquet
a researcher [rɪ'sɜːtʃə']	un(e) chercheur (-euse)	to master a subject	posséder à fond un sujet
To discover sth	découvrir qqch.		
to find* out *sth/that*	découvrir *qqch./que*	to be self-taught	être autodidacte
a discovery [dɪs'kʌvərɪ]	une découverte	a polymath ['pɒlɪmæθ]	un esprit universel

To know* *sth/that* [nəʊ]	savoir *qqch./que*
as far as I know as far as I can tell	autant que je sache
knowledge ['nɒlɪdʒ]	le savoir
general knowledge	la culture générale
the know-how ['nəʊ'haʊ] (parlé)	le savoir-faire
to do* sth knowingly	faire qqch. sciemment
to know* sth like the back of one's hand	connaître qqch. comme sa poche
to know* sth backwards to know* sth inside out	savoir qqch. sur le bout du doigt
to be a mine of information to be a fund of knowledge	être un puits de science
he is a walking encyclopedia (parlé)	c'est une encyclopédie vivante
a know-all ['nəʊɔːl] (parlé) AM a know-it-all [nəʊɪt'ɔːl] (parlé) a clever Dick (parlé)	un je-sais-tout

To know* *sth/sb* [nəʊ]	connaître *qqch./qqn*
to be acquainted with a subject/a fact	connaître un sujet/un fait
to be knowledgeable *about*	s'y connaître *en*
knowledge ['nɒlɪdʒ]	la connaissance
to the best of my knowledge	à ma connaissance

to acquire knowledge	acquérir des connaissances
a basic/slight knowledge of	des connaissances élémentaires/limitées de
the rudiments of	les rudiments de
to have a smattering of	avoir quelques notions de
a thorough knowledge of	des connaissances approfondies de

Expert ['ekspɜːt]	expert
an expert *on sth*	un expert *en qqch.*
expertise [ˌekspə'tiːz]	l'expertise
an authority *on* [ɔː'θɒrɪtɪ]	une autorité *en matière de*
learned ['lɜːnɪd]	savant
erudite ['erʊdaɪt]	érudit
erudition [ˌerʊ'dɪʃən] learning ['lɜːnɪŋ]	l'érudition
cultivated ['kʌltɪveɪtɪd] cultured ['kʌltʃəd]	cultivé
(well-)versed in	versé dans

Ignorant *of sth* ['ɪgnərənt]	ignorant *de qqch.*
ignorance ['ɪgnərəns]	l'ignorance
to be an ignoramus	être ignare
uncultivated [ˌʌn'kʌltɪ.veɪtɪd] uncultured [ʌn'kʌltʃəd]	inculte
to know* nothing *about sth*	ne rien savoir *de qqch.*

---

9 CONCENTRATION AND MEMORY : LA CONCENTRATION ET LA MÉMOIRE

Attention [ə'tenʃən]	l'attention
to pay* attention to to heed [hiːd] (soutenu)	faire attention à, prêter attention à
to pay* no attention to	ne prêter aucune attention à
to catch* sb's attention	retenir l'attention de qqn
to call sb's attention *to sth* to attract sb's attention *to sth*	attirer l'attention de qqn *sur qqch.*
attentive *to* [ə'tentɪv]	attentif *à*
intently [ɪn'tentlɪ]	très attentivement
to give* one's undivided attention to	se consacrer entièrement à

To take* notice of to take* no notice of to notice sth/that I noticed that ... it came to my notice that ...	tenir compte de ne pas tenir compte de remarquer qqch./que j'ai remarqué que...
to take* note of	prendre note de
Concentration [ˌkɒnsən'treɪʃən]	la concentration
to concentrate *on sth* ['kɒnsən.treɪt]	se concentrer *sur qqch.*
to spoil* sb's concentration	empêcher qqn de se concentrer
to be engrossed in	être plongé dans, être absorbé par
absorbing [əb'sɔːbɪŋ] engrossing [ɪn'grəʊsɪŋ]	absorbant

Inattention [ˌɪnəˈtenʃən]   l'inattention

inattentive [ˌɪnəˈtentɪv]   inattentif

heedless of   inattentif à

to be absent-minded   être étourdi, être distrait (de nature)

his mind wandered
his attention wandered   il était distrait (un instant)

absent-mindedness [ˈæbsəntˈmaɪndɪdnɪs]   la distraction, l'étourderie

unaware of
oblivious to   inconscient de

to go* unnoticed
to go* unremarked   passer inaperçu

it escaped his notice that ...   il ne s'est pas aperçu que..., il n'a pas remarqué que...

To have a good memory   avoir une bonne mémoire

if I remember right ...   si j'ai bonne mémoire...

to have a good memory for figures/names   avoir la mémoire des chiffres/des noms

to have a memory like an elephant's   avoir une mémoire d'éléphant

to have a bad memory
to have a poor memory   avoir mauvaise mémoire

to have a memory like a sieve   avoir la tête comme une passoire

to memorize sth
to commit sth to memory   mémoriser qqch.

it's engraved in my memory   c'est gravé dans ma mémoire

to quote from memory   citer de mémoire

to jog sb's memory   rafraîchir la mémoire de qqn

within living memory   de mémoire d'homme

unforgettable [ˌʌnfəˈgetəbl]   inoubliable

a memorandum [ˌmeməˈrændəm] (plur. memoranda)   un aide-mémoire, un pense-bête

To remind sb about sth, sb of sth [rɪˈmaɪnd]   rappeler qqch. à qqn

he reminds me of his father   il me rappelle son père

remember me to your mother   rappelez-moi au bon souvenir de votre mère

to bring* sth to mind
to call sth to mind   évoquer qqch., rappeler qqch.

a reminder [rɪˈmaɪndəʳ]   un rappel

To remember sth/that [rɪˈmembəʳ]
to recall sth/that [rɪˈkɔːl]
to recollect sth/that [ˌrekəˈlekt]   se souvenir de qqch./que

to remember sb   se souvenir de qqn

to the best of my recollection
as far as I can remember   autant que je m'en souvienne

recollection [ˌrekəˈlekʃən]   le souvenir

the recollection of sth
the memory of sth   le souvenir de qqch.

to have happy memories of   garder de bons souvenirs de

childhood memories   des souvenirs d'enfance

the memory of sb   le souvenir de qqn

in memory of
in remembrance of   en souvenir de

a keepsake [ˈkiːpseɪk]
a memento [məˈmentəu] (plur. mementoes)   un souvenir (objet)

a souvenir [ˌsuːvəˈnɪəʳ]   un souvenir

To forget* sb/sth/to do [fəˈget]   oublier qqn/qqch./de faire

I shan't forget it
I'll bear it in mind   je ne l'oublierai pas

and not forgetting ...   sans oublier...

forgetful of   oublieux de

to omit sth
to leave* sth out   omettre qqch.

an omission [əuˈmɪʃən]   une omission

A lapse of memory   un trou de mémoire

my memory fails me   j'ai un trou de mémoire

his mind went blank   il a eu un trou

I don't remember it
I can't remember it   je ne me le rappelle pas, je ne m'en souviens pas

I had clean forgotten about it (parlé)   ça m'était complètement sorti de la tête

it does not mean a thing to me
it does not ring a bell   ça ne me rappelle rien

it has slipped my memory   je ne l'ai plus à l'esprit

to have a name on the tip of one's tongue   avoir un nom sur le bout de la langue

his name escapes me   son nom m'échappe

THE CONSCIOUS AND THE UNCONSCIOUS :
LE CONSCIENT ET L'INCONSCIENT

Conscious of	conscient de
aware of	
mindful of (soutenu)	
to become* aware of sth/that	prendre conscience de qqch./du fait que
consciousness ['kɒnʃəsnɪs]	la conscience
awareness [ə'wɛənɪs]	
Unconscious [ʌn'kɒnʃəs]	inconscient
the collective unconscious	l'inconscient collectif
deep in his unconscious	au plus profond de son inconscient
the subconscious ['sʌb'kɒnʃəs]	le subconscient
subliminal [.sʌb'lɪmɪnl]	subliminal
intuition [.ɪntju:'ɪʃən]	l'intuition
intuitive [ɪn'tju:ɪtɪv]	intuitif
an instinct ['ɪnstɪŋkt]	un instinct
by instinct	par instinct
instinctive [ɪn'stɪŋktɪv]	instinctif
a drive [draɪv]	une pulsion
compulsive [kəm'pʌlsɪv]	compulsif
Psychology [saɪ'kɒlədʒɪ]	la psychologie
psychological [.saɪkə'lɒdʒɪkəl]	psychologique
a psychologist [saɪ'kɒlədʒɪst]	un(e) psychologue
psychoanalysis [.saɪkəuə'nælɪsɪs]	la psychanalyse
psychoanalytic(al) [.saɪkəu.ænə'lɪtɪk(əl)]	pyschoanalytique
to psychoanalyze [.saɪkəu'ænəlaɪz]	psychanalyser
a psychoanalyst [.saɪkəu'ænəlist]	un(e) psychanalyste
the psyche ['saɪkɪ]	le psychisme
the self [self]	le moi
the ego ['i:gəu]	l'ego
the super ego	le sur-moi

the id [ɪd]	le ça
an archetype ['ɑ:kɪtaɪp]	un archétype
To repress [rɪ'pres]	réprimer, refouler
repression [rɪ'preʃən]	la répression, le refoulement
a trauma ['trɔ:mə]	un traumatisme
traumatic [trɔ:'mætɪk]	traumatisant
a fantasy ['fæntəzɪ]	un fantasme
to fantasize about ['fæntəsaɪz]	fantasmer sur
to sublimate ['sʌblɪmeɪt]	sublimer
sublimation [.sʌblɪ'meɪʃən]	la sublimation
Introversion [.ɪntrəu'vɜ:ʃən]	l'introversion
introverted ['ɪntrəuvɜ:tɪd]	introverti
an introvert ['ɪntrəuvɜ:t]	un(e) introverti(e)
extraversion [.ekstrə'vɜ:ʃən]	l'extraversion
extroversion [.ekstrəu'vɜ:ʃən]	
extraverted ['ekstrə.vɜ:tɪd]	extraverti
extroverted ['ekstrəu.vɜ:tɪd]	
an extravert ['ekstrə.vɜ:t]	un(e) extraverti(e)
an extrovert ['ekstrəu.vɜ:t]	
A complex ['kɒmpleks]	un complexe
a hang-up ['hæŋʌp] (parlé)	
to have a complex about	être complexé par
the Oedipus complex	le complexe d'Œdipe
to have an inferiority/a superiority complex	avoir un complexe d'infériorité/de supériorité
to have a persecution complex	avoir le délire de la persécution
to feel* guilty	(se) culpabiliser
the libido [lɪ'bi:dəu]	la libido

11   **PHILOSOPHY** : LA PHILOSOPHIE

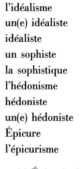

Philosophic(al) [.fɪləˈsɒfɪk(əl)]	philosophique
a **philosopher** [fɪˈlɒsəfəʳ]	un(e) philosophe
to **philosophize** *about* [fɪˈlɒsəfaɪ]	philosopher *sur*
a **concept** [ˈkɒnsept]	un concept
conceptual [kənˈseptjuəl]	conceptuel
an **idea** [aɪˈdɪə]	une idée
an **ideology** [.aɪdɪˈɒlədʒɪ]	une idéologie
ideological [.aɪdɪəˈlɒdʒɪkəl]	idéologique
a **principle** [ˈprɪnsəpl]	un principe
a **maxim** [ˈmæksɪm]	une maxime
a **precept** [ˈpriːsept]	un précepte
fallacious [fəˈleɪʃəs]	fallacieux
a **fallacy** [ˈfæləsɪ]	un raisonnement fallacieux

Moral [ˈmɒrəl]	moral
ethics [ˈeθɪks] (n.c. sing.)	l'éthique
ethical [ˈeθɪkəl]	éthique
metaphysics [.metəˈfɪzɪks] (n.c. sing.)	la métaphysique
metaphysical [.metəˈfɪzɪkəl]	métaphysique
a **metaphysician** [.metəfɪˈzɪʃən]	un(e) métaphysicien(ne)
BR **aesthetics** [iːsˈθetɪks] (n.c. sing.)	l'esthétique
AM **esthetics** (n.c. sing.)	
BR **aesthetic** [iːsˈθetɪk] AM **esthetic**	esthétique
epistemology [ɪ.pɪstəˈmɒlədʒɪ]	l'épistémologie
ontology [ɒnˈtɒlədʒɪ]	l'ontologie

Socrates [ˈsɒkrətiːz]	Socrate
Socratic [sɒˈkrætɪk]	socratique
Plato [ˈpleɪtəu]	Platon
Platonic [pləˈtɒnɪk]	platonicien
Platonist [ˈpleɪtənɪst]	un(e) platonicien(ne)
Platonism [ˈpleɪtənɪzəm]	le platonisme
Aristotle [ˈærɪstɒtl]	Aristote
an **Aristotelian** [.ærɪstəˈtiːlɪən]	un(e) aristotélicien(ne)
Aristotelianism [.ærɪstəˈtiːlɪənɪzəm]	l'aristotélisme
a **Stoic** [ˈstəuɪk]	un(e) stoïcien(ne)
stoicism [ˈstəuɪsɪzəm]	le stoïcisme

Idealism [aɪˈdɪəlɪzəm]	l'idéalisme
an **idealist** [aɪˈdɪəlɪst]	un(e) idéaliste
idealistic [aɪ.dɪəˈlɪstɪk]	idéaliste
a **sophist** [ˈsɒfɪst]	un sophiste
sophistry [ˈsɒfɪstrɪ]	la sophistique
hedonism [ˈhiːdənɪzəm]	l'hédonisme
hedonistic [.hiːdəˈnɪstɪk]	hédoniste
a **hedonist** [ˈhiːdənɪst]	un(e) hédoniste
Epicurus [.epɪˈkjuərəs]	Épicure
Epicureanism [.epɪkjuəˈriːənɪzəm]	l'épicurisme
an **Epicurean** [.epɪkjuəˈriːən]	un(e) Épicurien(ne)

Humanism [ˈhjuːmənɪzəm]	l'humanisme
a **humanist** [ˈhjuːmənɪst]	un(e) humaniste
humanistic [.hjuːməˈnɪstɪk]	humaniste
Cartesianism [kɑːˈtiːzɪənɪzəm]	le cartésianisme
Cartesian [kɑːˈtiːzɪən]	cartésien
utilitarianism [.juːtɪlɪˈtɛərɪənɪzəm]	l'utilitarisme
utilitarian [.juːtɪlɪˈtɛərɪən]	utilitaire
materialism [məˈtɪərɪəlɪzəm]	le matérialisme
a **materialist** [məˈtɪərɪəlɪst]	un(e) matérialiste
Marxism [ˈmɑːksɪzəm]	le marxisme
a **Marxist** [ˈmɑːksɪst]	un(e) marxiste
existentialism [.egzɪsˈtenʃəlɪzəm]	l'existentialisme
an **existentialist** [.egzɪsˈtenʃəlɪst]	un(e) existentialiste
naturalism [ˈnætʃrəlɪzəm]	le naturalisme
a **naturalist** [ˈnætʃrəlɪst]	un(e) naturaliste

Pragmatism [ˈprægmətɪzəm]	le pragmatisme
pragmatic [prægˈmætɪk]	pragmatique
a **pragmatist** [ˈprægmətɪst]	un(e) pragmatiste
rationalism [ˈræʃnəlɪzəm]	le rationalisme
a **rationalist** [ˈræʃnəlɪst]	un(e) rationaliste
realism [ˈrɪəlɪzəm]	le réalisme
a **realist** [ˈrɪəlɪst]	un(e) réaliste
positivism [ˈpɒzɪtɪvɪzəm]	le positivisme
a **positivist** [ˈpɒzɪtɪvɪst]	un(e) positiviste

Empiricism
[em'pɪrɪsɪzəm]
l'empirisme

an empiricist
[em'pɪrɪsɪst]
un(e) empiriste

mysticism ['mɪstɪsɪzəm]
le mysticisme

a mystic ['mɪstɪk]
un(e) mystique

agnosticism
[æg'nɒstɪsɪzəm]
l'agnosticisme

an agnostic [æg'nɒstɪk]
un(e) agnostique

WILLPOWER AND INTENT : LA VOLONTÉ ET L'INTENTION

The will *to do sth* [wɪl]	la volonté *de faire qqch.*
to have the will(power) to do sth	avoir assez de volonté pour faire qqch.
to have a lot of willpower	avoir beaucoup de volonté
to have a strong will	
to have a will of one's own	
to have an iron will	avoir une volonté de fer
to be iron-willed	
to impose one's will *on sb*	imposer sa volonté *à qqn*
with the best will in the world	avec la meilleure volonté du monde
self-willed	volontaire
he is strong-minded	il sait ce qu'il veut
To be willing to do sth	bien vouloir faire qqch.
to propose to do sth	se proposer de faire qqch.
willingly ['wɪlɪŋlɪ]	volontiers
to volunteer *to do sth* ['vɒlən'tɪəʳ]	se proposer *pour faire qqch.*
a volunteer	un(e) volontaire
To intend to do	avoir l'intention de faire
to mean* to do	
an intention [ɪn'tenʃən]	une intention
to have the best of intentions	avoir les meilleures intentions
to aim to do	viser à faire, avoir pour objectif de faire
measures aimed at	des mesures visant à
to be intent on doing sth	être bien décidé à faire qqch.
intentional [ɪn'tenʃənl]	intentionnel
deliberate [dɪ'lɪbərɪt]	voulu, délibéré
done on purpose	fait exprès
I didn't mean to do it	je ne l'ai pas fait exprès
A plan of action	un plan d'action
BR **a programme of action**	
AM **a program of action**	

a plan [plæn]	un projet
to plan sth/to do	projeter qqch./de faire
to make* plans *for*	faire des projets *pour*
a target ['tɑːgɪt]	un objectif
an objective [əb'dʒektɪv]	
an aim [eɪm]	un but
a goal [gəʊl]	
a purpose ['pɜːpəs]	
A resolution [ˌrezə'luːʃən]	une résolution
to make* a resolution	prendre une résolution
to make* a resolve	
to make* a resolution to do sth	prendre la résolution de faire qqch.
resolute ['rezəluːt]	résolu
purposeful ['pɜːpəsful]	
steadfast ['stedfəst]	
To resolve to do/that	décider de faire/que
to determine to do/that	
determination [dɪˌtɜːmɪ'neɪʃən]	la détermination
to be determined *to do sth*	être déterminé *à faire qqch.*
to insist *on doing/that* [ɪn'sɪst]	insister *pour faire/pour que*
insistent [ɪn'sɪstənt]	insistant
insistence [ɪn'sɪstəns]	l'insistance
BR **wilful** ['wɪlful]	entêté, têtu
AM **willful**	
stubborn ['stʌbən]	
as stubborn as a mule	têtu comme une mule
pigheaded [ˌpɪg'hedɪd] (parlé)	
obstinate ['ɒbstɪnɪt]	obstiné
obstinacy ['ɒbstɪnəsɪ]	l'obstination
dogged ['dɒgɪd]	opiniâtre
to persevere *in, with* [ˌpɜːsɪ'vɪəʳ]	persévérer *dans*
persevering [ˌpɜːsɪ'vɪərɪŋ]	persévérant
perseverance [ˌpɜːsɪ'vɪərəns]	la persévérance
to have it all one's own way	n'en faire qu'à sa tête
To lack willpower	manquer de volonté
to have a weak will	

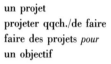

to lack the will **to do sth**	manquer de volonté pour faire qqch.	**reluctance** [rɪ'lʌktəns]	la réticence
to be unwilling **to do sth**	être peu disposé à faire qqch.	**to do* sth against** **one's will**	faire qqch. à contre- cœur
to be reluctant *to do sth* **to show* reluctance** *to do sth*	se montrer réticent *à* *faire qqch.*	**irresolute** [i'rezəlu:t]	irrésolu
		unintentional ['ʌnɪn'tenʃənl]	involontaire, non intentionnel

CHOICE AND DECISION : LE CHOIX ET LA DÉCISION

To choose* sth **to pick sth (out)** **Take your pick!**	choisir qqch. Choisissez ce que vous voulez!	**to pick and choose*** **I like to pick and** **choose**	faire le (la) difficile j'aime prendre mon temps pour choisir
to choose* to do **to opt to do**	choisir de faire	**A decision** [dɪ'sɪʒən]	une décision
a choice *between* [tʃɔɪs]	un choix *entre*	**to make* a decision** **to take* a decision**	prendre une décision
to make* one's choice	faire son choix	**to decide** *sth/to do*	décider *qqch./de faire*
to settle on sth	arrêter son choix sur qqch.	**to make* up one's** **mind** *about sth/to do* *sth*	se décider *pour* *qqch./à faire qqch.*
there was no choice **it was Hobson's choice**	il n'y avait pas le choix	**decisive** [dɪ'saɪsɪv]	décisif
to be spoilt for choice	avoir l'embarras du choix	**it's up to you**	c'est à toi de décider
To opt for sth	opter pour qqch.	**A dilemma** [daɪ'lemə]	un dilemme
an option ['ɒpʃən]	une option	**hesitation** [ˌhezɪ'teɪʃən]	l'hésitation
an alternative *to sth* [ɒl'tɜ:nətɪv]	une alternative *à qqch.*	**to hesitate** *between/to* *do*	hésiter *entre/à faire*
to have the option of **doing**	avoir la possibilité de faire	**to waver** *between* **to vacillate** *between*	hésiter *entre*, balancer *entre*
to have no choice but **to do sth** **to have no alternative** **but to do sth**	ne pas avoir d'autre solution que de faire qqch.	**indecisive** [ˌɪndɪ'saɪsɪv]	indécis
		indecision [ˌɪndɪ'sɪʒən]	l'indécision
To select [sɪ'lekt]	sélectionner	**to be perplexed**	être perplexe
a selection [sɪ'lekʃən]	une sélection	**perplexity** [pə'pleksɪtɪ]	la perplexité
selective [sɪ'lektɪv]	sélectif	**to procrastinate** [prəʊ'kræstɪneɪt] **to hum and haw** **to dilly-dally** ['dɪlɪdælɪ] (parlé)	tergiverser
hand-picked	trié sur le volet		
to be discriminating	savoir choisir		
BR **to be choos(e)y** (parlé) AM **to be picky** (parlé)	être difficile à contenter	**I'm in two minds** **about it**	je suis irrésolu à ce sujet

WISHES AND PREFERENCES : LES SOUHAITS ET LES PRÉFÉRENCES

A wish [wɪʃ]	un vœu, un souhait, un désir	**to wish for sth/to do**	souhaiter qqch./faire
		to want sth/to do/sb to **do**	vouloir qqch./faire/que qqn fasse
his wish came true	son vœu s'est réalisé		

To feel* like doing **to have a good mind** **to do**	avoir envie de faire
to be eager for sth/to **do** **to long for sth/to do**	avoir très envie de qqch./de faire
a longing *for* ['lɒŋɪŋ]	une envie *de*, un désir *de*
to crave for sth	avoir une folle envie de qqch.
a craving *for* ['kreɪvɪŋ]	une folle envie *de*
I like the look of that **cake** BR **I fancy that cake**	ce gâteau me fait envie
To be anxious to do **to be keen to do**	tenir à faire
to be inclined to do **to be prone to do**	être enclin à faire
to yearn for sth	aspirer à qqch.
to dream of sth **to hanker after sth,** **for sth**	rêver de qqch.
that is wishful **thinking**	c'est prendre ses désirs pour la réalité
To prefer sth *to sth* [prɪ'fɜ:ʳ]	préférer qqch. *à qqch.*
preferable ['prefərəbl]	préférable
a preference *for sth* ['prefərəns]	une préférence *pour* qqch.
to have a marked **preference for**	avoir une nette préférence pour
preferably ['prefərəbli]	de préférence
in preference to	de préférence à
to give* sb **preferential** **treatment**	accorder un traitement de faveur à qqn
BR **to favour sth** AM **to favor sth**	être partisan de qqch.
BR **favourite** ['feɪvərɪt] AM **favorite** ['feɪvərɪt]	favori, préféré
BR **to be in favour/out** **of favour with sb** AM **to be in favor/out** **of favor with sb**	être/ne pas être en faveur auprès de qqn
to give* priority to **sth/sb**	donner la priorité à qqch./qqn
to support a team	être supporter d'une équipe
a supporter [sə'pɔ:təʳ]	un supporter

What would you **rather do ?**	Que préférez-vous faire ?
Which would you **rather have ?** **Which do you like** **better ?** **Which one do you** **prefer ?**	Lequel préférez-vous ?
I'd rather go now	je préfère partir tout de suite
I'd as soon wait	je préfère attendre
I should like to do **that** **I would like to do that**	j'aimerais faire cela
I would prefer to see **him**	j'aimerais mieux le voir
I'd prefer it if ...	j'aimerais mieux que...
I'd rather you didn't **do that**	j'aime mieux que tu ne fasses pas cela
It would be better to **do ...** **it would be best to** **do ...**	il vaudrait mieux faire...
it would suit me **better** *to/if ...*	cela m'arrangerait mieux *de/si...*
Is it desirable ?	Est-ce souhaitable ?
would it be convenient **to ...**	cela vous dérangerait-il de...
To be indifferent *to sth*	être indifférent *à qqch.*
indifference [ɪn'dɪfrəns]	l'indifférence
it's all the same to me **I don't mind**	cela m'est égal
it's a matter of **complete** **indifference to me** **I don't care one way** **or the other**	cela m'est complètement égal
I don't care	je m'en fiche
I couldn't care less (parlé)	je m'en fiche complètement
it's six of one and half **a dozen of the** **other**	c'est du pareil au même, c'est bonnet blanc et blanc bonnet
As you like ! **Whatever you like !**	Comme vous voulez !
what you gain on the **swings you lose on** **the roundabouts** (parlé)	ce qu'on gagne d'un côté on le perd de l'autre

LIKES AND DISLIKES : LES GOÛTS ET LES AVERSIONS

To like sth/sb	aimer (bien) qqch./qqn
to like doing **to like to do**	aimer (bien) faire
to be fond of sb/sth	aimer beaucoup qqn/qqch.
to be keen on sth	être passionné de qqch.
his likes and dislikes	ce qu'il aime et ce qu'il n'aime pas
To admire sb *for* *sth/for doing sth*	admirer qqn *pour qqch./de faire qqch.*
admiring [əd'maɪərɪŋ]	admiratif
admiration [ˌædməˈreɪʃən]	l'admiration
an admirer [əd'maɪərə']	un(e) admirateur (-trice)
attractive [əˈtræktɪv]	attrayant, attirant
to be drawn to sth/sb	être attiré par qqch./qqn
to be tempted by sth	être tenté par qqch.
the idea tempts me	l'idée me tente
To hate [heɪt]	haïr
to detest [dɪˈtest] **to loathe** [ləʊð]	détester
to hate *sb/sth/doing,* *to do* **to detest** *sb/sth/doing,* *to do*	détester *qqn/qqch./faire*
one of his pet hates (parlé)	une de ses bêtes noires
hatred ['heɪtrɪd] **hate** **detestation** [ˌdiːtesˈteɪʃən]	la haine
hateful ['heɪtfʊl] **detestable** [dɪˈtestəbl] **loathesome**	détestable
full of hatred	haineux[1]

(1) ATTENTION FAUX AMI **heinous** = atroce

Odious ['əʊdɪəs]	odieux
to abhor [əbˈhɔː']	exécrer
abhorrence [əbˈhɒrəns]	l'aversion
abhorrent [əbˈhɒrənt]	exécrable, répugnant
a dislike [dɪsˈlaɪk] **an aversion** [əˈvɜːʃən]	une aversion
to dislike sb/sth **to have a dislike for** sb/sth	ne pas aimer qqn/qqch.
to take* a dislike to sth/sb	prendre qqch./qqn en grippe
to be fed up with **doing** **to be sick of doing**	en avoir assez de faire
I can't bear him **I can't stand him**	je ne peux pas le souffrir
I can't bear him **doing ...** **I can't stand him** **doing ...**	je ne peux pas supporter qu'il fasse...
To feel* disgust *for*	éprouver du dégoût *pour*
to be disgusted *at sth,* *by sth/sb*	être dégoûté *de qqch., par qqch./qqn*
disgusting [dɪsˈɡʌstɪŋ] **revolting**	dégoûtant
to find* sth disgusting **to be repelled by** sth	trouver qqch. dégoûtant
to repel [rɪˈpel]	repousser
repulsion [rɪˈpʌlʃən]	la répulsion
repulsive [rɪˈpʌlsɪv]	repoussant
revulsion [rɪˈvʌlʃən]	l'écœurement
repugnant [rɪˈpʌɡnənt]	répugnant
repugnance [rɪˈpʌɡnəns]	la répugnance
to put* sb off sth	faire passer l'envie de qqch. à qqn
off-putting (parlé)	rebutant, rébarbatif

AUTHORITY : L'AUTORITÉ

To have authority over **to have power over**	avoir autorité sur
to exercise authority **over**	exercer son autorité sur
to have authority **over sb**	avoir de l'autorité sur qqn
her word is law	ce qu'elle dit fait loi
authoritative [ɔːˈθɒrɪtətɪv]	qui fait autorité
the authorities	les autorités

Supreme [sʊˈpriːm]	suprême
supremacy *over* [sʊˈpreməsɪ]	la suprématie *sur*
powerful ['paʊəfʊl] **mighty** ['maɪtɪ]	puissant
power ['paʊə'] **might** [maɪt] (soutenu)	la puissance

To master sth	mâitriser qqch.
mastery *over* ['mɑːstəri]	la maîtrise *de*
to control sth/sb	contrôler qqch./qqn
control [kən'trəʊl]	le contrôle
to have the situation under control	être maître de la situation
under his control	sous son contrôle
uncontrolled ['ʌnkən'trəʊld]	incontrôlé
to supervise ['suːpəvaɪz]	surveiller
unsupervised	non surveillé
a supervisor ['suːpəvaɪzə']	un(e) surveillant(e)
supervision [ˌsuːpə'vɪʒən]	la surveillance
under the supervision of	sous la surveillance de

To be in charge of sth	être responsable de qqch.
to put* sb in charge of sth **to place sb in charge of sth**	confier qqch. à qqn
to take* command of sth	prendre le commandement de qqch.
under his command	sous son commandement
under his direction	sous sa direction
to run* [rʌn]	diriger (entreprise)
to manage sth	gérer qqch.
to preside over	présider (assemblée)
to lead* [liːd]	mener (mouvement)

To dominate ['dɒmɪneɪt]	dominer
dominant ['dɒmɪnənt]	dominant
domineering [ˌdɒmɪ'nɪərɪŋ]	dominateur

domination [ˌdɒmɪ'neɪʃən]	la domination
to boss sb around (parlé)	mener qqn à la baguette
to have* the whip hand over sb	avoir la haute main sur qqn
to get* the upper hand *of sb*	prendre le dessus *sur qqn*
to throw* one's weight around (parlé)	faire l'important
patronizing ['pætrənaɪzɪŋ] **condescending** [ˌkɒndɪ'sendɪŋ]	condescendant
to patronize sb	traiter qqn avec condescendance

Strict [strɪkt]	strict
severe [sɪ'vɪə']	sévère
imperious [ɪm'pɪərɪəs]	impérieux
authoritarian [ˌɔːθɒrɪ'teərɪən]	autoritaire
high-handed [ˌhaɪ'hændɪd] **bossy** ['bɒsɪ] (parlé)	très autoritaire, tyrannique
a dictator [dɪk'teɪtə']	un dictateur
dictatorial [ˌdɪktə'tɔːrɪəl]	dictatorial

To make* sb do sth	faire faire qqch. à qqn
to force sb to do	contraindre qqn à faire, forcer qqn à faire
to compel sb to do **to oblige sb to do**	obliger qqn à faire
to twist sb's arm (parlé) AM **to put* the arm on sb** (parlé)	forcer la main de qqn
under constraint	sous la contrainte

⑥ OBEDIENCE AND DISOBEDIENCE : L'OBÉISSANCE ET LA DÉSOBÉISSANCE

To obey *sb/sth* [ə'beɪ] **obedient** [ə'biːdɪənt]	obéir *à qqn/à qqch.* obéissant
to conform *to sth* [kən'fɔːm]	se conformer *à qqch.*
in accordance with	conformément à
to abide* by sth **to respect sth** **to observe sth**	respecter qqch.
law-abiding	respectueux de la loi
to toe the line	se mettre au pas, marcher droit

to obey sb implicitly	obéir à qqn au doigt et à l'œil
to be at sb's beck and call	être aux moindres ordres de qqn
she can twist him round her little finger	elle fait de lui ce qu'elle veut

As you please **as you like**	comme vous voulez
do what you are told **do as you are told**	fais ce qu'on te dit

Compliant [kəm'plaɪənt] — arrangeant

accommodating [ə'kɒmədeɪtɪŋ] — accommodant

docile ['dəʊsaɪl] — docile

docility [dəʊ'sɪlɪtɪ] — la docilité

meek [miːk] — doux, humble

to submit *to sb/sth* [səb'mɪt] — se soumettre à qqn/qqch.

submission [səb'mɪʃən] — la soumission

submissive [səb'mɪsɪv] — soumis

subservient [səb'sɜːvɪənt] — servile
servile ['sɜːvaɪl]

subservience [səb'sɜːvɪəns] — la servilité
servility [sɜː'vɪlɪtɪ]

obsequious — obséquieux

To defer to sb — s'en remettre à la volonté de qqn

deferential *to* [defə'renʃəl] — plein d'égards *envers*, plein de déférence *envers*

deference ['defərəns] — la déférence

to give* way to sb/sth
to yield to sb/sth — céder à qqn/qqch.

BR **to back down**
AM **to back off** — se dérober, reculer

To disobey ['dɪsə'beɪ] — désobéir

disobedient [.dɪsə'biːdɪənt] — désobéissant

disobedience [.dɪsə'biːdɪəns] — la désobéissance

to ignore [ɪg'nɔːʳ]
to pay* no heed to — ne tenir aucun compte de

defiance [dɪ'faɪəns] — le défi

in defiance of — au mépris de

defiant [dɪ'faɪənt] — provocant

to defy sb *to do sth* — défier qqn *de faire qqch.*

to stand* up to sb — tenir tête à qqn

nonconformity ['nɒnkən'fɔːmɪtɪ] — le non-conformisme

Insubordinate [.ɪnsə'bɔːdənɪt] — insubordonné

insubordination ['ɪnsə.bɔːdɪ'neɪʃən] — l'insubordination

recalcitrant [rɪ'kælsɪtrənt] — récalcitrant

rebellious [rɪ'beljəs] — rebelle

a rebel ['rebl] — un(e) rebelle

to rebel *against* [rɪ'bel] — se rebeller *contre*, s'insurger *contre*

a rebellion [rɪ'beljən] — une rébellion

to revolt *against* [rɪ'vəʊlt] — se révolter *contre*

a revolt — une révolte

mutinous ['mjuːtɪnəs] — mutiné

a mutiny ['mjuːtɪnɪ] — une mutinerie

to mutiny — se mutiner

▶ **7** **INFLUENCE** : L'INFLUENCE

Influential [.ɪnflʊ'enʃəl] — influent

to have influence
to be influential — avoir de l'influence, être influent

to have an influence *on, over* — avoir de l'influence *sur*

to exercise one's influence *on, over* — exercer son influence *sur*

to influence sb *to do sth* — influencer qqn *pour qu'il fasse qqch.*

to be a good/bad influence on sb — exercer une bonne/mauvaise influence sur qqn

under the influence of — sous l'influence de, sous l'effet de

easily influenced
suggestible [sə'dʒestɪbl] — influençable

to have/gain ascendancy over sb — avoir/prendre de l'ascendant sur qqn

To have an effect on sth — avoir un effet sur qqch.

to bring* pressure to bear on sb
to put* pressure on sb — faire pression sur qqn

to pressure sb *into doing sth* — faire pression sur qqn *pour qu'il fasse qqch.*

a pressure group
BR **a ginger group**
AM **a special interest group** — un groupe de pression

to make* one's voice heard — se faire entendre

to have a say *in sth* — avoir son mot à dire *dans qqch.*

to carry weight — avoir du poids (argument, personne)

to have an influence on sb/sth
to affect sb/sth — influer sur qqn/qqch.

To dissuade sb *from doing*	dissuader qqn *de faire*	**To impress sb** **to make* an impression on sb**	faire impression sur qqn
to induce sb to do	amener qqn à faire	**to give* a good/bad impression**	faire bonne/mauvaise impression
to prevail on sb to do	décider qqn à faire		
to wheedle sth out of sb	obtenir qqch. de qqn à force de cajoleries	**impressionable** [ɪm'preʃnəbl]	impressionnable
to coax sb into doing	cajoler qqn pour qu'il fasse	**prestigious** [pres'tɪdʒəs]	prestigieux
		prestige [pres'tiːʒ]	le prestige
To have clout (parlé) **to have a long arm**	avoir le bras long	**charismatic** [ˌkærɪz'mætɪk]	charismatique
BR **to pull strings** AM **to pull wires**	faire jouer le piston	**charisma** [kæ'rɪzmə]	le charisme
BR **to pull strings for sb** AM **to pull wires for sb**	pistonner qqn	**reputation** [ˌrepjʊ'teɪʃən]	la réputation
		to have a reputation for **to be reputed for**	être réputé pour
BR **string-pulling** AM **wire-pulling**	le piston		
the power behind the throne	l'éminence grise	**a personality** [ˌpɜːsə'nælɪti]	une personnalité
to have a hold over sb	avoir prise sur qqn	**a VIP** [viːaɪ'piː] (abr. de *Very Important Person*)	un VIP
to manipulate sb	manipuler qqn		
BR **to manœuvre sb** *into doing* AM **to manœuver sb** *into doing*	manipuler qqn *pour qu'il fasse*	**a big noise** (parlé) **a big shot** (parlé)	une grosse légume

SPEECH : LA PAROLE

To speak* [spiːk]	parler
his way of speaking	sa manière de parler
to say* sth	dire qqch.

Articulation [ɑːtɪkjuˈleɪʃən] enunciation [ɪnʌnsɪˈeɪʃən]	l'articulation
to articulate [ɑːˈtɪkjʊlɪt] to enunciate [ɪˈnʌnsɪeɪt]	articuler
to pronounce sth	prononcer qqch. (articuler)
to utter sth	prononcer qqch. (dire)
pronunciation [prə.nʌnsɪˈeɪʃən]	la prononciation
to pronounce sth correctly/wrongly	prononcer qqch. correctement/ incorrectement
to mispronounce a name	prononcer un nom de travers, estropier un nom
unpronounceable [ˈʌnprəˈnaʊnsəbl]	imprononçable
a tongue twister	une phrase imprononçable
diction [ˈdɪkʃən]	la diction
an utterance [ˈʌtərəns]	un énoncé

To be quiet to shut* up (parlé)	se taire
to keep* quiet to be silent	garder le silence
silent [ˈsaɪlənt]	silencieux, muet
taciturn [ˈtæsɪtɜːn]	taciturne

A speech defect	un trouble du langage
to lisp [lɪsp] to have a lisp to speak* with a lisp	zézayer
to have a nasal voice to talk through one's nose	parler du nez
to stammer [ˈstæməʳ] to stutter [ˈstʌtəʳ]	bégayer
speech therapy	l'orthophonie
a speech therapist	un(e) orthophoniste

A language [ˈlæŋgwɪdʒ] a tongue [tʌŋ] (soutenu)	une langue

formal/informal language	la langue soignée/parlée
a sound [saʊnd]	un son
oral [ˈɔːrəl]	oral
vocal [ˈvəʊkəl]	vocal

His mother tongue his native language	sa langue maternelle
a foreign language	une langue étrangère
ancient/modern languages	les langues anciennes/vivantes
the vernacular [vəˈnækjʊləʳ]	la langue vernaculaire
a dialect [ˈdaɪəlekt]	un dialecte
a patois [ˈpætwɑː]	un patois
a lingua franca	une langue véhiculaire

Slang [slæŋ]	l'argot
slangy [ˈslæŋɪ]	argotique
to talk slang	parler argot
colloquial language familiar language	le langage familier
cant [kænt]	l'argot de métier
jargon [ˈdʒɑːgən]	le jargon
baby talk	le langage enfantin
pidgin (English)	le pidgin
Esperanto [.espəˈræntəʊ]	l'espéranto

To speak* a language	parler une langue
monolingual [.mɒnəʊˈlɪŋgwəl]	monolingue
bilingual [baɪˈlɪŋgwəl]	bilingue
multilingual [.mʌltɪˈlɪŋgwəl]	multilingue
polyglot [ˈpɒlɪglɒt]	polyglotte

To speak* fluent English to speak* English fluently	parler anglais couramment
French-speaking	francophone
a French speaker	un(e) francophone
English-speaking	anglophone
an English speaker	un(e) anglophone
a German speaker	un(e) germanophone

a Spanish speaker	un(e) hispanophone	**I**t is said that ...	on dit que...
to speak* with a German/Greek accent	parler avec un accent allemand/grec	that goes without saying	cela va sans dire, cela va de soi
		so to speak	pour ainsi dire
to have a strong accent	avoir un accent prononcé	That's saying a lot ! (parlé)	C'est beaucoup dire !
		I told you so !	Je vous l'avais bien dit !
to have a good/poor accent	avoir un bon/mauvais accent	You're telling me ! (parlé)	À qui le dis-tu !

REMARQUE : Exemple de **tongue-twister** : **She sells seashells by the seashore, and the shells she sells are seashore shells, I'm sure.**

 ## **READING AND WRITING** : LA LECTURE ET L'ÉCRITURE

To read* [riːd]	lire	an autograph ['ɔːtəgraːf]	un autographe
a reader ['riːdəʳ]	un(e) lecteur (-trice)	to inscribe a book to	dédier un livre à
to read* sth aloud	lire qqch. à haute voix	an inscription	une dédicace
to read* to sb	faire la lecture à qqn	to make* a note of sth to write* sth down to jot sth down	noter qqch.
to read* sth from beginning to end	lire qqch. de bout en bout		
to be immersed in a book	être plongé dans un livre	to take* notes	prendre des notes
a bedside book	un livre de chevet	**T**o print sth	écrire qqch. en script
to take* some reading matter	emporter de la lecture	a manuscript ['mænjuskrɪpt]	un manuscrit
to scan sth to skim through sth	parcourir qqch.	in block letters in block capitals	en caractères d'imprimerie
to leaf through a book to browse through a book	feuilleter un livre	in capitals in capital letters	en majuscules
to decipher [dɪ'saɪfəʳ]	déchiffrer	in black and white	noir sur blanc
I can't make it out	je ne peux pas le déchiffrer	calligraphy [kə'lɪgrəfɪ]	la calligraphie
To write* [raɪt]	écrire	**L**egible ['ledʒəbl]	lisible
in writing	par écrit	illegible [ɪ'ledʒəbl]	illisible
the alphabet ['ælfəbet]	l'alphabet	to have good/poor (hand)writing	avoir une belle écriture/une écriture illisible
in alphabetical order alphabetically [ˌælfə'betɪkəlɪ]	par ordre alphabétique	a scrawl [skrɔːl]	un gribouillage
		to scrawl	gribouiller
illiterate [ɪ'lɪtərɪt]	analphabète, illettré	a scribble ['skrɪbl]	un griffonnage
illiteracy [ɪ'lɪtərəsɪ]	l'analphabétisme, l'illettrisme	to scribble	griffonner
Handwritten ['hænd.rɪtn]	écrit à la main	**S**pelling ['spelɪŋ]	l'orthographe
to inscribe sth	inscrire qqch.	to spell* [spel]	orthographier, épeler
an inscription [ɪn'skrɪpʃən]	une inscription	a spelling mistake	une faute d'orthographe
		to annotate ['ænəuteɪt]	annoter

A draft [drɑːft]	une ébauche, un premier jet	**a correspondent** [ˌkɒrɪsˈpɒndənt]	un(e) correspondant(e)
to draft	ébaucher	**a note** [nəʊt] **a line** [laɪn]	un petit mot
a copy [ˈkɒpɪ]	une copie	**to drop a line to sb**	envoyer un petit mot à qqn
a rough copy	un brouillon		
a fair copy	une copie au propre	**to sign** [saɪn]	signer
to correct [kəˈrekt]	corriger	**a signature** [ˈsɪgnətʃəʳ]	une signature
a correction [kəˈrekʃən]	une correction	**his initials**	ses initiales
to rub sth out **to erase sth**	gommer qqch.	**D**ear Mr. Smith, ... **Yours sincerely**	Cher Monsieur, ... je vous prie d'agréer, cher Monsieur, l'expression de mes sentiments les meilleurs
to delete sth	supprimer qqch.		
to strike* sth out **to score sth out**	rayer qqch.		
to make* an alteration to sth	raturer qqch.	**Dear Sir/Madam, ...** **Yours faithfully**	Monsieur/Madame, ... Je vous prie d'agréer, Monsieur/Madame l'expression de ma considération distinguée
to edit sth	mettre qqch. au point		
To write* sth up	rédiger qqch.		
to rewrite* [ˈriːˈraɪt]	réécrire		
to reword [ˈriːˈwɜːd]	reformuler	**Dear James, ... Kind regards, Alexander**	Cher Jacques, ... Amicalement, Alexandre
to copy sth out **to write* sth out**	recopier qqch.		
to transcribe [trænˈskraɪb]	transcrire	**Dear Susan, ... Love and kisses**	Chère Suzanne, ... Grosses bises
a transcription [trænˈskrɪpʃən]	une transcription	**Dear Susan, ... With (much) love**	
		My dear Mother, ... **Love from Mary**	Ma chère maman, ... Je t'embrasse, Marie
A letter [ˈletəʳ]	une lettre	**thank you for your letter**	je vous remercie de votre lettre
to write* sb a letter	écrire une lettre à qqn	**with love to you all**	bien des choses à tous
correspondence [ˌkɒrɪsˈpɒndəns]	la correspondance	**remember me to your mother**	veuillez transmettre mon meilleur souvenir à votre mère
to correspond with sb [ˌkɒrɪsˈpɒnd]	correspondre avec qqn		
to keep* up a correspondance with sb	entretenir une correspondance avec qqn	**give our love to Barbara**	embrasse Barbara pour nous
a business letter	une lettre d'affaires	**Jenny sends her love**	Jenny te fait ses amitiés

▶ ③ **VOCABULARY : LE VOCABULAIRE**

A word [wɜːd]	un mot	**a catch phrase**	une formule, un slogan
a term [tɜːm]	un terme	**an idiom** [ˈɪdɪəm]	un idiotisme
a phrase [freɪz] **a locution** [ləˈkjuːʃən]	une locution	**idiomatic** [ˌɪdɪəˈmætɪk]	idiomatique
an expression [ɪksˈpreʃən] **a phrase**	une expression	**an idiomatic phrase**	une expression idiomatique
a set phrase	une expression figée	**a cliché** [ˈkliːʃeɪ]	un cliché
a colloquialism [kəˈləʊkwɪəlɪzəm]	une expression familière	**technical/ specialist/medical vocabulary**	le vocabulaire technique/ spécialisé/médical
BR **a time-honoured phrase**	une expression consacrée par l'usage	**terminology** [ˌtɜːmɪˈnɒlədʒɪ]	la terminologie
AM **a time-honored phrase**		**terminological** [ˌtɜːmɪnəˈlɒdʒɪkəl]	terminologique

lexical [ˈleksɪkəl]	lexical
to enrich/increase one's vocabulary	enrichir/augmenter son vocabulaire
to use a word	utiliser un mot
usage [ˈjuːzɪdʒ]	l'usage

To come* from	venir de
to coin a word/a phrase	lancer un mot/une expression
the origin [ˈɒrɪdʒɪn]	l'origine
a word of Latin/Greek origin	un mot d'origine latine/grecque
a root [ruːt]	une racine
an abbreviation [əˌbriːvɪˈeɪʃən]	une abréviation
to abbreviate sth	abréger qqch.
an acronym [ˈækrənɪm]	un acronyme
a set of initials	un sigle
obsolescent [ˌɒbsəˈlesnt]	vieilli
obsolete [ˈɒbsəliːt]	obsolète
archaic [ɑːˈkeɪɪk]	archaïque
an archaism [ˈɑːkeɪɪzəm]	un archaïsme
a neologism [nɪˈɒləˌdʒɪzəm]	un néologisme

Derivation [ˌderɪˈveɪʃən]	la dérivation
a derivative [dɪˈrɪvətɪv] **a derived word**	un dérivé
to derive from	dériver de
a compound (word)	un (mot) composé
a suffix [ˈsʌfɪks]	un suffixe
a prefix [ˈpriːfɪks]	un préfixe
a portmanteau word	un mot-valise
a collocation [ˌkɒləˈkeɪʃən]	une collocation

Sense [sens]	le sens
the meaning of a word	la signification d'un mot
to mean* [miːn]	vouloir dire
What does it mean ?	Qu'est-ce que cela veut dire ?
to signify [ˈsɪgnɪfaɪ]	signifier
significance [sɪgˈnɪfɪkəns]	la signification
What do you call it ? What's the name for it ?	Comment appelle-t-on cela ?
meaningless [ˈmiːnɪŋlɪs]	dénué de sens
nonsense [ˈnɒnsəns]	le non-sens
a piece of nonsense	un non-sens

REMARQUE : Exemple de mot-valise : **brunch** = **breakfast** + **lunch**.

GRAMMAR : LA GRAMMAIRE

A grammar (book)	une grammaire, un livre de grammaire
grammatical [grəˈmætɪkəl]	grammatical
ungrammatical [ˌʌngrəˈmætɪkəl]	non grammatical
agrammatical [ˌeɪgrəˈmætɪkəl]	agrammatical
a grammarian [grəˈmeərɪən]	un(e) grammairien(ne)

Gender [ˈdʒendəʳ]	le genre
masculine [ˈmæskjʊlɪn]	masculin
feminine [ˈfemɪnɪn]	féminin
neuter [ˈnjuːtəʳ]	neutre
number [ˈnʌmbəʳ]	le nombre
singular [ˈsɪŋgjʊləʳ]	singulier
plural [ˈplʊərəl]	pluriel
concrete [ˈkɒnkriːt]	concret
abstract [ˈæbstrækt]	abstrait

To analyze [ˈænəlaɪz]	analyser
to parse sth	faire l'analyse grammaticale de qqch.
sentence analysis	l'analyse logique
parts of speech	les parties du discours
a grammatical category	une catégorie grammaticale
a noun [naʊn]	un nom
an adjective [ˈædʒektɪv]	un adjectif
a determiner [dɪˈtɜːmɪnəʳ]	un déterminant
the definite/indefinite article	l'article défini/indéfini
a pronoun [ˈprəʊnaʊn]	un pronom
the first/second/third person	la première/ deuxième/troisième personne
a verb [vɜːb]	un verbe
an adverb [ˈædvɜːb]	un adverbe
a conjunction [kənˈdʒʌŋkʃən]	une conjonction

a preposition [ˌprepəˈzɪʃən]	une préposition
a modifier [ˈmɒdɪfaɪəʳ]	un modificatif
an interjection [ˌɪntəˈdʒekʃən]	une interjection
Countable [ˈkaʊntəbl]	dénombrable, comptable
uncountable [ˈʌnˈkaʊntəbl]	non dénombrable, non comptable
an uncountable noun a mass noun	un nom non dénombrable
a proper noun	un nom propre
a personal pronoun	un pronom personnel
demonstrative [dɪˈmɒnstrətɪv]	démonstratif
relative [ˈrelətɪv]	relatif
interrogative [ˌɪntəˈrɒgətɪv]	interrogatif
possessive [pəˈzesɪv]	possessif
an antecedent [ˌæntɪˈsiːdənt]	un antécédent
to decline [dɪˈklaɪn]	décliner
a declension [dɪˈklenʃən]	une déclinaison
a gerundive [dʒɪˈrʌndɪv]	un adjectif verbal
a gerund [ˈdʒerənd]	un substantif verbal
a participle [ˈpɑːtɪsɪpl]	un participe
the present/past participle	le participe présent/passé
A sentence [ˈsentəns]	une phrase
a clause [klɔːz]	une proposition
a phrase [freɪz]	un syntagme
the subject [ˈsʌbdʒɪkt]	le sujet
the complement [ˈkɒmplɪmənt]	le complément
the object [ˈɒbdʒɪkt]	le complément d'objet
To conjugate [ˈkɒndʒugeɪt]	conjuguer
a conjugation [ˌkɒndʒugeɪʃən]	une conjugaison

affirmative [əˈfɜːmətɪv]	affirmatif
negative [ˈnegətɪv]	négatif
an infinitive [ɪnˈfɪnɪtɪv]	un infinitif
the mood [muːd]	le mode
the indicative [ɪnˈdɪkətɪv]	l'indicatif
the subjunctive [səbˈdʒʌŋktɪv]	le subjonctif
the conditional [kənˈdɪʃənl]	le conditionnel
in the active/passive (voice)	à la voix active/passive
continuous [kənˈtɪnjuəs] **progressive** [prəˈgresɪv]	progressif
an inflection [ɪnˈflekʃən]	une inflexion
the root [ruːt]	le radical
an ending [ˈendɪŋ]	une terminaison
a perfective/ imperfective verb	un verbe perfectif/imperfectif
A tense [tens]	un temps
the present (tense)	le présent
the future (tense)	le futur
the past [pɑːst]	le passé
the perfect [ˈpɜːfɪkt]	le passé composé
the present perfect	le (présent) parfait
the preterite [ˈpretərɪt]	le prétérit
the simple past	le passé simple
the imperfect [ɪmˈpɜːfɪkt]	l'imparfait
the pluperfect [ˈpluːˈpɜːfɪkt]	le plus-que-parfait
the future perfect	le futur antérieur
Attributive [əˈtrɪbjutɪv]	attributif
predicative [prɪˈdɪkətɪv]	prédicatif
a comparative [kəmˈpærətɪv]	un comparatif
a superlative [suˈpɜːlətɪv]	un superlatif
in the comparative/ superlative	au comparatif/ superlatif
to qualify [ˈkwɒlɪfaɪ]	qualifier
to modify [ˈmɒdɪfaɪ]	modifier
in apposition *to*	en apposition *à*

PUNCTUATION AND LAYOUT : LA PONCTUATION ET LA MISE EN PAGE

To punctuate [ˈpʌŋktjueɪt]	ponctuer
a punctuation mark	un signe de ponctuation

BR **a full stop** AM **a period** [ˈpɪərɪəd]	un point
a comma [ˈkɒmə]	une virgule

a **semicolon** [ˌsemɪˈkəʊlən]	un point-virgule
colon [ˈkəʊlən]	deux-points
BR an **exclamation mark**	un point d'exclamation
AM an **exclamation point**	
a **question mark**	un point
BR a **query** [ˈkwɪərɪ]	d'interrogation
quotation marks	les guillemets
BR **inverted commas**	
in **quotation marks**	entre guillemets
BR in **inverted commas**	
in **quotes** (parlé)	
to **open/close the quotation marks**	ouvrir/fermer les guillemets
quote ... unquote	ouvrez les guillemets ... fermez les guillemets
a **parenthesis** [pəˈrenθɪsɪs]	une parenthèse
BR a **bracket** [ˈbrækɪt]	
in **parentheses**	entre parenthèses
BR in **brackets**	
to **bracket** sth	mettre qqch. entre parenthèses
square brackets	les crochets
suspension points	les points de suspension
a **brace** [breɪs]	une accolade
A **hyphen** [ˈhaɪfən]	un trait d'union
to **hyphenate** [ˈhaɪfəneɪt]	mettre un trait d'union à
hyphenated [ˈhaɪfəneɪtɪd]	à trait d'union
a **dash** [dæʃ]	un tiret

an **oblique** [əˈbliːk]	une barre oblique
a **slash** [slæʃ]	
a **stroke** [strəʊk]	
an **apostrophe** [əˈpɒstrəfɪ]	une apostrophe
an **asterisk** [ˈæstərɪsk]	un astérisque
A**n acute (accent)**	un accent aigu
e **acute**	e accent aigu
a **grave (accent)**	un accent grave
a **circumflex (accent)**	un accent circonflexe
a **cedilla** [sɪˈdɪlə]	une cédille
a **tilde** [ˈtɪldə]	un tilde
an **umlaut** [ˈʊmlaʊt]	un tréma
BR a **diaeresis** [daɪˈerɪsɪs]	
AM a **dieresis**	
A **paragraph** [ˈpærəgrɑːf]	un paragraphe, un alinéa
a **line** [laɪn]	une ligne
to **start a new paragraph**	aller à la ligne
to **leave* a line**	sauter une ligne
to **space** sth **out**	espacer qqch.
a **space** [speɪs]	un espace
BR to **centre** sth	centrer qqch.
AM to **center** sth	
in **single-/double-spacing**	à simple/double interligne
single-/double-spaced	
a **heading** [ˈhedɪŋ]	un en-tête, un titre
a **blank** [blæŋk]	un blanc
to **leave*** sth **blank**	laisser qqch. en blanc

6 LINGUISTICS : LA LINGUISTIQUE

A **linguist** [ˈlɪŋgwɪst]	un(e) linguiste
linguistic [lɪŋˈgwɪstɪk]	linguistique
phonetics [fəʊˈnetɪks] (sing.)	la phonétique
phonetic [fəʊˈnetɪk]	phonétique
a **phonetician** [ˌfəʊnɪˈtɪʃən]	un(e) phonéticien(ne)
P**honology** [fəʊˈnɒlədʒɪ]	la phonologie
phonological [ˌfəʊnəˈlɒdʒɪkəl]	phonologique
a **phonologist** [fəˈnɒlədʒɪst]	un(e) phonologue
a **homophone** [ˈhɒməfəʊn]	un homophone
a **phoneme** [ˈfəʊniːm]	un phonème

A **vowel** [ˈvaʊəl]	une voyelle
a **consonant** [ˈkɒnsənənt]	une consonne
the **consonant/vowel system**	le système consonantique/vocalique
an **open/closed vowel**	une voyelle ouverte/fermée
a **diphthong** [ˈdɪfθɒŋ]	une diphtongue
a **triphthong** [ˈtrɪfθɒŋ]	une triphtongue
voiced [vɔɪst]	voisé, sonore
unvoiced [ˌʌnˈvɔɪst]	non voisé, sourd
S**tress** [stres]	l'accentuation, l'accent
to **stress**	accentuer
intonation [ˌɪntəʊˈneɪʃən]	l'intonation

a tone of voice	un ton
a tone language	une langue à tons
elision [ɪˈlɪʒən]	l'élision
to elide [ɪˈlaɪd]	élider
a liaison [liːˈeɪzɒn]	une liaison
Semantics [sɪˈmæntɪks] (sing.)	la sémantique
semantic [sɪˈmæntɪk]	sémantique
a semanticist [sɪˈmæntɪsɪst]	un(e) sémanticien(ne)
a lexical item	une unité lexicale
a lexeme [ˈleksiːm]	un lexème
a synonym [ˈsɪnənɪm]	un synonyme
synonymous *with* [sɪˈnɒnɪməs]	synonyme *de*
synonymy [sɪˈnɒnəmɪ]	la synonymie
an antonym [ˈæntənɪm]	un antonyme
a homonym [ˈhɒmənɪm]	un homonyme
a hyponym [ˈhaɪpənɪm]	un hyponyme
a superordinate [ˌsuːpərˈɔːdənɪt]	un hyperonyme
a homograph [ˈhɒməʊɡrɑːf]	un homographe
Morphology [mɔːˈfɒlədʒɪ]	la morphologie
morphological [ˌmɔːfəˈlɒdʒɪkəl]	morphologique
a morphologist [mɔːˈfɒlədʒɪst]	un(e) morphologue
a morpheme [ˈmɔːfiːm]	un morphème

an affix [əˈfɪks]	un affixe
syntax [ˈsɪntæks]	la syntaxe
syntactic(al) [sɪnˈtæktɪk(əl)]	syntactique, syntaxique
Philology [fɪˈlɒlədʒɪ]	la philologie
philological [ˌfɪləˈlɒdʒɪkəl]	philologique
a philologist [fɪˈlɒlədʒɪst]	un(e) philologue
etymology [ˌetɪˈmɒlədʒɪ]	l'étymologie
etymological [ˌetɪməˈlɒdʒɪkəl]	étymologique
an etymologist [ˌetɪˈmɒlədʒɪst]	un(e) étymologiste
a Latin/ Romance/ Germanic language	une langue latine/ romane/germanique
Pragmatics [præɡˈmætɪks] (sing.)	la pragmatique
pragmatic [præɡˈmætɪk]	pragmatique
discourse analysis	l'analyse du discours
enunciation [ɪˌnʌnsɪˈeɪʃən]	l'énonciation
semiotics [ˌsemɪˈɒtɪks] (sing.)	la sémiotique
semiotic [ˌsemɪˈɒtɪk]	sémiotique
a code [kəʊd]	un code
to encode [ɪnˈkəʊd]	encoder
to decode [ˌdiːˈkəʊd]	décoder, déchiffrer
an ideogram [ˈɪdɪəɡræm]	un idéogramme

▶ 7 TRANSLATION : LA TRADUCTION

A translation [trænzˈleɪʃən]	une traduction
automatic translation machine translation	la traduction automatique
a translator [trænzˈleɪtəʳ]	un(e) traducteur (-trice)
to translate *from*/*into* [trænzˈleɪt]	traduire *de*/*en*
to mistranslate sth	mal traduire qqch.
a mistranslation [ˈmɪstrænzˈleɪʃən]	une erreur de traduction
untranslatable [ˈʌntrænzˈleɪtəbl]	intraduisible

Interpretation [ɪnˌtɜːprɪˈteɪʃən]	l'interprétation
interpreting [ɪnˈtɜːprɪtɪŋ]	l'interprétariat
simultaneous interpreting	l'interprétation simultanée
an interpreter [ɪnˈtɜːprɪtəʳ]	un(e) interprète
a simultaneous interpreter	un interprète simultané
to interpret *for sb* [ɪnˈtɜːprɪt]	faire l'interprète *pour qqn*

STATING AND ANNOUNCING : DÉCLARER ET ANNONCER

To declare sth *to sb* — déclarer qqch. *à qqn*

to state sth/that — déclarer qqch./que

a declaration — une déclaration
[ˌdekləˈreɪʃən]
a statement [ˈsteɪtmənt]

to make* a declaration — faire une déclaration
to make* a statement

to assert sth/that — affirmer qqch./que
to affirm sth/that
(soutenu)

an assertion [əˈsɜːʃən] — une affirmation
an affirmation
[ˌæfəˈmeɪʃən] (soutenu)

To claim sth/that — prétendre qqch./que
to maintain sth/that

to maintain that — soutenir que

to assure sb — assurer qqn de qqch./à
of sth/sb that — tildeqqn que

to vouch for the fact — attester que
that
to attest that (soutenu)

to inform sb of sth — mettre qqn au courant
to acquaint sb with — de qqch.
sth

to bring* sth to sb's — signaler qqch. à qqn
attention

To announce sth *to sb* — annoncer qqch. *à qqn*
to intimate sth *to sb*
(soutenu)

an announcement — une annonce
[əˈnaʊnsmənt]
an intimation
[ˌɪntɪˈmeɪʃən] (soutenu)

to proclaim sth/that — proclamer qqch./que

a proclamation — une proclamation
[ˌprɒkləˈmeɪʃən]

to reveal sth *to sb* — révéler qqch. *à qqn*

a revelation [ˌrevəˈleɪʃən] — une révélation

a spokesperson *for* — un porte-parole *de*
[ˈspəʊks.pɜːsən]
a spokesman *for*
[ˈspəʊksmən]
(fém. spokeswoman)

official [əˈfɪʃəl] — officiel
formal [ˈfɔːməl]

informal [ɪnˈfɔːməl] — officieux

to go* on record as — déclarer publiquement
saying that — que

this is strictly off the — ceci est strictement
record (parlé) — officieux, ceci doit
rester entre nous

To insist on sth/that — insister *sur qqch./sur le*
[ɪnˈsɪst] — *fait que*

to stress sth/that — insister sur qqch./sur
le fait que

insistence [ɪnˈsɪstəns] — l'insistance

insistent [ɪnˈsɪstənt] — pressant, insistant

to emphasize sth — mettre l'accent sur
qqch.

to underline sth/that — souligner qqch./le fait
que

to reiterate sth/that — réitérer qqch./que

To exaggerate sth — exagérer qqch.
to overstate sth

exaggerated — exagéré
[ɪgˈzædʒəreɪtɪd]

an exaggeration — une exagération
[ɪgˌzædʒəˈreɪʃən]
an overstatement
[əʊvəˈsteɪtmənt]

emphatic [ɪmˈfætɪk] — catégorique
categorical [ˌkætɪˈgɒrɪkəl]

moderate [ˈmɒdərɪt] — modéré

I've heard that ... — j'ai appris que...

we are pleased to — nous sommes heureux
announce ... — d'annoncer...

you should know — il faut savoir que...
that ...
you should be aware
that ...

it should be noted — il faut signaler que...
that ...

one must not forget — il ne faut pas oublier
that ... — que...

it is important to bear — il faut tenir compte du
in mind that ... — fait que...

I have no hesitation in — je le dis/l'affirme sans
saying/asserting that — hésiter, il...
he ...

it's an understatement — c'est en dessous de la
vérité, c'est peu dire

2 EXPLAINING : EXPLIQUER

To explain sth *to sb*	expliquer qqch. *à qqn*	**because** [bɪˈkɒz]	parce que
to explain o.s.	s'expliquer (personne)	**from fear/despair** **out of fear/despair**	de peur/désespoir
an explanation [ˌekspləˈneɪʃən]	une explication	**as** [æz]	comme
to demand an explanation	exiger une explication	**considering** [kənˈsɪdərɪŋ]	étant donné
to seek* an explanation *for sth*	chercher une explication à *qqch.*	**since** [sɪns]	étant donné que
to give* an account of sth	rendre compte de qqch.	**due to**	dû à
to interpret sth *as sth*	interpréter qqch. *comme qqch.*	**therefore** [ˈðɛəfɔːʳ]	donc
an interpretation [ɪnˌtɜːprɪˈteɪʃən]	une interprétation	**In view of**	vu, étant donné
to misinterpret sth	mal interpréter qqch.	**in view of the fact that seeing that**	vu que
		thanks to	grâce à
To describe [dɪsˈkraɪb]	décrire	**for lack of** **for want of**	faute de
a description [dɪsˈkrɪpʃən]	une description	**for fear of**	de crainte de
to elucidate [ɪˈluːsɪdeɪt]	élucider	**by means of**	au moyen de
elucidation [ɪˌluːsɪˈdeɪʃən]	l'élucidation	**according to**	selon
to shed* light on sth	jeter de la lumière sur qqch., éclaircir qqch.	**On (the) grounds of**	pour cause de
to clarify sth	clarifier qqch.	**on financial/family grounds** **for financial/family reasons**	pour raisons financières/familiales
clarification [ˌklærɪfɪˈkeɪʃən] (n.c. sing.)	des éclaircissements	**on the pretext of sth/of doing/that** **on the pretence of sth/of doing/that**	sous prétexte de qqch./de faire/que
to demonstrate *how/that* [ˈdemənstreɪt]	démontrer *comment/que*		
a demonstration [ˌdemənˈstreɪʃən]	une démonstration	**That is why it happened**	voilà pourquoi c'est arrivé
Inexplicable [ˌɪnɪksˈplɪkəbl] **unaccountable** [ˈʌnəˈkaʊntəbl]	inexplicable	**it all arises from the fact that ...**	cela vient de ce que...
groundless [ˈɡraʊndlɪs]	sans fondement	**it is all a question of ...**	il s'agit en fait de...
		it has to do with ...	c'est lié à...
Because of **on account of** **owing to**	à cause de	**the thing is ...** (parlé)	c'est que...
		it depends on ...	cela dépend de...
		I reasoned that ...	je me suis dit que...

3 QUESTIONING AND ANSWERING : QUESTIONNER ET RÉPONDRE

To ask sb sth	demander qqch. à qqn	**to ask sb a question** *about sth*	poser une question à qqn *à propos de qqch.*
to ask whether **to enquire whether** **to inquire whether**	demander si	**to put* a question to sb** *about sth*	

to question sb *about sth*	interroger qqn *sur qqch.*, questionner qqn *sur qqch.*	**D**irect [daɪˈrekt]	direct
		evasive [ɪˈveɪzɪv]	évasif
To answer *sth/that* ['ɑːnsəʳ]	répondre *qqch./que*	frank [fræŋk] straightforward [ˌstreɪtˈfɔːwəd]	franc
to reply *sth/that* [rɪˈplaɪ]			
to answer sb *on sth* to reply to sb *on sth*	répondre à qqn *sur qqch.*	spontaneous [spɒnˈteɪnɪəs]	spontané
an answer to a reply to a response to (soutenu)	une réponse	**P**lease [pliːz]	s'il vous plaît
in answer to in reply to in response to	en réponse à	may I ask you why/where ...	puis-je vous demander pourquoi/où...
		can you tell me who/when ...	pouvez-vous me dire qui/quand...
Which book/friend ?	Quel livre/ami ?	I need the following information	j'aurais besoin des renseignements suivants
Which (one) ?	Lequel ?		
Where ? [wɛəʳ]	Où ?		
When ? [wen]	Quand ?	I should like to know what/whether ...	j'aimerais savoir ce que/si...
How ? [haʊ]	Comment ?		
Why ? [waɪ]	Pourquoi ?	he didn't reply anything he said nothing in reply	il n'a rien répondu
What for ?	Pour quoi faire ?		
How much ?	Combien ? (suivi d'un sing.)		
How many ?	Combien ? (suivi d'un plur.)	he wouldn't give me a straight answer he wouldn't say yes or no	il m'a fait une réponse de Normand

4 REQUESTING AND GRANTING : REQUÉRIR ET ACCORDER

To ask for sth	demander qqch.	to solicit sth *from sb* to seek* sth *from sb*	solliciter qqch. *de qqn*
to ask sb for sth/sb to do sth	demander qqch. à qqn/à qqn de faire	a petition *for/against* [pəˈtɪʃən]	une pétition *pour/contre*
to call for sth	réclamer qqch., exiger qqch.	to petition sb for sth	adresser une pétition à qqn pour qqch.
to request sth to make* a request for sth	requérir qqch.	an appeal *to sb/for sth* [əˈpiːl]	un appel *à qqn/pour qqch.*
a request [rɪˈkwest]	une requête		
to apply for sth to put* in a request for sth	faire une demande de qqch.	to appeal to sb *for sth*	faire appel à qqn *pour qqch.*
an application *for* [ˌæplɪˈkeɪʃən]	une demande *de* (autorisation, emploi)	**T**o grant *sb* sth	accorder qqch. *à qqn*
to make* a formal application *for sth*	faire une demande en bonne et due forme de qqch.	to accede to sb's wishes (soutenu)	accéder aux désirs de qqn
		to have mercy *on*	avoir pitié *de*
To beg sb *to do sth* to entreat sb *to do sth* to beseech* sb *to do sth* (soutenu)	supplier qqn *de faire qqch.*	to take* pity on sb	prendre qqn en pitié
		merciful ['mɜːsɪfʊl]	clément, miséricordieux
to implore sb *to do sth* to plead with sb *to do sth*	implorer qqn *de faire qqch.*	**T**o allow sth/sb to do	permettre qqch./à qqn de faire
		to give* permission to sb/to do	donner la permission à qqn/de faire

to **permit** sth/sb to do	autoriser qqch./à qqn de faire
a **permit** ['pɜ:mɪt]	un permis
to **authorize** sth/sb to do	autoriser qqch./qqn à faire
an **authorization** [ˌɔ:θəraɪ'zeɪʃən]	une autorisation
BR a **licence** ['laɪsəns] AM a **license**	une licence
to **license** sb to do	accorder à qqn une licence pour faire
to **forbid*** sth/sb to do	interdire qqch./à qqn de faire

to **prohibit** sth to **ban** sth	interdire qqch. (langage administratif)
May I have your authority to do so ?	Ai-je votre autorisation ?
you have my permission to ...	je vous donne la permission de...
for God's sake	pour l'amour de Dieu
for heaven's sake for pity's sake (parlé)	pour l'amour du ciel
Could I ? May I ?	Puis-je ?
Would you object if ... ?	Cela vous ennuierait-il si... ?

▶ 5 PROPOSING AND PERSUADING : PROPOSER ET PERSUADER

A proposal [prə'pəʊzl] a **proposition** [ˌprɒpə'zɪʃən]	une proposition
to **make*** sb a proposal to **make*** sb a proposition	faire une proposition à qqn
to **propose** sth to sb(1)	proposer qqch. à qqn
to **suggest** sth to sb	suggérer qqch. à qqn
a **suggestion** [sə'dʒestʃən]	une suggestion
to **offer** sth to sb	offrir qqch. à qqn
an **offer** ['ɒfə']	une offre
(1) ATTENTION **to propose to sb** = demander qqn en mariage	
To persuade sb of sth/to do sth	persuader qqn de qqch./de faire qqch.
to **talk** sb into doing sth	persuader qqn de faire qqch. (en parlant)
persuasive [pə'sweɪsɪv]	persuasif
persuasion [pə'sweɪʒən]	la persuasion

to **dissuade** sb from doing	dissuader qqn de faire
dissuasion [dɪ'sweɪʒən]	la dissuasion
to **convince** sb of sth/that	convaincre qqn de qqch./que
convincing [kən'vɪnsɪŋ]	convaincant
conviction [kən'vɪkʃən]	la conviction
Would you like me to go with you ?	Voulez-vous que je vous accompagne ?
How about a day at the sea ? (parlé)	Que diriez-vous d'une journée au bord de la mer ?
on behalf of	de la part de
please accept this gift from ...	je vous prie d'accepter ce cadeau de la part de...
It is kind of you to offer ! How kind of you to offer !	Comme c'est gentil à vous de le proposer !

▶ 6 AGREEING AND REFUSING : ACCEPTER ET REFUSER

To accept sth/that [ək'sept] to **agree** to sth/that [ə'gri:]	accepter qqch./que
acceptance of sth [ək'septəns]	l'acceptation de qqch.
to **agree** with sb about sth [ə'gri:] to **be in agreement** with sb about sth	être d'accord avec qqn sur qqch.

to **go*** along with sth (parlé)	être d'accord avec qqch.
to **give*** a nod of agreement	manifester son accord d'un signe de tête
to **come*** to an agreement with sb over sth	arriver à un accord avec qqn sur qqch.
to **reach an agreement** with sb over sth	

to approve of sth	approuver qqch.
approval [ə'pru:vəl]	l'approbation
to give* one's approval *to sth* **to approve** *sth* [ə'pru:v]	donner son approbation *à qqch.*
To consent *to sth* [kən'sent]	consentir *à qqch.*
consent	le consentement
to give* one's consent *to sth*	donner son consentement *à qqch.*
by common consent **by common agreement**	d'un commun accord
to acquiesce [.ækwɪ'es]	acquiescer
acquiescence [.ækwɪ'esns]	l'assentiment
to assent *to sth* [ə'sent] **to give* one's assent** *to sth*	donner son assentiment *à qqch.*

To refuse *sb sth/to do* [rɪ'fju:z]	refuser *qqch. à qqn/de faire*
to turn an offer down	refuser une offre
to turn sb down	refuser qqn (pour un emploi, une demande)
a refusal [rɪ'fju:zəl]	un refus
to decline an invitation/a request	décliner une invitation/une demande
to reject sb/sth	rejeter qqn/qqch.
a rejection [rɪ'dʒekʃən]	un rejet
I fully endorse your view (soutenu)	je souscris entièrement à ce que vous dites
Come on, say yes!	Allez, dis oui!
it is out of the question	il n'en est pas question
No way! (parlé)	Pas question!
Not if I can help it! (parlé)	Jamais de la vie!
You must be joking!	Tu plaisantes!
Over my dead body!	Il faudra me passer sur le corps avant!

7 MENTIONING : MENTIONNER

To mention sth *to sb*	mentionner qqch. *à qqn*
to remark to sb *upon sth*	faire une remarque à qqn *sur qqch.*
to make* the point that **to point out that**	faire remarquer que
to point out sth *to sb*	faire remarquer qqch. *à qqn*
to bring* up a question *with sb* **to raise a question** *with sb*	soulever une question *avec qqn*
to call sb's attention *to sth* **to draw* sb's attention** *to sth*	attirer l'attention de qqn *sur qqch.*
to note that	noter que
An allusion [ə'lu:ʒən]	une allusion
to allude to	faire allusion à
to observe *that* [əb'zɜ:v]	observer *que*, constater *que*
an observation [.ɒbzə'veɪʃən]	une observation, une constatation

a reference *to* ['refrəns]	une référence *à*
to refer to	faire référence à
a hint [hɪnt]	une insinuation
to hint at sth	insinuer qqch.
On the subject of	au sujet de
in connection with	à propos de
by the way	à propos
as regards **with regard to** **with reference to**	en ce qui concerne
concerning [kən'sɜ:nɪŋ] **having regard to** (soutenu)	concernant
I should like to say a brief word about ...	j'aimerais vous dire quelques mots de...
it's hardly worth mentioning	cela mérite à peine d'être mentionné
not to mention ...	sans oublier...
we should mention in passing ...	il faut mentionner en passant...

COMPLAINING AND PROTESTING :
SE PLAINDRE ET PROTESTER

To complain *to sb about sth* [kəm'pleɪn]	se plaindre *à qqn de qqch.*
a complaint [kəm'pleɪnt]	une réclamation, une plainte
to make* a complaint	faire une réclamation
to lodge a complaint about **to register a complaint about**	porter plainte au sujet de
To whine *about sth* [waɪn] **to moan** *about sth* [məʊn] (parlé)	se lamenter *sur qqch.*
to bemoan one's fate	se lamenter sur son sort
to feel* sorry for o.s.	s'apitoyer sur soi-même
to be full of self-pity	se trouver bien à plaindre
to grumble *about* ['grʌmbl] **to grouse** *about* [graʊs]	râler *à propos de*
plaintive ['pleɪntɪv] **doleful** ['dəʊlfʊl]	plaintif

To protest *about sth/that* ['prəʊtest]	protester *contre qqch./que*
a protest *about/against*	une protestation *concernant/contre*
to speak* up against sth	s'élever contre qqch.
to disapprove of sth **to object to sth**	désapprouver qqch.
to deplore sth	déplorer qqch.
to demonstrate *for/against* ['demənstreɪt]	manifester(1) *pour/contre*
a demonstration [‚demən'streɪʃən] **a protest march**	une manifestation
a demo ['deməʊ] (parlé)	une manif
(1) ATTENTION FAUX AMI **to manifest** = montrer, démontrer	
Intolerable [ɪn'tɒlərəbl]	intolérable
disastrous [dɪ'zɑ:strəs]	désastreux
scandalous ['skændələs]	scandaleux
a deplorable state of affairs **an appalling state of affairs**	une situation déplorable
it is quite unacceptable	c'est inadmissible

BLAMING : REPROCHER

A criticism ['krɪtɪsɪzəm]	une critique
to criticize sb *for sth*	critiquer qqn de qqch.
critical *of* ['krɪtɪkəl]	critique *de*
to condemn sb *for sth*	condamner qqn *pour qqch.*
a condemnation [‚kɒndem'neɪʃən]	une condamnation
to find* fault with sb	trouver à redire au sujet de qqn
To denounce sb *for sth*	dénoncer qqn *pour qqch.*
a denunciation [dɪ‚nʌnsɪ'eɪʃən]	une dénonciation
to accuse sb *of sth*	accuser qqn *de qqch.*
an accusation [‚ækju'zeɪʃən]	une accusation
accusing [ə'kju:zɪŋ]	accusateur
alleged [ə'ledʒd]	prétendu

allegations *of/that* [‚ælɪ'geɪʃən]	les allégations *de/selon lesquelles*
to allege that	alléguer que
To reproach sb with sth **to blame sb for sth**	reprocher qqch. à qqn
to blame sth on sb **to put* the blame for sth on sb**	rejeter la responsabilité de qqch. sur qqn
blameworthy ['bleɪmwɜ:ðɪ]	blâmable
a reproach [rɪ'prəʊtʃ]	un reproche
reproachful [rɪ'prəʊtʃfʊl] **reproving** [rɪ'pru:vɪŋ]	réprobateur
To scold sb *for sth* **to chide* sb** *for sth* (soutenu)	gronder qqn *pour qqch.*
a reprimand ['reprɪmɑ:nd]	une réprimande

to reprimand sb	réprimander qqn
to tick sb off (parlé)	attraper qqn
to tell* sb off (parlé)	
to lecture sb	sermonner qqn
to give* sb a good scolding	passer un bon savon à qqn
to take* sb to task	prendre qqn à parti
to give* sb a rap on the knuckles	taper sur les doigts de qqn
To libel sb	calomnier qqn, diffamer qqn (par écrit)
libel ['laɪbəl]	la diffamation
to slander sb	calomnier qqn, diffamer qqn (verbalement)
slander ['slɑːndər]	la diffamation
a calumny ['kæləmnɪ]	une calomnie
To denigrate sth/sb	dénigrer qqch./qqch.
to run* sth/sb down	
to pour scorn on sth/sb (soutenu)	

contempt [kən'tempt] scorn ['skɔːn]	le mépris
to show* contempt for sth/sb	manifester son mépris pour qqch./qqn
to despise sth/sb to scorn sth/sb	mépriser qqch./qqn
contemptuous [kən'temptjuəs] scornful ['skɔːnful]	méprisant
contemptible [kən'temptəbl] despicable [dɪs'pɪkəbl]	méprisable
You should never have done such a thing	vous n'auriez jamais dû faire cela
he was wrong to do that	il a eu tort de faire cela
I am entirely to blame for it	je suis entièrement responsable de
I'm not to blame	je n'y suis pour rien
I shall not hold this against you	je ne vous en tiendrai pas rigueur

10 ADMITTING AND DENYING : AVOUER ET NIER

To recognize sth/that to acknowledge sth/that	reconnaître qqch./que
in acknowledgement of in recognition of	en reconnaissance de
to admit sth *to sb*	admettre qqch. *devant qqn*
to acknowledge sth to admit sth	convenir de qqch.
to confess sth *to sb*	confesser qqch. *à qqn*
to confess sth to own up to sth	avouer qqch.
a confession [kən'feʃən] an admission [əd'mɪʃən]	un aveu
on his own admission	de son propre aveu
to concede sth/that	concéder qqch./que
To deny sth	démentir qqch.
a denial [dɪ'naɪəl]	un démenti
to issue an official denial	publier un démenti officiel

to contest sth	contester qqch.
to deny sth/having done	nier qqch./avoir fait
to refute sth	réfuter qqch.
a refutation [ˌrefjuˈteɪʃən]	une réfutation
To contradict sb	contredire qqn
to contradict sth to give* the lie to sth	contredire qqch.
contradictory [ˌkɒntrəˈdɪktərɪ]	contradictoire
a contradiction [ˌkɒntrəˈdɪkʃən]	une contradiction
I must confess that ...	je dois avouer que...
I will admit that ...	je suis prêt à admettre que...
I don't dispute that ...	je ne conteste pas le fait que...
it cannot be denied that ...	on ne peut nier le fait que...
I grant you that I give you that	je vous l'accorde

REGRETS AND APOLOGIES : REGRETTER ET S'EXCUSER

To regret sth/that
[rɪ'gret]

regretter qqch./que

a regret for, about

un regret de

to have regrets

éprouver des regrets

regrettable [rɪ'gretəbl]
unfortunate [ʌn'fɔːtʃnɪt]

regrettable

with regret
regretfully [rɪ'gretfəlɪ]

à regret (partir)

with regret
reluctantly [rɪ'lʌktəntlɪ]

à regret (accepter, donner)

To be sorry for sth/for doing

être désolé de qqch./d'avoir fait

to be very upset about sth

être peiné de qqch.

to deplore sth

déplorer qqch.

remorse [rɪ'mɔːs]

le remords

to feel* remorse

éprouver des remords

shame [ʃeɪm]

la honte

to be ashamed of/that

avoir honte de/de ce que

An apology [ə'pɒlədʒɪ]

une excuse (regret)

to apologize to sb for sth [ə'pɒlədʒaɪz]

s'excuser auprès de qqn de qqch.

to make* one's apologies for

présenter ses excuses pour

to be very apologetic

se confondre en excuses

an excuse [ɪks'kjuːz]

une excuse (justification)

to make* excuses for sth

inventer des excuses pour qqch.

to excuse sb for sth/for having done

excuser qqn de qqch./d'avoir fait

To forgive* sb (for) sth
to pardon sb (for) sth
(soutenu)

pardonner qqch. à qqn

to ask sb's forgiveness for sth

demander pardon à qqn de qqch.

unforgivable
['ʌnfə'gɪvəbl]
unpardonable
[ʌn'pɑːdnəbl]

impardonnable (faute)

indulgent [ɪn'dʌldʒənt]
forgiving [fə'gɪvɪŋ]

indulgent

unforgiving ['ʌnfə'gɪvɪŋ]

impitoyable

I am afraid that ...
I fear that ... (soutenu)

je crains que...

I regret to inform you that ...

je suis au regret de vous informer que...

to my great regret
regretfully [rɪ'gretfəlɪ]

à mon grand regret

It's all my fault

c'est de ma faute

it won't happen again

cela ne se reproduira pas

I didn't mean to do it

je ne l'ai pas fait exprès

I owe you an apology

je vous dois des excuses

I am sorry I have not written
forgive me for not writing

excusez-moi de ne pas vous avoir écrit

Sorry! ['sɒrɪ]

Pardon !

I beg your pardon

je vous demande pardon

there's no excuse for such behaviour

ce genre de conduite est inexcusable

you're forgiven

vous êtes tout excusé

I should never have said/done that

je n'aurais jamais dû dire/faire cela

you cannot be forgiven
it's unforgivable of you

tu es impardonnable

What a pity!
What a shame! (parlé)

Quel dommage !

it is a pity that ...
it's a shame that ...
(parlé)

il est dommage que...

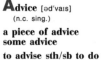 **ADVISING** : CONSEILLER

Advice [əd'vaɪs]
(n.c. sing.)

le(s) conseil(s)

a piece of advice
some advice

un conseil

to advise sth/sb to do

conseiller qqch./à qqn de faire

to advise sb *about sth*

conseiller qqn *sur qqch.*

to advise sb against sth

déconseiller qqch. à qqn

to ask sb's advice *about sth*

demander conseil à qqn *à propos de qqch.*

to seek* advice *from sb/about sth*

chercher conseil *auprès de qqn/sur qqch.*

advisable [əd'vaɪzəbl]

conseillé

To recommend sth *to sb*

recommander qqch. *à qqn*

a recommendation
[ˌrekəmen'deɪʃən]

une recommandation

to advocate sth
to recommend sth

préconiser qqch.

to guide sb

guider qqn

To warn sb *about sth/not to do*

avertir qqn *de qqch./de ne pas faire*

a warning ['wɔːnɪŋ]

un avertissement

to give* sb a warning

lancer un avertissement à qqn

to exhort sb *to do*
to urge sb *to do*

exhorter qqn *à faire*

an exhortation
[ˌegzɔː'teɪʃən]

une exhortation

to heed sth
to take* heed of sth

tenir compte de qqch.

to give* sb a tip *about sth* (parlé)

donner un tuyau à qqn *pour qqch.*

BR to consult sb *about sth*
AM to consult with sb *about sth*

consulter qqn *à propos de qqch.*

to counsel sb

conseiller qqn (à titre professionnel)

a counsellor ['kaʊnslər]

un(e) conseiller (-ère) (sociopsychologue)

in consultation with

en consultation avec

If I were you, I ...
in your place, I ...

à votre place, je...

if you want my advice ...

si vous voulez mon avis...

you would be right/wrong to do ...

vous feriez bien/vous auriez tort de faire...

you should/shouldn't do that
you ought/ought not to do that

vous devriez/ne devriez pas faire ça

let me give you a word of advice

si je peux me permettre de vous donner un conseil

ORDERING : ORDONNER

An order ['ɔːdər]

un ordre

to give* sb an order

donner un ordre à qqn

to give* sb the order to do
to order sb to do
to direct sb to do

donner à qqn l'ordre de faire, ordonner à qqn de faire

to give* orders that

donner des ordres comme quoi

on the orders of

sur les ordres de

To tell* sb to do sth

dire à qqn de faire qqch.

to have sth done
to get* sth done

faire faire qqch.

to make* sb do sth
to get* sb to do sth
to have sb do sth

faire faire qqch. à qqn

to instruct sb to do
to give* sb the job of doing

charger qqn de faire

an instruction
[ɪn'strʌkʃən]

une instruction

on the instructions of

sur les instructions de

to command sb to do/that sth be done
[kə'mɑːnd]

commander à qqn de faire/que qqch. soit fait

a command (soutenu)

un commandement

To give* directions *to sb on sth*

donner des directives *à qqn pour qqch.*

to decree that	décréter que
a decree [dɪ'kri:]	un décret
to demand that	exiger que
to bid* sb do (soutenu)	enjoindre à qqn de faire
to summon sb to do	sommer qqn de faire
a summons ['sʌmənz] (sing.)	une sommation
to dictate to sb	régenter qqn

That's an order!	C'est un ordre!
You must do this without fail!	Faites-le sans faute!
I am impelled to ask you to do so	je suis dans l'obligation de vous demander de le faire
kindly do so at once	veuillez le faire immédiatement

PROMISING : PROMETTRE

A promise ['prɒmɪs]	une promesse
to keep* one's promise	tenir sa promesse
to break* one's promise	manquer à sa promesse
to promise sth to sb	promettre qqch. à qqn
to give* sb one's promise/assurance that	donner à qqn la promesse/l'assurance que
to promise sb the moon/the earth	promettre la lune/monts et merveilles à qqn
a vain promise an idle promise	une promesse en l'air

To give* sb one's word on sth	donner sa parole à qqn sur qqch.
to keep* one's word	tenir parole
to break* one's word	manquer à sa parole
to swear* that [sweə']	jurer que
to make* a vow of sth/that	faire serment de/que
to swear* an oath on sth to do	prêter serment sur qqch. de faire
to break* a vow	rompre un serment
to pledge sb to secrecy	faire promettre le secret à qqn
to vow sth	faire vœu de qqch.

To vouch for sb/sth	répondre de qqn/qqch.
to guarantee sth/that	garantir qqch./que
a guarantee [ˌgærən'ti:]	une garantie
to make* an agreement with sb	conclure un accord avec qqn
to hold* to an agreement	respecter un accord
to reassure sb about sth	rassurer qqn à propos de qqch.

To make* a commitment to enter into a commitment	s'engager
to commit o.s. to doing to bind* o.s. to do	s'engager à faire
to pledge one's word that (soutenu)	s'engager formellement à ce que
to depend on sb for sth	dépendre de qqn pour qqch.
to be faithful to one's obligations	respecter ses obligations
to rely on sb to do	compter sur qqn pour faire

Faithful ['feɪθful]	fidèle
reliable [rɪ'laɪəbl] dependable [dɪ'pendəbl]	sérieux, sur qui on peut compter
sincere [sɪn'sɪə']	sincère
solemn ['sɒləm]	solennel
to say* sth in good/bad faith	dire qqch. de bonne/mauvaise foi

That's a promise	je vous le promets
I give you my word of honour that ...	je vous donne ma parole d'honneur que...
he is as good as his word	on peut le croire sur parole
you can take my word for it	tu peux me croire (sur parole), crois-m'en
promise me that you will ...	promettez-moi de...
I'm committed to it	je m'y suis engagé

15 THANKING AND CONGRATULATING :
REMERCIER ET FÉLICITER

To thank sb *for sth/for doing*	remercier qqn *pour qqch./d'avoir fait*	to admire *sb for sth/for doing* [əd'maɪə']	admirer qqn *pour qqch./d'avoir fait*
to thank sb warmly	remercier qqn vivement	admiring [əd'maɪərɪŋ]	admiratif
to thank sb from the bottom of one's heart	remercier qqn du fond du cœur	to praise sth/sb	louer qqch./qqn
		to praise sb/sth to the skies	porter qqn/qqch. aux nues
grateful ['greɪtfʊl] thankful ['θæŋkfʊl]	reconnaissant	to heap praises on sb	couvrir qqn d'éloges
gratitude ['grætɪtjuːd]	la gratitude	to take* one's hat off to sb	tirer son chapeau à qqn
to show* one's gratitude *to sb*	témoigner sa gratitude à qqn		
to express one's gratitude *to sb for sth*	exprimer sa gratitude à qqn pour qqch.	Thank you very much for ... many thanks for ...	merci beaucoup pour...
to be indebted to sb *for sth* (soutenu)	être redevable envers qqn *de qqch.*	Thanks a lot ! (parlé)	Merci beaucoup !
to be beholden to sb *for sth* (soutenu)	être obligé à qqn *de qqch.*	please accept our thanks for ...	nous vous prions d'accepter tous nos remerciements pour...
ungrateful [ʌn'greɪtfʊl]	ingrat		
ingratitude [ɪn'grætɪtjuːd]	l'ingratitude	with renewed thanks for all you have done	en vous remerciant encore pour tout ce que vous avez fait
To congratulate sb *on sth/on doing*	féliciter qqn *de qqch./d'avoir fait*	give her my thanks for the book	remercie-la de ma part pour le livre
congratulations [kən,grætju'leɪʃənz]	les félicitations	Not at all !	Je vous en prie !
to offer one's congratulations to sb	présenter ses félicitations à qqn	warmest congratulations on your success/your engagement	mes plus sincères félicitations pour votre succès/vos fiançailles
a congratulatory telegram	un télégramme de félicitations	what I admire in him is ...	ce que j'admire chez lui c'est...
to compliment sb *on sth*	faire des compliments à qqn *sur qqch.*	Well done !	Bravo !
complimentary [,kɒmplɪ'mentərɪ]	élogieux	Hats off to him ! You've got to hand it to him !	Chapeau !

16 DISCUSSING : DISCUTER

A discussion *of/about* [dɪs'kʌʃən]	une discussion *sur/à propos de*	topical ['tɒpɪkəl]	d'actualité
to discuss sth *with sb* to talk sth over *with sb*	discuter qqch. *avec qqn*	a question ['kwestʃən] an issue ['ɪʃuː]	une question (sujet)
to speak* *to sb about sth* [spiːk] to talk *to sb about sth* [tɔːk]	parler *à qqn de qqch.*	the matter in hand the point at issue	ce dont il est question
		BR the discussion centred on ... AM the discussion centered on ...	la discussion portait sur...
to tell* sb about sth	raconter qqch. à qqn	to come* to the point	en venir au fait
to listen to sb	écouter qqn	to stick* to the point	rester dans le sujet
A subject ['sʌbdʒɪkt] a topic ['tɒpɪk]	un sujet	to digress [daɪ'gres]	s'éloigner du sujet
		a digression [daɪ'greʃən]	une digression

345

A talk [tɔ:k]
a conversation
[ˌkɒnvə'seɪʃən]

un entretien

a discussion [dɪs'kʌʃən]

une discussion

an interview ['ɪntəvju:]

une entrevue

**a face-to-face
encounter**

un face-à-face

a debate on/about
[dɪ'beɪt]

un débat
sur/concernant

to debate sth with sb

débattre de qqch. avec
qqn

debatable [dɪ'beɪtəbl]

discutable

To negotiate sth/with
sb [nɪ'gəʊʃɪeɪt]

négocier qqch./avec
qqn

negotiations
[nɪˌgəʊʃɪ'eɪʃənz]

les négociations

to confer with sb/about
sth [kən'fɜ:']

conférer avec qqn/sur
qqch.

a conference on sth
['kɒnfrəns]

une conférence sur
qqch.

a forum ['fɔ:rəm]

une tribune (débat)

a panel ['pænl]

une tribune (participants)

To contribute to
[kən'trɪbju:t]
to take* part in

participer à

to intervene in [ˌɪntə'vi:n]

intervenir dans

an intervention
[ˌɪntə'venʃən]

une intervention

to interrupt [ˌɪntə'rʌpt]

interrompre

an interruption
[ˌɪntə'rʌpʃən]

une interruption

to butt in

s'immiscer dans la
conversation, mettre
son grain de sel

A point of view

un point de vue

**to exchange views
on sth**

avoir un échange de
vues sur qqch.

an opinion on, of,
about [ə'pɪnjən]
a view about, on [vju:]

une opinion sur, un
avis sur

to form an opinion

se faire une opinion

to share sb's view
on sth

partager l'opinion de
qqn sur qqch.

**to hold* strong views
on sth**
**to hold* definite views
on sth**

avoir des opinions bien
arrêtées sur qqch.

**it's a matter of
opinion**

c'est une affaire
d'opinion

**to have a good/bad
opinion of**

avoir bonne/mauvaise
opinion de

**to be of the opinion
that**
to hold* the view that

être d'avis que

to change one's mind
about sth, on sth
**to have a change of
heart** about sth

changer d'avis en ce
qui concerne qqch.

**to change one's
opinion**

changer d'opinion

To believe sth/that
[bɪ'li:v]

croire qqch./que

to consider that

considérer que

**to have the impression
that**

avoir l'impression que

to challenge sth

mettre qqch. en
question

a disagreement with sb
about sth

un désaccord avec qqn
au sujet de qqch.

to disagree with sb
about sth

être en désaccord avec
qqn au sujet de
qqch.

to take* issue with sb
on sth

exprimer son
désaccord avec qqn
sur qqch.

To retort that [rɪ'tɔ:t]

répliquer, rétorquer
que

a retort

une réplique

to be good at repartee

avoir la repartie facile

an argument
['ɑ:gjumənt]

un argument

**to put* forward an
argument**

avancer un argument

to argue that

arguer que

a compromise
['kɒmprəmaɪz]

un compromis

to compromise on
**to come* to a
compromise** on

arriver à un
compromis sur

Against [ə'genst]

contre

BR **in favour of**
AM **in favor of**

en faveur de

for [fɔ:']

pour

the pros and cons
(plur.)

le pour et le contre

to take* sides with sb
on sth/against sb
to side with sb on
sth/against sb

prendre parti pour
qqn pour
qqch./contre qqn

to change sides

changer de camp

Intransigent
[ɪn'trænsɪdʒənt]
uncompromising
[ʌn'kɒmprəmaɪzɪŋ]

intransigeant

**a noisy/heated
discussion**

une discussion
bruyante/passionnée

secret ['si:krɪt]

secret

behind closed doors

à huis clos

What are your feelings about ... ?	Quel est votre sentiment sur... ?	on the one hand ... on the other hand	d'une part... d'autre part, d'un côté... de l'autre côté
my personal opinion is ...	personnellement je pense que...	**finally** ['faɪnəlɪ]	finalement
personally, I believe ...		**and to summarize**	en résumé donc
in my opinion ...	à mon avis...	**basically** ['beɪsɪklɪ]	au fond
as I see it ...			
to my mind ...		**I can't agree with that**	je ne suis pas d'accord sur ce point
from my point of view	selon moi, d'après moi		
to my way of thinking		**I beg to differ**	permettez-moi de ne pas partager votre avis
as far as I am concerned ...	quant à moi...		
it seems to me that ...	il me semble que...	**you are utterly mistaken**	vous vous trompez lourdement
I think that ...	je trouve que...		
my view is that ...		**this is the wrong approach to the problem**	ce n'est pas la bonne façon d'aborder le problème
for my part, I ...	pour ma part, je...		
it would appear that ...	il semblerait que...	**we take exception to your statement** (soutenu)	nous trouvons blessante votre déclaration
Let us suppose that ...	supposons que...		
let us assume that ...		**he will not hear of it**	il ne veut pas en entendre parler
you have a point there	ce que vous dites est juste		
that is a valid point		**I couldn't get a word in edgeways**	je n'ai pas pu placer un mot
first ..., second ..., last	d'abord..., ensuite..., enfin		

17 QUARRELLING : LA QUERELLE

A quarrel ['kwɒrəl]	une querelle	**to come* into conflict** with sb	entrer en conflit avec qqn
to pick a quarrel with sb	chercher querelle à qqn		
to quarrel with sb about sth, over sth	se quereller avec qqn à propos de qqch.	**T**o speak* one's mind	dire ce que l'on pense
a lovers' tiff	une querelle d'amoureux	**to have it out with sb** (parlé)	s'expliquer avec qqn
an argument ['ɑ:gjumənt]	une dispute	**to squabble** ['skwɒbl] **to bicker** ['bɪkər]	se chamailler
a dispute [dɪs'pju:t] (soutenu)		**squabbles** ['skwɒblz]	des chamailleries
a row [raʊ] (parlé)		**to have a tiff** with sb (parlé)	avoir une prise de bec avec qqn
to have an argument with sb about sth	se disputer avec qqn à propos de qqch.	**a misunderstanding** ['mɪsʌndə'stændɪŋ]	un malentendu
to argue with sb/about sth ['ɑ:gju:]		**discord** ['dɪskɔ:d]	la discorde
to have a row with sb about sth (parlé)		**to be on bad terms** with sb	être en mauvais termes avec qqn
To clash with sb over sth [klæʃ]	se heurter avec qqn à propos de qqch.	**to fall* out** with sb	se brouiller avec qqn
a clash	un heurt	**to break* with sb**	rompre avec qqn
to provoke sb	provoquer qqn		
a provocation [.prɒvə'keɪʃən]	une provocation	**Q**uarrelsome ['kwɒrəlsəm]	querelleur
provocative [prə'vɒkətɪv]	provocateur	**tense** [tens]	tendu
to be in conflict with sb	être en conflit avec qqn	**to be at daggers drawn** with sb	être à couteaux tirés avec qqn
to conflict with sb ['kɒnflɪkt]		**a grievance** ['gri:vəns]	un grief

antagonism [æn'tægənɪzəm]	l'antagonisme
an antagonist [æn'tægənɪst]	un(e) antagoniste
To offend [ə'fend]	offenser
BR **to take* offence** *at* *sth* AM **to take* offense** *at* *sth*	s'offenser *de qqch.*
to hurt* sb's feelings	blesser qqn, froisser qqn
to give* sb a piece of one's mind (parlé)	dire ses quatre vérités à qqn

No offence meant !	Soit dit sans vouloir vous vexer !
Reconciliation [ˌrekənsɪlɪ'eɪʃən]	la réconciliation
to be reconciled	être réconcilié
to make* it up *with sb*	se réconcilier *avec qqn*
to patch things up (parlé)	se raccommoder
to smooth things over	arranger les choses
to settle a quarrel/a dispute	régler une querelle/une dispute
to bury the hatchet	enterrer la hâche de guerre

ELOQUENCE : L'ÉLOQUENCE

Eloquence ['eləkwəns]	l'éloquence
eloquent ['eləkwənt]	éloquent
silver-tongued	à la langue déliée
her command of the language	sa maîtrise de la langue
to be articulate **to express o.s. with ease**	savoir s'exprimer
to express o.s. with difficulty	s'exprimer avec difficulté
oratory ['ɒrətərɪ]	l'art oratoire
an orator ['ɒrətəʳ]	un(e) orateur (-trice)
to be a good/poor speaker	bien/mal parler, être un bon/mauvais orateur
impassioned [ɪm'pæʃnd]	passionné
to have the gift of the gab (parlé)	avoir la langue bien pendue
To put* sth well/badly **to phrase sth well/badly**	bien/mal exprimer qqch.
well-phrased	bien tourné
in other words	autrement dit
it's only a figure of speech	c'est une façon de parler
clear [klɪəʳ]	clair
to the point **relevant** ['reləvənt]	pertinent
coherent [kəʊ'hɪərənt]	cohérent
coherence [kəʊ'hɪərəns]	la cohérence
Brief [bri:f]	bref
in short, it's too late	bref, c'est trop tard

in a nutshell	en un mot
laconic [lə'kɒnɪk] **terse** [tɜ:s]	laconique
concise [kən'saɪs]	concis
succinct [sək'sɪŋkt]	succinct
Pompous ['pɒmpəs]	pompeux
pedantry ['pedəntrɪ]	le pédantisme
pedantic [pɪ'dæntɪk]	pédant
verbose [vɜ:'bəʊs] **wordy** ['wɜ:dɪ]	verbeux
verbosity [vɜ:'bɒsɪtɪ]	la verbosité
incoherent [ˌɪnkəʊ'hɪərənt]	incohérent
incoherence [ˌɪnkəʊ'hɪərəns]	l'incohérence
obscure [əb'skjʊəʳ]	obscur
To be inarticulate	ne pas savoir s'exprimer
That's completely irrelevant !	Cela n'a strictement rien à voir !
to talk nonsense BR **to talk rubbish** (parlé) AM **to talk garbage** (parlé)	dire des bêtises
to beat* about the bush	tourner autour du pot
to dry (up) (parlé)	ne plus rien trouver à dire
he was at a loss for words	il ne savait pas quoi dire
he could not put it in words	il ne trouvait pas les mots pour l'exprimer

THE USUAL AND THE UNUSUAL :
L'HABITUEL ET L'INHABITUEL

A habit [ˈhæbɪt] — une habitude

from habit
out of habit — par habitude

to be in the habit
of doing
to have the habit of
doing — avoir l'habitude de faire, avoir pour habitude de faire

to be used to sth/to
doing sth — être habitué à qqch./à faire qqch.

I'm used to it — j'(en) ai l'habitude

to be accustomed to
sth/to doing sth — être accoutumé à qqch./à faire qqch.

a custom [ˈkʌstəm] — une coutume

according to custom — selon la coutume

it was her custom to
do it — elle avait coutume de le faire

he used to do it
he would do it — il le faisait (régulièrement dans le passé)

To get* used to sth/to
doing sth — s'habituer à qqch./à faire qqch.

to get* accustomed to
sth/to doing sth — s'accoutumer à qqch./à faire qqch.

to get* into the habit
of doing sth — prendre l'habitude de faire qqch.

don't make a habit
of it — ne prends pas cette habitude

to become* a habit — devenir une habitude

to do sth automatically — faire qqch. machinalement

a bad habit — une mauvaise habitude

to get* into bad habits — prendre de mauvaises habitudes

Usual [ˈjuːʒʊəl]
habitual [həˈbɪtjʊəl] — habituel

customary [ˈkʌstəməri] — coutumier

usually [ˈjuːʒʊəlɪ]
as a rule — d'habitude, habituellement

as usual — comme d'habitude

it's worse than usual — c'est pire que d'habitude

Ordinary [ˈɔːdnrɪ] — ordinaire

ordinarily [ˈɔːdnrɪlɪ] — d'ordinaire

common(place)
[ˈkɒmən(ˌpleɪs)] — courant

normal [ˈnɔːməl] — normal

it's the norm
it's standard practice — c'est la norme

traditional [trəˈdɪʃənl] — traditionnel

a tradition [trəˈdɪʃən] — une tradition

it is a tradition that ... — la tradition veut que...

the stock
reply/reaction — la réponse/réaction classique

Average [ˈævərɪdʒ] — moyen

the average — la moyenne

above/below average — au-dessus/au-dessous de la moyenne

regular [ˈregjʊləˈ] — régulier

regularity [ˌregjʊˈlærɪtɪ] — la régularité

Banal [bəˈnɑːl]
common or garden
run-of-the-mill — banal

banality [bəˈnælɪtɪ] — la banalité

everyday [ˈevrɪdeɪ] — quotidien

common [ˈkɒmən] — commun

a commonplace — un lieu commun

humdrum [ˈhʌmdrʌm] — routinier

routine [ruːˈtiːn] — la routine

Familiar [fəˈmɪljəˈ] — familier

to familiarize o.s.
with sth
to get* to know sth
to become*
acquainted with sth — se familiariser avec qqch.

to know* sth well
to be familiar with sth — bien connaître qqch., être familiarisé avec qqch.

To happen [ˈhæpən]
to occur [əˈkɜːˈ] — arriver, se passer

to take* place — avoir lieu

often [ˈɒfən] — souvent

always [ˈɔːlweɪz] — toujours

nearly always
almost always — presque toujours

Unusual [ʌnˈjuːʒʊəl]
unaccustomed
[ˈʌnəˈkʌstəmd] — inhabituel

to be unaccustomed to sth/to do sth	ne pas avoir l'habitude de qqch./de faire qqch.	extraordinary [ɪks'trɔ:dnrɪ]	extraordinaire
to break* a habit to shake* off a habit	se débarrasser d'une habitude	original [ə'rɪdʒɪnl]	original
rare [rɛəˈ]	rare	originality [ə.rɪdʒɪ'nælɪtɪ]	l'originalité
rarely ['rɛəlɪ] seldom ['seldəm]	rarement	out-of-the-ordinary out-of-the-way	insolite

New [nju:] — nouveau
Curious ['kjuərɪəs] — curieux

irregular [ɪ'regjʊləˈ]	irrégulier	peculiar [pɪ'kju:lɪəˈ] odd [ɒd] queer [kwɪəˈ]	bizarre
exceptional [ɪk'sepʃənl]	exceptionnel	a peculiarity [pɪ.kju:lɪ'ærɪtɪ] an oddity ['ɒdɪtɪ]	une bizarrerie
it's unheard of	c'est du jamais vu		
hardly ever almost never	pratiquement jamais, pour ainsi dire jamais	strange [streɪndʒ]	étrange
		abnormal [æb'nɔ:məl]	anormal
Special ['speʃəl]	spécial	deviant ['di:vɪənt]	déviant
remarkable [rɪ'mɑ:kəbl]	remarquable	deviance *from* ['di:vɪəns]	la déviance *de*

2 CAUSE AND EFFECT : LA CAUSE ET L'EFFET

A cause *of* [kɔ:z]	une cause *de*	the source [sɔ:s]	la source
to be the cause of sth	être la cause de qqch.	to involve [ɪn'vɒlv] to entail [ɪn'teɪl]	impliquer
to cause sth	causer qqch.	to be responsible for	être responsable de
the reason *for sth/doing sth* ['ri:zn]	la raison *de qqch./de faire qqch.*	to bring* sth about to produce sth to provoke sth	provoquer qqch.
to give* sb cause for sth/for doing sth	donner à qqn une raison pour qqch./pour faire qqch.	to prompt sth to trigger sth off	déclencher qqch.
to be grounds for to be a reason for	constituer une raison pour	**A** consequence ['kɒnsɪkwəns]	une conséquence
because [bɪ'kɒz]	parce que	in consequence	en conséquence
because of	à cause de	as a consequence of in consequence of	en conséquence de
To lead* to sth	mener à qqch., conduire à qqch.	consequently ['kɒnsɪkwəntlɪ] as a result	par conséquent
to lead* sb to do sth	conduire qqn à faire qqch.	as a result of	par suite de
to cause sb to do sth	amener qqn à faire qqch.	to result from to arise* from	résulter de
to impel sb to do sth	pousser qqn à faire	to follow from	découler de, s'ensuivre de
to incite sb to do sth	inciter qqn à faire		
incitement *to* [ɪn'saɪtmənt]	l'incitation *à*		
to contribute to(wards) sth	contribuer à qqch.	**A**n effect [ɪ'fekt]	un effet
to promote sth	promouvoir qqch.	to have an effect *on*	avoir un effet *sur*
		to have the effect of doing	avoir pour effet de faire
The origin ['ɒrɪdʒɪn]	l'origine	a side effect a by-product [baɪ'prɒdʌkt]	un effet secondaire
to originate in	avoir pour origine		

the aftermath *of* ['ɑːftə.mɑːθ] (sing.)	les répercussions *de*
the consequences ['kɒnsɪkwənsɪz]	les suites
the aftereffects ['ɑːftərɪ.fekts]	
The outcome ['aʊtkʌm]	le résultat, l'issue

a result [rɪ'zʌlt]	un résultat
the end result of	le résultat final de
to result in	aboutir à
the upshot was ...	bref, il en a résulté que...
hence [hens]	d'où
therefore ['ðɛəfɔː']	donc

③ CHANCE : LE HASARD

By chance by accident	par hasard⁽¹⁾
as luck would have it	comme par hasard
to chance to do sth	faire qqch. par hasard
it was pure chance	c'était vraiment par hasard
at random	au hasard (prendre, choisir)
a random selection	une sélection faite au hasard
I happened to be there	il s'est trouvé que j'étais là (par hasard)
to leave* nothing to chance	ne rien laisser au hasard
just in case	à tout hasard
to draw* lots	tirer au sort
it's the luck of the draw	ce n'est qu'une question de chance

(1) ATTENTION FAUX AMI **a hazard** = un danger, un risque

A coincidence [kəʊ'ɪnsɪdəns]	une coïncidence
by coincidence	par coïncidence
to coincide *with* [.kəʊɪn'saɪd]	coïncider *avec*
to come* across to come* upon	tomber sur (personne, document)
to chance upon	tomber par hasard sur
accidental [.æksɪ'dentl]	accidentel
haphazard [.hæp'hæzəd]	(fait) au petit bonheur, fait au hasard
fortuitous [fɔː'tjuːɪtəs]	fortuit
a chance meeting/discovery	une rencontre/découverte fortuite
opportune ['ɒpətjuːn]	opportun
inopportune [ɪn'ɒpətjuːn]	inopportun
(good) luck	la chance
a stroke of luck	un coup de chance
luckily ['lʌkɪlɪ]	par chance

Good luck !	Bonne chance !
to be lucky to be fortunate	avoir de la chance, être chanceux
if you're lucky enough to go there if you're fortunate enough to go there	si tu as la chance d'y aller
it's lucky that ... it's fortunate that ...	c'est une chance que...
auspicious [ɔːs'pɪʃəs]	de bon augure
a lucky charm	un porte-bonheur

Bad luck ill luck misfortune [mɪs'fɔːtʃən] (soutenu)	la malchance
it was just his luck to do ... it was his misfortune to do ...	il a eu la malchance de faire...
unlucky [ʌn'lʌkɪ]	malchanceux
Bad luck ! Hard luck ! Tough luck ! (parlé)	Pas de chance !
unfortunate [ʌn'fɔːtʃnɪt]	malencontreux
ominous ['ɒmɪnəs]	de mauvais augure
to put* a brave face on it	faire contre mauvaise fortune bon cœur
That's life ! That's the way things are ! AM That's the way the cookie crumbles ! (parlé)	C'est la vie !

Destiny ['destɪnɪ]	le destin
to be destined to do sth	être destiné à faire qqch.
fate [feɪt]	le sort
it was her destiny/fate to ...	le destin/le sort a voulu que...
fortune ['fɔːtʃən]	la fortune, le hasard
Lady Luck Dame Fortune	dame Fortune

An opportunity [ˌɒpəˈtjuːnɪtɪ]	une occasion, une opportunité
to have the opportunity of doing sth **to have the chance to do sth**	avoir l'occasion de faire qqch.
to give* sb the opportunity of doing sth **to give* sb the chance to do sth**	donner à qqn l'occasion de faire qqch.
to take* the opportunity to do sth **to take* the opportunity of doing sth**	profiter de l'occasion pour faire qqch.

to seize the opportunity of sth **to seize the chance of sth**	saisir l'occasion de qqch.
to stand* a chance of doing/of sth	avoir des chances de faire/de qqch.
there's a slight chance that ...	il y a une petite chance pour que...
in case ... **on the off-chance that ...**	au cas où...
I jumped at the opportunity	j'ai sauté sur l'occasion

POSSIBILITY AND IMPOSSIBILITY : LA POSSIBILITÉ ET L'IMPOSSIBILITÉ

Possible [ˈpɒsəbl]	possible
it is possible to do/that	il est possible de faire/que
a possibility [ˌpɒsəˈbɪlɪtɪ]	une possibilité
he may (well) do it	il se peut (bien) qu'il le fasse
he might do it	il se pourrait qu'il le fasse
perhaps [pəˈhæps] **possibly** [ˈpɒsəblɪ] **maybe** [ˈmeɪbiː]	peut-être

Probable [ˈprɒbəbl] **likely** [ˈlaɪklɪ]	probable
it is probable that **it is likely that** **the chances are that**	il est probable que
probably [ˈprɒbəblɪ]	probablement
a probability [ˌprɒbəˈbɪlɪtɪ]	une probabilité
likelihood [ˈlaɪklɪhʊd]	la probabilité
in all likelihood, it's been lost **in all probability it's been lost** **the chances are that it's been lost**	selon toute probabilité, il a été perdu

Conceivable [kənˈsiːvəbl]	concevable
optional [ˈɒpʃənl]	facultatif
feasible [ˈfiːzəbl]	faisable, réalisable
feasibility [ˌfiːzəˈbɪlɪtɪ]	la faisabilité
viable [ˈvaɪəbl]	viable
viability [ˌvaɪəˈbɪlɪtɪ]	la viabilité
potential [pəˈtenʃəl]	potentiel
possible [ˈpɒsəbl]	éventuel
possibly [ˈpɒsəblɪ]	éventuellement(1)

(1) ATTENTION FAUX AMI **eventually** = par la suite

Improbable [ɪmˈprɒbəbl] **unlikely** [ʌnˈlaɪklɪ]	improbable
in the unlikely event that ...	dans le cas peu probable où...
improbability [ɪmˌprɒbəˈbɪlɪtɪ]	l'improbabilité
impossible [ɪmˈpɒsəbl]	impossible
it is impossible to do/that	il est impossible de faire/que
it is impossible for us to do it	il nous est impossible de le faire

OBLIGATION : L'OBLIGATION

Necessary [ˈnesɪsərɪ]	nécessaire
it is necessary *to*	il est nécessaire *de*
necessarily [ˈnesɪsərɪlɪ]	nécessairement

necessity [nɪˈsesɪtɪ]	la nécessité
to necessitate sth	nécessiter qqch.
indispensable [ˌɪndɪsˈpensəbl]	indispensable

essential [ɪ'senʃəl]	essentiel	**you must not do it**	il ne faut pas que vous le fassiez
imperative [ɪm'perətɪv]	impératif		

Obligatory [ɒ'blɪgətərɪ]	obligatoire		
compulsory [kəm'pʌlsərɪ]		**U**nnecessary	inutile, superflu
an obligation [ˌɒblɪ'geɪʃən]	une obligation	[ʌn'nesɪsərɪ]	
I find myself forced to ...	je me vois dans l'obligation de...	**it's unnecessary for him to come**	il n'est pas nécessaire qu'il vienne
to be obliged to do **to have to do**	être obligé de faire	**Need you go ?** **Do you need to go ?**	As-tu besoin d'y aller ?, Es-tu obligé d'y aller ?
you have got to do it	il faut que tu le fasses, tu dois le faire	**you needn't do it** **you don't need to do it**	vous n'avez pas besoin de le faire, vous n'êtes pas obligé de le faire
you must do it	il faut (absolument) que tu le fasses, tu dois le faire		
you don't have to do it **you're not obliged to do it**	vous n'êtes pas obligé de le faire	**that needn't be the case**	ce n'est pas nécessairement le cas
		it can't be helped	on n'y peut rien

6 CERTAINTY AND UNCERTAINTY : LA CERTITUDE ET L'INCERTITUDE

Certain ['sɜːtən]	certain	**a conviction** [kən'vɪkʃən] **a firm belief**	une conviction
to be certain about sth/that **to be positive about sth/that**	être certain de qqch./que	**I'm convinced of it**	j'en ai la conviction
		to take* sth for granted	considérer qqch. comme allant de soi
sure [ʃʊəʳ]	sûr		
surely ['ʃʊəlɪ]	sûrement	**I**t goes* without saying that ...	il va sans dire que...
of course	bien sûr		
doubtless ['dautlɪs] **no doubt**	sans doute	**you can bet your life that ... (parlé)**	je te parie tout ce que tu veux que...
undoubtedly [ʌn'dautɪdlɪ]	sans aucun doute	AM **you can bet your bottom dollar that ... (parlé)**	
Incontestable [ˌɪnkən'testəbl]	incontestable	**it is undeniable that ...** **there is no gainsaying that ...**	il est indéniable que...
undeniable [ˌʌndɪ'naɪəbl]	indéniable		
undoubted [ʌn'dautɪd] **indubitable** [ɪn'djuːbɪtəbl]	indubitable		
infallible [ɪn'fæləbl]	infaillible	**T**o swear* that	jurer que
unavoidable [ˌʌnə'vɔɪdəbl] **inevitable** [ɪn'evɪtəbl]	inévitable	**I could swear that ...** **I could have sworn that ...**	j'aurais juré que...
		I would stake my life on it	j'en mettrais ma main au feu
To guarantee sth/that	garantir qqch./que	**he is certain to refuse** **he is sure to refuse**	il va certainement refuser
to assure sb *of sth/that*	assurer qqn *de qqch./que*		
to make* certain of sth/that	s'assurer de qqch./que	**it is certain to rain** **it is sure to rain**	il va certainement pleuvoir
to make* sure of sth/that		**it was bound to happen**	ça devait arriver
to be assured of sth	être assuré de qqch.		
to be convinced *of sth/that*	être convaincu *de qqch./que*	**U**ncertain [ʌn'sɜːtn] **doubtful** ['dautful]	incertain (fait, succès)

uncertain *about* unsure *about* [ˈʌnˈʃʊəʳ]	incertain *de*	**T**o query sb's motives/intentions	mettre en question les motifs/intentions de qqn
uncertainty [ʌnˈsɜːtntɪ]	l'incertitude	to express reservations about sth/sb	émettre des réserves sur qqch./qqn
Doubt [daʊt] dubiety [djuːˈbaɪətɪ] (soutenu)	le doute	to wonder whether to wonder if	se demander si
to have doubts *about* to have misgivings *about*	avoir des doutes *sur qqch.*	I couldn't believe my eyes	je n'en croyais pas mes yeux
to be dubious *about*		BR **sceptical** [ˈskeptɪkl] AM **skeptical**	sceptique
to be in doubt *about* to be doubtful *about*	être dans le doute *à propos de*	BR **a sceptic** [ˈskeptɪk] AM **a skeptic**	un(e) sceptique
to cast* doubt on sth to question sth	mettre qqch. en doute	BR **scepticism** [ˈskeptɪsɪzəm] AM **skepticism**	le scepticisme
to express one's doubts *about*	émettre des doutes *sur*	cynical [ˈsɪnɪkəl]	cynique
to be assailed by doubts *about*	être assailli de doutes *quant à*	a cynic [ˈsɪnɪk]	un(e) cynique
to be stricken with doubts *about* (soutenu)	être saisi de doutes *quant à*	cynicism [ˈsɪnɪsɪzəm]	le cynisme
to doubt sth/sb	douter de qqch./qqn		
to doubt if to doubt whether	douter que	**I** have my doubts about it !	J'en doute fort !
doubtful [ˈdaʊtfʊl] dubious [ˈdjuːbɪəs]	dubitatif	there is some doubt about what actually happened	on ne sait pas exactement ce qui s'est produit
doubtful dubious	douteux (propreté, mœurs)	I cannot say for certain I cannot say for sure	je ne peux rien affirmer
Suspicion [səsˈpɪʃən]	le soupçon	there is room for doubt	il est permis de douter
to be under suspicion	faire l'objet de soupçons	nobody doubts that ... there can be no doubt that ...	il est hors de doute que...
to suspect sth/sb *of sth*	soupçonner qqch./qqn *de qqch.*	no doubt he will refuse/arrive	sans doute va-t-il refuser/arriver
suspicious [səsˈpɪʃəs]	soupçonneux		
suspiciousness [səsˈpɪʃəsnɪs]	la suspicion		
suspicious	suspect		
shady [ˈʃeɪdɪ]	louche (passé, individu)		

► 7 TRUTH AND FALSEHOOD : LE VRAI ET LE FAUX

True [truː]	vrai (fait, personnage)	**R**eal [rɪəl]	vrai, réel (cheveux)
it is true that ...	il est vrai que...	reality [rɪˈælɪtɪ]	la réalité
truly [ˈtruːlɪ]	vraiment	in reality	en réalité
the truth [truːθ]	la vérité	genuine [ˈdʒenjʊɪn] authentic [ɔːˈθentɪk]	vrai, authentique (œuvre d'art)
the truth of the matter is ...	la vérité est que...	genuine	vrai, authentique (sentiments)
to speak* the truth to tell* the truth to be truthful	dire la vérité	genuineness [ˈdʒenjʊɪnɪs] authenticity [ɔːθenˈtɪsɪtɪ]	l'authenticité
to tell* the truth, we ...	à vrai dire, nous...	**A** fact [fækt]	un fait
to tell* (you) the truth, I ...	pour tout vous dire, je...	factual [ˈfæktjʊəl]	factuel

in (actual) fact	en fait
as a matter of fact	
actually ['æktjʊəlɪ]	
to be right *about*	avoir raison *à propos de*
that's right	c'est juste
to prove sb right	donner raison à qqn (fait)

False [fɔːls]	faux (mensonger)
untrue ['ʌn'truː]	
false	faux (inexact)
wrong [rɒŋ]	
false	faux (dent, nez)
forged	faux (argent, billet,
fake [feɪk]	document, signature)
false	
bogus ['bəʊgəs]	faux (spécialiste, médecin)
sham [ʃæm]	
false	faux (nom)
phoney ['fəʊnɪ] (parlé)	
a fake	un faux

To imitate sth/sb	imiter qqch./qqn
an imitation [ɪmɪ'teɪʃən]	une imitation
in imitation leather/silk	en imitation cuir/soie
to simulate ['sɪmjʊleɪt]	simuler
simulation [ˌsɪmjʊ'leɪʃən]	la simulation

Fallacious [fə'leɪʃəs] (soutenu)	fallacieux
a fallacy ['fæləsɪ]	une illusion, une erreur
so-called ['səʊkɔːld]	soi-disant

fictitious [fɪk'tɪʃəs]	fictif
to feign sth	feindre qqch.
to pretend to do	faire semblant de faire
supposedly [sə'pəʊzɪdlɪ]	prétendument
allegedly [ə'ledʒɪdlɪ]	

To be wrong	avoir tort
to prove sb wrong	donner tort à qqn
a mistake [mɪs'teɪk]	une erreur, une faute
an error ['erəʳ]	
erroneous [ɪ'rəʊnɪəs]	erroné
to make* a mistake	faire une erreur
to make* an error	
to be mistaken	se tromper, être dans
to err [ɜːʳ] (soutenu)	l'erreur
to get* sth wrong	se tromper sur qqch.

To deceive sb	tromper qqn, duper qqn
deceit [dɪ'siːt]	la tromperie, la duperie
deceitful [dɪ'siːtfʊl]	trompeur
a lie [laɪ]	un mensonge
a white lie	un pieux mensonge
untruthful	mensonger
a fib [fɪb] (parlé)	un bobard
to lie*(1) [laɪ]	mentir
to lie* through one's teeth (parlé)	mentir comme un arracheur de dents
to fib [fɪb] (parlé)	raconter des bobards
a liar ['laɪəʳ]	un(e) menteur (-euse)

(1) REMARQUE Participe présent **lying**.

---

⑧ USEFULNESS AND USELESSNESS : L'UTILE ET L'INUTILE

Useful ['juːsfʊl]	utile
usefulness ['juːsfʊlnɪs]	l'utilité
to be of use *to sb/as sth*	être utile *à qqn/comme qqch.*
to be of great/some use *to sb/as sth*	être très/assez utile *à qqn/comme qqch.*
to make* o.s. useful	se rendre utile
to stand* sb in good stead	rendre service à qqn (objet, conseil)

To use sth *as sth/to do*	utiliser qqch. *comme qqch./pour faire*
to make* use of sth *as sth/to do*	
to utilize sth *as sth/to do* (soutenu)	

us(e)able ['juːzəbl]	utilisable
the use of	l'usage de, l'utilisation de
to have the use of sth	avoir le droit d'utiliser qqch., avoir l'usage de qqch.

Handy ['hændɪ]	commode, pratique
practical ['præktɪkəl]	(instrument)
practical	commode, pratique (solution, vêtement)
convenient [kən'viːnɪənt]	commode (emplacement, emploi du temps)
efficient [ɪ'fɪʃənt]	efficace (personne, machine)

efficiency [ɪˈfɪʃənsɪ]	l'efficacité
effective [ɪˈfektɪv]	efficace (mesure)
efficacious [ˌefɪˈkeɪʃəs] (soutenu)	
effectiveness [ɪˈfektɪvnɪs]	l'efficacité
efficacy [ˈefɪkəsɪ]	
efficaciousness [ˌefɪˈkeɪʃəsnɪs]	

Functional [ˈfʌŋkʃnəl]	fonctionnel
appropriate [əˈprəuprɪɪt]	approprié
to be ideally suited to sth	convenir parfaitement à qqch.
I could do with ...	cela m'arrangerait bien d'avoir...
it's just what I needed	c'est exactement ce qu'il me fallait

Useless [ˈjuːslɪs]	inutile
uselessness [ˈjuːslɪsnɪs]	l'inutilité
to be (of) no use to sb	être inutile à qqn
I can't see the use of it	je n'en vois pas l'utilité

superfluous [suˈpɜːfluəs]	superflu
futile [ˈfjuːtaɪl]	futile
futility [fjuːˈtɪlɪtɪ]	la futilité
to be in use/out of use	être/ne plus être utilisé
ineffectual [ˌɪnɪˈfektjuəl]	inefficace
ineffectualness [ˌɪnɪˈfektjuəlnɪs]	l'inefficacité
ineffectuality [ˌɪnɪˈfektjuˈælɪtɪ]	
to misuse sth	mal utiliser qqch.

Aimless [ˈeɪmlɪs]	sans but (poursuite, vie)
vain [veɪn]	vain, illusoire
in vain	en vain
vainly [ˈveɪnlɪ]	
What's the use of ... ?	À quoi sert ... ?
What's the point of (doing) that ?	Pour quoi faire ?
it's no use doing	ça ne sert à rien de faire
it's no good doing (parlé)	

▶ 9 BELONGING AND POSSESSING : L'APPARTENANCE ET LA POSSESSION

My [maɪ]	mon, ma, mes
mine [maɪn]	le(s) mien(s), la mienne, les miennes
your [juə']	ton, ta, tes, votre, vos
yours [juəz]	le(s) tien(s), la tienne, les tiennes, le(s) vôtre(s), la vôtre
his [hɪz]	son, sa, ses (d'un homme)
his [hɪz]	le(s) sien(s), la sienne, les siennes
her [hɜː']	son, sa, ses (d'une femme)
hers [hɜːz]	le(s) sien(s), la sienne, les siennes
its [ɪts]	son, sa, ses (d'un animal ou d'une chose)
its own	le(s) sien(s), la sienne, les siennes
our [ˈauə']	notre
ours [ˈauəz]	le(s) nôtre(s), la nôtre
their [ðɛə']	leur(s)
theirs [ðɛəz]	le(s) leur(s), la leur
it's mine/theirs	c'est à moi/à eux

To have [hæv]	avoir
my/his own book	mon/son livre (personnel)

to own sth	posséder qqch.
to possess sth	
to be in possession of sth	être en possession de qqch.
in my/his possession	en ma/sa possession
possessions [pəˈzeʃənz]	les possessions
the owner [ˈəunə']	le (la) propriétaire
the possessor [pəˈzesə']	le possesseur
ownership [ˈəunəʃɪp]	la propriété (droit)
possessive about [pəˈzesɪv]	possessif envers

To belong to sb	appartenir à qqn
it belongs to me	cela m'appartient
it's my property	
his belongings	ses affaires personnelles
his things (parlé)	
his stuff (n.c. sing.) (parlé)	
his gear (n.c. sing.) (parlé)	
Have you got any ?	En avez-vous ?
Do you have any ?	
Have you got one ?	En avez-vous un ?
Do you have one ?	

To obtain sth from sb	obtenir qqch. de qqn
to get[(1)] sth from sb	
to take* sth from sb	prendre qqch. à qqn

to take* sth away from sb	enlever qqch. à qqn
to gain sth	gagner qqch.
to acquire sth	acquérir qqch.
acquisition [ˌækwɪ'zɪʃən]	l'acquisition
to find* sth	trouver qqch.
to come* across sth	
to come* by sth	
to receive sth	recevoir qqch.
(1) REMARQUE Participe passé AM **gotten.**	

To keep* sth	garder qqch.
to hang* on to sth (parlé)	
to hold* on to sth (parlé)	
to retain sth	conserver qqch.
a store [stɔːʳ]	une réserve
to have sth in store	avoir qqch. en réserve

To give* sb sth	donner qqch. à qqn
to give* sth to sb	
to hand sth over *to sb*	remettre qqch. *à qqn*

to procure sth for sb	procurer qqch. à qqn
to provide sb with sth	fournir qqch. à qqn
to provide sth for sb	
the provision of	la fourniture de
to share sth out *among*	partager qqch. *entre*
to share sth *with sb*	partager qqch. *avec qqn*
one's share of sth	sa part de qqch.
to hand sth out	distribuer qqch.
to distribute sth	

To throw* sth away	jeter qqch.
to throw* sth out	
to dispose of sth	se débarrasser de qqch., se défaire de qqch.
to get* rid of sth	
to rid* sb/sth of sb/sth	débarrasser qqn/qqch. de qqn/qqch.
Good riddance !	Bon débarras !
to abandon sth *to sb*	abandonner qqch. *à qqn*
to surrender sth *to sb* (soutenu)	
to give* sth up	renoncer à qqch.

---

10   INCLUSION AND EXCLUSION : L'INCLUSION ET L'EXCLUSION

To include sth/sb *in*	inclure qqch./qqn *dans*
inclusion [ɪn'kluːʒən]	l'inclusion
inclusive [ɪn'kluːsɪv]	inclus
from Monday to Thursday inclusive AM **Monday thru Thursday**	du lundi au jeudi inclus
service is/is not included	le service est/n'est pas compris
all-inclusive [ˌɔːlɪn'kluːsɪv]	tout compris
including him him included	y compris lui, lui inclus
not including the cost of ...	sans compter le coût de...
not counting those who ...	sans compter ceux qui...
to integrate sth/sb *in*	intégrer qqch./qqn *dans*
integration	l'intégration

To constitute ['kɒnstɪtjuːt]	constituer
constitution [ˌkɒnstɪ'tjuːʃən]	la constitution
to comprise [kəm'praɪz]	comprendre

to consist of sth	consister en qqch., être composé de qqch.
to be composed of sth	
composition [ˌkɒmpə'zɪʃən]	la composition
a part [pɑːt]	une partie
to form part of	faire partie de
to be part of	

To contain [kən'teɪn]	contenir
to hold* [həʊld]	
the content [kən'tent]	le contenu (d'un texte)
the contents (plur.)	le contenu (d'un dossier, d'un récipient)
total ['təʊtl]	total
complete [kəm'pliːt]	complet
the whole [həʊl]	le tout, l'ensemble
the totality [təʊ'tælɪtɪ]	la totalité

To exclude *from* [ɪks'kluːd]	exclure *de*
exclusion [ɪks'kluːʒən]	l'exclusion
to except sb/sth *from*	excepter qqn/qqch. *de*
except(ing) him him excepted	excepté lui, sauf lui

except that	excepté que	**to remove sth** *from*	enlever qqch. *de*
to make* an exception *for*	faire une exception *pour*	**to take* sth out** *of*	enlever qqch. *de*, retirer qqch. *de*
with the exception of	à l'exception de	**to reject sth/sb**	rejeter qqch./qqn
without exception	sans exception	**rejection** [rɪ'dʒekʃən]	le rejet
all but him/this one	tous sauf lui/celui-ci	**to isolate** ['aɪsəʊleɪt]	isoler
		isolation [ˌaɪsəʊ'leɪʃən]	l'isolement
To omit [əʊ'mɪt]	omettre	**to separate sb from** **to segregate sb from**	séparer qqn de
an omission [əʊ'mɪʃən]	une omission	**segregation** [ˌsegrɪ'geɪʃən]	la ségrégation

RESEMBLANCE AND DIFFERENCE :
LA RESSEMBLANCE ET LA DIFFÉRENCE

Resemblance [rɪ'zembləns]	la ressemblance (physique)	**to be reminiscent of**	faire penser à, rappeler
likeness ['laɪknɪs]		**summer and winter alike**	été comme hiver
to see* a resemblance *between*	trouver une ressemblance *entre*	**to liken sth/sb to**	assimiler qqch./qqn à
to resemble sb/sth	ressembler à qqn/qqch.		
to be like sb/sth	être comme qqn/qqch.	**D**ifferent *from* ['dɪfrənt] **different** *to*	différent *de*
to be alike	se ressembler, être semblable	**to be unlike sth/sb**	être différent de qqch./qqn
they are like two peas in a pod	ils se ressemblent comme deux gouttes d'eau	**differently** ['dɪfrəntlɪ]	différemment
		to differ *from sb/in sth* ['dɪfə']	différer *de qqn/en qqch.*
Similar *to* ['sɪmɪlə']	similaire *à*	**to differentiate** *A from B, between A and B*	faire la différence *entre A et B*
a similarity [ˌsɪmɪ'lærɪtɪ]	une similarité	**differentiation** [ˌdɪfərenʃɪ'eɪʃən]	la différenciation
identical *to* [aɪ'dentɪkəl]	identique *à*	**the distinction** *between* [dɪs'tɪŋkʃən]	la distinction *entre*
identity [aɪ'dentɪtɪ]	l'identité		
analogous *to* [ə'næləgəs]	analogue *à*	**to make* a distinction** *between*	faire une distinction *entre*
an analogy [ə'nælədʒɪ]	une analogie	**to distinguish** *A from B* [dɪs'tɪŋgwɪʃ]	distinguer *A de B*
the same [seɪm]	le même		
it's the same book	c'est le même livre	**to distinguish between**	distinguer entre
it's the same as that one	c'est le même que celui-là	**discrimination** [dɪsˌkrɪmɪ'neɪʃən]	la discrimination
		to discriminate *against/in favour of* [dɪs'krɪmɪneɪt]	établir une discrimination *contre/en faveur de*
Equal ['i:kwəl]	égal		
A and B are equal	A et B sont égaux		
A is equal to B	A est égal à B	**T**he contrast *between* ['kɒntrɑːst]	le contraste *entre*
equally ['i:kwəlɪ]	également	**in contrast to**	en contraste avec
equality [ɪ'kwɒlɪtɪ]	l'égalité	**to contrast sth with sth**	contraster qqch. avec qqch.
to equal ['i:kwəl]	égaler	**contrasting** [kən'trɑːstɪŋ]	contrasté
Indistinguishable *from* [ˌɪndɪs'tɪŋgwɪʃəbl]	indifférenciable *de*	**opposite** ['ɒpəzɪt]	opposé
		as opposed to	par opposition à
I can't tell one from the other	je ne peux pas les distinguer l'un de l'autre	**the opposite of**	l'opposé de
		dissimilar ['dɪ'sɪmɪlə']	dissemblable

Rival [ˈraɪvəl] — rival

a rival [ˈraɪvəl] — un(e) rival(e)

to rival sb — rivaliser avec qqn

unrivalled [ʌnˈraɪvəld] — sans rival

unparalleled [ʌnˈpærəleld] — sans égal

they have nothing in common — ils n'ont rien de commun

he can't hold a candle to her — il ne lui arrive pas à la cheville

A comparison [kəmˈpærɪsn] — une comparaison

to make* a comparison *between*
to draw* a comparison *between* — établir une comparaison *entre*

in comparison with — en comparaison de

to compare A to B — comparer A à B

to compare A with B — comparer A et B

compared with
compared to (parlé) — comparé à, comparé avec

comparative literature/sociology — la littérature/la sociologie comparée

comparative [kəmˈpærətɪv] — comparatif

As ... as — aussi... que

as big/good as ... — aussi grand/bon que...

not as big/good as ...
not so big/good as ... — pas aussi grand/bon que...

More ... than — plus... que (avec adj. et adv. longs)

more intelligent/ interesting than ... — plus intelligent/ intéressant que...

bigger/smaller than ... — plus grand/plus petit que...

better/worse than ... — meilleur/pire que...

the most [məʊst] — le plus (suivi d'un adj. long)

the most intelligent (of all) — le plus intelligent (de tous)

the more interesting of the two — le plus intéressant des deux

Less ... than — moins... que

less intelligent/rapidly than ... — moins intelligent/ rapidement que...

not as small/far as ... — pas aussi petit/loin que...

the least [liːst] — le moins

the least intelligent (of all) — le moins intelligent (de tous)

the less interesting of the two — le moins intéressant des deux

REMARQUES :

1 Le comparatif de supériorité des adjectifs courts (de moins de trois syllabes) se forme en ajoutant **-er**, sauf si cet adjectif se termine déjà par un **-e** ; ex. :
short = court, **shorter** = plus court
close = près, **closer** = plus près.

2 Le superlatif des adjectifs courts (de moins de trois syllabes) se forme en ajoutant **-est**, sauf si cet adjectif se termine déjà par un **-e** ; ex. :
small = petit, **the smallest** = le plus petit
white = blanc, **the whitest** = le plus blanc.

3 L'anglais emploie la forme du comparatif de supériorité lorsque seulement deux éléments sont comparés ; ex. : **he is the younger of the two** = c'est le plus jeune des deux.

4 Les adjectifs de deux syllabes se terminant par **-er**, **-ow**, **-le** et **-y** ainsi que certains adjectifs tels que **common, polite, pleasant** sont considérés comme étant soit longs soit courts. Ainsi les formes **more shallow** ou **shallower, the most common** ou **the commonest** sont également acceptables.

5 Attention au redoublement de la consonne finale au comparatif et au superlatif ; ex. :
big, bigger, the biggest
red, redder, the reddest.

6 Certains adjectifs ont des comparatifs et des superlatifs irréguliers ; ex. :
good, better, the best
bad, worse, the worst
far, further (ou **farther**), **furthest** (ou **farthest**)
old, older (ou **elder**)
oldest (ou **eldest**).

ARTS : LES ARTS

ARTISTIC ACTIVITY : L'ACTIVITÉ ARTISTIQUE

Art [ɑːt] — l'art
fine arts — les beaux-arts
pictorial arts — les arts picturaux
plastic arts — les arts plastiques
aesthetic [iːsˈθetɪk] — esthétique
aesthetics [iːsˈθetɪks] (sing.) — l'esthétique

An artist [ˈɑːtɪst] — un(e) artiste
artistic [ɑːˈtɪstɪk] — artiste (personne)
artistic — artistique
artistically [ɑːˈtɪstɪkəlɪ] — artistiquement
an art form — un moyen d'expression artistique
artistry [ˈɑːtɪstrɪ] — le talent artistique
creative [krɪˈeɪtɪv] — créatif
creativity [ˌkriːeɪˈtɪvɪtɪ] — la créativité
inspiration [ˌɪnspəˈreɪʃən] — l'inspiration
to be inspired by sth/sb — être inspiré par qqch./qqn

A work [wɜːk] — une œuvre
a work of art — une œuvre d'art
a composition [ˌkɒmpəˈzɪʃən] — une composition
a masterpiece [ˈmɑːstəˈpiːs] — un chef-d'œuvre

Handicraft [ˈhændɪkrɑːft] — l'artisanat (activité)
handicrafts [ˈhændɪkrɑːfts] — les objets artisanaux
a craftsman (fém. craftswoman) [ˈkrɑːftsmən] — un artisan
craftsmanship [ˈkrɑːftsmənˌʃɪp] — le travail, la facture
a superb piece of craftsmanship — une pièce de superbe facture

An art school
an art college — une école des beaux-arts
to study art
to go* to an art school — ≈ faire les beaux-arts
an academy [əˈkædəmɪ]
a school [skuːl] — une académie, un conservatoire

A patron [ˈpeɪtrən] — un mécène
patronage [ˈpætrənɪdʒ] — le mécénat
an exhibition [ˌeksɪˈbɪʃən] — une exposition
to exhibit one's paintings/sculptures — exposer ses tableaux/ses sculptures
a preview [ˈpriːvjuː] — un vernissage
a retrospective [ˌretrəʊˈspektɪv] — une rétrospective

An art critic — un critique d'art
a museum [mjuːˈzɪəm] — un musée (en général)
an art gallery — un musée (d'art), une galerie d'art
a picture gallery — une galerie de tableaux
a curator [kjʊəˈreɪtə'] — un(e) conservateur (-trice)
an attendant [əˈtendənt] — un(e) gardien(ne)

To value sth — évaluer qqch., expertiser qqch.
an auctioneer [ˌɔːkʃəˈnɪə'] — un commissaire-priseur
an auction (sale) — une vente aux enchères
to put* sth up for auction — mettre qqch. aux enchères
to be put up for auction
to come* under the hammer — être mis aux enchères
Going, going, gone ! — Une fois, deux fois, trois fois, adjugé, vendu !

PAINTING : LA PEINTURE

Paint [peɪnt] — la peinture (substance)
oil (paint) — la peinture à l'huile (substance)

oil painting
painting in oils — la peinture à l'huile (activité)
an oil (painting) — une peinture à l'huile

to paint [peɪnt]	peindre
to paint in oils	peindre à l'huile
BR **watercolours** ['wɔːtə'ˌkʌləz] AM **watercolors**	l'aquarelle (technique)
BR **a watercolour (painting)** AM **watercolor (painting)**	une aquarelle (œuvre)
gouache [guˈɑːʃ] poster paint	la gouache
a gouache	une gouache
acrylic [əˈkrɪlɪk]	acrylique
pigment [ˈpɪgmənt]	le pigment
tempera [ˈtempərə]	la détrempe
a tempera painting	une détrempe
BR a (colour) wash AM a (color) wash	un lavis
stained glass	le verre coloré
a stained glass window	un vitrail

A canvas [ˈkænvəs]	une toile
an easel [ˈiːzl]	un chevalet
a brush [brʌʃ]	un pinceau, une brosse
a palette [ˈpælɪt]	une palette
a paintbox [ˈpeɪntbɒks]	une boîte de couleurs

To depict sth to represent sth	représenter qqch.
to apply paint on	appliquer de la peinture sur
to lay* on paint	étaler de la peinture
to mix [mɪks]	mélanger
paste [peɪst]	la pâte
a brush stroke	un trait de pinceau
a touch [tʌtʃ]	une touche
the outline [ˈaʊtlaɪn]	le contour
highlights [ˈhaɪlaɪts]	les rehauts
to stand* out against sth	se découper sur qqch.
the background [ˈbækgraʊnd]	le fond, l'arrière-plan
the foreground [ˈfɔːgraʊnd]	le premier plan
perspective [pəˈspektɪv]	la perspective

BR a colour [ˈkʌləʳ] AM a color	une couleur
BR to colour sth red/blue AM to color sth red/blue	colorer qqch. en rouge/en bleu
with red as the dominant colour	avec une dominante de rouge
a tone [təʊn]	un ton

a shade [ʃeɪd] a hue [hjuː] a tint [tɪnt]	une teinte
chiaroscuro [kɪˌɑːrəsˈkʊərəʊ]	le clair-obscur

Flake white	le blanc de céruse
zinc white	le blanc de zinc
cadmium yellow	le jaune de cadmium
yellow ochre	le jaune d'ocre
vermilion [vəˈmɪljən]	le vermillon
crimson [ˈkrɪmzn]	le carmin
burnt umber	la terre d'ombre brûlée
sienna [sɪˈenə]	terre de Sienne
viridian [vɪˈrɪdɪən]	le vert émeraude
ultramarine [ˌʌltrəməˈriːn]	le bleu outremer
cobalt blue	le bleu de cobalt
Prussian blue	le bleu de Prusse
a monochrome [ˈmɒnəkrəʊm]	un camaïeu
in blue monochrome	en camaïeu de bleu

A view [vjuː]	une vue
a scene [siːn]	une scène
a landscape [ˈlænskeɪp]	un paysage
a seascape [ˈsiːskeɪp]	une marine
a still life	une nature morte
a portrait [ˈpɔːtrɪt]	un portrait
the Mona Lisa	la Joconde
a nude [njuːd]	un nu

A miniature [ˈmɪnɪtʃəʳ]	une miniature
an icon [ˈaɪkɒn]	une icône
a collage [kɒˈlɑːʒ]	un collage
a fresco [ˈfreskəʊ] (plur. frescoes)	une fresque
a mural [ˈmjʊərəl]	une peinture murale
an altar piece	un retable
a triptych [ˈtrɪptɪk]	un triptyque
a trompe l'œil	un trompe-l'œil

To pose for a painter to sit* for a painter to model for a painter	poser pour un peintre
varnish [ˈvɑːnɪʃ]	le vernis
to varnish	vernisser
a frame [freɪm]	un cadre
to frame a painting	encadrer un tableau
a studio [ˈstjuːdɪəʊ]	un atelier

▶ ③ **SCULPTURE** : LA SCULPTURE

A sculpture ['skʌlptʃəʳ]	une sculpture
a sculptor ['skʌlptəʳ] (fém. sculptress)	un sculpteur
to sculpt [skʌlp(t)]	sculpter (en général)
to sculpt in marble	sculpter dans le marbre
to sculpt a statue out of marble to sculpt marble into a statue	sculpter une statue dans du marbre
To carve [kɑːv]	sculpter (dans du bois)
a carved figure/door	une figure/porte sculptée
a wood-carving	une sculpture en bois
to cast* sth *in*	mouler qqch. *dans*
to model ['mɒdl] to fashion ['fæʃən]	modeler (statue, glaise)
to emboss [ɪm'bɒs]	estamper
Marble ['mɑːbl]	le marbre
a marble	un marbre
bronze [brɒnz]	le bronze
a bronze	un bronze

clay [kleɪ]	l'argile, la glaise
plaster ['plɑːstəʳ]	le plâtre
terracotta ['terə'kɒtə]	la terre cuite
wax [wæks]	la cire
A mallet ['mælɪt]	un maillet
a chisel ['tʃɪzl]	un ciseau
to chisel	ciseler
stonecutting ['stəun.kʌtɪŋ]	la taille de la pierre
to polish ['pɒlɪʃ]	polir
A statue ['stætjuː]	une statue
a statuette [.stætju'et]	une statuette
a figurine [.fɪgə'riːn]	une figurine
a bust [bʌst]	un buste
a medallion [mɪ'dæljən]	un médaillon
a cameo ['kæmɪəu] (plur. cameoes)	un camée
a monument ['mɒnjumənt]	un monument
relief [rɪ'liːf]	le relief
high/low relief	le haut/bas relief

▶ ④ **DRAWING AND ENGRAVING** : LE DESSIN ET LA GRAVURE

To draw* [drɔː]	dessiner
a drawer [drɔːʳ]	un(e) dessinateur (-trice)
a drawing ['drɔːɪŋ]	un dessin
drawing paper	le papier à dessin
a sketchbook ['sketʃbuk]	un cahier à croquis
a drawing board	une table à dessin
tracing paper	le papier calque
to trace sth	décalquer qqch.
A pencil ['pensl]	un crayon
in pencil	au crayon
a crayon ['kreən]	un crayon de couleur
to crayon sth	colorier qqch. au crayon
charcoal ['tʃɑːkəul]	le fusain
a pencil/charcoal drawing	un dessin au crayon/au fusain
pastel ['pæstəl]	le pastel

a pastel (drawing)	un pastel
chalk [tʃɔːk]	la craie
China ink	l'encre de chine
a pen-and-ink drawing	un dessin à la plume
a stencil ['stensl]	un pochoir
to stencil sth	peindre au pochoir
To illustrate ['ɪləstreɪt]	illustrer
an illustration [.ɪləs'treɪʃən]	une illustration
to delineate [dɪ'lɪnɪeɪt]	tracer (contours)
to draw* [drɔː]	tracer (forme, trait)
delineation [dɪ.lɪnɪ'eɪʃən]	le tracé (contours)
the line [laɪn]	le tracé (d'un dessin, d'un trait)
a rough outline	une ébauche
a sketch [sketʃ]	un croquis, une esquisse
to sketch	faire un croquis (de), faire une esquisse (de)
to draw* freehand	dessiner à main levée

To hatch [hætʃ]	hachurer	**A** burin [ˈbjuərɪn]	un burin
hatching [ˈhætʃɪŋ] (n.c. sing.)	des hachures	to engrave [ɪnˈɡreɪv]	graver
hachures [hæˈʃjuəz]		to etch [etʃ]	graver à l'eau forte
to shade (in)	ombrer (dessin)	a print [prɪnt]	une gravure
to shade off	estomper (couleur)	an engraving [ɪnˈɡreɪvɪŋ]	
to doodle [ˈduːdl]	griffonner (machinalement)	an etching [ˈetʃɪŋ]	une (gravure à l') eau forte
a doodle	un griffonnage		
a cartoon [kɑːˈtuːn]	un dessin humoristique	an intaglio engraving	une gravure en creux
a cartoonist [ˌkɑːˈtuːnɪst]	un dessinateur humoristique	a woodcut [ˈwʊdkʌt] a wood engraving	une gravure sur bois
a caricature [ˈkærɪkətjuəʳ]	une caricature	lithography [lɪˈθɒɡrəfɪ]	la lithographie
		a lithograph	une lithographie
		to reproduce [ˌriːprəˈdjuːs]	reproduire

MUSIC : LA MUSIQUE

A work [wɜːk]	une œuvre	A [eɪ]	la
a piece (of music)	un morceau (de musique)	B [biː]	si
a number [ˈnʌmbəʳ]	un morceau (de musique de variétés)	**A** key [kiː]	un ton
an air [ɛəʳ] a tune [tjuːn]	un air	the major/minor key	le ton majeur/mineur
to the tune of	sur l'air de	in (the key of) G	en sol
a melody [ˈmelədɪ]	une mélodie	a change [tʃeɪndʒ]	une altération
melodious [mɪˈləudɪəs]	mélodieux	E sharp	mi dièse
a theme [θiːm]	un thème	E flat	mi bémol
To sing*/to play in tune	chanter/jouer juste	**A** bar [bɑːʳ]	une mesure
to sing*/to play in key		a stave [steɪv] a staff [stɑːf]	une portée
to sing*/to play out of tune	chanter/jouer faux	a clef [klef]	une clé
it is flat	c'est faux (voix, instrument)	bass clef F clef	la clé de fa
the note was a little sharp	la note était un peu trop haute	treble clef G clef	la clé de sol
to have a good ear (for music)	avoir de l'oreille	alto clef C clef	la clé d'ut
to have no ear for music	ne pas avoir d'oreille	a scale [skeɪl]	une gamme
to tune an instrument	accorder un instrument	BR to practise scales AM to practice scales	faire des gammes
to be in tune	être accordé		
to be out of tune	être désaccordé	**R**hythm [ˈrɪðəm]	le rythme
		a beat [biːt]	un temps
An octave [ˈɒktɪv]	une octave	off the beat	à contretemps
a note [nəut]	une note	to keep* time	rester en mesure
C [siː]	do	the tempo [ˈtempəu]	le tempo
D [diː]	ré		
E [iː]	mi	**C**lassical music	la musique classique
F [ef]	fa	symphonic music	la musique symphonique
G [dʒiː]	sol		

orchestral music	la musique orchestrale
instrumental music	la musique instrumentale
chamber music	la musique de chambre
jazz [dʒæz]	le jazz
ragtime ['rægtaɪm]	le ragtime
swing [swɪŋ]	le swing
pop (music)	la musique pop
rock (and roll)	le rock (and roll)
folk (music)	la musique folklorique
country and western	la musique country
reggae ['regeɪ]	le reggae

A symphony ['sɪmfənɪ]	une symphonie
a concerto [kən'tʃɛətəu]	un concerto
the overture to ['əuvətjuə']	l'ouverture de
a prelude ['prelju:d]	un prélude
a movement ['mu:vmənt]	un mouvement
variations on a theme of	des variations sur un thème de
a sonata [sə'nɑ:tə]	une sonate
a requiem ['rekwɪem]	un requiem
a duet [dju:'et]	un duo
a study ['stʌdɪ]	une étude
a fugue [fju:g]	une fugue
an oratorio [ˌɒrə'tɔ:rɪəu]	un oratorio
the national anthem	l'hymne national
a hymn [hɪm]	un hymne
a military/ wedding/funeral march	une marche militaire/ nuptiale/funèbre

To compose [kəm'pəuz]	composer
a composer [kəm'pəuzə']	un(e) compositeur (-trice)
a composition [ˌkɒmpə'zɪʃən]	une composition
to orchestrate ['ɔ:kɪstreɪt]	orchestrer (composer)
to orchestrate a work for to score a work for	orchestrer une œuvre pour (l'adapter)
orchestration [ˌɔ:kɪs'treɪʃən]	l'orchestration, l'instrumentation
the score [skɔ:']	la partition (de l'orchestre)
sheet music (n.c.)	la partition (d'une chanson, d'un morceau)
to arrange a work	arranger une œuvre

an arrangement [ə'reɪndʒmənt]	un arrangement
to set* sth to music	mettre qqch. en musique

Stereophony [ˌstɪərɪ'ɒfənɪ]	la stéréophonie
quadraphonics [ˌkwɒdrə'fɒnɪks] (sing.) quadraphony [kwɒd'rɒfənɪ]	la quadriphonie
a record [rɪ'kɔ:d] AM a disc [dɪsk] AM a disk	un disque (noir, vinyl)
a long player an LP ['elpɪ] (abr. de long-playing record)	un 33 tours, un disque microsillon
a single ['sɪŋgl]	un 45 tours
a maxisingle an EP ['i:pi:] (abr. de extended-play record)	un maxi 45 tours
a cassette [kæ'set] a tape [teɪp]	une cassette (audio)
a compact disc®	un disque compact
a CD ['si:di:]	un CD
a compact disc video	un disque vidéo
a CDV [si:di:'vi:]	un CDV
to play* a record	mettre un disque (l'écouter)

High fidelity	la haute fidélité
hi-fi ['haɪfaɪ]	la hi-fi
a hi-fi system	une chaîne hi-fi
a music centre a music system	une chaîne compacte
an amplifier ['æmplɪfaɪə']	un amplificateur
loudspeakers [ˌlaud'spi:kəz]	des baffles, des enceintes
a record deck a turntable ['tɜ:n.teɪbəl]	une platine disque
a tape recorder	un magnétophone
a cassette recorder	une magnétophone à cassettes
a cassette deck	un lecteur de cassettes
a compact disc player	une platine laser, un lecteur de disques compacts
a portable cassette player a Walkman®	un baladeur
a portable compact disc player	un lecteur de disques compacts portable
headphones (plur.)	un casque, des écouteurs

| a music lover | un(e) mélomane | an opera/jazz lover | un amateur d'opéra/de jazz |

REMARQUE : Les notes de musique sont représentées par les sept premières lettres de l'alphabet sauf lorsqu'elles sont chantées. On dit alors **doh, ray, me, fah, soh, lah, te.**

6 SINGING : LE CHANT

To sing* [sɪŋ] — chanter
a singer ['sɪŋə'] — un(e) chanteur (-euse)

to have a good voice — avoir une belle voix
to be in good/poor voice — être/ne pas être en voix
to hum [hʌm] — fredonner
to practise singing exercises — faire des vocalises
to yodel ['jəʊdl] — faire des tyroliennes
to chant [tʃɑːnt] — psalmodier

An opera ['ɒpərə] — un opéra
a song [sɒŋ] — une chanson
a ballad ['bæləd] — une ballade
an aria ['ɑːrɪə] — une aria
a lullaby ['lʌləbaɪ] — une berceuse
a refrain [rɪ'freɪn] — un refrain (en général)
a chorus ['kɔːrəs] — un refrain (repris en chœur)
a verse [vɜːs] — un couplet
a musical (comedy) — une comédie musicale
a hit song — un tube, un succès de la chanson
in the charts — au hit-parade

A tenor ['tenə'] — un ténor
a baritone ['bærɪtəʊn] — un baryton
a bass [beɪs] — une basse
a countertenor [ˌkaʊntə'tenə'] — un haute-contre
a contralto [kən'træltəʊ] — un contralto
an alto ['æltəʊ] — une haute-contre, une contralto (voix)
a soprano [sə'prɑːnəʊ] — une soprano
a mezzo-soprano [ˌmetsəʊsə'prɑːnəʊ] — une mezzo-soprano

An opera singer — un chanteur d'opéra, une cantatrice
a diva ['diːvə] — une diva
a prima donna — une prima donna
a vocalist ['vəʊkəlɪst] — un(e) chanteur (-euse) (d'un groupe)
a blues/jazz singer — un chanteur de blues/de jazz
a choir ['kwaɪə'] — un chœur
a chorister ['kɒrɪstə'] — un(e) choriste
a choral society a choir — une chorale
a libretto [lɪ'bretəʊ] (plur. librettos, libretti) — un livret

7 INSTRUMENTS AND PLAYERS : LES INSTRUMENTS ET LES INSTRUMENTISTES

A string(ed) instrument — un instrument à cordes
the strings [strɪŋz] — les cordes
a violin [ˌvaɪə'lɪn] a fiddle ['fɪdl] (parlé) — un violon
a violinist [ˌvaɪə'lɪnɪst] a fiddler ['fɪdlə'] (parlé) — un(e) violoniste
a cello ['tʃeləʊ] — un violoncelle
a cellist ['tʃelɪst] — un(e) violoncelliste
a double bass — une contrebasse

a viola [vɪ'əʊlə] — un alto
a viola-player AM a violist [vɪ'əʊlɪst] — un(e) altiste
a bow [bəʊ] — un archet

A guitar [gɪ'tɑː'] — une guitare
a classical guitar — une guitare classique
an electric guitar — une guitare électrique
a guitarist [gɪ'tɑːrɪst] a guitar-player — un(e) guitariste

a **mandolin** [ˈmændəlɪn]	une mandoline
a **lute** [luːt]	un luth
a **harp** [hɑːp]	une harpe
a **harpist** [ˈhɑːpɪst]	un(e) harpiste
a **balalaika** [ˌbæləˈlaɪkə]	une balalaïka
a **lyre** [ˈlaɪəʳ]	une lyre

A **brass instrument**	un cuivre
the **brass** [brɑːs] (n.c. sing.)	les cuivres
a **trumpet** [ˈtrʌmpɪt]	une trompette
a **trumpet-player**	un(e) trompettiste
a **trumpeter** [ˈtrʌmpɪtəʳ]	un trompette
a **trombone** [trɒmˈbəun]	un trombone
a **trombonist** [trɒmˈbəunɪst]	un(e) tromboniste
a **horn** [hɔːn]	un cor
a **French horn**	un cor d'harmonie
a **horn-player**	un(e) joueur (-euse) de cor
a **cornet** [ˈkɔːnɪt]	un cornet à pistons
a **cornet-player**	un(e) cornettiste
a **tuba** [ˈtjuːbə]	un tuba
a **tuba-player**	un(e) joueur (-euse) de tuba
a **bugle** [ˈbjuːgl]	un clairon (instrument)
a **bugler** [ˈbjuːgləʳ]	un clairon (joueur)

A **wind instrument**	un instrument à vent
a **flute** [fluːt]	une flûte
BR a **flautist** [ˈflɔːtɪst] AM a **flutist** [ˈfluːtɪst]	un(e) flûtiste
a **set of bagpipes**	une cornemuse
a **(bag)piper** [ˈ(bæg)paɪpəʳ]	un(e) joueur (-euse) de cornemuse
a **reed** [riːd]	une anche

The **woodwind** [ˈwudwɪnd] (n.c. sing.)	les bois
a **clarinet** [ˌklærɪˈnet]	une clarinette
a **clarinettist** [ˌklærɪˈnetɪst]	un(e) clarinettiste
an **oboe** [ˈəubəu]	un hautbois
an **oboist** [ˈəubəuɪst]	un(e) hautboïste
a **bassoon** [bəˈsuːn]	un basson (instrument)
a **bassoonist** [bəˈsuːnɪst]	un basson (joueur)

a **saxophone** [ˈsæksəfəun]	un saxophone
a **saxophonist** [ˌsæksˈɒfənɪst]	un(e) saxophoniste
a **mouthpiece** [ˈmauθpiːs]	une embouchure

A **percussion instrument**	un instrument à percussion
a **percussionist** [pəˈkʌʃənɪst]	un(e) percussionniste
a **drum** [drʌm]	un tambour (instrument)
the **drums** [drʌmz]	la batterie
the **big drum**	la grosse caisse
a **drummer** [ˈdrʌməʳ]	un tambour, un batteur
cymbals [ˈsɪmbəlz]	les cymbales
a **triangle** [ˈtraɪæŋgl]	un triangle
a **kettledrum** [ˈketldrʌm] a **timp** [tɪmp] (parlé)	une timbale
the **kettledrums** the **timpani** [ˈtɪmpəni] (plur.) the **timps** (parlé)	les timbales
a **timpanist** [ˈtɪmpənɪst]	un timbalier
castanets [ˌkæstəˈnets]	les castagnettes

A **piano** [ˈpjɑːnəu]	un piano
an **upright piano**	un piano droit
a **grand (piano)**	un (piano à) queue
a **baby grand (piano)**	un (piano) demi-queue
a **pianist** [ˈpɪənɪst] a **piano-player**	un(e) pianiste
the **organ** [ˈɔːgən]	l'orgue, les orgues
an **organist** [ˈɔːgənɪst]	un(e) organiste
a **harmonium** [hɑːˈməunɪəm]	un harmonium
a **harpsichord** [ˈhɑːpsɪkɔːd]	un clavecin
a **keyboard** [ˈkiːbɔːd]	un clavier

A **harmonica** [hɑːˈmɒnɪkə] BR a **mouthorgan** [ˈmauθɔːgən]	un harmonica
an **accordion** [əˈkɔːdɪən]	un accordéon
an **accordionist** [əˈkɔːdɪənɪst]	un(e) accordéoniste
an **instrumentalist** [ˌɪnstruˈmentəlɪst]	un(e) instrumentiste

REMARQUE : En anglais, les noms des musiciens se terminant par **-ist** désignent généralement des professionnels, tandis que les composés formés avec **-player** désignent plutôt des amateurs.

PERFORMING MUSIC : L'EXÉCUTION MUSICALE

A musician [mjuː'zɪʃən] — un(e) musicien(ne)
an orchestra ['ɔːkɪstrə] — un orchestre
a symphony/chamber orchestra — un orchestre symphonique/de chambre
a concert ['kɒnsət] — un concert
a recital [rɪ'saɪtl] — un récital
an operahouse ['ɒpərə.haʊs] — un opéra
a concert hall — une salle de concert

BR the conductor [kən'dʌktər] — le chef d'orchestre (musique classique)
AM the leader (of the orchestra)
to conduct an orchestra — diriger un orchestre
BR the leader ['liːdər] — le premier violon
AM the concertmaster ['kɒnsət.mɑː.stər]
a baton ['bætən] — un bâton, une baguette
to rehearse [rɪ'hɜːs] — répéter
a rehearsal [rɪ'hɜːsəl] — une répétition

A solo ['səʊləʊ] — un solo
a soloist ['səʊləʊɪst] — un(e) soliste
an ensemble [ɒn'sɒmbəl] — un ensemble
a duo ['djuːəʊ] — un duo
a trio ['trɪəʊ] — un trio
a quartet(te) [kwɔː'tet] — un quatuor, un quartette
a quintet(te) [kwɪn'tet] — un quintette
a sextet(te) [seks'tet] — un sextuor
a band [bænd] — un orchestre (musique autre que classique)

a jazz band — un orchestre de jazz
a big band — un grand orchestre (de jazz)
a brass band — une fanfare
a pop group — un groupe pop

To play [pleɪ] — jouer
to play in public — jouer en public
to perform [pə'fɔːm]
to play an instrument — jouer d'un instrument
to play the piano/violin — jouer du piano/du violon
to play sth on the piano — jouer qqch. au piano
to play sth by ear — jouer qqch. de mémoire
to sight-read* ['saɪt.riːd] — déchiffrer
a performer [pə'fɔːmər] — un(e) interprète, un(e) exécutant(e)
the performance [pə'fɔːməns] — l'exécution
a virtuoso [.vɜːtjʊ'əʊzəʊ] — un(e) virtuose
virtuosity [.vɜːtjʊ'ɒsɪtɪ] — la virtuosité

To blow* a horn/bugle — jouer d'un cor/d'un clairon
to pluck a string — pincer une corde
to accompany sb on the piano — accompagner qqn au piano
an accompanist [ə'kʌmpənɪst] — un(e) accompagnateur (-trice)
an accompaniment [ə'kʌmpənɪmənt] — un accompagnement

FORMS OF ENTERTAINMENT : LES SPECTACLES

Entertainment [.entə'teɪnmənt] (n.c.) — le spectacle
show business — le monde du spectacle
a show [ʃəʊ] — un spectacle, un show
spectacular [spek'tækjʊlər] — spectaculaire
to entertain [.entə'teɪn] — amuser, divertir
an entertainer [.entə'teɪnər] — un(e) artiste (de variétés)

A music hall — un music-hall (salle)
a variety theatre
BR variety [və'raɪətɪ] (n.c.) — le music-hall (variétés)
AM vaudeville ['vɔːdəvɪl] (n.c.)
BR a variety show — un spectacle de music-hall
AM a vaudeville show
a chorus girl — une girl
the chorus line — la troupe (d'une revue)

A circus [ˈsɜːkəs]	un cirque	**a juggler** [ˈdʒʌɡləʳ]	un(e) jongleur (-euse)
a nightclub [ˈnaɪtklʌb]	une boîte de nuit	**to juggle** *with* [ˈdʒʌɡl]	jongler *avec*
a cabaret [ˈkæbəreɪ]	un cabaret	**a clown** [klaun]	un clown
striptease [ˈstrɪptiːz]	le strip-tease	**a ventriloquist**	un(e) ventriloque
a stripper [ˈstrɪpəʳ]	une strip-teaseuse	[venˈtrɪləkwɪst]	
a striptease artist		**a magician** [məˈdʒɪʃən]	un(e) magicien(ne)
		an illusionist [ɪˈluːʒənɪst]	un(e) illusionniste
A comedian	un(e) comique	**a conjuror** [ˈkʌndʒərəʳ]	un(e) prestidigitateur
[kəˈmiːdɪən]		**a conjurer**	(-trice)
a comic [ˈkɒmɪk]		**to do* conjuring**	faire des tours de
an acrobat [ˈækrəbæt]	un(e) acrobate	**tricks**	prestidigitation

THE THEATRE : LE THÉÂTRE

Drama [ˈdrɑːmə]	le théâtre (activité)	**A playwright** [ˈpleɪraɪt]	un auteur dramatique
BR **the theatre** [ˈθɪətəʳ]		**a play in 5 acts**	une pièce en 5 actes
AM **the theater**		**a scene** [siːn]	une scène (division)
plays (plur.)	le théâtre (œuvres)	**the hero** [ˈhɪərəʊ]	le héros
dramatic works (plur.)		**the heroine** [ˈherəʊɪn]	l'héroïne
amateur theatricals	le théâtre amateur	**the plot** [plɒt]	l'intrigue
(plur.)		**a coup de théâtre**	un coup de théâtre
amateur dramatics		**the denouement**	le dénouement
(plur.)		[deɪˈnuːmɒn]	
light comedies (plur.)	le théâtre de boulevard	**a happy ending**	une fin heureuse
	(pièces)		
BR **a theatre**	un théâtre (bâtiment)	**To stage a play**	monter une pièce
AM **a theater**		**to put* on a play**	
		stage directions	les indications
A dramatic work	une œuvre théâtrale		scéniques
a play [pleɪ]	une pièce de théâtre	**the producer**	le metteur en scène
a comedy [ˈkɒmɪdɪ]	une comédie	[prəˈdjuːsəʳ]	
a farce [fɑːs]	une farce	**the script** [skrɪpt]	le texte
a drama [ˈdrɑːmə]	un drame	**to rehearse** [rɪˈhɜːs]	répéter
a melodrama	un mélodrame	**a rehearsal** [rɪˈhɜːsəl]	une répétition
[ˈmeləʊdrɑːmə]		**the dress rehearsal**	la générale
a tragedy [ˈtrædʒɪdɪ]	une tragédie		
a repertoire [ˈrepətwɑːʳ]	un répertoire	**The cast** [kɑːst]	les comédiens, la
			distribution (d'une
To act [ækt]	jouer		pièce)
to go* on the stage	faire du théâtre,	**to cast a play**	distribuer les rôles
	monter sur les		d'une pièce
	planches	**to cast sb as Hamlet**	donner le rôle de
an actor [ˈæktəʳ]	un comédien		Hamlet à qqn
an actress [ˈæktrɪs]	une comédienne	**a part** [pɑːt]	un rôle
a comedy actor	un acteur comique	**the lead** [liːd]	le rôle principal
the acting career	la carrière de	**the leading part**	
	comédien	**the leading role**	
an understudy	une doublure	**a supporting part**	un rôle secondaire
[ˈʌndəstʌdɪ]		**a silent role**	un rôle muet
a theatrical company	une troupe théâtrale	**to play Hamlet**	jouer Hamlet
the top of the bill	la tête d'affiche	**to take* the part of**	
a ham actor	un cabotin	**Hamlet**	

an audition [ɔː'dɪʃən]	une audition
to audition *for*	passer une audition *pour*

A line [laɪn]	une réplique
to give* sb his cue	donner la réplique à qqn
to learn*/to forget* one's lines	apprendre/oublier son texte
a speech [spiːtʃ]	une tirade
BR **a monologue** ['mɒnəlɒg] AM **a monolog**	
an aside [ə'saɪd]	un aparté
to improvise ['ɪmprəvaɪz]	improviser
to declaim [dɪ'kleɪm] **to rant** [rænt] (péj.)	déclamer
to interpret [ɪn'tɜːprɪt] **to perform** [pə'fɔːm]	interpréter
an interpretation [ɪn.tɜːprɪ'teɪʃən] **a performance** [pə'fɔːməns]	une interprétation

The stage [steɪdʒ]	la scène
on stage	sur scène
the footlights ['fʊtlaɪts]	les feux de la rampe
stage left BR **prompt side**	côté cour
stage right BR **opposite prompt side**	côté jardin
to prompt [prɒmpt]	souffler
a prompter ['prɒmptəʳ]	un(e) souffleur (-euse)

A box [bɒks]	une loge (dans la salle)
BR **the stalls** [stɔːls] (plur.) AM **the orchestra** ['ɔːkɪstrə]	l'orchestre
the dress circle	la corbeille

the circle ['sɜːkl]	le balcon
the upper circle **the gallery** ['gælərɪ]	le deuxième balcon
BR **the gods** [gɒdz] (plur.)	le poulailler
the cloakroom ['kləʊkrʊm]	le vestiaire (théâtre)

In the wings **behind the scenes** **backstage** ['bæksteɪdʒ]	dans les coulisses
to raise/to lower the curtain	lever/baisser le rideau
a stagehand ['steɪdʒhænd]	un machiniste
the scenery ['siːnərɪ]	le décor
the stage manager	le régisseur
a dressing-room	une loge (de comédien)
a dresser ['dresəʳ]	un(e) habilleur (-euse)
a make-up artist	un(e) maquilleur (-euse)
the stage door	l'entrée des artistes

A performance [pə'fɔːməns]	une représentation
a matinée ['mætɪneɪ] **an afternoon performance**	une matinée
the interval ['ɪntəvəl]	l'entracte
"no performance"	«relâche»

The box office	le bureau de location
to book a seat *for*	louer une place *pour*
the audience ['ɔːdɪəns]	les spectateurs, le public
to play to a full house	jouer à guichets fermés
to be a hit	avoir un énorme succès
it is a flop	c'est un four

DANCING : LA DANSE

To dance [dɑːns]	danser
a dancer ['dɑːnsəʳ]	un(e) danseur (-euse)
a dance	une danse
a dance step	un pas de danse
the dance floor	la piste de danse
ballroom dancing (n.c. sing.)	les danses de salon
a ball [bɔːl]	un bal
a fancy-dress ball	un bal costumé
to spin* (round) **to twirl round**	tournoyer

A waltz [wɔːlts]	une valse
to waltz	danser la valse
a tango ['tæŋgəʊ]	un tango
to tango	danser le tango
a foxtrot ['fɒkstrɒt]	un fox-trot
to foxtrot	danser le fox
a polka ['pɒlkə]	une polka
a rumba ['rʌmbə]	une rumba
a minuet [.mɪnjʊ'et]	un menuet

Folk dancing country dancing	la danse folklorique
a folk dancer a country dancer	un danseur folklorique
to tap-dance ['tæp.dɑ:ns]	faire des claquettes
a tap-dancer ['tæp.dɑ:nsə']	un danseur de claquettes
jive [dʒaɪv]	le swing
to jive	danser le swing
flamenco [flə'meŋkəʊ]	le flamenco
paso doble ['pæsəʊ'dəʊbleɪ]	le paso doble
samba ['sæmbə]	la samba
lambada [læm'bɑ:də]	la lambada
A ballet ['bæleɪ]	un ballet
ballet dancing	la danse classique
a ballet dancer	un danseur de ballet
a ballerina [.bælə'ri:nə]	une ballerine
the principal dancer	le danseur étoile
the prima ballerina	la danseuse étoile

the ballet master	le maître de ballet
the ballet mistress	la maîtresse de ballet
the corps de ballet	le corps de ballet
choreography [.kɒrɪ'ɒgrəfɪ]	la chorégraphie
a choreographer [.kɒrɪ'ɒgrəfə']	un(e) chorégraphe
to choreograph a ballet	composer la chorégraphie d'un ballet
A ballet skirt a tutu ['tu:tu:]	un tutu
a ballet shoe	un chausson de danse
tights [taɪts] (plur.)	un collant (de danseuse)
a leotard ['li:ə.tɑ:d]	un collant (de danseur)
a pas de deux	un pas de deux
an entrechat	un entrechat
a pirouette [.pɪru'et]	une pirouette
barre exercises	les exercices à la barre
to be on points	faire des pointes

THE CINEMA : LE CINÉMA

The film industry	l'industrie cinématographique
a film [fɪlm]	un film (pellicule)
a film BR a picture ['pɪktʃə'] AM a motion picture AM a movie ['mu:vɪ] (parlé)	un film (œuvre)
a short (film)	un court métrage
a full-length film	un long métrage
experimental cinema	le cinéma d'art et d'essai (films)
A silent film	un film muet
a talking picture a talkie ['tɔ:kɪ] (parlé)	un film parlant
a film in black and white a black-and-white film	un film en noir et blanc
BR in colour AM in color	en couleur
a superproduction	un film à grand spectacle
a commercial film a mass-audience film	un film grand public
a B-movie	un film de série B
a documentary (film)	un documentaire
a western ['westən]	un western
a cartoon [kɑ:'tu:n]	un dessin animé, un film d'animation

To make* a film to shoot* a film	tourner un film
Action !	On tourne !
shooting ['ʃu:tɪŋ]	le tournage
to film [fɪlm]	filmer
a (film) studio	un studio
in the studio	en studio
the set [set]	le plateau
on location	en extérieur
A (movie) camera a (cine) camera	une caméra
a camcorder ['kæm.kɔ:də]	un caméscope
the cameraman ['kæmərə.mæn]	le cameraman
a shot [ʃɒt]	une prise de vue
a close-up	un gros plan
special effects	les truquages, les effets spéciaux
in day for night	en nuit américaine
a stunt [stʌnt]	une cascade
a stuntman (fém. stuntwoman) ['stʌntmən]	un(e) cascadeur (-euse)
To work in films	travailler dans le cinéma

to act in films	faire du cinéma	**T**o synchronize ['sɪŋkrənaɪz]	synchroniser
a film actor	un acteur de cinéma	the sound track	la bande sonore
a film actress	une actrice	to dub [dʌb]	doubler
a filmstar ['fɪlmstɑːʳ]	une vedette de cinéma	original/subtitled version	version originale/sous-titrée
a superstar ['suːpəstɑːʳ]	un monstre sacré	subtitles ['sʌb.taɪtlz]	les sous-titres
a stand-in	une doublure		
an extra ['ekstrə]	un(e) figurant(e)	BR **a cinema** ['sɪnəmə] AM **a movie theater**	un cinéma
a screen test	un bout d'essai	to show* a film	passer un film
to give* sb a screen test	faire tourner un bout d'essai à qqn	a film show	une séance de cinéma
		the first/last showing	la première/dernière séance
BR **the dialogues** ['daɪəlɒgz] AM **the dialogs**	les dialogues	the première ['premɪɛəʳ]	la première
the screenplay ['skriːnpleɪ]	le script	a preview ['priːvjuː]	une avant-première
the (shooting) script		continuous performance	spectacle permanent
the scenario [sɪ'nɑːrɪəʊ] the (film) script	le scénario	the film will be released on Wednesday	le film sortira mercredi sur les écrans
a scriptwriter	un(e) scénariste		
		The screen [skriːn]	l'écran
A film maker a picture maker AM **a movie maker**	un(e) cinéaste(1)	a projector [prə'dʒektəʳ]	un projecteur
		to view [vjuː]	visionner
to produce [prə'djuːs]	produire	the feature film the main film	le (grand) film
a producer [prə'djuːsəʳ]	un(e) producteur (-trice)	a clip [klɪp]	un extrait
to direct [daɪ'rekt]	réaliser	a trailer ['treɪləʳ]	une bande-annonce
a director [daɪ'rektəʳ]	un(e) réalisateur (-trice)	an usherette [.ʌʃə'ret]	une ouvreuse
the continuity girl	la scripte(2)	to go* to the pictures to go* to the movies	aller au cinéma
a rush [rʌʃ]	un essai, un rush	BR **to go* to the flicks** (parlé)	aller au cinoche
to cut* [kʌt]	couper	AM **to go* to see a flick** (parlé)	
a film editor	un(e) monteur (-euse)	a film fan	un(e) cinéphile
the cutting room	la salle de montage	a film enthusiast	
the credits ['kredɪts] (plur.)	le générique	a cineaste ['sɪnɪæst] a film buff (parlé)	

ATTENTION FAUX AMI (1) **a cineaste** = un(e) cinéphile
(2) **the script** = le scénario, le script

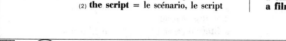

PHOTOGRAPHY : LA PHOTOGRAPHIE

A photo(graph) ['fəʊtə(grɑːf)]	une photo(graphie)	to have one's photo taken	se faire photographier
a picture ['pɪktʃəʳ] a snap [snæp] (parlé)		a photo album	un album de photos
a photographer [fə'tɒgrəfəʳ]	un(e) photographe	**A** camera ['kæmərə]	un appareil photo
		an instant camera	un appareil à développement instantané
to photograph sth/sb	photographier qqch./qqn		
		a film [fɪlm]	une pellicule
to take* a photo *of* to take* a picture *of*	prendre une photo *de*	a reel [riːl] a spool [spuːl]	une bobine

a cartridge film	une cartouche
the lens [lenz] (plur. lenses)	l'objectif
a zoom (lens)	un zoom
the shutter [ˈʃʌtəʳ]	l'obturateur
a viewfinder [ˈvjuːfaɪndəʳ]	un viseur
a tripod [ˈtraɪpɒd]	un trépied
a flash unit **a flash gun**	un flash
To load/to unload a camera	charger/décharger un appareil
the focus [ˈfəʊkəs]	la mise au point
to focus (the camera) on	mettre au point *sur*
to get* sth into focus **to bring* sth into focus**	mettre qqch. au point
BR **to centre** [ˈsentəʳ] AM **to center**	cadrer
to zoom in *on*	faire un zoom *sur*
to adjust [əˈdʒʌst]	régler
the exposure (time)	le temps de pose
a 24-/36-exposure film	un film de 24/36poses
backlighting [ˈbæk.laɪtɪŋ]	le contre-jour
To develop [dɪˈveləp]	développer
to process [ˈprəʊses]	développer (et tirer)
developing [dɪˈveləpɪŋ]	le développement

processing [ˈprəʊsesɪŋ]	le développement (et le tirage)
the developer [dɪˈveləpəʳ]	le révélateur
to enlarge [ɪnˈlɑːdʒ] **to blow* up**	agrandir
an enlargement [ɪnˈlɑːdʒmənt]	un agrandissement
an enlarger [ɪnˈlɑːdʒəʳ]	un agrandisseur
to print [prɪnt]	tirer
a darkroom [ˈdɑːkruːm]	une chambre noire
A negative [ˈnegətɪv]	un négatif, un cliché
a print [prɪnt]	une épreuve
underexposed [ˌʌndənksˈpəʊzd]	sous-exposé
overexposed [ˌəʊvəʳɪksˈpəʊzd]	surexposé
sharp [ʃɑːp]	net
blurred [blɜːd]	flou
matt [mæt]	mat
glossy [ˈglɒsɪ]	brillant
A slide [slaɪd]	une diapositive
a (slide) viewer	une visionneuse
a slide projector	un projecteur de diapositives
to show* slides	passer des diapositives

JEWELLERY AND POTTERY : LA JOAILLERIE ET LA POTERIE

A jewel [ˈdʒuːəl]	un bijou, un joyau
jewels [ˈdʒuːəlz] BR **jewellery** [ˈdʒuːəlrɪ] (n.c. sing.) AM **jewelry** (n.c. sing.)	des bijoux
BR **a jeweller** [ˈdʒuːələʳ] AM **a jeweler**	un(e) bijoutier (-ière), un(e) joaillier (-ière)
a goldsmith [ˈgəʊldsmɪθ]	un orfèvre (travaillant l'or)
a silversmith [ˈsɪlvəsmɪθ]	un orfèvre (travaillant l'argent)
To set* [set]	monter, sertir
the setting [ˈsetɪŋ]	la monture
to polish [ˈpɒlɪʃ]	polir
to engrave [ɪnˈgreɪv]	graver
imitation [ˌɪmɪˈteɪʃən] **fake** [feɪk]	en toc, faux

a die [daɪ] **a stamp** [stæmp]	un poinçon
a filigree [ˈfɪlɪgriː]	un filigrane
Precious metals	les métaux précieux
gold [gəʊld]	l'or
silver [ˈsɪlvəʳ]	l'argent
gold-/silver-plated	plaqué or/argent
platinum [ˈplætɪnəm]	le platine
A diamond [ˈdaɪəmənd]	un diamant
a facet [ˈfæsɪt]	une facette
a carat [ˈkærət]	un carat
to sparkle [ˈspɑːkl]	étinceler
to scintillate [ˈsɪntɪleɪt]	scintiller

A **gem** [dʒem]	une pierre précieuse
a precious stone	
a semiprecious stone	une pierre semi-précieuse
an aquamarine [ˌækwəməˈriːn]	une aigue-marine
an amethyst [ˈæmɪθɪst]	une améthyste
a beryl [ˈberɪl]	un béryl
an emerald [ˈemərəld]	une émeraude
jade [dʒeɪd]	le jade
an opal [ˈəupəl]	une opale
A **pearl** [pɜːl]	une perle
a cultured pearl	une perle de culture
quartz [ˈkwɔːts]	le quartz
a ruby [ˈruːbɪ]	un rubis
a sapphire [ˈsæfaɪəʳ]	un saphir
a topaz [ˈtəupæz]	une topaze
a turquoise [ˈtɜːkwɔɪz]	une turquoise
a garnet [ˈgɑːnɪt]	un grenat
jet [dʒet]	le jais
mother-of-pearl	la nacre
A **potter** [ˈpɒtəʳ]	un potier
pottery [ˈpɒtərɪ]	la poterie (activité)

a piece of pottery	une poterie
ceramics [sɪˈræmɪks] (sing.)	la céramique (activité)
a ceramic [sɪˈræmɪk]	une céramique
earthenware [ˈɜːθənweəʳ] **terracotta** [ˈterəˈkɒtə]	la terre cuite
stoneware [ˈstəunweəʳ]	le grès
china [ˈtʃaɪnə] **porcelain** [ˈpɔːsəlɪn]	la porcelaine
biscuit ware **bisque** [bɪsk]	le biscuit
clay [kleɪ]	l'argile
china clay	le kaolin
The **potter's wheel**	le tour du potier
to throw* a pot **to turn a pot** **to model** [ˈmɒdl]	tourner un pot
to fashion [ˈfæʃən]	modeler, façonner (poterie, glaise)
BR **to mould** [məuld] AM **to mold**	mouler
enamelling [ɪˈnæməlɪŋ]	l'émaillage
to fire [faɪəʳ]	cuire
the kiln [kɪln]	le four
to glaze [gleɪz]	vernisser
a glaze	un vernis

REMARQUE : Les noms de pierres et métaux précieux peuvent s'employer comme adjectifs ; ex. : un collier de saphirs/de perles = **a sapphire/pearl necklace** ; un bracelet en or/argent = **a gold/silver bracelet**.

15 **STYLES** : LES STYLES

A **style** [staɪl]	un style
a school of painting/sculpture	une école de peinture/sculpture
a painting from the school of ...	un tableau de l'école de...
a technique [tekˈniːk]	une technique
in the manner of	dans le style de
a genre [ˈʒɑ̃ːŋrə]	un genre
from life	d'après nature
life-size	grandeur nature
representational art	l'art figuratif
abstract art	l'art abstrait
Byzantine [baɪˈzæntaɪn]	byzantin
classical [ˈklæsɪkəl]	classique
classicism [ˈklæsɪsɪzəm]	le classicisme

quattrocento [ˌkwætrəuˈtʃentəu]	le quattrocento
baroque [bəˈrɒk]	baroque
modernism [ˈmɒdənɪzəm]	le modernisme
a modernist [ˈmɒdənɪst]	un(e) moderniste
impressionism [ɪmˈpreʃənɪzəm]	l'impressionnisme
an impressionist [ɪmˈpreʃənɪst]	un(e) impressionniste
post-impressionism [ˈpəustɪmˈpreʃənɪzəm]	le post-impressionnisme
a post-impressionist [ˈpəustɪmˈpreʃənɪst]	un(e) post-impressionniste
Expressionism [ɪksˈpreʃənɪzəm]	l'expressionisme
an expressionist [ɪksˈpreʃənɪst]	un(e) expressionniste

fauvism	le fauvisme	**surrealism** [sə'rɪəlɪzəm]	le surréalisme
a fauvist	un fauve	**a surrealist** [sə'rɪəlɪst]	un(e) surréaliste
cubism ['kjuːbɪzəm]	le cubisme	**pop art**	le pop art
a cubist ['kjuːbɪst]	un(e) cubiste	**primitive art**	l'art primitif
Art Deco	l'Art déco	**minimal art**	le minimalisme
Art Nouveau	l'Art nouveau		

44 WRITING AND BOOKS :
L'ÉCRITURE ET LES LIVRES

1 TEXTS : LES TEXTES

To write* [raɪt] — écrire
a book [bʊk] — un livre
a work [wɜːk] — un ouvrage, une œuvre
the collected works of — les œuvres complètes de
a volume ['vɒljuːm] — un volume, un tome
an author ['ɔːθəʳ] (fém. an authoress) — un auteur
a writer ['raɪtəʳ] — un écrivain
prose [prəʊz] — la prose
in prose — en prose

A collection [kə'lekʃən] — une collection
a book [bʊk]
a collection — un recueil
a booklet ['bʊklɪt] — un livret
a journal ['dʒɜːnl] — un journal, une revue
an article *on* ['ɑːtɪkl] — un article *sur*
a handbook ['hændbʊk]
a manual ['mænjuəl] — un manuel
a glossary ['glɒsərɪ] — un glossaire
a bibliography [.bɪblɪ'ɒgrəfɪ] — une bibliographie

An anthology [æn'θɒlədʒɪ] — une anthologie, un florilège
an essay ['eseɪ] — un essai
an essayist ['eseɪɪst] — un(e) essayiste
a pamphlet ['pæmflɪt] — un pamphlet
a pamphleteer [.pæmflɪ'tɪəʳ] — un(e) pamphlétaire
a diary ['daɪərɪ] — un journal (intime)
memoirs ['memwɑːz] — les mémoires
confessions [kən'feʃənz] — les confessions
BR **the comic strips**
BR **the strip cartoons** — les bandes dessinées, les B.D.
AM **the comics** ['kɒmɪks]
AM **the funnies** ['fʌnɪz] (parlé)

Lexicography [.leksɪ'kɒgrəfɪ] — la lexicographie
a lexicographer [.leksɪ'kɒgrəfəʳ] — un(e) lexicographe
a reference work — un ouvrage de référence
an encyclopedia [ɪn.saɪkləʊ'piːdɪə] — une encyclopédie

a dictionary ['dɪkʃənrɪ] — un dictionnaire
a lexicon ['leksɪkən] — un lexique
a vocabulary book — un vocabulaire
a thesaurus [θɪ'sɔːrəs] (plur. thesauri, thesauruses) — un dictionnaire synonymique
a biography [baɪ'ɒgrəfɪ] — une biographie
biographical [.baɪəʊ'græfɪkəl] — biographique
a biographer [baɪ'ɒgrəfəʳ] — un(e) biographe
an autobiography [.ɔːtəʊbaɪ'ɒgrəfɪ] — une autobiographie
autobiographical ['ɔːtəʊ.baɪəʊ'græfɪkəl] — autobiographique
a thesis ['θiːsɪs] (plur. theses) — une thèse
a report [rɪ'pɔːt] — un rapport
a treatise *on* ['triːtɪz] — un traité *de*
a textbook ['tekstbʊk] — un manuel scolaire, un livre de classe
a history/science textbook — un manuel d'histoire/de sciences

A novelist ['nɒvəlɪst] — un(e) romancier (-ière)
a ghost writer — un nègre
fiction ['fɪkʃən] — la fiction
a work of fiction — un ouvrage de fiction
fictitious [fɪk'tɪʃəs]
fictional ['fɪkʃənl] — fictif
a story ['stɔːrɪ] — une histoire
a short story — une nouvelle
a novel ['nɒvəl] — un roman
an adventure novel — un roman d'aventures
an epic novel — un roman épique
a saga ['sɑːgə] — un roman-fleuve
a historical novel — un roman historique
a romance [rəʊ'mæns] — un roman médiéval
a historical romance — un roman de cape et d'épée
a thriller ['θrɪləʳ] — un roman à suspense
a spy thriller — un roman d'espionnage
a detective story — un roman policier
a whodunnit [huː'dʌnɪt] (parlé) — un polar
a blockbuster ['blɒkbʌstəʳ] — un roman à succès

Science fiction	la science-fiction
a tale [teɪl]	un conte, un récit
a legend ['ledʒənd]	une légende
legendary ['ledʒəndərɪ]	légendaire
a fable ['feɪbl]	une fable
fantastic [fæn'tæstɪk]	fantastique

A fairy ['fɛərɪ]	une fée
a fairy tale **a fairy story**	un conte de fées
Little Red Riding Hood	le Petit Chaperon rouge
the big bad wolf	le grand méchant loup
Cinderella [ˌsɪndə'relə]	Cendrillon
The Sleeping Beauty	la Belle au Bois dormant

Snow White and the Seven Dwarfs	Blanche Neige et les Sept Nains
Mother Goose	Ma Mère l'Oye

A giant ['dʒaɪənt]	un géant
an ogre ['əʊgəʳ]	un ogre
a goblin ['gɒblɪn] **an imp** [ɪmp]	un lutin
a gnome [nəʊm]	un gnome
an elf [elf] (plur. elves)	un farfadet
a mermaid ['mɜːmeɪd]	une sirène
a demon ['diːmən]	un démon
a vampire ['væmpaɪəʳ]	un vampire
a werewolf ['wɪəwʊlf]	un loup-garou

POETRY : LA POÉSIE

A poem *on, about* ['pəʊɪm]	un poème *sur*
to write* poetry	écrire des poèmes, faire de la poésie
poetic(al) [pəʊ'etɪk(əl)]	poétique
the poetic(al) works of	les œuvres poétiques de
a poet ['pəʊɪt]	un poète
a poetess ['pəʊɪtes]	une femme poète, une poétesse

To compose [kəm'pəʊz]	composer
BR **poetic licence** AM **poetic license**	la licence poétique
a line [laɪn]	un vers
verse [vɜːs] (n.c. sing.)	les vers
in verse	en vers
to versify ['vɜːsɪfaɪ]	versifier
versification [ˌvɜːsɪfɪ'keɪʃən]	la versification
a verse **a stanza** ['stænzə]	une strophe
a rhyme [raɪm]	une rime
to rhyme *with*	rimer *avec*
to scan [skæn]	scander, se scander
a caesura [sɪ'zjʊərə] (plur. caesuras, caesurae)	une césure

The stress [stres]	l'accent
a syllable ['sɪləbl]	une syllabe
an alexandrine [ˌælɪg'zændraɪn]	un alexandrin
BR **metre** ['miːtəʳ] AM **meter**	le mètre
a quatrain ['kwɒtreɪn]	un quatrain
blank verse	les vers blancs, les vers non rimés
to recite [rɪ'saɪt]	réciter
a recitation [ˌresɪ'teɪʃən]	une récitation
to declaim [dɪ'kleɪm]	déclamer

Lyric poetry	la poésie lyrique
narrative poetry **narrative verse**	la poésie narrative
epic ['epɪk]	épique
an epic (poem)	une épopée
a sonnet ['sɒnɪt]	un sonnet
an ode *to* [əʊd]	une ode *à*
an elegy ['elɪdʒɪ]	une élégie
a ballad ['bæləd]	une ballade
doggerel ['dɒgərəl] (n.c. sing.)	les vers de mirliton
a nursery rhyme	une comptine
a limerick ['lɪmərɪk]	un limerick

REMARQUE : Le limerick est une sorte d'épigramme burlesque rimée de cinq vers ; ex. :
There was an Old Man with a beard,
Who said, "It is just as I feared
Two Owls and a Hen
Four Larks and a Wren
Have all built their nests in my beard."

③ **LITERARY DEVICES :** LES PROCÉDÉS LITTÉRAIRES

To tell* [tel]
to relate [rɪ'leɪt]
to recount [rɪ'kaʊnt] — raconter (histoire, légende)

to tell* about
to relate
to recount — raconter (événement)

the narrative ['nærətɪv]
the account [ə'kaʊnt] — la narration

narrative — narratif

the narrator [nə'reɪtə'] — le (la) narrateur (-trice)

The action ['ækʃən] — l'action

the plot [plɒt] — l'intrigue

the unfolding of the plot — le déroulement de l'intrigue

the knot of the plot — le nœud de l'action

the denouement [deɪ'nu:mɒn] — le dénouement

an episode ['epɪsəud] — un épisode

the climax ['klaɪmæks] — le point culminant

an anticlimax ['æntɪ'klaɪmæks] — une chute

an incident ['ɪnsɪdənt]
a twist in the plot — une péripétie

A theme [θi:m] — un thème

thematic [θɪ'mætɪk] — thématique

a character ['kærɪktə'] — un personnage

the hero ['hɪərəu] — le héros

the heroine ['herəuɪn] — l'héroïne

the protagonists [prəu'tægənɪsts] — les protagonistes

The style [staɪl] — le style

a figure of speech — une figure de rhétorique

a stylistic device — une figure de style

a simile ['sɪmɪlɪ] — une comparaison

a metaphor ['metəfə'] — une métaphore

metonymy [mɪ'tɒnɪmɪ] — la métonymie

synecdoche [sɪ'nekdəkɪ] — la synecdoque

litotes ['laɪtəu.ti:z] — la litote

a euphemism ['ju:fɪ.mɪzəm]
an understatement ['ʌndə.steɪtmənt] — un euphémisme

alliteration [ə.lɪtə'reɪʃən] — l'allitération

hyperbole [haɪ'pɜ:bəlɪ] — l'hyperbole

BR **onomatopoeia** [.ɒnəumætəu'pi:ə]
AM **onomatopeia** — l'onomatopée

onomatopoeic [.ɒnəumætəupi:ɪk] — onomatopéique

a malapropism ['mælə.prɒpɪzəm] — un pataquès

a pun on [pʌn] — un jeu de mots *sur*

to pun — faire un jeu de mots

BR humour ['hju:mə']
AM humor — l'humour

humorous ['hju:mərəs] — humoristique

irony ['aɪərənɪ] — l'ironie

ironic(al) [aɪ'rɒnɪk(əl)] — ironique

To describe [dɪs'kraɪb] — décrire

descriptive [dɪs'krɪptɪv] — descriptif

a description [dɪs'krɪpʃən] — une description

a portrayal [pɔ:'treɪəl]
a portrait ['pɔ:trɪt] — un portrait

to portray sb — faire le portrait de qqn, peindre qqn

realism ['rɪəlɪzəm] — le réalisme

realistic [rɪə'lɪstɪk] — réaliste

A symbol ['sɪmbəl] — un symbole

symbolism ['sɪmbəlɪzəm] — le symbolisme

symbolic [sɪm'bɒlɪk] — symbolique

to symbolize ['sɪmbəlaɪz] — symboliser

to represent sth
to stand* for sth — représenter qqch.

representation [.reprɪzen'teɪʃən] — la représentation

an image ['ɪmɪdʒ] — une image

imagery ['ɪmɪdʒərɪ] (n.c. sing.) — les images (d'une œuvre)

Imaginary [ɪ'mædʒɪnərɪ] — imaginaire

to imagine [ɪ'mædʒɪn] — imaginer

imagination [ɪ.mædʒɪ'neɪʃən] — l'imagination

fantasy ['fæntəzɪ] — la fantaisie, l'imagination

to depict sth as [dɪ'pɪkt] — dépeindre *qqch. comme*

to evoke sth
to conjure sth up — évoquer qqch.

to allude to — faire allusion à

to impersonate [ɪm'pɜ:səneɪt] — personnifier

to characterize ['kærɪktəraɪz] — caractériser

A satire *on* ['sætaɪə'] une satire *de*
satirical [sə'tɪrɪkəl] satirique
to satirize ['sætəraɪz] satiriser
a caricature une caricature
 ['kærɪkətjuə']

an allegory ['ælɪgərɪ] une allégorie

allegorical [.ælɪ'gɒrɪkəlɪ] allégorique

a parable ['pærəbl] une parabole

 LITERARY CRITICISM : LA CRITIQUE LITTÉRAIRE

A review [rɪ'vjuː] un compte rendu (pour un journal)
to write* a review of sth faire un compte rendu de qqch.
to review sth
criticism ['krɪtɪsɪzəm] la critique (activité)
 (n.c.)
a critique [krɪ'tiːk] une critique (analyse)
critical ['krɪtɪkəl] critique
a critic ['krɪtɪk] un(e) critique
to criticize ['krɪtɪsaɪz] critiquer

To analyze ['ænəlaɪz] analyser
an analysis [ə'næləsɪs] une analyse
 (plur. analyses)
to assess [ə'ses] évaluer
to evaluate [ɪ'væljueɪt]
an assessment une évaluation
 [ə'sesmənt]
an evaluation
 [ɪ.vælju'eɪʃən]
a comment *on* ['kɒment] une remarque, un commentaire *sur*
a commentary *on* un commentaire *sur* (exposé)
 ['kɒməntərɪ]
to comment on sth faire des commentaires sur qqch.

A synopsis [sɪ'nopsɪs] un synopsis
an abstract ['æbstrækt] un extrait
a summary ['sʌmərɪ] un résumé
a résumé ['reɪzjuːmeɪ]
to summarize résumer
 ['sʌməraɪz]
to sum up
to quote [kwəut] citer
to interpret [ɪn'tɜːprɪt] interpréter
an interpretation une interprétation
 [ɪn.tɜːprɪ'teɪʃən]

To express [ɪks'pres] exprimer
to express sth bien/mal exprimer
 well/badly qqch.
to put* sth well/badly
expression [ɪks'preʃən] l'expression
to be a sign of sth être un signe de qqch., dénoter qqch.

a context ['kɒntekst] un contexte
contextual [kɒn'tekstjuəl] contextuel

Simple ['sɪmpl] simple
simply ['sɪmplɪ] simplement
plain [pleɪn] nu, dépouillé
unadorned ['ʌnə'dɔːnd]
original [ə'rɪdʒɪnl] original
inventive [ɪn'ventɪv] inventif
imaginative plein d'imagination
 [ɪ'mædʒɪnətɪv]
racy ['reɪsɪ] plein de verve, piquant
plausible ['plɔːzəbəl] plausible, vraisemblable
verisimilitude la vraisemblance
 [.verɪsɪ'mɪlɪtjuːd]

Gifted ['gɪftɪd] doué
talented ['tæləntɪd] plein de talent
interesting ['ɪntrɪstɪŋ] intéressant
exciting [ɪk'saɪtɪŋ] passionnant
fascinating ['fæsɪneɪtɪŋ] fascinant
engrossing [ɪn'grəusɪŋ] absorbant
striking ['straɪkɪŋ] frappant
convincing [kən'vɪnsɪŋ] convaincant
moving ['muːvɪŋ] émouvant
scathing ['skeɪðɪŋ] cinglant
in depth en profondeur

Matter-of-fact prosaïque
prosaic [prəu'zeɪɪk]
far-fetched poussé, tiré par les cheveux
stilted ['stɪltɪd] guindé
high-flown ampoulé
bombastic [bɒm'bæstɪk]
pompous ['pɒmpəs] pompeux
affected [ə'fektɪd] affecté
grandiloquent grandiloquent
 [græn'dɪləkwənt]
recondite [rɪ'kɒndaɪt] obscur, abstrus
abstruse [æb'struːs]

Sentimental [.sentɪˈmentl]   sentimental

mawkish [ˈmɔːkɪʃ]   trop sentimental

pathos [ˈpeɪθɒs]   le pathétique

Boring [ˈbɔːrɪŋ]
tedious [ˈtiːdɪəs]   ennuyeux

superficial [.suːpəˈfɪʃəl]   superficiel

heavy [ˈhevɪ]   lourd
BR **laboured** [ˈleɪbəd]
AM **labored**

repetitive [rɪˈpetɪtɪv]   répétitif

jerky [ˈdʒɜːkɪ]   saccadé

long-winded   prolixe, interminable

rambling [ˈræmblɪŋ]   décousu

Hackneyed [ˈhæknɪd]
trite [traɪt]   galvaudé

commonplace [ˈkɒmən.pleɪs]
banal [bəˈnɑːl]   banal

pedestrian [pɪˈdestrɪən]   terre-à-terre

colourless [ˈkʌləlɪs]
drab [dræb]   fade, terne

a cliché [ˈkliːʃeɪ]   un cliché

to move slowly   manquer d'action

maudlin [ˈmɔːdlɪn]   larmoyant

a potboiler [ˈpɒt.bɔɪlə]   une œuvre alimentaire

To plagiarize [ˈpleɪdʒ.raɪz]   plagier

plagiarism [ˈpleɪdʒə.rɪzəm]
plagiary [ˈpleɪdʒərɪ]   le plagiat

In my opinion
in my view   à mon avis

from the point of view of ...   du point de vue de...

as the author points out   comme le souligne l'auteur

in the final analysis   en dernière analyse

on the whole
by and large   dans l'ensemble

in a word   en un mot

In (actual) fact   en fait

a typical example
a case in point   un exemple typique

an example of
an instance of   un exemple de

to exemplify sth   exemplifier qqch.

for example
for instance   par exemple

In the first/second place   en premier/second lieu

now we come to   passons maintenant à

by way of introduction   en guise d'introduction

it should be noted that ...   il est important de noter que...

what this means is that ...   cela veut dire que...

it follows from this that ...   il s'ensuit que...

On the one hand, ...
on the other (hand)   d'un côté, ... de l'autre côté

to a certain extent
in some degree   dans une certaine mesure

to the extent that   à tel point que

up to a point   jusqu'à un certain point

concerning [kənˈsɜːnɪŋ]   concernant

as regards
with respect to   en ce qui concerne

in relation to   relativement à

in similar vein   dans le même esprit

in spite of
notwithstanding [.nɒtwɪθˈstændɪŋ]   malgré, en dépit de

notwithstanding his talent
his talent notwithstanding   en dépit de son talent

A eulogy [ˈjuːlədʒɪ]   un éloge, un panégyrique

to praise [preɪz]
to eulogize [ˈjuːlədʒaɪz]   faire l'éloge de

laudatory [ˈlɔːdətrɪ]   dithyrambique

her essay reads easily/like a novel   son essai se lit facilement/comme un roman

he captures the reader's interest/attention   il captive l'intérêt/l'attention du lecteur

his narrative powers   son talent de narrateur

the interest flags   l'intérêt faiblit

to slate a book   éreinter un livre

PUBLISHING : L'ÉDITION

To print [prɪnt]	imprimer
a printer ['prɪntəʳ]	un imprimeur
printing ['prɪntɪŋ]	l'imprimerie (activité)
printing works (sing.)	une imprimerie (entreprise)
a printing press	une presse typographique
the typography [taɪ'pɒgrəfɪ]	la typographie
a typographer [taɪ'pɒgrəfəʳ]	un(e) typographe

To bind* *in sth* [baɪnd]	relier *en qqch.*
bound in leather **leather-bound**	relié en cuir
the binding ['baɪndɪŋ]	la reliure
a fine binding	une reliure d'art
an illustration [ˌɪləs'treɪʃən]	une illustration
the illustrations [ˌɪləs'treɪʃənz]	les illustrations
the artwork ['ɑːtwɜːk] (sing.)	
an illustrator ['ɪləstreɪtəʳ]	un(e) illustrateur (-trice)
graphics ['græfɪks] (sing.)	le graphisme
the layout ['leɪaʊt]	la mise en page
the paste-up ['peɪstʌp]	la maquette

A character ['kærɪktəʳ]	un caractère d'imprimerie
a typeface ['taɪpfeɪs]	une police de caractère
italic type	l'italique
roman type	le romain
in roman/italic type	en romain/italique
upper case	le haut de casse
lower case	le bas de casse
a capital (letter)	une majuscule
in capitals **in capital letters**	en majuscules

The typesetter ['taɪpˌsetəʳ]	le compositeur
the compositor [kəm'pɒzɪtəʳ]	
typesetting ['taɪpˌsetɪŋ]	la composition
BR **a fount** [faʊnt]	une fonte
AM **a font** [fɒnt]	
spacing ['speɪsɪŋ]	l'espacement

A publishing house	une maison d'édition
to work in publishing	travailler dans l'édition

a publisher ['pʌblɪʃəʳ]	un(e) éditeur(1) (-trice)
to publish ['pʌblɪʃ]	publier
under the imprint of **published by**	publié chez
to publish sth privately	publier qqch. à compte d'auteur
to bring* out	faire paraître
in print	disponible
out of print	épuisé

(1) ATTENTION FAUX AMI **an editor** = un rédacteur, une rédactrice

A copy ['kɒpɪ]	un exemplaire
an issue ['ɪʃuː]	un numéro
the latest issue of	le dernier numéro de
a numbered copy	un exemplaire numéroté
an edition [ɪ'dɪʃən]	une édition
a limited edition	une édition à tirage limité
a first edition	une première édition
the original edition	l'édition originale

A publication [ˌpʌblɪ'keɪʃən]	une publication
a hardback ['hɑːdbæk]	un livre relié
a soft-cover book	un livre broché
a paperback ['peɪpəbæk]	un livre de poche
in paperback	en poche
a pocket edition	une édition de poche
an abridged version	une version abrégée

A manuscript ['mænjuskrɪpt]	un manuscrit
the typescript ['taɪpskrɪpt]	le tapuscrit
to revise [rɪ'vaɪz]	réviser
a revised and corrected edition	une édition revue et corrigée
a revision [rɪ'vɪʒən]	une révision
to amend [ə'mend]	corriger
to correct [kə'rekt]	
to edit ['edɪt]	éditer (annoter)
a (publisher's) reader	un(e) lecteur (-trice) (de manuscrits)

The proofs [pruːfs]	les épreuves
page proofs	les épreuves en pages
galley proofs	les placards
galleys ['gælɪz]	

a proofreader ['pruːfriːdəʳ]	un(e) correcteur (-trice)
to read* the proofs of sth	corriger les épreuves de qqch.
to proofread* sth	

The cover ['kʌvəʳ]	la couverture
the (publisher's) blurb	le texte de couverture
the (dust)jacket ['(dʌst.)dʒækɪt]	la jaquette
a page [peɪdʒ]	une page
on page 9	à la page 9
a chapter ['tʃæptəʳ]	un chapitre
in chapter 10	au chapitre 10
a title ['taɪtl]	un titre
the title page	la page de titre
the frontispiece ['frʌntɪspiːs]	le frontispice
the foreword ['fɔːwɜːd]	l'avant-propos
the contents [kən'tents] (plur.)	la table des matières
the preface ['prefɪs]	la préface
the introduction [ˌɪntrə'dʌkʃən]	l'introduction

The text [tekst]	le texte
notes [nəʊts]	les notes
an index ['ɪndeks] (plur. indices)	un index
to index	mettre un index à

entitled [ɪn'taɪtld]	intitulé
annotated ['ænəʊteɪtɪd]	annoté
an appendix [ə'pendɪks] (plur. appendices)	un appendice
royalties ['rɔɪəltɪz]	les droits d'auteur
copyright ['kɒpɪraɪt]	le copyright

A bookseller ['bʊkseləʳ]	un(e) libraire
a bookshop ['bʊkʃɒp]	une librairie
a secondhand bookshop	une librairie de livres d'occasion
antiquarian books	les livres anciens
a bookstall ['bʊkstɔːl]	un étalage de librairie
a literary prize	un prix littéraire
a best-seller	un succès de librairie

A library ['laɪbrərɪ]	une bibliothèque
to borrow a book from a library	emprunter un livre à une bibliothèque
a borrower ['bɒrəʊəʳ]	un(e) emprunteur (-euse)
a library ticket	≈ une carte de bibliothèque
a librarian [laɪ'brɛərɪən]	un(e) bibliothécaire
BR a catalogue ['kætəlɒg] AM a catalog	un catalogue
BR to catalogue AM to catalog	cataloguer

⑥ **PROVERBS AND SAYINGS** : PROVERBES ET DICTONS

Out of the mouths of babes and sucklings (comes forth truth)	La vérité sort de la bouche des enfants
You have made your bed and you must lie on it	Comme on fait son lit, on se couche
Beggars can't be choosers	Faute de grives, on mange des merles
Birds of a feather flock together	Qui se ressemble s'assemble
A bird in the hand is worth two in the bush	Un tiens vaut mieux que deux tu l'auras
Once bitten twice shy	Chat échaudé craint l'eau froide
It's the biter bit	Tel est pris qui croyait prendre — C'est l'arroseur arrosé
There are none so deaf as those who will not hear	Il n'est pire sourd que celui qui ne veut pas entendre

In the kingdom of the blind, the one-eyed man is king	Au royaume des aveugles les borgnes sont rois
Cast not a clout till May is out	En avril ne te découvre pas d'un fil
When the cat's away the mice do play	Quand le chat n'est pas là, les souris dansent
Don't count your chickens before they are hatched	Il ne faut pas vendre la peau de l'ours avant de l'avoir tué
The cobbler should stick to his last	À chacun son métier
Come what may	Advienne que pourra
Cross my heart and hope to die	Croix de bois, croix de fer, si je meurs, je vais en enfer
Talk of the devil	Quand on parle du loup, on en voit la queue

Give a dog a bad name and drown him	Qui veut noyer son chien l'accuse de la rage	Money can't buy happiness	L'argent ne fait pas le bonheur
		Never say die	Tant qu'il y a de la vie, il y a de l'espoir
You can't make an omelette without breaking eggs	On ne fait pas d'omelette sans casser des œufs	No news is good news	Pas de nouvelles, bonnes nouvelles
All's well that ends well	Tout est bien qui finit bien	There is nothing new under the sun	Il n'y a rien de nouveau sous le soleil
The end justifies the means	La fin justifie les moyens	Two heads are better than one	Deux avis valent mieux qu'un
To err is human	L'erreur est humaine		
Every man for himself and the devil take the hindmost	Chacun pour soi et Dieu pour tous	Every penny counts	Un sou est un sou
		Practice makes perfect	C'est en forgeant qu'on devient forgeron
There are plenty of fish in the sea	Un de perdu, dix de retrouvés	A place for everything and everything in its place	Une place pour chaque chose et chaque chose à sa place
Forewarned is forearmed	Un homme averti en vaut deux	It never rains but it pours	Un malheur n'arrive jamais seul
All that glitters is not gold	Tout ce qui brille n'est pas or	All roads lead to Rome	Tous les chemins mènent à Rome
God helps those who help themselves	Aide-toi, le Ciel t'aidera	The road to Hell is paved with good intentions	L'enfer est pavé de bonnes intentions
Charity begins at home	Charité bien ordonnée commence par soi-même	Spare the rod and spoil the child	Qui aime bien châtie bien
An Englishman's home is his castle	Le charbonnier est maître chez soi	The exception proves the rule	L'exception confirme la règle
Man proposes, God disposes	L'homme propose et Dieu dispose	Better safe than sorry	Prudence est mère de sûreté
Never look a gift horse in the mouth	À cheval donné on ne regarde pas la bouche	Out of sight, out of mind	Loin des yeux, loin du cœur
If ifs and ands were pots and pans where would be the tinker ?	Avec des si, on mettrait Paris en bouteille	Silence gives consent	Qui ne dit mot consent
		Sleep on it !	La nuit porte conseil
Better late than never	Mieux vaut tard que jamais	There's many a slip'twixt cup and lip	Il y a loin de la coupe aux lèvres
He who laughs last laughs longest	Rira bien qui rira le dernier	Slow but sure	Qui va lentement va sûrement
The leopard can never change its spots	Qui a bu boira	There's no smoke without fire	Il n'y a pas de fumée sans feu
Like father like son	Tel père, tel fils	He who sows the wind reaps the whirlwind	Qui sème le vent récolte la tempête
Lucky at cards, unlucky in love	Heureux au jeu, malheureux en amour	Speech is silver but silence is golden	La parole est d'argent, mais le silence est d'or
An eye for an eye (and a tooth for a tooth)	Œil pour œil (dent pour dent)		
One man's meat is another's poison	Le bonheur des uns fait le malheur des autres	The spirit is willing but the flesh is weak	L'esprit est prompt, mais la chair est faible
The more the merrier	Plus on est de fous, plus on rit	A rolling stone gathers no moss	Pierre qui roule n'amasse pas mousse
Might is right	La raison du plus fort est toujours la meilleure	It's the last straw that broke the camel's back	C'est la goutte d'eau qui a fait déborder le vase
Great minds think alike	Les grands esprits se rencontrent	Strike while the iron is hot	Il faut battre le fer pendant qu'il est chaud

One swallow doesn't make a summer	Une hirondelle ne fait pas le printemps	**S**till waters run deep	Il n'est pire eau que l'eau qui dort
There is no accounting for taste	Des goûts et des couleurs on ne discute pas	What will be will be	Qui vivra verra
You can't teach an old dog new tricks	On n'apprend pas à un vieux singe à faire la grimace	It's an ill wind that blows nobody any good	À quelque chose malheur est bon
You never can tell	Il ne faut jurer de rien	There is no such word as can't	Impossible n'est pas français
Time is money	Le temps, c'est de l'argent	The bad workman blames his tools	Les mauvais ouvriers ont toujours de mauvais outils
Never put off till tomorrow what can be done today	Il ne faut pas remettre à demain ce qu'on peut faire le jour même	It's a small world	Le monde est petit
		It takes all sorts to make a world	Il faut de tout pour faire un monde

On ne peut pas

VERBES IRRÉGULIERS

INFINITIF	PRÉTÉRIT	PARTICIPE PASSÉ	
to abide	abode ou abided	abode ou abided	se conformer à
to arise	arose	arisen	survenir
to awake	awoke ou awaked	awoken ou awaked	s'éveiller
to be	was, were	been	être
to bear	bore	borne	porter

ATTENTION : le participe passé *born* s'utilise dans l'expression *to be born* = naître

to beat	beat	beaten	battre
to become	became	become	devenir
to befall	befell	befallen	advenir
to beget	begot	begotten	engendrer
to begin	began	begun	commencer
to bend	bent	bent	courber
to bereave	bereaved	bereft	ravir
to beseech	besought	besought	implorer
to bestride	bestrode	bestridden	enfourcher
to bet	bet ou betted	bet ou betted	parier
to bid	bade ou bid	bid ou bidden	enjoindre, proposer
to bind	bound	bound	lier
to bite	bit	bitten	mordre
to bleed	bled	bled	saigner
to blow	blew	blown	souffler
to break	broke	broken	casser
to breed	bred	bred	élever
to bring	brought	brought	apporter
to broadcast	broadcast ou broadcasted	broadcast ou broadcasted	diffuser
to build	built	built	construire
to burn	burned ou burnt	burned ou burnt	brûler
to burst	burst	burst	éclater
to buy	bought	bought	acheter
can	could	—	pouvoir
to cast	cast	cast	jeter
to catch	caught	caught	attraper
to chide	chid	chidden ou chid	réprimander
to choose	chose	chosen	choisir
to cleave	clove ou cleft	cloven ou cleft	fendre
to cling	clung	clung	s'accrocher
to come	came	come	venir
to cost	cost	cost	coûter, évaluer le coût
to creep	crept	crept	ramper
to cut	cut	cut	couper
to deal	dealt	dealt	distribuer
to dig	dug	dug	creuser
to dive	dived, (AM) dove	dived	plonger

INFINITIF	PRÉTÉRIT	PARTICIPE PASSÉ	
to do	did	done	faire
to draw	drew	drawn	dessiner
to dream	dreamed ou dreamt	dreamed ou dreamt	rêver
to drink	drank	drunk	boire
to drive	drove	driven	conduire
to dwell	dwelt	dwelt	résider
to eat	ate	eaten	manger
to fall	fell	fallen	tomber
to feed	fed	fed	nourrir
to feel	felt	felt	ressentir
to fight	fought	fought	combattre
to find	found	found	trouver
to flee	fled	fled	fuir
to fling	flung	flung	lancer violemment
to fly	flew	flown	voler
to forbear	forbore	forborne	s'abstenir
to forbid	forbade	forbidden	interdire
to forget	forgot	forgotten	oublier
to forsake	forsook	forsaken	abandonner
to freeze	froze	frozen	geler
to get	got	got, (AM) gotten	obtenir
to gild	gilded	gilded ou gilt	dorer
to gird	girded	girded ou girt	ceindre
to give	gave	given	donner
to go	went	gone	aller
to grind	ground	ground	moudre
to grow	grew	grown	grandir
to hang	hung, hanged	hung, hanged	pendre (en général) pendre (condamné)
to have	had	had	avoir
to hear	heard	heard	entendre
to hew	hewed	hewed ou hewn	tailler
to hide	hid	hidden	cacher
to hit	hit	hit	frapper
to hold	held	held	tenir
to hurt	hurt	hurt	faire mal
to keep	kept	kept	garder
to kneel	knelt	knelt	s'agenouiller
to know	knew	known	connaître, savoir
to lade	laded	laden	charger
to lay	laid	laid	étendre, poser
to lead	led	led	mener
to lean	leaned ou leant	leaned ou leant	appuyer
to leap	leaped ou leapt	leaped ou leapt	sauter
to learn	learned ou learnt	learned ou learnt	apprendre
to leave	left	left	laisser, quitter
to lend	lent	lent	prêter
to let	let	let	laisser, permettre

INFINITIF	PRÉTÉRIT	PARTICIPE PASSÉ	
to lie	lay	lain	s'allonger
to light	lit ou lighted	lit ou lighted	allumer
to lose	lost	lost	perdre
to make	made	made	faire, fabriquer
may	might	—	pouvoir, avoir la permission
to mean	meant	meant	vouloir dire
to meet	met	met	rencontrer
to mow	mowed	mown ou mowed	tondre
to pay	paid	paid	payer
to put	put	put	poser
to quit	quit ou quitted	quit ou quitted	quitter, abandonner
to read [ri:d]	read [red]	read [red]	lire
to rend	rent	rent	déchirer
to rid	rid	rid	débarrasser
to ride	rode	ridden	aller à cheval, aller à bicyclette
to ring	rang	rung	sonner
to rise	rose	risen	se lever
to run	ran	run	courir
to saw	sawed	sawed ou sawn	scier
to say	said	said	dire
to see	saw	seen	voir
to seek	sought	sought	chercher
to sell	sold	sold	vendre
to send	sent	sent	envoyer
to set	set	set	poser, fixer
to sew	sewed	sewed ou sewn	coudre
to shake	shook	shaken	secouer
to shave	shaved	shaved ou shaven	raser
to shear	sheared	sheared ou shorn	tondre
to shed	shed	shed	perdre, répandre
to shine	shone	shone	briller
to shoe	shod	shod	chausser
to shoot	shot	shot	tirer
to show	showed	shown ou showed	montrer
to shrink	shrank	shrunk	rétrécir
to shut	shut	shut	fermer
to sing	sang	sung	chanter
to sink	sank	sunk	couler
to sit	sat	sat	s'asseoir
to slay	slew	slain	massacrer
to sleep	slept	slept	dormir
to slide	slid	slid	glisser
to sling	slung	slung	lancer, hisser
to slink	slunk	slunk	s'en aller furtivement
to slit	slit	slit	fendre
to smell	smelled ou smelt	smelled ou smelt	sentir

INFINITIF	PRÉTÉRIT	PARTICIPE PASSÉ	
to smite	smote	smitten	frapper, tourmenter
to sow	sowed	sowed ou sown	semer
to speak	spoke	spoken	parler
to speed	speeded ou sped	speeded ou sped	aller à toute vitesse
to spell	spelled ou spelt	spelled ou spelt	épeler
to spend	spent	spent	passer, dépenser
to spill	spilled ou spilt	spilled ou spilt	renverser
to spin	spun	spun	filer, tournoyer
to spit	spat	spat	cracher
to split	split	split	fendre, séparer
to spoil	spoiled ou spoilt	spoiled ou spoilt	gâcher
to spread	spread	spread	étendre
to spring	sprang	sprung	bondir, provenir
to stand	stood	stood	être debout
to stave	stove ou staved	stove ou staved	écarter, éviter
to steal	stole	stolen	dérober
to stick	stuck	stuck	coller
to sting	stung	stung	piquer
to stink	stank	stunk	sentir mauvais
to strew	strewed	strewed ou strewn	éparpiller
to stride	strode	stridden	marcher à grands pas
to strike	struck	struck	frapper
to string	strung	strung	enfiler
to strive	strove	striven	s'efforcer
to swear	swore	sworn	jurer
to sweep	swept	swept	balayer
to swell	swelled	swollen	enfler
to swim	swam	swum	nager
to swing	swung	swung	balancer
to take	took	taken	prendre
to teach	taught	taught	enseigner
to tear	tore	torn	déchirer
to tell	told	told	dire, raconter
to think	thought	thought	penser
to thrive	throve ou thrived	thriven ou thrived	prospérer
to throw	threw	thrown	lancer
to thrust	thrust	thrust	pousser brusquement
to tread	trod	trodden	fouler aux pieds
to understand	understood	understood	comprendre
to undertake	undertook	undertaken	entreprendre
to wake	woke ou waked	woken ou waked	réveiller
to wear	wore	worn	porter (vêtement)
to weave	wove	woven	tisser
to weep	wept	wept	pleurer
to win	won	won	gagner
to wind	wound	wound	enrouler
to wring	wrung	wrung	tordre
to write	wrote	written	écrire

1, 3, 4, 7, 8, 9 | 10, 12, 29, 32, 33, 36

TABLE DES MATIÈRES

TABLE DES MATIÈRES

TABLE DES MATIÈRES

N° de projet : 10113616 - Dépôt légal : juillet 2004
Impression et reliure : Pollina s.a., 85400 Luçon - n° 93665
Imprimé en France